이팝나무 꽃그늘

보릿고개 넘어온 눈물의 민족사

나남
nanam

나남신서 1318
이팝나무 꽃그늘
보릿고개 넘어온 눈물의 민족사

2008년 7월 15일 발행
2008년 7월 15일 1쇄

저자_ 金壽鶴
발행자_ 趙相浩
발행처_ (주) 나남출판
주소_ 413-756 경기도 파주시 교하읍
출판도시 518-4
전화_ 031) 955-4600 (代)
Fax_ 031) 955-4555
등록_ 제 1-71호(79.5.12)
홈페이지_ http://www.nanam.net
전자우편_ post@nanam.net

ISBN 978-89-300-8318-8
ISBN 978-89-300-8001-9 (세트)
책값은 뒤표지에 있습니다.

김수학 체험 현대사

이팝나무 꽃그늘

보릿고개 넘어온 눈물의 민족사

김수학 지음

나남
nanam

● 무정 김수학(茂庭 金壽鶴)

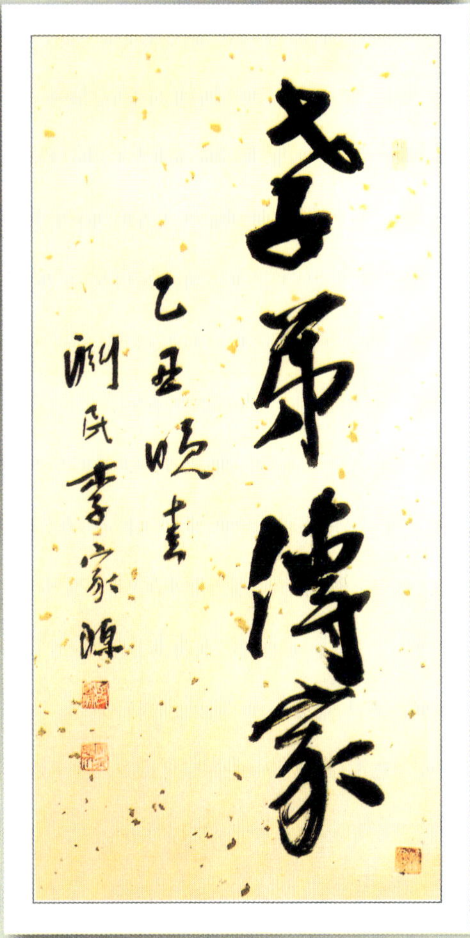

효제전가 : 부모에 대한 효도와 형제에 대한 우애를 대대로 전하여 이어온다 (이가원 선생이 가훈으로 삼으라며 써 준 글씨).

● 어머니(1903~1998년) 생전에 아내와 함께

● **국립 공무원훈련원 1기 수료식 장면** : 1948년 12월 수료증을 받는 자리에서 당시 훈련원장이던 철기(鐵驥) 이범석(李範奭) 국무총리가 훈시하고 있다.

● 대구 계명대학교에서 모범적인 공직생활 및 대학발전에 기여한 공로로 명예 교육학박사학위를 받았다 (1994. 2).

각골난망(刻骨難忘) 질곡의 역사, "보릿고개에서 조국근대화까지"

살아온 80여 년, 나의 인생 역시 실로 파란중첩(波瀾重疊)의 세월이었다. 전환기적 변화의 소용돌이를 겪으면서 희망과 낙담(落膽), 용기와 좌절(挫折), 책임과 방관(傍觀)이라는 갈등 속에서 적지 않은 시련을 겪었다.

일제(日帝) 강점기, 1942년 2월 향리(鄕里) 경주군청(現 경주시) 내무과 고원(雇員)에서 지방서기(地方書記)로 승급(昇級)되어 1982년 5월 국세청장을 그만둘 때까지 40년 4개월을 국가공무원직에서 일했다. 이어서 명예읍장, 한국토지개발공사 사장, 새마을운동 중앙회장 등의 공직을 합산하면 51년 8개월이 된다.

그간 행정부의 요직을 두루 거치면서 항상 마음속에 새겨두고 있었던 것은 역시 예방행정이다. 행정기관이나 일반국민 모두 마찬가지다. 인간의 부주의나 태만 따위가 주된 원인으로 일어나는 재해에 대해 "사후대책보다 '예방행정'에 더욱 관심을 갖게 할 수 없을까?" 하는 것이 한결 같은 나의 염원이었다. 《한서(漢書)》 열전(列傳) 〈곽광편(霍光篇)〉에 이런 고사(故事)가 나온다.

나그네가 어느 집 굴뚝 옆에 땔나무가 쌓여 있는 것을 보고 굴뚝을 꼬부리고, 땔나무를 딴 데로 옮기라고 충고했다. 주인은 나그네의 말을 무시해 마침내 불이 났는데, 이웃 사람이 불에 머리를 그슬리고 이마를 데며 진화했다. 주인은 고맙다고 이웃사람에게 음식을 대접했다. 진작 나그네의 말을 들었더라면 불이 날 일도 없었고 음식을 허비할 일도 없었을 것이다. 화재예방을 건의한 사람은 아무 은택(恩澤)도 없고 불을 끈 사람은 상객(上客)이 되었다(曲突徙薪無恩澤 焦頭爛額爲上客).

국민과 나라에 봉사하는 공직자로서 기본적으로 지켜야 할 사명감은 무엇보다 청백리지심(淸白吏之心)이다. 다음은 국민에게 불안(不安)과 불편(不便)을 줄이고 살기 좋은 고장, 살기 좋은 환경을 보장하는 것이 제1의적 과제가 될 것으로 믿는다. 견해가 다를 수 있으나 앞에서 지적한 곡돌사신(曲突徙薪)의 고사가 예방행정(豫防行政)의 중요성을 뜻한다고 볼 때, 동서고금(東西古今) 시공(時空)의 구분 없이 모든 공직자에 대한 잠언(箴言)이 될 줄 믿는다. 우리에게도 사람의 잘못으로 일어나는 크고 작은 재난이 많다. 특히 근자 서울의 한복판 국보(國寶) 제1호 숭례문(崇禮門)의 대화재는 관리기관의 예방책 부실과 서투른 진화작업으로 시민들의 힐난(詰難)이 대단했다.

여기에 전한(前漢)의 회남왕(淮南王: 유안(劉安), B.C. 179~122)이 지었다는 《회남자(淮南子)》의 다음 글귀를 옮겨본다.

명의(名醫)는 항상 무병(無病)의 병(病)을 다스리므로 병이 없고, 성인(聖人)은 항상 무환(無患)의 환(患)을 다스리므로 환이 없다. 지극히 교묘한 자는 칼을 사용하지 않고, 문을 잘 잠그는 자는 빗장을 사용하지 않는다(良醫者常治無病之病 故無病 聖人者常治無患之患 故無患也. 夫至巧不用劍 善閉者不用關鍵. —說山訓).

나의 공직자 지향(指向)의 첫 번째 인생은 경상북도에서의 일반직 공무원 19년, 전라남도 부지사 1년 2개월, 대구시장 2년 8개월, 충청남도지사 9개월, 경상북도지사 4년 4개월, 내무부 지방국의 계장·법무관·과장·국장 9년 등 내무관료로서 36년 11개월이며, 두 번째 인생은 국세청장 3년 5개월, 세 번째 인생은 국영기업체인 한국토지개발공사 사장 5년 11개월, 네 번째 인생은 새마을운동 중앙회장 4년 7개월, 다섯 번째 인생은 공직에서 물러난 후 민간기업의 연수원장 2년이다.

이상의 직책을 수임한 것은 나 스스로 청한 것이 아니고 나에게 주어진 운명으로 받아들인 것이다. 그간 나름대로의 최선을 다했다고는 하나 나와 함께 일해 오면서 동료들이나 실무자들에게 힘겨운 짐을 지게 한 일들이 안쓰럽기만 하다. 과연 나는 '대과(大過) 없이 맡은 바 임무를 완수했을까(?)' 하는 자괴감을 금할 수 없다.

여섯 번째 인생은 1998년 7월 새마을운동 중앙회장 직을 사임하고 고향으로 돌아가 회고록을 집필하며 가업인 농사일을 거들다가 1999년 7월부터 다시 상경, 사단법인 박정희대통령 기념사업회 상임이사(理事)로서 그 해 9월 1일부터 마지막 봉사를 한다는 각오로 일하고 있다. 당면한 직책을 수행하면서 회고록 같은 개인적인 일에 전념하기란 여간 수월찮았다. 또한 이런 종류의 회고록이 대개의 경우 마치 공덕비를 세우듯 자기변호나 자랑에 빠지기 십상인지라 이 점 각별히 배제했다. 한 시대의 삶을 겸허하게 사실 그대로 이야기하는 것은 관용될 수 있으리라 믿는다.

내가 직접 담당하고 참여한 공직업무에 대한 기록들은 있는 힘을 다하여 찾아내 사회에 공헌하겠다고 결심했다.

그간 내가 정리해둔 메모, 공개적으로 간행된 자료에 의지하여 나의 기억을 환기시켜 글에 담았다. 현직에 있을 때 내가 직접 담당, 관여했거나 혹은 직접 당사자로부터 들은 보고는 사실을 중심으로 하였고, 다른 사람을 거쳐서 들은 소문 따위는 사실에 대한 확인결과 나의 소견을 기술하되 억측(臆測) 등은 배제했다.

여기에 "조국근대화의 견인차, 새마을운동"의 제목 아래 시작으로부터 과정 · 성과 · 앞으로의 과제로 나누어 기술하는 한편 새마을지도자의 시범적 활동의 현장을 묘사했다.

방방곡곡을 찾아 '가난의 역사를 새로 썼던' 주인공들의 피나는 노력과, '무에서 유를 창조하기까지' 그 치열했던 과정을 육성 그대로 전하고자 했다. 도저히 앞이 보이지 않을 것만 같은 막막한 상황에서 그들이 일궈낸 삶의 이야기는 그 자체가 곧 신화였다.

여기에서 이 책(冊) 본문 중 새겨진 새마을운동의 현장에서 함께 땀흘리면서 뛰어다닌 감회를 간추려 되새겨 본다. 나는 그곳에서 '의지(意志)만 있으면 무슨 일이든 할 수 있다'는 격언을 새삼 절감했고 역경을 이기는 전향적인 정신학을 배웠다.

그곳엔 투철한 자조(自助)가 있었고 불굴의 근면이 있었다. 보릿고개를 넘어, 성공의 신화를 창조해낸 우리네 아버지 세대의 뼈저린 초상이 그려져 있었다. 이제 그 8명의 이름을 떠올리면서 나는 비로소 "이 사람들을 보라!"고 외치고 싶다. 하지만 지면의 한계로 더 많은 수범사례들을 취재하지 못한 것이 한(恨)스럽다.

물론 이 책의 핵심을 이루는 "새마을운동"의 진실을 탐구하는 데는 무엇보다 박정희(朴正熙) 대통령의 유시(諭示), 치사(致辭), 어록 등 그 자체가 역사이며 정사(正史)임을 감히 밝힌다.

과수목(果樹木)에 비유할 때 보릿고개가 씨앗이었다면 새마을운동은 줄기요, 조국근대화는 열매라 할 수 있다. 처절하도록 가난하고 배고팠던 씨앗을 키워낸 것은 새마을운동이었다. 근면·자조·협동의 새마을정신의 견인역할이 우리의 반만년 배고픔의 한을 풀게 한 동력이었던 것이다.

또한 "보릿고개를 극복하는 여정"이라는 제목 아래 광복직후의 식량사정에서부터 식량자급(自給)을 위한 도전(挑戰)을 비롯하여 반만 년 보릿고개의 한(恨)을 풀 때까지의 성과, 그리고 묻혀만 가는 녹색혁명 전사(戰士)들의 흔적을 찾아보는 실상을 엮으며 그 시대의 시름을 되새겨보고자 했다.

—51년 8개월, 길었던 공직생활을 결산하며

세월의 흐름과 함께 사람들은 많은 것을 잊는다.

그 이외에 공직에 있을 때의 일로 적어 둘 것이 더 없느냐고 묻는다면 이렇게 말할 것이다. "아침 등청은 8시, 귀가는 대체로 7시, 출장 등이 없는 날은 하루 11시간 가동의 연속, 재난(災難)이 있으면 주말과 휴일근무는 물론, 밤샘근무도 마다하지 않는다. 휴일불문, 골프는 금기(禁忌), 공무출장 외엔 해외여행은 없었다."

오늘날의 풍요 뒤에는 과거 공직자들의 이러한 희생이 있었다.

사람의 생애(生涯)는 길든 짧든 간에 누구나 지나온 자취를 남긴다. 특히 공직자일수록 귀중히, 골똘히 생각하지 않으면 안 된다. 재임중 여러 가지 일을 한다 해도 그 결과가 국민을 위한 보탬이 되지 않으면 안 된다.

이 책을 엮는 과정에서 스스로 반성(反省)하고, 스스로 수양하여 뒤늦게나마 지각(知覺)이 듦을 느꼈다면, 나 개인적으로 이보다 큰 성과는 없을 것이다.

다만, 1970년대 이래 새마을운동의 흔적을 진실 그대로 빛내려는 본의와 달리 오류 독단으로 도리어 티를 끼친 결과가 되지나 않았는지 근심으로 속을 태운다. 독자의 질정(叱正)을 바랄 뿐이다.

이로써 나의 51년 8개월 공직생활을 결산하는 마음이다. 부디 이 책이 독자들에게는 '역사 진실로 바로 알기'와, 근면 · 자조 · 협동을 통한 '삶의 진정한 가치'를 되새기는 계기가 되었으면 한다.

방대한 기록이 완성되기까지 음으로 양으로 나를 지원해주신 여러분에 대한 감사의 뜻을 부치는 한편 이 글을 읽고 발문을 붙여준 서울대 환경대학원 김형국 교수와 출판해 주신 나남출판 조상호 사장님의 배려와 편집진의 노고에 심심한 감사의 말씀을 드린다.

2008년 暮春 이팝나무 꽃필 무렵

경주 古宅에서

김수학 체험 현대사

이팝나무 꽃그늘

보릿고개 넘어온 눈물의 민족사

차 례

토종 경주사람: 김수학 선생의 경우

김형국(서울대 명예교수)

1.

숨어서 세상을 산 사람도 하물며 그러할진대, 세파 속에서 평생을 살아낸 개인사에 한 사회의 시대사가 담기고 비침은 당연하다. 개인사에 역사성이 있다고 말함도 그런 까닭이다.

시절은 바야흐로 새 세기의 초엽이라 하지만, 우리가 지금 실감하는 현대사는 20세기 후반에 대한민국이 이뤄낸 근대화과업, 특히 산업근대화의 성공이 단연 근간을 차지한다. 그런 사회적 궤적에 일익을 감당한 이들이 한 둘 아니었겠지만, 무정 김수학(茂庭 金壽鶴) 선생도 세상이 산업근대화 '공신록(功臣錄)'에 올려야 할 이름이다.

무정은 입지전적 인물로 관가(官街) 안팎에서 진작 소문난 분이다. 가방끈을 중시하고 학벌을 신주단지처럼 모시는 우리 풍토에서 학력이라 말할 수 없는 겨우 초등학교 졸업인데도 관로가 창창했기 때문이다. 시장, 도지사, 국세청장, 한국토지공사 사장 등으로 영달할 때마다 인물소개란에 초등학교 졸업이란 '딱지'가 빠지지 않았다. 물론 그 딱지는 "개천에서 용 났다"는 식의 뒷말이 아니라, 어렵고 어려웠던 생장배경에도 불구하고 남의 앞자리에 나아간 자랑스러운 브랜드로 빛나고 있었다.

학력을 중시하는 분위기에 젖어 일찍이 뜻을 세운 대로 이른바 명문대학의 교직에서 일하는 동안, 알게 모르게 학벌이 곧 출세길이라 믿어온 나로선 무정의 행적이 언론에 보도될 때마다 유심히 바라보지 않을 수 없었다. 학벌이 곧 출세의 가능성이란 등식(等式)을 무색케 한 분은 도대체 어떤 위인인가 하고.

2.

무정을 처음 직접 뵌 것은 한국토지공사 사장 시절이었다. 공사로부터 수주한 연구과제의 중간보고회 자리에 서울대 환경대학원 소속 책임연구자의 과업수행을 거교(擧校)적으로 성원하고 있음을 증거해 줄 요량으로 학과장이던 나도 배석하면서다.

나라의 경제성장 메커니즘이 발동할 즈음부터 산학협동이란 관행이 사회적으로 정착한다. 본디 뜻한바 효과도 적잖았겠지만, 경제성장의 파급효과로 눈에 띄게 여유를 누리는 기업인에 비해 생활형편이 상대적 열세로 돌아서는 교수들에 대한 복지 배려의 기준도 거기서 묵인되고 있었다. 때문에 연구성과가 제대로 돈값을 하는지가 자평·타평으로 종종 궁금한 경우가 많았다.

그때 그 자리에서 방청한 우리 학교의 중간보고도 과연 실무에 실질적이고 유효한 도움을 줄 것인지, 좀 답답한 기분이 들었다. 책상물림들이 이론적이라 자못 공소(空疎)하기 짝이 없는 제안을 말하고 있다는 느낌을 받았기 때문이다. 함께 자리한 내가 바늘방석인데, 드디어 사장이 총평(總評)하는 시간이 왔다. 사장은 이렇다 저렇다는 내색은 전혀 없이, 내 조바심과는 전혀 달리, 지금까지 기울인 노력을 결집해 좋은 제안으로 마무리를 지어달라는 무척 푸근한 말로 마무리를 지어 준다.

그 자리에서 이런 인상도 퍼뜩 들었다. 학력이 짧으면 축에도 끼이지 못하고, 학력이 어지간해도 진골인지 성골인지를 따지는 공직풍토에도 불구하고 크게 입신한 사람들은 필시 하나같이 자기관리의 엄격성이 몸에 배었을 것이라는 게 평소 내 짐작이었고 자기엄격성은 남들에 대해서도 엄격성을 요구할 것 같은데, 무정의 경우는 전혀 그런 기색을 보이지 않은 후덕함이었다.

그때 내가 느꼈던 바는 그러했지만, 공직에서 함께 일한 후배관료들이 가까이 느꼈던 인상은 과연 어떠했을까. 군대에서 훈련받는 사이, 시도 때도 없이 단체기합을 받았던 까닭인지 군대동기들은 제대하고도 우정(友情)이 각별하게 이어져 오기 마련. 바로 무정 아래서 공직의 초임시절을 보냈던 동기생 지기로부터 그의 리더십 방식을 한참 나중에 전해 듣는다.

그 역시 고위공직을 마친 뒤에 들려 준 일화였다. 내무부 지방국장에서 충남지사로 부임하자마자 신임(新任)신고의 관례대로 시쳇말로 "한 번 쏘라"고 출입기자들의 보챔을 받는다. 지기는 초짜 사무관이었지만 행정고시 출신이라 브레인으로 인정받아 갓 부임한 지사를 지근(至近)에서 보필한다. 하루는 관내 순시 출장길에 오르면서 지사는 도청 출입기자들의 동행도 청한다. 순시 뒤엔 드디어 지사가 한턱 낼 것이라 기대한 때문인지 기자단은 빠짐없이 참여했다.

그렇게 하루 종일 관내를 돌다가 저녁 무렵 대전 가까이에 당도할 즈음, 컬컬하다며 지사는 우선 목이나 축이자고 시골 길가의 허름한 구멍가게 앞에다 차를 세운다. 거기서 고작 노가리 안주를 곁들여 입가심이라며 맥주와 소주를 마시기 시작한다. 기자단들은 지사가 권하는 대로 한 잔 두 잔 받아 마시는데 출출하던 참이라 모두들 금방 취기가 돌았고, 곧장 "술이 술을 먹는" 지경으로 치닫는다. 초라한 구멍가게의 오래 팔리지 않아 먼지가 잔뜩 쌓인 소주까지 끌어내 마시고 말았으니 모두들 그 자리에서 인사불성이 되고도 남았다. 이후로 더 이상 지사에게 한턱 쏘라는 칭얼거림이 없었다 한다.

3.

충남지사 시절에는 노모(龍宮 全씨, 1903~1998)도 관사에 모시고 있었다. 종종 무정은 대민접촉이란 명분 또는 핑계로 밤늦도록 술 마신 뒤 관사로 돌아오곤 했다. 노모의 밤잠을 깨울까봐, 아니 지사가 "일은 안하고 술만 마신다"는 꾸중을 들어온 것이 마음에 걸려 부득이 월장(越牆)도 했다. "가난한 집에 효자난다"는 말이 허사가 아님이 이 아니겠는가.

한미했으나 체통을 지킬 만하던 집안살림이 조부 대에 흩어져버려 무정은 처음 경주역 부근에 세워진 경주초등보통학교를 끝으로 학교공부를 접어야 했다. 이후 생업길을 스스로 찾아나선 것이 경주 군청의 고원(雇員), 곧 사환이었다. 이게 높은 관직으로까지 이어진 출발이었으니, "시작은 미미하였으나 결실은 창성(昌盛)했다"는 믿음의 말이 현실이 되었다.

세상의 시선이 초등학교 학력인데도 고위관직에 올랐다고 자못 신기하게 여길 무렵, 내가 전공관련으로 무정을 진지하게 바라본 계기는 그가 국세청장에서 물러난 뒤 노모가 집을 지키던 경주로 낙향하던 시점이었다. 모처럼 중책에서 벗어나 한일거사(閑日居士)로 유유자적할 작정이었지만, 한편으로 기왕 돌아간 김에 평생 일을 놓지 못하던 체질대로 고향돕기에 나섰다는 신문기사를 만나고부터다. 향리인 경주시 외동읍의 명예읍장을 맡았다는 것.

나는 이 사실을 예사롭지 않게 읽었다. 내 전공인 지역개발이론은 지방의 낙후가 유능한 젊은 인재의 유출에 크게 기인하는 바이고, 낙후 극복의 대안 하나로 출향인사나 연고를 가진 명망인사가 서울에서 더 이상 기웃거리지 않고 인연을 따라 지방에 자리 잡으면 그로 말미암아 발전효과를 거둘 수 있다고 주장해왔다. 명망인사가 자리 잡게 되면 소외된 지방의 젊은이들에게 애향심을 부추길 수 있는 교육효과에다, 전국적 명망인사가 살고 있다는 사실만으로도 그 고장이 살 만한 땅임을 말해주는 상징효과가 만만치 않을 것임에 착안했기 때문이다.

기대와는 달리, 현실은 명망인사의 지방이주가 널리 실현되기 어렵다는 점은 이론이 이미 '연령편향(*age-bias*)'이란 말로서 인정한다. 젊은이들은 입신을 위해 대처(大處)로 나가려고 마음먹기가 무섭게 이동을 결행(決行)한다. 뜻대로 대처에서 크게 발신하고 나면 어느덧 나이가 깊어지는데, 수구초심(首丘初心)의 사람 본성에 따라 고향에 돌아가겠다고 곧잘 결심은 하지만 정작 결행은 하지 못한다. 그동안 성공가도에서 쌓았던 대처의 각종 인연과 현실적으로 멀어지기가 주저되기 때문이다.

무정의 귀향, 그것도 고장출신으로 도백(道伯)을 역임한 처지의 이른바 향백(鄕伯)이 한미한 고장의 명예읍장을 맡았다는 사실은 내 전공식견에 비춰보아 예삿일이 아님을 간파한다. 감동한 나머지 그때 나는 그 의의를 정리해서 신문에다 기고도 했다. 이를 계기로 어떤 연유로 무정이 선뜻 고향으로 돌아가기를 결심했는지를 계속 살펴보고 싶었다. 무정은 내가 일하던 대학원의 청으로 지극히 요식적이지만 학교의 기성회장을 한때 맡기도 했는데, 그 인연을 좇아서 내 궁금증을 추급해왔다.

마침내 내가 얻어낸 결론은 천년고도 경주사람이라는 자부심, 그리고 그 고향의 인간적 현신인 노모의 기대에 어긋나지 않겠다는 마음가짐이 무정 인생행로의 나침반이 되었을 것이라는 추정이다. 추정은 개연성일 뿐이다. 하지만 내가 바라본 개연적 시각은 그를 가까이 사귀어온 이들도 공감한 바라, 그만큼 개연성이 신뢰를 얻고 있다고 생각한다.

4.

시대마다 빛과 그림자가 있기 마련이지만, 어떤 단서 또는 유보조항에도 불구하고 제3공화국의 역사는 '조국근대화'의 성공으로 단연 빛난다. 무정의 최성기는 바로 조국근대화 궤적과 함께였다.

조국근대화의 핵심은 산업근대화. 간단히 말해 한반도의 절대가난을 불식시키려는 사생결단의 시도였다. 쌀독은 진작 바닥났는데 아직 보리는 익지 않아 불가피 설익은 청보리를 미리 잘라 먹으며 춘궁기를 견딤이 연례행사이던 세월이 역사적으로 오래고 오래였다.

나중에 제3공화국으로 나아간 군사혁명은 절대가난 극복에다 정치적 정당성을 찾는다. 가난한 농민의 아들로 태어나 굶주림이 포한이 되었다는 박정희는 산업근대화의 선도 프로젝트로 울산공업단지를 기공한다. 그 자리에서 "사천 년 빈곤의 역사를 씻고 민족숙원의 부귀를 마련하기 위하여 우리는 이곳 울산을 찾아, 여기에 신공업도시를 건설하기로 하였습니다. 루르의 기적을 초월하는 신라의 영성을 재현하려는 것이며 이것은 민족재흥의 터전을 닦는 것이고, 국가대계의 보고를 마련하는 것이니 자손만대의 번영을 약속하는 민족적 궐기인 것입니다"고 열변한다.

이 기공식 연설을 듣고 누구보다 가슴 뭉클했을 이가 바로 경주사람

무정이었지 싶다. 우리 역사에서 가장 태평성대를 누렸다는 신라의 역사를 들먹이고 있는데다, 실크로드의 시종점으로 선진 사라센문화를 받아들이던 경주의 외항 울산에다 조국근대화 대장정의 첫 삽을 들고 있지 않은가.

가난의 뼈저린 체험으로 말하자면 무정의 경우는 누구 못지않았다. 그 여운이 남아 가난시절에 부득이 몸에 배인 '일일이식(一日二食)'이 평생의 체질로 굳어진다. 고급행정가에겐 대민접촉의 효율적 창구가 식사자리이기 쉬운데, 그런 점심자리에 나가서도 방금 다른 자리에서 식사했다고 둘러대면서 자리의 분위기를 지켜낸다. 참여정부 때인가 축재(蓄財)하려고 하루에도 여러 차례 점심자리를 돌아다녔다는 한 청와대 비서관의 비리행각과는 천양지차가 아닌가.

사람도 생명체인 점에서 기갈 면하기는 생존의 절대요구인 것. 그 요구의 실현에서 비로소 인간존엄이 출발할 터인즉, 사람 사는 세상에서 굶주림을 면할 수 있는 여건확보는 사회적으로나 개인적으로나 절체절명의 과업이 아닐 수 없다.

그러나 가난극복이 참으로 어려운 난제임은 동서고금의 역사가 말해준다. 가난에 시달리다가 어느새 가난에 물들어 대물림하기도 하고, 오히려 가난에 익숙해져 이른바 '가난의 문화'에 아주 자연스럽게 절어든 국가와 사회도 있다지 않던가.

반대로 가난의 시련은 성장 또는 발전을 향해 분발할 수 있는 좋은 소지임도 역사가 말해준다. "시련은 견뎌내기만 한다면 사람을 강하게 만든다"는 금언대로 필요가 발명을 낳듯이, 가난은 더할 수 없는 발전의 추진력이라 했다. 제3공화국의 조국근대화 성공은 바로 절대가난의 상황을 발전의 원동력으로 삼는데 성공한 역사였고, 누구보다 절대가난의 시절을 살았던 무정이 그 근대화 대열에 합류하는 사이에 관계

(官界) 상하(上下)의 신뢰를 받았던 경우라 할 것이다.

굶주림을 면하게 되었다 해서 세상이 제대로 굴러가는 치세(治世)가 열리는 것은 결코 아니다. 나라 안팎을 지키는 군사력, 백성을 배불리는 양식, 백성에게 안겨주는 믿음이 치세의 세 요건이라 말한 성현은 그 우선순위를 가린다면 군사력이 맨 나중이고, 그 다음이 양식이고, 백성의 믿음이야말로 가장 윗자리에 가야 할 소중한 조건이라 했다.

신라가 천년 역사를 자랑할 수 있었던 데는 치세가 그만큼 길었다는 말이다. 백성에게 믿음을 안겨준 세월이 길었다는 말이기도 하다. 이 점에서 세상을 다스리는 직책에 나아간 무정도 알게 모르게 신라 치세의 빛나는 행적, 특히 믿음 중시의 지난 역사에서 감화를 입었을 것이다. 신라 치세의 감화라면 무엇보다 문무대왕 시절의 일화가 빠질 수 없다.

삼국통일의 위업을 이룬 문무대왕은 경주 외곽에다 성곽을 쌓으라고 수하들에게 명한다. 이 소문을 부석사에서 주석하던 왕족 출신 의상대사가 듣고는 노역의 폐해를 염려한 나머지, 왕에게 간언한다. "왕의 정교(政教)가 밝다면 비록 풀밭 땅에 금을 그어서 성이라 해도 백성들이 감히 넘지 못하고 재앙을 씻어 복이 될 것이오나, 정교가 밝지 못하다면 비록 장성(長城)이 있더라도 재해를 면치 못할 것입니다."

위대한 경주사람인 의상대사 같은 분의 행적이 무정의 처신 어디엔가 좌표가 되었을 터. 그가 청빈으로 살아온 덕분에 주민 또는 국민에게 믿음을 안겨준 바도 경주에 깃든 그런 역사적 풍토와 무관하지 않을 것이다. 따져보면 청빈이 공직에 나선 사람이 마땅히 지켜야 할 덕목의 출발일 뿐 그 완성이라 할 수는 없다. 정직이나 청빈을 토대로 세상에서 진선미를 구현하도록 힘써야 하지만, 원체 청빈이 희귀하다 보면 그마저 대단한 미덕으로 치부되어 온 것이다.

5.

나는 기회가 닿는 대로 경주찾기를 즐긴다. 특히 그곳의 영산(靈山) 남산에 흩어져 있는 탑, 불상 등의 불적을 답사하기 위해서다. 거기서 발길을 돌려 경주 외곽으로 나가 아름다운 석탑 2기만 겨우 남은 감은사 터를 만나면 금방 숙연한 마음에서 나도 모르게 옷깃이 여며진다. 왜구를 방비하는 용이 되고자 바다에 수장된 흔적이라는 대왕암이 바로 바라보이기 때문이다. 이보다 더한 우국충정의 흔적이 있단 말인가.

땅 위에서 살다가 땅으로 돌아가는 것이 사람 삶의 원형질이고 보면 땅과 사람을 연계시켜 살피는 지인상관(地人相關)의 발상법은 동서양이 다르지 않다. 경주라는 땅이 이름난 것은 분명 거기서 살았던 사람들의 빼어남에서 비롯되었고, 이름난 땅은 다시 세상의 일꾼을 배출하는 모태(母胎)가 된다.

땅이 사람을 낳는 모태라 한다면, 그 모태의 인간적 현신은 무엇보다 사람의 모성이다. 오가는 길에 무정을 경주에서 만날 기회를 벼르고 벼르다가 마침내 그의 구십 졸수(卒壽) 노모를 만난다. 세상에 무정이 있기까지는 어머니의 간절하면서도 지혜로운 소망이 숨어 있었다 했고, 이 소망에 부응하면서 살아온 무정이 경주로 낙향한 것은 우리 전래의 가법(家法)대로 노모 근친(覲親)도 무겁게 작용했다고 들어서다.

무정의 노모를 만나고 싶었던 것은 “그 부모에 그 자식”, “그 어머니에 그 아들”이란 말이 틀린 말이 아님을 직접 느껴보려 함이었다. 사람을 키우는 토양으로 모성(母性)이 지중(至重)하다고 보는 시각 또한 동서가 다르지 않다. 맹자 어머니가 자녀양육을 위해 집을 세 번 옮겼다는 고사를 모르는 이 없거니와, 유태인 어머니들이 이 점에서 특히 세계적으로 유별나다. 내 미국 유학시절의 이스라엘 동기생에게 들었던 바로, 유태인은 인종적 특성에 못지않게 어머니가 자녀교육을 전담하다시피 하는 문화인자로 확인된다 한다.

열심히 살아가는 우리 교민을 보고 타민족 출신 미국인은 유태인(*Jew*)에 빗대어 '유태인을 닮은 한국인(*Korean Jew*)'이라며 '큐(*Kew*)'라고 부른다던데, 한민족 모계(母系) 문화인자의 강인함은 치맛바람이란 비아냥거림도 괘념치 않음은 물론 자녀교육을 위해서라면 기러기가족의 고통도 마다하지 않음에서 여실하다. 이런 사정에 대한 부연은 누구보다 우리 현대사의 성공인자가 모계의 우성(優性) 내지 강인성(强靭性)에서 연유한다고 확신하고 그걸 사진 이미지로 엮어낸 한 작가(윤주영, 《어머니의 세월》, 눈빛, 1997)의 발문이 잘 말해준다.

> 돌이켜 보면 우리나라 어머니들처럼 불우한 인생을 살아온 여인들도 많지 않을 것이다. 젊었을 때는 외국의 침략과 압제에 시달렸고, 광복 이후에는 혼란과 빈곤, 그리고 전쟁 속에서 고난의 가시밭길을 걸었다. "'굶기'를 식은 죽 먹듯이 했다"는 말이 결코 과장이 아닐 정도로 우리 농촌에서는 끼니를 못 잇는 농민들이 많았던 시절, 그리고 도시의 영세민들도 쌀 걱정으로 한숨 잘 날이 없었던 그런 시절에도 우리 어머니들은 용기를 잃지 않고 역경을 헤쳐 나갔다. 또 사느냐 죽느냐의 절박한 갈림길에서 뼈가 부서지는 아픔을 무릅쓰고 일터로 나간 어머니들이 없었다면 오늘날 우리들의 생존이 가능했을까 하는 생각을 해본다. 어머니들은 우리를 위해 모든 것을 바친 순교자였다.

6.

노모가 거처하는 무정의 본가는 단지 초가지붕만 아닐 뿐, 방 둘 부엌 하나인 삼간(三間)에 불과한 전형적인 시골집이었다. 신라 고적보존 차원에서 증개축을 엄격하게 제한하고 있음이 집을 그렇게 허름하게 지킬 수밖에 없음을 말해줄 좋은 변명거리였겠지만, 동네사람이 다 아는 '지사 집'이라 말하기엔 무척 초라한 집이었다.

내가 들어서자 오랜 병석에서 조금 쾌차했다는 노모가 겨우 좌정한다. 그럼에도 장수노인의 특징대로 얼굴은 맑고 자세는 꼿꼿했다. 귀가 어두운 것에서 깊은 연륜이 읽혔는데, 대뜸 나보고 나이를 묻는다. 오십 중반이라고 여쭈었더니 "우리 수핵이는 저리 늙어서 어쩌면 좋노?" 하며 말문을 연다. 자식이 아무리 늙어도 부모 눈엔 항상 어리게 보이는 탓인지 노모는 나를 무정의 동년배 친구로 본 모양이었다.

이 말을 받아 "당신의 장수에다 크게 출세한 아들을 두었으니 더 이상 여한이 더 없겠다" 말했더니, 아들이 대신 대답한다. 가정형편으로 장남을 중학에 보내지 못했음이 포한(抱恨)임을 지금도 숨기지 않는다는 것. "일하면서 배운"(*learning by doing*) 학덕이 출중하다고 아들이 계명대학에서 명예박사학위를 받았던 사실은 도무지 노모의 귀에 들어오지 않았다는 말이다. 옛 선비들에게 기대되는 "자신을 잘 바로잡은 뒤 세상 사람을 다스리는" 수기치인(修己治人)의 미덕을 구비한 자수성가한 선비임을 대학이 공인했음도 자식의 초등학교 졸업이란 노모의 포한에 미치지 못했단 말인가.

이어 모성의 자식 가르침에 얽힌 일화를 무정이 들려준다. 공직의 격무중 틈틈이 고향의 노모를 찾을 때마다 타이름을 들어야 했다는 것. 길을 나서는 아들을 문 앞까지 따라 나오면서 되풀이한다. "술 좀 그만 마셔라", "돈 받지 마라", "차 조심해라" 란 세 마디를 빠뜨리지 않았다는 것. 술은 나이를 먹으면서 많이 못 마신다고 응답하면 남자들의 약조는 믿을 게 못된다고 반응했고, 돈 줄 사람이 어디 있느냐고 응답하면 공직은 돈의 유혹이 깃들기 마련이라 했다.

노모는 벼슬을 얻으면 돈의 유혹이 따르기 쉽고 그래서 일가 피붙이까지 기생하던, 역사 이래로 벼슬자리에 나아간 사람들이 봉사의 명예는 뒷전이고 축재의 자리로 악용하던 폐단에 대한 경계심을 숨기지 않았다. 때문에 아들에게 “내 먹을 것은 내가 해결하니 집 걱정은 말라”는 당부를 입에 달고 다녔다. 그러던 어느 날, 한평생 집에서만 맴돌던 분이 주위 친척들의 권유에 못 이겨 관광버스를 타고 하루나들이 나갔는데 공교롭게도 버스가 논바닥으로 구르는 사고가 났다. 다행히 다친 데는 없었지만 경찰이 사고를 가린다며 승객들의 신원을 조사한다. 모친은 한사코 호주인 아들이 경북 도지사임을 숨긴 채 사고무친한 노인이라고 우기더라는 것이다.

경북 도지사에 이어 아들이 국세청장에 임명되었다는 소식을 듣는다. 연세가 깊은 시골노인이 그게 무슨 자리인지 몰라 어리둥절하고 있는데, 이웃 노인들이 몰려와서 “아들이 나랏돈을 거둬들이는 자리에 갔으니 이제 돈방석에 앉았다”며 축하했다. 그 말에 모친은 무척 난감해 했다. “먹물을 가까이 하면 검어진다”는 우리 전래의 경구를 기억했음인지 돈 만지는 자리가 죽을 자리가 될지 모른다고 걱정이 태산이었다. 아들 벼슬은 다시 한국토지공사 사장으로 이어진다. 이 또한 시골노인이 정체를 알기 어려운 벼슬인데, 역시 이웃들이 달려와서 “나라 땅이 모두 아들 땅이 되었다”고 알려준다. 전통시절에 지주땅을 관리하는 마름에 버금간다고 생각했음인지, 하필 상머슴 자리에 나갈 게 뭔가 하며 아쉬워했다. 나라의 마름일지라도 마름은 마름일 뿐 명예의 자리가 아니라고 본 것이다.

무정의 모성은 자식을 바르고 착하게 키우려던, 우리 역사에서 줄곧 보아온 어머니의 지성(至誠)과 같은 가닥이다. 조선왕조 때도 큰 인물치고 어머니의 염원과 공덕이 배이지 않은 경우가 없었다. 퇴계도, 율곡도, 서애도 그러했다 하지 않은가(박석무 편역, 《나의 어머니, 조선의 어머니》, 현대실학사, 1998, 237~243).

"그 어머니에 그 아들"을 말해줄 가족사 내력 가운데 무정의 자당을 연상시키는 경우는 서애의 어머니 안동 김씨(1512~1601)라 하겠다. 서애 유성룡(1542~1607)은, 감히 단언하건대, 5백년 조선왕조가 배출한 가장 걸출한 영상(領相)이었다. 명나라와 분할하려고 조선반도를 침략한 왜의 간계를 이미 간파한 서애는 중화를 군부(君父)로 받들어 온 역사적 의리를 앞세워 오히려 명군을 불러와 왜를 물리치는 데 성공한, 제2차 세계대전 때 미국을 끌어들여 마침내 연합국의 승리를 안겨준 불세출의 영국 수상 윈스턴 처칠에 버금가는, 출중한 리더십이었다. 게다가 육군장수이던 정읍현감 이순신을 일약 7계급 특진에다 해군장수 전라좌수사로 보직 변경시켜 왜구 격퇴의 돌파구를 예비했던 특단(特斷)은 우리 역사의 전개에서 빛나는 불멸의 선견지명으로 기록된다. 그런 서애가 있기까지는 역시 위대한 모성이 있었다. 어머니에 대해 아들 서애가 직접 회고한다.

> 불초 성룡이 임금님의 일 시키심을 받게 되어 더러 벼슬자리를 옮기거나 등급이 오르면 어머님께서는 기뻐하지 않으시면서 훈계의 말씀만 하셨으니, "망령된 말을 하지 말라. 잡스럽게 교유하는 일이 없도록 하라" 하셔서, "감히 그렇게 하지 않겠습니다"라고 대답하였다. … 먼 뒷날의 일을 알아차리는 식별력이 있으셨으니, 날씨가 가물거나 어떤 재이(災異), 곧 해나 별, 바람이나 비의 괴변을 보게 되면 바로 넌지시 말씀하시기를, "하늘이 높이 있다고 말하지 말라. 인간이 하는 일의 옳고 그름을 보지 못할 바가 있겠느냐. 이런 변괴가 왜 일어나겠느냐?" 하셨고, 또, "내가 비록 여자로서 집안일이야 더러 괘념하지 않지만, 오직 나라 일에 마음 기울이는 것은 버리지 못한다" 하셨다.

"나라 일에 마음 기울이는 것은 버리지 못한다"는 안동 김씨의 언행은 어쩌면 그렇게 서애가 발탁한 이순신의 모성과 닮았단 말인가. 나라에 충성하는 사람으로 자라 요순시대 재래(再來)에 일역하라는 부모의 염원을 담아 순신(舜臣)이라 이름 지어졌고, 통제사로 한산도에 머물 때 홀로된 모친을 지금 여수의 선소(船所)마을 인근 고음천 마을에 모셔놓고 겨우 틈을 내어 모처럼 근친하러 가면 만나기가 무섭게 초계(草溪) 변(卞)씨(1515~1597)는 "잘 가거라. 어서 가서 나라의 치욕을 크게 씻어라" 했다 하지 않은가.

임진왜란은 율곡이 "나라가 나라가 아니다(其國非其國)"라고 염려하던 차 들이닥친 일대의 환란이었다. 나라는 바야흐로 절단나기 직전이었다. 그때 유성룡과 이순신이 있어 한민족 역사상 최대 국난을 이겨냈다며 이 시대 한 선비는 둘의 만남을 "위대한 만남"이라 했다(송복, 《위대한 만남》, 지식마당, 2008). 그 위대한 만남이 있기까지는 그들 어머니의 위대한 훈육이 있었다.

7.

어머니의 지성어린 훈육도 사람을 만드는 토양이지만, 사람은 인성은 스스로 타고나서 스스로 쌓아간다는 사실 또한 진실이다. 무정의 인성 또한 스스로 쌓아 사회인으로 성공한 측면도 간과할 수 없다.

무정 인품의 특성으로 말하면, 타고난 유머감각도 빠질 수 없다고 나는 생각한다. 유머는 사람과 사람 사이의 마음을 트고 열게 하는 윤활유다. 차가운 성질의 머리지식, 곧 '보(報)'는 따뜻한 가슴의 '정(情)'에 실어야만 제대로 소통된다 해서 '정보'라는 낱말이 그렇게 태어났던 것.

무정이 사람들과 어울리는 자리에서 곧잘 경북 지사시절의 해프닝을 털어놓아 분위기를 누그러뜨려 놓는다. 관내 시찰차 수하들과 함께 구미를 찾았다가 점심 때 차를 나눠 타고 소문난 보신탕집을 찾는다. 먼저 도착한 일행 가운데는 선비들이 즐기던 고기라며 경북사람들이 '유육(儒肉)'이라 부르는 보신탕을 즐기지 않는 관리도 있어 삼계탕을 별도로 시키던 참에 지사가 들어선다. 할머니 주인이 지사를 반기며 뭘 먹겠느냐 묻자, "나도 탕"이라 즉답한다. 그러자 주인은 주방 쪽으로 크게 소리쳤다는 것. "지사도 개다"고. 삼계탕의 닭이 아니라는 말이지만, 듣기 따라 그 얼마나 불측한 말인가. 이래저래 웃음이 터져 나올 수밖에 없는 일화다.

정부고위직에 있던 분들이 관직을 떠나면 어디서 그런 여유가 나는지 몰라도 거개가 운전수가 딸린 자가용을 계속 부리고 있음이 오늘에 흔한 서울의 관변(官邊) 풍경이다. 여기에 전혀 괘념치 않은 무정은 젊은이들처럼 배낭가방에 서류 등을 넣고 버스, 택시, 지하철을 타고 잘도 다닌다.

요직에 물러나서는 경주 출입이 더욱 빈번해진다. 하루는 기차에서 내려 대구발 경주행 시외버스를 탔다. 이른 새벽, 아직 어스름한데도 버스에 오르자 운전수가 용케 전직 지사임을 알아채고 차비를 받지 않겠다 한다. 경우가 그렇지 않다고 차비를 받으라고 채근해도 "지사님을 버스로 모실 수 있어 영광"이라며 계속 사양하자, "영광은 무슨 영광, 새벽부터 늙은이가 타서 재수 없다고 나중에 뒷소리는 하지 말라"고 한마디 덧붙였다는 것. 하기야 운전수가 뜻밖에 고향출신 도백이자 관로(官路)에는 아직도 가뭄에 콩 나듯이 드문 청백리를 모신 것을 영광이라 할 만도 했다.

유머는 아랫사람이 손윗사람에게 가까이 다가가도록 만드는 자석이다. 무정의 노모가 세상을 떠났다는 소식을 듣고 나도 저녁무렵 경주 상가에 도착했다. 망백(望百)을 살았던 노인의 주검을 모시는 호상(好喪)이라고 마당이 벌써 떠들썩한데, 문상객 접대자리가 바로 상청 앞이라 사람들 소리가 상주 귀에도 빠짐없이 들리는 그런 자리였다.

서울 직장에서 바로 도착했다는 전직 국세청 고위관리가 주변들과 인사를 나누면서 곁들여 말한다. 소식을 듣고 집에다 전화로 경주에 초상이 나서 귀가하지 않고 바로 서울역으로 간다 하니 그 아내가 "그 어른도 떠날 때가 됐다" 하더라는 것. 죽은 사람은 따로 있는데, 죽은 줄 알았으니 오래 살 것이라고 무정 들으라고 큰소리로 말하고 있었다.

유머만 좋은 게 아니라 거동도 사람들로 하여금 친근감을 느끼게 한다. 공직에 있을 동안 상하간에 어울려 종종 당신의 취미인 천렵으로 강고기를 잡아 천어탕(川魚湯)을 손수 끓였다 한다. 안빈낙도(安貧樂道)의 경지가 바로 이를 두고 하는 말인 성싶다.

나는 무정의 장기인 천어탕은 먹어보지 못했다. 하지만 그의 투망(投網)은 구경한 적 있다. 공직에서 물러나 코오롱그룹 연수원장으로 잠시 일하던 시절, 찾아간 원장방에 투망이 걸려 있었다. 친지가 일본을 다녀오면서 선물한 것인데 짬이 없어 여태껏 실전(實戰)사용은 못했고 대신 넓은 사무실의 카펫 위로 던지기 연습이나 하려고 걸어둔 것이라 한다. 무정 특유의 천진함에 나는 한참 웃고 말았다.

유머와 천진함이 함께하는 언행은 무정의 말대로 하면 '목에 힘을 주지 않는' 처신으로 굳어진다. '목에 힘주지 않는' 처신은 사람들과 격의 없는 어울림이 되고, 계층사회에 나아가서는 '동락(同樂)', 곧 함께 즐길 수 있는 여유가 되는 틈새다.

동락할 수 있는 인간관계는 뜻하는 일이 힘들더라도 기꺼이 함께 감수하려는 '동고(同苦)'의 가능성이기도 하다. 그래서 '동고동락(同苦同樂)'이란 말이 나왔다. 무정의 80평생을 회고하는 이 책은 바로 우리 현대사와 동고동락했던 무정의 긴 사연이라 말해도 좋을 것이다.

●1장

다시 시작하는 아침

백발이 되어 터득한 어머니의 사랑

"어머니, 서울에서 일 다 끝내고 이제 아주 왔습니다."

아무런 대답이 없으시다. 한 달 치고 서너 번씩 드나들어도 어머니는 항시 반기시며 "밥 먹었나?" 하고 아들 배고픔부터 먼저 걱정하셨다. 친(親), 외(外) 구별없이 손자, 손녀, 증손자, 증손녀까지 안부를 챙기시고, 밤이면 손수 이부자리를 펴주시며 요강까지 마련해 주시곤 했다. 소변을 보는 단지인 요강을 방에 두는 것은 소위 화장실이라 하는 뒷간이 마당 건너 구석에 따로 떨어져 있기 때문이다(과거, 요강은 모두 놋쇠로 주조되었으나 점점 스테인리스 스틸, 사기 등의 종류가 나와 있어 한결 편리해졌다). 놋요강을 아침마다 닦는 것은 그다지 유쾌한 일이 아니어서 옛날에는 걱정거리를 요강단지에 비유하기도 하였다. 어머니는 아침이면 요강을 닦으셨고 계절에 따라 겨울철엔 외풍을 막아주고 여름철엔 모기를 막는 휘장인 방장도 일일이 챙기곤 하셨다.

그러나 이제 인사를 받으실 어머니는 안 계시다. 하루가 채 가기도 전에, "빨리 서울 올라가야지" 하시며 당신보다 직장에 매인 아들의 신분적 굴레를 더 걱정하시던 어머니…. 아직도 내 가슴속엔 "부디 조심

● 노심초사 바르게 살 것을 당부하시던 어머니

해라", "전직 대통령도, 장관도, 국회의원도 붙잡혀 간다는데 배고프면 집에 돌아오면 된다"며 노심초사 바르게 살 것을 당부하시던 그 목소리가 항상 남아 있다.

병석(病席)에 계실 때 이제 아주 돌아왔다고 여쭈면 무사히 마치고 돌아왔는지 말씀 없는 어머니의 표정에서 걱정과 안도의 회상이 오감을 보곤 했다. 이는 모든 어머니들의 공통된 마음 속의 근심일 것이다. 그러나 너무 늦게 돌아왔다는 돌이킬 수 없는 회한과 더불어 야밤 삼경, 옆방에 잠드신 어머니의 "아야, 아야" 하시는 잠결 신음소리가 더욱 가슴을 치게 하지 않았던가.

십여 년 전에, 서울대 김형국 교수가 경주 여행길에 어머니 문안차 다녀간 일이 있었다. 김 교수를 보신 어머니께서는 고소(苦笑) 하셨다.

"김 교수는 아직 젊은데 우리 아들은 왜 머리가 희고 저래 늙었노?"

그 후 나는 어머니를 뵈올 때면 노태(老態)를 숨기기 위해 이발 등

몸치장에 각별히 유념하였다.

세월이 여류하니 백발이 절로 난다
뽑고 또 뽑아 젊고자 하는 뜻은
북당(北堂: 어머니 계시는 방, 혹은 어머니를 일컫는 말)**에 친재**(親在: 어버이가 살아 계시니)**하시니**
그를 두려워함이라

영조 때의 가인(歌人) 김진태가 남긴 시조 한 쪽이다. 자식된 몸으로 부모님 보시기에 늙어 보인다는 것은 당신의 마음을 아프게 하는 것이니 불효가 아닐 수 없다. 옛날 중국 초(楚)나라의 현인이요 24효자의 한 사람이라는 노래자(老萊子)는 늙은 어머니를 기쁘게 해드리기 위해 나이 일흔에 때때옷을 입고 어린 아이 흉내를 내었다 한다.

어머니는 러·일 전쟁(1904~1905)의 전운이 감돌던, 대한제국 고종 40년인 1903년에 출생하셨다. 러시아가 만주 봉천(奉天)을 점령했던 그 해, 미국에서는 라이트 형제가 비행기를 만들었고 우리나라에서는 평민의 옥색 의복 착용을 금했던 해이다. 당시 국민총생산은 1~2달러에 불과했다.

어머니가 우리 가문으로 시집오신 건 1921년이었다. 1971년에 지아비를 잃으셨고 78년의 세월 동안 가난의 굴레에서 밥짓기, 농사일, 선영(先塋) 보존, 가족 부양 등에 평생을 바치셨다. 가족을 먹여 살리기 위해 밤 새워 삼베 길쌈(삼껍질을 찢어서 실을 만들어 베를 짜는 일), 무명, 목화를 이용한 미영베 길쌈을 하시던 어머니의 모습이 지금도 내 눈에 선하다.

1943년, 일제는 우리 민족의 상징이던 흰옷 착용을 금하였다. 읍내

입구에는 먹총을 든 순사들이 지키고 서서 흰 무명옷을 입은 사람들에게 시커먼 물이 나오는 물총을 쏘아댔다. 무명은 공출품목이었던 것이다. 그러나 한편 "미군의 폭격을 피하려면 조선옷인 흰옷을 입어야 한다"는 소리들이 유언비어처럼 떠돌아, 집집마다 몰래 흰옷을 준비하는 어머니들의 손길은 바빴다. 우리 집에서도 가족 모두 흰옷을 마련해 둔 것으로 기억된다. 어머니는 밤이면 목화의 씨와 솜을 분리하는 "쉐기"라는 기계를 돌리셨다. 기계음이 심했던 쉐기는 야간 순찰을 돌던 경관들에게 적발되기 십상이었는데, 일경(日警)에게 발각되는 날엔 그 자리에서 기계를 빼앗겼다. 어머니는 소리를 줄이기 위해 쉐기 톱니에 비누를 칠하기도 하셨다.

과거, "여자는 시집가면 그 집 귀신이 되어야 한다"는 말이 있었듯, 어머니는 친정에 가시는 일이 거의 없었다. 나도 어머니와 함께 외가에 갔던 일은 아홉살 때 단 한 번뿐인 것으로 기억된다. 도지사로 있을 때, 자동차를 대기해 놓고 어머니께 친정 나들이를 권하였으나 한사코 사양하셨다.

어머니는 늘 부지런하셨다. 내게 조금이라도 근면한 부분이 있다면 아마 어머니의 모습을 보고 자란 덕일 것이다. 어머니는 일일이 돌을 주워 둑을 쌓아, 저습지인 논을 옥토로 만드셨다. 그 논 800평이 우리 가족의 주된 식량원이었다. 그러나 훗날, 그 논이 '오릉'(박혁거세의 능)에 편입되는 바람에 상심하시어 한 달간 병이 나신 일도 있었다.

몇 년 전에는 동네 노인분들과 함께 관광을 다녀오시는 길에, 그만 버스 추돌사고를 당하신 일이 있었다. 승객이 모두 노인들이었으니 사태는 심각했다. 논바닥에 노인들을 눕히고 나서 경찰이 연락처를 물었다 한다.

"할머니, 연락처가 어딥니까?"

"연락처 없다. 집에 가문 된다."

"전화번호는요?"

"우리집 전화 없다."

"그럼 자제분들 연락처라도 가르쳐 주세요. 그래야 연락하죠."

"내는 자식 없다."

후에 내가 왜 그러셨냐고 여쭈어보니, "느희들헌테 걱정 끼칠까 그랬다. 관광이나 하고 다니는 게 창피스럽기두 허구…."

그 후, 어머니는 절대 관광을 다니시는 일이 없었다. 불공을 드리기 위해 경주시 근교 홍륜사 절을 찾는 일만이 어머니의 유일한 나들이였다. 그러나 집안 뜰을 거닐다 넘어져 상처를 입은 이후 한 발자국의 외출도 불가능하실 정도로 건강이 나빠지시더니만 결국 향년(享年) 97세로 유명을 달리하시고야 말았다.

천신만고의 세월을 보내셨으나 후회하는 기색 한 번 비추인 일이 없으시던 어머니…. 어머니의 마음속에 맺혀 풀리지 않은 한(恨)이 있다면 장남인 나에 대한 것이다.

국세청장을 그만 두고 1년여 고향에서 농사일을 보며 어머니와 함께 생활한 적이 있다. 그때 어머니는 눈물을 글썽이시며, "이제 아무런 여한이 없다. 다만 너를 중학교에 보내지 못해 내 죽어서도 눈을 감지 못한다" 하셨다. 어머니의 멍에를 어떻게 풀어드려야 할지, 나는 오늘도 가슴속으로 통곡한다.

우리집 바로 뒷편에 고려 명종 12년(1182년)에 세워진, '효자 손시양 정려비'(보물 2068호)가 있다. 이 비석을 되돌아보며 효에 대해 스스로를 잠계(箴戒)해 볼 뿐이다.

삶을 가르쳐주는 고향의 산

이른 새벽 초등학교 동기와 함께 시오리(십리에 오리를 더한 길이, 6km)여 떨어진 산기슭에 있는 나의 과수원 농장을 찾았다. 그곳은 나와 선친, 빙부(聘父)의 땀이 맺혀 있는, 흙의 의미를 일깨워준 소중한 추억의 땅이기도 하다. 1998년 새마을운동 중앙회장 직에서 물러난 후 귀향을 계기로 나 역시 가계의 구조조정이 불가피해졌다. 일차적으로는 과수원의 경영이고 이차적으로는 가계의 살림살이이다. 그간 과수원 관리를 해온 김씨 부부에게 상호 대가 없이 사과경작에 따른 모든 영농의 전권을 넘겨 책임경영토록 하고 산중턱에 위치한 감나무는 내가 직영하도록 했다.

고개등의 허리쯤 되는 곳에 다다르니 관리인 부부가 아침을 먹으러 하산하고 있었다. 작업의 편의상 더위를 피하기 위해 새벽 이른 시간에 일하고 아침 먹으러 내려온다 했다. 기운이 다 빠진 채 땀이 걸쭉한 장국(?)을 이루며 줄줄 흐르고 있었다. 무엇으로 그들을 위로해야 할지 가슴이 저려왔다.

"안 덥나?"

"괜찮습니다."

"힘들지?"

"이게 우리 한평생 아닙니꺼?"

한평생이라…. 사람의 생(生)은 과연 무엇일까? 답답한 마음에 그 산꼭대기(벽도산: 碧桃山)로 올라갔다. 신라의 옛 서울 경주 시가지를 중심으로 하는 커다란 분지가 눈앞에 펼쳐진다.

동(東)쪽으론 명활산(明活山), 서(西)에는 선도산(仙桃山), 남(南)에는 남산(南山), 북(北)으로는 소금강(小金剛)의 여러 산들이 둘러 있고 그밖에 형제산(兄弟山), 망성산(望星山) 그리고 벽도산과 소금강산이 조금 물러 앉아 겹으로 둘러싸고 있다. 그 중앙을 형산강(兄山江)이 남에서 북으로 관통하여 동해의 영일만(迎日灣)으로 흐르고, 기름진 벌판이 열린 채 자리하여 옛 대도성(大都城)의 면모를 볼 수 있다. 더구나 당시의 흥성하였던 자취를 방불케 하는 옛탑과 능(陵) 등이 원근에 흩어져 있어 옛 서울의 영상(映像)이 가슴에 스미어 든다. 내가 서 있는 바로 이곳이 앞서 말한, 아담하고 부드럽고 포근한 벽도산이다.

"아주 옛날, 해일(海溢)이 일어 천지가 개벽될 때, 이 산으로 피난 온 사람들은 다 살았단다" 하시던 빙부의 이야기도 벽도산 한켠으로 추억처럼 떠간다. 이 정상을 분수령으로 그 밑으로 내려가며 우리 산의 경계를 이룬다.

오른편 쪽에 멀리, 불교의 중심을 이루는 서라벌의 영산(靈山)인 남산이 옅은 구름 아래 우뚝 솟아있다. 어린 시절, 멀리서 보았던 남산은 바위와 붉은 흙빛, 울퉁불퉁한 산맥으로 비추어지곤 했다. 진달래가 지고 나면, 남산엔 철쭉이 지천(至賤)으로 핀다. 과거, 초등학교 소풍지는 으레 남산이었다. 그 즐겁던 소풍길, 철쭉의 진을 먹으면 숨통이 막힌다는 선생님들의 경고가 끊이지 않았으나 철쭉 사고는 비일비재했다. 선생님께서는 철쭉 따먹은 아이를 업고 마을로 내려가 쌀뜨물을 먹이셨다. 철쭉독에 즉효인 쌀뜨물은 초주검이 된 아이들을 신기하게 살려냈다.

온통 흙빛이던 남산은 1970년대 초반부터 시작된 박정희 대통령의 남산 복원계획에 의하여 이제 푸르게 탈바꿈되어 있다. 남산 아래 오릉 서쪽으론 '구들이들'이다.

옛날 신라 때에는 황천(荒川)가에 무덤들이 많았는데 죽은 이의 형상을 따 무덤 앞에 '두두리(豆豆里)'를 세웠다. '구들이들'은 '구드리', '구들', '귀(鬼)들'이라고도 하는데 이는 '두두리들(豆豆里坪)'이 변하여 '구들리들'로 되었다는 이도 있고, '귀(鬼)들'이 '귀들이'로 되었다가 다시 '구들이'로 변했다는 이도 있다.

내가 어릴 때 우리집은 이 들에 소재한 고모님댁의 논을 소작하였다. 우리집에서 시오리 정도 떨어진 거리다. 농사철이 되면 참(站) 심부름은 내가 도맡았다. 주전자에 막걸리를 가득 채워 들고, 주전자 뚜껑을 뒤집어 매운 고추와 된장을 얹어 시오리 길을 걸었다. 열세 살부터는 아버지와 함께 가을걷이 볏단도 지게에 지고 운반하였다.

내가 11살 때부터 13살 되던 해까지 3년간은 극심한 가뭄이었다. 가뭄이 오면 남산골 상류에서 흐르는 관개용수를 분수(分水)받기 위해 밤을 새운 일도 한두 번이 아니다. 오늘은 김서방네, 내일은 이서방네 식으로 물을 나누어 썼으나 가끔은 물을 도둑맞는 일도 있었다. 윗논의 주인이 몰래 고랑을 파 관개용수의 물을 자기 논에 대는 날엔, 아래쪽 논의 임자는 분수 할당일에도 물을 댈 수가 없었다. 그래서 분수 할당일이 돌아오면 밤을 새워 물을 지켜야 했던 것이다.

시골의 밤은 어둡고 적막했다. 늑대소리에 놀라고 멀리 반딧불이 보이면 도깨비불이 아닌가 싶어 몸서리가 쳐졌다.

우스운 일도 있었다. 옆집의 영감이 이른 저녁을 먹고 자기 논에서 물을 기다리고 있었다. 밤 12시쯤(당시는 시계라는 것이 귀하여 달이나 별 등을 보고 대충 시간을 짐작하곤 했다)이나 되었을까, 갑자기 남산쪽에서 불이 번쩍번쩍하는 것이었다. 어두운 시골길, 손전등을 흔들며 걷는 사람의 전등 불빛이었다(당시 손전등은 재력의 상징이었다).

"남산에 호랑이가 있다 카든데… 도망가문 죽는다 카든데…."

그는 두려운 나머지 둑에 엎드려 숨었다. "호랑이굴에 들어가도 정신만 채리면 살아남는다 카든데…." 긴 장수연(長壽煙 : 일제시대 조선총독부 전매국에서 제조한 담배)을 피우며 정신을 가다듬었다.

그런데 그 호랑이불이 자꾸만 길을 따라 자신이 숨어있는 둑 쪽으로 다가오는 것이었다. 그는 가지고 있던 삽에 모래를 잔뜩 떠가지고 소리소리 지르며 불빛을 향해 퍼부었다.

"범 봐라!"

그러자 불쪽에서 또다시 사람의 외침이 들렸다.

"범 봐라!"

모래를 뒤집어쓴 사람도 범이 나온 줄만 알고는 같이 "범 봐라"고 소리치며 혼비백산해 달리기 시작했다. 한참을 달리다가 두 사람은 풀숲에 쓰러졌다. 손전등은 켜진 상태였다. 그제야 불빛이 호랑이가 아닌 손전등임을 알고는 실소(失笑)를 금치 못했다는 이야기다.

그 얘기를 들은 후, 나는 아무리 깊은 밤이라도 두렵지 않았다.

가을걷이가 끝나면 이어서 가을 보리갈이가 시작된다. 늦가을, 가을비만 내리면 이제 "구두리들, 논보리 다 썩는다"시며 긴 밤을 시름으로 잠 못 이루던 어머니의 한…. 그뿐인가 일제 때는 농민의 한이 실린 농사에서 공출이라는 명목으로 가차없이 수탈해가니 농사란 천재(天災)와 인재(人災)가 늘 요소로 작용했다.

이제 아버지는 '구두리들'이 바라보이는 남산 한 모퉁이에 영면해 계시다. 부처님의 가호가 있기를 바랄 뿐이다.

언젠가 서울대 김형국 교수가 경주 남산 탐승길에서 내게 이런 글을 전했다.

> … 신라인이 오르던 길을 오르고 있으면 솔나무 옆의 두루뭉술한 바위가 갑자기 부처가 되고 흐르던 시간이 소리없이 멎어서 신라로 돌아간다. 천년, 부처는 그렇게 앉아 계시고, 천년 그렇게 서 계실 것이다. 부처는 바위, 바위는 부처, 우러러 보는 사람도 부처, 모두 피가 통하는 일심일체(一心一體)이다. 바위가 땅에서 솟아나고 바위에서 부처가 솟아난다. 그리고 그 뒤에 신라의 불공(佛工)이 서 있다. 무언의 대화는 그저 감격뿐이다. 감격에서 깨어나면 푸른 하늘, 흰 구름, 구름 그대로, 바위 그대로, 남산은 그저 그대로다. 천년이 왔다 가는 그저 그대로다. 신라의 여인들이 가슴 설레이며 오르던 남산, 신라의 사내들이 저마다 소원 세우던 남산, 그 산을 오르면 나도 가슴 설레인다(김원룡, "남산 불적(佛蹟)의 미", 《경주 남산》, 열화당, 1987).

내가 기다려온,
나를 기다려온 고향

시골의 여름 아침은 빠르다.

이른 시간부터 친지, 친구 몇 사람이 반기며 찾아왔다. '아이고, 잘 왔다', '그간 수고했다', '인자 막걸리나 묵자', '낚시나 가자' 등 한담객설(閑談客說)이 오간다.

'요새는 좀 어떻노?' 하고 수인사를 하면, '안 노나' 한다. 다시 '아들은 뭐하노?' 하고 물으면 '직장 잃고 집에 엎드려 있다. 취직자리 하나 뚫어다고' 하는 속마음을 털어놓는다. 그 말투와 표정에서 그들의 마음에 내재하는 자조(自嘲)와 자괴(自愧)의 고뇌를 엿보아 알 수 있다.

그리고는 술 한 잔 하자는 것이다. 석양에 주막을 찾으면 거의 중노인들이 삼삼오오 모여서 막걸리판을 벌이고 있다. 한창 일할 나인데, 벌써 정년퇴직한 실업자들도 많다. 와지끈거리는 술판에서 들리는 소리는 누구누구 부도나고, 우리 고장에서 열 손가락 안에 드는 기업들이 파산했다는 환란 여파의 이야기들이다. 거기에 정치를 빗댄 비아냥거림도 섞인다. 특히 지난 정부의 비정(秕政)에 대한 비난과 회의의 토로는 대단하다. 나는 그저 묵묵부답이다.

서민들이 즐겨 찾는 시장 안, 장판 막걸리집 풍경도 옛과 같지는 않다. 쓸쓸한 분위기 일색이다. 얼마 전만 해도 이곳은, 가난하면서도 가난함을 느끼지 못함인지 별로 가진 것 없으면서도 넉넉한 듯 세상을 탓하지 않고 시대를 원망하지 않으며 그저 주어진 여건에서 묵묵히 일하며 살아가는 사람들이 드나드는 장소였다. 막걸리와 생된장 독에서 금세 빼낸 고추에 돼지 삼겹살을 곁들이는 맛과 정취는 메마른 가슴을 윤택하게 해준다. 장소가 워낙 협소해 한 잔 마신 후엔 빨리 자리를 비워줘야 하지만, 들락날락하는 주객들 중에는 자리를 물려주며 나의 술값까지 몰래 셈하고 가는 순후하고 소박한 고향의 정이 오고가기도 한다.

IMF를 계기로 촉발된 실업의 공포와 경제적 불황은 고향의 민초들의 삶에도 그림자를 드리우고 있었다. 이곳 조로인생(早老人生)과 실업군들의 잿빛 얼굴 그리고 와지끈거리는 소리와 표정들을 보니 문득, 내가 코오롱 연수원장으로 재직할 무렵, 《코오롱 사보》(1994년)에 실렸던 김성우 씨(당시 한국일보 주필)의 글이 떠올랐다.

> 인생의 보람은 남는 시간에 있는 것이 아니다. 일하는 시간 속에 있다. 생계 걱정이 없는 정년퇴직자가 일을 찾아 나서는 이유를 어떻게 볼 것인가? 일의 의미란 역시 단순한 돈벌이의 수단에 그치는 것이 아니라 생활의 목표 자체이며 삶의 보람이다.

그렇다. 언젠가는 나도 모든 시름을 다 털어버리고 하루 빨리 가업(家業)인 농사일을 거드는 것이 최선의 길임을 다시 한 번 자각했다. 일이란 처음 시작하기보다는 한번 시작한 일을 그만 두기가 훨씬 어렵다. 옛 속담에도 '개구리 올챙이 적 생각 못 한다'고 했다. 이제 다시 강 상류의 맑은 물 솟아나는 근원으로 돌아가야 할 때라고 느꼈다. 암울했던 일제 말기, 초등학교를 졸업하고 군청 말단직으로 처음 공직의 길에 들어섰던 그 올챙이적의 초심(初心)으로 말이다.

다산(茶山)의 《목민심서》에 이르기를 "선비는 벼슬길에 오르면 낙향을 미리 준비하되 임지에 가족을 데리고 가 살아서는 안 된다. 혈육이 그리우면 아들 하나만을 데리고 가야 한다"고 하였다. 더욱이 낙향을 뜻하는 귀거래(歸去來)는 선비의 미덕이었다.

그러나 내가 말하려는 낙향은 옛 현인들의 흉내를 내자는 것도 아니요, 어떤 낭만 같은 것은 더더욱 아니다. 유능하여 쓸모있는 유위지사(有爲之士)는 못되나, 고향을 찾아갈 때마다 도시와는 달리 점점 퇴락해 가는 모습을 보고 느꼈던 안타까움의 발로인지도 모른다. 고위 공직에 올라 소위 출세했다는 주위의 이야기를 들을 때면 내가 과연 고향을 위해 무엇을 했는가 하는 자책이 앞서기도 했다.

고향이란 말이나 글로 표현하기 어려운 무한한 자력(磁力)을 갖고 있다. 어릴 적 모래사장에서 지남철로 글겅이질을 하면 버려진 못이나 미세한 사철이 달라붙곤 했다. 그 신기했던 경험을 나는 고향으로의 회귀본능과 연계시켜 본다. 우리말 사전적 해설로는 자기력이 미치는 공간을 자기력의 장 또는 자계(磁界)라 한다. 페러데이 이론에서 온 개념이다. 이 자장(磁場)의 강도, 즉 자석이 서로 끌고 미는 유도의 힘을 생각하면서 물리(物理)에 어두운 소치인지, 그 보이지 않는 신비성에서 나는 고향은 자장의 힘을 갖는다고 믿는다.

새마을운동 중앙회장으로 있을 때에도 침체되고 공동화되어가는 우리 농촌에 새로운 매력을 창조하기 위해 일본 오이타현(大分縣)에서 전개되고 있는 일촌일품(一村一品) 운동과 비슷한 지역특색사업 가꾸기를 주창하기도 했다. 고향의 자장력을 높이기 위해서였다.

도시로 간 사람들 중에는 성공한 사람도 있고 실패한 사람도 있을 것이다. 그렇지만 그리움의 으뜸이 향수라는 것은 누구나 갖는 인지상정이리라. 특히 부모를 고향에 두고 온 사람들은 고향을 더욱 그리워한다. 나도 그 중 한 사람이다. 관사(官舍) 또는 셋방이라도 한옥에서 생활할 때는 어머니를 함께 모셨으나 서울에서 아파트 생활을 시작하고부터는 답답하시다고 고향으로 내려가셨다. 옛날 같으면 장남인 내가 함께 내려가야 하는 것이 도리겠지만 그렇게 하지 못했으니 죄스럽기만 하다. 어머니가 답답해하시던 회색의 도시를 떠나 보리누름의 새소리가 있고 질박한 사투리의 정서가 있는 고향은 비로소 나를 안도하게 만든다.

소리, 향기, 맛 그리고 그리움을 찾기 위해 명절이면 고향을 찾는 차량행렬은 고속도로는 물론 일반국도, 지방도 할 것 없이 주차장을 방불케 한다. 도로뿐만 아니다. 서울역을 비롯한 전국 역과 공항 할 것 없이 귀성객으로 아수라장이다. 그러나 지옥 같다고 표현하는 짜증나는 귀성길이 올해도 초만원을 이루는 것을 보면 고향의 자장력을 무시할 수는 없는 것 같다. 어느새 우리의 기억에서 사라진 지 오래지만 서울역에서 "설날" 귀성객의 혼잡으로 일어났던 대형사고를 통해서도 고향에 대한 진한 애정과 그 혼잡의 실상을 짐작할 수 있다.

가끔 친구들도 이제 아무것에도 속박되지 않고 마음껏 조용하고 편안히 유유자적하라고 권한다. 나이 들면 누구인들 소망하는 생활관인지도 모른다. 그러나 이것이 말 그대로 그리 쉬운 것은 아니다. 더욱이 나의 형편이 받아들이지 못한다. 다만 자기 홀로 잘난 체하며 인생을 달관한 척 거드름을 피우면서 자신의 현실도피를 미화라도 하기 위한 행태로 비춰질까 염려되기도 한다.

경주군청에서 경상북도 도청으로 전근발령을 받아 고향을 떠난 지(1947년 4월 30일) 60여 년, 내무부로 전근되어 처음 서울로 올라온 지(1961년 1월 18일) 50여 년이 되는 셈이다. 나는 4·19 혁명 후 민주당 정권이 아니었다면 내무부로 올라올 기회도, 자식들을 서울에서 공부시키는 것도 얼마 동안은 늦어졌거나 어쩌면 불가능했을지 모른다. 말은 키워서 제주로 보내고 사람은 서울로 보내라는 옛말처럼 이 점 무엇보다 감사하게 생각하고 있지만 항상, 고향은 강한 자장력으로 나를 이끌고 있다. 암울했던 일제 말기, 초등학교를 졸업하고 군청 말단직으로 처음 공직에 들어섰던 그 올챙이 적의 초심(初心) 깃든 고향, 어머니가 평생 나를 기다리시던 내 고향 경주.

기억 속에 되살아나는 시골생활

1998년 새마을운동 중앙회장을 사임하고, 마지막으로 새마을의 사무실을 떠나는 날, 젊은 직원들이 "한 잔 하고 가시지요" 했다. 주안상(酒案床)의 차림새는 어떠하든 간에 사실 그들에게 베푼 것이 변변치 못한데 도리어 대접받는다는 것은 미안하고 떳떳하지 못했다. 더욱이 자숙과 내핍을 요구하는 IMF 환란중이어서 더 마음에 걸렸다. 왠지 현관 게양대에 펄럭이는 새마을기에 자꾸만 고개가 되돌려졌다. 말없는 중에 새마을에 대한 애정이 따뜻하게 느껴졌다. 그러나 발길은 천금같이 무겁기만 했다.

'국민의 정부' 출범 초창기라 그때까지만 해도 새마을운동의 앞길, 시계(視界)가 여전히 불투명했기 때문이다. 결국 젊은 직원 몇 사람과 새마을중앙회 뒷골목 "대폿집"에서 소주로 회정(懷情)을 나누었다.

귀가길 운전기사가 "회장님 이제 좋아하는 투망이나 실컷 하시지요…" 하며 차안의 침울한 분위기를 바꾸어 보려고 애썼다. 승용차로 나를 모시는 기회도 마지막이라 생각하니 아마 섭섭(?)한 것 같았다. 하지만 그에 대한 나의 답은 "글쎄다" 하는 한숨을 내뿜는 것 외에는 달리 할 말이 없었다.

돌이켜 생각하니 만감이 뒤얽힌다. 국세청장을 끝(1982년)으로 고향에 가서 "다시 새로 시작한다!"는 다짐으로 모처럼 고향에 돌아갔으나 수절(守節)의 뜻이 한 해를 채우지 못한 채 다시 국영기업체인 한국토지개발공사(지금의 토지공사) 사장에 임명되어 파계(破戒)한 꼴이 되어버렸다.

시골생활은 도시처럼 번잡하지 않기에 나름대로의 외로움도 있었다. 그러나 아무리 외롭다고 생각해도 공직 복귀는 꿈에도 생각지 않았다. 벼슬이라는 것은 많은 사람들이 바라는 것이지만 나의 세속적 부질없는 행태에 자괴심을 금할 수 없었다.

또 봄철이라 우리 과수원의 하얀 능금꽃도 어느덧 지고 뒤이어 가지마다 속잎이 돋아 오르니 이랑이 긴 밭에 농약 치고 밭갈이할 일도 태산 같았다.

또한 삼복더위에 산골농장으로 법주 한 병과 참외 십여 개를 들고 왔던 왜관(倭館) 보신탕집 욕쟁이 할머니의 모습이 눈앞에 떠올랐다.

"이 영감쟁이 뭐하노? 여기 처박혀 무슨 지랄이고? 이자 세상 좀 즐길 줄도 알아야지 쯧쯧쯧… 하기사 코빼고 들앉아 있는 것보단 낫다."

대뜸 퍼붓는 욕설에 인부들이 미친 여자 왔다고 혼비백산한 일도 있었다. 밤 10시가 넘는 시간에 안사람에게 전화를 걸어 "영감 요새 힘 좋나?" 하며 외설적 농담도 서슴지 않는 그이의 욕설에는 진한 인정이 묻어 있음을 나는 모르지 않았다. 팔순을 앞두건만 보신탕을 많이 먹어선지(?) 정정한 그이는 그날 나와 법주 한 병을 함께 마시고 산을 내려갔다. 그간 세월이 흘러 바람결에 소식을 들을 뿐이나 고령(高齡) 탓인지 전과 같은 여장부적 기개(氣槪)는 잃은 것 같다.

새마을운동 중앙회장을 사임하고 집에 와 보니 새마을중앙회로부터 새마을 유니폼 한 벌과 경주 가는 여비 얼마, 시골의 소리를 보고 듣고 남기라는 뜻에서 녹음기 한 대, 연락을 주고받기 위한 팩스 한 대가 와 있었다. 향리에서 새마을운동 계속하라는 메시지가 담긴 질박한 선물인 것이다. 궁상(窮狀)을 떠는 것 같으나 이것이 새마을의 실상이다.

안식구는 "이제 짐 벗었습니다" 하며 반겨주었다.

"인자 머 합니까?"

"고향 가서 어머니 모시고 농사지어야지."

"나이가 얼만데 아직도 청춘인 줄 아는기요?"

미안한 마음에 차마 당장 같이 내려가자는 말은 나오지 않았다. 고향이 도시에서 멀리 떨어진 궁벽한 외딴 시골은 아니나 생활문화 수준이 낮은 지방에서 서울문화를 조명해 볼 때, 어떠한 음영(陰影)이 나타날 것인가. 보지 않아도 명백하다. 문화도 문화를 받아들이는 것도 하늘과 땅의 격차인 것이다.

뿐만 아니라 가정관에서도 말없는 혁명기를 맞는 시대다. 아무리 부부일신(夫婦一身)이라 해도 이제 고향에 대한 귀속감정 그 자체가 변질되고 있어 절대적 귀속을 요구할 수 없는 것이 오늘날의 현실이다. 선입관인지는 모르나 그래서 "남들은 그렇지 않은데 혼자 호들갑 떤다"는 냉소의 소리도 듣곤 했다.

추풍령 고개를 맨발로 넘어오시오

팽팽히 버텨오던 공직 세파의 긴장이 풀린 탓인지 평생 느끼지 못했던 게으름이 찾아오고 몸도 나른해지는 것을 자각하게 된다. 삼복더위라는 계절 탓도 있겠으나 그보다는 정신적 해이에서 오는 해태(懈怠) 증세가 아닌가 싶다.

해태란 가톨릭에 말하는 일곱 가지 죄인 칠죄종(七罪宗) — ① 교오(驕傲, 교만하고 오만함), ② 간린(慳吝, 인색함), ③ 미색(迷色, 여색에 혹함), ④ 분노(忿怒, 분하여 몹시 성을 냄), ⑤ 탐도(貪饕, 음식이나 재물을 탐냄), ⑥ 질투(嫉妬, 샘이나 시기), ⑦ 해태(懈怠, 게으름) — 즉 사람이기에 날 때부터 타고 난 모든 원죄의 일곱까지 근원 중 하나이며 내 평생 끈질기게 추구해온 금기영역의 기본적인 정신이기도 하다. 프랑스 속담에도 "근면은 권태와 죄악과 결핍의 세 가지 악을 물리친다"고 했다. 무엇을 꺼리랴. 고향 경주로 발길을 돌렸다.

서울역은 피서지를 찾는 인파로 여전히 붐볐다. 한 달에 3, 4회씩 나들이처럼 오고 가던 고향길이었지만 그날따라 웬일인지 고독감이 치밀었다. 의지할 곳 없이 외로운 사람도 아니요, 한 번 가면 다시 올 기약마저 어려운 헤어짐도 아니고 또 가고 옴을 수시로 하고 있는 오늘날인데도 왜 그럴까?

홀연 언젠가 읽었던 괴테의 《이탈리아 기행》에서 "누구 하나 아는 사람도 없는 붐비는 사람 틈을 밀어 헤치고 나아갈 때만큼 통절히 고독을 느끼는 일은 없다"는 글귀가 뇌리를 스쳤다. 천박한 학식에서 어찌 대문호의 고독한 경지를 헤아릴 수 있을까마는 새삼스레 그의 상념이 가슴에 와 닿는다.

남으로 달리는 새마을호 열차는 추풍령 고개를 지나고 있다. 매양 느끼는 감정이지만 서울-경주 간의 중간지점인 이곳이 경북 도계(道界)라 그런지 같은 속도임에도 그곳까지 올 때보다 더 빠른 느낌이 든다. 고향이 갖는 자장(磁場)의 유도력일까. 특히 이곳을 지날 때마다 되뇌는 느낌이 있다.

1973년 충남지사로 발령이 나자 "국졸도백(國卒道伯)"이라는 것 때문인지 언론의 집중적인 시선을 받았다. 부임한 그날 저녁 임시숙소로 정한 여관방에 손님이 두 분 찾아왔다.

그 중 한 명은 당시 새마을 교육을 총책임지고 있던 독농가연수원(새마을지도자 연수원의 전신) 김준 원장이었다. 지방출장 갔다가 소식을 듣고 찾아왔다며 지난 1년 반 동안 같이 보낸 이야기들과 함께 연신 고맙다는 말과 아쉬운 마음을 억누르지 못하였다. 그러면서 "어려운 일에 부딪치거나 외로울 때 읽어보십시오"라고 하며 책을 한 권 내밀었다. 성경이었다. 특히 〈잠언〉 3장 14~15절을 눈여겨보라고 했다. 읽어도, 읽어도 명언인 잠언의 글귀들은 어려운 일을 당할 때나 공직자로서의 자세를 되새김에 많은 도움을 주었다.

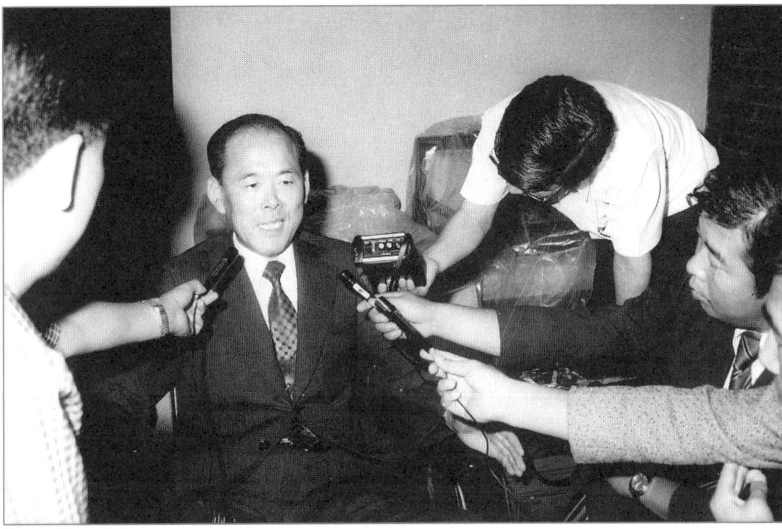

● 나는 공직자로서의 청렴함을 항상 되새기려 했다. 경북 지사 취임 인터뷰

> 지혜를 얻는 것이 은을 얻는 것보다 낫고 그 이익이 정금보다 나음이니라. 지혜는 진주보다 귀하니 너의 사모하는 모든 것으로 이에 비교할 수 없도다.

또 한 분은 대구에서 서예가로 활동하는 고향선배였는데 이런 저런 이야기 말미에 "추풍령 고개를 맨발로 넘어오시오"라는 부탁을 했다. 당시는 느끼지 못하였으나 공직생활을 하면서 생각해 보니 욕심부리지 말고 깨끗하게 하라는 충고의 말이었다.

그 말을 들으니 문득 퇴계 선생의 행적이 떠올랐다. 퇴계 선생이 단양군수를 마치고 그 임지를 떠나 죽령에 다다랐을 때 단양군 이속(吏屬)이 뛰어와 지고 온 삼(麻)을 내려놓으며 "이 삼은 관청 소유의 밭에서 수확한 것이니 예에 따라 어른께서 가져가셔야 합니다"라고 하였다. 선생은 이에 진노하시며 "시키지도 않은 일을 어찌 네 마음대로 하느냐. 당장 가져가거라"며 물리치셨다고 한다. 그리고 풍기군수에서 물러날 때는 아무것도 가져오지 않았는데 하인이 서적과 옷궤를 가져오니 퇴계는 서적과 옷은 받아두었으나 옷궤는 군 소유물이라 하여 되가져 가게 하였다는 일화가 전해지지 않던가. 공직자의 청렴함, 퇴계 선생의 그 청심한 행장(行狀)을 나는 지금도 존경한다.

시심(詩心)을 잉태한 강과 마을

철도로 경주를 오르내리면, 소설가 김동리(金東里: 1913~1995) 선생의 《무녀도(巫女圖)》에 등장하는 '애기소(沼)'가 보인다. 선생은 경주가 낳은 거인 중의 거인으로서 민족문학의 선봉장이었다. 경주 한복판을 흘러내리는 형산강 줄기, 주인공 모화의 슬픈 초혼(招魂)이 어린 곳이다.

> 굿이 열린 백사장에서 북쪽으로는 검푸른 소물이 깊은 비밀과 원한을 품은 채 조용히 굽이돌아 흘러내리고 있었다. … 백사장 위에는 수많은 엿장수, 떡장수, 술가게, 밥가게들이 포장을 치고 혹은 거적을 두르고 득실거렸고 그 한복판 큰 차일 속에서 굿은 벌어져 있었다. 청사, 홍사, 녹사, 백사, 황사의 오색사초롱이 꽃종이 같이 여기저기 차일 아래 달리고 … . (《무녀도》 중에서)

세월이 흐르면서 애기소 주변도 많이 변했으나 애기소를 휘감아 도는 물줄기는 아직도 굽이쳐 흘러가고 있다. 유년시절, 내가 즐겨 찾던 곳이다. 봄 계절 흐르는 수량이 옛과 같지는 않지만 지금도 이른 봄 홍수가 나면 그 하류 영일만 연해에서 형산강 상류로 산란을 위해 거슬러

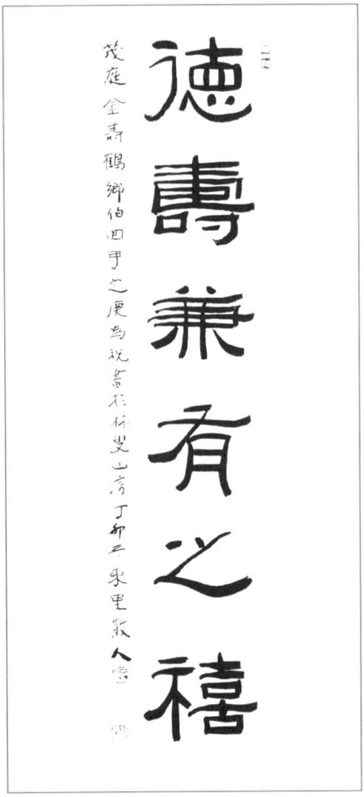

德과 壽를 겸하여 가지는 경사. 김동리 선생께서 회갑을 맞이한 필자에게 써 주신 친필 휘호

오르는 황어(잉어과에 속하는 방주형의 물고기로 길이 10~45cm)를 잡는 투망 어장이기도 하다.

이곳을 찾을 때면 나는 늘 동리 선생을 추억하곤 한다. 선생의 문학세계에 대하여 장님 은빛 보듯, 나의 얄팍한 능력으로 감히 글로 옮기지 못함을 자탄할 뿐이다. 향우인 시인 김해석 형은 〈경주 춘추〉에 실린 김동리 추모사에서 다음과 같이 말했다.

> 그늘에서 나무의 전모가 보이지 않는다. 아니 볼 수 없다. 그늘을 잃었을 때 그 나무가 얼마나 큰 거목이었으며 얼마나 많은 일을 한 은혜로운 존재였던가 비로소 알게 되고 그럴수록 절절한 아쉬움과 커다란 공허감에 사로잡힌다. 동리 선생을 잃고 난 뒤의 감상이 바로 그랬다.

나도 동감이다. 선생은 위대한 소설가였을 뿐 아니라 위대한 시인이요 수필가요 평론가였으며, 항일애국자로 반공투사로 그리고 한국 민족문학을 수호한 선봉장이었다. 간혹 여가를 얻어 지금은 고인(故人)이 된 향우인 이상렬 경주 중고등학교 이사장과 함께 선생의 서재를 찾으면, 으레 손수 데운 백화수복이 대폿잔으로 오고가고 했다. 만취해 돌아오는 길엔 선생의 넘치는 인정과 주담(酒談)이 그림자처럼 긴 여운으로 남았다.

《무녀도》는 선생이 자라온 경주시 선건동 일대와 그 주변의 서천과 북천이 합쳐지는 애기소를 중심으로 펼쳐지는 이야기다. 문단의 원로가 된 후, 동리 선생은 애기소를 바라보며 천년 고도의 무수한 이야기와 모든 비밀이 다 이 물 속에 감추어져 있다고 언급하며 그 물살만이 그래도 고향에 대한 기억을 온전히 떠올려 주고 거기에서 위로를 얻는다고 밝히기도 했다.

선생이 〈귀거래행〉이라는 시에서 표현한 대로 저승이 이승을 이기는 곳 경주, 불멸의 도시 경주는 김동리 선생으로 하여 경주를 배경으로 하는 또 하나의 불멸을 얻은 셈이다.

애기소와 함께 잊을 수 없는 곳은 바로 모량이다. 경주 시가지의 왼편, 신라 화랑의 도장(道場)이라 알려진 단석산(斷石山, 일출산, 달래산이라고도 함)이 멀리 솟아 있다. 그 산 아래 우리 고장이 낳은 국민 시인 박목월(朴木月: 1916~1978) 선생의 고향 마을 '모량(毛良)'과 그의 시 〈가랑비〉에 나오는 모량역이 보인다.

단석산은 소년 시절, 김유신(金庾信, 595~673) 장군이 이 산에서 수련할 때 장검으로 바위를 잘랐다 하여 붙은 이름인데, 전설에 의하면 김유신 장군은 17세에 홀로 이 산에 들어가 난승(難勝)으로부터 방술(方術)을 배웠다고 하며[1] 지금 송선리에 있는 상인암의 석굴(石窟)이 당시 김유신이 수도하던 도장이었으리라 전한다. 단석산은 목월 선생의 어린 시절 놀이터였다 한다. 임운식 친구와 선생에 관한 이야기

1) 《三國史記》 卷 第 41, 金庾信 列傳.

경주 보문단지에 세워진 박목월 시비. 선생의 고향 마을 모량은 목월 시의 모천(母川)이었다.

를 나눌 때면 그는 거침없이 다음의 시를 외우며 선생을 찬미한다.

옛날 역마을에 가랑비 왔다
초롱불 희미한 밤 가랑비 왔다
초롱은 종이초롱 하얀 역초롱
모량역 세 글자가 젖어 뵈는데

모든 시인들이 그러하듯 고향 모량은 목월 시의 모천(母川)이었다. 그는 경주에서 출생하여 대구에서 학교를 나왔으니 대구·경북 사람들에게는 훌륭한 시인을 배출하였다는 긍지를 덤으로 넘겨준 셈이다.

아이들은 지금도 태어난 지 50년이 넘은 '송아지 송아지 얼룩송아지'를 부른다. 젊은 시절, 가곡 '이별의 노래'나 '4월의 노래'를 부르며 그 아름다운 가사에 남몰래 눈물 흘렸던 사람도 적지 않을 것이다.

목월은 한국인의 정서를 가장 한국적인 언어로 표현한 시인으로서 그 대표성을 인정받고 있다. 그래서 한국인이라면 누구나 "강나루 건너서 밀밭길을 구름에 달 가듯이 가는 나그네"로 시작하는 '나그네'의 한두 구절을 못 외우면 무식한 사람 소리를 들을 수도 있다.

1940년대, 선생은 농협의 전신인 금융조합에 근무하셨다. 군청에 근무하던 10대 소년이었던 나는 사람들의 입소문을 듣고 목월 선생을 보기 위해 금융조합을 찾아갔던 일도 있었다. 멀리서 흠모하는 눈길로 바라만 보았던 목월 선생은 참으로 기골이 장대하고 인자한 표정이었다. 항일정신을 지닌 위대한 시인이라는 소문대로였다. 그래서 많은 용기를 얻고 돌아온 일도 있었다.

나의 처가는 모량역에서 경주쪽으로 시오리 정도 떨어진 광명마을이다. 안식구가 첫 아이와 함께 처가살이 할 때, 토요일이면 으레 처가를 찾았다. 일요일 오후, 근무지인 대구로 향하는 기차를 타려 모량역에 나서면 빗물에 젖어가던 종이 초롱 사이로 이모(姨母)의 등에 업혀(안사람은 내외한다 하여 나오지 못했다) 아비를 배웅하던 큰 아이의 까만 눈동자에 자꾸만 고개가 돌려졌다.

개나리와 살구꽃이 만발하던 그 그리운 봄밤…. 그래서 애기소와 더불어 모량은 아직도 내게 특별한 추억을 전하며 발길을 잡아끌곤 한다.

잡초에 대한 단상

지자체 지원조례 제정 등에 힘입어 귀농인구가 크게 늘고 있다고 한다. 농림수산식품부와 지자체에 따르면 2007년 영농을 목적으로 하거나 텃밭을 가꾸며 전원생활을 하기 위해 농촌에 정착한 귀농가구는 2,368가구로, 2006년 1,754가구 대비 35% 늘었다는 보도다.

1990년대 들어 시작된 귀농 바람은 1998년 IMF(국제통화기금) 관리체제 당시 6,409가구로 최대치를 기록한 이후 1999년 4,188가구에서 2000년에는 354가구로 급감했다. 2001~2003년 연평균 700~800가구로 정체됐던 귀농인구는 2004년 1,302가구로 크게 늘어난 이후 2007년까지 3년간 연평균 30% 가까이 늘어나 2000년대 들어 지난해 최대치를 기록했다(〈농민신문〉 2008.4.9).

다만 염려스러운 것은 귀농을 꿈꾸는 사람 중 "농사나 짓지"하며 농사일을 안이하게 생각하는 사람들이 있을까 싶어서다. 또 부유층 중엔 옛 선비들처럼 한운야학(閑雲野鶴)을 벗삼아 여생을 보내려는 사람들도 있는 것 같다. 그러나 진정한 의미의 귀향이란 순리에 따라야 한다는 것이 타당한 말이 되지 않은가 싶다. 옛 현인을 흉내내려는 위선적

작태나 마지못해 낙향하는 식이 아니라, 자신이 찾는 모든 것이 고향에 있다고 여겨질 때 비로소 사람은 흙과 친해질 수 있기 때문이다.

사실 농사일처럼 힘든 것이 또 있겠는가. 더구나 잡초와의 전쟁은 경험해보지 않고서는 상상조차 할 수 없다고 감히 단언한다. 가끔 잡초를 두고 낭만을 꿈꾸는 사람들이 있으나, 잡초와의 전쟁이란 목숨을 건 투쟁이나 다름없다. 잡초를 제거하지 않으면 농사일을 그르치게 되는 까닭이다.

"잡초"라는 말의 사전적 풀이는 그저 "잡풀"이라 하여 별다른 의미 부여는 없다. 그러나 "잡(雜)"이라는 말은 여러 가지가 한데 뒤섞여 순수하지 않거나 자질구레한의 뜻을 나타내는 말이고 '제멋대로', '막된', '하잘 것 없는'의 뜻을 나타내는 말이라 했다. 흔히들 글을 읽어도 "농사 잘 되고 못 되고는 잡초를 제거하는 데에 달려있다"는 말과 함께 소인을 부정적인 측면에서 잡초라 표현하기도 한다. 반면 잡초가 황폐화하는 땅을 피복하여 토사(土砂)를 예방하며 식용약제로도 쓰이고 가축을 비롯한 동물들의 주된 사료가 될 뿐 아니라 잡초와 같은 끈기를 배우라는 인간 정신계발의 교훈이 되기도 한다.

그러나 나는 잡초와 전쟁을 치러야 했다. 나의 농장은 경주시에서 서북쪽으로 시오리여 떨어진 '당매기'(딩미기, 당목이라고도 함) 마을에 위치한다. 산은 크게 높지 않으나 주변 숲이 짙어 어둑한 골짜기와 구릉으로 형성되어 있다. 산 아래 도로변을 중심으로 20여 호가 모여 살았으나 1975년경 국도를 넓히면서 마을 주민은 흩어지고 당집(신을 모셔 놓고 위하는 집)만 그 옆모서리로 옮겼다. 그간 경작했던 산언저리 농지는 잡목이나 잡초만 우거진 거의 폐농상태에서 황폐화되고 있고 우리 농장만이 겨우 명맥을 유지하고 있다. 국토개발의 진전과 산업화 과정에서 흔히 볼 수 있는 우리나라 농촌 변화의 한 예라 하겠다.

지난 날, 함께 일도 하며 말벗이 되어 주기도 했던 이웃 농장친지들이 보이지 않아 섭섭하고 서글퍼짐을 어찌 할 수 없었다. 그들 중 두 사람은 이미 고인이 되고, 또 두 사람은 농사일 마치고 귀로에 교통사고로 불구의 몸이 되어 과수원 농사도 그만 두기에 이르렀다. 이 산에는 직접적인 과수원 농사 이외에도 공사(公私) 간의 사연과, 맺혀있는 한(恨) 또한 없지 않다.

해방 전, 열세 살의 겨울. 이 산에서 벌목(伐木) 일에 품팔이하시던 아버지께 도보로 점심 도시락을 나르는 심부름을 했다. 겨울철이라 아직은 쌀이 남아 있었다. 놋그릇에 김치와 간장을 넣은 비빔밥을 들고 밥이 식을세라 서둘러 발걸음을 옮겼다. 운이 좋은 날엔 간혹 나무 실으러 가는 짐수레를 만나 올라타는 횡재(?)를 하기도 했다.

"니 어데 가노? 어느집 누구고?"

"아무개 자식입니다. 아버지 도시락 심부름 갑니다."

"어여 타라."

그때를 잊지 않은 것은 흘려보내는 한숨 섞인 소리로 "저 산 몇 평만 가지면 너 중학교 보낼 수 있는데…" 하시던 아버지의 말씀이다. 그때는 그저 무심코 넘겼으나 인근 마을(광명리)에 장가들게 되자, 다시금 그 일이 떠올랐다. 그 후 아버지 생전, 빙부의 권유로 어머니가 마련해 두셨던 서남쪽에 소재한 망성산 묘터(墓地)를 팔아, 빙부 계중(契中) 소유였던 지금의 과수원을 인수하였다. 그래서인지 이 과수원에 대한 나의 애정은 유별하다.

4월 초순으로 기억된다. 내무부 지방국장에 재직(1973년)하던 때, 고속도로로 대구에서 포항 공업단지로 향하던 박정희 대통령께서 오른편 우리 산을 지적하시며 "저 산은 왜 저래 벌거숭이냐, 밤나무 혹파리병으로 고사한 것 같은데 왜 그냥 방치하느냐?"하시며 꾸지람 섞인

지시를 내리셨다고 했다.

동행한 구자춘 지사(故人)가 지방국장의 산이라고 보고하니, "산림 녹화에 앞장서야 할 국장이 자기 산을 저렇게 방치하다니, 당장 내려와 밤나무 심으라고 해라"는 불호령이 떨어졌다. 국장 목 날아가지 않은 것이 다행이었다. 다음날, 나는 시급히 내려와 밤나무 식재를 모두 마쳤다.

다시 찾은 과수원에는 깊은 수림 속에 울려 퍼지는 매미소리에 온 산야가 진동했다. 옆 과수원의 폐농으로 농약살포에 따른 약해(藥害)가 감소되어 그런지 매미소리는 더 요란하기만 하다. 이른 아침부터 쉼이 없이 감나무 둘레에 엉클어진 잡목과 풀베기를 했으나 진도는 소걸음에도 미치지 못한다. 농부에 버금가는 정도의 일을 하지 못해도 고향사람 대면하기야 떳떳하지만, 혹은 농장일 한답시고 흔히 상류층(고위 공직자를 대체로 그렇게 보는 경향이 있다) 졸부들이 일삼는 풍류놀이로 보이거나 "눈 가리고 아웅 한다"는 속담과 같이 시류(時流)를 타고 '하는 체'하는 '사이비 농군'으로 눈살 맞게 될지도 모른다.

8, 9월의 무성한 잡목 잡초베기란 실로 힘겹다. 그간 거의 버려진 땅이라 뿌리에서 싹이 나와 군락을 형성하고, 가시투성이인 나무딸기(산딸기)를 비롯하여 칡넝쿨, 찔레나무, 싸리, 쑥, 자연번식한 은사시나무, 졸참나무, 아카시아, 참억새 등이 엉켜 나의 머리 위를 덮고 있다. 마치 자생식물 도감을 베껴 나열한 것 같기도 하나, 현지를 보지 않고는 실감하기 어렵다.

칡은 자연번성하여 지면이나 다른 나무를 왼쪽으로 감아 올라가며 피해를 준다. 땅 밑, 속속들이 뿌리내린 칡넝쿨은 시작과 끝이 어딘지 분간조차 어려울 정도로 엉켜있다. 지나친 어휘의 장난으로 여겨질지 모르겠으나, 뿌리까지 파내려면 마치 지각(地殼)으로 둘러싸인 지구 내부를 뚫고 중심부인 지심(地心, 지구표면으로부터 2,900km 이하의 부문)까지 굴삭하는 듯 힘든 일을 겪기도 한다. 작열하는 태양 아래서도 시들어 보이지 않는다. 한 손에 낫을 또 한 손엔 톱을 들은 나에게 "벨 테면 베어 보라"는 듯 비웃는 것 같아 적개심마저 느낀다. 강한 독성의 농약을 뿌려 제초(除草)하는 대안도 있으나 하찮은 고집인지 극약 처방은 피했다.

숲과 잡초에 가린 동떨어진 구석이라 사람은 아니 만나지고 '투다닥' 하는 소리에 "저기 웬 사람인가?" 고개 돌리면 사람이 아니라 나를 보고 놀라 달아나는 산토끼나 노루인 듯 풀의 파도만 보인다. 나이 탓일까. 콩죽 같은 땀은 안경을 가르고 온몸을 적신다. 사지는 늘어지고 현기증마저 난다.

한낮이 기울 무렵, 이미 점심때가 지나 있다. 풀숲을 헤치고 바위에 걸터앉아 그늘진 곳 나뭇가지에 걸메어둔 김밥봉지를 풀어 한 줄 손에 쥐니 쉬파리와 벌이 먼저 달려든다. 더위 탓에 과민한 탓인지 쉰 냄새가 약간 나는 것 같기도 했으나 먹은 후 별 탈은 없었다. 풋고추 안주의 찬 막걸리 한 잔이 간절했으나 주막까지는 너무 거리가 멀다. 올 때 미리 준비 못한 것을 자책하며 온몸을 식혀주는 막걸리 맛을 그저 환상으로만 그려본다.

그늘진 구석에서 낮잠이나 청했으면 하는 생각도 했으나 왕개미와 뱀이 무섭기도 하고, 그것보다 내내 잡초의 맹위에 눌려 마음이 풀리지 않는다. 언젠가 술자리에서 서울대 생명과학대학 이질현 교수와의 오고 갔던 말이 떠올랐다.

"농사는 잡초와의 싸움에서 이겨야 한다. 잡초에 지면 농사는 끝이다. 사람도 마음의 잡초에서 이겨야 한다. 그래야 사람구실 한다"고

했다. 이제야 그 말의 뜻을 알 것 같다.

동아일보(1998년 7월 31일자)에 교수출신 농사꾼 윤구병 씨의 〈잡초는 없다〉 제목으로 이런 글이 실린 적이 있다.

> 서투른 농사일을 하면서 맨 먼저 깨우친 것은 '자연에는 아무것도 버릴 게 없다'는 교훈. 한 번은 밭에 마늘을 심었는데 잡초가 움돋기 시작하더니 마늘밭인지 잡초밭인지 모를 지경이 됐다. 그냥 놓아두었다가는 농사를 망칠 것 같아 서둘러 풀을 뽑아내기 시작했다. 헌데, 그 풀들이 예사 잡초가 아니었다. 하나는 별꽃나물이고 또 하나는 광대나물. 알고 보니 모두 맛난 반찬거리고 약초 아닌가. 아, 이 세상에 잡초는 없구나…. 그래서 절로 밭에서 자라는 여러 가지 풀들을 거두어 이런저런 술도 담그고 효소로 익히면서 풀들과 '사이좋게' 지내기 시작했다. 이래저래 한편으로 풀과 화해하고, 또 한편으로는 풀과 전쟁을 치르다 보니 하루가 가고, 한 달이 가고, 그렇게 농사꾼의 한철이 저물어 간다.

나 나름대로의 주관적인 생각인줄 모르겠으나 신선미 있고 족족유여(足足有余, 매우 넉넉하여 남음이 있음)한 그의 관찰력과 생활관이 부럽기만 하다. 그러나 사무적인 면에 흐른 사족(蛇足)을 붙인다면, 예컨대 칡이 황폐지, 절토면의 피복 등 국토와 자연을 보존하고, 수피는 갈포 제조용으로 쓰이며, 뿌리로는 약용 또는 전분을 만들고, 잎은 식용이나 사료로 쓰이는 등 인간생활에 유용성이 있는 한편, "아무렇게 굴려도 죽지 않고 잘 사는 잡초의 근기(根氣)를 배우라"는 말처럼 잡초를 연원(淵源)으로 허약한 현대인의 삶의 구조적 결함을 깨우치게 하는 의미론에 무게를 두어 본다.

그러나 아무리 해도 앞의 윤구병 씨가 말하는 풀들과 사이좋게 지내려는 경지는 생각할 수 없다. 하여간 잡초를 제거하지 못하면 농사를 망친다는 데는 변함이 없다. 마음속에 품은 생각이야 한이 있으랴. 보다 낙천적으로 생각하자.

해거름 산중턱에 올라 하루 일한 자취를 바라보니 심은 감나무의 대상(帶狀)이 잡목, 잡초와 구분되어 바둑판처럼 확연하게 드러났다. 훈훈하고 포근한 느낌과 스스로의 성취감에 하루의 피로가 풀린다.

남산 아래 콩을 뿌렸더니
잡초만 성하고 콩싹은 드물다
새벽부터 나가 잡초 우거진 밭을 매고
달빛에 젖어 호미 메고 돌아온다
길은 좁고 초목이 무성하여
저녁 이슬이 옷을 적신다
옷 젖는 거야 아까울 게 없고
단지, 바라는 농사나 잘 되었으면

種豆南山下(종두남산하) 草盛豆苗稀(초성두묘희)
侵晨理荒穢(침신이황예) 帶月荷鋤歸(대월하서귀)
道狹草木長(도협초목장) 夕露沾我衣(석로첨아의)
衣沾不足惜(의첨부족석) 但使願無違(단사원무위)

시인 도연명(陶淵明, 365~427)의 경지는 흙 속에 묻혀보지 않고서는 알 수도, 쓸 수도 없다. 기품 있는 그 높은 시정(詩情)을 감히 어찌 알겠는가마는 나로서는 다만 머리가 숙여진다.

사무직이든 생산직이든 노동의 본질은 같을 것이나 특히 흙과 나무를 상대하는 노동은 흙과 나무가 탐욕이 없음이라 고된 일을 해도 피로감의 차이가 있다.

감나무밭으로 가는 산기슭 길목, 풀 넝쿨과 잡목에 가려 보이지 않던 무연고 분묘 두 기가 지난 해 산불로 모습을 드러냈다. 언제 매장했는지, 누구의 묘인지도 알 수 없다. 해방 전, 부모를 가슴에 묻은 채 징용을 갔거나 살 곳을 찾아 만주로 이민을 떠난 사람들을 상상하며 인연은 없지만 벌초라도 해주어야겠다는 마음이 간절했다.

농장 바로 앞쪽 들판 너머 선도산(仙桃山)에 황금빛 석양이 황홀하게 내린다. 중국 황제의 딸이 신라에 와 머물다 지선(地仙)이 되었다는 전설 어린 산이다. 또한 어머니께 전해 듣기로 나를 잉태하셨을 때 꿈속 환각에 비친 곳이며, 나를 업고 불공드리러 오르내리던 추억 깃든 산이기도 하다.

어느새 찾아드는 어둠…. 낙조(落照)의 빠름이 한스럽기만 하다. 나 개인적 생명의 애착에서가 아니라, 인생에 대한 책임의 유한성을 슬기롭게 대응하기 위함이다.

땅거미 질 무렵, 철로를 따라 삶의 터전에서 쫓겨나간, 또 다른 한이 서린 아랫마을 '두대리'로 발걸음을 옮겼다.

짓밟힌 촌심(村心)

'두대(斗垈)'란 신라의 장씨 성을 가진 만석꾼이 벽도산에 올라보니, 쌀뒤주처럼 생긴 마을이 있어 붙여진 이름이라 전한다. 흔히들 농촌을 생각할 때, 산으로 첩첩이 에워싸인 두메산골의 작은 마을들을 연상하나, 이처럼 신라시대로 거슬러 올라간다면 이 마을 취락형성의 역사는 오래인 것 같다.

마을 서쪽, 안국사(安國寺)의 '두대리 마애석불입상'(보물 제122호, 통일신라시대)을 비롯하여 인근에 유적들이 산재하고 있고, 전해 내려오는 설화 등도 적지 않아 고풍스러운 정취도 느껴진다.

경주 중심시가에서 그리 멀지는 않으나 산업화와 도시화의 물결에 휩쓸려 고향을 떠난 사람들도 꽤 있다. 내가 갖고 있는 농촌에 대한 편견인 줄은 모르겠으나, 이 마을 역시 주민들의 사기가 떨어져 있고 무기력해 보인다. 매사에 의기소침해 있어서 어떠한 가능성도 시사해 주지 못하는 느낌이다. 이곳 산천과 주민 속에 깃든 온갖 내력과 사연들은 나로 하여금 스스로 상실된 기억을 떠올리게 한다. 그래서인지 사는 곳은 도시라 해도, 그곳보다는 오히려 이 마을사람들을 닮은 할

아버지가 되어있는지도 모르겠다.

두대마을 주민들 중 일부는 과거 이곳에서 1km여 떨어진 '당매기' 마을에 살던 사람들이다. 24여 호가 모여 주로 인근 산지를 개간하거나 국도변에서 농사짓던 전업농들이었다. 그런데 수 년 전, 마을 중앙을 관통하는 국도가 확장되고, 바로 옆에 경부고속도로가 개통됨에 따라 소음과 고속도로 주변 경관정비라는 명목으로 당매기 마을은 폐촌되어 그 원주민 일부가 두대마을로 이주하게 되었다.

흔히 행정에 대한 비난의 대명사로 쓰이는 '행정편의주의'의 소산이기도 하나, 더 큰 문제는 사후대책의 미흡이다. 행정은 주민이 안전하게 생활하는 장(場)을 등한시했다. 시설정비 중심의 행정이 아니라 거기 사람이 살고, 일하고, 쉬고, 즐길 수 있는 인간에게 관점을 둔, 즉 인간존중, 생활우선의 행정을 배려하지 못했다. 결과적으로, 산지에 개간된 전답은 거의 폐경(廢耕)되어 순박한 촌심(村心)은 짓밟혀졌고, 조상 대대로 살아오던 삶의 터전은 하루아침에 황무지가 되었다.

이곳 주민들의 생활상은 크게 넉넉하지는 못하나 선량하고 순박한 정감들이 오감을 본다. 그렇다고 해서 지역이 갖는 응집력이 상승하고 있다는 의미는 아니다. 다만, 비록 옷차림이나 생활의 질은 도시 사람들에 비해 보잘 것 없다 해도, 생명의 소중함은 어느 고관대작이나 다름없다. 이곳 역시 오늘날 농촌의 일반적 현상처럼 일손 구하기가 여간 어렵지 않으나, 10여 년 간격으로 고향을 찾으면 일터의 현장에 있어야 할 마을사람들의 얼굴이 한 사람씩 보이지 않는다. 물론 고령화된 사람들도 있으나 무엇보다 안타까운 것은 교통사고로 사망 또는 입원했다는 것이다. 기가 찰 노릇이다.

한 예로, 한창 일할 나이인 두 사람은 불구가 되고 안사람까지 크게 상처를 입었다. 또 한 사람은 경운기에 짚단을 싣고, 뒤에 호위하는 자동차까지 붙였는데도 뒤차가 추월하는 바람에 그 자리에서 즉사하기도 했다. 불구가 된 한 사람은 보리 골 타고 지게로 쟁기를 맨 채, 새끼 밴 암소를 앞세워 귀가하다가 뒤에서 들이받혀 중상을 입었다. 포항, 모병원에 입원치료 했는데 당시 사고 낸 운전사는 한 번의 위문조차 없었다 한다.

> 지난 해(2007년) 발생한 교통사고 통계를 살펴보면 전국 기준으로 발생건수 21만여 건, 사망자는 6000명이 넘고 부상자는 33만 명이 넘는다. 사망사고 발생빈도는 차량 1만 대당 3.1명, 인구 10만 명당 12.7명으로 OECD 평균인 1만 대당 1.8명, 인구 10만 명당 9.1명보다 현저히 높은 상태다. 특히 2007년 OECD 교통사고 국제비교(2005년 통계기준)에 따르면 우리나라의 인구 10만 명당 보행자 교통사고 사망자 수는 5.28명으로 OECD 국가 중 가장 높다. 일본의 1.9명과 비교해도 3.5배 이상, 가장 낮은 아이슬란드의 0.34명과 비교하면 5배 이상 높았다. 전체 교통사고 사망자 가운데 보행자가 차지하는 비율도 39.96%로 OECD 평균인 16.44%에 비해 월등히 높아 우리나라는 보행자가 교통사고를 당할 확률이 매우 높은 것으로 파악된다.… 행안부는 2001년 이후 연간 평균 2,800여 명의 보행자 사망자가 발생하고 있으며 대부분이 지방자치단체에서 관리하는 지방도로의 열악한 보행환경으로 인해 발생하고 있다고 밝혔다(〈뉴시스〉 2008년 5월 28일자).

이러한 전국적 계수(計數)를 생각할 때, 도시사람들이나 제3자들은 이 두대마을과 같은 예를 구우일모(九牛一毛)와 같이 그저 빈번하게 발생하는 교통사고 가운데 매우 적은 수로 보거나, 넓고 큰 바다에 떨어진 한 알의 좁쌀(滄海一粟)쯤으로 여길지 모른다. 그러나 피해자가 겪는 괴로움, 가족 친지들이 겪는 물질적, 정신적 고통은 비용으로 환산되어질 수 없을 정도로 극심하다.

"호랑이 없는 곳에서 너구리가 호랑이 노릇한다"(無虎洞中狸作虎)는 말이 있듯, 촌사람 업신여기는 못난 도시 졸부들의 작태에 끓어오르는 울분을 어쩔 수가 없다.

문병차 그의 집을 찾으니 부인이 뛰어나와 반겨준다. 가장이 1년 넘게 병원신세를 지고 나와, 평생을 누워 있어야 할 판이니 농사는 폐농된 채 생활고가 말이 아니다. 위로금이라고 900만 원 받았다는 말에 또다시 분노가 치밀고 만다.

"내 자식도 이제 자가용 타고 운전하는데, 사람 사는 데 어떤 일이 생길지 어떻게 아노, 그저 참아야지…."

고소(苦笑)하며 자위하는 모습에 더더욱 가슴이 저려온다. 가뜩이나 일손이 부족한 농촌에서 이향(離鄕) 못지않게 일어나는 인재(人災)에 의한 고통…. 더 안타까운 것은 그 사고가 자가용을 운전했거나 놀이를 가다가 당한 것이 아니고, 일을 마치고 귀가하는 길에 도시 너구리들이 운전하는 자가용차에 받혔다는 점이다. 살얼음판 건듯, 갓길로 조심스레 돌아오는 뒤를 받았다는 점이다.

도로가 포장되기 전에는 별 사고가 없었으나 도로의 폭이 넓어지고 아스팔트가 깔린 지금, 그 지역 농촌사람들은 도리어 생명의 위협까지 받게 되었다. 그래서 도보로 오고가고 할 때면 나도 사실 겁이 나서 산길로 돌아간다. 봄·가을 휴일이 되면 도로를 메우는 자가용 물결에 보행하는 촌사람은 감히 그 길에 나서기가 무서운 실정이다.

시내에서 술을 한잔하고 돌아오던 밤길, 눈을 감은 채 자전거로 달려도 걱정 없던 도로였는데, 포장이 재앙을 부른 결과가 되고 말았다. 그런데도 먼지 안 나고 그 옛날 겪었던 몸서리쳐지는 부역이 없어져서 그나마 다행이라 할 것인가?

이 도로를 포장한 아스팔트 밑바닥에는 우리들의 아버지, 어머니,

할아버지, 할머니가 머리에 이고 지게로 져 나른 자갈 모래가 묻혀있다. 나도 어릴 때 인근도로에 나가 아버지와 함께 부역일을 했고, 아버지가 편찮으신 날에는 대신 부역하러 나가기도 했다.

"박 서방! 김 서방! 이 서방은 아들이 대신 왔고…."

출석을 점검하던 이장(里長)의 목소리가 생생한 70여 년 전, 그 고된 노동을 했던 사람들은 인근 주민이었다. 임금은 물론 일전도 없었다. 그렇게 닦은 길은 엄격한 관의 심사를 거쳐야 했다. 자갈이 너무 크면 심사에 떨어졌으므로 행정지도 규격에 맞지 않은 큰돌은 망치로 쪼개 자갈을 만들기도 했다. 부역에 시달린 주민들은 큰돌을 관리들의 머리에 빗대어 깨면서 한 맺힌 노동요(勞動謠)로 지친 몸과 서러운 마음을 달랬다.

"요 놈은 도지사 대가리요, 요건 군수 대가리, 요건 또 면장 대가리에 이장 대가리라~"

인근 주민이 임금 한 푼 안 받고 부역을 한 법적 근거는 일제치하에선 '읍·면제'였고 광복 후에는 '지방자치법'(개정 지방자치법에서 폐지)이었다. 그러나 법보다는 오랜 세월에 걸쳐 내려온 미풍양속의 발로였다는 말이 더 어울릴 것이다. 지금의 자치행정에서 말하여지는 "행정과 주민과의 역할분담"이라 할 수 있다. 즉, 지역의 일은 주민 스스로 함께 생각하고 함께 관리하는 자치의식의 발로인 것이다.

그러니 지켜야 할 때 안 지키고 자기욕심 챙길 때 법을 찾는, "이것 해주시오, 저것 해주시오" 하는 요구는 많으나 행정이 일을 하려면 반대만 하는 경향이 강한 오늘과는 대조적이라 할 것이다.

이 도로 밑바닥에 깔린 조상들의 땀과 눈물로 엮어진 피맺힌 사연을, 훈풍을 안고 달리는 요즈음의 젊은이들은 알고 있을까? 그들이 느끼는 낭만 속에 묻힌 선대(先代)의 뼛속 깊은 한(恨)을 알고 있을까?

천학(淺學) 탓인지 1988년 10월, 내무부가 발행한 〈한국지방행정사〉를 비롯해 전국 어느 지방의 〈도사(道史)〉나 다른 문건에서도 전국 방방곡곡 도로에 부역부과한 기록은 발견하지 못했다. 우리의 기억에서 사라져 가고 있는 조상들의 피와 땀….

언젠가 신문에 실렸던 홍사중 씨의 글로나 자위해 보았다.

> '오늘'은 멈춤이 없이 움직인다. 그런 '오늘'에 사는 우리는 '어제'를 마치 우리와는 상관없는 화석처럼 여기기 쉽다. … '오늘'이란 우리의 기억 속에 장식품처럼 되어버린 '어제'라는 화석의 누적물이 아니다. '어제'는 '오늘'을 받쳐주고 있는 살아 있는 기억이며, 가슴의 고동소리다. '오늘'이 오늘을 사는 우리의 피와 땀과 눈물로 엮어지고 있는 것과 똑같이 '어제'도 어제를 살던 사람들의 피와 땀과 눈물, 그리고 꿈으로 엮어진 것이었다. 따라서 우리가 '어제'를 의식할 때 우리는 무엇보다도 먼저 '어제'를 소중하게 살던 사람들을 의식해야 한다(홍사중 문화마당, "사자(死者)들의 발언권", 조선일보, 1995. 6. 7).

● 2장

가정을 이루고 산다는 것

어려웠던 시절,
공직자 아내들의 초상

직장과 가정은 같은 공간이라 한다. 특히 공직자는 공인이라는 한 가지 이유로 사생활에서도 사회가 요구하는 엄격한 도덕적 기준을 지키며, 쓰다 달다 불평을 할 처지가 못된다. 그래서 옛부터 성실한 공직자는 (陰德)을 쌓는 자세로 일한다 했다.

궁핍했던 지난 1960~70년대, 공직자는 물론 많은 공직자 부인들 역시 박봉에 시달리며 어려운 생활을 감내해야 했다. 퇴임 이후 우리 부부가 살아온 지난 60여 년을 되돌아보는 것은 어떤 감상이 아니요 성취감을 되씹자는 것은 더더욱 아니다. 도리어 우리 스스로 무지해서 실수를 범했든 옹고집 때문에 일을 그르쳤든 간에 성장을 가로 막은 일은 없었는가, 혹은 공직자로서 가정이 걸림돌이 되지나 않았는가 자성의 계기로 삼자는 것이다.

요즘 들어 부쩍 내자의 컨디션이 전과 같지는 않은 듯싶다. 보다 못해, “흑염소탕이나 한 재 먹으면 어떻노?”하니, “아이구, 오래 살문 머합니까?” 하며 자조 섞인 말도 간혹 한다.

내자의 말에서 나는 노화와 노후에 대한 일말의 서글픔이 가벼운 익

살로 호도되어 있음을 느낀다.

특히 밤늦게까지 책을 읽다 보면 안방에 불이 켜져 있을 때가 많다. "뭐하고 안 자노?"하고 들여다보면, 내자는 발뒤꿈치에 크림을 바르고 있곤 한다.

"발뒤처거리(발뒤꿈치의 사투리)부터 기름(지방)이 떨어져 이래 안 합니까?" 발뒤꿈치에 기름을 바르는 것이 내자에겐 큰 작업이다. 간혹 불경을 읽거나 녹음테이프를 틀어놓고 흘러간 옛 노래를 듣는 일도 있는데 그런 내자의 모습에서 나는 말로 할 수 없는 연민의 정을 느끼곤 한다.

1998년 가을, 새마을중앙회장을 그만 둔 날이었다. 송별주를 한 잔 하고 귀가하니 내자가 "당신도 인제는 늙었습니다. 매양 젊은 시절인 줄 아십니까? 자식들 걱정도 해야지요" 하는 것이었다. 일종의 스트레스가 쌓인 것 같았다. 하기사 모아둔 재산도 크게 없고, 가장이 자신의 건강도 생각지 않으니 노화와 노후에 대해 내자가 느끼는 불안은 당연한 일이리라. 인간은 누구든 불안으로부터 도피할 수는 없다.

연령을 불문하고 때에 따라서는 늙음을 바로 보고 대처하는 방법을 익혀 두어야 한다는 새삼스런 생각이 들었다.

나의 내자 주경이(朱慶伊)는 1933년 신미생이다. 내자와 첫 만남은 60년 전(1948년) 보리싹이 막 피는 춘삼월, 신부집 혼례장에서 였다. 혼인하던 날, 도포차림에 갓을 쓰고 아버지(上客)와 함께 신부집으로 갔다. 당시 군의 보건과장으로 있던 박종대 씨가 일본 헌병이 버리고 간 오프차를 샀다며 본인이 손수 운전을 해 처가마을까지 선심을 써주었다. 덜컹대는 차 속에 앉아 있자니 '이제 어른이 되는구나, 막중한 책임을 맡았구나' 하는 생각이 머리에서 떠나지 않았다.

신부집 근처에 도착하여 신부집을 지나지 않는, 이웃의 사처방(私處房)에 들어가 장모님이 직접 길쌈하여 지으신 옷으로 갈아입었다. 지금도 간직하고 있는, 빛깔이 희고 발고운 무명 두루마기와 모시도포였다. 도포 위에 예복인 사모관대(紗帽冠帶)의 의관을 차려입고 초례청으로 나갔다. 신랑이 들어오는 대문에는 짚불을 놓는 풍습이 있었는데 이는 귀신을 쫓고 소독을 한다는 이유에서다.

혼인 절차에 따른 홀기(笏記)에 의해 혼례식이 거행되었다. 신랑인 나는 관례에 따라 동쪽으로 대문을 등지고 섰고 신부는 서쪽으로 안쪽에 섰다. 신부의 모습을 처음 본 것은 초례상 위 아래로 신랑 신부의 술잔이 오갈 때였다.

중매가 오가자, 맞선을 보아야 하지 않겠냐는 주변사람들의 말이 있긴 하였으나 양가의 반대로 무산된 일이 있었다. 후에, 중매인이 처가 근처에 가면 신부를 볼 수 있다 하여 갔으나 끝내 보지 못하고 돌아온 일도 있었다.

"새총을 준비해가 이 총으로 참새를 잡았는데 뒤안에 떨어졌다카믄 안 되겄나. 색시가 빨래 널러 나오는 걸 볼 수도 있지 않겠나 이 말일세. 아니믄 우물가에 물 길러 올지도 모를 일이제…."

중매인의 말에 귀가 솔깃해진 나는 친구 몇 명과 함께 처가 근처를 배회하였다. 그러나 남자들의 목소리가 들리자 신부는 빨래는커녕 방문 한번 열지 않았었다.

홀기(笏記)에 따라 신부가 나에게 네 번 절을 하였고 나는 신부를 향해 두번 절을 하였다. 교배례(交拜禮)가 끝나자 상 밑으로 신부의 술잔이 전해왔다. 마시는 척 하고는 얼른 종자(從子)에게 주니, 종자는 그 잔 위에 다시 술을 부어 상 위로 건넸다. 술잔은 수모(신부의 시중을 드는 사람)에 의해 신부에게 전해졌고 신부는 술잔에 살짝 입만

댔다. 수모의 역할은 처형이 맡았다. 수모는 신부집 딸 중, 시집간 사람이나 일가친척들로서(며느리나 동네여자들은 도와주지 못한다) 반드시 다복하게 살고 있는 사람이어야 하기 때문이었다.

술잔에 입을 대기 위해 한삼을 내릴 때, 순간적으로 신부를 힐끗 훔쳐보았다. 어리고 고운 모습이었다. 첫날 밤 역시 예식에 따라 치러졌는데 신부의 모습을 제대로 본 것은 그때였다. 그날, 남편으로서 '이 사람이 백년해로할 아내구나. 소중히 여겨야겠다'는 마음의 맹세를 하였던 기억이 새롭다.

3일째 되는 날엔 신랑 혼자 처가의 친척들을 방문하는 인계행의 풍습대로 나 혼자서 처가의 친척집을 돌았다. 친척집에서 하룻밤을 묵고 다시 처가로 돌아오니(再行) 친척과 동네 청년들이 북어를 준비해 놓고 기다리고 있었다. 내 발바닥을 때리기 위해서였다.

"노래 한 마디 해봐라"는 주문에 할 수 없이 "황성옛터"를 불렀다. 그러나 성이 차지 않았던지 "다른 걸루 해라"는 재주문이 떨어졌다. 고심 끝에 "두만강 푸른 물에~"를 또 불렀으나 "신식이라 안된다. 우리 노랫가락으로 해라!"고들 성화였다.

이처럼 신랑을 못살게(?) 구는 데는 꽃 같은 신부를 데려가니 그만한 대가를 치러야 한다는, 즉 신부를 귀히 여기는 의미가 들어 있었다. 초례청에 신부를 업은 채 들고나는 것도 마찬가지다(신부는 절대 신발에 흙을 묻히면 안 된다 하여 오빠나 사촌에게 업힌 채 초례청에 나오고 들어가야 했다).

청년들의 장난은 결국 장인어른의 호통으로 겨우 저지되었고, 장모님께서는 술상을 근사하게 차려주시며 '우리 사위 좀 잘 봐달라'고 부탁하셨다.

참으로 오래된 이야기다. 그 앳되고 곱던 신부가 어느덧 팔십을 바라보는 나이가 되었으니 말이다. 공직자의 길이 어려운 것만큼 공직자를 내조하는 안사람의 역할도 수월하지만은 않다. 요즘 안사람으로부터 듣는 새삼스러운 이야기들에 문득 놀랄 때가 많다. 안사람은 워낙 말수가 적어 이런저런 말들을 늘어놓는 성격이 아니고, 나 또한 집에서 죽이 끓는지 밥이 끓는지 모를 만큼 바깥일에만 몰두하며 살아온 탓에 사실 안사람이 어떻게 살림을 꾸려 나갔는지에 대해 잘 모른다.

다만 60년간의 결혼생활 중 마흔두 번의 이사를 혼자서 해야 했던 안사람의 고충은 쥐꼬리만한 봉급으로 살아야 했던 공직자의 아내로서 겪어야 했던 아픔이었을 게다. 또 야근이며 전근이 잦아, 같이 동거한 세월이 절반 조금 넘을 정도이니 그 외로움 또한 공직자를 남편으로 둔 안사람의 고뇌였으리라 짐작된다.

결혼 후에도 나는 대구에서 하숙을 계속하였고 안사람은 경주에 남아 남편 없는 시집살이를 하였다. 맏며느리니만큼 시가의 가풍을 익혀야 했고 또 살림을 꾸려 분가할 준비도 되어 있지 않았기 때문이었다. 살림이란 응당 시댁의 것을 물려받는 것이 전통이었으므로 혼수에 살림살이 같은 것은 포함되지 않았다. 농가로 시집왔던 내자는 아마 소 한 마리를 혼수로 가져왔던 것으로 기억한다.

대구에 있던 중, 어쩌다 집에 들러도 어른들 모시고 사는 터에 내놓고 관심을 표현할 수 없었다. 요즘 텔레비전에 등장하는 것 같은 애정 표현은 알지도 못했고 생각지도 않았다.

변호사 예비시험을 앞두고 처가에서 지낸 일이 있었다. 정확히 새벽 1시에 잠들어 3시간을 자고는 뒤편의 냇가로 나가 30분간 산책을 했다. 식사시간 외에는 하루 종일 책에만 매달렸다. 장인어른과 장모님 등 처족들은 극진하게 뒷바라지를 해주셨다. 무엇보다 건강관리에 신경을 써주셨고 공부하는데 내자가 옆에 있으면 신경이 산만해진다 하여 내자는 절대 친정으로 오지 못하도록 하셨다. 처가는 유교의 전통적 관습을 지키는, 보수성이 강한 가문이라 남녀가 절대 겸상을 하지 않을 정도였다.

안사람이 대구로 이주한 것은 둘째 동생이 경북대학교에 입학한 직후였다. 없는 살림에 둘씩 하숙을 할 수가 없어 부득불 안사람이 밥을 해주어야 했고, 부부가 그렇게 떨어져 있으면 안 된다는 친구 어머니의 강권도 작용했다.

친구 어머니의 주선으로 얻게 된 대구 삼덕동 셋집은 아주 불편한 구조였다. 부엌이 없어 눈이 오면 솥뚜껑 위까지 하얀 눈이 소복이 쌓였고 처마가 짧아 비바람이 방안까지 불어닥쳤다. 그 추위에 사과궤짝을 구해 찬장으로 사용해가며 내자는 불평 한 마디 없이 묵묵히 살림을 꾸려나갔다.

그러던 중 6·25가 발발했다. 대구 후퇴 명령이 떨어져 마지막으로 사무실 정리를 한 다음 집으로 가보니, 아직 새댁티도 벗지 않은 어린 내자가 냄비 한 개와 숟가락 두 개를 손에 움켜쥔 채 대문 밖에 혼자 앉아 있었다.

"집주인이 피난가면서 문을 잠가야 한다고 해서예…."

그때 내자의 모습이 어찌나 안쓰럽던지…. 아무런 표현은 하지 않았으나 하마터면 청도 종갓집까지 내자 혼자 떠났을 생각을 하니 눈물이 울컥 치밀었다.

그 후, 우리는 이달희 씨(당시 달성군 행정계장) 댁으로 이주하게 되었다. 이달희 씨는 성품이 가정적이고 온화한 애처가 타입이었다. 내자는 내심 부러웠던 모양이다.

"아이고, 내사 마 어린 나이에도 그 양반 하는 것이 얼마나 부러웠든지…."

그 시절을 회고하던 내자가 문득 이런 말을 던진 적이 있다. 하긴, 무뚝뚝한 나에 비해 비교가 되는 것은 당연한 일이었을 것이다.

그 집 안사람이 아기를 낳게 되어 내자는 출산을 앞두고 다시 경주로 내려가야 했다(옛날에는 한 집에서 두 사람이 같이 아이를 낳으면 먼저 태어난 아이가 병을 앓는다는 속설이 있었다). 경주 친정에 다니러 갔던 내자는 그곳에서 첫 아이를 낳았다. 누구나 마찬가지이겠으나, 첫 아들을 상면했을 때의 기쁨은 실로 컸다. 나는 대구에서 지내면서 주말이면 거르지 않고 처가로 갔다.

일요일 밤, 다시 대구로 가기 위해 나서면 처형이 아이를 업고 기차가 떠나는 모량역까지 나와 전송했다. 이모의 등에 업혀 까만 눈을 깜박이며 애비를 전송(?)하는 어린 것의 모습이 눈에 밟혀, 차마 발길이 떨어지지 않았다. 첫 아이니만큼 귀하게 여겨졌다.

출산 후 백일이 지나자 내자는 아이를 데리고 다시 경주 본가로 옮겼다. 그런데 한 번은 아이가 놋쇠로 된 머리핀을 삼키는 바람에 한 달 가까이 집안에 우환이 되었던 일도 있었다. 내자는 밤잠을 못 이루며 아이의 대변을 일일이 점검하였고, 그러한 내자의 모습에서 나는 내 어머니의 모습을 보곤 하였다.

어린 시절, 어머니와 함께 외가로 가던 길에 이모님 댁에서 하룻밤을 묵었던 일이 있다. 이른 아침, 한 살 많은 이종 사촌형과 알밤을 주우러 산에 올랐다가 그만 길을 잃게 되어 하루 종일을 울면서 산속을 헤매고 다녔다. 밤이 깊어서야 이웃 마을사람들에게 발견, 겨우 구출되었는데 그때 어머니는 장남인 내가 자칫 잘못되기라도 하는 날엔 목숨을 끊으리라 작정하셨다 한다.

그 후 우리는 몇 번의 이사를 거쳐 대구 변두리 하동에, 집이라고도 할 수 없는 하꼬방을 당시 돈 6만 원에 구입했다. 앞편에 냇가(신천)가 있어 여름이면 멱을 감곤 하던 그 집은 대지 12평에 건평 6평짜리로, 부엌은 아예 없고 비닐로 지붕을 덮은 새 집이었다. 한여름, 비닐은 불볕더위에 녹아 내렸고, 더구나 서향이라 오후가 되면 볕이 우려 그 더위에 살림하던 내자는 덜컥 병이 나버렸다.

몇 달을 두고 고생하는 내자를 두고 주위에서는 모두 '이젠 죽는다'고 했고 그 소식을 듣고 올라오신 어머니 역시 "죽어도 내 집에 가 죽어야제" 하시며 내자를 데리고 경주로 내려가셨다.

당시 나는 대구에 있었는데 때마침 고등고시를 앞두고 있을 때라 처가에서도, 본가에서도 그러한 사실을 내게 알리지 않았다. 내자에게도 별 기별이 없어 그저 나았겠거니 하고 속으로 걱정만 하였다. 그러나 내자는 죽을 고생을 하였다고 한다.

"발이사 까마귀처럼 새카만 해도 만사가 귀찮어 씻을 기운조차 없습디다. 몸을 움직일 수가 없었어예."

무책임한 남편의 변(辯)이라 들릴지 모르나, 당시 나는 주사급으로는 힘겨운 일을 맡고 있었다. 상사들의 신임을 얻은 덕분에 과다한 업무량이 맡겨졌고 그만큼 어깨도 무거웠다. 그 짐의 무게를 이기기 위해 불철주야 공부를 하지 않을 수 없었고 실무 또한 익혀야 했다. 또 그 즈음, 《지방회계정의》라는 책을 쓰고 있을 때라 하루하루가 정신없이 가곤 했다. 그러니 나로서는 직장과 가사, 둘 다를 챙긴다는 것이 한계일 수밖에 없었다. 다만 얼마 전 내자로부터 그때의 이야기를 처음 들으니 내자에게 미안한 마음보다 나 자신에 대한 자괴감이 앞섰던 게 사실이다.

다행히도 내자는 영양주사 한 대 맞지 않고도 가을이 지나자 기적처럼 몸을 추슬렀다. 내자는 아이를 데리고 다시 하꼬방으로 컴백하였는데 누더기 같은 곳에서 사는 우리가 딱해 보였던지 손정목 과장(후에 서울특별시 도시국장, 서울시립대 교수 역임)의 배려로 그가 거주하는 관사의 옆방으로 옮기게 되었다. 나야 이른 아침 출근해 별 보고 퇴근하였으니 하꼬방이라도 상관없었으나 하루 종일 아이를 데리고 살림해야 하는 내자로서는 정말 고역이 아닐 수 없었을 것이다. 장마가 지면 빗물이 흥건한, 좁아터진 방에서 내자는 아이를 마른자리로 골라 누이며 다독였고, 겨울이면 추위에 얼굴이 빨개진 아이를 보듬었다.

한 번은 내자를 꼬드겨(?) 병아리를 키웠던 일도 있었다. 같은 과 계장으로 있던 남봉진 선배(후에 내무부 지방국장, 경기도지사 역임)로부터 주택공지를 활용한 양계(養鷄) 부업이 짭짤하게 가계의 보탬이 되고 있다는 말을 듣고 찾아가 초보적 기법을 배워 시작한 것이다.

"병아리를 키워 팔믄 돈이 된다 카든데…."

"무슨 돈으로 병아리를 삽니까?"

"거 금반지 팔자마, 내 돈 벌면 더 좋은 거 해줄라니까."

그날부터 신종 병아리 200수를 분양받아 병아리와 더불어 사는 생활이 시작되었다. 병아리는 처음 1개월여는 온돌방에서 키워야 하기 때문이다. 그러나 좁아터진 방에 병아리까지 우글대니 집에 들어가면 이게 집인지 닭장인지 좀체 분간이 가질 않았다.

드디어 병아리의 벼슬이 돋아나기 시작했다. 나는 '병아리가 효자구나' 하는 생각에 병아리를 쓰다듬으며 꿈에 부풀었으나 점점 몸이 커가는 병아리를 감당하기엔 공간이 너무나 협소하였다. 결국 병아리들을 경주 본가의 닭장으로 옮기기로 하고 토요일을 택하여 동생과 그의 학우들이 고향 가는 편에 탁송하였다.

동생이 안마당에 들어서며 자랑스럽게 소리쳤다.

"병아리 도착했습니다!"

그러나 병아리 상자를 푸는 순간, 공든 탑은 무너졌다. 나와 안식구의 노고를 외면한 채, 붐비는 통근열차의 더운 열기를 이기지 못한 병아리들이 거의 반 이상 죽어버리고 말았던 것이다. 그러니 돈벌이는커녕 병아리 값만 날리게 되었다.

그 흔한 해수욕 한 번 못 해본 채 몇 해의 여름이 갔다. 나는 주사, 사무관으로 승진하였으나, 손 과장이 전근 가는 바람에 우리는 다시도 내무국장의 배려로 국장 관사의 바깥채로 옮기게 되었다. 그곳에서 둘째 아들과 딸이 태어났다. 다섯 식구가 살기엔 턱도 없이 비좁았으나 그래도 아이들은 무럭무럭 잘 커주었다.

그 즈음, 하꼬방에서 시작해 3년여에 걸쳐 쓴 《지방회계정의》가 출간되었다. 내무부와 감사원의 시선이 집중될 정도로 호평을 받아 많은 부수의 책이 팔려 인세 몇 푼도 손에 쥐게 되었다. 그러나 그 돈이 살림에 보태지지는 않았다. 그간 교정을 보아준 엄대섭 선배(당시 도서관협회 사무국장으로 새마을문고의 창시자이기도 하며 막사이사이상을 수상한 바 있음)를 비롯해 동료들과의 막걸리 장(場)이 이어졌고 또 출판사에서 나머지 인세를 주지 않아 수중에는 돈이 남아있지 않았다. 더구나 4·19 이후, 선배와 동료들이 옷을 벗게 되었는데 퇴근길에서 만난 술집마담들이 "이제 다 망했다, 술값도 다 떼였다"며 나를 붙잡고 눈물을 글썽여, 동료들의 술값 일부도 갚아준 기억이 난다.

4·19 후, 많은 동료들이 떠나고 가까운 친구 중 몇 사람만 남게 되었지만 나 역시 검찰에 불려가 조사를 받은 적이 있다. 〈국민반 소

식〉이라는 도기관지를 우리 부서에서 편집하였는데 거기 이승만 대통령의 하와이 망명시절 "조국 동포에게 고함"이라는 녹음기록을 게재하였다는 이유였다.

"이게 선거운동 아이가? 니도 3·15 부정선거에 한 몫 한 거 아이가?"

검찰청에 있던 친구의 물음에 나는 해방 전에 들었던 일본말 표현인 "오야도리 꼬꼬, 고도리 꼬꼬, 뭐가 나쁘노?" 하고 대답했다. 이 말은 "어미닭이 꼬꼬 하고 우는데 병아리도 따라서 꼬꼬 하지 않겠느냐? 그렇다면 병아리가 무엇이 나쁘냐?"라는 뜻이다. 아닌 게 아니라 거의 같은 시기에 정부가 발행하는 공보지에 문제의 이승만 대통령의 글이 게재되어, 도(道)에서는 이를 그대로 전재한 것뿐이라고 설명했다. 이를 두고 정부는 어미닭으로, 도는 병아리로 비유한 것이다.

이 말의 구체적 연원이나 사실 여부는 알 길이 없으나 해방 전 선배들과의 술좌석에서 전해 들은 바로는, 3·1운동 때 만세운동에 참가하였다가 수감된 학생들을 병아리에 비유하여 변론했던 어느 조선인 변호사의 법정투쟁 내용이 풍자, 구전(口傳)된 것으로 생각한다.

친구는 고소(苦笑)하더니만 집으로 가라고 했다. 검찰청문을 나서면서 집에 있는 내자와 아이들을 생각하니 마음이 짠했다. 만일 내가 옳지 않은 일을 하여 검찰에 불려가 조사받았다면 처자식들은 어찌 될 것인가를 생각하니 더더욱 공직이란 것이 어렵게만 느껴졌다.

정식으로 관사를 얻어 살게 된 것은 4·19 이후, 지도과장으로 승진된 후였다. 난생 처음으로 우리 다섯 식구만 살게 된 것이다. 그러나 나는 내무부 지방국 감사계장으로 발령을 받아 급히 서울로 상경해야 했다. 사실 나의 속내는 가고 싶지 않았다. 서울이란 너무도 생경한 곳이었고 물과 기름처럼, 섞여질 수 없는 서울사람들과의 부대낌도 싫었다. 음식도 문제였다. 언젠가 서울 가서 마셔본 막걸리도 싱겁기만 했고 설렁탕은 아예 소발을 씻어놓은 듯 멀겋기만 했던 기억에 나는 도리질을 쳤다. 가더라도 6개월만 있다가 다시 내려오겠다고 다짐하였다. 그 와중에 준비해오던 고등고시 본시험은 끝내 포기할 수밖에 없었다.

워낙 급작스럽게 올라온 서울은 역시 낯설고 싫었다. 딱히 갈 곳이 없었는데 마침 쌍용의 전신인 서울 금성방직에 근무하던 곽술용이라는 친구가 찾아왔다. 그의 회사 근처인 을지로의 개인주택 같은 여관에서 혼자 하숙하고 있었다. 그런데 하숙비가 너무 비싸 다른 곳을 알아보려던 중 그가 '하숙비 걱정은 하지 마라, 안정될 때까지는 내 보탬이 되어주마' 하며 말리는 바람에 그곳에 거하게 되었다.

문제는 대구 관사였다. 발령이 나면 후임자를 위해 관사를 속히 비워주는 것이 관행이었지만 새로운 업무에 온통 집중해야 했던 나는 대구 관사까지 신경 쓸 여력이 없었다. 또 6개월만 있을 요량이었기에 다시 대구 관사에서 살 생각을 하고 있었다. 그러나 내자는 아이 셋을 데리고 오매불망 나만을 기다렸던 모양이다.

결국 두 달 후 내자가 나를 찾아왔다. 나 사는 모습이 한심했던지 서울 교동국민학교 뒤편에 방을 구해놓고 내려가던 내자의 뒷모습은 지금도 잊혀지지 않는다. 당시 젖먹이였던 딸아이를 떼어놓고 온 것이 가슴에 걸려 내자는 뒤도 돌아보지 않고 부랴부랴 열차를 탔다. 막상 내자를 혼자 내려보내기는 하였지만 내자 혼자서 어린 아이들을 데리고 짐을 꾸려 서울로 이사해야 할 것을 생각하니 걱정스럽기만 했다.

식구들이 서울로 이사오던 날, 나는 서울역으로 마중나갔다. 멀리 식구들의 모습이 보였다. 어머니와 내자가 아이들을 들쳐 업고, 보따리를 이고 지며 걸어오는 모습이 멀리 눈에 들어왔다. 그때 느꼈던 가장으로서의 미안함은 아직도 가슴에 생생히 남아 있다. 그러나 나는 나대로 할 일이 쌓여 있었다. 경상도 촌놈이 서울로 올라왔으니 말도 잘 통하지 않았고 이른바 일류대학 출신들이 진을 치고 있는 상황에서 나대로의 긴장감은 뼈를 깎는 것이었다. 게다가 경상도를 벗어났다는 것에 대한 두려움도 없지 않았다.

이사하면서 내자는 큰 짐을 대화물로 부쳤다는데 일주일 후에 찾으러 가니 옷가지를 죄다 도둑을 맞은 일이 있었다.

"그때 얼마나 울었는지 모릅니더. 당신은 새벽에 나가뿌리믄 그만이고 나는 애들하고 옷이 없어 쩔쩔 맸어예. 돈이 있나, 아는 사람이 있나, 경상도 말을 쓰니 신기하다고 구경꾼들이 몰려들지, 허허벌판 사막에 혼자 서있는 것 같았어예."

경찰에 신고했어도 별 뾰족한 수는 없었다. 당시 나는 내자의 심정을 헤아리지 못했던 게 사실이다. 그러나 수십 년의 세월이 지난 후, 되돌아보면 '내가 너무 무심했구나' 하는 생각에 미안할 따름이다.

문간방 설움

우리의 문간방 전전은 그때부터 시작이었다. 집 없는 설움은 겪어보지 못한 사람은 모른다. 아이가 셋이라 하니, 누가 방을 내주려고도 하지 않았다. 그런 말을 듣고 돌아서는 내자의 모멸감을 나는 알지 못했다. 늘 업무에 쫓겨 이사를 가는지 마는지 도통 집안일은 내자에게만 맡기던 터였다.

나는 나대로 업무가 밀려 야근을 밥 먹듯 했고 숙직도 잦아 집에 들어가지 못하는 날이 많았다. 언젠가 한 번은 숙직실에서 출근준비를 하고 있는데 갑자기 문이 열리더니 다섯 살 난 우리 큰아이가 불쑥 들어오는 것이었다. 무슨 일이냐 물으니 어머니가 쌀값을 받아오랬다고 하였다. '집에 쌀이 떨어졌구나….' 아는 사람 하나 없는 서울 천지에서 조반 지을 쌀이 떨어진 내자는 자신이 나설 수 없었던지 아이를 앞세워 내게 보냈다. 그날, 아이 손에 쌀 살 돈 몇 푼을 쥐어주면서 잠시 우울했던 기억이 있다.

당시는 판공비라는 것이 없었다. 야근이며 숙직을 밥 먹듯 했으나 그에 따른 식대라든가 수당이란 것은 지급되지 않았다. 그러니 월급을 타면 우선 밀린 식대와 막걸리 외상값 갚기에 바빠 생활비는 뒷전이 되곤 했던 것이다.

내자가 문간방만을 고집했던 이유는 우선 값이 싸고 매일 퇴근이 늦는 내가 주인 눈치 없이 들락거리기 쉬우리란 계산 때문이었다. 그러나 집 없는 설움이란 게 얼마나 큰 것인지, 까다롭기 그지없던 주인 할머니는 아이들이 화장실에 소변을 보다가 조금이라도 흘리면 싫은 소리를 대놓고 하였고 사사건건 내자에게 잔소리를 하였다.

옆방에는 젊은 부인이 혼자 아이 둘을 데리고 살고 있었다. 술집 출입을 하던 그 부인도 내자를 괴롭게 만드는 요인이었다. 간장을 훔쳐가곤 눈속임으로 냉수를 부어놓아 우리집 장독엔 구더기가 우글거렸다. 또 밤이면 술에 취해 우리방 쪽마루에 앉아 같이 술을 마시자고 고함치기도 했다. 처음 당하는 험한 일에 내자는 고개를 저으며 울었다. 이런 환경에서 아이들을 키울 수 없다는 굳은 결심을 한 내자는 월세기간 6개월이 지나자 또 이사를 감행했다.

비원 앞 권농동, 지금 현대건설 옆의 공원자리에 내자는 방을 얻었다. 책이 유일한 재산이었던 나는 그 집의 좁은 마루에 책을 높이 쌓아두고 보곤 하였는데 어느 날인가 그 책들을 모두 도둑맞은 일도 있었다. 경찰에 가서 신고하니 경찰은 어이가 없다는 듯, "책 도둑맞은 것도 신고합니까?"하는 것이었다. 기가 막혔다

그 즈음, 언젠가는 퇴근길에 술을 한 잔 걸치고 비원 돌담을 붙든 채 엉엉 울었던 일이 있다. 이유는 생각나지 않으나 아마 상사에게 꾸중을 들었거나 일이 뜻대로 풀리지 않아서였을 것이다. 밀린 일을 집으로 싸들고 들어와 해야 할 정도로 업무는 쌓여 있었으니 비원 돌담에 기대어 황성옛터를 목 놓아 부르며 울었던 데는 늦은 밤, 집에까지

일을 갖고 들어와야 하는, 그래도 사글세를 면할 길 없는 가장으로서의 아픔도 묻어 있었을 것이다.

그러나 6개월이 지나자 집을 새로 수리한다고 하여 그 집에서 또 쫓겨나게 되었다.

이번엔 교동국민학교 뒤편 가회동의 문간방이었다. 이사하는 날, 내자가 사무실로 전화를 했다.

"오늘 이사가예. 이따가 밤 9시에 요 앞 빵집 앞에서 기다릴께예."

나는 '또 이사하는구나'라고만 생각했을 뿐 이내 잊어버리고 말았다. 그날 밤, 소주를 한 잔 걸치고 집 앞에 이르러 여느 때처럼 큰소리로 외쳤다.

"내다, 문 열어라!"

그러자 옆방 사람이 나오더니만 우리집이 이사갔다고 했다. 그제야 아침에 내자가 했던 말이 기억나 부랴부랴 빵집 앞으로 가보았으나 시간은 벌써 밤 11시가 가까워지고 있었다. 가게문을 닫으려는 빵집 주인에게 물었더니 우리집 약도를 대충 그려주었다. 그날 나는 겨우 통행금지 직전에 새로 이사한 가회동 집을 찾을 수 있었다.

그 집 역시 부엌이 없어 내자는 쪽마루 밑의 아궁이에 솥을 얹고 밥을 해야 했다. 더구나 문간방이니 사람이 오갈 때면 내자는 밥을 하다가도 길을 비켜주어야 했다. 주인 아주머니의 성질 또한 고약했던 그 집도 6개월이 지나자, 방을 비워 달라고 했다. 주인은 월세를 올릴 심산이었으나 아무리 쥐어짜도 여유가 없던 우리는 또 이사를 해야 했다. 월세를 제때 못 내니, 생선 한 마리를 사와도 주인집의 눈치를 보아야 했던 내자의 고충은 말도 못했을 것이다.

원서동으로 이사를 또 하게 되었다. 그 집에서 나는 행정과장으로 발령을 받았다. 당시 행정과장이면 관용차를 이용할 수 있었는데 주인집에서는 그 차를 여간 못마땅하게 여기지 않았다. 출근시간, 기사가 도착했다는 표시로 울리는 클랙슨 소리가 시끄러워 아이들이 잠을 깬다는 것이 이유였다. 지프차가 다른 곳에 갈 때는 "스리코더"라 하는 미군용 폐차 승용차가 대기하고 있었다.

"월세 사는 주제에 무슨 놈의 차가 두 대씩이나 되느냐?"

"조용히나 타고 갈 것이지 뭐 그리 잘났다고 월세 사는 주제에 시끄럽게 구느냐?"

이런 타박도 예사였다.

김장도 제때 하지 못해 돈이 생길 때마다 내자는 세 번에 걸쳐 김장을 하곤 했다. 주로 남들이 김장을 끝낸 동지섣달, 눈이 펄펄 오는 길에 내자는 얼어터진 배추들을 사다가 김장을 했다. 배달을 시키면 비용이 든다며 내자는 리어카를 빌렸다. 아이들은 뒤에서 밀고 내자는 앞에서 끌며 배추를 운반해 겨우 담그던 우리의 초라한 김장, 그러나 돈이 떨어지면 김장을 하지 못할 때도 있었다. 김장거리를 사기 위해 내자가 금반지를 팔았다는 사실을 나는 얼마 전에 처음 알았다.

"금반지를 팔러 갔는데 말이 떨어지지 않아 혼났어예. 결국 몇 집인가를 빙빙 돌다가 겨우 팔아가지고 그 해 김장을 했다 안 합니까?"

내자의 속을 더 상하게 만들었던 것은 주인집 텔레비전이었다. 당시 텔레비전이란 아주 귀한 물건이었다. 텔레비전을 보기 위해 온동네 아이들이 주인집에 몰려들었다. 우리 아이들 역시 처음 보는 텔레비전을 여간 신기해하지 않아 텔레비전을 보려고 자꾸 주인집 안방으로 들어갔다. 주인집에는 딸만 다섯이었다. 그런데 그 집 딸들의 텃세도 만만치 않았던지 텔레비전을 보려고 억지로 들어가려던 우리 딸아이를 다섯 명의 주인집 딸들이 밀쳐내는 바람에 아이가 뒤로 넘어져 울고불고 하는 진풍경이 벌어지기도 했다.

뿐만 아니었다. 수도관이 낡아 낮에는 아예 물이 나오지 않았고 오후가 되어서나 물이 나오기 시작해 애를 먹였다. 더구나 오후 여섯 시경부터 나오는 물은 주인집에서 받아썼으므로 내자는 밤 12시가 넘어서야 물을 받을 수 있었다. 행여 주인집 사람들이 잠을 깰까 내자는 소리를 내지 않고 조심스레 밤을 새워 빨래를 했다. 손은 얼어터져 피가 줄줄 났다.

한 번은 내자로부터 이런 얘기를 듣고 술김에 "관둬라 마! 내 나가 물 받는다!"하고 호기있게 소리치니, 내자는 펄쩍 뛰며 '옆방에 여자들도 있고 한데 볼썽사납다'며 한사코 말리는 것이었다.

주인집 아이들의 텃세는 날로 심해져 갔다. 입버릇처럼 "우리는 주인이구요, 쟤네들은 우리집에서 셋방살이하는 애들이에요"하는 말이 아이들의 가슴에까지 상처를 주었던 모양이다.

6개월이 지나 그 집의 계약기간이 또 끝났다. 다시 이사해야 했다.

이번에는 정말 더할 나위 없이 낡은 집이었다. 어찌나 지저분하던지 벽이며 뭐며 온통 새카맸다. 우리 아이들은 지금도 그 집을 "까만 집"이라고 부른다. 그러나 주인의 눈치를 보지 않아도 되는 독채 전세라 마음은 편했다. 그곳에서 나는 전라남도 부지사로, 대구시장으로 발령을 받아 다시 전근갔으나, 우리 가족들은 계속 까만 집에서 살았다.

전남 부지사 자리는 고달팠다. 1967~68년, 두 해에 걸친 극심한 한해로 전남 도정의 모든 힘을 한해 극복과 가뭄 없는 농토조성에 기울일 때였다. 그 사업은 1969년까지 이어졌고 주야 구분 없이 침식도 거의 반은 도청에서 이루어졌다.

대구시장으로 발령받은 것은 한해피해가 수습될 무렵이었다. 그러나 대구시장 자리 또한 고달픔의 연속이었다. 당시 대구시가 안고 있던 빚이 많아 업무에 몰두하다 보면 집의 일들은 그야말로 까맣게 잊혀졌다. 어쩌다 서울로 출장 오게 되어도 시간에 쫓겨 집에 들르지 못하거나, 들른다 해도 신발도 벗지 않고 가족들의 얼굴만 확인하고는 다시 내려가는 일이 허다했다. 바로 이것이 공직의 어려움이다. 작은 일에 집착한다면 공직을 제대로 수행해 낼 수가 없다. 그것은 자신과의 싸움이기도 하다.

사실, 공직자도 사람인데, 신도 벗지 못하고 처자식이 있는 곳에 출장을 와 전화 한 번 못하는 속마음이 오죽하랴. 서울 출장을 오면 하루 종일 회의가 이어졌고 회의가 끝나면 으레 회식이 있었다. 출장은 다급한 용무로 인한 것이 주로 많았고 부지사나 시장의 자리 역시 하루도 비워둘 수 없는 형편이기도 했다. 지금처럼 비행기가 있는 것도 아니어서 서둘러야 막차를 탈 수 있었다. 식구들의 얼굴만 보고는 황급히 나와, 골목길에서 나 혼자 흘렸던 가슴 속의 눈물은 아무도 모를 것이다.

그러나 딸은 어머니편인 것 같다. 한 번은 대구시장으로 있을 때, 여름방학을 맞은 딸아이에게 전화한 일이 있었다.

"니 방학했는데 와 아부지 있는 데 한 번도 안 오노? 인사도 하고 놀러도 오고 그래야지?" 했더니만, "아부지요, 대구가 그래 덥다 카든데 뭐하러 갑니까?" 하는 것이었다.

서운하기도 하고 괘씸도 하여, "덥다고 아부지 있는 데 안 오나? 버르장머리 없이 이 무슨 말이노? 니 대학 뭐하러 다니노? 학위받을라 다니나? 학위가 무슨 소용이고, 사람이 되야제!"하고 호통쳤다.

그랬더니 딸아이는 대뜸, "그럼 아부지는 와 출장 오셔서 집에 오시

● 아내는 힘들어하면서도 공직자의 아내로서 말없이 나의 뜻을 따라주었다. 경북 도지사 시절 새살림회의 새마을 자매결연 마을을 방문한 아내(1976년 5월, 왼쪽에서 세 번째)

지도 않고 전화 한 번 안하십니꺼?"하는 것이었다.

역시 딸은 어머니 편이구나…. 지금도 두 아들은 애비의 심경을 헤아릴 줄 아나 딸아이만은 내자의 역성을 더 드는 편이다.

얼마 전, 큰 아이가 모 기업의 부장직을 그만두고 창업했다 하여 가본 일이 있었다. 우리집에서 장사라고는 처음 있는 일이라 내심 걱정이 되었다. 그러나 사무실을 낸 지 한참이 되어도 관심이 없는 듯한 내가 내자 생각엔 너무하다 싶었던 모양이다.

"자식이 구멍가게라도 차렸다는데 당신은 어째 그래 한 번 가보지도 않습니까?"

사실 관심이 없어서가 아니었다. 물론 격려라는 차원도 있을 수 있으나 애비의 잔소리에 혹시라도 위축되지는 않을까, 섣불리 이래라 저래라 한다면 아들에게 공연한 피해만 주지 않을까 하는 노파심이 더 컸다. 작년 12월 말일, 큰맘을 먹고 사기나 돋궈줄 생각에 아들의 사무실을 찾았다.

"연말이라 니 망년회 한다고 음주운전할까 내 걱정되어가 왔다."

그러나 속내를 표현하지 않아도 애비의 깊은 정을 아들아이는 잘 알고 있었다.

"아버지, 걱정 마십시오."

이심전심이란 표정을 짓는 아들을 바라보니 마음이 흐뭇했다.

내자는 힘들어하면서도 공직자의 아내로서 말없이 나의 뜻을 따라주었다. 내자가 돈을 좋아했다거나 사치를 좋아했다면 아마 나는 50여 년간의 공직자 생활을 제대로 수행해 나갈 수 없었을 것이다. 내자의 성품은 장인어른의 청렴함을 그대로 닮아 있다. 장인어른은 지나치리만큼 공사의 구분이 확실한 분으로 내가 도지사로 있을 때, 어쩌다 문중일로 대구에 오셔도 절대 관사에서 주무시고 가시는 법이 없었다. "사적인 일로 사위 신세를 질 수 없고 내 딸도 없는데 누가 밥을 해주느냐"시며 완고한 태도를 고집하셨다.

한 번은 장인어른이 대구에 오셨다는 말을 듣고 늦은 밤에 장인어른을 찾기 위해 관사주변 여관을 뒤진 일도 있었다. 늘 바쁘다는 이유로 가정을 등한시했던 나에게 이런저런 지원과 지도편달을 아끼지 않으시던 장인어른….

처가는 남의 땅을 밟지 않고도 옆마을을 갈 수 있을 정도로 부유하였지만 어른의 근면절약은 남달랐다. 장날에도 외식 한 번 하지 않으시고 반드시 집에 오셔서 식사하실 정도였다. 그러나 남에게는 후하셔서 농번기나 잔치 때, 설거지 등을 도와주러 온 이웃집 아낙들에겐 양푼 가득 밥을 담아 보내곤 하셨다.

언젠가는 박정희 대통령께서 혹파리에 고사(枯死)한 고속도로 주변의 밤나무를 모두 신품종 밤나무로 수종갱신하라는 지시가 떨어진 일이 있었는데, 그때 처족들을 데리고 우리 과수원에 직접 밤나무를 심어주신 분도 장인어른이었다. 이제 장인어른과 장모님, 두 분 모두 고인이 되셨으나 나무는 아직도 제법 실한 열매를 선사하고 있다.

아이들은 무순처럼 푸르게 자랐다. 아이들이 고3이 되는 해면 내자는 더욱 바빠질 수밖에 없었다. 서울에서 나의 전근지로, 경주 시댁으로 바쁘게 뛰어야 했던 내자도 고3이 된 자식이 있으면 서울에서 그 뒷바라지를 하느라 내려오지 않았다. 추운 겨울, 종로의 화신 백화점 앞에 서서 마지막 버스에서 내리는 자식들을 기다려 무거운 책가방을 받아들고 집으로 돌아오던 어미 덕인지, 고맙게도 아이들은 모두 좋은 대학에 합격했다. 대학에 들어간 아이들을 데리고 내자는 보무도 당당히 나를 찾아오곤 했다. 지금도 내자는 '대학 입학한 애들 앞세우고 당신 만나러 갈 때가 사는 동안 가장 행복했던 때였다'고 한다.

그 후, 내자는 전셋집을 정리하고 안국동에 대지 37평에 건평 17평짜리 한옥집을 하나 샀다고 했다. 까만 집의 전세를 뺀 돈과 주택조합에서 분양받은 집을 판 돈을 합쳐 안국동 집을 장만하게 된 것이다.

대구 관사에 있을 당시, 처가의 도움으로 공무원주택조합에 가입하여 대지 70평을 70만 원에 샀다가 서울로 이주하는 바람에 원금만 건진 채 팔았던 일이 있었고, 또 내무부 과장으로 있을 때도 공무원 주택조합에 가입하여 은행융자를 받아 서울 녹번동에 주택을 예약해 놓은 일이 있었다. 그러나 운이 따르지 않았던지, 간첩 김신조 씨 사건으로 녹번동 일대가 총소리로 시끄러워져 결국 원금도 건지지 못한 채 되판 일도 있었다.

새로 산 안국동의 허름한 한옥은 수리를 요했던 모양이다. 후에 내자는, 남들이 집 사가지고 길에다 벽돌이며 시멘트며 쌓아놓고 수리하는 게 어찌나 부러웠는지 모른다고 했다. 그러나 수리했는지 안했는지 알 리 없던 나는 그 집에 처음 들어서자 "전 주인이 집을 참 깨끗이 썼구만" 하고 감탄을 하였다. 내자는 그저 나를 허망히 바라다볼 뿐이었다.

이사간 집을 찾지 못해 안국동 일대를 배회하다가 결국 파출소 경찰관에게 물어 겨우 집에 들어온 일도 있었다.

가장이 없는 집에서 아이 셋을 데리고 사는 내자가 남보기엔 과수댁으로 보였을 것이다. 아닌 게 아니라 내가 안국동 집에 다녀간 다음날, 내자가 재혼했다는 소문이 동네에 돌았다고 한다. 옆집 사는 부인이 '저 여자 애 셋 데리고 재혼했나 보다, 어제 신랑이 다녀가는 걸 분명히 봤다'고 했다는 것이다. 그때 심정이 어떠했냐고 물으니 내자의 말이 걸작이었다.

"하도 산전수전을 많이 겪어서 그런 일 정도는 아무렇도 않아예."

압구정동으로 이사를 하게 된 계기는 내자의 허리 디스크 때문이었다. 하루에 세 번, 연탄을 열두 장이나 갈아야 겨울을 날 수 있었는데 허리 병을 앓는 내자로서는 역시 무리였다. 경주에서 어머니가 올라오시고, 내가 들를 때는 번갈아 가며 연탄을 갈았다.

문턱이 높은 한옥집이 여러 가지로 불편했던 내자가 어느 날 아파트로 이사하겠다고 했다. 나는 아파트가 집이냐며 계약할 때 가보지도 않았다. 사실 월세로 가는지, 전세로 가는지 나는 한 번도 관심을 가진 적이 없었다. 계약하는 일이며 이삿짐을 꾸리는 일, 짐을 옮기는 일 같은 것들은 모두 내자가 알아서 하였고 나는 약도대로 찾아가면 그만이었다.

당시 압구정동은 아파트 몇 채 외엔 온통 배추밭이었다. 내자는 배추밭에서 배추를 뽑아다가 김장을 했다. 압구정동이 부자동네인지 가난한 동네인지도 모르고 이사하게 된 우리는 후에, 현대백화점이 들어서고 이곳이 서울에서 가장 집값이 비싼 곳이라는 말을 듣고는 혀를 찼다. 문간방을 전전하던 우리가 가장 비싼 땅에서 살고 있다는 사실에 실소하고 말았던 것이다.

우리 부부의 십계명

부부간을 유지하기 위해서는 반드시 지켜야 할 계명들이 있다. 더구나 요즘처럼 간 큰 남자 시리즈가 거론되는 세태일수록 가장들은 정신을 바짝 차려야 한다.

지금도 안사람에게 두고두고 미안한 것은, 1964년 동남아 출장을 갔을 때, 두 달 동안이나 집에 연락하지 않은 일이다. 무정했다는 타박을 회피하기 위해 꾸며대는 둔사(遁辭)는 아니나, "무소식이 호소식"이라는 생각도 있었고 사실 여비의 여유도 없었다(연간국민소득 100달러이던 1964년, 우리나라 외화보유고를 살펴보면 아마 이해가 갈 것이다). 더구나 출장지가 태국의 오지였던 터라 여관에는 전화가 없었고, 매번 기차를 타고 이곳저곳으로 옮겨 다녀야 했기 때문에 집에 연락할 만한 심적인 여유도 없었다. 그러나 아무리 변명을 늘어놓는다 해도 역시 무심한 성격 탓이리라.

공직생활에 매진하는 동안 내자의 생일 한 번 제대로 챙겨준 적 없고, 그 흔한 여행 한 번 데리고 가지 못했으니 내자는 온갖 설움을 속으로만 삭였을 것이다. 사실 젊어서는 바빠서 가지 못했던 여행이었다. 또 그후로는 경주 노모께서 병환으로 누워 계신데 자식된 도리로 부부간에 여행이나 다닌다는 것이 죄스럽게 느껴지기도 했다.

전남 부지사로 있을 때, 한 번은 내자가 도청 국장부인들과 대흥사를 가려 한다며 내 의향을 물어왔다. 물론 내자가 주도해서 계획한 일은 아니었다.

"집어 쳐라마! 지금 한해 때문에 나라가 어지러운데 무슨 놈의 관광이노?" 하고 호통을 친 일이 있었다.

경북지사로 있을 때도 마찬가지였다.

"기관장 부인들이 해안경비대 위문차 울릉도에 가자고 하는데 우짭니꺼?"

"안 된다, 가지 마라. 울릉도엔 변변한 여관이 없다. 가면 으레 군수 관사에 묵게 마련이다. 그런 폐를 왜 끼치노? 명목은 위문이나 역효과가 난다 아이가. 그 지역 공무원들이 무슨 죄노? 얼마나 신경들이 써지겠노 쓸데없이…" 하며 내자의 여행을 또 저지시켰으니 내자는 80이 가까워오는 나이가 되도록 여행 한 번 제대로 한 일이 없다. 그러나 내자는 고맙게도 그 모진 세월을 잘 견뎌주었다.

사실 부부간이라는 것은 천재지변이나 운명적 이별이 없는 한 기정사실이다. 요즘 사람들이 들으면 펄쩍 뛸 일일지 모르나, 인간은 하루에 200번이나 거짓말을 한다고 하니 괜히 사랑한다, 보고 싶다는 소리들을 해서 뭐하겠는가. 그래서인지 젊은 사람들이 노상에서 서로 끌어안고 다니는 모습을 보면 나는 눈살이 찌푸려진다. 그런 행위 또한 하나의 기정사실이기 때문이다.

내자에게 깊은 애정을 느꼈던 건 큰 아이의 결혼식 날과 선친께서 작고하셨을 때였다. 내가 전근지에 있는 동안, 내자는 생색 한 번 내

경주 고택(古宅)에서 찍은 부부사진. 아내는 고맙게도 그 길고도 힘든 시절을 잘 견뎌 주었다.

지 않고 그 버거운 대사의 준비를 해냈던 것이다. 내가 느꼈던 애정은 요즘 신세대들이 얘기하는 그런 식의 것이 아니라, 어린 나이에 서로 만나 각자 제몫을 담당하며 살아온 세월에 대한, 내자라는 존재에 대한, 말로는 다 할 수 없는 오래되고 뜨거운 정일 것이다.

그것이야말로 단순히 입에 발린 소리로 표현되는 사랑보다 몇백 배 더 진실된 것임을 나는 자신한다. 오래 같이 살아온 부부간에만 가능한, 눈빛만으로 감지할 수 있는 사랑이기 때문이다.

다시 한 번 밝히건대, 내자의 얘기를 쓰는 것은 결코 자랑하려는 의도가 아니다. 나는 절대 팔불출의 대열에는 끼고 싶지 않고, 평생 그렇게 살아오지도 않았다. 다만 과거의 아내들이 겪어온 삶을 되짚어봄으로써 궁핍했던 시절, 안주인의 역할이 얼마나 중요한지에 대해 설명하고자 할 뿐이다.

사실 부부간에는 말로 표현할 수 없는 깊은 정이 오가게 마련이다. 또 세월이 가면 서운했던 일들도 모두 녹기 마련이다. 내가 처한 상황이나 유교적 전통에 익숙했던 교육 등을 감안해 볼 때, 남편으로서 나의 점수는 과락은 아니라고 자부한다. 상대적 평가를 좋아하는 요즈음의 세태 탓에 과락되는 경향이 있긴 하지만 말이다.

가끔씩 벌어지는 부부싸움도 필연적 숙명(?)으로 받아들이는 것이 좋다. 상대가 큰 잘못을 해서가 아니라 서로간의 스트레스가 가중되다 보면 가장 가까운 사람에게 엉뚱한 화살이 돌아가는 일이 있다.

나의 경우, 부부싸움을 할 때면 효과음의 일환으로 창호지문을 주먹으로 내리치곤 했다. 내자는 유교적 교육을 받고 자란 사람이라 남편에게 함부로 하는 일은 없었지만 "펑!"하는 소리와 함께 말다툼은 나의 우세(優勢)로 전환되어 부부싸움의 분위기는 소강국면으로 접어든다. 그러나 가정폭력법의 제정으로 아내구타 등의 행위는 범법인 시대가 되었음도 잊지 말아야 한다. 괜스레 욱하는 마음에 아내를 손찌검이라도 한다면, 신문지상에 오르내리는 것처럼 "안방으로부터 몇 미터 앞 출입금지"의 처분을 받아 망신살이 뻗칠 위험성도 내포하고 있는 탓이다.

또한 부부간에는 필연적으로 거짓말이 오갈 때가 있다. 예를 들면, 울적한 마음에 술 한 잔을 걸치고는 "상사가 먹자고 해서 억지로 끌려갔다, 어찌나 긴장했는지 어깨가 다 뻑적지근하다"는 종류의 거짓말도 있을 수 있고, 남산이 유일한 산책길이었던 과거에는 술집 아가씨와 산책하고 와서는 "야근했다"는 식의 거짓말들도 있었다. 그러나 단언컨대 잡아뗄 것은 딱 잡아떼야(?) 가정이 편안하다는 사실이다.

'금강산 관광이나 가자'는 식의 말도 미리 할 필요가 없다. 못 가게 되는 경우도 있을 수 있지 않은가. 그러나 남자가 한 번 내뱉은 말을 지키지 못할 때, 가장의 위신은 추락하고 만다. 일단 뱉은 말은 실천에 옮겨야 아내로부터 신뢰를 받을 수 있다는 사실도 잊어서는 안된다. 요즘도 가끔 명절이나 생일 때면 주변 사람들로부터 "해외여행 한번 안가십니까?"하는 질문을 자주 받게 된다. 그럴 때마다 나는 송강 정철(1536~1593)의 〈한 몸 둘에 나눠〉라는 시를 한 수 읊는 것으로 대답을 대신한다. 마치 우리 부부관계를 표현해 놓은 듯하여 내가 자주 써먹는 시다.

한 몸 둘에 나눠 부부를 삼으실새
있을 제 함께 늙고 죽으면 한데 간다
어디서 망령의 것이 눈흘기려 하느뇨

살아있는 동안에는 함께 늙고, 죽으면 같이 가는 것이 부부다. 따라서 하찮은 일로 눈을 흘긴다면 망령된 짓이 아닐 수 없는 것이다. 남남이 만난 부부 사이에 이런 정신적 유대가 없다면 진정한 부부가 되기는 어렵다.

"무작정 산 세월입니다."

요새 들어 가끔 내자가 이런 말을 하곤 한다. 무작정 산 세월이라.… 그랬을 것이다. 자식 셋을 데리고 억척스레 살아온 세월이었을 것이다. 50여 년간 큰 무리 없이 공직을 수행할 수 있었던 공로를 내자에게 돌리며, 새삼스럽기도 쑥스럽기도 하나 이제야 내자에게 고맙다는 말을 한다면 지난 세월을 1%라도 보상해줄 수 있을 것인가? 서로를 연민으로 바라보게 되는 요즈음, 내자의 두터운 손마디에 비로소 가슴이 뭉클한 것은 비단 나이 때문만은 아니리라.

집의 기본은 대들보에 있듯이

고개 숙인 가장이 늘고 있다는 비보(悲報)는 사실 하루이틀된 이야기가 아니다. 그러나 그들의 이야기를 들을 때마다 나는 같은 남자로서 일말의 분노를 느낀다. 뚝심 없는 가장들의 모습에서, 또 가장을 밀어낸 아내들의 행태에서, 더 나아가서는 자녀들의 상처에서 나는 인생 선배로서 말로 다 할 수 없는 안타까움이 인다.

중년에 이혼을 당하는가 하면, 조기퇴직을 당한 후 오갈 곳이 없어 거리를 배회하고 있는 이 시대의 아버지들….

> 조조영화를 보고, 과천 경마장을 찾고 한국종합전시장, 청계천 벼룩시장을 찾았지만 하루가 너무 길었다. 평일 낮에 집에 있을 때가 가장 괴로웠다. 전화벨 울리는 게 두려웠다. 아내의 친구, 처가식구들과 통화하는 것이 무서웠다. 대낮에 집밖으로 나가는 것도 피했다. 아파트 관리인이나 동네주부들과 마주칠까 겁이 났다(조선일보, 1996. 1. 30).

언젠가 신문에 실렸던 명퇴당한 어느 가장의 일기다. 그러나 이 정도는 그래도 양반이다. 심지어는 아내에게조차 퇴직사실을 알리지 못하는 경우가 허다하며 몰래 퇴직금을 쪼개 월급날 통장에 입금시키는 가장들도 있다 하니 기가 찰 노릇이다. 왜 우리의 가장이 이처럼 고개를 숙이고 있는가. 경제적 무능이 이유인가. 과연 밭을 일구어 처자식을 먹여 살려야 하는 그 숙명적인 사내의 책임 때문인가.

> 중년이 흔들리고 있다. 이혼을 결심하는 부부 중 30% 이상이 40대 이상일 정도로 중년층의 부부해체 현상이 두드러지고 있다. 부부불화를 성격차이 쯤으로 가볍게 보는 경향이 있지만, 그 이면에는 금전적 문제가 도사리고 있는 경우가 많다(조선일보, 1999. 9. 20).

그렇다면 한 가지 묻고 싶다. 거리를 배회하는 오늘의 가장들이 과연 결혼생활 내내 실직자였는가 하는 것이다. 그들의 처진 어깨에는 가족을 부양해야 했던 젊은 날의 짐이 아직도 쌓여 있다. 즉 이런저런 스트레스를 감내하며 가정경제를 책임져야 했던 서글픈 이야기가 그려져 있는 것이다. 더구나 '사오정', '오륙도', '육이오' 등 직장에서 떠돌던 말들이 사회적 유행어가 된지 오래다. '사오정'은 45세가 정년이란 뜻이고, 56세까지 직장에 남아 있으면 도둑 취급받는다는 게 '오륙도'요, '육이오'는 62세까지 임원생활을 하면 오적(五賊)으로 분류될 만큼 지탄의 대상이 됨을 뜻한다고 한다.

이런 추세에서 가장의 실직이란 개인적 능력 유무에 관한 문제가 아니다. 온 가족이 힘을 모아 한 방향으로 화살을 쏘아도 모자랄 판국에 왜 낙담해 있는 불쌍한 가장을 거리로 몰아내는가.

거리를 배회하는 가장들도 문제다. 왜 보다 당당해지지 못하는 것인지 답답하기만 하다. 살다 보면, 실직하게 되는 일도 있을 수 있다. 실직보다 더한 일이 닥칠 수 있는 것이 인생이란 점을 감안한다면 나는 우리의 가장들이 좀더 당당해졌으면 한다. 더 이상 고개를 숙일 필요가 없다. 뚝심을 가지고 대처해 나가야 한다. 거리를 배회하지 않을 수 있어야 한다. 설상가상인 것은 중년 이혼율이 급증하는 데 따른 또 다른 원인이다.

> 아내의 불륜, 배우자의 성적 능력에 대한 불만을 사유로 한 중년이혼도 급증했다. 불륜이 이혼사유가 되는 증가율은 여성이 높아지는 추세다(조선일보, 1999.9.20).

과연 개탄할 만한 일이다. 성적 불만으로 인한 아내의 외도가 급증한다니. 아내가 누구인가. 아이들의 어머니요 국가로 치면, 내무부장관이 아닌가. 그럼에도 불구하고 자신의 위치를 망각한 이러한 실태에 대해 과연 여권이 모성이나 결혼에 따른 책무 등에 앞서야 하는가.

물론 여성도 인간이다. 하지만 배우자가 위기에 처했을 때 헌신짝처럼 내버린다면 그 또한 인간으로서의 도(道)라 할 수는 없을 것인즉. 예전에 어느 여배우의 성(性) 이야기가 장안에 화제가 된 적이 있다. 동성애를 비롯해, 여러 명의 파트너와 가졌던 성적 경험담 등을 수록한 모양이다. 내용은 잘 모르지만, 광고문구에서부터 눈살이 찌푸려지는 것을 어쩔 수 없었다. 아무리 시대가 바뀌었다 해도, 다분히 개인적인 사생활을 꼭 그렇게 남에게 드러냄으로써 사회적 물의를 일으키는 것이 타당한 일인가. 스타의식의 발로인지는 모르겠으나 그 주인공이 아이들의 어머니라고 하니 더더욱 경악을 금치 못할 수밖에 없었다. 이는 비단 나만이 느끼는 감정은 아닐 것이다.

미국의 벤저민 같은 사람은 "생식의 필요성이 아니라면 여자를 가까이 하지 말라"고까지 하였다. 현대 사회에서 추앙받고 있는 유명한 외

교관임에도 말이다.

어느 비뇨기과 의사의 칼럼에 따르면, 남성의 경우 스트레스를 받으면 프로닥틴이라는 물질이 분비되어 남성호르몬인 테스토스테론의 생성을 억제한다고 한다. 그렇다면 이 땅의 남성들은 이중고에 시달리고 있는 셈 아닌가. 반복되는 악순환의 고리에서 헤어나지 못하는 가엾은 남편을 감싸 안기는커녕, 가장 가까워야 할 배우자의 배타적이고도 이기적인 작태에 대해 과연 어떤 변명이 가능할 것인가.

> 이혼 남녀의 90%가 이혼을 후회하고 있으며, 재혼 후에도 초혼과 같은 문제를 대부분 경험하고 있는 것으로 알려졌다. 서울가정법원 상담위원으로 있는 목동가족치료연구소 이남옥 소장은 18일 CBS 라디오 '뉴스야 놀자'와의 인터뷰에서 "이혼 남녀의 90%, 사실상 거의 모든 이들이 이혼을 후회하고 있다"고 밝혔다 … 특히 "재혼한 뒤에도, 대부분 초혼 때와 같은 문제를 경험하게 되며, 이때 적잖은 좌절을 경험하고 이혼을 후회하게 된다"면서 "재혼 이혼율이 초혼 이혼율의 4배에 이른다는 사실이 이를 증명한다"고 이 소장을 밝혔다(CBS 노컷뉴스 2006. 9. 18).

> 한국여성개발원 가족정책센터 장혜경 소장에 따르면 미국의 경우 재혼 가정의 이혼율은 70%, 삼혼 가정의 이혼율은 90%에 육박한다. 재이혼율에 대한 우리의 공식통계는 없지만, 초혼보다는 재혼 부부의 이혼율이 더 높다는 것이 전문가들의 일반적 견해다(조선일보 2006. 5. 31).

결혼이란 기나긴 세월을 함께 해야 하는 과정이다. 기쁨과 안식이 있는 반면 인내와 희생이란 양면성이 복병처럼 숨어있는 것이 바로 결혼이다. 그래서 인내와 희생을 극복하지 못한다면 결혼이란 지속될 수 없다. 지속된다 하더라도, 한 지붕 아래서 남남처럼 사는, 무의미한 생활의 연속일 뿐이다. 하지만 모든 결혼이 깨지고, 부부가 부부답지 못한 형태로 살아가게 된다면 우리 사회는 어떻게 될 것인가.

집을 지을 때, 대들보가 가장 중요하듯 가정에서 역시 대들보인 가장의 역할은 매우 중요하다. 경제력의 문제를 두고 하는 말이 아니라, 뚝심이 필수란 얘기다. 특히나 선장이 둘일 수는 없다. 그 선장이 남자가 되었든 여자가 되었든 간에 선장이 된 가장이라면 굳건한 정신력을 갖추어야 한다.

우리 과수원 김씨 부부

여기 금슬 좋기로 소문난 우리 과수원 김씨 부부에게서 들었던 인생 이야기를 소개해 본다.

"경기도 강화가 고향이라예, 일제시대에 아부지는 근로보국대(勤勞報國隊)라카는 데루 징용 끌려가 안 오시고 엄마가 혼자 날 낳았어예. 그러니 유복자라예. 어느 날인가 집으루 아부지 유골이 왔어예, 내사 너덧 살 먹어선데두 엄마가 으찌 슬피 우시는지…."

안주인 이의열 씨는 다섯 살 때 어머니를 잃었다. 장에 가 과자 사 온다며 나간 그의 어머니는 그 길로 집을 나가셨고 언니들은 인천 어느 집의 수양딸로 갔다고 했다.

"입 하나라두 줄여야 허는 판이니 할아부지 할무니도 어쩔 수 없었을 거라예. 열세 살 먹어서 그냥 집을 나왔어예. 서울 미아리 베 짜는 공장에서 2년간 일허다가 친구집으로 어디로 돌아다니면서 별별 고생을 다 했어예. 도저히 서울서는 못 있겠다 싶어 기찻길을 따라서 무작정 남쪽을 향해 걸었어예. 첩첩산중인데 사흘을 걸으니 양산(梁山)이라 카데예. 꼴이사 발은 다 터져 피가 나고 얼굴은 꼭 거지 겉으니 어느 아저씨가 날 보구 혀를 차예. 그래 밥먹을 데 마련해 준다캐서 따라갔드니만 웬 국밥집이라예. 주인 아줌마헌테 그저 사정사정했어예. 지발 날 딸처럼 데리구 있어달라고예. 그래 양엄마를 삼었어예. 지끔은 돌아가셨지만서두…."

바깥양반 김방우 씨 또한 안주인 못지않게 얼룩진 유년기를 보낸 사람이다. 조실부모한 그는 밀양 작은아버지 댁에서 머슴밥을 얻어먹었다고 한다. 국민학교를 졸업하자 그에겐 아무런 희망이 없었다. 한도 끝도 없는 머슴살이를 뼈 빠지게 해봤자 그저 입에 풀칠이나마 하는 것이 새경의 전부였던 것이다.

"열일곱쯤에 작은아버지 댁을 나와 떠돌이 생활을 하다가 울주군(蔚州郡)으로 가서 6년간 머슴살이를 했어예. 그르다가 중매로 저 사람을 만나게 되었는데, 서루가 고아에 가진 건 없으니 막막하기만 했습니더. 그래두 산 입에 거미줄이야 치겠는가 싶어 열심히 일했어예. 남의 논에 소작 부쳐가문서…."

그러나 힘깨나 있는 사람과 지방유지에게는 공손한 행정이 초라한 옷차림의 가난뱅이는 얕잡아 보거나 주의 깊게 살피지 않았다.

"혼인신고 할라구 친정에 편지를 했는데 그 주소를 보고 오빠가 용케 저 사람을 찾아왔어예. 그래 30년 만에 친정엘 가니 할아부지 할머니 다 돌아가셨습디다. 그걸루 친정이랑은 끝이라예. 그때가 도민증이란 거이 첨 나왔을 땐데, 그 도민증 받을라구 저 사람이 동회를 아홉 번이나 갔어예."

경북 울주군 두서면 면사무소에서는 정확한 날짜를 기입하지 않은 채 획일적으로 통보를 했던 것이다.

"남의 집 머슴 사는데 자꾸 불러싸니 으찌 눈치가 뵈는지…. 가문 안즉 조회가 안 넘어왔다카고 허탕만 쳤어예. 그래 화가 나 동회 책상

위에 놓은 서류를 내동댕이쳤다 안합니까?"

배고픈 기억에 대해 묻자 군대가서 사흘 굶었던 일이 있었다 한다.

"그때 참 사는 게…. 요새요, IMF니 뭐니 해싸도, 더 바싹 조인다 해두 죽을 놈 하나 없습니더. 그때 맨치로 산다문 한 명두 죽을 놈 없습니더. 그때는 풀만 먹고도 살았어예. 쑥허구 칡허구 만주에서 넘어온 콩깻묵, 그르구 술찌개미에 사카린 타서 묵으면 일미였어예. 당시는 사는 게 죄다 서러웠어예. 부모 읎구 배고프니 세상천지 서러운 거 투성이라예."

성실하게 일했어도 생활은 나아지지 않았다. 게다가 설상가상으로 가난에 찌든 아내가 덜컥 병이 들어버렸다.

이것이 우리 서민들의 실상이다. 그러나 과연 국가가 이런 처지의 서민들을 얼마나 도왔으며 어떤 혜택을 주었는가. …

"이판사판이란 생각이 듭디다. 그래 물 좋은 경주로 가자 싶어 이곳으로 오게 된 겁니더."

다행히 경주로 이주한 후 아내는 몸을 추스르기 시작했다. 아내는 기사식당에 나가 일했고 남편은 시청 일용직인 막노동을 하며 살림을 꾸려나갔다. 1982년 당시 아내의 수입은 한 달에 4만 5천 원. 남편은 하루 900원씩을 받고 일했다. 아이들이 태어나자 살림은 더 궁핍해져만 갔다.

"지끔은 한 달에 백만 원을 줘도 안 간다고들 허니 안즉두 멀었어예. 그때는 돈 한 푼이 귀했는데 요즘 사람들은 안즉두 배가 불러예."

그나마 일거리도 매일 있는 것은 아니었다. 아내의 식당일은 매일 할 수 있는 것이었지만 남편의 품팔이 자리는 기껏해야 스무날 정도, 장마철엔 그냥 공치기 일쑤였다.

부부는 가사를 분담해야 했다. 새벽 5시에 일어나 식당일을 나가면 아내는 새벽 1시나 되어야 집으로 돌아올 수 있었으므로 집안일은 남편 김방우 씨가 맡아 했다.

"새벽에 일어나 밥을 해서가 아이들 도시락을 챙기고 하는 일은 저 양반이 했어예. 그른데 기사식당에서 8년간 일을 허니까 연탄가스를 좀 마시게 되예? 그러니 점점 야위고 힘이 없어지데예. 사람이 곯는 기라예. 어느 날인가 주인 할머니가 내를 보시드니만 걸음이 이상하다 카면서 얼른 집이 가 누워있으라카데예. 그 길로 8달이나 일어나질 못했어예. 내사 지금 생각허문 하두 가스를 마셔서 피가 말랐던가 싶어예."

아버지가 싸주는 도시락을 먹고 자란 아이들, 그 아이들이 지금은 장성하여 모두 대학을 졸업했다. 아이들은 그들 삶의 희망이었으며 목표이기도 했다.

"아들 둘에 딸 둘이라예. 그라도 죄다 공부 많이 시켰어예. 우리헌텐 그거이 재산의 전부라예. 사람 사는 게 다 그렇지 않습니꺼? 첫 아들 낳았다고 달기(닭) 잡아서 미역국 끓여주고, 읍내 장에 가서 빨간 빤쯔도 사다가 주고, 그땐 증말 사람 사는 거 같았어예. 가난이야 늘상 있는 일이지만서두 내 다리 니 다리 얹고 잠자는 거이 그게 사람 사는 일 아닌교. 그라도 우린 쌈 한 분 안 했어예. 자식들헌테두 '이놈아' 소리 한번 안 했어예. 그래 우리 아들이 어디 가서 욕하는 소리 들으문 이상하다카예. 읎는 사람들끼리 만나서, 있는 사람두 마찬가지라예, 서루간에 의견 달리할 일이 을마나 많은교. 요즘 얼라들 데리구 동반자살하는 사람들 보문 참 딱해예. 불쌍한 얼라들이 뭔 죄가 있다구 죽이는교. 지끔이야 을마든지 살 수 있어예. 우리 막내는 저 양반이 울산으루 돈 벌러 나가 나 혼자 낳았어예. 이웃에서 도와줘가 겨우 미역국도 먹었어예. 고맙지예. 바깥 사람 실직했다구 집나가는 에펀네들, 그럼 안돼예. 그럴 때일수록이다가 협동해서 살아볼라구 혀야지, 집 나가문 무슨 일이 해결되는교."

가슴이 뭉클하다. 국가로부터 받은 혜택이라고는 생활보호대상자로 선정되어 막내 중학교 등록금 면제받은 게 유일하다.

"시에 살면 수도세, 오물세 내야 하지 않습니까? 여거는 그런 거 안 내두 되니까 여러 가지루 좋아예. 지금이사 쌀밥도 실컷 먹고 허는데 무슨 걱정입니까?"

사람 좋은 김방우 씨의 표정이 밝다. 그렇게 고생했지만 그래도 김씨 부부는 남의 것이라곤 지푸라기 하나도 훔쳐본 적이 없다. 연탄가스를 맡고 피가 말라도 남의 돈은 일 원 한 장 떼어먹은 적이 없다.

"도둑놈은 따로 있습디다. 우리 같은 빈민은 남의 돈 10만 원만 떼먹어도 감옥에 간다 안 합니까? 그러나 돈 있고 빽 있는 놈들은 몇억 원을 떼먹어도 삽니더. 이게 대한민국 아닌교? 길에 걸어다니면 차가 사람을 치일 듯 달려드니 사람 죽이는 게 대한민국 아닌교?"

그의 말에서 나는 울분을 삭히는 습관에 익숙해진 서민들의 모습을 본다. 그러나 그들은 행복하다. 아직은 건강한 두 팔과 다리로 일할 수 있고 올망졸망하던 자식들이 장성해 찾아오는 낙도 있다.

"오늘은 시내 가서 설렁탕이나 묵자!"

"밥 금세 합니다. 머할라꼬 괜한 돈 쓰십니까?"

또 거절이다. "사과밭으로는 절대 딸 시집보내지 말라"는 말이 있듯 사과농사가 여간 힘겹지 않는데도 묵묵히 기쁜 마음으로 일하는 그들…. 그들의 가정은 견고하다. 같이 어려운 시절을 겪어온 덕분인지 동지애도 물씬 느껴진다. 사람 사는 게 별 것 있겠냐며 웃는 서민인 그들에게서 나는 새삼 삶의 진실과 성실, 그리고 부부간의 깊은 정을 다시금 배우곤 한다.

3장

보릿고개를 극복하는 여정(旅程)

눈물의 민족사, 그 되새김을 향하여

나는 일제(日帝) 강점기에 가난한 농민의 아들로 태어나서 10살 때(1937년)부터 중일(中日) 전쟁을 시발로 연달아 일어난 세계 제2차 대전(1939년), 태평양전쟁(1941년)을 겪고 광복(1945년)을 맞았다. 내 비록 양곡수급(需給)이나 농업문제에 대한 학문적 배경은 없으나 지난날 '보릿고개'의 아픈 역사만은 가슴과 머릿속에 각인되어 있다.

8·15 해방 전인 1942년, 가업인 농사일을 돕던 나를 측은히 여기신 군청 어른의 추천으로 향리 경주군청 내무과의 말직(雇員)에서 일하다가 광복 후 지방서기로 임명되었다. 다시 경상북도청으로 진출(1948년)하여 내무국 지방과(주사·사무관)와 지도과장으로 일했다.

4·19 의거(1960년) 후 내무부 지방국(地方局)으로 전출(1961년)되어 계장·과장직을 거쳐 전라남도 부지사(1968~1969년), 대구시장(1969~1972년), 내무부 지방국장(1972~1973년), 충청남도 지사(1973~1974년), 경상북도 지사(1974~1978년)를 역임했다. 자리바꿈이 번다(煩多)한 듯하나 근무부서가 중앙과 지방이라는 계층구조와 관직(官職)과 관위(官位)라는 직위(職位)만 다를 뿐 근속기간중의 실질적 업무

내용은 '지방행정'이라는 단일기능이었다.

이어서 국세청장(1978~1982), 한국토지개발공사 사장(1983~1989) 등을 끝으로 공직에서 물러났다가 다시 새마을운동중앙회장(1989~1993, 1997~1998)의 직무를 통하여 현장에서 봉사하는 기회도 가졌다. 1997년부터는 사단법인 박정희 대통령 기념사업회 상임이사로서 마지막 봉사를 한다는 각오로 일하고 있다.

이제 나는 '말단'에서 '중앙'으로 오르내리면서 겪은 지방행정의 체험을 통한 식량문제와 함께 그리 멀지도 않은 지난날 민초들의 가슴에 쌓이고 맺힌 가난과 배고픔의 한(恨)을 되새겨 보고자 한다.

"보릿고개가 태산보다 높다"는 속담이 있다. 그 고개 넘기가 매우 힘듦을 비유하여 이르는 말이다.

'보릿고개'의 사전적 표현은 "묵은 곡식은 다 떨어지고 보리는 아직 여물지 않아 농가의 생활에서 가장 살기 어려운 음력 4~5월, 맥령(麥嶺)"이라 이르고 있는데, 우리 역사나 경제·사회문제, 시문(詩文) 등에 보릿고개의 낱말이 자주 비친다. 보릿고개의 역사는 길고도 오래다. 그 궤적을 따라 옛날로 거슬러 올라가면 가파른 고개 굽이굽이에 서린 우리 선인들의 가난과 굶주림의 시름이 눈에 선하다. 그래서 '반만년 보릿고개'라 불리고 있다.

신앙(信仰)이 되어버린 '쌀'

우리 국민식량의 대종은 곡물로서 주곡(主穀)은 쌀과 보리쌀이었다. 따라서 정부 양곡시책의 근간도 주곡의 자급(自給) 또는 안정적 공급이라는 명제(命題) 아래 추진되어 온 것이라 하겠다.

김인환(金寅煥) 전 농촌진흥청장[1]은 저서《한국의 녹색혁명》(농촌진흥청, 1979, p. 14)에서 다음과 같이 말했다.

쌀이 실제 국민들의 '주식(主食)'으로 등장하게 된 것은 조선조(朝鮮朝) 부터라고 한다. 물론 그 이전에도 벼농사는 상당히 보급되었지만 고려조(高麗朝) 만 하더라도 종래의 오곡(五穀), 특히 콩이 주된 식량자원으로 재배되고 있었으나 이조(李朝) 창업 이후 수전(水田) 농업을 중심으로 하는 아세아적 생산양식을 기초로 한 중국대륙의 유교정치의 도입은 정책의 근본을 치산치수(治山治水)에 두고 많은 권농책(勸農策)이 추진됨으로써 농경(農耕)은 현저히 발달하게 되었으며, 이것이 수백 년 이어오는 동안 쌀은 한국인의 주식으로 군림하게 되었고 오늘날에 이르기까지 우리나라의 농정은 쌀 생산을 위한 노력으로 집약되어 수리시설의 확장이나 개답(開畓), 간척(干拓) 등의 생산기반 조성에 힘써 왔으며, 사회·경제적 안정의 지표가 되어온 것이다.

또한 《동아 새국어사전》(두산동아, 2005, p. 2032)에 따르면 전사(田舍)라는 용어가 실려 있는데 "지난날 경복궁·창덕궁 안에 논을 만들어 임금에게 팔도(八道)의 농사짓는 모습을 보인 곳"이라 했다. 이로써도 근세조선시대에 권농책에 쏟은 관심의 척도를 헤아릴 수 있다 하겠다. 다음의 조선일보(2005. 12. 10) 이규태 코너 '쌀과 한국인' 제하의 칼럼은 그 역사의 배경을 여실히 보여준다.

… 조선 태종 말년에 흉년이 잇따라 남부여대(男負女戴) 난민이 길을 잇고, 쌀 한 됫박 때문에 형제가 싸워 죽이는가 하면 제사상의 한 그릇 젯밥을 위해 관창(官倉)에서 쌀을 훔친 사나이가 옥중에서 자살했다는 등의 소식이 임금 귀에 잇달아 들어갔다. 태종은 임금에 대한 하늘의

1) 경북 청송군 출생, 수원고등농림학교 졸업, 일본구주제국대학 농학부 농학과 졸업, 경북대학교 농과대학 교수, 미국 미네소타대학교 농업연구행정 분야 훈련 수료, 농촌진흥청 시험국장, 농림부 농업생산국장, 농림부 식산차관보·농정차관보, 농촌진흥청장(1968~1980), 별세(1985).

응징으로 받아들이고 왕위를 세종에게 물려줘야겠다고 마음먹는다. 그날 밤 임금은 지묵(紙墨)을 들이라 시켜 '쌀 미(米)' 자를 밤새워 썼다고 한다. 그 '미(米)' 한 자를 쌀 톨로 쳐 그 글씨 쌀로 밥을 지었다면 곱빼기로 밥 한 그릇이 됐다 하니 쌀에 얽힌 한이 얼마 만했던가 짐작이 가고도 남는다.

한민족은 미식(米食) 민족이 아니라 미식원망 민족이었다. 사람이 죽어가면 대나무통에 쌀을 담아 귓가에 흔들면 연명된다는 속신(俗信)이며, 참새떼가 앉아 벼논을 하얗게 물들이면 쌀을 많이 먹는 데 대한 하늘의 응징으로 여기고 밥그릇의 밥을 절반으로 줄이는 감선(減膳)[2]을 했다. 생쌀을 먹으면 어머니가 죽고, 흘린 밥알을 쥐나 새가 먹으면 머리나 이가 아프다느니 했으니 쌀은 곧 신앙이었다.

옛날 서당에서는 6만석이나 하는 거부(巨富)의 실화를 들려주곤 했다. 그 부자가 가난했을 때 제사를 지내고자 쌀 한 되를 사들고 오는데 자루에 구멍이 나 한 걸음에 한 알씩 쌀알이 떨어졌다. 집에 돌아와서야 그것을 알고 왔던 길을 되돌아가 그 한 걸음 쌀 한 톨을 주워 모으고, 사라지고 없으면 인근 개미집들을 부수어 찾아내곤 했는데 겨우 한 주먹 쌀도 못 되었던 것이다.

---

2) 나라에 변고가 있을 때, 임금이 몸소 근신하는 뜻으로, 수라상에 오르는 음식의 가짓수를 줄이던 일.

1인 소득 50달러, 기아선상(飢餓線上)의 시대

❖ 나의 유년(幼年)시절의 추억

끼니는 멀건 갱죽(羹粥)

나의 어린 시절 우리집의 일상적 끼니는 조반석죽(朝飯夕粥: 아침에는 밥, 저녁에는 죽을 먹는 구차한 생활)이었다. 낮일을 감내할 수 있도록 아침과 점심은 밥을 먹고, 잠자는 저녁은 죽이다.

하지만 밥이라 해도 흰쌀로만 지은 이밥이 아니다. 나의 어린 시절에는 국어사전에까지 '밥밑'(밥을 지을 때 쌀 밑에 놓는 콩·보리쌀·팥 따위의 잡곡류)이라는 용어가 있듯이 추수(秋收) 후 한 달여 동안(10월)은 쌀이 많이 섞이고, 11월부터는 정반대로 보리쌀이 많아진다. 물론 설·추석 등 명절에는 잡곡 혼합이 없다.

가족이 함께 음식을 먹을 때는 지은 밥을 밥그릇에 떠 옮길 때부터 순서가 있었다. 밥솥 윗부분에 안친 쌀밥에다가 밑에 깔린 보리밥을 약간 뒤섞어 떠내어 먼저 웃어른에게 드리고 다음은 동생들 차례인데 어린이라 역시 쌀밥이 많았다. 어머니와 나는 쌀알 구경하기 어려울 정도로 거의가 보리밥이다.

저녁의 죽은 콩·보릿가루를 혼합한 '콩죽', 또는 좁쌀로 묽게 쑨 '조당수'와 시래기 따위 채소류를 넣고 멀겋게 끓인 '갱죽'(羹粥) 등이다. 이러한 음식관행은 가을걷이가 끝나면 이어서 닥칠 춘궁기에 대비하여 '죽'은 점점 멀게지고, 월동용으로 땅에 묻어둔 '무'와 '쌀'을 혼합하여 지은 '무밥'이 밥상에 올려진다. 그리고 '쌀겨'(쌀을 쓿을 때 나오는 고운 속겨)도 '수제비' 원료가 된다.

그러나 흉년이 들면 보리밥과 갱죽이 주식(主食)이 되고, 대파(代播: 모를 내지 못한 논에 다른 곡식을 심은 조·기장·메밀·감자 등)로 얻은 잡곡류가 쌀·보리를 보충하는 한편 피·쑥·산나물·송기(松肌: 소나무 어린 가지의 속껍질, 섞어서 떡을 만들고 죽도 쑴) 등이 동원된다.

이 글을 써내려 가면서 곰곰이 나의 지난 날, 특히 어린시절 험로(險路)의 보릿고개를 넘어온 각고(刻苦)한 나의 어머니 상(像)을 되새겨 본다. 어린 시절 아무리 궁핍해도 어머니는 가족들을 굶기는 일은 없었다. 날은 가물며 타는 듯한 더운 한여름 아버님은 앞마당에서 보릿단을 태질하며 타작(打作)을 하시고, 어머니는 땀을 흘리며 혼자 어린 동생을 등에 업고, 죽을 쑤는데 아궁이에 보릿짚 불을 지피며 한편 끓어서 솟아오르는 죽을 저어야 하는 모습이 지금도 나의 눈에 선하다. 이제는 완전히 잊혀진 풍경이다.

"날은 땡땡 가물고/ 콩죽은 펄펄 넘치고/ 아는 찔찔 울고요"

1년 24절기 중 소만(小滿: 5월 21일이나 22일)과 하지(夏至: 6월 21일이나 22일) 사이에 드는 망종(芒種: 6월 6일이나 7일) 무렵은 모내기와 보리베기를 하는 시기로 농촌은 연중 가장 바쁜 때이다.

"보리는 망종 전에 베라"는 속담은 이때 '보리 논'은 보리를 베어야

모도 심고, 밭갈이도 할 수 있다는 뜻이다. 또 이 시기를 놓치면 무르익은 보리가 바람에 넘어지고 비가 내리면 그 씨앗에 새싹이 돋아 보리쌀의 품질도 크게 떨어진다. 보리농사를 많이 짓는 남부지방에서는 "발등에 오줌 싼다"고 할 정도였으니 얼마나 바빴는지는 가히 짐작하고도 남을 일이다.

지금 들으면 우스갯소리로 여길 줄 모르겠으나, 나의 생일이 이 즈음이라 생일 아침 한 끼라도 쌀밥에 미역국 밥상을 받아 보는 것은 꿈같은 이야기였다. 보릿고개의 고비를 넘기는 시점이 바로 그때이기 때문이다. 보리수확과 모내기로 몹시 바쁜데다가, 가뭄까지 닥치면 다른 일에 눈길을 돌릴 겨를이 없다. 지금도 향리 구택(舊宅)에 가면 그 당시 시름겨워하시던 어머니의 모습이 선연하다.

날이 가물어 자나 깨나 모내기 걱정으로 마음 편한 날이 없는데 보리밭 그루갈이로 심은 콩은 싹수가 노랗다. 아버지는 땡볕 아래 앞마당에서 보릿단을 태질치며 타작을 하시고, 어머니는 거들어주는 사람 하나 없이 젖먹이 동생을 업은 채, 부엌 가마솥에 불을 때며 죽(粥)을 쑤셨다. 그 죽에도 쌀 한 톨 구경하지 못한다. 또한 장작(長斫) 개비면 불질하기 편리하련만, 땔감이 보릿짚뿐이라 쉴 새 없이 잇달아 이를 아궁이에 밀어넣어 주어야 하고, 한편 죽이 끓으면 계속 주걱 따위로 휘젓고 섞어주어야 한다. 그래야 죽의 온도나 농도가 고르게 되어 솟아 넘치지 않는다.

관개(灌漑) 시설이 지극히 열악한 그때, 농사는 하늘의 뜻에 따라 흉·풍(凶·豊)이 결정되는 것으로 믿을 수밖에 없던 시대, 조식(粗食)으로 감내(堪耐)하며 그저 열심히 일하면서 살아온 우리들.

가을에 거둬들인 우리의 주식 곡물인 쌀은 공출(供出: 일제강점기 전쟁을 치를 목적으로 관(官)에서 민간의 식량을 강제수납 하던 일) 하고 남은, 얼마 되지 않는 것은 봄이 오면 벌써 거덜 나고 만다. 이러한 딱한 정황(情況)은 우리 집만의 사정이 아니었다. 우리네 조상들이 그러했고, 또 당시 이웃들 역시 질의 차이는 있어도 매한가지였을 것이다.

"날은 땡땡 가물고/ 콩죽은 펄펄 넘치고/ 아는 찔찔 울고요…" 하는 노래 아닌 이 읊음은 농사에 알맞게 기후가 순조롭지 못한 때 내 고장에 전해내려 온 어머니들의 시름을 표현한 것이다. 시골의 한 속언(俗言)으로 듣고 흘려버릴 수는 없는 것은, 거기 보릿고개를 넘어 온 어머니의 가슴속에 서린 한(恨)이 담겨있기 때문이다.

혼겁(魂怯) 먹은, 고구마 두 개

내가 어릴 적, 쌀밥은 추수가 끝난 후라야 먹을 수 있었다. 10월이면 벌써 보리가 섞였고 무밥이 상에 오르는 것도 한 달 차이였다.

무밥도 풍년이 든 해나 구경할 수 있었다. 12월부터는 말린 시래기 또는 집에서 기른 콩나물에 쌀을 조금 넣어 끓인 갱죽(羹粥)이나 대낀 보리를 맷돌질하여 멀겋게 쑨 보리죽(여기에 콩가루를 섞을 때도 있음) 등으로 연명한다 해도, 그조차 떨어지는 4월이면 드디어 부황드는 보릿고개가 돌아오곤 했다.

나무껍질을 벗겨 먹고, 들판의 이름 모를 풀들을 뽑아 먹었으며, 그래도 허기를 이길 수 없어 흙떡(규조토(硅藻土)라고도 전해지는 고령토(高嶺土) 가루를 체에 곱게 쳐서 밀가루 · 쑥 등을 섞어 찐 "버무리 떡")까지 먹어야 했던 우리에게 식량은 곧 생존을 의미했다. 나도 열 살 때쯤, 온 마을이 두 해에 걸친 연달은 한재(旱災)로 식량사정이 어려워 경주 주변에 이 흙의 산지(産地)가 있어 먹어본 기억이 있다.

아이들의 간식으로 저장무와 배추뿌리가 전부였던 당시엔 고구마조차 사치스런 음식이었다. 열 살 때 어머니 돈 5전〔錢: 원 · 환(圜)의

1/100〕을 훔친 일은 아직도 잊혀지지 않는 사건이다. 월동 연료절약을 위해 사랑채는 세를 주고 온가족이 한방에 모여 자던 겨울밤은 길었다. 이 궁리 저 궁리에 잠도 오지 않던 밤, 어머니 주머니에 살그머니 손을 넣자 구멍 뚫린 5전짜리가 잡힌 것이 화근이었다. 1전을 훔쳐 군고구마를 사먹고자 했던 나에게 난데없는 월척(?)이 낚인 것이었다.

어머니는 1주일이 지나도 5전의 행방을 묻지 않으셨다. 돗자리 밑에 넣어둔 돈이 혹 발견될까 가슴을 졸였던 나에게 어머니의 침묵은 오히려 긴장감을 주었다. 범인을 찾는다면, 나 아니면 아우밖에 없었으니 수사망은 그리 넓은 편이 아니었다.

며칠 궁리 끝에 나는 1전을 주고 군고구마를 2개를 샀다. 따뜻하고 달착지근한 고구마가 입에서 사르르 녹으면서 1개가 마파람에 게 눈 감추듯 없어졌다. 나는 미각의 즐거움을 아끼고 싶어 입맛을 다시며 남은 1개를 주머니에 넣었다. 그 순간, "니 우째 고구마를 다 먹노…"

난데없이 나타난 친구가 나를 빤히 쳐다보고 있었다.

"필경 니 어머이 돈을 훔쳤제?"

물증을 잡혀버린 나는 그만 가슴이 철렁했다. 드디어 올 것이 왔다는 순진한 생각에 '4전은 도로 갖다 놓을끼다마' 라며 얼버무렸던 대목은 지금 생각해도 바보 같기만 하다. 더구나 친구가 어머니께 고자질이라도 할까 하여 2전이나 주고 빵까지 사서 나누어 먹었으니 나로서는 눈물의 빵이었다. 그때 하도 혼겁(魂怯)이 나서 그 후 어머니 허리에 찬 '주머니'만 봐도 주눅이 들 정도라 그 뒤로는 일체의 저지레가 없었다.

지난 2004년, 70년이 지난 늦가을 어느 날, 군고구마 장사가 눈에 띄어 문득 과거의 그 사건을 떠올려보았다. 걸음을 멈추고 2개를 사보니 1전하던 고구마의 가격이 1천 원이나 했다. 얼마나 격세지감이 느껴지던지….

고사떡, 동지팥죽… 온정 깃든 별미들

가을 김장배추 씻을 물도 귀해 온 가족이 동원되어 1킬로미터 여나 떨어진 형산강(兄山江)까지 배추를 이고 지고 갔지만, 그래도 보릿고개에 비하면 신이 났다.

김장은 으레 집집마다 몇백 포기씩이나 하였다. 갈치를 넣어 담근 김치가 한 사발씩이나 상에 올랐고 그것이 유일한 겨울 반찬이었다.

비록 갱죽이라 할지라도, 나는 삼시 세끼를 굶지는 않았다. 더구나 감자밥을 면할 수 있었던 건 장남에게 주어지던 특혜였다.

한 치의 헛디딤과 낭비를 허용치 않던 그 시절에도 별미는 있었다. 별식 맛을 잊지 못해 특별한 날들을 꼽으며 기다리던 동심들에겐 하루가 여삼추(如三秋)였다. 음력 10월 추수가 끝나면, 하늘에 감사하는 마음으로 지성을 들여 고사(告祀)를 지냈다. 고사떡의 구수한 냄새가 온 동네에 퍼지면 사람들의 마음에도 온정이 쌓여갔다.

동지엔 팥죽이 있었고 음력 설, 가래떡의 뜨끈한 맛이나 정월 보름날의 오곡밥도 아이들의 기쁨이 되곤 했다.

음력 2월 1일 영등(靈登)날엔 영등할미가 하늘에서 내려와 집집마다 실정을 조사하고 올라간다 했다. 이 영등날에 비가 오면 풍년, 바람이 불면 흉년이 든다고 전해지는데 농가에서는 전야행사로 내려오는 풍습이 있다. 길이 10여㎝ 정도의 수숫대를 반으로 갈라 거기에 콩알 12개를 월별 순으로 꽂고 볏짚으로 감아 묶은 채 밤새 콩나물시루에 담가 두었다가 "영등날" 새벽녘에 이를 개봉해, 어느 콩알이 붇고 어느 콩알이 그대로인지, 즉 농사철 물의 수요가 많은 달의 콩알이 붇는지의 여부로 우순풍조(雨順風調)를 점치는 것이다. 이 날이 지나면 정초놀이도 끝나고 농촌에서는 농사일에 바빠진다.

기제사(忌祭祀) 일이면 큰집에 켜진 불빛보다 사촌들간의 이야기가 좋았고, 제사보다는 젯밥이 더 기다려졌다. 하지만 조부모 때 동네에 콜레라가 만연하여 여러 사람이 같은 날 돌아가신 관계로 배불리 먹을 수 있는 날은 줄어들 수밖에 없었다. 우리집만 해도, 조부님과 백부님의 기제사가 한날이니 그 옛날 전염병이 지나간 자리엔 어이없는 주검들이 집집마다 줄을 이었다.

"이엉"으로 지붕갈이 하는 날은 품앗이 접대로 쇠고기를 장만해 대접하는 특별한 날이었다. 현재 북한 주민들이 "이밥에 괴기국"을 갈구하듯 당시 "쌀밥에 쇠고기"는 꿈속에서나 그리던 음식이었다.

분말고무 재생공장과 어머니의 겨울

농한기 겨울이면 선친께서는 정미소로 가셨고, 어머니는 분말고무 재생공장에 나가 일하셨다. 어머니께 놀러 가면 노무자의 건강개념이라곤 없는 열악한 환경에서 고생하시던 어머니의 모습이 한눈에 들어와 어린 가슴을 짠하게 만들기도 했다.

엿장수가 모아오는 헌 고무신을 기계에 넣으면 시커먼 가루가 되어 나왔다. 그 분진과 소음(騷音) 등 공해 속에서 어머니는 겨울 내내 노동을 하셨지만 힘든 내색조차 하지 않으셨다.

"뛰지 마라 배 꺼진다!"

봄까지 남아있는 먹거리는 보리쌀, 좁쌀과 감자였다. 그러나 이조차 점점 줄어들면 절량(絶糧)을 대비해 시래기, 산나물 등을 보태어 밥의 양을 늘릴 수밖에 없었다. 산나물을 씻어 물기가 있을 때 밀가루나 콩가루에 무쳐 얼마 되지 않는 쌀이나 잡곡과 섞일세라 조심스레

한 구석에 놓아 밥과 같이 뜸을 들이는 것이었다. 한솥밥을 먹는다고는 했지만, 솥 안에는 여자들과 아이들이 먹을 감자와 보리쌀, 좁쌀, 시어른들께 드릴 쌀 조금, 그리고 장정들을 위한 잡곡 등의 몇 층밥이 있었다.

여름에 저장해둔 감자는 맛이 덜했다. 찰기도 적고 썩은 것이 대부분이었지만 보릿고개 넘기는데 요긴한 음식이 바로 감자였다.

씨감자로 쓸 것을 고른 다음, 싹이 난 감자, 마른 감자, 썩은 감자를 가려내 감자떡을 해먹었다. 그래서 동네 우물가엔 썩은 맛을 우려내기 위한 감자단지가 수두룩했다.

보릿고개를 넘으면 한해(旱害)가 들이닥쳤다. 한해도 보릿고개만큼이나 넘기 어려웠다. 지금은 호박죽, 감자 등이 건강식품으로 각광받고 있지만 꽁보리밥에 갱죽(羹粥), 콩죽, 보리죽, 감자를 먹고 산 세대로는 사실 지긋지긋한 음식이다. 한해가 들면, 대파(代播: 모를 내지 못한 논에 다른 밭작물 곡식을 심는 일)로 수확한 메밀가루로 쑨 메밀당수를 물리도록 먹었다. 메밀은 살이 되지 않았다. 심지어 메밀떡(메밀을 맷돌에 갈아서 체에 걸러 남은 가루의 찌꺼기를 찐 떡)을 먹는 일이 잦아 항문이 막혀 죽는 사람도 있었다 한다(일제강점기, 경주 어느 마을 정황—임운식 씨 전언). 겨울철, 메밀껍질을 많이 먹은 토끼들마저 위장에 탈이 나 시름시름 앓다가 죽는 놈도 많았다. 지나사변(支那事變: 중일전쟁) 시기, 군수품(軍需品)으로 쓰이는 토피(兎皮) 공출을 위해 토끼사육을 했던 내 유년기의 경험이다.

밥을 먹고 난 후에는 좀처럼 뛰지 않았다. "뛰지 마라 배 꺼진다!"던 성화의 소리는 식사 직후에 운동을 하면 아이들이 쉽게 허기를 느낄까 우려했던 어른들의 염려였다.

밀(麥)도 맷돌에 갈아 흰가루는 어른들 수제비를 떴고 어머니나 동생들의 몫은 밀껍질이었다. 밀가루는 호박죽에 넣기도 하고 떡을 해먹기도 했으며 반죽을 넓적하게 썰어 무국에 넣으면 1급 끼니가 되었다.

모내기철을 잘 넘겨야 일단 한 해의 농사를 보장받을 수 있었다. 만일 모내기가 순조롭지 않을 경우, 여름 내내 보리와 콩을 맷돌로 갈아 죽을 쑤었다. 겨울양식을 저장하기 위해서였다. 당시 어머니들의 슬기는 대단했다. 명절 때면 떡을 얻어먹으려는 아이들을 위해 어머니들은 미리 빵을 쪘다. 빵의 기적이라 불리는 "이스트"가 나온 이후, 부풀어진 빵에 배부른 아이들은 단잠을 잤다.

돈 1만 원이 지닌 천차만별의 가치

이제 시대는 많이 변하고 있다. 다만 안타까운 것은 돈의 가치가 너무도 천차만별이라는 것이다. 1만원은 삶의 형태에 따라 생명이 되는가 하면, 차 한 잔 값조차 되지 않는 경우도 많다. 가난이 이제는 상대적 개념이 되고 만 시대다. 아예 보릿고개를 넘던 때엔 마음만은 편했다. 너나할 것 없이 못 먹고 못 살았으니 끼니를 굶는다고 해서 부끄러울 일도 아니었다. 서로를 걱정해주던, 동병상련(同病相憐)의 인정도 푸근했다. 그러나 요즘은 거리로 내몰린 가장들의 하루 세 끼 식대 1만 원과 부유층이 마시는 커피 한 잔값 1만 원이 공존한다.

내가 새마을운동 중앙협의회장으로 재직하던 1997년 말, 환란(換亂) 파동으로 전국이 암담하고 침울한 분위기가 감돌 무렵, 고향 경주를 찾았다. 모처럼의 귀향길이라 향우들과 막걸리 한 잔 않을 수 없었다. 덕담이 오고가는 중 오랜 공직생활을 하다 정년퇴임하고 가업인 농사에 전념하는 한 친구가 "이럴 수가 있는가" 하며 말을 꺼냈다. 내용인즉 두 사람이 경주 H 관광호텔에서 차를 한 잔했는데 계산을 하려니 커피값이 무려 12,000원(세금, 봉사료 별도)씩이나 했다 한다. '돈 만

원이면 양지머리 듬뿍 넣어 끓인 찌개에 막걸리 실컷 먹는다'며 그는 분개했다.

이어서 그는 1,980원짜리 밀가루 한 포(30kg)면 46명이 요기(療飢)를 할 수 있는 수제비를 만들 수 있다 했다. 귀경 즉시, 새마을중앙협의회 식당에서 직접 실험을 해보니, 밀가루 한 포대를 반죽하면 30인분 정도의 수제비를 만들 수 있는데 직·간접비를 포함한 수제비를 30명이 먹으려면 모두 9천 원(인건비 제외)이면 가능했다. H호텔의 커피값과 비교하면 씁쓸한 일이다.

❖ 광복 직후의 식량사정

1948년 2월, 유엔 총회에서는 '가능한 지역의 선거'를 결의하였다. 이에 1948년 5월 10일 총선거로 탄생한 제헌국회는 헌법을 제정, 이 헌법에 따라 국회는 대통령에 이승만(李承晩) 박사를 선출했다. 해방 직후 한동안의 대립과 갈등은 크게 해소되고 군대와 경찰의 진용도 웬만큼 갖추어졌다.

경제는 여전히 어려웠다. 1인당 국민소득은 50달러도 못 되었다. 많은 사람들이 굶주렸다. 이러한 어려움은 처음 맞는 일이 아니라 실상 오랫동안 겪어온 고통이었다. 기아선상(飢餓線上), 사전적 의미 그대로 '굶어죽을 지경'이 반만 년간이나 지속되었다.

제1공화국 최대의 시련은 두말 할 것 없이 1950년 6월의 한국전쟁이었다. 정부수립 2년도 채 되기 전에 6월 25일 일요일 새벽 38선 전역에 걸쳐 북한은 전면적인 남침을 감행, 한반도는 전쟁의 참화에 휩싸였다. 1953년 7월의 휴전에 이르기까지 3년 1개월 동안 남북 할 것 없이 한반도는 거의 초토화되고 폐허가 되었다. 대한민국 건국 전후 8

년(1945~53년)은 산고의 진통도 컸거니와 산후에 신생아를 덮친 시련은 이만저만이 아니었다. 1945년 8월에서 1948년 8월에 이르는 3년 동안 급격한 인구증가에도 불구하고 이를 뒷받침할 만한 식량생산은 물론 전력 및 석탄생산은 현저히 줄어들었고 생활필수품마저 극도로 구하기 어려웠다. 격심한 인플레와 자원의 부족, 기술의 낙후에도 불구하고 산업생산은 휴전 후 얼마 되지 않아 한국전쟁 이전 수준으로 복구되었다. 운크라(UNKRA, 국제연합 한국재건단), 세계식량농업기구(FAO), 국제협력처(ICA)를 비롯한 유엔과 미국의 원조는 만성적 재정적자에 허덕이는 전재민들의 구호에 감로수가 되었고 대충자금은 한때 취약한 예산의 반을 차지했다. 미공법 480호에 의한 미국의 식량원조는 정부세입자원의 큰 몫을 담당했다.

대부분의 공직자들은 쌀 한두 가마 값밖에 되지 않는 박봉 속에서도 열심히 일했으며 교육시설의 확장으로 고등교육인구는 급격하게 늘어났다.

우리에게 해방은 목마른 바람이었지만, 이렇게 빨리 엉겁결에 닥칠 줄은 몰랐다. 오랜 억압과 착취 그리고 냉대 속에서 시달려온 우리는 어느 날 갑자기 일본이 항복하고 조선이 해방되었다는 소식에 처음에는 어리둥절했다. 그 날의 감회를 든다면 지긋지긋한 전쟁이 끝났다는 것이었고, 징병, 징용, 공출, 헌납, 부역 등 온갖 강압의 고삐에서 벗어났다는 안도감이었다.

소름 끼치던 공출에 종지부를 찍다

8·15 광복과 더불어 그 해 9월 9일 미군이 진주하고 바로 군정(軍政)이 실시되었다. 1945년 10월 5일자로 미군정장관의 일반고시(告示)

제1호를 시발로 하여 정조(正租: 벼의 열매)의 최고 판매가만 정하고 미곡의 통제에 관한 종래의 모든 규제를 철폐하고 자유시장 거래를 원칙으로 하는 양정정책이 전개되었다. 이로써 그 듣기만 해도 소름이 끼치던 벼 공출(供出)도 종지부를 찍었다.

우리집도 가을 수확철이면 제일 먼저 '강제공출'이라는 너무도 힘겨운 곤욕을 치러야 했기에 지금도 그 기억이 생생하다. 더구나 어린 나이에 향리 경주군청 내무과(행정계)에 취직했던 나는 어깨 너머 글이나마 태평양전쟁 때의 일본(日本) 전시(戰時) 지방행정의 실상을 엿볼 수 있었다.

농민들은 가을걷이가 끝나는 무렵이면 숨 쉴 사이도 없이 벼 공출부터 챙겨야 한다. 읍·면(邑面) 사무소로부터 물량 통보가 떨어지면 안 내고는 못 견딘다. 만약 소정의 기일 내에 수납(輸納: 실어다가 바침)을 하지 않으면 관계 공무원이 현장에 출장하여 재촉하고 그래도 순순히 응하지 않을 때에는 그네들이 직접 뺏다시피 트럭에 싣고 갔다. 군청의 공출업무는 산업과(産業課) 소관이었으나 나도 간혹 공출사무에 차출되어 읍·면·마을의 현장에 출장가기도 했는데 그때 이런 광경을 보곤 했다. 이것은 체납된 세금 등을 강제로 징수하는 행정처분과는 경우가 다르다.

문제는 식량을 빼앗긴 농민들이 앞으로 어떻게 살아가느냐에 있다. 물론 공출한 벼에 대한 일정한 보상금은 지급되기는 하나 농민들은 장리(長利: 봄에 꾸어 준 곡식을 가을에 그 절반을 이자로 쳐 받는 변리) 빚도 갚아야 하고 해마다 닥치는 보릿고개가 이미 바싹 다가왔으니 이 고개는 어떻게 넘어갈 것인가? 하는 근심거리에 쉴 틈이 없었다.

내가 장가든 것은 해방 후 1948년 경북도청에 근무할 때다. 당시 처가(妻家)는 비교적 대농(大農)이고 우리집 또한 농사가 가업이라 일제

(日帝)의 공출학정(虐政)에 대한 물심양면의 고통은 다른 바 없었다. 처가에서는 소출한 벼의 공출을 조금이라도 모면하기 위하여 안채집의 방사(房舍) 한 칸을 개조까지 하여 몰래 벼를 감추어 둔 일도 있었다 한다. 당시 공출에 따른 일제(日帝)의 수탈(收奪)이 얼마나 공포(恐怖)의 대상이 되었는가를 짐작하여 헤아릴 수 있다.

일본에 국권(國權)을 강탈당한 날로부터 97년, 그간 가솔(家率)들의 '먹거리' 보존을 위하여 일촌간장(一寸肝腸: '한토막의 간과 창자'라는 뜻으로, 주로 애달프거나 애가 탈 때의 마음을 형용하여 이르는 말) 애태우던 어머니·아버님들의 시름을 어찌 잊을 수 있을까….

미군정에 의한 미곡정책

그러나 일본·중국·만주로부터의 재외동포 귀환을 비롯하여 38선 이북 피난민 등 소비인구의 격증과 그 동안 배급제 아래서 굶주렸던 남한 국민들의 쌀 소비증가 등의 요인이 겹쳐 식량사정이 극도로 악화되고 곡가는 걷잡을 수 없이 앙등하였다.

《한국의 녹색혁명》(농촌진흥청, 1979, p. 15)에 따르면 "제 2차 대전의 발발로 인하여 대량의 양곡이 일본에 의해 강제로 유출(流出)됨으로써 해방직전 양곡의 재고가 위험수준 이하로 격감된 데다가 광복을 맞아 일본, 만주, 중국 등 해외동포들의 귀환과 남북분단에 따른 북한동포의 월남 등 400여만[3]의 소비인구가 급증하게 됨으로써 식량사정은 악화되었던 것"이라 했다. 이러한 절박한 상황에 대처하기 위하여 군정당국은 자유시장 개설 1개월 반 만인 같은 해 11월 19일에 미곡통제를 규정하는 일반고시 제 6호를 발포하여 전기한 고시 1호를 번복,

3) 《한국농정 50년사》(한국농촌경제연구원 편찬, 농림부 발행, 1999, p. 1284)는 230만으로 추계하고 있고, 또한 1945년은 대흉작의 해였다고 기술한다.

자유시장 제도를 철폐하였다. 이어서 1946년 1월 25일 미곡수집령이 제정·공포되고 2월 1일부터 시행되면서 미곡의 전면통제체제가 완비되어 강제매입, 전면배급제 실시가 이루어졌다. 이와 같은 전면통제정책은 1949년 7월 '식량 임시긴급조치법'(자유시장거래 허용, 배급제도의 전면 통제제도에서 부분통제로 전환 등)이 제정·시행될 때까지 계속되었다. 그런데 이때에도 쌀 소비절약을 위하여 도정도〔搗精度: 곡식을 찧거나 쓿는 단위, 특히 현미(玄米)를 찧거나 쓿어서 등겨를 내어 희고 깨끗하게 만듦〕를 제한했는데 1946년 9월에는 1등(7分搗), 2등(5分搗)으로, 1949년에는 7분도로 통합·제한했다.

태평양전쟁 종전 후 일본(日本)의 식량문제

일본, 매일신문 편집국장(住本利男, 《지방자치 어디로 가나》, 學陽書房, 1956)에 따르면 "거국적 식량문제"라는 제목 아래, 다음과 같이 지적했다.

> 8년간에 걸친 일본의 전쟁은 끝났다. 그 당시 일본 사람들이 가지고 있었던 모든 것이 소진되고 남은 것은 일망천리(一望千里) 소실된 허허벌판과 휴지나 다름없는 공채(公債)와 명목만인 저금통장으로는 먹고 살 수 없었다. 어쨌든 물건을 생산할 수 있는 힘은 모두 미공군기(美空軍機 B29)의 폭격으로 소진(燒盡)되고 말았다. 일본 매일신문에는 다음과 같은 기사도 실려 있다.
>
> "1947년은 미곡이 많이 부족하여 농림성(農林省)에서는 그 보전책으로써 미이용 자원을 철저히 개발하여 주요 식량으로 충당하게 했다. 그리고 감저(甘藷: 감자, 고구마) 경엽(莖葉: 잎줄기) 3천 52만 관(貫), 쓰고 남은 상엽(桑葉:뽕나무의 잎사귀) 1천 67만 7천 관, 도토리 91만 6천 관, 부스러기 다시마, 바다말 등 해조류(海藻類) 3천 7백만 관의 생

> 산할당을 지방청에 통지했다. 또한 근일 중으로 전분박(澱粉粕), 부스러기 근(根) 등을 생산할당한다."
>
> 여기에 지적된 "도토리"는 미국측에서는 무척 진귀하다고 보아, 어느 경제학자는 일본의 곤궁한 모습의 심벌로 아름답게 취급할 정도였다. 여하튼 식량문제가 종전(終戰) 당시부터 일본의 최대관심사였다는 것은 누구라도 알고 있다. 연일 신문에는 어떤 형태로든 이 문제를 언급하지 않으면 안 되었다. 식량확보는 정부, 지방청으로부터, 불탄 자리의 호사(壕舍)에 살아남은 시민에 이르기까지 최대의 관심사였다.

바로 이웃나라 일본이 겪은 식량문제는 오늘날에도 우리에게 시사하는 바가 크다.

❖ 6·25 동란과 식량난 극복

1948년 8월 15일 대한민국정부가 수립되고 같은 해 12월, '한미 경제원조협정' 체결을 계기로 종합적인 경제정책을 구상·시행하게 되었다. 또한 1949년 6월에 농지개혁법이 제정·공포되고 1950년 3월에는 동법을 개정·시행하였다. 1950년 2월에는 양곡관리법이 제정·시행되고, 잇따라 같은 해 5월에는 양곡관리특별회계법이 시행되는 등 점차 신생 정부의 기틀이 잡히고 안정단계에 들어갈 무렵에 불의의 6·25동란이 일어나면서 우리 경제는 미증유의 시련을 겪게 되었다. 특히 군량미를 비롯한 이북 피난민의 남하에 따른 소비인구의 급증에 대응한 정부관리양곡의 확보가 급선무였고 한편 통화팽창에 따른 전시인플레 방지도 역시 시급한 문제였다.

이에 정부는 1951년 9월 '임시토지수득세법'을 제정하여 토지수익에 대한 조세를 현물인 양곡으로 수납토록 하였다. 이에 따라 1952 미곡년도부터는 일반 매상제(買上制)를 중지하고 토지수득세와 분배농지에 대한 농지대상환곡(農地代償還穀), 그리고 양곡과 비료를 교환하는 양·비(糧肥) 교환제에 의한 수납양곡, 외국원조를 비롯한 도입외곡(導入外穀)으로 정부관리양곡을 확보하였다. 그 후 1953년도 과다한 외곡 도입으로 추수기부터 곡가가 하락하게 되어 1953년산 미곡부터 일반 매상제를 다시 부활하여 실시하는 등 동란 후유증 수습의 양곡정책이 시행되었다.

쌀값, 2년간 무려 50배나 폭등

이런 조치에도 불구하고 동란중 미가(米価)의 변동상황은 오전과 오후가 달랐으며 초기에는 품귀현상으로 철시가 되기도 했고 수송의 어려움으로 지역간 불균형이 심화되었다.

동란기 곡가(穀價) 폭등은 1952년까지 계속되었는데 미곡의 경우 1949년에 석당(石當) 191원(圓: 1953년 2월 15일에 시행한 통화개혁 이전 화폐 단위 중 하나, 1錢의 100배)에서 1952년에는 9,300원(圓)으로 2년간 무려 50배의 급등세를 나타냈던 것이다.

한편 1953년산 미곡부터 미가하락 방지책으로 부활·실시된 일반매상제에 있어서 정부매입가격이 1954년산부터는 평균생산비와 시장가격에 크게 미치지 못하는 저수준으로 결정되었으며 그나마 1953년~1955년에는 정부 매입가격 외에 이보다 한층 더 낮은 수납가격을 별도로 결정하여 토지수득세 등 정부에 현물로 수납하는 양곡에 적용시켰기 때문에 농민의 부담은 더욱 과중하였으며 토지수득세율의 고율과 더불어 농촌피폐의 원인이 되기도 했다.

❖ 격동기 속 양정(糧政)의 변화

1960년 4·19 혁명으로 자유당 정권은 무너졌다. 7·29 선거에서 지난날의 야당 민주당은 민의원과 참의원 할 것 없이 압도적 다수의 지지를 얻어 장면(張勉) 내각이 출범하였으나 무능과 부패로 9개월 만에 총사퇴했다. 그때의 정국을 한마디로 표현하면 실로 파란중첩(波瀾重疊)의 격동기였다 하겠다.

우리나라의 양정(糧政)은 이 같은 사태를 비롯하여 1970년대 초의 세계적 식량·석유파동 등 대내외적인 시련과 함께 한·수해(旱水害)로 인한 기근재앙(飢饉災殃)과 더불어 변화되고 발전되었다.

광복 이래의 '정부 양곡관리시책'은 《한국지방행정사》(내무부 한국지방행정연구원 발행, 1988, pp. 1434~1446)에 상세히 기술되어 있다. 이 사료(史料) 가운데 보릿고개의 실상(實相)을 조량(照諒)하는데 일조(一助)할 만한 부분 — 우리나라에서 '쌀의 자급 지속기반구축'을 이루기까지의 양정개요 — 을 다음에 간추려 본다.

식량자급(自給)을 향한 도전(挑戰)

◈ 항구적 한해대책

1967, 68년 전남을 덮친 재앙

우리나라 수리사(水利史)에 큰 획(劃)을 그은 사례 중 하나는 단연 전남 한해(旱害)였다. 1967년, 68년 두해에 걸쳐 전라남도는 사상(史上) 미증유의 혹심한 가뭄으로 쌀을 비롯한 농작물의 큰 감수를 면치 못하였다. 그러나 굶주린 사람은 단 한 명도 없었다. 예전 같으면 아사(餓死)지경에 이르렀을 것이나 정부의 재빠른 구호(救護)로 그해 '보릿고개'에는 풋보리를 뜯어다 먹는 사람은 나오지 않았다.

박정희 대통령께서는 공무원에게 보내는 친서(1968. 8. 26)를 통하여 "구호에 만전을 기하여 메마른 농토 위에서 상심하는 동포들을 위로하고 한 사람도 굶주리는 일 없도록 관계 행정관청이 책임지고 구호하도록 해서 이농의 방지와 재기의 의욕을 불러일으키도록 지도해야 하겠다"는 것과 한해대책사업을 추진함에 있어서 "일시적이고 미봉적인 대책이나 위기 모면에 그치지 말고, 예산과 물자의 효율적인 활용으로

'일시구제'가 아닌 '전천후 농업의 실현'을 전제로 하는 항구적 효용이 지속되도록 하고, 구제대책은 항상 장래의 재건에 역점을 두는 방향으로 강구해야 한다"고 강조하시면서 "이 땅에서 '보릿고개'라는 말과 더불어 '한해(旱害)'라는 말을 다시 쓰는 일이 없도록 '항구적 한해대책'을 병행할 것"을 극구 당부했다.

민족의 굶주림 극복, 그것은 박 대통령의 신념이었다.

수리사(水利史)의 분수령, 농업용수개발계획 완성

박 대통령께서는 손수 농업용수개발계획의 예시도를 만들어 전라남도에 보내셨는데 이것이 시 · 도별 전국적 규모의 농업용수 개발계획을 세우는 데 본보기가 되었다. 이 계획수립의 핵심은 당시 전남의 한해 실상을 경험삼아 전국적으로 일제히 한해 상습지(常濕地)를 정밀조사하여 지하수개발 · 저수지 · 도수로(導水路) · 전전환(田轉換) 등으로 한해를 완전히 해소시키는 종합계획을 수립하여 연차적으로 실행에 옮기는 것이다. 특히 저수량이 적은 소규모의 저수지인 종래의 소류지(小溜地)는 웃비만 거치면 아무런 쓸모가 없다는 사실을 전남 한해(旱害)를 통해 경험한 바 있었으므로 상류수원, 저주지의 담수(潭水) 능력, 몽리(蒙利)면적 등을 감안한 개발 방법을 선택하도록 했다.

당시 나는 내무부 지방국 행정과장의 직책에 있으면서 중앙정부 부서의 현지 지원업무에 종사하다가 1968년 8월 한해가 한창 심할 때 전라남도의 부지사(1968~1969)로 전임했다.

그 즈음 대통령 훈령 제22호 '한해대책 지침'이 시달되어(1968. 8. 4) 그 시행에 눈코 뜰 새 없이 몹시 바쁠 때였다. 훈령의 골자는 한해사업추진의 개요와 농업용수개발의 단계적 시행에 관한 것으로 지하수개발단 설립, 긴급비상시 정부 또는 산하기관에서 보유하는 인원, 장비, 자재, 기술의 일원적 통합운영, 한해지 주민의 각종 부업장려, 물질적 지원에 관한 것이었다. 이 훈령은 또한 정신적 한해대책, 즉 인간의 힘으로 천재를 극복하겠다는 의지와 노력 그리고 인내력이 소중하다는 것을 한해지구 주민들에게 고취시키는 내용도 담고 있었다. 전라남도에서는 공무원뿐만이 아니라 심지어 민간 기술자와 공대(工大)·공고생(工高生)들까지 총동원하여 '농업용수 개발계획단'을 만들고 불철주야 일관작업으로 계획수립 작업에 몰두했다.

❖ 전천후 농토조성계획과 박 대통령의 친필 유시

이로써 우리 역사상 처음으로 한해발생 중심지역인 전라남도를 비롯한 모든 시·도의 '농업용수 개발계획'이 완성되기에 이른다. 그 즈음 박정희 대통령은 정부가 간행한 계획 총괄편 권두에 실은 친필(親筆) 유시(諭示)에서 다음과 같이 말했다.

> 내 필생의 소원은 푸른 숲과 물 걱정 없는 강산이다. … 전천후(全天候) 농토조성계획의 웅대한 첫걸음은 이것으로써 내디디게 되는 것이다. 나는 이 거창한 계획이 우리의 의지와 노력으로써 기필 완수되고야 말 것을 믿어 의심치 않는다. … 수천 년래 한발에 무방책(無方策)인 농토 위에 살며, 천후에만 의존하여 농사를 지어온 서글프고 부끄러운 과거를 이제 다시 장래에 연장시킬 수는 없다. … 촌각(寸刻)을 아껴 이 사업 목표를 향해 끈덕진 노력을 다해야 하겠다. … 푸른 숲과 잘 정리된 경지마다 물 걱정이 없는 강산(江山) — 이 꿈을 이룩코저 함이 나의 필생의 소원이다(1968. 11. 15).

한편 박 대통령은 "총답면적 약 130만 1천 ha 중에서 그 43%에 해당

● 농업용수 개발계획(전국 총괄편)

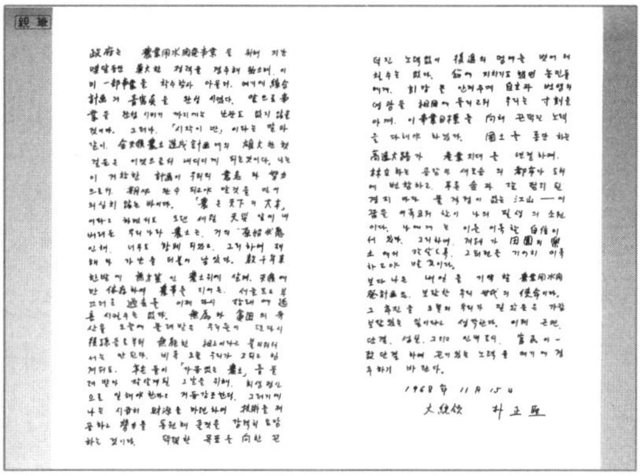

● 농업용수 개발계획 권두에 실린 박정희 대통령의 친필 유시

하는 약 55만 7천 ha는 여전히 수리불안전답으로 남아 있다"는 것을 지적하여 "전농토를 전천후 농토로 조성한다는 것은 비단 농업부문에 한정된 과제가 아니라 조국근대화의 절대적인 요건임"을 재강조하면서 개발사업을 위한 조사와 계획을 1968년 11월 20일까지 완료하되 외국기술단의 참여를 비롯한 지역별 시공기간과 재원대책 등을 구체화한 대통령 훈령 제 23호를 시달(1968. 11. 14) 했다.

이렇게 하여 전천후 농토조성계획에의 웅대한 첫걸음을 내딛게 이른다. 반만 년에 걸쳐 우리 선인들이 넘어 온 죽음의 고개에 종지부(終止符)를 찍고, 탄탄대로를 개척하는 대역사(大役事)의 횃불이 올랐다.

한 번만 훑어보아도 거기에 담긴 박 대통령의 침사고언(沈思苦言)의 심중을 읽을 수 있으며, 보릿고개를 넘어 온 우리 민초들이 겪은 인고(忍苦)의 탄식이 귓전에 들려온다.

고난(苦難)을 뚫은 '전남의 한해 극복사(克服史)'는 뒷날 새마을운동의 시금석(試金石)이 되었고 '농업용수 개발계획의 성취는 쌀의 획기적 증산과 완전자급(1975년도부터)을 이루게 된 기반이 되었다.

❖ 녹색혁명을 달성하기까지

밤늦도록 불 밝힌 진흥청과 지방행정기관

1964년 3월 13일 식량증산 연찬대회가 있은 후 전국의 농촌진흥청 산하 모든 기관을 비롯한 도, 시·군, 읍·면·동 등 지방행정기관은 "밤늦도록 불이 꺼지지 않았다".

농촌진흥청은 새로운 다수성(多收性)의 개발·종자증식 시범단지의 조성 등의 촉진을 가속화하는 한편 농가보급을 위한 준비작업에 몰입했다. 《한국의 녹색혁명》 중 일부를 간추려 다음에 예거한다.

> IR 667이란 이름은 분명 농민에게는 신기하고 호기심이 가는 이름이었다. 이 품종은 인도형 벼의 피가 섞인 새로운 형질의 벼로서 벼알은 안남미(安南米)처럼 길지만 엄청나게 소출(所出)이 많다는 점에서 농민들은 비상한 관심을 가졌다. 그러나 이 품종을 처음 재배하려고 하는 농민의 마음은 생전 보지도 못하고 품종의 특성도 알려져 있지 않았기 때문에 한 편으로는 두려움도 없지 않았다. 농민들은 무조건 농촌진흥청과 농촌지도사를 믿고 한 번 재배해 보자는 심산이었고, 지도사들은 IR 667도 벼이므로 벼의 기본적 생리에 맞게 재배하면 안 될 것 없을 것이라는 생각으로 용기를 내서 재배지도에 임하기로 하였던 것이다(《한국의 녹색혁명》, p. 70).

겨울철 사전교육

농촌진흥청은 통일벼 200천 ha 확대재배의 목적을 달성하기 위하여 치밀한 지도계획을 수립하였다. 우선 통일벼의 장점과 단점 그리고 재배상의 특이점을 농민에게 충분히 인지시키고 일반적으로 보수적인 농민으로 하여금 자진해서 신품종을 재배하도록 유도하는 데 주력하기로 하였다.

그리하여 청장은 지난해의 실증(實證) 재배에서 나타난 귀중한 경험을 토대로 새로이 "통일벼 재배법(녹색혁명 성공의 길)" 교재 75만 부를 만들고 12월부터 3월까지의 농한기를 영농기술교육 중점기간으로 설정하여 전농민에 대한 교육을 실시하였다. 농민교육을 담당할 중견 지도사를 교관으로 선발하여 농밀한 사전교육을 실시하였고 이들 교관들이 부락단위로 3일간의 농촌기술교육을 실시하였다. 또한 이와 병행하여 22,970개 단지의 모든 회장과 재배(栽培)·수리(水利)·방제(防除) 반장들을 도 단위로 소집하고 도원(道院) 주관 하에 3일간의 교육을 실시하였다.

청장은 8개도를 순회하면서 "벼 신품종 통일이 우리나라 농정에 미친 영향"을 특강하였고, 이효근(李孝近) 식량작물담당지도관으로 하여금 통일벼 재배시 특히 유의할 점을 강조케 하였다.

교육은 통일벼를 위주로 하였지만 통일벼 재배기술은 재래품종에도 적용되는 기술이 많아 전체 농민의 영농기술향상에 큰 도움을 주었던 것이다. 그리고 이 동계(冬季) 농촌교육은 농한기를 생산화하고 새마을 사업을 발전시키는 획기적인 방책이 되기도 하였다(상게서, p.87).

1972 통일벼 집단 재배단지의 조성

과거에는 단지회원들의 주장이 구구하여 벼 품종을 통일하는 일이 매우 어려웠다. 나는 신품종 종자를 정부에서 공급하는 것을 계기로 집단재배의 품종통일을 기할 수 있고 나아가서는 재배기술을 통일시키고 공동작업을 확대 추진할 수 있을 것으로 믿고 통일벼는 반드시 집단재배하도록 하였다. 신품종을 처음 재배하는 농가입장에서도 불안한 개별재배보다는 서로 상의하면서 재배할 수 있는 집단재배를 반대하지 않았다. 일선 지도사들은 우선 통일품종의 재배적지 조사부터 시

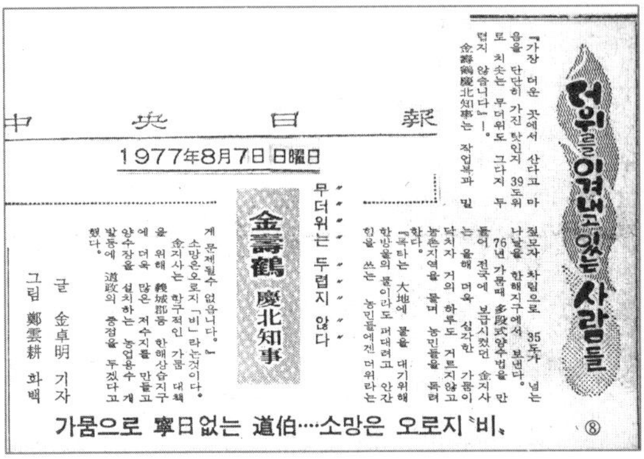
中央日報 1977年8月7日 日曜日

더위를 이겨내고 있는 사람들 ⑧

金壽鶴 慶北知事

무더위는 두렵지 않다

『가장 더운 곳에서 산다고 마음을 단단히 가진 탓인지 39도위로 치솟는 무더위도 그다지 두렵지 않습니다』―.

金壽鶴慶北知事는 작업복과 밀짚모자 차림으로 35도가 넘는 나날을 한해지구에서 보낸다.

76년 가뭄때 多段式양수법을 만들어 전국에 보급시켰던 金지사는 올해 더욱 심각한 가뭄이 닥치자 거의 하루도 거르지않고 농촌지역을 돌며 농민들을 독려한다.

『폭타는 大地에 물을 대기위해 한방울의 물이라도 퍼대려고 안간힘을 쓰는 농민들에겐 더위라는게 문제될수 없읍니다.』

소망은오로지 「비」라는것이다.

金지사는 항구적인 가뭄 대책을 위해 義城郡등 한해상습지구에 더욱 많은 저수지를 만들고 양수장을 설치하는 농업용수 개발등에 道政의 중점을 두겠다고 했다.

글 金卓明 기자
그림 鄭雲耕 화백

가뭄으로 寧日없는 道伯…소망은 오로지 "비"

경북도지사 시절인 1977년 한해를 다룬 기사. 만화가 정운경 씨는 나를 모델로 하여 캐리커처를 그렸다.

작하였다. 그리고 적지를 가진 농민들에게 단지조직을 권장하였다. 식물환경연구소 토양관계 연구관들은 통일벼 재배적지 판단과 조사에 주야를 가리지 않은 고생을 많이 하였다. 그래서 동계 농민교육이 끝남과 동시에 단지조직에 들어가 3월까지 모두 완료하였다. 그 계획 대 실적을 보면 22,970개 단지조성계획에 실적은 22,945개 단지(99.8%)이며, 200,545 ha 재배계획에 확보면적은 187,471 ha(93.5%)이고, 그 재배농가 호수(戶數)는 625,174호로써 계획보다 2,896호나 초과했다(상게서, p.88).

여름휴가의 전폐

1977년 6~7월의 계속된 전국적 한발은 일부지역의 이앙(移秧) 불능과 기식답(旣植畓)의 고갈 등 심각한 문제를 야기시켰다. 고온다조(高溫多照)로 흰등멸구 등 병충과 문고병이 창궐하였으나 농민과 관계공무원들의 주야를 가리지 않은 한해극복 양수작전과 병충해방제 철저로 그 피해를 최소한으로 막을 수 있었다. 사실 중앙의 식량작물관계관을

● 경북의 한해 상황을 시찰중인 박정희 대통령을 수행하고 있는 필자 (우)

비롯하여 도, 시군, 지소에 이르기까지 전 지도공무원들은 매년 하계 휴가를 1971년 이래 한 번도 갖지 못하고 한여름에는 병충해 방제와 한해 또는 수해 등 기상재해 극복에 여념이 없었다. 그야말로 연중무휴의 활동을 매년 계속했던 것이다(상게서, p. 168).

내가 경험한 바로는 농촌지도직 공무원뿐만 아니라 도·시군·읍면 모든 지방행정기관 역시 공휴일이란 생각조차 하지 않던 시대였다.

확대보급의 고난(1973)

농촌진흥청은 농림부의 부정적인 견해에도 불구하고 통일벼 확대보급만이 녹색혁명을 완수할 수 있는 길이라고 믿고 1973년 1월 24~25일 이틀간 각도 농촌진흥원의 원장과 과장 그리고 전국 시군농촌지도소의 소장과 작물계장을 한자리에 소집하고 이제 종자는 얼마든지 있으니 재배적지에는 최대한 통일벼를 재배하도록 강조하였다. 다만 적지를 엄선하고 재배법을 착실히 실천하여 한 필지 한 농가도 실패하는 일이 없도록 지도할 것을 당부하였다. 그리고 전년도의 전철을 밟지 않도록 하기 위하여 전년도에 야기되었던 모든 문제점을 도출하고 이에 대처하는 개선방안을 강구하여 작성한 교관용 "1973 통일벼 재배기준"을 배부하면서 이틀간의 과제훈련을 실시하였다. 동시에 재배적지를 감안하여 통일벼 확대추진 목표를 20만 ha로 설정하고 전면적 집단재배를 하도록 하였다(상게서, pp. 106, 107).

고귀한 지도사의 희생

1973년의 통일벼 재배 대성공의 그늘에는 참으로 눈물겨운 일들이 부지기수이었다. 통일벼 재배를 권유하기 위하여 발이 닳도록 농가를 찾아 다녔던 일은 약과였다. 농민들을 모아 놓고 통일벼의 장점을 설명하고 재배할 것을 권유하면 단상으로 의자를 던지는 농민이 있었는가 하면, 만일 지도소에서 시키는 대로 하였음에도 불구하고 소출이 적게 나오면 본인 소유의 농토를 팔아서 보상해 주겠다고 나선 수많은 지도사들, 완강한 농민들의 반대에 기필코 통일벼의 우수성을 입증시키고 말겠다고 결심한 지도사가 반대하는 농가의 논을 차지(借地)하여 직접 통일벼를 재배하고 다수확으로 이끈 일, 지도소에서 예비묘판을 대대적으로 설치하고 묘(苗)를 분양하여 재배케 한 일, 묘판 말기의 고온장해를 방지하기 위하여 지도사가 일일이 묘판을 돌보며 비닐갓을 열어주고 다닌 일 등이 그것이다. 참으로 통일벼는 지도사 자신의 농사라고 말할 정도로 재배농가보다도 더 열성적으로 보살피고 직접 작업을 하는 일이 당연지사같이 되어 버렸다(상게서 p. 115).

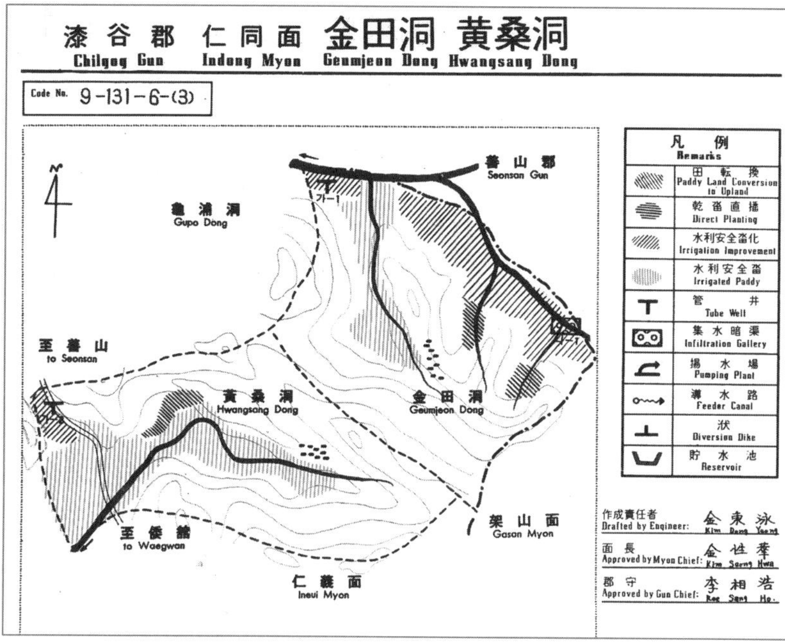

박정희 대통령이 순시한 경북 칠곡군의 농업용수 계발계획도

어느 '농촌지도사'의 고백

1972년도 전국적인 '통일벼'의 저온(低溫) 피해로 그 대책에 골몰하고 있을 때 이런 사례도 있다. 1973년도에 통일벼를 어떤 방법으로 설득해서 재배하도록 권장할 것인가 궁리했으나 패농의 쓴맛을 본 농민에게 통일벼를 권장한다는 것은 불가능하다고 생각되었다. 그래서 계약재배를 하기로 결심하고 거창군에서도 저위생산지로 이름난 지역으로 전시효과가 좋은 마리면(馬利面) '애말리들'의 경작자를 소집하였다. 그 회의에서 다시 통일벼를 대책 없이 재배하라고 하면 난리가 나겠으니 나하고 계약재배를 한다면 '애말리들'의 평년반수(平年反收) 쌀 150kg보다 두 배가 넘는 쌀 400kg 이상을 책임지기로 하고 계약수량

보다 미달분은 내 개인재산으로 보상하겠으니 계약재배할 용의가 있느냐고 그 지역담당 농촌지도사가 제기했다. 그렇게만 하여 준다면 땅 짚고 헤엄치기니 하겠다고 하였다.

그렇게 해서 자기 개인재산을 담보로 한 계약재배가 체결되고… 단지영농이 시작되었다. 보온묘판(保溫苗板)을 해서 적기에 모내기를 하고 통일벼 특성에 맞는 관리를 한 결과 유사 이래 대풍작을 내다보게 되었다. 희망 속에 탈곡한 결과 단지 평균반수(反收)가 쌀 575kg으로서 계약보다 175kg이 더 많았고 단지 평년반수 150kg보다 425kg이 더 많이 생산되어 과연 기적의 볍씨라는 환호성이 터졌다.

이 성공한 단지를 직접보고, 듣고 한 이야기가 농민들 입에서 입으로 전파되고 지도원들의 겨울철 농민교육 시 성공담으로 전해지기도 했다(상게서, pp. 96, 117~119).

청와대에 식량증산 기획실이 설치되다

1972년 12월 22일 박정희 대통령께서는 식량자급자족의 조속한 달성을 위하여 식량의 증산과 소비절약시책을 더욱 효율적으로 추진하라는 특별지시를 국무총리에게 내리셨다. 이어서 1973년 4월부터 청와대 내에 식량증산기획실을 설치하고 식량증산 및 쌀 소비절약에 관한 장단기계획의 발전과 각부처간의 협조조정 그리고 중앙 시책의 일선침투확인 및 평가를 하도록 하셨다(상게서 p. 109).

대통령 친서 "자급자족은 국가안보적 견지에서도 기필코…"

1973년 5월 1일 박 대통령께서는 전국의 농업관계 책임자에게 친서를 보내시고 "식량의 자급자족은 농업 정책적 측면에서뿐만 아니라 공업입국이나 국가안보적 견지에서도 기필코 달성하여야 할 국가적 문제입니다"라고 강조하시고, "금년도에는 세계적인 양곡생산의 감수와 수입수요(輸入需要)의 증대, 그 결과로 나타난 양곡국제가격의 급상승 등 여러 가지 어려운 형편임에도 불구하고 정부는 부족양곡 360만 M/T을 전량 적기 확보함으로써 우리 국민의 식생활안정에 추호의 차질이 없는 만반의 대책을 이미 강구한 바 있으나 여기에는 무려 485백만 달러에 달하는 막대한 외화부담이 따른다는 사실을 우리는 깊이 명심해야 하겠습니다." … "우리의 국내외 사정이 이러한데도 불구하고 우리 국민들 중에는 아직도 정부미는 맛이 없고 통일 쌀은 찰기가 없느니 하여 경기미(京畿米)만 찾는 따위의 포시라운 사고방식에서 탈피하지 못하고 있는 사람들이 많다는 사실은 심히 유감된 일이라 하지 않을 수 없습니다"라고 말씀하시면서 "식량증산에 종사하는 전 요원은 이를 명심하고 맡은바 본연의 직무에 전념하여 증산시책의 이행에 성실히 매진해야겠습니다"라고 당부하셨으며 이 친서를 배수한 농촌진흥청장은 물론 각도 농촌진흥원장과 전국의 시군 농촌지도소장들은 용기백배하여 통일벼 확대보급에 더욱 분발하였다 한다(상게서, pp. 111, 112).

우리나라 경제발전의 초석

1978년 1월 6일 장덕진(張德鎭) 농수산부장관이 농촌진흥청에 들러 모든 연구·지도공무원에게 행한 훈시 중 일부를 다음에 잇는다.

> … 도저히 불가능하며 어렵게만 생각했던 쌀의 자급을 이룩하는 데에는 첫째로 농민이 열심히 일한 것은 사실이나 그 농민들로 하여금 그렇게 일하도록 하기까지에는 한두 가지의 중요한 요인이 있었습니다. 그 하나는 대통령 각하께서 농민에게 "여러분도 이제 열심히 일하면 잘 살 수

있습니다"라는 그런 믿음과 철학과 그리고 내일의 희망을 불어넣어 준 것이 가장 큰 요인이며, 그 둘째는 누가 무어라 하더라도 여러분께서 농민 한 분 한 분을 붙들고서 친절하게 지도해서 쌀의 단수(段收)를 높이고 쌀의 증산을 통해서 그들의 소득이 증대될 수 있도록 도와주었다는 바로 이 점이라고 나는 생각합니다(상게서, pp. 171, 172).

또한 김인환 농촌진흥청장은 그의 저서(《한국의 녹색혁명》, p. 172, 173)에서 1977년 우리나라에서 처음으로 수출 100억 달러를 달성한 밑바닥에는 장덕진 장관께서 말씀하신 바와 같이 모든 국민의 주식(主食)인 쌀을 자급한 데서 온 국민생활의 안정과 국민들의 정부에 대한 신뢰 등 눈에 보이지 않은 저력에 힘입은 바 크다고 할 수 있으며, 쌀 4천만 석 돌파생산은 농가소득 140만원, 국민소득 864달러에 도달할 수 있도록 한 경제발전의 초석이 되었던 것"이라 했다. 김 청장은 또 이렇게 잇고 있다.

1960년대초 우리나라의 경제개발정책 입안자들이 가장 희구하였던 물자가 쌀과 석유이었다. '쌀과 석유만 자급되면 우리의 경제는 비약적으로 발전할 수 있을 것인데'라고 입버릇처럼 외쳤다. 사실 이 두 가지 물자의 부족은 우리나라 경제발전의 암적 존재이었고 그러기 때문에 쌀의 자급과 석유의 생산은 국민의 숙원이었다"하고 1964년 3월 13일 전국 식량증산 연찬대회에서 식량의 자급달성을 위하여 박정희 대통령께서 '전례 없이 강렬한 결심하에 범국민적인 일대 증산운동을 전개' 해야 한다는 유시를 계기로 농업인들은 녹색혁명의 꿈과 만난을 극복하고 기필코 식량증산을 이룩하겠다는 굳은 결심을 하게 되었고 이로 인하여 마침내 1975년부터 쌀의 자급을 이룩하여 우리나라 경제발전의 기반을 공고히 하였으며 국민의 2대 숙원의 하나를 성취하기에 이르렀던 것이다.

나는 녹색혁명의 현장에서 의지만 있으면 무슨 일이든 할 수 있다는 격언을 새삼 실감했으며 역경을 이기는 전향적인 정신학을 배웠다. 그곳에 투철한 자조노력(自助努力)이 있었고 불굴(不屈)의 근면(勤勉)이 있었다.

그 당시 파란중첩(波瀾重疊)의 현장에서 심혈을 기울여 "녹색혁명 성취"의 초석을 쌓은 농촌진흥청 산하 중앙의 작물시험장, 각도원의 시험국 연구관, 시·군 지도소의 농촌지도사와 지방행정기관의 도·시·군·읍·면 공무원을 비롯하여 농민· 새마을지도자 등 무명지인(無名之人: 이름이 세상에 널리 알려지지 아니한 사람)에게 이 지면을 통해서나마 경의를 표한다.

탑 앞에 서서, 가슴 속에 불이라도 붙은 듯 울컥 치미는 것은 녹색혁명이 엄연히 역사 속에서 역동하였으나 그때 농민과 더불어 함께 일해 온 나조차 잊어가고 있다는 자책감에서다.

❖ '녹색혁명 성취의 塔(탑)' 앞에서

녹색혁명의 산실을 찾아

2006년 늦가을, 농촌진흥청을 찾아가 보았다. 우리나라 '녹색혁명 성취'의 추억을 되새기고자 함이었다. 내무부 지방국장 재직 때는 직무관계로 진흥청을 비롯하여 경내에 자리한 옛 '농민회관' 등을 자주 출입한 바 있으나 공직을 떠난 후로는 첫 걸음이다.

지하철 수원역에서 내려 택시편을 이용하니 진흥청 주변 서둔(西屯)들 '농작물 시험장'의 수도(水稻)작황을 구경할 수 있었다. 가을 들판은 온통 황금빛깔로 물들어 가고 있었다. 가을바람에 일렁이는 벼의 물결을 보니 새삼스럽게 오늘날의 풍요를 이룬 통일벼 신품종 개발 주

오늘날의 식량자급을 이룬 과정이 각인된 녹색혁명 성취의 탑

역들의 아롱거리는 환영(幻影)이 스스로 상실된 기억을 떠올릴 수 있도록 유도했다.

그날이 일요일이라 당직실로 가서 통성명하고 방문의 뜻을 말했더니 친절히 응해 주었다. 바로 진흥청 경내에 안장된 고 김인환 청장의 묘소를 참배하고 10월 14일 다시 방문하여 '녹색혁명 성취의 탑'을 살펴보았다.

1977년 12월 9일 박정희 대통령은 전주(全州) 실내체육관에서 개최된 전국 새마을지도자대회에서 유시를 통하여 "우리는 지난 몇 년 동안 극심한 자연재해를 극복하고 연년세세 대풍을 이루어 획기적인 증산실적을 올릴 수 있었다"고 밝혔다. '綠色革命 成就의 塔(녹색혁명성취의 탑)' 앞면에 다음과 같이 그 요점이 새겨져 있다.

금년에는 담보당 수확면에서 평균 494kg의 세계 최고기록을 세웠습니다. 우리가 남의 원조에 의존하며 매년 많은 외화를 주고 쌀을 수입하던 때가 엊그제 같은데 그리고 세계적으로 식량난이 가중되고 있는 이때에 이미 주곡(主穀)의 자급을 실현하고 이제는 쌀이 남아돌아서 걱정하게끔 되었다는 것은 참으로 기쁘고 자랑스러운 일이 아닐 수 없습니다. 그동안 우리는 쌀을 절약하기 위해 떡을 만드는 데도 잡곡을 섞고 쌀로 술을 빚지 못하게 하는 등, 허리띠를 졸라매고 식성을 달래가며 꾸준히 노력해 왔는데 그런지 불과 몇 년 만에 이제는 쌀을 먹고 남을 만큼 되었으니 이야말로 "하면 된다", "우리도 잘 살 수 있다"는 새마을 운동의 행동철학을 입증한 것입니다.

그리고 탑 뒷면에 다음 내용의 '탑 건립경위'를 새겼다.

우리나라 녹색혁명의 선도는 1964년 3월 13일 농촌진흥청 대강당에서 행하신 박정희 대통령 각하의 식량증산 연찬대회 유시에서 비롯한 것이다. 그 핵심적인 어록은 "20세기 후반에 들어선 오늘, 세계의 모든 민족이나 국가는 '자주'라는 목표의 달성을 위하여 경제적 자립을 서두르고 있습니다. 그러나 경제적 자립은 식량의 자급자족으로부터 이루어져야 한다는 것은 너무나 자명한 일입니다. 우리의 식량은 우리의 힘으로 해결한다는 전례 없는 강력한 결심 하에 범국민적인 일대 증산운동을 전개하여야 하겠습니다. 결코 불가능한 일은 아닙니다. 반드시 이룩할 수 있는 과제이며 또한 반드시 이룩되어야만 하는 우리민족의 활로인 것입니다"라고 강조하신 말씀이다.

이 뜻을 받들어 농촌진흥청은 국제 미작연구소의 협력 하에 국내적인 산학협동으로 획기적 다수성인 "통일"의 개발 보급을 시초로 "조생통일", "영남조생", "유신", "밀양 21, 23호", "수원 264호", "노풍(魯豊)", "내경(來敬)"[4] 등 15품종을 개발 보급한 결과 1977년에는 쌀 생산 4천만 석을 돌파하고 단보당 평균수량도 494킬로그램에 달하여 세계 쌀 생산역사상 최고기록을 수립하게 된 기념으로 동년 12월 20일 대통령 각하께서 "녹색혁명성취"라는 휘호를 내리셨다.

또한 품종개발 보급에 대한 노고와 업적을 크게 치하하시고 특별시상을 하셨던 바, 그 수상자 중 14명이 뜻을 모아 이 탑을 건립하게 되었으며, 1978년 5월 10일 장덕진 농수산부 장관과 김인환 농촌진흥청장에 의해 제막되었다.

이 탑 앞에 서서 이제 기억 속에서 멀어가고 있는 보릿고개의 궤적(軌跡)을 잠시나마 다시 되돌아보는 자성의 시간을 가졌다.

통일벼 품종 연구·개발을 착수한 지 1965년부터 '미곡 자급지속기반'을 구축한 1977년, 짧은 12년은 지난날의 보릿고개 반만년을 더불어 넘어온 길고도 험한 길이었다. 이 감개와 만나는 느낌에 젖어 보니 보릿고개를 넘어 성공의 신화(神話)를 창조해 낸 그 시대 사람들의 뼈저린 초상이 눈앞에 아른거린다.

문득 스웨덴 출신 경제학자 군나르 미르달(Gunnar Myrdal, 1898~1987)의 명저 《빈곤의 도전》(*The challenge of world poverty*)이 떠올랐다. 노벨 경제학상을 수상한 미르달 박사는 이 책에서 세계적인 빈곤극복의 해답을 "자조론(自助論)"에서 찾고 있다. 스스로 땀 흘리며 노

---

4) ① "노풍" 벼 품종은 1977년에 농촌진흥청 호남작물시험장(현 호남농업연구소)에서 육종(育種) 연구 결과 "이리 327호"라는 벼 다수성 양질계통을 육종하게 되어 당시 농수산부 종자심의회의에서 새로운 장려품종으로 결정된 것으로서 당시 식량자급달성에 진력했던 박정희 대통령이 벼 "이리 327호"의 품종명을 육종연구 대표자의 이름인 "노풍(魯豊)"으로 명명(命名) 시달하였다.
② "내경" 벼 품종은 1977년에 농촌진흥청 영남작물시험장(현 영남농업연구소)에서 육종 연구 결과 "밀양 29호"라는 벼 다수성 양질계통을 육종하게 되어 전술한 "노풍"과 같은 취지와 절차에 따라 육종연구 대표자의 이름인 "내경(來敬)"으로 명명 시달하였다.

력하는 사람만이 빈곤을 극복할 수 있다는 말이다. 그는 또 1970년대에 등장한 가장 시급한 국제문제로 핵전쟁 방지와 빈곤에의 도전이라는 두 과제를 제시하고 특히 빈곤극복을 위해서는 원조도 필요하지만 자조노력이 필수적임을 강조했다.

우연일까… 미르달 박사의 자조론이 우리 땅에서 새마을 정신으로 꽃을 피운 기적을 연출했다. 그가 이 탑을 보면 환하게 웃지 않을까 하는 상념이 떠올랐다.

1964년 3월 13일 농촌진흥청 대강당에서 박정희 대통령 임석 하에 열린 전국의 시 · 도지사, 도(道) 농촌진흥원장, 시장 · 군수 및 시 · 군 농촌지도소장이 참석한 식량증산 연찬대회에 나는 엄민영(嚴敏永) 내무부장관을 수행하여 참가했다. 그 당시 나는 내무부 지방국 기획감사과장이었다. 그리고 1977년 12월 9일 전주 실내체육관에서 개최된 전국 새마을지도자대회에는 경상북도지사로서 참석했다.

❖ 그 시절 못다한 이야기

식량을 백성들은 하늘처럼 여긴다

내가 1960년대 후반 내무부 지방국 과장과 70년대 초반 지방국장 재직 시, 우리나라 녹색혁명의 근간(根幹)이 된 '통일형 벼' 신품종의 개발과 보급에 크게 기여한 김인환(金寅煥) 전 농촌진흥청장이 농림부 국장 · 차관보로 있을 때 나와는 공무상의 일로 가끔 만나는 기회가 있었다. 지금도 그분으로부터 들은 다음의 "식량문제"는 잊지 않고 마음에 새겨두고 있다.

"'배고픈 세계에 빵을 제공하는 일에 어느 누구보다도 크게 공헌하였다'는 사실을 인정받아 1970년대 노벨 평화상을 수상한 노만 E. 볼로 그(N. E. Borlaug) 박사의 인간적 의지와 놀라운 업적에 경의를 표하면서 그의 수상식 기념연설을 생각하는 때가 많이 있다"고 전했다.

노만 박사는 "식량은 이 세상에 태어난 모든 사람들이 가져야 할 도덕상의 권리임을 선언하고 사회정의의 실현과 인류의 평화를 약속하는 근본임을 강조하며 인간은 식량이 없이는 고작해야 몇 주(週) 밖에 살지 못하고, 사회정의를 위한 모든 다른 요소들은 무의미한 것이 된다"고 하였다.

"그러나 한편 생각하면 식량이라는 '먹을 것'의 문제는 우리 인류뿐만 아니라 생명을 가지고 있는 이 세상 모든 것에 대하여 다 같이 적용되는 '생존'의 문제로서 생명의 유지와 종(種)의 번식이라는 생물의 2대 본능도 생명을 이어나갈 '먹이'를 전제로 한 현상일 뿐 먹이가 없는 '존재'란 상상조차 할 수 없는 일이기 때문에 식량은 '도덕상의 권리' 이전의 문제로서 나는 '생존을 위한 본능적 욕구'로 선언되어야 옳다고 생각한다"고 했다. 이 말은 그의 저서 《한국의 녹색혁명》(p. 11)에도 명기되어 있다.

유영박(柳永博) 저 《한국사》(동방도서, 1988, p. 366)에 따르면 "왕조정치권력의 기반을 토지경제에 두고 있는 봉건사회에서 이 식량문제가 차지하는 정치적, 사회적, 경제적 비중을 한마디로 지적하자면 '민유방본 식위민천'(民惟邦本 食爲民天[5]: 백성은 나라의 근본이요, 식량을 백성들은 하늘처럼 여긴다)이라 했으니 이 이상 더 적절한 표현은 없지 않을까 싶다"했다.

5) 이 말은 조선왕조실록에 모두 12회 등장한다(세종 11년 2월, 5년 7월·11월, 21년 7월, 세조 12년 11월, 성종 16년 8월, 중종 7년 5월, 20년 11월·閏12월, 선조 40년 6월, 인조 6년 9월, 정조 47년 7월조).

초근목피(草根木皮)로 연명한 농민
—"승리한 보릿고개 작전"에서

내무부 산하 '지방행정공제회'가 발행한 〈지방행정〉(1967. 1월호)에 실린 차균희(車均禧) 경제과학심의회의 위원(농림부장관, 1964~1966년)의 표제인 "승리한 보릿고개 작전"에 따르면 "우리나라 총 농가호수는 약 250만호이며 그 중 36%에 해당하는 90만호가 0.5정보 미만을 경작하는 영세농가"임을 예거하여, "이 영세농은 자가식량을 생산하기에도 부족한데 더욱이 영농자금, 부채정리, 혼제비(婚祭費), 자녀교육비 등 현금수요로 말미암아 생산된 양곡 중 많은 부분을 시장에 출하하게 되어 춘궁기에는 식량부족을 초래하여 보릿고개에는 절량농가의 발생이 연례행사처럼 되어 왔다"하고, "절량농가는 보릿고개를 넘기 위하여 고리(高利) 부채인 장리미(長利米)에 의존하거나 초근목피(草根木皮)로 연명한다" 했다. 이어서 "1964년 이후 정부는 미국정부의 적극적 협조하에 평화식량계획에 의한 자조 근로사업의 대규모 실시와 농업증산 등으로 우리의 식량사정이 점차 호전되어 갔다" 했다.

고미가(高米價) 정책과 이중곡가제 실시

1967년 이후 세계 식량사정은 풍작의 연속이었으나 1970년대에 접어들면서 빈번한 기상이변으로 흉작을 거듭하여 1972~1973년에는 세계적인 식량파동으로 국제곡물가격의 폭등현상을 나타냈으며 설상가상으로 1973년 10월부터는 석유파동이 발생하여 자원내셔널리즘의 대두와 함께 식량안보의식이 고조되었다.

정부는 농가소득증가와 양곡의 증산을 위하여 1968년산 추곡(秋穀)부터 고미가(高米價) 정책으로 전환하였다. 즉, 1968년산 미곡의 정부매입가격을 전년대비 17%인상한 데 이어 1969년산은 22.6%, 1970년산은 35.9% 등 1975년산까지 평균 21.2%씩 인상하였으며, 보리쌀 매입가격도 연평균 18.6%씩 인상함으로써 주곡의 증산과 농가의 실질소득보장에 주력하였다.

한편 고곡가(高穀價) 정책의 시행은 소비자 가계(家計)에 압박을 가하고 나아가 임금인상을 유발함으로써 공산품의 생산원가를 높여 수출제품의 국제경쟁력을 약화시켰다. 그러므로 정부는 소비자 가계의 안정을 위하여 1969년산 하곡(夏穀)부터 정부양곡을 원가 이하로 판매하는 이중곡가제를 실시하고 미곡은 1970년부터 이를 적용하였다.

절미(節米) 운동

1962년산 추곡의 흉작을 계기로 정부는 식량부족을 완화하기 위하여 1963년 1월, 전국 절미운동 요강을 제정 · 발표하고 적극적인 절미운동을 전개하였다. 초기단계에는 "재건국민운동본부"가 주관하였는데 각 시 · 도와 시 · 군에 식생활개선위원회를 두고 각 관공서, 학교, 공공단체가 총참여하는 강력한 추진체제가 출범했다. 그 운동의 주요 내용은 양곡상은 쌀 8할 이하, 잡곡 2할 이상 비율로 판매하고, 음식점 등 접객업소는 잡곡 2할 이상을 혼합시키는 동시에 각 가정에서는 2일 1식의 분식을 장려하는 것이었다. 그리고 미곡을 원료로 하는 소주 제조는 1963년 10월 말일까지 일체 금지하며 공공기관의 구내식당에서는 밀가루와 잡곡만을 사용케 하고 엿, 떡 등도 모두 잡곡만을 원료로 하도록 하였다. 이때 나는 "서울살림"을 하면서 내무부 지방국 과장직에서 일하고 있었다. 그때를 회고하면 보리밥, 국수가 일상적 식탁메뉴였다. 간혹 있는 일과 후 동료들간의 술자리는 보리쌀로 빚은 막걸리가 일상화되었다.

쌀 소비절약시책의 추진

정부는 식량증산시책의 적극적인 추진과 더불어 쌀을 비롯한 식량의 소비억제 시책을 강력히 추진하였다. 즉, 1967년 6월 14일자로 발한 행정명령을 필두로 이 기간 동안에 11차에 걸친 행정명령을 고시하여 쌀을 비롯한 양곡소비를 규제하는 동시에 다각적인 시책을 추진하였다. 그 개요를 살펴보면 다음과 같다.

첫째, 혼분식 이행으로 쌀의 소비를 억제하기 위하여 음식업소에 대한 일정비율의 잡곡혼합의무 부과(25%이상, 20%이상, 30%이상 등)를 비롯하여 쌀을 원료로 한 엿·과자류 제조판매 금지, 떡 제조에 일정비율의 보리쌀 혼합, 매주 수·토요일 주간(11시~17시)의 음식판매금지와 양곡매매업자와 가공업체에 대한 규제 등을 실시하였다.

둘째, 쌀의 간접증산책의 일환으로 쌀의 도정도(搗精度)[6]를 제한했다. 1973년 정부미의 도정도를 9분도로 인하한 데 이어 시중 일반미도 1974년 5월에는 9분도로 제한하였으며 동년 12월에는 모든 쌀의 도정도를 7분도로 제한하는 등 가공과 유통면에서 규제했다.

셋째, 가공제품에 대한 양곡사용 규제조치로서 1966년 8월 28일 이후에는 탁주제조에 밀가루와 보리쌀을 각 50%씩 사용토록 하였으며 1974년부터는 옥수수가루를 보리쌀 대신 일정비율 혼합토록 하였다. 뿐만 아니라 전분, 물엿, 포도당 제조업자는 쌀을 원료로 사용할 수 없음은 물론, 1973년 12월에는 밀가루의 사용도 금지시켰으며 1975년 7월에는 서울과 부산의 두부 제조에 있어 탈지대두 30%를 혼용토록 조치하였다.

넷째, 정부에서 쌀과 보리쌀 또는 밀쌀을 일정비율로 혼합 가공하여

---

6) 搗精度: 벼의 껍질만 벗기고 쓿지 않은 쌀을 현미(玄米)라 일컫고, 이를 덜 쓿는 단위를 도정도라 한다.

1972년부터 방출을 시작하였으며, 1974년 6월부터 1976년 4월까지는 단일쌀의 방출을 중지하고 혼합곡만 방출하여 혼합을 근원적으로 이행시키고자 했다.

학교에서의 혼분식 장려

엄격한 도시락 검사

당시 혼분식 장려운동이 조직적으로 진행된 곳은 학교를 예로 들 수 있다. 그때의 실상을 한 논문은 다음과 같이 묘사하고 있다.[7)]

> … 학교는 조직적, 체계적 정비가 가장 잘 되어 있고, 국가의 정책지도 방침이 효율적으로 관철되는 곳이며… 학교에서의 혼분식 장려가 특히 중요했던 이유는 사람의 입맛이 어릴 때 형성되기 때문이다. … 그 장려 방향은 크게 교과내용, 도시락검사, 집단급식 등 세 가지로 나눠 볼 수 있다. … 혼식과 분식의 지도목표는 태도 면에서 쌀밥을 지나치게 높이 평가하는 일반의 생각을 바로잡고 식생활의 능률화와 영양 향상을 통한 식생활의 개선, 그리고 국가의 식량정책과 지역의 식량사정을 고려한 식생활을 영위하는 합리적 생활태도를 갖게 하는 것이다. … 이해 면에서는 혼분식의 장점에 비한 백미편식의 단점을 주지시키고 혼분식 실천이 식생활의 간소화와 능률화에 얼마나 도움이 되는지에 대한 이해를 높이는 것이다. 일선학교에서의 도시락검사는 교육청의 공문지시로 이루어지는데 구체적으로 몇 퍼센트 이상 혼식을, 몇 가지 이상 잡곡을 섞어라 등의 내용을 담고 있다. … 이 지시사항은 매일 아침마다의 조회나 직원회의 때 교장, 교감 또는 담당 선생을 통해 담임교사들에게 전달된다. 그 내용은 점심시간의 혼분식 지도를 철저히 할 것, 반드시 혼

7) 송인주, "1960~70년대 국민식생활에 대한 국가개입의 양상과 특징 — 혼분식 장려운동을 중심으로," 서울대 대학원 사회학과 석사논문, 1999.

"오늘은 속이 불편하구나"—이 광고는 집이 가난해 도시락을 싸오지 못하는 제자에게 속이 불편하다며 도시락을 넘겨주고 자신은 수돗물로 빈속을 채운 스승의 사랑을 전하여 전국적인 반향을 일으켰다.

분식 정도를 체크할 것 등이다. 선생님들은 자신이 싸오는 도시락도 보여주면서 학생들과 같이 밥을 먹기도 하였다.

오늘은 속이 불편하구나

"오늘은 속이 불편하구나"—1984년 쌍용그룹이 스승의 날을 맞아 낸 기업이미지 광고의 헤드라인이다. 이에 대해 당시 쌍용그룹 홍보부장이었던 조홍래(趙泓來, 1939년생) 씨는 '집이 가난해 도시락을 싸오지 못하는 제자에게 속이 불편하다며 도시락을 넘겨주고 자신은 수돗물로 빈속을 채운 스승의 사랑을 전하고 있다'고 말했다.

이 광고는 전국적인 반향을 불러 일으켜 두 가지 점에서 감동을 주었다. 첫째는 스승의 존엄과 사랑에 대한 사회적 인식이 희석되는 시기에 참 스승의 사랑을 상기시켜 수많은 스승과 제자들의 마음을 움직였다. 두 번째는 반만년 보릿고개에 얽힌 인고의 세월을 각성시켰다. 1984년이라면 이미 식량자급을 이룩한 시기였다. 그럼에도 불구하고 일부 빈민층에서는 보릿고개의 잔영(殘影)이 남아 있었다. 만약 이 광고가 나온 당시에도 식량자급을 이루지 못했다면 광고효과는 미미했을지도 모른다. 그러나 주곡자급의 시대에 아직도 도시락을 싸지 못하는 일부 학생의 궁핍과 이를 정으로 감싼 스승의 사랑이 어우러져 심금을 울린 것이다. 1950년대만 해도 시골 초등학교에서는 형편이 나은 학생들이 도시락을 두 개 싸와서 점심을 굶는 급우에게 나눠주던 풍속이 있었다. 그 시절을 기억하는 많은 사람들은 보릿고개의 고통과 그것을 극복한 성취감을 이 광고에서 동시에 느낄 수 있었다.

70년대 초등학교의 혼분식 풍경

위의 송인주의 학위논문(pp. 31, 59~60)에서 '혼분식 장려 교과내용'의 인용례(引用例)를 "1975년 국민학교 4학년 실과 국정교과서 교사지도서"를 들고 있어, 마침 자료를 찾던 국회도서관에서 나의 옆자리에 있던 한 젊은이(安琥根, 1962년생)가 1968~74년에 대구시 소재 초등학교를 다녔다 하기에 그 시기 실제정황을 물었다.

그즈음 한창 혼분식 장려운동이 전개된 시기였다. 그는 나의 물음에 털어놓기를 망설이는 듯하더니 말문을 열었다.

그가 초등학교 시절에는 교실이 부족하여 저학년(1학년~3학년)은 오전과 오후의 두 부로 나누어 2부수업(二部授業)을 해야 했던 탓에 4학년부터 도시락을 휴대했다며 아침마다 아이들 도시락 싸느라 어머니의 골몰(汨沒)이 이만저만이 아니었다고 했다.

당시로 말하면 일반 가정이나 식당에서 보리혼식은 그 비율, 즉 질(質)과 양(量)의 차이는 있어도 가히 보편화되고 있었다. 그 젊은이 역시 "초등학교에서도 도시락에 보리쌀 30%이상을 섞어야 한다는 정부방침을 잘 지켰다면서 다른 이론이 없었다" 했다. 그리고 "점심시간 때마다 선생님이 도시락을 검사했는데 혼합잡곡이 30%이상이 되지 않으면 잠시 동안 점심을 먹지 못하게 한 예도 있었다" 했으며, "순가락으로 밥을 떠 보리쌀이 골고루 잘 섞였는지도 점검한 일도 있다" 했다. 반면 "집안형편에 따라 '꽁보리밥'(보리쌀로만 지은 밥) 도시락을 가지고 오는 학우도 있었는데 이 경우 꽁보리밥이 계면쩍어 먼저 뚜껑 열기를 주저하며 주위 눈치에 신경쓰는 사례"를 들었다.

혼분식 도시락 검사는 농촌이건 서울이건 똑같이 철저했다. 1970년대 서울시 소재 사립국민학교를 다녔던 모씨는 도시의 몇 안 되는 부유층에서도 혼분식 정책에선 예외가 아니어서 아이의 생일을 맞아 흰쌀밥을 지은 어머니가 궁여지책 끝에 흰쌀밥 도시락에 까만 콩자반으로 "축 생일"이라고 글자를 새겨 넣어 담임선생님이 어찌할 바를 몰랐던 사례를 추억했다.

> 쌀 버리면 죄 받는다는 말을 귀에 못이 박이도록 듣고 자랐습니다. 혼분식은 물론이고 도시락의 밥을 흘리거나 한 톨이라도 남기는 애들도 꾸지람을 받았습니다. 심한 경우에는 도시락을 입에 물고 벌을 서는 일도 있었지요.

가난했던 우리 아이들의 동요, '꽁당보리밥'

이처럼 당시 쌀소비 절약이라는 국가시책은, 계층과 지역을 막론하고 혼연일체가 되어 대한민국 국민이라면 누구나 동참했던 민족의 프로젝트였다. 혼분식 장려의 물결에 즈음하여, 1960년대 중반 무렵엔 꽁당보리밥을 주제로 한 노래가 아이들 사이에서 유행했다.

> 꼬꼬대꼬 대꼬 먼동이 튼다 / 복남이네 집에서 아침을 먹네
> 옹기종기 모여앉아 꽁당보리밥 / 꿀보다도 더 맛좋은 꽁당보리밥
> 보리밥 먹는 사람 신체 건강해

그런가 하면 농수산부에서는 혼식분식의 노래를 제정해 학교에서 부르게 했다.

1. 들에는 맑은 바람 / 뜨거운 햇볕 / 빛깔도 고웁게 / 오곡을 키워
   그 곡식 고루 먹고 / 자라는 우리 / 넘치는 건강에 / 살찌는 살림
2. 하얀 국수 가락 / 맛좋은 빵에 / 고소한 잡곡밥 / 그 맛을 알며
   해와 같이 밝은 마음 / 튼튼한 육체 / 우리도 넉넉히 / 살 수 있어요
3. 모자라는 흰쌀에만 / 마음 쏠리던 / 연약한 지난 날 / 이제는 안녕
   잡곡이 밀어주는 / 알찬 살림에 / 우리도 즐겁게 / 살아가겠네

후렴: 쑥쑥 키가 큰다 / 힘이 오른다 / 혼식분식에 / 약한 몸 없다

지금의 40대 이상이면 누구나 이 노래를 추억할 것이다.

'혼식분식에 약한 몸 없고, 혼분식으로 우리도 넉넉히 살 수 있다'는 가난한 이 나라의 아이들이 불렀던 노랫말…. 현재의 과소비 웰빙시대를 살아가는 아이들에게 국수 가락을 먹어 몸이 튼튼해지고 키가 큰다고 하면 비웃음만 살 것이다. 그러나 당시는 그러하였다. 불과 40년밖에 되지 않은 그 시절.

70여 년 전인 1937년, 내가 초등학교에 다니던 때에도 '뚜껑밥'(밑에는 잡곡밥을 담고 위에만 쌀밥을 얹은 밥)이 일반화되어 있었다. 그나마도 춘궁기와 한발(旱魃)이 있으면 '보리'를 비롯하여 대파(代播: 모를 내지 못한 논에 다른 곡식을 심는 일) 작물인 '조'·'기장' 기타 구황작물(救荒作物)로 지은 밥이나 죽(粥)으로 끼니를 때움에 따라 쌀은 구경하기조차 어려웠다.

양·비(糧肥) 교환 및 농지세 현물수납제의 전환

1950년대 이래 정부 관리양곡의 확보수단으로 크게 기여했던 양비교

환과 농지세 현물수납제도는 종지부를 찍었다. 즉 미곡의 자급기반이 구축되면서 일반매입규모가 증대되어 이들 제도의 존속 의미가 거의 없어졌기 때문에 1976년 양곡관리법 개정 시에 양곡과 비료의 교환에 관한 법률을 폐지함으로써 사실상 중지되었다. 농지세의 현물수납제 또한 1984년을 끝으로 금납제로 전환되었다.

쌀 소비규제의 해제

쌀엿, 쌀과자, 쌀떡, 쌀막걸리… "이제는 쌀이다!"

1970년대 상반기의 강력한 쌀 소비억제시책은 쌀의 평면적 자급이 달성된 1976년 이후에도 계속되다가 1977년 10월 15일부터 완화되었다. 7분도 도정제한을 해제하고 관광업소의 혼식을 해제한데 이어 동년 11월 9일에는 쌀을 원료로 한 엿, 과자류 제조를 허용하는 동시에 떡 제조에 보리쌀 30%이상 혼합의무를 해제하고 혼분식 이행여부에 대한 단속도 사실상 중지하였다. 그러나 음식업소의 잡곡혼합비율은 여전히 30%이상으로 규제되었는데 1979년 11월에 이를 20%로 완화하였다가 1984년 4월에 10%로 변경하였다. 이밖에 1977년 12월에는 탁주제조에 쌀 100% 사용을 허용하고 1979년 11월에는 원료사용을 자유화하였으며 1983년 6월에는 두부제조에 탈지대두 혼용의무를 폐지하는 등 양곡소비규제를 완화 또는 철폐했다.

다시 찾은 쌀막걸리의 맛

그동안 우리는 쌀을 절약하기 위해 떡을 만드는 데도 잡곡을 썼고, 쌀로 술을 빚지 못하게 하는 등 허리띠를 졸라매고 식성을 달래가며 꾸준히 노력해 왔는데 그런 지 불과 몇 년 만에 이제는 쌀을 먹고 남을 만큼 되었으니 이야말로 "하면 된다", "우리도 잘 살 수 있다"는 새마을운동의 행동철학을 입증한 것입니다.

이는 1977년 쌀 생산 4천만 석을 돌파하는 해, 12월 9일 전주(全州) 실내체육관에서 개최된 전국 새마을지도자대회에서 강조한 박 대통령의 유시중의 한 구절이다. 이 회의에는 전국의 지방장관과 시장·군수 및 각 시·도를 대표하는 새마을지도자가 참석했는데 나도 경상북도지사에 재임하고 있을 때라 이 회의에 참석했다. 30년 전의 일이나 앞에 기술한 "녹색혁명 성취의 탑"에 각인되어 있듯이 나 역시 그 내용은 잊지 않고 기억의 창고에 보존하고 있다. 외람되지만 다시 그날의 회의장 분위기를 되새겨 보면 그 유시의 뜻은 이른바 '고생 끝에 낙이 온다'는 관용적 표현이라기보다 평소 박 대통령이 자나 깨나 걱정했던 국민들의 고생살이를 위로하는 각별한 당부의 말씀으로 느껴진다. 이 회의를 마치고 돌아온 그날 밤 오래간만에 농정(農政)부서 관계직원들과 '쌀 막걸리'를 실컷 마셨다. 실로 감격스러운 장이었다.

언제인가 어느 사진집에서 박 대통령이 들녘 논두렁에 앉아 자리를 같이한 한 농부에게 "양은 주전자"로 술잔에 술을 따르는 모습을 보았다. 그 사진에 비친 멍석 위의 '김밥'과 '된장에 당근, 풋고추, 장아찌'로 보이는 한 접시의 안줏감을 볼 때 이른바 박주산채(薄酒山菜)의 소찬(素饌)이었다. 말할 것도 없이 그 술은 잡곡으로 빚은 양조장의 생산품일 것이고, 유유자적(悠悠自適)하며, 한운야학(閑雲野鶴)의 경지도 아니다. 보리베기와 모내기가 겹치는 무렵, 농촌으로서는 연중 가장 바쁜 시기에 친히 농촌의 모내기를 돕다가 잠시 쉬는 망중한의 장면이리라.

특히 박 대통령은 막걸리를 좋아했다고 알려져 있다.

박정희 대통령이 논두렁에 앉아 농부와 함께 막걸리를 마시는 모습

'막걸리'에 관해서 국세청 기술연구소 자료를 기초로 하여 다음에 간추려 본다.

막걸리는 우리 민족고유의 전통술로서 탁주 또는 탁빼기라고도 불렀는데, 원료로 쌀(백미)을 찐 고두밥(술밥)에다 누룩(곡자)을 섞어 자연상태에서 빚은 건강술로서 우리 조상들이 많이 애용했다. 이와 같이 막걸리의 원료는 백미를 주로 사용하였으나 양곡사정이 악화되어 1966년 8월부터 밀가루나 옥수수 또는 보리쌀 등을 혼용함으로써 주질이 다소 떨어지기도 하였으나, '미곡자급 지속기반'을 구축한 1977년 11월부터 다시 쌀을 막걸리의 원료로 100% 사용할 수 있게 되어, 우리 조상들의 맛을 다시 찾을 수가 있게 되었다.

이처럼 우리 국민들이 농번기에 농주로서 식사대용으로도 많이 마셨던 막걸리는 알코올 도수가 낮고, 단백질과 당질, 비타민B, 콜린 등 인체에 유익한 성분이 많이 함유되어 있으며, 발효과정에 탄산가스가 잔존되어 있어 상쾌한 청량미가 있다. 그리고 소주나 위스키처럼 증류해서 영양분이 전혀 없는 술과는 달리 단백질 덩어리인 효모가 살아 있고, 청주나 맥주보다 단백질이 많이 함유되어 있어 영양가가 풍부한 술이다. 또한 막걸리는 효모의 대사작용에 의해 필수 영양소인 아미노산이 풍부하고, 젖산, 구연산, 사과산 등 유기산이 많아 산뜻하고 새콤한 맛을 느끼게 해주고 신진대사를 촉진시켜 입맛을 돋우어 주기도 한다. 그러므로 막걸리는 쌀과 누룩으로부터 유래된 우리 몸에 유익한 각종 효소나 효모의 작용으로 만들어지는 발효생산물 그대로 막 걸러서 음용하기 때문에 알려지지 않은 인체에 유효한 미량의 성분들이 함유되어 있어 건강에도 유익하고, 웰빙 식품으로도 손색이 없다고 말할 수 있다. 따라서, 주류산업은 다른 산업과 달리 그 나라의 문화와 역사적인 의미를 가지고 있기 때문에 각 나라마다 고유의 전통술이 있으며, 영국(위스키), 프랑스(와인), 독일(맥주), 일본(청주) 등 선진국치고 주류산업이 발달하지 않은 나라가 없듯이, 우리나라도 막걸리를 세계적 명주로 육성 발전시켜야 한다는 소리들도 일어나고 있다."

갓난 애 울음소리 나야 막걸리 나가지!

작년에 여름 낮이 긴 시기를 잡아 선영(先塋) 주변 잡목정비를 거들기 위하여 고향 경주로 내려갔다. 오전 6시 10분 서울역을 출발하여 잠시 조간신문을 보는 사이, 1시간 48분 만에 동대구역에 도착했다. 고속전철 개통 이래 여러 차례 타 보았으나 그때마다 그 속도에 놀라움을 금할 수 없다. 15분여 역 홈 안에서 대기하다가 경주행 열차를 환승했는데 완행이라 시간 보내기가 지루해서 가방에 개켜 넣었던 동아일보(2007. 7. 12)를 다시 펴 보았다. 나의 시선을 끈 것은 평소 관심을 쏟고 있는 농촌인구의 감소와 관련되는 "英 '인구포화…그만 낳자' 중 '한 자녀에서 두 자녀로' 출산정책 유턴"이란 제목의 기사였다.

이 보도(報道)를 읽는 사이, 평소 내가 그리워하는 친구가 경영하던 서면(西面), 아화(阿火)의 막걸리 양조장 앞을 지나고 있었다. 보던 신문을 접고, 영업소와 고택(古宅)을 조망하며 잠시 상념(想念)에 잠겼다. 어느 해 겨울철 나와 양조장 난롯불을 쬐면서 "사발막걸리(沙鉢)"[8] 잔을 나눈 최석천(崔錫天) 사장의 다정한 모습이 떠오른다. 그 자리에서 주고받은 말 중 다음 덕담을 아직도 내 마음에 새겨두고 있다. "요새 장사 잘 되는기요" 하고 내가 수인사(修人事) 말을 걸었더니 쓴웃음의 표정으로 "갓난 애 울음소리 나야 막걸리 나가지" 하고 지극히 간단한 응답을 하면서 양은주전자(洋銀酒煎子)에 담긴 막걸리로 자작(自酌) 자음(自飮) 했다. 그 말을 알아듣지 못하거나 또 그 태도를 분별 못한 바도 아니다. 최 사장 대답의 참뜻은 당시 막걸리 소비의 주요고객인 젊은층이 일자리 찾아 계속 농촌을 떠나는 공동화(空洞化) 현상을 근심한 것이리라.

이제 추억 깃든 양조장은 창업주이신 최범수 대인(大人)과 대를 이은 석천 사장이 별세하고 차세대가 경영하고 있다. 하지만 고장의 명가(名家)로서 양조의 기술이나 술맛, 그리고 정(情) 즉 技·味·心은 변함이 없다는 것이 관심 있는 사람들의 평이다. 다만 최 사장이 그렇듯 침사고언(沈思苦言)하던 "갓난 애 울음소리"는 썰물같이 줄고 있다. 한 예를 들면 아화초등학교의 천촌(泉村) 분교(分校)와 도리(道里) 초등학교는 폐교되고 아화초등학교 본교(本校)마저 서면 전체의 신입생이 연간 30여명에 불과하다하니 쓸쓸하기만 하다.

이제 우리 농촌은 막걸리를 마실 사람이 없으니 막걸리 맛 또한 잊혀지고 있다.

---

8) 沙鉢: (별다른 안주도 없이) 사발을 술잔으로 하여 파는 막걸리(동아 새국어 사전, 상게서).

1950~70년대 '쌀소비 규제'의 특징

식량이라는 '먹을 것'은 곧 국민의 생존과 정치적 사회적 안정의 기초가 되며, 국운을 좌우하는 기본적인 문제라는 사실은 다시 말할 나위가 없다. '쌀의 소비규제'에 관한 정부시책 등을 간추려보니, 새삼스레 그 범위가 너무나 넓고, 어렵고, 까다롭다는 것을 느낀다.

여기에서 당시 보릿고개 극복과 '쌀의 자급 지속기반 구축'을 위해 관·민(官民)이 함께 애타던 정황을 상상해 볼 때 일언이폐지(一言以蔽之: 한마디의 말로 능히 그 뜻을 다함)하고 그 당시로는 오직 그 길밖에 없었다고 본다. 과거에 일어난 사실을 현재의 잣대로 옳고 그름을 가리는 것, 그 이상 자가당착은 없다 하겠다.

다음 사례를 통해 독자의 이해를 돕고자 한다. 지난날에 있었던 '쌀'을 주축으로 한 "식량의 소비규제"는 요즘 자주 신문지면을 장식하는 "경제규제"와 혼동해서는 안 된다. 독자에 따라서는 과도한 규제로만 보고 흘려버릴 수도 있을 것으로 짐작된다. 특히 그 시대를 겪어 보지 못한 세대일수록 그러하지 않을까 한다. 하지만 쌀에 관련된 갖가지 규제사항은 우리나라에서 오랜 폐단으로 치부되는 '행정규제'의 남용문제와는 그 본질이 다르다.

한 예로 〈서울경제신문〉(2006. 7. 31) '투자 살리려면 규제부터 풀어야' 한다는 제하의 사설에서 "… 우리나라가 고도성장을 이루며 국민소득 2만 달러 시대를 바라 볼 수 있었던 것도 바로 투자가 활발했기 때문임을 강조"하면서 "… 지금 경기가 나쁜 것은 바로 저조한 투자에서 비롯된 측면이 강하다"고 지적하고 이어서 "투자부진의 이유는 여러 가지인데 각종규제가 투자확대의 최대 걸림돌로 지적되고 있다" 했다. 이러한 문제는 그 동안 수도 없이 들어온 말인데 다시 거슬러 올라가면 〈중앙일보〉(1996. 12.3)에서 전국경제인연합회가 발표한 100대 규제완화과제를 "족쇄 풀어 경쟁력 높여야"라는 제목 아래 "현 정부가 다양한 규제완화시책을 추진해 왔다"고 강조하고 있으나 기업들은 "핵심규제가 풀리지 않고 있어 그 효과를 피부로 느끼지 못하고 있다"는 보도 등 일일이 열거하기 어렵다.

술의 양시쌍비(兩是雙非)

술에는 양면성이 있다. 술의 좋은 면을 강조하는 사람들은 백 가지 약(藥) 가운데 으뜸(百藥之長)이라고 말하며, 한편 술의 단점을 들어 걱정하는 사람들은 술이 패가망신(敗家亡身)의 근원이라고 강조한다.

(1) 언론에 비친 술의 폐해(弊害)

○ "음주문화 달라져야 한다"(박명윤 한국청소년연구소장)

… 우리나라 국민 1인당 알코올 소비량은 세계 2위이며, OECD에 가입한 다른 나라 국민들보다 5배 이상의 술을 마신다. 이에 알코올 중독자 및 의존자는 약 460만 명으로 추정된다. 국내 주류시장 규모는 3조 4천억 원이며, 술로 인한 사회·경제적 손실은 연간 21조원으로 추산된다. 또한 사망원인의 약 12%가 음주와 관련이 있으며, 간질환 사망률은 세계 1위이다. 음주운전도 사회문제다. 우리의 음주문화는 술을 즐기면서 마시기보다는 취하기 위해 마시는 폭음과 술을 강요하는 분위기 때문에 여러 가지 부작용을 일으킨다. 해마다 입학철에는 대학생들의 신입생 환영회에서 강요된 음주로 인한 사망사고가 발생한다. 우리나라 대학생의 월간 음주율이 92.2%(남자 94.4%, 여자 89.2%)로 미국 대학생보다 높다. 대학생 때 배운 폭음과 과음 습관은 거의 평생 동안 지속되면서 건강을 해친다. 최근에는 청소년과 여성 음주인구가 늘고 있다. 청소년기에 술을 마시면 뇌에 손상을 일으킬 위험이 높다(문화일보, 2003.3.12).

○ "술고래 한국" — 1인당 '독주' 소비량 4위 한 번에 소주 1병 이상 40%
우리나라 국민들이 세계에서 네 번째로 독주(毒酒)를 많이 마신다는 연구결과가 나왔다. 또 술을 마시는 20세 이상 성인 남녀 10명 중에 4명은 한 번 술을 마실 때 소주 1병 이상을 마시는 것으로 집계됐다. 홍익대학교 장근호 교수(국제경영학과)는 13일 발표한 '음주실태 및 주류세 개편 필요성'에 대한 보고서에서 "이처럼 과다한 술 소비를 줄이려면 주류에 부과하는 세금을 높여 소주 등의 가격을 올려야 한다"고 주장했다. 장 교수는 보고서에서 "2002년의 경우 우리 국민 1인당 마신 소주·위스키 등 알코올 도수가 높은 증류수가 4.5ℓ 수준"이라며 "러시아의 6.5ℓ, 라트비아와 루마니아의 5.6ℓ, 4.7ℓ에 이어 세계 4위에 해당한다"고 밝혔다. 이는 알코올 도수가 20도가 넘는 소주를 많이 마시기 때문인 것으로 분석됐다. 2003년의 경우 15세 이상 남녀 1인당 68병씩의 소주를 마신 것으로 집계됐다. 술을 마시는 20세 이상 남녀 가운데 한번 술을 마실 때 소주 1병 이상을 마신 사람의 비율이 2002년 31.3%에서 2003년 40.5%로 늘어난 것으로 조사됐다. 20세 이상 여성의 음주비율도 1986년 20.6%에서 2003년 49.0%로 17년 만에 2배 이상 증가했다(조선일보, 2005.9.14).

술과 범죄 발생률

2006년 12월 14일, 대검찰청이 펴낸 2006년 범죄분석자료에 따르면 충동적이고 폭력적인 범죄는 음주와 상관관계가 큰 것으로 나타났다. 작년 한 해 동안 검거된 형사범 중 법인(法人)을 제외한 82만 9,478명의 정신상태를 분석한 결과 19.8%(16만 3,908명)가 술에 취한 상황에서 범죄를 저지른 것으로 파악됐다. 특히 살인, 강도, 방화, 강간 등 강력범죄로 처벌된 범죄자 1만3천134명 중 29.1%(3,823명), 폭력, 상해, 협박, 공갈 등 범죄자 14만 301명 중 41.1%(3,622명)가 취중 범행을 한 것으로 조사됐다.

전과자의 경우 검·경에 붙잡힌 40만 8,817명 중 30.7%(12만 5,638명)가 음주상태에서 범행을 저질렀다. 더욱이 흉악범죄로 처벌된 전과자 7,605명 중 37.2%(2,829명), 폭력범죄 전과자 20만 4,947명 중 51.9%(10만 6,358명)는 술에 취해 '범죄의 늪'에 빠졌다는 무서운 보고가 있다. 역시 득(得)보다는 실(失), 아니 해(害), 더 나아가서는 사(死)가 되는 것이 술이요, 우리의 폭음문화다.

(2) 고사(故事)에 비친 사례(事例)

원융희 용인대학 교수가 엮은 《옛 선현들의 풍류기 — 술·멋·맛》(기문사, 2000, pp.92~93, 96~97)에 따르면 《성호사설》(星湖僿說)[9] '주기보'(酒器譜)[10]에서 다음과 같이 이르고 있다.

> … 음주(飮酒): 우리 당형(堂兄: 사촌형) 소은(素隱)선생은 술잔을 드리면 반드시 오래도록 조금씩 마시는데, 마치 고기를 씹는 것처럼 하면서 이르기를 '술'이란 맛으로 마시는 것이고 꼭 취하기 위해서가 아니다. 만약 장시간 앉아 큰 잔에 부어서 한숨에 들이키기를 마치 온낱 대추를 그냥 삼키는 것처럼 한다면, 이는 다만 배만 채우려는 것이니, 무슨 취미가 있겠는가? 대개 지금 술 마시는 자들은 모두 객기(客氣)에 쏠려서 많이 마시는 것만으로써 쾌하게 여기니, 이는 취미로 마시는 것이 아니다. 비유해 말하면 지금 여기에 산적(散炙)이 있는데, 온 점을 입에 넣고 한 번 씹고 삼킨다면, 흙이나 숯을 씹는 것과 무엇이 다르겠는가? 고기에 좋은 맛이 있는 것은 오래 씹은 다음이라야 알게 되는 것

---

9) 조선 영조 때의 실학자 성호(星湖) 이익(李瀷, 1681~1763)지음, 천지·만물·인사·경사(經史), 시문(詩文)등으로 나누어 그의 해박한 실학적 논술을 모은 내용.

10) 술잔의 종류를 설명함.

이다. 속담에 '고기를 먹을 때는 씹을수록 더욱 맛이 난다'하였으니, 술 마시는 법도 이와 같은 것이다.

이 소은옹(素隱翁)의 말은 오직 술에 대한 취미만을 의미한 것뿐 아니라 너무 지나치게 마시는 폐단을 막으려고 한 것이다.

주(酒) : 나는 이 술이라는 음식이 사람에게 단 한 가지도 유익이 된다는 점을 알지 못하겠다. 대우(大禹)는 이미 후세사람들이 이 술로 인해 나라를 잃게 될 것이라는 점까지 알고 좋은 술을 싫어하면서도, 다만 의적(儀狄)에게는 이 술을 자주 만들지 말라고 타이르기만을 했을 뿐이었다. 왜 그때에 일체 금해 버리지 않고 다만 자주 만들지 말라고만 했었는가?

주금(酒禁) : 국가가 가난하고 부유함은 백성이 먹고 사는 재정에 달려 있고, 백성이 먹고 사는 재정은 곧 곡식인데, 곡식의 생산에는 힘을 쓰면서 그 헛되이 소모되는 길을 막지 않는다면 곡식이 있어도 또한 허사인 것이다. 곡식을 헛되이 소모하는 것은 술보다 더한 것이 없으니, 술은 반드시 금지해야 할 것이다. 순(舜)임금과 우(禹)임금 이전에는 술이 없어도 천하가 다스려 졌으니 이는 조금도 이해하기 어려운 것이 없다. 그러나 일체 언급하지 않으면 법을 마침내 시행되지 않은 것과 같으니, 성인이 법을 마련할 때에 허술하게 다루고 엄밀하지 않았던 뜻을 의심하지 않을 수 없다.

우 임금이 이미 술로써 나라를 망칠 사람이 있는 것을 알았다면 처음 제조했을 때에 어찌 엄형으로 다스려 온 세상에서 근절시키지 못하고 다만 물리쳤다고만 했으니 이 너무 관대한 처분이 아니겠는가? 후세에 주지(酒池) 조제(糟堤)[11]가 생긴 것은 모두 여기에서 비롯된 것이다.

---

11) 주지(酒池)·조제(糟堤) : 술로 만든 연못과 누룩으로 만든 언덕이니, 은(殷)나라 주왕(紂王)이 요녀(妖女) 달기(妲己)에게 매혹되어 주지와 조제를

《성호사설》의 자세한 집필연대는 미상이지만 성호선생 생애의 연보로 보아 대체로 250여 년 전으로 추정되며, 오늘날에도 진부(陳腐)하지 않고 우리에게 많은 시사점을 준다 하겠다.

이 편(篇)을 엮어 나가고 보니 새삼스럽게 '술'의 과음(過飮)이 가정과 사회에 미치는 악폐를 생각하기에 이르렀다. 나도 한때는 술을 끊으려고 마음먹기도 했으나 작심삼일(作心三日: 품은 마음이 사흘을 못 간다)이란 말이 있듯이 얼마 가지 못하고 다시 조금씩 마셨다. 물론 마지못할 사유도 있었을 것이다. 다시 곰곰이 생각하니 단주(斷酒)는 다시 전철(前轍)을 밟을 것이 쑥스러워 스스로 절제(節制)할 것을 결심했다. 나의 자식에 대한 약속이기도 하다.

❖ 잊혀져가는 보릿고개의 궤적들

나는 이따금 시골 마을들을 찾는다. 우리나라 농촌에 있어서 인구과소(過疎)현상의 진행은 벌써 오래된 일이나 그간 방문한 마을들의 대부분이 산간(山間)벽지인 탓인지, 주민들의 대개가 노인장인지라 나 역시 어느새 여든의 늙정이임을 새삼 느끼게 했다.

2006년 여름 경상북도 영덕군 창수면을 비롯하여 동해안에 접한 몇몇 마을에 가보았다. 내가 국세청장(1978~1982)으로 있을 때 함께 있었던 장낙진 전 영덕세무서장과 도지사 시절(1974~1978) 창수면에 근무한 친지들의 안내를 받았기에 짧은 시간이나마 많은 주민들과 대화를 나눌 수 있었다. 만남의 장에는 의례히 주안상이 따르는 법, 질박(質朴)한 상차례에 훈훈한 인정이 오고간다. 둘러앉은 사람은 거의 나

만들어 온갖 향락을 누리다가 마침내 멸망하였음.

와 동갑(同甲)네라 몇 순배 막걸리 잔이 오고가니 옛 추억, 옛 풍속들의 이야기가 꽃을 피운다.

거기에도 보릿고개의 고생담이 빠질 수 없다. 처음 듣는 말은 아니나 그곳에서도 할머님 한 분이 "지사님요, 나도요, 통일벼 나오고부터 '쌀밥' 실컷 먹고 보릿고개의 한(恨)을 풀었습니다" 하며 기쁜 웃음으로 좌석을 즐겁게 했다. 나도 덩달아 웃었지만 마음속으로는 울었다.

할머님의 '통일벼' 이야기가 화제로 오르자 곁에 있던 이태희(李台熙 70세) 전 영덕군 창수면 산업계장도 한마디 거들었다.

"나는 향리 면의 산업계장 10년을 하루같이 밤낮 때를 가리지 아니하고 영덕군 농촌지도소 지도원과 협조하여 통일신품종의 적지조사와 보급확대, 영농교육, 병충해방제, 한해대책 등 눈코 뜰 사이 없이 몹시 바빴다"며 지난날을 회고했다. 이어서 "한참 통일벼 장려시기에는 자기 월급봉투를 집에 가져간 일이 한 번도 없었다. 막걸리, 새참 등 농민 교육비로 다 썼기 때문이다"했다.

그는 영덕군 창수면 '인량리'가 고향인데 당시의 우리나라 사회 경제 여건과 '쌀의 자급지속 기반구축'을 하는 데는 그 길밖에 없었다며 힘주어 강조했다. '인량리' 마을은 1972년 10a당 평균 백미 500kg을 생산하여 경상북도에서 1위의 다수확(多收穫) 성과를 올렸다고 자랑삼아 말했다. 그는 향리인 창수면 산업계장 10년, 군의 감사계장 7년, 창수·영해·지품면 등 면장직에 13년, 30년의 공직생활을 마치고 명예퇴직했다가 4기 영덕군 지방의회 의원으로 당선되어 봉사한 바 있다. 그 후도 향리에서 가업인 농사를 지으면서 계속 고장발전을 위하여 심혈을 기울이고 있다. 실로 가상(嘉尙)스럽다.

이곳 인량리(仁良里)는 영해에서 서쪽으로 십리 되는 곳에 삼면이 산으로 싸여있고 남쪽에 내가 가로 놓여있는 산자수명(山紫水明)한 큰

동리로 영남의 명지(名地)로 이름이 높다. 동리에 크고 작은 고가옥(古家屋)과 많은 문화재가 산재되어 있으며 특히 전통테마 마을과 정보화 마을이 공존하여 군내 다른 마을의 부러움을 사고 있다.

그날 자리를 함께 한 인량리 주민들의 피맺힌 회고담을 엮어본다.

먼저 마을에서 가장 연로하신(박동원, 83세) 할아버지가 "밀가루에 풀 뜯어 넣고 쑨 죽도 좋다고 먹고…" 하며, 침착하게 말문을 열었다.

"그때, 보릿고개 한창일 때 우동이란 이름도 모르고 밀가루 처음 봤습니다. 사방공사에 나가서 하루 일하면 밀가루 한 되 받았습니다. 그 밀가루에다 시무까시 잎사귀 하고 빼짜구〔질경이: 질경이과의 다년초, 들이나 길가에 흔히 나는데 잎은 나물로 먹고, 씨는 한방에서 '차전자(車前子)'라 하여 약재로 쓰임〕 뜯어가지고 무쳐서 그걸 좋다고 먹고… 옛날 얘기하지 마소. 살아온 역사를 생각하면 참 말도 못합니더. 요새아이들 그 얘기하면 우습다고 합니더. 여기서 살아온 세월이 웃대부터 조부모, 증조부모, 고조로 거슬러 올라가 한 5백년 됩니다. 농사요? 땅이 있어야 농사를 짓지요. 보릿고개 때 땅도 없었고, 박정희 대통령시대 개간을 권장할 때 2천여 평의 산(山)을 개간했어요. 그때 제 나이가 한 서른다섯 되겠네요. 애들은 8남매인데 병원에도 못가고…. 해방 직후엔 참말로 더 말 못합니다. 제 안식구 시집오자마자 아침밥 점심도 못 먹고, 죽도 삼시로 못 얻어먹었습니다. 8남매 낳고… 이런 얘기하면 눈물 납니다. 죽도 못 먹어 가면서 살아도 병은 없데요. 나무 한 짐 팔아 가지고 꽁치 한 토막 사서 빼짜구 썰어넣고 또 시퍼런 풋보리 빻아 가지고 나물하고… 풋보리도 이삭은 이삭인데 잎이 퍼렇고 보리가 여물기 전에 죄 베가지고, 요새는 기계도 있지마는 그때는 그것도 없고 디딜방아로 빻아서 그거가지고 나물 넣고 꽁치 풀어 죽을 쑤지요….”

그의 가슴 서늘한 사연에 부인 김병술 씨(82세)가 덧붙였다.

“쑥 좀 제발 어지간히 넣어라! 아이고… 열아홉에 시집와보이 논이 한마지기 있고 집은 오두막집에다, 솥이 구멍이 나서 콩가루 땜을 해 가지고 밥 한번 해먹고 또 때우고, 때우고 아이고 말 못합니다. 이 양반은 군에 가고. 군에 갈 적에 좁쌀을 반초바리(반식기: 그릇으로 반 그릇) 뿐이었습니다. 그래서 제방공사에 나갔거든요. 하루 일하면 남자들은 밀가루 두 되 주고 여자는 한 되 주고 아이고! 말 못합니다. 식전에 산에 가서 땔감으로 싸리나무 한 짐 해다 마당에 놓고는 죽 한 그릇 먹고, 제방공사에 가거나 남 모내기하는데 품팔이 갑니다. 쑥을 뜯어가지고 밀가루 좀 넣어가지고 죽쒀주면 ‘아들이 엄마 쑥 좀 어지가이 넣어라.’ 아이고! 밀가루 쪼메 풀고 그것도 많이 먹으면 없다니까요. 빼짜구 같은거 많이 넣으면 설사가 나고… 말을 못해. 가물 때는 모를 하나도 못 심궜어요. 꿀밤(도토리)을 주워가지고 그걸 빻아서 묵을 쑤어 가지고 사흘 동안 먹였더니 아들이 질려가지고 안 먹을라고 야단이지요. 그래서 남편이 큰 마을에 장리(長利)쌀 얻으려갔는데 하나도 못 얻었어요. 굶어 죽게 됐어요. 옆에서 가르쳐 주었어요. 산에 가서 솔가리(말라서 땅에 떨어진 불쏘시개로 쓰는 솔잎)를 해서 시장에 팔아 보라고 했어요. 그래 부자(父子)가 솔가리 몇 단 지고 가서 팔아, 보리쌀 몇 되 사서 어려운 고비를 넘기기도 했지요.”

촌로(村老)들과의 대담은 계속되었다.

“학교 공부시키다 보니까네 머리가 다 희었잖습니까? 시험치면 합격하니까. 그 때는 지금과 같은 농협도 없고, 빚낼 곳이 없어 개인 빚내니까 이자는 얼마나 비싸는동 말도 마소. 10만 원 빚 내면 1년치 이자가 10만 원입니다. 한 가마를 장리(長利) 내면 1년에 농사진 거 두 가마 줘야 돼요. 베를 한 필 짜주면 몇 해 묵은 댕가리(씨가 달린 채 말리는 장다리(무·배추 따위의 꽃줄기)), 등겨 3말 주었어요. 요새는 방앗간이 좋아가지고 찧지만 그때는 왜 디딜 방간에 찧어논 쌀도 안주고 댕가리 서 말 줍디다"(권영자 씨).

— "여기도 대두박(大豆粕: 콩깻묵)을 드셨네요?"

"우리 다 먹었지요. 삶아먹고, 죽쒀먹었지요. 통일벼 해 가지고 쌀밥 제대로 먹었지요. 그 때 새마을 붐이 일어나 우리 공무원들이 출퇴근도 안하고 밤에 야근하고 그리 안했습니까?"(이태희 씨, 남 70세)

"박정희 대통령 때 통일벼가 나와 가지고 쌀밥 먹었어요"(남효성 씨, 남 69세).

"아이구 큰 산에 가 나물해 오다가, 중간에서 2백 원인가 얼마 주고 팔고 집에 오니까 남편이 나물은 어쨌노 안카는교. 돈은 한 푼도 없는데 나물이라도 팔아야 되지 어이합니까? 산나물의 종류는 나무추, 미역취, 딱주니 등인데 한보따리 해 놔두면 삶아서 묻혀먹고 콩도 빻아 넣고 좁쌀넣고 그래가지고 죽도 쑤지요…. 이 자리에서 창피스러운 말이 되겠습니다만 음력 10월 마을주변 산소에서 묘사(묘제:墓祭) 지낼 때 구경가니 떡을 쪼매 주니까, 먹은 둥 만 둥해서 조금 더 얻어먹으려고 비개를 업고 덮어씌워 가지고 이 업은 애 몫을 안주면 산소에 코낀다고 하니까요 겁을 내고 코 끼지 말라고 아 모가치(아이 몫)를 더 큰걸 줘요"(김병술 씨).

— "바로 이웃 울진에 가면 다가오는 보릿고개에 대비하는 '도리깨질

끝나면 점심이 없다'는 제고장 말들이 있다는데 혹여 여기에도 그런 향어(鄕語)가 있습니까?"

"'앵두 따가지고 처가 세배간다'는 말이 있지요. 늦게 가는 거지요"(남효성 씨, 남).

—"이태희 씨, 통일벼를 포함해서 어떻게 보릿고개를 넘으셨는지 당시 이야기를 좀…."

"저는 1971년부터 76년까지 창수면 산업계장입니다. 내가 이 마을 담당이었습니다. 새마을운동을 비롯하여, 통일벼 권장에 혼신의 힘을 기울였다고 생각합니다. 내가 솔선수범했습니다. 그때 농민들이 말을 참 안 들어요. 그래서 집집마다 찾아 다녔습니다. 동회를 해 가지고 못자리 위에 비닐로 보온을 했습니다. 그간 물못자리만 했는데 비닐 온상을 하라하니 누가 말 잘 듣습니까. 참 상당한 고충이 있었어요. 그래서 면직원이 총출동 했습니다. 영덕군에서 창수면 인량리 단지가 통일벼 8정을 시범적으로 해서 1등을 했는데 앞서 이야기 한 박동원 씨(남, 86세) 사는 개울까지도 통일벼를 재배했어요. 다수확을 했어요. 매상을 하니까 등급은 떨어지는데 소출이 3~4배 올라오더라 이겁니다. 그게 계도되어가지고 영덕군에 전반적으로 확대되어 식량증산에 크게 기여했습니다. 우리 주민들은 박 대통령의 식량증산정책을 고맙게 생각하고 보릿고개를 넘겼다고 자부하고 있습니다. 그 당시 새마을 붐도 대단했지요. 자력으로 새마을사업도 하고, 우리 솔선수범했습니다. 지금의 60대는 정부정책에 적극 협조했지요. 그리고 1993년도부터 면장을 13년하다가 퇴임했습니다. 요새 공무원들을 출퇴근 안 합니까. 토요일 놀죠. 우린 토요일 일요일도 없었어요. 통일벼 할 때는 못자리 몇 미터, 너비가 몇 평, 언제까지 모심는다. 이런 걸 도면을 그려가지고 확인하고 군에서 확인반이 내려와 점검했다구요. 우리가 1등 해서 황선경 단지회장이 통계출장소 직원으로 채용됐어요. 그때 우리가 통일벼 안 했으면 쌀 구경 끝났어요. 그때 통일벼 때문에 이만큼 살았다는 것을 말씀을 드립니다"(이태희 씨).

— "이태희 씨, 1960·70년대 많이들 힘드셨지요?"

"사람에 따라 다르겠지만 산업계장 할 때는 월급은 집에 갖다 주지 못했어요. 사실입니다. 산에 나무 심는 산림녹화운동, 식량증산, 통일벼 권장할 때 전 마을 주민들에게 이해와 협조를 구하기 위해 밥 사주고, 막걸리 받아주고 하느라 난 봉급 하나 집에 갖다 준 사실이 없어요. 내 가족이 내 봉급이 얼망고 모릅니다."

— "그때 마을에서 굶어 어려운 일 당한 일은 없었습니까?"

"많이 굶었습니다. 통일벼가 권장되고 나서 쌀밥 먹었지 그 전에는 밥 한 끼 못 먹는 사람 쌨어요. 점심은 원래 없었지요. 죽을 주로 많이 먹었지요. 고구마를 심어 놓으면 그걸 지켰어요, 그것을 후벼가서(훔쳐가서). 밤(栗)도, 수박도 해 놓으면 후벼간다 이 말이야. 과수원도 철조망하고서 지켰고, 훔쳐갈까 싶어서…. 그때 굶는 사람 많았어요. 없어서 많이 굶었어"(이태희 씨).

"남의 품팔이 해주고 품값도 안 받고 그냥 밥만 먹고 왔어요. 밥 얻어 먹으러갔어요 10월 묘사 때는 손님이 얼매나 많이 오는동, 밥 얻어 묵을라꼬, 그때 동동주, 묵, 떡국 해가지고 조반야찬(早飯: 아침 끼니를 들기 전에 간단하게 먹는 음식, 夜餐: 밤에 먹는 군음식) 있었거든요. 그 많은 손님, 아이고 무시라, 말도 못합니다"(김병술 씨).

"손님이 오면 꼭 당일 안가고 하룻밤 묵어가거든요. 손님은 배가 고

파도 일부러 밥을 남깁니다. 체면상. 그 남긴 밥 빨리 얻어먹으려고, 요샌 윤리가 있는데 그땐 문구멍을 뚫어서 안을 쳐다봤지요. 밥 남겼는지 알아보려고. 기다렸다가 손님 밥상이 나오면 비호같이 달려가 그 밥을 얻어먹고, 아이고 무시라…" (권영자 씨).

— "'찢어지게 가난하다'는 말은 너무나 가난해서 때에 따라서는 초근목피(草根木皮: 풀뿌리와 나무의 껍질 등 영영가가 적은 惡食을 이름)로 연명하니 항문이 찢어진다는 유래에서 나온 말인데 이 말에 관련된 이야기는 없는지요?"

"그때 대변이 안 나와서 손가락으로 애들 똥을 파내거나 항문에 피마자기름을 발라서 파냈습니다. 들기름을 바르거나 피마자기름을 먹기도 하고, 요새는 약이 있지만, 그때는 약이 있나 아무것도 없지, 어떤 때는 일주일 만에 누니까 그거 뭐…"(이태희 씨).

이 자리에 함께 한 마을사람들이 대개 나와는 거의 동년배라 1940년대에서 1970년대에 이르는 보릿고개의 시름을 기억하고 있었다. 해마다 넘어야 하는 보릿고개, 가정을 지키고 가꾸어 나가는데 가장 절박한 설움이 무엇일까? 굶주림보다 더한 것이 있으랴….

서울로 돌아와서 대담한 녹음내용을 다시 원고지에 옮기는 작업을 하고 보니 그 분들이 토로(吐露)한 말의 마디마디에 서린 포한(抱恨)을 엿볼 수 있었다. 어찌 여기에서 필설(筆舌)로 다 할 수 있을까…. 초근목피(草根木皮)로 연명(延命)해 오면서도 흔히 볼 수 있는 "하늘을 원망하거나 세상(世上)을 탓"하는 감정의 노출은 들을 수 없었다. 다만 자기일을 자기 스스로 탄식하는 자탄(自歎)의 숨소리임을 느꼈다. 세월이 흘러 어떠한 변화가 있어도 이 민초(民草)들의 한(恨)은 결코 잊혀지지 않으리….

❖ 음덕(陰德)의 시골 · 동량적(棟梁的) 지도자와 조우(遭遇)

처음 보는 민선 도지사 취임식에서

2006년 7월 3일 김관용(金寬容) 경상북도지사(민선 4대, 광복 후 통산 29대) 취임식에 참석했다. 그날 식전(式典) 행사가 나의 지사(知事) 시절과는 차이가 아주 많이 나는 것을 보고 새삼스레 금석지감(今昔之感)을 느꼈다. 이에 대하여 사람에 따라 견해가 다를 수 있으나 내가 보기에는 한마디로 말해서 '주민과 함께 즐기는 경사스러운 잔치' 같았다. 첫째 장소가 장벽이 없는 열린 도청 앞마당이었으며 치레함이 없이 수수했다. 둘째는 각계각층을 망라한 많은 주민이 참가했고, 면면 표정도 즐거워 보였다.

내가 왜 하필 이런데 주목했을까. 우리 지방자치는 서구(西歐) 제국(諸國) 보다는 아직 경험이나 역사가 일천하며 지방자치라는 말이 나와도 일반 민초들은 어리둥절할 정도라고도 볼 수 있거늘, 그날의 모습을 볼 때 그간에 있어서 주민들간의 떨어진 사이가 이제 '주민자치'라는 공동체 의식을 몸소 깨닫게 되어가고 있다는 느낌이 들어, 점점 새로운 자치의식의 싹이 돋아나는 희망을 갖게 했다. 제발 우리 지방자치가 주민의 방파제가 되어 주었으면 하는 마음 간절하다.

그런데 지금 우리나라 농촌은 고령화와 과소화(過疎化)로 고민하고 있다. 그 진행은 마치 "썰물"이 밀려나가 해면이 낮아지는 현상과 같다고 비유되고 있다. 이를 위하여는 인적 자원이 줄어드는 산촌(山村)을 활성화하여 젊은이들이 정주(定住)할 수 있는 매력 있는 지역으로 소생시키기 위해 지방과 중앙을 막론한 국민 모두가 심혈을 기울여야 하는 문제에 당면하고 있다. 이것은 쉽지 않은 과제라 하겠으나 그 대책의 하나로 지난 1970년대와 같은 "새마을운동"을 다시 범국민운동으로 활성화하는 것도 조량(照諒)해 봄직하다.

음덕의 시골·동량적 지도자

그날 반가웠던 일 또 하나는, 내가 찾고 있던, 칠곡군 농촌지도소에 근무했던 김교민 지도사를 행사장에서 우연히 만난 것이다. 내가 그를 찾은 사연은 1970년대 통일벼 신품종 보급에 대한 실상을 되새기기 위해서였다. 내가 경북도지사로 있을 때(1974.9~1978.12)의 일이다. 1974년에 전국에서 사상 최고로 쌀 3천만 석을 돌파한지 불과 3년 만에 1977년 다시 4천만 석을 달성하는 기적을 이룬 것은 명실공히 녹색혁명의 성취가 아닐 수 없다.

이 해에 경북 칠곡군 이수창(李壽昌) 씨가 밀양 23호를 재배하여 10a당 평균 889.1kg을 생산하여 2모작의 증산왕(增産王)이 되었으며 1977년 12월 9일 전국새마을지도자 대회에서 박정희 대통령께서 '은탑산업훈장'을 수여했다. 실로 대단한 업적이다. 김교민 지도자는 바로 이수창 씨의 마을을 담당한 영농지도사였는데, 그의 연중무휴의 지도에 힘입은 바 크다.

이러한 일도 있었다. 이수창 씨와 김교민 지도자는 그 해 태풍 피해를 막기 위하여 논바닥에서 벼가 쓰러지지 않도록 도복(倒伏)방지 작업을 하다가 거칠고 세찬 비바람을 감당하기 어려워 벼줄기를 끌어안고 "하나님 살려 주십시오"하며 밤새워 기원하며 울었다 한다. 나는 당시 박재복(朴在福) 농정국장의 현지보고를 잊을 수 없는 추억으로 마음 속에 간직하고 있다.

김교민 지도자는 그 공로를 인정받아 칠곡군 부군수로 승진했으며 이수창 씨(72세)는 지금도 향리에서 '하우스 참외' 1,200평과 3,800평의 쌀농사를 짓고 있는 독농가(篤農家: 농사를 힘써하는 집안)이며 향리 面(면)의 영농기술자 회장이다. 부인 또한 전 향리(鄕里) 면의 새마을 부녀회장으로 봉사한 바 있는 새마을 가족이다.

취임식 행사를 모두 마치고 귀경 길 고속전철 차창 밖으로 경북들녘 먼 곳을 내다보면서 다시금 곰곰이 생각에 잠겼다. 언제인가 본바 있는 일본 오이타현(大分縣) 히라마츠 모리히고(平松守彦) 지사(知事)의 《지방으로부터의 발상》이라는 저서가 나의 뇌리에 떠올랐다. 그는 1979년 이래 오이타현 지사에 취임, 4번째 연임중이었다. 재임중 특히 그가 역점을 둔 시책인 "일촌일품운동"(一村一品運動)이 아시아지역에 널리 알려지고 있었는데 그 저서에 지적된 다음 사항은 잊지 않고 있다. 우리에게도 사사하는 바 크기 때문이다.

> 오늘날의 시대는 '동경(東京) 불만 · 지방 불안'의 시대라고 말하여지고 있다. '사람 · 물자 · 정보'가 동경(東京)으로만 집중됨에 따라 거기에 살고 있는 사람은 지가(地價) 앙등에 따른 상속세(相續稅)로 인하여 아무 생각 없이 죽을 수도 없다. 만원 전차에 흔들리는 통근(通勤)은 실제로는 '통근(痛勤)'이며, 과밀도시의 일그러짐은 극한에까지 이르고 있다. … 한편 초록에 둘러싸인 산촌(山村)에는 최근 고원경기(高原景氣)에 따라 젊은이의 유출이 끊이지 않아 붕괴 직전의 상태이다. 이런데 지역주민은 시골에서 살아남을 수 있을까에 불안에 떨고 있다. …

오이타현에서 추진해온 "일촌일품운동"의 역점시책이 우리나라 "새마을운동"과 일맥상통한 내용이 있어 내가 새마을운동 중앙회장으로 재임(1989~1993)하고 있을 때는 우리와의 인적 교류도 정기화되고 히라마츠 지사가 방한하고 유대를 두텁게 하는 데 주력한 바 있다.

나는 그날 새로 취임하는 김관용 지사가 경북의 역사적 풍토·문화적 유산·교육환경 속에서 자라난 위인(偉人)이라 능히 웅도(雄都) 경북의 미래를 여는 멋진 도정(道政)을 펼쳐 나갈 것이라고 확신하면서 부디 건강하고 모든 일이 잘 성취되기를 마음속으로 기원했다.

‘이팝나무 꽃’이 알리던 배고픈 4월

1997년 11월, 우리나라는 대외 채무불이행의 위기가 닥쳤다. 국제통화기금(IMF)으로부터 긴급자금 지원을 담보로 경제정책에 전면적인 개입을 받게 되는 등 이른바 “IMF 한파(寒波)”라고 표현되는 혹독한 국면에 부딪쳤던 것이다.

김영삼 문민정부에 이어 1998년 2월 25일 출범한 김대중 정부는 “한국전쟁 이후 최대의 국난(國難)”이라 비유하는 비상사태를 맞아 위기로부터의 탈출이 국정(國政)의 최우선 과제였다. 긴급지원과 경상수지 흑자화 정책의 결과, 채무위기에서는 비교적 빨리 빠져나갈 수 있었고, 1999년 연말에 김대중 대통령이 IMF시대의 졸업을 선언한 바 있었으나 생산저하, 기업도산, 실업증대, 물가상승, 마이너스 성장이라는 어려운 상황이 계속되었으며 그 고통이 얼마나 큰 것인지를 뼈저리게 느꼈다.

나는 그 무렵 같은 직무로서는 네 번째(1997. 8월~1998. 7월)인 새마을운동 중앙협의회 회장으로 재임하고 있다가 국민의 정부 출범 후 1998년 7월 7일 사임하고 “경주”로 되돌아갔다. 하지만 귀향길 나의 발걸음은 가볍지만은 않았다. 20대 초반부터 공직에 몸담아 오면서 줄곧 대구·서울 등 도시에서 생활했으나 내가 농민의 자식이고 또 고향을 망각한 적은 없다고 자부했는데 막상 현실로 부딪치고 보니 진정 그랬을까? 티끌만큼 가식(假飾)이나 위선(僞善)적 행위는 없었는가? 하는 자괴심(自愧心)이 내 뇌리에 자리하고 있었다.

자과부지(自過不知: 제 잘못은 제가 알지 못한다)라 다시 스스로 반성하고 마음을 가다듬었다.

❖ 이팝나무 꽃필 적엔 딸네 집에도 가지 마라

나는 가업(家業)인 농사일을 도우는 한편, 틈나는 대로 그간 멀리 떨어져 서로 통하지 못한 친구들을 만나 평소의 회포(懷抱)도 나누었다. 특히 1970년대 옛 보릿고개의 한(恨)을 달래며, 풍요의 희망을 안겨준 새마을운동의 현장을 찾아보면서 새마을지도자와 참여인사들의 당시 경험담을 되새기기도 했다.

한번은 새마을운동 중앙협의회 경상남도지부 사무국장을 거쳐 새마을운동 중앙연수원 교수를 역임하다 낙향(落鄕)한 이영섭 친구를 찾았다. 서부경남 사천시 정동면 화암리(泗川市 正東面 化岩里)에 위치한 전통적 농촌이었다. 그는 새마을운동에 몸담았던 위인답게 초지일관(初志一貫) 가업인 농사에 전념하면서 고장을 위하여 정성껏 봉사의 손길을 뻗치고 있었다. 특히 낙후된 농촌의 정보화를 돕기 위해 이웃 주민에게 컴퓨터 교육을 실시하고 있어 깊은 감명을 받았다.

그가 몸소 운전하는 자동차편으로 그 지역의 지기(知己)도 찾아보았다. 마침 24절기의 하나인 망종(芒種)을 대여섯 날 앞두고 있어 보리베기와 모내기가 겹치는 무렵이라 농촌으로서는 연중 가장 바쁘다.

"갤로퍼" 운전석에 앉아 시동을 거는 이영섭 친구에게 수고한다는 인사말을 가름하며 "이제 보리베기 끝났소"하며 말을 걸었더니 이미 그 "뒷그루(후작: 後作) 콩심기까지도 끝냈다" 했다. 역시 새마을지도자 출신이요, 독농가(篤農家) 다운 모범농군이라 여겨져 자랑스럽기도 하고 내 마음도 흐뭇했다.

국도 33호선을 따라 고성(固城) 쪽으로 가다보니, 이영섭 친구의 향리 앞 해안이 멀리 보였다. 문득 "시집갈 때까지 쌀 서 말을 못 먹는다"던 바닷가 어느 동네처녀들의 서러운 보릿고개 얘기가 떠올라 그에게 물었다. "이곳에도 그런 등속의 말들이 남아 있느냐"는 나의 질문에 그는 "그 시절 여성들의 시름을 담은 유한(遺恨) 을 대변하는 말이 아니겠습니까. 반만년 긴 가난의 역사 속에서 전해지는 이러한 사연(事緣) 들이 도·농(都·農), 산간(山間) 지대, 어촌(漁村) 의 구별이 어디 있겠습니까" 하더니 차를 멈추었다.

그 자리에서 오른편, 100여m 앞쪽, 못 둑에 심어져 자라는 두 그루의 고목(古木) 을 가리키며 그는 "이팝나무〔물푸레나무과: 낙엽교목(落葉喬木)〕꽃 필 적엔 딸네 집에도 가지 마라" 하는 그 고장 전래의 향어(鄕語) 한 구절을 설명했다. '보리누름(보리가 누렇게 익는 철) 에 즈음해 흰 꽃이 피는 것을 보릿고개의 신호'로 풍자(諷刺) 하여 읊은 것이라 덧붙여 말하면서 그 나무의 나이가 150여 년이 된다 했다. 100여 년 전 50년생 성목(成木) 을 그곳에 심었다는 것이다.

되돌아보니 봄바람에 잎은 떨어지고 우거진 녹음 속에는 아직도 가파른 보릿고개 길을 넘어 온 지난날의 설움이 여실하다.

"화암리"를 뒤로 가는 길을 재촉했지만, 미련이 남았음인지 자꾸 되돌아보아졌다. 이팝나무에 새겨진 지난 세월의 상처, 옛 일들에 대한 가시·청야(可視·聽野) 를 더 넓히지 못한 채 떠나는 아쉬움으로 마음

● 가파른 보릿고개 길을 넘어 온 지난날의 설움을 상징하는 이팝나무 꽃

이 복잡했다. 시야(視野)에서 멀어져가는 마을들은 초록빛으로 뒤덮인 들녘풍경과 어우러져 몹시도 아늑해 보인다.

마을 어귀 대지(大地)에 굳건히 뿌리 내려 150여 년 보릿고개 애환의 역사를 간직하고 있는 증목(證木) 이팝나무…. 옛것이 점차 사라져가는 터라 노파심에서 부디 저 나무가 마을의 수호신(守護神)과도 같은 존재로 무럭무럭 잘 자라 주었으면 하는 소망을 담아 마음 속으로 기도했다.

이영섭 친구는 다시 보리에 점철된 이야기를 이었다. 1960년대 후반 이계순 경상남도지사(1963~1968)가 거도적으로 '보리 배(倍) 증산 운동'을 전개할 때, 그는 군(軍) 복무를 마치고 대학 복학을 기다리면서 가업인 농사일을 도왔는데 특히 보리 이식재배(移植栽培)에 힘을 써 도지사로부터 다수확상(多收穫賞)까지 받았다며 자랑삼아 이야기했다.

그때만 해도 주곡(主穀), 즉 쌀・보리의 증산과제는 중앙・지방정부 할 것 없이 가장 기본적인 중요 시책의 하나였다. 당시 나는 내무부 지방국에 근무했는데 이계순 도지사는 그 시책의 성공으로 농민에게 '하면 된다'는 자신감을 심어주었을 뿐 아니라, 농수산부장관으로 영전하게 된 동기가 된 것으로 익히 기억하고 있다.

나는 그날 고성(固城), 진주(晋州) 등 두 곳 새마을지도자들을 순방하고 귀향했다. 그 여행에서 새마을 동지들의 의리(義理)와 고장사랑의 정성에 새삼 깊은 감명을 받았다. 돌아오는 길, 다시 곰곰이 생각했다. 오죽 먹을 것이 없었으면 내외할 것 없는 딸네 집조차 가지 말라고 했을까…. "시집 간 딸에 대한 부모의 애틋한 사랑"과 "우리 민족의 타고 난, 고운 정(情)의 발로"이리라.

우리나라의 경우, 식물이 서식하는 지표(地表) 부근의 기후(氣候)[12] 요소에 따라 식물분포와 꽃피는 시기가 약간 다르다. 뒷날 알아 본 바로는 식물의 지리적 분포나 식생지(植生地), 개화시기에 따라 "이팝나무" 외에도 감나무나 대추나무 등, 서로 꽃나무 이름을 달리하는, (즉 "감나무 또는 대추나무 꽃 필 적엔 딸네 집에도 가지마라" 등) 제 고장 말들이 전래되어 왔다. 이러한 꽃바람과 함께 "보릿고개" 또한 세세연년(歲歲年年) 어김없이 닥쳐왔으니, 어쩌면 그래서 보릿고개를 민족의 숙명으로 받아들였는지도 모른다.

12) 이십사절기(二十四節氣)의 소한(小寒: 1월 6일이나 7일)부터 곡우(穀雨: 4월 20일이나 21일)까지의 사이에 일후(一候: 후는 5일을 뜻함), 곧 닷새마다 꽃이 피는 것을 알려 주는 바람이 불어온다 하여 이를 두고 "이십사번화신풍(二十四番花信風)"이라 일컫는다(민중엣센스 국어사전).

❖ 만술아비의 한이 서린 절규

향리 집에 돌아오자 곧바로, "이팝나무"의 현장에서 못 갖춘 사연들을 보충하여 한 토막의 글로 옮겨 보려 몽당연필을 들었다.

암중모색 하듯 이것저것 자료들을 들추어 보고 어림으로 추측도 해보았으나 실마리가 잡히는 것 같다가도 '흉년 들고 돈 없어 가족이 연명할 곡식 구할 길 까마득해, 시름에 잠긴 옛 선인(先人)의 모습'이 생각 할수록 애달파 답답하기만 했다.

궁리 끝에 향토지(鄕土誌)에 조예(造詣) 깊은 선배 몇 분을 모셨다. 모인 인사들 모두 일제강점기의 갖가지 고초(苦楚)를 비롯하여 광복직후의 혼란, 6·25 동란, 4·19와 5·16, IMF 환란에 이르기까지 파란만장한 인생을 살아온 분들이라, 자연 이번 나들이에서 보고 들은 이팝나무에 얽힌 사연들과 유사한 이야깃거리들이 소재로 올랐다.

막걸리 잔이 몇 순배(巡杯) 오고가면서 지난날 유년기 보릿고개의 추억덕담으로 꽃피우다가 우리 조·부모(祖·父母) 시대가 겪었던 가난하고 구차한 모습과 근심 이야기로 옮겨가면서 우수에 잠긴 듯 분위기가 숙연해졌다.

이때 묵묵히 듣고만 있던 권오찬 선생(權五燦: 전 경주고등학교 교장, 경주 문화원장 역임)께서 애틋한 시(詩) 한 수(首)를 구슬피 읊었다. 경주출신 시인 박목월(1916~1978) 선생이 지은 시제(詩題) "만술(萬述)아비의 축문(祝文)"이었다.

아베요 아베요
내 눈이 티눈인 걸
아베도 알지러요.
등잔불도 없는 제사상에

축문이 당한기요.
눌러 눌러
소금에 밥이나마 많이 묵고 가이소.
윤사월 보릿고개
아베도 알지러요.
간고등어 한손이믄
아베 소원 풀어드리련만
저승길 배고플라요
소금에 밥이나마 많이 묵고 묵고 가이소.

여보게 萬述 아비
니 정성이 엄청다.
이승 저승 다 다녀도
인정보다 귀한 것 있을라꼬.

亡靈도 應感하여, 되돌아가는 저승길에
니 정성 느껴느껴 세상에는 굵은 밥이슬이 온다.

눈물이 난다. 가난의 자탄(自歎)과 효(孝)를 다하지 못한 자책의 감성(感性)을 드러내어 보이는 듯, 그 속에는 또 얼마나 깊고도 긴긴 한숨이 서려있을지 마음에 겹다. 내가 새마을운동 중앙협의회 회장으로 일할 때, 가정새마을운동의 일환으로 발행한 《참된 가정의 길》(1991)이라는 책 속에 이런 구절이 있다.

옛 사람은 지성(至誠)이면 감천(感天)이라고 하였다. 지극한 경지에 도달한 성실을 지성(至誠)이라고 한다. 정성어린 한 마디의 따뜻한 말이 효(孝)의 실마리가 되고 사랑의 실천이 될 수 있다. 효를 크고 작음으로 나눌 필요는 없다. 힘닿는 대로, 생각나는 대로 거들면 훌륭한 효가 된다. …

목월의 시 암송이 끝나도 좌중은 저마다 시상(詩想)을 되새기는 듯 조용하기만 했다. 그 전날 이팝나무 아래에서 느낀 감개(感慨)에 잇대어짐인지 나 자신이 목월 시의 주인공집 뜰 앞에 와 있는 듯한 환상(幻想)에 젖어보았다.

여름철 밤은 짧다. 허줄하기도 하여 각각 앞에 놓인 빈 잔에 술을 가득 채웠다. 그 자리에서 누군가가 "이 술 음복(飮福: 제사를 지낸 후, 제관들이 제주를 나누어 마시는 일)으로 여깁시다"며 시제의 축문(祝文)에 이어 소박한 건배를 제의했다. 나는 그 뜻을 진정으로 받았다.

나도 경주가 고향이고 나이는 목월 선생보다 10년 연하(年下)이다. 동향인(同鄕人)이라는 지연(地緣)을 떠나, 선생은 나에게 공경과 사모(思慕)의 대상이다. 소년 시절, 왠지 모르게 목월 선생 얼굴이라도 엿보려 경주 동부금융조합 창구를 들랑거린 때가 엊그제 같은데 이제 인생 80을 바라보고 있으니 세월의 빠름을 새삼 느낀다.

목월 선생의 향리 모량[13]과 나의 경주 구가(舊家)와는 6 km. 처가(妻家)와는 4 km 정도 떨어진 가까운 거리다. 모든 중요 교통망(철도 · 고속도 · 일반국도)이 '모량' 중심지역에 병설 관통하고 있어 나도 서울 · 대구와 경주 간을 왕래할 때 대부분 이곳을 지나다녔다.

목월 선생에 대한 상실된 기억들과 그 향수(鄕愁) 어린 시간들….

---

13) 이곳 지명(地名)의 한자(漢字)는 일제강점기 행정구역 개편(1913~14년)에 따라 毛良(털모, 어질량)으로 표기되어 왔는데, 경주시에서 의회의 심의를 거쳐 이곳이 '보리'가 잘된 고장이라는 뜻을 살려 牟梁(보리모, 들보량)으로 개정(1998. 4. 10) 시행했다. 《삼국유사》와 《동국여지승람》 등에도 牟梁으로 쓰이고 있다.

시골역의 정서가 그러하듯 '모량역' 역시 가난하고 쓸쓸한 외딴 마을의 인상을 준다. 타고 내리는 사람도 희소하고, 야간열차로 통과하다 마주치는 역 구내 불빛도 어두침침하다. 목월의 청소년 시절, 이 역(驛)의 풍경은 더한 슬픔과 외로움이었으리라.

앞에 실은 시제(詩題)의 처음 발표시기는 1967년 12월이다. 한 시문(詩文)을 감상하거나 이러쿵저러쿵 글을 부친다는 것은 어렵기도 하거니와 나 자신 안목도 어둡다. 하지만 곰곰이 생각건대 여기서 시작(詩作)의 배경이 될 수 있는 대강의 통계적 수치라도 되새겨 보는 것이 시사(詩思)의 궤적(軌跡)을 밟아보는 데 보탬이 될까 싶어 나름대로 '작가연보'를 길잡이 삼아 당시 우리 국민들이 먹고, 입고, 쓰고 한 살림살이 등의 경제적 형편을 엿볼 수 있는 국민소득 등을 다음에 예거한다. 거기 민초(民草)들이 겪은 가난의 시름을 어렴풋이나마 만나게 되리라.

먼저 앞에 실은 시문(詩文)의 발표시기인 1967년, 우리나라 1인당 국민소득은 142 달러였으며 이는 같은 해 북한 1인당 소득(180 달러)에도 미치지 못했다. 그러나 이 현상은 1969년부터 뒤바뀌어졌다(《통계로 본 대한민국 50년의 경제 사회상 변화》, 통계청, 1998, p. 304).

다시 거슬러 올라가 중앙일보 신춘문예에 목월의 콩트 〈도토리〉가 당선된 1936년, 1인당 국민소득은 25 달러였으며, 1938년(23세) 결혼하여 향리 모량(牟梁: 지금의 경주시 건천읍(乾川邑)에 신접살림을 차렸을 때는 30 달러였다(1936년·38년의 국민소득 통계. 김안제, 《金安濟傳人生履歷史》, 한국자치발전연구원, 2003, p. 167). 또한 한국 경제·사회문제에 있어 빼 놓을 수 없는, 해마다 잇따르는 절량농가의 발생상황을 보면 1930년 목월이 대구 계성중학교에 입학할 무렵만 하더라도 우

● 경주시에 건립된 동리 · 목월 문학관

리나라 전체농가의 48.8%에 이르고 있었다.

그리고 당시 목월의 생활터전이었던 모량리(牟梁里)를 비롯한 그 주변 농업지대는 수리불안전답(水利不安全畓)이 많은 한건(旱乾)한 곳이라, 그 들판 모내기가 끝나야 경주시(종래의 월성군) 전역의 수도이앙(水稻移秧)이 마무리된다는 말이 있을 정도로 수리조건이 열악한 농촌이었다.

이상 사례들과 함께 이 시(詩)를 되새기면 가난 속에 찌들었던 보릿고개의 삶이 눈에 선하다. 아마 60, 70대 이상의 세대일수록 그 느끼는 감회(感懷)가 더욱 깊으리라. 윤사월 보릿고개, 간고등어 한 손 못 올리고, 등잔불도 없는 제상(祭床)에 소금에 밥이나마 많이 잡수시고 가시라는 한은, 목월 시인뿐 아니라 우리 모두의 것이었다. 가난했던 반만 년 역사의 소산이었다.

2006년 3월 〈사단법인 동리 · 목월 기념사업회〉가 설립되어 신라천년의 고도 경주시 진현동(불국사 전면)에 "동리 · 목월 문학관"을 건립했다. 이 문학관은 지금 전국 어느 문학관보다 인기있는 곳으로 평가받고 있어 김동리(金東里) 선생과 박목월(朴木月) 선생의 고고한 문학정신을 계승하는 문예중흥의 토대가 될 것으로 기대한다. 이 사업의 성취를 위하여 앞장서 오신 향리출신 동호인을 비롯하여 백상승(白相承) 경주시장에게 경의를 표한다.

❖ 보릿고개 넘어온 길

(1) "암곡마을" 주민들과의 만남

내 고향 경주시(慶州市) 중심가에서 30여 리, 동해(東海) 감포읍(甘浦邑)으로 넘어가는 동대본산(東大本山: 혹은 동해의 띠를 두른 형상이라 하여 東帶峰山이라고도 씀) 산마루 고개 밑엔 암곡(暗谷)이라는 마을이 있다. 마을 이름이 의미하는 대로 첩첩오지 깊은 산골짜기로 둘러싸인 어두운 곳이라 하여 예로부터 이렇게 불렀다고 한다.

이 지역은 참숯(白炭) 원자재인 "참나무"가 군생(群生)하고 있어 과거 산림경찰(山林警察)을 피하여 참숯을 구워 팔며 연명하던 사람도 많았다. 또한 이 마을 주변 산속에는 칡뿌리, 도토리, 산딸기, 산나물 등 갖가지 구황식물이 생성하고 있어 춘궁기가 되면 원 · 근(遠近) 각 지역으로부터 많은 채취꾼이 모인다.

해방 전에는 잡목가지를 꺾어서 묵은 땔나무로 쓰기 위한 경주 주민의 연료 공동채취장으로 지정되어 추위를 면하기 위해서는 매년 초겨울 공동채취를 할 때, 희망자 중 일정인원을 출역시켜야만 소정의 양을 배당받는다. 물론 우리집에서도 선친께서 출역(出役)을 해야만 했다. 겨울철, 마을 남정네들은 암곡을 향해 함께 떠났다. 짚으로 "움막집"을 만들어 잠을 자며 어렵사리 모은 연료는 "등이 따스하면 배부르다"는 말이 있듯이 가족들의 겨울을 따뜻이 지펴주었다.

"아부지, 안 무섭등교?" 하고 물으면, "무섭긴…" 하시던 아버님의 말씀에 나는 된장찌개 냄새에도 달려든다는 산돼지를 상상하며 진저리쳤다. 장정들이 돌아오는 날은 마을의 축제일이었다. 떡과 밥을 해서 기다리면 멀리서 우차가 열을 지어왔고 등 따습고 배부른 것으로 월동준비는 안심이었다.

2001년 여름, 나는 향토문화 보전에 각별히 애써온 임운식〔任雲植: 김천시 부시장, 경주향교 전교(典教) 역임〕 향우와 윤성록(尹成錄) 암곡동장의 도움을 얻어 암곡마을을 찾았다. 유년기(幼年期), 나는 시내에서 살았는데 선친의 기억뿐 아니라 나와 동년배인 주민들이 궁금했다. 그들에게서 보릿고개를 넘어온 이야기를 듣고 싶었던 것이다.

나는 우리 시대가 공유하고 있는 보릿고개의 한을 찾고 싶었고, 이제는 잊혀져가는 그 시절의 이야기를 부분적이나마 기록으로 남김으로써 젊은 세대에게 삶의 소중함, 그리고 오늘이 있기까지 우리 선조(先祖) 들이 걸어온 역사의 한 부분을 알리고 싶었다.

마을 앞을 지나다보니, 길모퉁이에 한가로이 손수레를 두고 칡즙(葛根汁) 을 짜 장사하면서 《무궁화꽃이 피었습니다》(김진명 저) 라는 소설책을 펴든 안노인이 눈에 들어온다. 도시로 간 아들이 사주었다며 독서에 열중하고 있는 그에게서 나는 실로 또 한 번 격세지감을 느꼈다. 일행 모두 칡즙 한 잔씩을 사 마시며 "영감님은 어디 가셨습니까?"하고 묻자, "갈근즙의 원료인 칡뿌리 캐러 뒷산 깊숙이 들어갔다" 했다. 그의 태평스럽고 유유자적한 산림(山林) 생활이 부럽기만 했다.

"물이 좋고 좋은 산나물이 많이 나서 그런지 장수하는 것으로 유명합니다." 경주근린(慶州近隣) 지역부락 단위로 노인이 가장 많이 살고 있는 곳을 알아본 결과도 단연 암곡마을이었다.

노인정에 모인 40여 명의 할아버지, 할머니들은 대부분 70·80대로서 보릿고개를 넘어온 산증인들이다. 마을입구에는 400여 년이나 된 오랜 느티나무가 수문장처럼 버티고 서 있다.

주로 숯을 구워 생계를 유지했던 그들에겐 하루 세끼라는 것이 없었다고 한다. 나의 어린 시절 역시 점심이란 것은 없는 날이 많았다.

천어탕(川魚湯)에 막걸리를 곁들인 그 날의 잔치는 처음엔 아무도 말을 꺼내지 않았다. 아마도 과거의 기억들을 부끄러이 여겼던 모양이다. "힘들게 예까지 넘어왔습니다. 이젠 그래도 쌀밥을 먹으니…."

내가 먼저 말을 꺼내자, 누가 먼저랄 것도 없이 인고(忍苦)의 서러운 독백들이 이어졌다.

"하루 보리밥 두 숟갈도 못 먹었어예" (박갑순 씨, 83세)

"친정고향은 경주시 외동읍 죽동이라예. 열아홉에 암곡으로 시집와 보이, 부칠 땅이란 한 치의 논밭도 없고 쪼만한 오두막 하나뿐이라예. 그때는 처녀 나이가 열아홉 살이문 늙은 축이라. 그래 친정서 여길루라두 보내야 한다캐서 안 왔능교? 요시 사람 같으문 그냥 안 살구 가버립니더. 그라도 내가 중심이 있어가 홀시어른 뫼시구 시동생을 둘씩이나 데리구 살았어예. 3부자가 숯을 구워 간신히 연명이나 허고 사니 새벽 3시문 일어나 보리쌀 삶아두 '초배기밥'(도시락: 점심밥을 휴대하는 데 쓰이는 대오리로 엮은 타원형의 작은 고리짝)을 싼다 안캅니꺼. 꽁보리밥에 장이나 뜨구 김치지, 찬이야 뭐 있겠소.

식구가 넷씩이나 되는데두 1년에 쌀 두 말도 못샀습니더. 보리쌀도

시절이 좋을 때나 먹는 게지 보릿고개엔 칡허구 콩비지로 멀겋게 죽을 쑤어가 먹습니더. 그것도 양이 모지라니 어쩌겠소. 큰 양푼에 시어른 드릴 거 허구 영감꺼 허구 퍼 놓구, 내 걸랑은 쪼만한 그릇에 담습니더. 그라문 우리 영감이사 '내 이걸 어찌 다 먹나…' 허면서도 마파람에 게눈 감추듯 들이킨다 아입니꺼.

내 지금두 글 못 밴 게 한이요. 그 야기들을 글루다가 썼으문 책 열 권도 넘습니더. 밤에두 잠을 제대루 잘 수가 없어예.

3부자 옷 빨아서 손으루 일일이 꼬메 입히는 것도 보통 일이 아니라예. 또 남자들이 산에 갔다 캐온 칡뿌리를 삶아가 밤새 뚜드려가 빨아서 분(粉)을 내야 안 합니꺼. 거기다 물을 부어가 비지를 짭니더. 그래 바싹 말려가 반죽을 해설랑은 손바닥만 하게 떼어서 밥보에 깔아 놓으문 물기가 없어져 딱딱해지지 안는교? 그걸 물에 삶아가 먹습니더. 비 오는 날 굶지 않을라문 미리 그래 준비해 두어야 안 합니꺼. 내사 하루 보리밥은 두 숟가락도 못 먹구 그 칡떡만 먹고 살았어예.

어쩌다가 짬이 나는 날엔 보자기를 몸에 두르구, 걸치구 산으로 나물캐러 갑니더. 삶아서 질기지 않은 건 죄다 뜯어와예. 쑥, 빽쟁이, 후릉잎, 다랫잎, 흰취, 참나물 그라고 미역추 그것도 맛 좋아요.

인자 여기도 먹고 살만해져서 밥 굶는 사람은 없다 안 합니꺼. 쌀밥 먹은 지는 15년 됐는디 내 잊혀지지두 않아예. 1975년에 첨 쌀밥을 수북이 먹는데 눈물이 다 납디다.

내사 고생한 걸 생각하문 기가 찰 노릇이제…. 논마지기나 있는 사람들이 죄다 도시루 나가니 남는 땅이 있지 않겠소. 그래 남의 땅을 소작 부쳐가 조금씩 저축해서 논 4마지기를 샀어예. 평생 처음 가져본 내 땅인데, 그걸 우리 영감이 노름하다가 다 날려버렸다 안하요. 그땐 고만 죽을 꺼 같았어예. 그라도 딸 둘, 아들 둘 낳고 살았어예. 자식들은 숟가락만 챙겨가 시집 장개 보냈는디두 지끔은 다들 잘 삽니더. 우리 큰아들은 이병철이 회사 다녀예. 돈 잘 법니더…."

"개죽 쑬 것두 없었어라"(김우매 씨, 88세)

"내사 불국사 근처서 살다가 개죽 쑬 것두 없는 집으루 열아홉 먹어가 시집왔는데 신랑이 천식환자라. 다 내 팔자가 사나운 거여…. 남들은 남정네들이 숯 구워가 좁쌀이라두 사먹는디 나는 그런 호강두 못해봤소. 우리 영감이 그래 병이 들어가 숯도 못 굽고 칡뿌리도 못 캐요. 그르니 내사 어른네 데리구설랑 숯을 구우러 다니문서 얼매나 울었든지…. 그것두 질러가문 산림계 사람들이 죄 뺏어가니 한밤중에 산길루 돌아다녔습니더. 모자가 숯을 등에 짊어지구 경주장에 내다 팔어가 알람미(安南米)를 사와예. 그게 양식입니더. 알람미란 걸 아실랑가 모르겄소만, 그거이 찰기가 하나 없이 푸석푸석하지 안는교? 그라도 두어시간 눈 부치구 일을 혀야 그거라두 먹을 수 있었잖소 그때는. 밤중으로 산길을 걸으니 짚신은 하루 한 켤레씩이 헤지니 '상어 간(肝)'을 달여 뽑은 기름으루 호롱불을 켜가 신 삼을라문 또 몇 시간이 걸려예.

그라니 열두살 먹은 거허구 둘이서 피눈물 나는 고생을 하문서 살았어예. 그래 우리 아들이 명이 짧다 안하요? 자식 앞서 보내구서두 내 이리 살구 있소만 8년째 당뇨병으루다가 한 달에 약값이 기만원이나 들어가니 그걸 어찌 대겄소. 우리 메누리가 고생이지. 그래 돈 아끼느라구 하루 세 번 먹으라는 약을 하루 한번이나 이틀에 한번 먹어예. 그라도 독한 거이 사람이라 그 잘난 음석으루 연명했어두 여태껏 살고 있소…."

취재 대상시기와 장소는 다르나 1958년 4월 8일자 영남일보의 〈바

스락 소리에도 소름끼쳐… 엄한 법(法)과 대결하는 "굶주림"〉이라는 제하의 기사 또한 앞서 말과 같은 맥락이라, 여기에 이어 붙인다.

> 버들가지 물오르는 음력 2월도 하순경이 되면 농군들은 못자리랑 보리밭 메기에 바쁜 시기지만 굶주림에 울부짖는 어린자식들 앞에 도리가 없어 일손을 저버린 채 지게를 짊어지고 산으로 올라가야만 했다. 산림보호령(山林保護令)이란 엄격한 법 때문에 산림기수(山林技手)와 경찰관의 눈을 교묘히 피해야만 하는 나무꾼들이 숨바꼭질하듯 늪(沼)으로 가창(필자 註: 지금의 대구광역시 달성군 가창면) 골짜기로 '갈비'(필자 註: 솔가리 — 말라 땅에 떨어진 불쏘시개용으로 쓰는 솔잎) 쌓여진 산비탈을 더듬는 것이다.
>
> 다람쥐가 바스락거려도 소름이 끼친 듯 공포를 느끼면서 반갈귀 반갈귀 끌어 모아 기나긴 봄날의 햇빛이 서산에 기울 때 이골 저골에서 모여든 동료들과 함께 집으로 돌아오는 것이다. "까치집"처럼 쌓아올린 갈비 등을 짊어지고 20여 리를 달리고 나면 이마엔 구슬땀이 비 오듯 하고 가슴은 한결 답답하다. 비탈길에 지게를 고아놓고 한숨 돌리면 어린 자식들의 참상이 눈앞에 선해진다. 한 짐을 몽땅 팔아야 불과 3, 4백환 — 쌀 두되 값도 못되는 형편이다. 그러나 막상 몇 푼의 돈을 손에 쥐었을 때 갈 곳은 한두 곳이 아니리라. 어린 자식들의 입치다꺼리랑 노부모들의 공양도 해야겠지만 쌀가게로 달음질쳐 몇 홉의 보리쌀을 팔기 마련이다. 한 뼘 정도 자란 보리는 맥추기(麥秋期)까지 아직도 까마득한데….

"허구헌 날 된장허구 나물만 먹으니 부황이 들지…" (김규택 씨, 74세)

"그때는 집밖에 나가보문 부황증이 들어가 퉁퉁 부은 사람들 천지였습니더. 사람이 나물허구 된장만 먹으니 부황증이 안 들겠습니꺼. 지끔이야 나라에서 구호대상자로 밀가루도 주니 그런 사람이 적지만서두 그때는 보릿고개만 되문 모다 난립니더 난리…. 해방 전엔 또 공출이란 것이 있어가 아주 사람을 죽였습니더. 쌀 한 톨 없는 집들이 뭘 내 놓을 게 있겠습니꺼. 그라도 무조건 내 놓으라카니 소작 부치던 사람들이사 뙤약볕에 일헌 품을 죄다 뺏기지 않았겠습니꺼. 공출을 줄일라문 이장이나 멘장헌테 잘 보여야지 그렇지 않으문 얏잡아 봐예. 그때는 정말 지금 개밥 겉은 것두 없어서 몬 먹었습니더….”

“쌀 섞인 밥을 먹는데 자꾸 겁나고 죄시러운 기라”(조덕환 씨, 72세)

“지는 여기서 태어나 자랐습니더. 우리 9대조 무덤이 여기 있습니더. 보릿고개 생각허문 다 꿈 겉은 얘기라요. 옛날(일제시대)에는 2년제 간이핵교가 있었는데 거리가 워낙 멀어가 열두어 살은 되어야 핵교에 갔어예. 하이고, 도시락이 어디 있습니꺼? 집에서 대두박(大豆粕: 콩깻묵)밥 한 그릇 묵고 가문 그만이지. 하여간 그 대두박도 지겹도록 먹었습니더. 왜놈들이 논에 거름을 줄라꼬 만주에서 콩을 수입해오지 않았습니꺼? 그 콩깻묵 찌꺼기에 보리쌀을 한 줌 넣어가 지은 밥이 대두박밥 아닌교?

그런데 어느날 모친께서 쌀이 들어간 밥을 주셨다 아입니꺼? 대두박허구 보리쌀허구 넣었는데 거기 쌀이 들어가 있어예. 그래 깜짝 놀라서 ‘어무이, 왜 할배밥을 저를 줍니꺼?’ 허고 물으니, ‘오늘이 니 생일이다. 묵어라’ 하시데예. 아따, 그 밥을 먹는데 어찌 겁이 나고 죄시러운지, 이 정말 내 묵어도 되는 건지, 밥이 어디로 들어갔는지 정신이 하나도 없어예. 반찬이사 시래기허구 상추지만서두, 자식새끼 쌀 한 톨이라도 먹이려던 어무이를 생각허문 지끔두 눈물이 납니더.

그때 비하면 인자는 만석꾼이라예. 허연 쌀밥 묵지, 이런 옷두 안 입는교? 내사 소작 부쳐가 자수성가 했심더. 논이 4천 평이나 되예. 다 내 어깨루다가 품 팔고 가축 기르고 혀서 노동으루만 모은 거라예.

그러니 그게 다 병이 되어가 오늘도 병원에 갔다 왔어예. 귀도 어둡고 정신도 멍하다 안 합니꺼?"

"아부지는 배부르다 안카나?"(노재권 씨, 83세)

"내 열 시살 먹었을 땐디, 지금두 잊혀지질 않아예. 사립문 여는 기척이 있어 보니, 어무이가 어디선가 좁쌀을 가져오시드니만 밥을 지어 아버님을 드리는기라. '웬일루다가 우리집에 밥이 다 있노' 하고 쳐다 보니, 아부지가 몇 숟가락 뜨시드니만 날 주시는기라. 그래 '와 안드십니꺼?' 했드니만 '아부지는 배부르다 안카나' 하십디다. 어린 나이에 아부지는 진짜루 배가 부른신가 보다 생각허고, 그 밥을 다 먹어버렸어예. 내 오늘날까지 그 생각만 허문 가슴을 칩니더…. 내는 이제 쌀밥 묵고 사는데 아버님은 좁쌀밥도 몬 드시고 가셨으니 불효도 그런 불효가 어디 있겄습니꺼…."

"오죽했으문 인육을 다 먹었겠습니꺼?", "좋은 옷을 어느 천지에 입어보겠습니꺼?"(유낙근 씨, 69세)

"여기는 경주에서 제일루 오지라 옛날에는 산그늘에 사는 사람들이라꼬 얕잡아들 봤어예. 사기두 많이 당했습니더. 숯을 맨들어 등에 지고 팔러가는 길에 산림계 사람들헌테 숯을 모다 뺏기구선 툭하면 뚜들겨 맞기까지 했다 안 합니꺼? 그란데 나중이사 알고 보니 그것이 산림계 사람들이 아니라 도둑놈, 사기꾼었다 이 말입니더…. 그래도 우린 괜찮습니더. 우리 조상들은 더 고생하지 않았습니꺼? 오죽했으문 인육(人肉)을 다 먹었겄습니꺼? 이런 좋은 옷을 어느 천지에 입어보겠습니꺼?"

(2) "흉년을 넘긴 유한(遺恨) 한토막"

한사람 한 사람 경험을 나누다 끝판 토론이 무르익자 하소연, 회고담이 봇물같이 터져 나오며 가난의 한풀이장으로 변했다. 하지만 그들의 말 한마디 한 마디 속에는 오늘의 안온함에 대한 안도감과 옛날에 대한 애틋한 정과 한(恨)이 교감되었다. 가난하고 궁색한 살림에 시달린 고달팠던 옛이야기는 귀로(歸路) 중에도 이어졌다. 함께 동행한 향우 임운식 씨가 탄식하며 "옛날 흉년을 넘긴 유한(遺恨)" 한 토막이라며 말했다.

> 애들이 허기진 배를 껴안고 밥 달라, 울며 보챌 때 어머니 심정이야 오죽이나 했겠습니까,… 우선 배를 채워주어야 했던 어머니가 쌀독에서 마지막 남은 쌀 한줌을 긁어내 흰죽을 쑤어 주었는데 물처럼 멀건 죽을 받은 아이는 숟가락질을 하지 않고 한참 동안 죽그릇을 내려다보기만 하더랍니다. 그러다가 거기에 자기 얼굴이 어른거리며 비치자 누군가 죽을 훔쳐 먹는 것으로 착각하고 숟가락으로 그릇을 꽝 내리치니 죽이 다 쏟아져 방에 깔린 삿자리 사이로 온통 스며들고 말았다 하더이다.

그는 또 "당시 어머니들의 고뇌(苦惱)를 어찌 헤아릴 수 있겠냐"며 다시 길게 한숨을 내쉬었다. "눈에 헛거미가 잡힌다"—눈에 허깨비가 아른거릴 정도로 배가 몹시 고프다는 뜻—는 우리의 익은 말이 있듯이 나 역시 그러한 이야기들이 한갓 지난날의 우화(寓話)로만 느껴지지 않아 마음에 새겨두었다.

달리는 차창(車窓)밖을 내다보니 '동대봉산' 봉우리 높은 하늘에 뭉게뭉게 흰 구름이 피어오르고 있었다. 야학(野鶴)들이 노니는 아무런 속박 없는 한가로운 생활의 경지로 생각이 스치더니 그것도 잠깐일 뿐, '밥 달라며 우는 아이' 모습의 환영(幻影)이 아른거리는 것 같더니

'멀건 죽(粥)'이나마 마련하려는 어머니의 포한(抱恨)을 되새김하는 상념으로 뒤바뀌어 졌다. 문득 망각(忘却) 속에 파묻힌 어느 시구(詩句)가 불현듯 떠오르면서 보릿고개의 실재감과 마주쳤다.

김삿갓(金炳淵, 1807~1863)이 보릿고개 철에 요기(療飢)차 어느 집에 들렀다가 멀건 죽 한 그릇을 내놓으며 미안해하는 주인을 보고 읊은 한 수의 시(詩)다.

"粥一器"

四脚松盤粥一器	네 다리 소나무 소반에 죽 한 그릇
天光雲影共徘徊	하늘 빛과 구름 그림자가 함께 떠돈다.
主人莫道無顏色	주인이여 무안해하지 말지니
吾愛靑山倒水來	나는 물에 비친 청산을 좋아한다오.

이제 암곡마을은 많이 달라졌다. 1971년 7월 16일 박정희 대통령께서 신라고도(新羅古都)는 웅대(雄大), 찬란(燦爛), 정교(精巧), 활달(濶達), 진취(進取), 여유(餘裕), 우아(優雅), 유현(幽玄)의 감(感)이 살아날 수 있도록 재개발하라는 친필지시와, 같은 해 7월 17일 다시 친필 "세부지침"을 비롯한 업무집행부서조직(안)까지 하달함으로써 그 해 11월 역사적인 "경주관광종합개발계획" 건설부 안(案)이 완성되었다. 그 일환으로 암곡마을 바로 인근에 "보문관광단지"가 개발되는 동시에 도로망의 정비, 확장에 따라 어느 지역 못지않은 살기 좋은 고장이 되고 있다. 하지만 그들이 넘어온 보릿고개의 여정을 어찌 잊으랴. 그것은 자조 노력으로 굶주림을 극복하려는 인내와 가난의 한을 풀겠다는 의지력이 아니던가. 우리 민족 저력의 용출(湧出)이 아니던가.

(3) 공직(公職) 재임 때 겪은 절량농가의 뒷이야기

"암곡"마을에서 시내로 돌아와 박주산채(薄酒山菜)로 향우 몇 사람들을 초치했다. 경제난으로 살림살이가 한층 어려워진데다 좌중에는 직장에서 퇴출당한 이가 있어 주막(酒幕) 방안은 한숨이 가득했다. 정치를 원망하는 목소리도 빠질 수 없다. 그 자리에서 암곡마을 주민들의 한 많은 사연들을 전했더니 모두 코끝 찡한 감동을 느낀다며 지난날의 추억들을 피력했다. 그날 동석한 이진복 씨(67세)의 말이다.

> 경주군청 내무과에서 근무할 때의 일입니다. 춘궁기 주민 식생활 실태 파악을 위하여 1964년 4월경 정부 대여양곡 전수조사를 실시한 바 있었는데 내가 조사요원으로 차출되어 한 면(面)을 담당했습니다.
>
> 대여양곡이란 정부 양곡관리 특별회계 보유양곡을 춘궁기에 농민에게 대여하고 그 해 가을 추수곡(秋收穀)으로 상환받는 농민 구휼제도였지요. 현지에 가보니 마을주민의 3분의 1정도의 가구(家口)가 절량상태이고 결식으로 부황(浮黃)의 증세를 보인 사람도 발견되었습니다. 또한 양곡은 대여받았으나 상환능력이 없거나 대장에는 양곡을 대여한 것으로 기록되어 있어도 현장을 확인한 결과 사실이 아닌 허위로 꾸며진 사례조차 있었습니다. 들추어 낸 것이 그렇게 많은 양은 아니나 엄연한 부정(不正)이지요….

이 말이 떨어지자 우리 "국사(國史)의 한 부면(部面)을 차지한 조선후기 전정(田政)·군정(軍政)·환곡(還穀: 대여양곡) 등 3대 시책을 둘러싼 정치부패, 이른바 '삼정문란(三政紊亂)'의 이야기까지 나오게 되었다. 그 화제의 중심은 옛날 정부 양곡의 대여와 환수를 둘러싼 지방관리들의 농간이었다.

내가 경상북도 내무국 지방과에서 일할 때(1948년 4월~1961년 1월)의 기억을 되살려본다. 거듭 말하지만 지금은 옛말이 된 "보릿고개"는 그 시대의 실상을 단적으로 나타내는 말이다.

해방 직후는 물론이고 1950년대의 전 기간에 걸쳐 한국경제가 직면한 가장 어려운 문제 가운데 하나는 식량위기였다. 지방과 재직시 담당한 직무는 당시 기초적 자치체(自治体) 였던 "시 · 읍 · 면에 대한 종합적 지도감독" 사무였는데 그때로 말하면 사회, 경제상황이 불안정하고 어려운 상태라 특히 농촌지역에 대하여 항상 그 문제점을 파악하고 신속한 대책을 강구할 필요가 있었다. 물론 사안별 구체적 업무의 집행은 주무부서에서 이루어졌다. 특히 4 · 5월이 되면 농촌의 절량농가 대책에 골몰(汨沒) 했다. 앞에 기술한 일부지역의 대여양곡 사고와 비슷한 비리사례들이 일선 읍 · 면 · 동리(邑 · 面 · 洞里) 감사에서 적출되어 시정조치와 함께 현장감사의 정례화로 그 예방에 힘을 기울였다. 하지만 부정의 근절은 보지 못했다. 그 대안은 "농민이 다 잘살게 하는 노력" 이외에는 방법이 없을 것으로 생각했다.

당시만 해도 농촌인구가 절대다수(1949년 71.4%, 1960년 58.2%: 통계청, 《통계로 본 대한민국 50년의 경제 사회상 변화》, 1998) 라는 것을 감안할 때, 어느 한정된 지역에만 국한되거나 그 해만의 현상이 아닌, 거의 상례적으로 되풀이되는 것이었다.

유영박(柳永博) 편저 《한국사》(동방도서, 1988, pp. 205~207) 에 따르면, "국가정치에 제일 근본이 되는 것은 말할 것도 없이 재정문제이다. 이것이 바로 잡히지 못하고 어지러워질 때는 나라의 큰살림이 마치 사사 사람의 그것과 같이 무너지는 것이다. 종래 봉건 조선의 재정 가운데 가장 중요한 것은 소위 삼정(三政) 이라는 세 가지 납징(納徵) 이었는데, 이것이 철종(哲宗) 때에 와서는 극도로 문란하여 국고는 말라들고 백성들은 도탄에 빠지게 되었다." "당시 지방관원의 중간착취 방법"은 다음과 같았다(한국사, 상게서 p. 207).

① 전정(田政)에서는 미정리된 토지대장을 도구로 삼아 진결(陳結: 황폐전의 징세)·은결(隱結: 대장에 탈루된 전답의 징세) 등을 횡령하고, 또 공금 흠포(欠逋)를 미봉키 위하여 정액이상의 세율을 과하는 도결(都結)도 있었다. ② 군정(軍政)에서는 족징(族徵: 도망자·사망자의 체납분을 친족에게 물리는 것)·동징(洞徵: 사망자의 체납분을 그의 동리인에게 물리는 것)·강년채(降年債: 60세로 면역된 자에 대하여 고의로 나이를 줄여 軍布를 징수하는 것)·마감채(磨勘債)(병역의무자에게 일시불로 받은 면역군포) 등으로 착취한다. ③ 환곡(還穀)에서는 반작(反作: 출납에 대하여 허위의 文簿와 보고를 작성하는 것)·가분(加分)(半分貯置할 부분을 대출하는 것)·허류(虛留: 창고에는 一物이 없어도 문부에는 있는 것 같이 함)·입본(立本: 農凶에 제하여 춘추 二期의 미곡시세를 예측하고 대전 또는 환전으로 利를 사취하는 것)·증고(增估: 상사의 명한 공정가격보다도 고가로 방매하는 것)·탄정(呑停: 흉년에 無理로 징수하여 연말 停減의 분을 사취하는 것)·반백(半白: 半分은 겨를 섞는 것)·분석(分石: 겨를 섞어서 一石을 二石으로 불리는 것) 기타 여러 가지 방법에 의하여 利를 도취한다.

다음 정약용의 《다산 시선》(茶山詩選, 송재소 역주, 창작과 비평사, 1997, pp. 238~241)에서 당시 악랄(惡辣)한 삼정문란의 실상을 엿볼 수 있다.

애절양(哀絶陽)[14]

갈밭마을 젊은 여인 울음도 서러워라
현문(懸門) 향해 울부짖다 하늘 보고 호소하네

---

14) 이 시를 쓰게 된 동기에 대하여 다산은 다음과 같이 말했다. "이것은 가경(嘉慶) 계해년(癸亥年) 가을 내가 강진에 있으면서 지은 시이다. 노전(盧田)에 사는 한 백성이 아이를 낳은 지 사흘 만에 군보(軍保)에 등록되고 이정이 소

군인 남편 못 돌아옴은 있을 법도 한 일이나
옛부터 남절양(男絶陽)[15] 은 들어보지 못했노라
시아버지 죽어서 이미 상복 입었고
갓난아인 배냇물도 안 말랐는데
삼대(三代)의 이름이 군적에 실리다니
달려가서 억울함을 호소하려도
범 같은 문지기 버티어 있고
이정(里正)이 호통하여 단벌 소만 끌려갔네
남편 문득 칼을 갈아 방안으로 뛰어들자
붉은 피 자리에 낭자하구나
스스로 한탄하네 "아이 낳은 죄로구나"
잠실궁형(蠶室宮刑)[16] 이 또한 지나친 형벌이고
민(閩)[17] 땅 자식 거세함도 가엾은 일이거든
자식 낳고 사는 건 하늘이 내린 이치
하늘 땅 어울려서 아들 되고 딸 되는 것
말·돼지 거세함도 가엾다 이르는데
하물며 뒤를 잇는 사람에 있어서랴

를 빼앗아가니 그 사람이 칼을 뽑아 자기의 생식기를 스스로 베면서 하는 말이 "내가 이것 때문에 곤액을 당한다"하였다. 그 아내가 생식기를 관가에 가지고 가니 피가 아직 뚝뚝 떨어지는데 울며 하소연하였으나 문지기가 막아버렸다. 내가 듣고 이 시를 지었다"(全書, Ⅴ-23, 14b~15a. 《목민심서》 권8, 첨정).

15) 男絶陽: 남자의 생식기를 자르는 일.

16) 蠶室宮刑 : 궁형은 남자의 생식기를 자르는 형벌인데 이 궁형에 처해진 자의 생식기를 자르는 방이 잠실이다. 바람이 통하지 않는 밀실에 계속 불을 지피는 것이 누에 치는 방과 비슷한 데서 이른 말이다.

17) 閩 : 민은 고대 중국의 국가명으로, 이 민나라 사람들은 자식을 건(囝)이라 불렀다고 한다. 이 나라에서는 자식을 낳으면 생식기를 잘라서 혹은 사내종을 삼기도 하고 혹은 계집종을 삼기도 했다고 전한다.

부자들은 한평생 풍악이나 즐기면서
한알 쌀, 한치 베도 바치는 일 없으니
다 같은 백성인데 이다지 불공한고
객창에서 거듭거듭 시구편(鳲鳩篇)[18]을 읊노라

당시 군정의 문란을 집약적으로 표현한 이른바 황구첨정(黃口簽丁), 백골징포(白骨徵布)의 실상이 생생하게 형상화된 시라고 하겠다. 군포를 둘러싼 지방관들의 횡포가 얼마나 심했던가는 《목민심서》의 다음과 같은 기록을 보면 알 수 있다.

심하게는 배가 불룩한 것만 보고도 이름을 지으며, 여자를 남자로 바꾸기도 하고, 또 그보다 더 심한 것도 강아지 이름을 혹 군안(軍案)에 기록하니 이는 사람의 이름이 아니라 정말 개이며, 절굿공이의 이름이 혹 관첩(官帖)에 나오니 이는 사람의 이름이 아니라 정말 절굿공이이다(全書, V-23, 13b~14a).

1961년 1월 26일 서울신문 사설 "이 땅에서 절량농가가 없어질 날은 영영 오지 않을 것인가" 제하의 사설은 당시의 보릿고개 실상을 극명하게 나타내고 있다.

김 농림부 정무차관은 민의원 농림위에서 절량농가 대여양곡 33만7천석과 재해지구 구호양곡 96,595석 도합 433,595석을 방출할 것과 1960년도 대여양곡 및 외상비료 대금상환을 1년간 연장하겠다고 언명하였다. … 절량농가의 발생은 이 나라의 역사와 더불어 오늘에 이르렀고 그

18) 鳲鳩篇 : 통치자가 백성을 고루 사랑해야 한다는 것을 뻐꾸기에 비유해서 읊은 《시경》의 편명.

것은 '말라리아'처럼 정기적으로 발열하여 한국경제를 교란시켜왔고 농가경제에 핍박의 도를 더한층 가하여 왔다. 현지 보도에 의하면 추수한 지 채 한 달도 못돼서 경북은 4할 내지 4할5분, 경남은 1할 내지 1할5분의 농가가 이미 절량이라는 참상을 빚어내고 있다 한다. 이리하여 경북에서 농가는 호당 평균 8만 환(圜)[19]의 부채에 허덕이고 있으며 그 중의 절반이 악성고리채로서 피폐한 농촌경제의 파탄에 박차를 가하고 있는 실정이라 한다. 월1할의 장리채(長利債)를 얻으려야 얻을 길이 없고 취학아동들은 책보를 버리고 끼니를 메우기 위하여 산야를 헤매는 실정이 오늘의 우리의 농촌실태라 하겠다. …

"절량농가는 오랜 옛날부터 내려오는 역사적인 숙명과 같은 것이어서 조선조 시대에도 의창(義倉), 사환곡(社還穀) 제도 등으로 어려운 농가에 양곡을 대여해 주는 시책이 실시되었다. 일제강점기에 절량농가가 발생한 예를 보면 1930년에는 전체 농가의 48.8%에 이르렀다는 기록이 있다. 8·15 이후는 많이 줄었으나 근절되지 않았고 6·25전쟁을 전후하여 절량농가는 더욱 늘어났으며, 이에 따라 정부에서는 1953년부터 춘궁기 절량농가에 대한 대책으로 '사환곡제도'를 정부수립 후 처음으로 실시하기에 이르렀다"(농림부, 《한국농정 50년사》 제1권 pp. 784~785).

성균관대학 이대근(李大根) 교수는 그의 저서(《해방 후 1950년대의 경제》, 삼성경제연구소, 2002, pp. 219~221)에서 6·25 전쟁기의 "농업파탄과 절량농가의 속출"을 지적하면서 "… 1953년 1월 정부는 같은 해 절량농가 규모가 1월의 60만호로부터 5월에는 110만호로 늘어날 것으로 추정하였는데, 이는 당시 남한 총농가 호수 220만호의 절반을 차지

19) 圜: 1953년 2월 15일부터 1962년 6월 9일까지의 우리나라 화폐단위.

하는 엄청난 규모였다. 우리 사회에서 한 때 유행한 '보릿고개'라는 자학적인 표현은 바로 이 무렵에 등장한 것이지만, 어쨌든 보릿고개(또는 '춘궁기')를 넘기지 못하는 이러한 절량농가는 어쩔 수 없이 일종의 궁박(窮迫) 판매방식이라고 할 '입도선매(立稻先賣)'를 자행하게 되고, … 그것도 여의치 않은 농가는 결국 이촌향도형(離村向都型)의 이농(離農)을 선택하지 않을 수 없는 처지로 되었다…" 했다.

당시 〈영남일보〉 사회면을 장식했던 다음의 기사도 역시 같은 맥락이다.

—'산채(山菜) 찾는 한해민들 행렬지어 소백산으로'
…7월 15일 아침 영주군(榮州郡: 지금의 영주시) 부석면(浮石面) '부석사'를 동(東)으로 조망하면서 험한 산길을 구비치며 올라갔다. 거기는 소백산맥의 산줄기로서 송림은 주위에 가득 찼으나 사람의 식량화된 송기(松肌)를 벗겨가 윈 산 소나무는 발가숭이가 되어 있었다. … 황혼이 짙어지자 산채 뜯어 오는 일행이 수명씩 열을 지어 무슨 시가행진이라도 하는 것만 같았다. 물어보니 문수(文殊), 평은(平恩)면 등지에서 점심을 굶어가며 중도에 일박하면서 100여리 밖으로부터 이 소백산까지 산채 뜯으러 온다는 것이다. 배는 주리고 남루한 피복하며 떨어진 짚신(볏짚으로 삼는 신)이며 초복(初伏)이 지난 혹서로 땀은 흘러 그들의 얼굴에는 먼지가 섞여 아롱졌고 한발이 초래한 흉년에 초근목피로 연명해 오는 민생고는 목불인견이다…(1952. 8. 9).

—'한재 농촌 답사기'
영주군 풍기면 지역 '중소기업' 방직공장 300여 개소 중 농촌출신 공장 여종업원 등이 5, 6월 무더위에 하루 두 끼 식사조차 어려운 상황에서 일하고 있다. 한 공장의 예를 들면 "거기에는 직조기(織造機) 두 대가 설치된 초가(草家) 한 칸인데 여직공은 14, 5세에 불과해 보이며 아침은 굶고 왔다 했으며 점심은 그의 모친이 짓는다고 말하였다. 얼굴과 손발은 부증(浮症)이 났고 맥이 풀리어 전에 비해 작업능률이 쇠퇴하고 있다(1952. 8. 10).

—'절량지대(현지보고) - 도토리 얻기도 극난'
안동군(安東郡: 지금의 안동시). 날로 늘어만 가는 당지 세궁민들의 생활상태는 목불인견인 참상을 보이고 있다. 현 맥령기를 앞두고 초근목피로 겨우 연명하는데 안동군내 인구수 약 21만 중 현재 절량자수는 무려 5만 4천여 명이라 한다. 그 중에서 가장 심한 곳이 도산, 녹전, 임동, 길안 등 4개면인데 이곳 면민들은 모두 도토리와 송피(松皮) 등으로 연명하고 있다고 하며, 한편 안동읍내에는 소주찌꺼기를 얻으려는 세궁민들로 장사진을 이루고 있다. 또한 군내 각 국민학교 아동수는 3만 2천여 명인데 하루 한 끼 굶는 아동이 전체 아동의 5분의 1정도인 5천 8백여 명이고 고등학교의 실태를 보면 하루 한 끼 굶는 학생이 7백여 명인데 그 중 제일 심한 학교가 안동 농림고등학교이며 그 다음이 경안고등학교이다. …(1958. 6. 19).

❖ 도리깨질 끝나면 점심은 없다

지금 울진 원자력발전소와 취수댐이 자리잡고 있는 울진군 북면 주인리 '대수동'과 덕천리의 '퇴내(退川)'·'덕금(德今)', 부구 1리의 '염전둑(鹽邱)' 등 4개 마을들은 2001년 안동대학교 민속학연구소(책임연구원, 한양명 안동대학교 국학부 교수, 민속학)와 한수원(주) 울진 원자력본부가 공동으로 펴낸 《도리깨질 끝나면 점심은 없다》라는 책을 통해 이미 일반의 관심을 모은 바 있다.

울진군은 경상북도 최동북단에 위치하여 동쪽은 동해와 맞닿았고 서쪽의 반은 태백산맥의 주령(主嶺)에 둘러싸여 있다. 산림이 86%를 차지하고 있는 반면 농경지는 8.4%에 불과하다. 최근(2001년)의 통계로 본 총 인구는 65,878명(24,428세대)으로 40년 전(1961년)에 비하면 35%나 줄었으며 주요산업은 농업, 수산업, 임업이다.

이 책은 1979년에서 1983년도 사이에 발전소 건설구역에 편입된 전술한 네 개 마을 원주민들을 무대로 민속현상들을 항목별로 마을의 인문 사회적 환경·조직·생업·세시풍속·공동체신앙·가신신앙·일상의례·생애담·그리고 보릿고개가 있던 시절의 먹거리 관행 등을 있는 그대로 조사·기술한 민속지(民俗誌)다. 현재 이곳은 자연취락(聚落)·논·밭 등 모든 생업기반들이 흔적도 없이 사라졌는데 흩어진 원주민들을 찾아내어 마을역사를 폭넓게 복원한 향토지로서 보기 드문 수작(秀作)이다.

> 이 책의 책임연구원으로 조사에서 편집·출판에 이르기까지 총괄한 한양명 교수는 "역사 속에서 소우주를 이루고 수많은 사회적 드라마를 생산하면서 희로애락의 무대가 되었던 곳이 별다른 석별의 의례도 없이 사라졌지만 지금까지 어느 누구도 그 마을을 찾으려하지 않았다는 데 대한 두려움, 너무 멀리 있어 정체를 가늠할 수조차 없는 두려움이 조사기간 내내 마음을 짓눌렀다"고 복원의 어려움을 토로했다. 한 교수는 "마을이 아니라 마을을 지키고 살았던 사람들을 이해하기 시작하면서 20여 년 전의 마을이 흡사 성장을 멈춘 참하고 앳된 소년처럼 그 모습을 드러내기 시작했다"고 말하고, "이 책은 어눌하게 모습을 드러낸 마을들이 그 시절의 목소리로 힘겹게 응답한 소통의 결과물"이라고 말했다(주간 시민의 신문, 2002. 4. 24).

나도 이 소식을 접하고 재빨리 책을 구해 읽어보았다. 특히 보릿고개가 기승을 부리던 시절의 먹거리 관행은 읽는 중에 순간 뭉클함을

경상북도 울진군 기성면 망양1리의 새마을 가꾸기 사업 전과 후의 모습

일으켰고 스스로 상실된 기억을 떠올리게 했다. "그때 가난의 포한(抱恨)은 꿈길에도 보기를 두려워했는데…" 하면서도 지금은 없어져버린 그때의 '시래기갱죽', 거친 '밀기울떡' 같은 것에 아련한 향수를 느낀다. 하여 이 책 '먹거리 관행' 기사 중 일부 사례를 뽑아내어 다음에 추기(追記)한다.

"농사일이 거의 없는 겨울에는 다시 조반석죽(朝飯夕粥)의 식사형태가 된다. 농사일도 없고 특별히 힘을 들여야 하는 일이 없는데다가 봄에 먹을 곡식을 남겨두어야 하기 때문이다. … 겨울철 점심은 그저 때우는 것이다. 겨울은 전체적으로 볼 때 먹는 것이 그리 어려운 시절은 아니었지만 일하지 않으면 먹지 않는다는 생각이 일반적이었기 때문에 산에 가서 땔감이라도 주워오지 않으면 점심은 거의 거르듯이 지나가고 대신 짧은 저녁해를 핑계삼아 저녁을 일찍 먹었다.

> 겨울게, 가을게 인제 콩 뚜드리고 서숙 뚜드리고 다하면 말이여. 밥 먹을 생각하지 말아야 한다고. 곡식이 부족하니까 그래. 해가 짧아가주고요. 해가 짧아지고 그러니까 아침 먹고 저녁 먹으면 그만이여. 점심은 안 먹어(전부들 씨, 64세, 여).

일한 사람들이 먹는 점심도 특별한 건 없었다. 보통 아침에 먹고 남은 찬밥이 점심인데, 무밥은 따뜻할 때는 먹을 만하지만 식으면 무에서 나온 물기와 조에서 나온 약간의 찰기가 엉켜서 완전히 떡이 되어 있었다. 그러나 일을 하지 않은 사람은 이런 밥조차 먹을 수 없었다. 길쌈을 일로 여기지 않았던 시절이라 겨울철에 집에 앉아 허리가 꼬부라지게 삼을 짜던 부녀자들은 거의 점심을 먹지 못했다.

> 하루종일 한 끼를 굶으면 점심을 굶고, 여자들이 많이 굶어. 남자들은 일 한다고 죽이라도 차려주지마는 여자들이 많이 굶어(이재옥 씨, 73세, 여).

'도리깨질 소리 끝나면 점심은 없다'라는 말도 있듯이 겨울에 집안에서 아무리 삼을 삼아도 가을철과 같은 점심은 먹어보기 힘들었다. 간혹 가을에 주워놓은 꿀밤으로 범벅을 해서 시어머니가 며느리에게 갖다주면 일 하는 중간에 한 숟가락씩 떠먹어가며 일을 하기도 했고, 삶은 감자, 고구마와 김치, 그리고 생무로 허기를 채우기도 하였다. 그래도 더러 찬밥에 김치를 썰어 넣고 죽을 끓이면 몇 숟갈 얻어먹는 게 다행이었다. 아이들도 사정은 마찬가지였다. 아이들에게는 아침에 밥 한 그릇을 주면서 '반은 두었다가 점심에 먹으라'고 하였다. 그러나 식성이 좋은 아이들은 반만 먹는 척하면서 나머지 밥의 밑부분을 야금야금 파먹어서 위만 벙그렇고 아래는 휑한 굴처럼 만들어놓기 십상이었다. 사정이 이러니 아이들도 점심을 건너뛰어야 했다.

> 아이들 밥을 떠줄 때 이래 아침에 그릇에 떠주지 않니껴? 그래 이거 갖구 아침 먹고 점심 먹어라 하면, 그래 반만 먹고 반만 남겨라 그랬는데 이놈들이가 똑같이 반으로 나누고 나니 반만 먹고 나머지 반은 자꾸 파내먹고 그랬어. 통일벼 나오기 전까지는 계속 그랬지. 통일벼 나오고 나서 이밥 먹고 살았어(이재옥 씨, 73세, 여).

저녁은 보통 죽이었지만 밥을 먹게 되면 아침과 마찬가지로 무밥이나 감자밥을 했다. 저녁에 먹는 죽은 좁쌀과 시래기 그리고 겨울에 많이 나는 양미리를 넣어 끓인 꾹죽이었다. 그리고 가끔은 호박죽도 끓여먹었고 죽이 지겨우면 국수도 끓여먹었다. 밤이 길었던 겨울철에 여자들은 삼을 삶고 남자들은 짚으로 여러 가지 생활용구들을 만들었다.

이런 일들을 밤늦게까지 하다 보면 일찍 먹은 저녁 탓에 허기가 몰려왔다. 그래서 생무를 밤참으로 먹기도 했다"(《도리깨질 끝나면 점심은 없다》, pp. 569~571).

"아재비, 삼촌집도 가지마라"

"… 4월이 되면 형편이 아주 어려워진다. 특히 4월 중순이 되면 저장해두었던 곡식은 다 떨어졌는데 보리를 거두어서 먹으려면 아직도 한참을 기다려야 한다. 그래서 보리가 익기만을 기다리면서 하루하루를 어렵게 견뎌가던 이 시기를 보릿고개라고 부른다. 보릿고개 때는 먹을 것이 정말 없었다. 남은 곡식으로 간신히 아침저녁으로 죽을 끓여먹고 점심에는 찐 감자를 먹거나 굶어야 했다. … 앞산의 꾀꼬리도 매일밤 '아재비, 삼촌집도 가지 마라'고 울었다고 할 정도로 넘기 어려웠던 보릿고개는 누구나 다 넘어가야 하는 고개였지만 집집마다 조금씩 차이는 있었다. 살림이 괜찮아서 평소에 잡곡밥이라도 먹고살던 집에서는 보릿고개 때 절량을 위해서 밥 먹는 횟수를 줄이고 더러 죽을 먹는 정도로 넘어갈 수 있었지만 밥 한 끼, 죽 한 끼 먹던 집에서는 두 끼 모두 죽을 먹어야 했고 자주 점심으로 먹던 감자도 떨어져 점심을 건너뛰어야 했다. 서너 사람 먹을 정도의 밥을 할 수 있는 곡식이면 열댓 명이 먹을 수 있는 죽을 끓일 수 있었기 때문에 죽을 밥보다 더 자주 먹을 수밖에 없었다. 형편이 어려운 이들에게 죽은 보릿고개의 동반자였던 셈이다.

농토는 적고 식구는 많아 평소에도 죽으로 하루를 때웠던 집이라면 사정은 더 어려웠다. 이런 집에서는 아침 죽 한 그릇으로 하루끼니를 채우기도 하고 아예 곡기를 가까이 하지 못하는 경우도 있었다.

없는 사람들은 솥에다 물만 설설 부어놓고 불 때고 그랬어. 옆집 보기 민망하니까. 물만 넣어. 쌀이 없으니까. 부뚜막 연기 낸다고 그래요(이재옥 씨, 73세, 여).

이 시절에는 굴뚝에 연기 올라오는 걸로 그 집이 굶는지 아닌지를 알 수 있었다. 그래서 땟거리가 없어 굶어야 했던 사람들은 빈 솥에 불을 때서라도 연기를 올려 민망함을 덜려고 했던 것이다. 이런 이들은 보릿고개 때 얼마나 굶었던지 5월에 보리가 나서 햇보리밥을 지어 먹노라면 위장이 적응을 못해 배앓이를 하기 일쑤였다.

그 전에는 없는 사람은 어디 가서 뭐 한다 하면 먹어 놔 가주고 그만 그 속이 뒤틀려 가주고 그래. 막 설사가 나고 속이 아려서 창자가 뒤틀려. 옛날에는 속이 옳지 않아 가주고 전 나물만 먹고 사는 사람이 부색이 나가주고, 햇보리를 베다가 보리밥을 해먹으면 배 아프다고. 봄에 배를 곯다가 햇보리밥 먹으면 배 아파. 나물을 줄창 먹다가 밥 먹으면 배 아픈 거야. 보릿고개에 나물죽을 끓여먹어도 곡기는 없거든. 나물을 이렇게 많이 넣고 곡기는 조금 넣고 하거든. 이제 모심구고 하면 이밥 하잖어? 그래 그거 먹고도 배앓이 했다고(임월옥 씨, 72세, 여, 《도리깨질 끝나면 점심은 없다》, pp. 475~477).

"울진 사람들 미역과 꾹죽 없으면 다 죽었지"

"꾹죽은 국과 죽의 합성어로서 국처럼 끓인 죽이라는 뜻을 담고 있다. 일반적으로 국은 여러 가지 재료를 섞어서 끓이고 멀건 데 비해서 죽은 한 두 개의 재료를 넣어 끓이면 걸쭉하다. 꾹죽은 이와 같은 국과 죽의 특성을 혼합한 것이다. 재료는 국처럼 다양하게 넣되 농도는 짙게 하는 죽이 바로 꾹죽인 것이다.

꾹죽은 적은 양의 곡식으로도 많은 사람들의 배를 채울 수 있게 하는 음식이다. 곡식 한 식기로 밥을 하면 3~4명밖에 먹을 수 없지만, 곡식 한 식기 반 정도에 나물 넣고 생선 넣고 물도 넉넉하게 잡아서 꾹죽을 끓이면 열 명 정도가 먹을 수 있었다. 그래서 꾹죽은 사시사철 곡식이 모자랄 때 먹는 음식이었는데 봄에는 특히 더 많이 먹었다. 아마도 일 년간 먹는 꾹죽의 반 정도는 봄에 먹었을 것이다.

> 쌀을 많이 안하니까 쌀 한 그릇 반이면 죽 쒀 먹지 뭐. 별의 별것 다 넣고. 몇 명이고 간에 열이고 다섯이고 간에 죽 쒀 먹으면 된다고. 물 넣고 하니께네 많아지잖아. 그래 거기 나물 넣고 죽 쒀 먹었어. 옛날에는 죽이나 밥이나 한가지라(최경준 씨, 73세, 남).

꾹죽도 집집마다 한결같지 않았다. 형편이 나은 집이라면 쌀에 나물과 생선 등을 넣고 빽빽하게 끓여먹을 수 있지만 가진 재료는 적고 식구는 많은 집에서는 물을 많이 잡아 끓인 다음, 콩가루나 부러뜨린 국수를 넣고 되직하게 만들어 먹었다. 먹는 양도 역할과 지위에 따라 차이가 있어 일하는 남자들은 두 그릇, 일을 적게 하는 여자와 아이들은 한 그릇씩 먹었다. 그래서 죽을 푸다보면 부뚜막이 온통 죽사발로 가득 차 빈틈이 없을 정도였다. 보릿고개 때는 죽을 먹는 것이 너무나 당연해 어쩌다가 한 번 밥이라도 지을라치면 옆집에서 '아이구 이 집 밥했네'라고 말할 정도였다.

> 늘상 죽이래. 미역 많이 넣고 쌀 조금 넣고. 어쩌다가 밥하면 '어이구 이 집이 밥했네' 했다(곽순남 씨, 71세, 여).

꾹죽에 들어가는 재료는 마을에 따라 차이가 난다. 산간 농촌인 대

수동에서는 꾹죽을 끓일 때 좁쌀과 나물을 주로 넣고 가끔 생선을 넣었다. 생선은 주로 사철 많이 나는 새치(이면수)였고 겨울에는 양미리도 넣었지만 사서 먹어야 하기 때문에 항상 넣어 먹지는 못했다.

여기에 비해서 바닷가 마을인 퇴내의 꾹죽에는 항상 생선이 들어갔다. 봄 꾹죽에는 쌀, 좁쌀, 감자, 산나물 등이 들어간다. 쌀이 1이라고 한다면 좁쌀과 감자를 각각 5의 비율로 넣고 여기에 산나물을 넣는다. … 꾹죽이라도 쑤어먹을 수 있는 집은 그래도 다행이었다. 이도 저도 먹을 것이 없었던 집에서는 아카시아꽃이나 감나무꽃을 따다가 '꽃죽'을 끓여먹기도 하였다. 꽃죽은 사람이 먹을 수 있는 꽃을 따, 밀가루나 콩가루를 무쳐 끓는 물에 넣어 죽처럼 끓인 것이다"(《도리깨질 끝나면 점심은 없다》, pp. 481~485).

❖ 못 죽어 산 세월

2000년 4월 일선 새마을지도자의 위문을 겸하여 지난날 보릿고개의 자취를 되새겨 보면서 산간벽촌을 비롯하여 남해안 지역을 순방한 바 있다. 지난날로 말하면 4월은 묵은 곡식이 떨어지고 보리는 여물지 않아 농가의 식생활이 가장 어려움을 겪게 되는 계절이라 보릿고개의 궤적을 살피는 데는 적절한 시기였다.

— 정윤균 씨(70세), 전 하동군 새마을지회 회장

"그 얘기는 말로 다 못합니다…."

지리산 중앙에 위치한 첩첩산골 하동군 화개면 대성리 의신(義信) 마을에서 12대째 살고 있는 그의 첫마디는 이랬다.

"우리 나이에 우리처럼 고생한 사람 없습니다. 태평양전쟁 겪었지,

8 · 15해방 맞았지. 여순 반란사건에, 6 · 25전쟁에 별의별 일을 다 견뎌왔습니다. 민초들의 그런 세월이 지금 어디 기록이라도 있습니까? 보릿고개야 말도 못했지요. 여기는 쌀이 없으니 봄이면 보드라운 풀이라고 생긴 건 다 먹었습니다."

그가 열두 살 먹던 해, 선친께서는 지병으로 자리를 보전하셨으므로 장남이었던 그는 가장이 되어 가족을 부양해야 했다.

"남원 운봉까지 가서 쌀을 지고 옵니다. 100리가 넘는 길이지요. 저 지리산 자락을 타고 넘어 쌀 열 되 팔아와도 식구는 일곱이나 되는데 며칠이나 먹겠습니까? 밭둑에서 나는 닥나무껍질(제지용 껍질) 팔면 돈이 되었습니다. 또 산에 가 잣나무의 열매를 따고, 곶감 만들어 팔면 돈이 됐어요. 값이야 헐값이었지만 그걸루다가 겨우 연명이나 했습니다. 1963년에 쌀 1되가 1,200원했는데 노동자 하루 인건비는 800원이었습니다. 그래도 일자리가 없어 조금 여유 있는 사람은 뽑지도 않았어요. 지금의 '소말리아'나 다를 게 없습니다. 1970년대 초엔 노동자 인건비가 1,200원으로 올랐습니다. 일본은 그때 4천 원 했지요. 그래 밀항선 타고 일본으로 들어가다가 붙들려 수용소에 있다가 되돌아오는 사람들이 부지기수였어요.

밤이 되면 짚신을 삼아 식솔들을 신겨야 하니 편하게 잠도 잘 수 없었지요. 하룻밤에 한 켤레 삼는데 아껴 신으면 3~4일 신어요.

뭐 먹고 살았냐구요? 도토리 주워다 칡가루 내서 쌀이라고 한 숟가락 넣어 죽을 쑵니다. 목구멍에 넘어가지도 않아요. 사람 먹는 게 아닙니다. 쑥도 마찬가지예요. 도무지 넘어가질 않으니 어른들 몰래 뱉어내 대자리 밑에 숨기곤 했어요. 그래도 봄이면 들판에 쑥이 없어요. 죄다들 그걸루 연명들을 했으니….

못 죽어 산 세월 아닙니까? 스무 살 때부터 총 메고 살았습니다. 여순반란 사건 때 반란군들이 이 지리산으로 숨어 들어와 토벌작전이 벌어졌어요. 그때부터 총 메고 살았어요. 6·25전쟁 때도 공비들이 이 지리산으로 침투해와 또 소탕전에 참가했습니다. 그때 내복이 있습니까 외투가 있습니까? 한 겨울에 보초를 서는데 산바람에 얼어 죽는 줄 알았습니다. 보초 두 명이 서로 등을 맞대고 추위를 이기려 안간힘을 썼지요. 그런데 더 기막힌 것은 작전을 끝내고 나니 호적이고 뭐고 다 불에 타고 없어 또 영장이 나왔다 안합니까? 자기네들 생각나는 대로 나이를 두 살이나 적게 책정해서 할 수 없이 또 징집되어 갔습니다. 복무기간을 통틀어 계산하면 모두 9년이나 돼요….

왜정시대에는 더했어요. 공출이랍시고 왜놈들이 죄다 뺏어가고 배급을 주는데 말이 좋아 배급이지 만주(滿洲)서 기름 짜고 남은 콩깻묵(대두박·大豆粕)하고 마소나 먹는 알 굵은 옥수수와 바닷말 해조(海藻)를 줍니다. 하긴 그래도 창자를 못 채워 허덕였으니 사람 목숨이란 게 참 독합디다. 송기나 칡가루에 채 여물지 않은 보리를 솥에 볶아 맷돌에 갈아 죽을 쑤고, 참 많이도 지겹게도 먹고 살았습니다.

군복 벗고 '나보다 어려운 사람을 위해 살자'는 신조로 고향에 왔습니다. 와보니 한심해요. 자유당 때는 권력 있는 사람들이 나무 베고 숯도 구웠잖아요. 당시만 해도 외지 사람들이 와서 숯 굽고 나무 자르면 이곳 사람들은 지게에 그것들을 지고 5 km 길을 갑니다. 그 품삯으로 밤이면 노름들을 하니 동네가 뭐가 되겠습니까? 그 노름판 없애는데 3년이 걸렸습니다.

마을 청년회를 조직해 16세부터 45세까지의 주민들을 대상으로 매월 월례회의를 열었습니다. 청년회에서 회비를 거둬 매달 3천 원씩 3명에게 지급했어요. 그 돈으로 돼지새끼를 사라구요. 그럼 돼지가 소가 되고 결국엔 전답이 됩니다. 그런데 문제는 10년간이나 전란 속에서 배우질 못해 무식하니 회의를 해도 결론이 안 나요. 결국 4칸짜리 집을 지어 학교 교실을 만들었습니다. '의신공민학원'이라고 간판도 걸고 주민들을 가르쳤지요. 국민의 70% 정도가 문맹이던 시절이니 여기야 오죽했겠습니까? 당시 84가구였는데 1학년이 74명이었으니 학생이 많았지요. 그런데 혼자 힘으로는 교사들 보수 때문에 힘이 들어 국가인가 학교로 승격하고 교사 보수를 지급했습니다. 그것이 지금 저 밑에 있는 왕성초등학교 의신분교입니다.

당시 4H구락부[20]가 생겨서 화개, 악양 등지에서 배구팀을 조직했는데 우리 학교 아이들이 3분의 2가 넘었어요. 공을 가지고 놀 수 있는 혜택이 주어졌던 겁니다. 우리 학교에서 서울대학교에 들어간 아이들도 2명이나 됩니다. '될 수 있는 한 많은 사람을 사람답게 살리자'는 정신으로 살았습니다. 보릿고개 때 하도 사람 같지 않은 세월을 보내 한이 돼서요. 그러나 한편 후회도 됩니다. 당시에 봉사가 아닌, 돈을 알았더라면 지금 대우받고 살 텐데 하는 생각도 듭니다."

하지만 그의 지난 세월은 돈보다 훨씬 가치있는 시간들이었다. 보릿

---

20) 4H클럽. 농업구조와 농촌생활의 개선을 목적으로 하는 농촌 청소년의 학습단체. 4H란 두뇌(head)·손(hand)·마음(heart)·건강(health)의 머리글자를 딴 것. 다른 청소년 교육이 지육(智育)·덕육(德育)·체육(體育)에 역점을 두고 있는데 비해 4H 운동은 노육(勞育)을 추가하여 청소년이 우리 농촌에 애착을 갖게 하며, 특히 농촌청소년의 경우 영농인으로서의 자질을 배양하는데 있다. 4H클럽은 미국에서 시작한 청소년의 농사연구 클럽을 모체로 탄생, 미국뿐만 아니라 유럽과 남미에 보급됐다. 동지조직일 것, 정치적으로 중립일 것, 프로젝트학습을 중심으로 할 것 등을 원칙으로 삼고 있다. 우리나라에서는 1947년부터 농림부 관할 아래 농촌부락과 학교를 단위로 조직되기 시작해 1972년 새마을 4H구락부가 되었다가 1979년 새마을 4H후원회, 1988년 한국 4H후원회, 2001년 한국 4H본부로 이름을 바꿨다.

고개를 힘들게 넘었지만 돈을 탐하지 않고 남을 위해 살았던 삶이었다. 어둠 속으로 거대하게 드리워지는 지리산 그림자에 이 산 밑에 살면 무섭지 않느냐고 물으니 이렇게 답한다.

"내 하두 힘든 세월을 살아서 아무것도 무서울 게 없습니다. 무서운 건 사람밖에 더 있습니까? 이제 산벚꽃 피면 얼마나 좋은지 몰라요. 가을되어 단풍질 때 한 번 오십시오. 문을 열고 앉으면 병풍을 두른 것 같습니다. …"

자연의 모습이 그럴 것이다. 하늘을 우러르고 사람을 사랑하는 마음을 배우는 것, 그것이 하늘 아래 머리를 두고 있는 우리네의 진정한 삶의 모습이 아닐까. 정 회장을 만난 날, 나는 그에게 다시금 봉사의 가치를 배웠고 우리가 지나왔던, 어디에도 기록되어 있지 않은 보릿고개를 공감하며 투박한 그의 손을 잡아보았다.

❖ 이삭 하나 예사롭지 않던 그때, 청맥죽(靑麥粥)

— 오심석 씨(72세), 전남 구례군 미산 당몰샘 거주

구례군에 가면 장수마을이 있다. 당몰샘이라고 하는 약수물이 이곳 사람들을 건강하게 만든다고 한다. 그러나 이곳에도 보릿고개는 연중 행사였다. 특히 지리산에 기대어 살아온 이 지역 사람들에겐 전쟁이 터질 때마다 그 피해란 실로 컸고 상처 또한 많았을 것이다.

"2차 세계대전이 발발하자 왜놈들의 수탈이 더 심해졌습니다. 공출이란 게 얼마나 심한지 조선사람은 쌀 구경도 못합니다. 나락(벼) 훑은 찌꺼기나 구경했을까 몰라요. 왜놈들이 꼬챙이를 가지고 땅까지 죄 찌르며 다닙니다. 혹시 땅에 쌀을 묻어놓았을까 해서죠. 공출이 심하

다 해도 제사는 지내야 하니까 나무로 뒤주를 만들어 땅에 묻습니다. 순사한테 걸려 매들도 많이 맞았지요.

해방 후에도 보릿고개 때면 송기(소나무의 속껍질)를 주로 먹어요. 그걸 바짝 말려서 절구통에 빻아 물에 담그면 빨간 물이 우러나옵니다. 한 닷새 울구면 독기가 빠져나가 먹을 수 있어요. 그것을 꺼내 밀기울, 보릿가루 같은 걸 섞어 떡도 하고 죽도 쑵니다. 하루 세 끼는 못 먹어요. 두 끼 먹으면 잘 먹는 것이지….

쑥 80%에 밀가루를 버무려 떡도 찌고 산채 뜯어다가 국도 끓이고 나물도 무쳐요. 보리 논두렁 밑에 나는 개쑥에다가 통밀을 그대로 '맷돌'로 갈은 것하고 섞어 버무리는 겁니다. 말로 표현할 수 없지요… 하여간 세상천지 것 다 먹고살았습니다.

해방 직후에 내 열두 살 때 학교 갔다오면 배가 고파 콩잎을 삶아 된장을 찍어 먹습니다. 시래기를 넣은 멀겋게 끓인 된장국도 훌훌 마십니다. 소나 다름없어요. 청맥죽(靑麥粥: 오랜 만에 곡기를 먹으니 별똥처럼 눈물이 떨어진다 하여 별똥죽, 또는 옥루죽이라고도 불렀음)이란 거 혹시 아십니까? 보리 심어 파란 싹 올라오면 결실하기 전에 잘라 죽 쑤어 먹잖아요. 그게 청맥죽이에요. 배가 고프니 별별 것을 다 먹고 살았습니다. 그런데도 소가 있으니 놀 수는 없고, 학교갔다 오면 나물 삶아먹고 망태 메고 낫 가지고 꼴(마소에게 먹이는 풀) 베러 나갑니다. 들판으로 가면 연기가 말도 못해요. 전부 보리 대가리 서리꾼들이에요. 아직 완전히 여물지 않은 보리를 잘라서 불에 구워 손으로 비비면 껍질이 벗겨집니다. 숯검정이 묻어 얼굴이 새카매져요. 저녁이면 다시 송기죽 한 그릇 먹고 주린 배 안고 잠듭니다. 하도 배가 고프니 장리(長利)쌀을 꾸어먹기도 했지요. 보리 한 가마 받고 쌀 한 가마로 갚는 겁니다. 그래도 우린 '세상이 이런 거구나…' 하면서 살았습니다. 못 먹어 부황 드는 사람도 많았지요. 가을도 배고파요. 가을이면 감자나 고구마로 연명해야 했거든요. 그래도 당시엔 그나마 어른 먼저의 도덕심이 있었는데 지금은 세상이 어떻게 되어 가는지….

구례는 내륙지방이라 소금도 하동서 가져와야 합니다. 일제시대에는 안남미라고 풀기 하나 없는 쌀을 배급으로 받았어요. 우리가 쌀밥 먹고 산 게 통일벼 나오고부터 아닙니까? 박정희 대통령이 통일벼 장려해서 소출이 3배 이상이나 되었으니 그때부터 사람처럼 살게 된 거죠. 귀한 집 아들들은 생일날엔 그래도 미역국 먹습니다만, 우리 같은 서민이야 일 년 내내 그런 건 구경도 못합니다. 음력 10월 묘제(墓祭) 때 산소에 가면 돼지 잡는 날이 있어요. 그 날 하루 고기 먹습니다. 그 날이 제일 신나는 날이지요. 지나가는 나무꾼들에게도 음식 나눠줘야 해요. 안 그러면 비석에 오물을 발라놓아요.

여기 지리산 근방은 여순반란사건 때문에 말도 못했어요. 반란군들이 밤이면 산에서 내려와 없는 곡식이나마 가져가니, 밤이면 인민공화국, 낮이면 대한민국 그랬습니다. 사상이 무슨 사상입니까?

그래도 이곳이 장수마을이에요. 저기 당몰샘 물이 다른 데보다 무겁다고 하는데 102살 된 할머니도 살아 계십니다. 올 가을에 그 할머니가 논으로 다니며 주운 나락이 두 가마니가 되요. 너나할 것 없이 보릿고개 넘긴 사람들에겐 지금도 이삭 하나 예사롭지 않습니다."

그의 마지막 말이 가슴에 와 닿는다. 이삭 하나 예사롭지 않던 우리네 과거…. 모진 삶을 이어왔던 우리 민족의 이야기는 이제 재조명되어야 한다. 그것이 우리의 역사를 알아 가는 것이고, 또 그 시절이야말로 현재를 비추는 거울이기에.

❖ 처참했던 생존과의 투쟁, 보릿고개

—황의발(61세), 전 새마을운동 전남도지부 사무처장

"제 고향이 구례입니다. 산간 오지지요. 주민 모두가 온 산야를 돌아다니며 초근목피를 구해다가 목숨을 연명하는 것이 당연한 일상이었습니다. 여기는 논농사는 적지만 고사리나 쑥 같은 산나물은 손쉽게 구할 수 있었습니다. 그래도 며칠 전 양지바른 밭언덕의 쑥나물을 보니, 문득 보릿고개 시절 우리집 논두렁이나 밭두렁에서 나는 쑥이나 물구잽이 나물 같은 걸 남들이 채취할까 하여 감시하던 때가 생각나더군요. 당시 열한 살이었는데도 그 시절은 아직도 생생합니다.

아버지를 잃은 상처가 가장 컸지요…. 일제시대 때는 큰 누님을 따라 국민학교에 갔다가 일본 교장에게 한쪽 볼을 꼬집힌 채 뺨을 맞은 기억이 있습니다. 왜놈들은 어린 아이한테까지 그렇게 잔악했어요. 하지만 해방 이후에도 사정은 좋아지지 않았습니다. 좌우익간의 싸움으로 살생과 약탈이 극심했거든요. 여순반란사건(麗順叛亂事件)의 여파로 이 지리산 일대에는 좌익세력이 들끓었는데 우리집은 우익반동이라는 지목을 받아 주목의 대상이 되었습니다.

아버지께서는 몽둥이 패거리(밤에만 집단적으로 활동하는 좌익집단으로 구성원은 주로 마을 머슴, 생활궁핍자, 가진 자에게 학대받았던 사람들)에게 끌려나가 무차별 구타를 받으시다가 산모퉁이 밤나무에 목매달려 돌아가실 지경에 겨우 구사일생으로 살아나셨습니다. 그러나 6·25사변으로 그만 운명을 달리 하셨지요. 가장이 없어진 가정의 생활고는 더 극심해지고 말았습니다. 가족들은 허탈과 절망에 빠졌고 밤마다 빨치산들의 수탈로 끼니를 때우지 못하니 피골이 상접한 자식들을 보다 못한 어머니께서는 온갖 잡일을 마다 않고 불철주야 뛰셨지만 6남매를 다 먹여 살리시기엔 역부족이었습니다.

학교는 난리통에 불타버리고 마을회관 등을 학년별로 전전하며 정식 교사가 아닌 선생님들에게 수업을 받았는데 수업 끝나기가 바쁘게 괭이를 들고 나갑니다. 앞산 뒷산 가리지 않고 칡뿌리를 캐다가 말려 분말을 만들어 죽을 쑤어 먹었습니다. 생칡뿌리는 굶주린 어린 배를 채워주는 요긴한 간식거리가 되었지요. 칡뿌리는 씹으면 씹을수록 연하고 달콤해요. 꽤 수분이 많은 것은 참칡이라 하고 잘 씹히지도 않고 질기며 수분이 적은 것은 개칡이라 하는데 힘들게 캔 칡뿌리가 개칡일 경우, 재수 없다고 했던 기억이 납니다.

학교를 오갈 때는 물론이고 놀면서도 눈여겨 보아둔 쑥나물은 소중한 가족의 식량이 되어주곤 했습니다. 이 쑥나물 한 소쿠리를 쌀가루 한 주먹과 섞어서 시루에 넣고 찌면 입안에 쑥이 씹혀 비록 목구멍에 잘 넘어가진 않았지만 빈 배를 채우고 근기 있게 배불리는 데는 최고의 먹거리였지요.

물 오른 4월이면 지난해 가을 캐둔 고구마를 삶아 망태에 넣고 10리가 넘는 산에 올라 소나무의 속껍질 부위를 베껴다가 송기밥, 송기죽을 쑤어먹고 그날 채취한 송기가 많으면 쪄 말려두었다가 비상식량으로 비축해두곤 했습니다. 고구마도 많이 먹을 수 있는 건 아니었어요. 봄을 넘기 위한 비상식량이었거든요. 할머니께서는 방안 구석에 뒤지를 만들어 거기 고구마를 보관하시곤 한 개 한 개를 일일이 관리하셨기 때문에 할머니 허락 없이는 절대 손대지 못했지요.

4월 말 무렵부터는 언덕 밑 양지바른 곳에 자리한 보리가 제일 먼저 이삭이 패기 때문에 먼저 팬 보리이삭이 반쯤 물이 들면 손으로 꾹 눌러 짜서 뜨물을 먹고, 조금 지나서는 약간 누런 보리의 모가지만 따다가 솥에 쪄 말린 후 보리밥 한 끼 정도 해먹고 나머지는 죽을 쑤어 주린 배만 채웠습니다. 또 돌밭에 나는 돼지감자(번식이 좋고 알이 많이 달림)

와 고구마, 무 등을 심을 수 있는 공간만 되면 심어서 1년 내내 무밥(무 80%, 쌀 20%)을 해먹습니다. 겨울이면 허기진 배 때문에 잠을 설치기도 하고, 죽 먹는 날에도 소변 몇 번 보고 나면 금방 배가 고파옵니다. 빈 속에 무 몇 뿌리 먹는데도 속이 쓰려 견디기가 어려웠지요.

끼니 때우기도 무척 어려웠고 혹 먹는다 해도 밥보다는 희멀건 죽이나 고구마 등 말 그대로 구황작물이 한 끼의 요기가 된 것입니다. 그래도 견디지 못할 지경이 되면 부잣집에 서너 번씩 찾아가 사정해 쌀서 말 빌려 한 가마니로 갚는 장리쌀의 부담을 안고 곤궁한 생활을 해야 했습니다. 설상가상인 셈이지요. … 마치 전쟁터에서 살아남기 위한, 피나는 투쟁 같은 과정이었습니다."

근대 조선사회로 거슬러 올라가 본 보릿고개

◈ 백성은 식량을 하늘처럼 여긴다

우리 민족의 역사는 곡물생산을 중심으로 하는 오랜 경종(耕種) 농업의 전통 위에 계속되어 왔다.

> … 오곡(五穀)이라 불리던 여러 화본과(禾本科: 볏과 · 댓과의 총칭) 작물들은 기상조건이나 토양면에서 다른 작물들보다 적응력이 강하고 생산성이 높았을 뿐만 아니라 인구의 부양능력이 크다는 사실을 볼 때 사회경제적 측면에서도 좁은 농토를 이용하여 많은 백성(百姓)들의 배를 먼저 채워야 한다는 실정 때문에 초지(草地)의 조성이나 곡류의 소비가 많은 가축의 사육이 제한되어 왔다고 판단되는 것이다(《한국의 녹색혁명》, p. 13).

그런데 쌀이 실제 우리 국민들의 '주식(主食)'으로 등장하게 된 것은 조선조(朝鮮朝)부터라고 알려져 있다. 과거 봉건적 폐쇄경제체제 내에서 식량의 자급자족은 필수조건이며 오늘날의 개방경제체제 내에서도 식량의 국가간 통상은 많은 정치적 조건이 수반되기 때문에 식량이 부족한 많은 나라들은 자국의 식량자급을 위해 몸부림치고 있는 것이며 우리 또한 주곡의 자급을 위해 비상한 노력을 경주했다. 그 예가 바로 박정희 대통령 시대 통일벼를 비롯한 신품종의 개발·보급, 영농기술의 혁신, 행정지원의 강화 등을 주축으로 하는 녹색(綠色)혁명을 들 수 있다.

> … 근대조선왕조의 사회동태를 정확하게 파악하고 인식하기 위해서는 근대조선왕정의 지배자가 행사한 정치권력과 일반 백성과의 관계가 어떠한 부면(部面)에서 가장 민감하게 작용하고 노정되는가를 발견하는 데 있다. 나는 그것을 바로 사회정책부문에서 찾고자 하며 특히 그 가운데에서도 식량정책에서 구하고자 한다. 왕조 정치권력의 기반을 토지경제에다 두고 있는 봉건제 사회에서 이 식량문제가 차지하는 정치적, 사회적, 경제적인 비중을 한마디로 지적하자면 '民惟邦本 食爲民天'[21]이라, 이 이상 더 적절한 표현은 없지 않을까 싶다. 조선왕조의 전 지배기간을 통해서 지배계급과 일반백성이 다같이 직면한 항상적(恒常的) 최대의 난관은 식량문제였던 것이다. 즉 근대 조선사회에 '기근'(飢饉)은 마치 일월(日月)의 훈륜(暈輪)[22]과도 같이 어김없는 순환을 거듭하였다(유영박, 《한국사》, 1988, pp. 366~368).

흉년이 들거나 그 밖의 재난을 당하면 역대왕들은 감진어사(監賑御使)를 지방에 파견하여 이재민의 구제(救濟)상황을 감독하고, 곤궁한 백성에게는 조세·공포(貢布: 결세(結稅: 고려·조선시대에 시행된 토지세)로 바치는 베)를 감면하거나 진휼곡식(賑恤穀食)을 공급했다.

---

21) p. 168 註 5) 참조.

22) 달무리·햇무리 등의 둥근 테두리.

심지어 흉년으로 인해 공명첩(空名帖)[23]까지 매각하여 기민(飢民) 대책 비용에 충당했다. 숙종실록[24]에 따르면 기민구제(饑民救濟)를 위한 진휼(賑恤)경비를 마련하기 위해, 가선(嘉善)·통정(通政)·동지(同知)·첨지(僉知)·판관(判官)·별좌(別坐)·찰방(察訪)·주부(主簿)·첨사(僉使)·만호(萬戶)·호군(護軍)·사직(司直) 및 승직(僧職) 등의 공명첩(空名帖) 2만 장을 만들어 팔도에 나누어 보내고 이를 팔도록 허락하였다.

유영박의 《한국사》(p. 366~368)는 이어서 "이 기근(飢饉)의 줄기찬 순환이 때로는 지배계급의 일부까지도 그 '기근순환'에 의해 희생되었던 것이어서, 그 실증적 사례는 1548년(명종3년) 정월에 '都城士族皆已飢困'(서울에 살고 있는 士族은 모두가 굶주림에 빠졌다)의 사실을 보게 된다. 국도(國都)인 서울에 거주하는 사족까지도 기근으로 관곡(官穀)을 배급받지 않으면 안 되었던 사태는 조선왕조의 역대 지배군주가 베푼 사회정책이 얼마나 배려 깊은 용력(用力)을 기울였던가를 의미하는 것이 아니라면, 그것은 오로지 사회정책의 근본적인 무효성을 실증해 주는 것 이외에는 아무것도 아니다"했다. 또한 "1548년은 연두부터 전국적으로 절량대책이 막중한 경제적, 사회적 문제로 야기되었지만 그것은 정작 … 前年凶荒八道皆然[25]의 결과인 것이었다…."

그리고 "기근이 발생되는 제반요인을 … 일언(一言)으로 지적하면 자연적 조건과 사회적(정치적) 조건에 의한 2대 요인을 들 수가 있고 그와 같은 2대 요인은 또한 근대조선 봉건제 사회의 기근의 성격과 규모

---

23) 공명첩(空名帖): 돈을 받고 그 대가로 내리는 관직의 이름을 적은 직첩(職帖). 실제 관직이 아니고 관직 이름만 빌려주기 때문에 붙여진 명칭.

24) 권22, 232쪽 下左, 1690년(숙종16 庚午) 11월10일(丁酉).

25) 전년흉황은 팔도 모두가 그렇다.

를 규정하고 이 기근은 근대조선 봉건경제의 기본구조를 규정하는 것이다" 했다.

여기서 해마다 넘어야 하는 보릿고개, 초근목피(草根木皮)로 연명하는 민초들의 참혹상을 그린 조선후기 시인 추재(秋齋) 조수삼(趙秀三: 1762~1849, 英祖 38~憲宗 15)의 시 한 구절을 옮긴다.

○麥 嶺　　보릿고개
剝松山盡白　솔기를 벗겨 산은 하얗고,
挑草野無靑　풀뿌리 캐어 들엔 푸름이 없네.
莫道來年在　밀 보리가 있지 않느냐고요?
乾黃又螽螟　황내려 마른데다 누리마저 덮쳤다오.

○麥 灘　　보리여울
舂白趁虛市　찧은 보리는 저자에 내다 팔고
殺靑充夜餐　풋보리를 잡아 저녁 끼니라 때우네.
麥嶺斯難過　보릿고개도 넘기 어렵거든
如何又麥灘　어찌타 또 보리여울이뇨?

이 시문에 대하여 "옛 詩情을 더듬어"〔《韓國역대名漢詩 평설》, 손종섭(孫宗燮) 편저, 정신세계사, 1992, pp. 520~522〕에서 "'추재'는 시문(詩文)에 뛰어났으며 글씨도 잘 썼다"는 설명과 함께 다음과 같이 평설을 붙이고 있다.

… 풋보리를 잡아 저녁이라 때우는 경황에도, 낟알이라 든 것은 찧어서 시장에 내다 파는 서민들의 이 눈물겨운 실정이 목 메이지 않는가? …

오늘날의 젊은이들이, 할아버지 시대에 겪었던 이 슬픔을 어찌 상상이라도 할 수 있으랴? '살청(殺靑)'이란, 낟알이 아직 여물지 않은 푸른 보리를 베다가 잎·줄기·이삭 할 것 없이 모조리 총총 썰어서 볶아 가루를 내어, 절량(絶糧)의 구급식(救急食)으로 곡기(穀氣)라 취하던 것인데, 그 과정을 일러 '풋보리 잡는다'고 하던 순우리말의 한역으로 이 말의 중국 뜻과는 전혀 다르다. 그것은 '맥령(麥嶺), 맥탄(麥灘)'도 마찬가지다. …

이상의 보릿고개나 보리여울은 다 단경기(端境期) 한때의 어려움이지만, 같은 작자의 다음 '풍전역'은 흉년이 들어 어찌할 길 없이 맥을 놓고 있는 정황(情況)을, 허울 좋은 지명에 빗댄 내용이다.

〈豊田驛〉

大麥黃而萎　보리는 황내려 시들었고
小麥青且乾　밀은 퍼런 채 걸말랐네.
飢荒愁溢目　굶주린 시름 눈에 넘치거니
何處是豊田　어디라 이 '풍년밭'이뇨?

흘낏 읊기만 해도 작자의 심중이 가슴에 박히고, 가난하고 배고팠던 옛날 선인(先人)들의 시름이 아른거린다.

그런데 기록상의 자세한 시작(詩作) 년대를 찾아내지 못하여 시사(詩思)의 배경이 될 바로 그때의 기근(饑饉) 실상의 단면을 적시(摘示)하지 못한 것이 아쉽다. 하지만 추재(秋齋) 생애에 관한 또 다른 기록(야후 백과사전)에 따르면 "작자는 1844년(헌종 10) 83세의 나이로 진사(進士)에 합격하였다. 신분 탓으로 벼슬을 못한 대신 여행을 즐겼는데 중국에 6차례 다녀왔고, 전국 각지를 유람하였다. 초기에는 생활과 자연을 읊었고 후기에는 사회현실을 사실적으로 바로 보는 장시(長詩)를 많이 썼다" 한다. 유영박의 《한국사》(p. 189)에서도 "중국문인과 많이 교류하여 문명을 내외에 떨쳤다"고 기술하고 있다. 이 시력(詩歷)을 미루어 보아 앞에 실린 '보릿고개' 등의 시작(詩作)년대는 후기 작품으로 짐작되며 그 즈음 즉 1837년(진사 합격 7년전)의 다음 사료(史料)들과 함께 음미(吟味)해보면 거기 백성들의 가난과 굶주림의 현장을 만나게 되리라….

❖ 시작(詩作)연대를 통해서 본 구황(救荒)사례 초기(抄記)(1)

(1) "정언(正言) 이원조(李源祚)의 상소문[26]"

선생이 정언으로 있을 때, 흉년으로 굶어 죽은 사람까지 발생하고 여기에 돌림병까지 겹쳐 민생의 어려움을 주소(奏疏)하면서 동시에 사족(士族)들의 사치풍조와 그 폐해를 들어 그 쇄신책을 실시할 것을 건의[27]한 바 있다. 다음에 상소문(上疏文)과 이어서 경기·충청의 진휼장계(賑恤狀啓)를 첨기한다.

상소문(上疏文)

"지금 눈앞에 있는 생령(生靈: 백성)들의 도탄(塗炭)은 이미 거꾸러질 지경에 이르렀습니다. 그러니 반드시 임금님의 은덕을 간절히 바라고만 있을 것입니다.… 근래에 들어와서는 몇 해 동안 계속해서 큰 흉년이 들어 백성들이 모두 기근(饑饉)을 만났고 여기에 돌림병까지 겹

---

26) 헌종3 丁酉, 1837년 11월 10 일 甲申

27) 조선 후기 문신, 자는 주현(周賢), 호는 응와(凝窩), 본관은 성산(星山), 1809년(순조9) 문과에 급제하였으며, 경주부윤(慶州府尹), 대사간에 이어 공조판서를 지냈다.

쳤습니다. 그 중에서도 산골짜기와 해안 가까이 있는 마을들은 그 피해가 더욱 참혹하여 옛날에 거주하던 백성들은 열에 한 둘밖에 남지 않았으며 양전(良田) 옥토(沃土)들도 쑥대만 우거진 황폐한 땅으로 변하고 말았습니다. 흉년에 그나마 요행히 살아남은 백성들은 농사지을 곡식도 없고 그렇다고 장사할 밑천조차 하나 없으니, 나서면 산골짝 구렁에 엎어지고 그대로 눌러 앉았자니 살아갈 방도가 없는 실정입니다. 백성들의 사정이 이처럼 참혹했지만 오래 동안 황폐된 토지세금은 여전히 남아있고 오래 지난 포흠(逋欠: 미납세금) 역시 여전히 독촉받고 있습니다. 뿐만 아니라 옛날에는 10사람이 내던 세금을 오늘날은 1사람이 감당하고 옛날에는 10가구가 내던 적세(糴稅)[28]를 지금은 1가구가 납부하는 형편이 되었으니 처음에는 잔호(殘戶: 극빈층)가 망하고 다음은 중호(中戶: 중산층)가 파산하더니 마지막엔 요호(饒戶: 상류층)들이 망하여 그 기세가 꼭 모조리 다 망한 뒤에야 끝날 형세입니다. 한 읍이 이와 같으니 한 도가 어떤지 알 수 있으며 한 도가 이와 같으니 한 나라가 어떤지 알 수 있습니다.

백성들의 생활이 이와 같은 지경에 이르렀으니 전하께옵서는 장차 무엇을 믿고서 나라를 다스리겠습니까? 이와 같은 책임을 어찌 수해(水害)나 한해(旱害) 같은 천재(天災)의 당연한 일에 돌려버리고 느긋하게 있겠습니까? … 애통한 조서(詔書)를 자주 내리셔서 빈사(濱死)의 지경에 이른 백성들 가운데 세금을 면제받아야 할 사람들은 면제해 주고 감면받아야 할 사람들은 감면해 주어야 합니다. … '굶어죽는 사람(飢餓死)'은 도처(到處)에 이루 헤아릴 수 없이 많기 때문에 하급관리들도 그 소문을 다 전해 듣지는 못하는 실정입니다. 전하께옵서 만약

---

28) 적세(糴稅): 봄에 빌려준 곡식에다 가을 추수시 일정한 이자를 붙여 받아들이는 관청의 곡식. 적곡(糴穀)이라고도 씀.

이미 들어 알고 계시는 일을 가지고 듣지 못한 일에 그 혜택을 미치게 하신다면 조그만한 구휼이라도 많은 백성들에게 그 혜택을 광범하게 미칠 것입니다."

임금이 비답하기를 "그대의 말은 오늘날의 폐단을 절실하게 지적한 것으로 참으로 가상(嘉尙)할만한 일이다. 그러므로 마땅히 이 말을 항상 나의 눈앞에 잊지 않을 것이다"(헌종실록 권4, 454쪽 上右).[29]

(2) 경기 · 충청도의 진휼장계(賑恤狀啓)[30]

"파주 등 공식 진휼한 16개 읍은 기민이 244,906명이고 인천 등 긴급구휼한 15개 읍진은 기민이 54,842명인데 진자각곡(賑資各穀)은 23,493석 9두5승이었다"라고 하였고, 충청도의 필진장계(畢賑狀啓)에는 "도내 각 읍·영·진·역(邑營鎭驛)에 기민이 584,983명인데, 진자각곡(賑資各穀)은 절조(折租: 조세로 거둔 곡식) 2,553석 14두6승과 쌀 2,740석이었고 각자에게 지급한 보진전(補賑錢)은 54,000량이었다"라고 하였다.

❖ 왕조실록에 실린 구황사례 초기(抄記)(2)

앞에 지적한 사례를 보충하는 뜻에서 실록 중 몇 가지 사례를 골라 간추려 추기한다.

---

29) 여기의 헌종실록(憲宗實錄)은 곧 《조선왕조실록(朝鮮王朝實錄)》을 뜻하고, '권4'는 국사편찬위원회 영인본(探究堂刊行)의 권수(卷數), '454쪽'은 페이지 숫자, '상우(上右)'는 위의 우쪽 면을 나타낸 것이다. 이하는 모두 같은 원칙을 사용하였다.

30) 1839년(헌종5, 己亥) 6월4일(戊辰), 헌종실록 권6, 466쪽 上右.

(1) 평안도에 흉년이 듦[31]

평안도 감사 권극화(權克和)에게 유지(諭旨: 임금의 敎旨)를 내리기를, "내가 듣건대, 평안도의 굶주림이 황해도와 같지 않다고 하니, 사람을 보내어 순시(巡視)하게 하였다. 상원군(祥原郡)에서 굶어 죽은 사람은 13인이고, 부종(浮腫)이 난 사람은 17인이며, 그 나머지 굶주린 민호(民戶)도 많다고 하니, 장정(壯丁)은 1인당 1일에 쌀 2홉(合)과 콩 1홉을 주고, 여자는 1인당 1일에 쌀과 콩 각각 1홉씩 주라. 늙은이와 어린이도 전혀 진휼하지 아니하여 간혹 3, 4일에 이르도록 얻어먹지 못하여 죽을 지경에 이른 사람이 매우 많다고 하니, 내가 참으로 놀라 근심하였다. 한 고을에도 굶주린 백성이 오히려 이런 정도이니, 한 도의 전체로 말하면 굶어죽게 된 사람이 얼마나 될지 알 수 없겠다. 황해도는 실농(失農)이 아주 심했다지만, 감사(監司)가 정성을 다해 구휼했기 때문에 사망한 백성이 평안도만큼 심하지는 않았다고 들었다. 경(卿)은 한 지방을 다스리는 임무를 맡고 있으므로 백성들의 생명이 그대 한 몸에 달려 있거늘, 어찌 제대로 구휼하지 않아 백성들을 이처럼 굶어죽게 만들었는가? 내가 경에게 감사의 임무를 맡긴 의도가 전혀 없게 되었다. 지금부터라도 다시는 이렇게 하지 말고 한 사람의 백성이라도 굶주림이 없도록 만들어 나의 뜻에 부응하도록 하라"고 하였다.

(2) 작년의 수해(水害)에 실농(失農)한 백성을 진휼(賑恤)[32]

승정원(承政院)에 전교(傳敎: 왕의 교시를 전함)하기를, "지난해에는 수재(水災) 때문에 실농(失農)하여 백성들이 편히 살 수 없었는데, 금년

31) 1447년(세종29, 丁卯) 3월13일(乙亥), 세종실록 권115, 9쪽 上左.
32) 1527년(중종22 丁亥) 5월26일(壬寅), 중종실록 권59, 576쪽 上右.

에는 가뭄이 심하여 들판의 흙이 모두 갈라져 추수할 땅이 전혀 없게 되었다. 이는 모두 내가 부덕(不德) 한 것에서 일어난 일인데, 백성들이 무슨 죄가 있어 굶어 죽은 시체가 잇달아 구학(溝壑: 구렁) 을 메운단 말인가? 더구나 기전(畿甸) 지방이 더욱 심한 피해를 입었다고 하니 더 이상 무슨 말을 하겠느냐? 곡식은 백성의 하늘이다. 이들은 곡식이 없으면 살아갈 수 없으니 어찌 농사에 힘쓰지 않을 수 있겠는가?"

(3) 전국적으로 대기근(大饑饉) 발생[33]

비변사의 계문(啓文) 에 "근래 경성(京城) 과 각처에는 기근으로 사망한 사람이 이루 헤아릴 수 없이 많습니다. 경성에서 죽은 시신(屍身) 은 전날의 계청(啓請) 에서 도성 10리 밖에 매장하였다고 하였는데 유사(有司) 가 성실하지 못하여 성안의 시체를 모두 성 밖에 쌓아두어 까마귀와 솔개, 개와 돼지가 떼를 지어 모여들어 그 시체를 뜯어먹는 실정입니다. 도성이 이러할 정도라면 그 밖의 지방은 미루어 짐작할 수 있을 것입니다. 청컨대 해당관리로 하여금 급히 시신을 수습하도록 하고, 외지의 시신들은 각자의 연고지를 따라 매장하도록 하옵소서"라고 하였다. 왕은 "비변사의 계문에 따라 그대로 시행하라"는 비답(批答) 을 내렸다.

사헌부의 계문[34] 에 이르기를, "기근이 심하여 심지어 인육(人肉) 을 먹는 일까지 생기는데도 한 사람도 이를 이상하게 여기지 않으니, 길바닥에 죽은 시체는 한결같이 온전한 살갗이 남아있지 않습니다. 뿐만 아니라 간혹 살아있는 사람을 도살하여 그 위장(胃腸) 과 뇌수(腦髓) 를 씹어먹기도 합니다. 옛날에 이른바 '사람이 사람을 잡아먹는다(人相食

33) 1594년(선조27 甲午) 1월(丙戌), 선조실록 권27, 202쪽 下左.
34) 1월(丙申), 선조실록 권47, 206쪽 下左.

者)'는 경우도 이보다 더 심하지 않았던 바, 보고 듣는 것이 정말 참혹하게 생각됩니다. …"

(4) 전국에 아사자 속출, 수만 명 사망[35]

당시 백성들의 굶주림이 날로 위급해지자 한양과 각 군현(郡縣)에서는 모두 진휼청을 설치하여 이들을 구제하였다. 그러자 진휼곡식을 얻어먹으러 오는 자가 날로 급증하여 한양에만도 그 숫자가 1만 명을 넘었고, 팔도에 각기 수만 명이 넘었다. 영남의 보고에 의하면, 그 숫자가 무려 56만여 명에 이르며, 아사(餓死)한 사람도 무릇 수만 명이었다고 한다.

(5) 경기도의 기민(飢民), 날로 급증[36]

영의정 남구만(南九萬)이 말하기를 "경기(京畿)에 살고 있는 백성들의 궁핍이 날로 심해집니다. 그런데도 또 봄철을 맞았으니 빨리 곡식을 지급하여 파종(播種)에 도움이 되도록 해야 합니다. 진휼청의 곡식 1만 석과 광주의 비축군량미 1천여 석을 경기의 각 읍에 나누어주시기를 청합니다"라고 하였다. 임금이 이것을 윤허(允許)하였다.

(6) 경기감사 윤양래(尹陽來)의 상소[37]

"백성들은 굶주리는데 곡식은 이미 다 떨어졌으니 진휼할 대책이 없습니다. 해서(海西)의 이운미(移運米: 배로 운반한 쌀) 1만 석과 관서(關西)의 세태(稅太: 세금으로 들어온 콩)를 내려주십시오"라고 하였다.

---

35) 1696년(숙종22, 丙子) 3월12일(戊辰), 숙종실록 권30, 417쪽 上右.

36) 3월 15일(辛未), 숙종실록 권30, 417쪽 上左.

37) 1732년(영조8, 壬子) 10월27일(辛巳), 영조실록 권32, 322쪽 上左.

왕은 "조정에 품의하여 처리하라"고 비답(批答)하였다. 얼마 뒤 조정에서 의논한 끝에 먼저 해안의 곡식(海粟)을 지급하도록 명령하였다.

(7) 흉년으로 다수의 유민(流民: 飢餓民)들이 도성으로 이주[38]

당시 제도(諸道)의 유민들이 날마다 서울로 모여들었다. 그러자 임금이 선혜청(宣惠廳)에다 죽을 쑤어 기민들을 진휼하도록 명령하였다. 이 날 임금이 신하들을 불러다가 어제훈서(御製訓書)를 읽게 했는데 애민편(愛民篇)에 이르러 혜청당상(惠廳堂上) 李후를 불러 유시(諭示)하기를, "유민들의 걸식하는 모습을 곰곰 생각해 보니 너무나 참담하여 말로 형언할 수 없도다. 그러나 이와 같은 참상은 진실로 나부터 비롯되었으니 지금 와서 새삼스레 누구를 원망하겠는가? 그러니 저 유민들로 하여금 굶지 않고 춥지 않도록 만들어 죽는 일을 모면하게 하는 것이 바로 혜당(惠堂: 宣惠廳 堂上)의 책임이다" 하고는, 곧 바로 눈물을 흘리며 하교를 미처 다 끝내지 못하였다.

(8) 경기·삼남 지방의 양식이 끊어진 백성들에게 구호미 54만 석을 분배[39]

수원, 광주(廣州), 경기, 삼남에다 진휼을 끝내고 계문을 올렸다.

수원: 기민 141,715명, 진휼곡식 10,433석, 내하전(內下錢) 별도분배. 기민 20,787명, 米 599석, 錢 2,709냥

광주(廣州): 기민 45,312명, 진휼미 1,390석 14두

경기도의 여주 등 26개 읍진: 기민 387,889명, 진휼곡식 33,472석 9두

호서의 평택 등 50개 읍진역: 기민 1,311,959명, 진휼곡식 105,324석 8두

---

38) 1756년(영조32, 丙子) 11월14일(丁未), 영조실록 권88, 635쪽 下右.

39) 1810년(순조10, 庚午) 5월26일(庚辰), 순조실록 권13, 658쪽 下右.

호남의 전주 등 90개 읍진역: 기민 4,764,457명, 진휼곡식 252,145석
영남의 경주 등 71개 읍진역: 기민 1,729,660명, 진휼곡식 136,809석 6두

(9) 경기, 충청, 경상, 강원도의 80여만 명에게 구호미(救護米) 8만여 섬 분배. 서울에 양곡 고갈(枯渴)로 폭동 발생[40]

경기, 호서, 영남, 관동에 진휼함.
경기도의 통진(通津)과 풍덕(豊德) 양읍(兩邑): 기민 40,715명, 진휼곡식 3,708석
호서의 공주 등 53개 읍: 진기민(賑饑民) 168,179명, 진휼곡식 28,904석
영남 대구 등 71개 읍: 진기민 566,088명 진휼곡식 43,462석
관동의 고성 등 14개 읍: 기민 20,000명, 진휼곡식: 13,764석

이상은 극히 일부 거례(擧例)에 지나지 않으며, 더 이상 옛날로 거슬러 올라가도 조선시대와 본질적으로 다를 바가 없기에 다시 논급할 의미가 없다하겠다. 가난이라는 슬프고 슬픈 우리 조상들의 고난의 역사 앞에 그저 가슴이 미어질 뿐이다.

40) 1814년(순조14, 甲戌) 5월8일(戊戌), 순조실록 권17, 61쪽 下左.

반만 년 보릿고개의 한(恨)을 풀다

김정렴(金正濂)[41] 회고록 《한국경제정책 30년사》(중앙일보사, 1990, pp. 174~175)에 따르면, "1961년 5월 16일 군사혁명을 영도한 박 대통령은 혁명 초부터 1979년 10월 26일 서거할 때까지 18년여의 집권기간 중 '수출주도의 공업화정책'과 더불어 '농민이 잘 사는 정책'을 경제정책의 2대 지주로 삼고 경제면에서의 '민족중흥과 조국 근대화'를 꾸준히 추진했으며 자나깨나 어떻게 하면 농민이 더 잘 살 수 있는가를 사색하고 구상하고 실천했다. '절망과 기아선상에서 허덕이는 민생고를 시급히 해결한다'고 혁명공약으로 다짐한 박 대통령은 당시의 극심한 농어촌 고리채가 농민의 생활안정과 농촌경제의 성장발전에 암적 존재임을 직시하고, 농촌경제 재건을 위한 첫 조치로 5·16혁명 후 10

41) 서울출생(1924~), 일본 大分고등상업학교(현 大分대학 경제학부) 졸업. 한국은행 조사부차장(1956), 재무부 이재국장(1959), 한국은행 뉴욕사무소장(1961), 주미공사·재무부차관(1962), 한일회담 대표·상공부차관(1964), 재무부장관(1966), 상공부장관(1967), 대통령비서실장(1969), 주일(駐日)특명전권대사(1979) 등 역임.

일 만인 1961년 5월 25일 고리채정리를 단행"하였다.

이로부터 극복을 위한 대행진이 시작되었고, 통일벼가 성공하기까지의 대장정을 거쳐 반만년의 우리의 굶주림은 막을 내렸다. 그렇게 박정희 대통령은 우리 민족의 한(恨)서린 보릿고개를 넘기고 서거하셨다.

❖ 퇴역하는 통일벼

앞에서 이미 말한 이 "통일벼"는 이제 우리 농민들은 맛이 더 좋다는 일반미 생산으로 전환했다. 〈조선일보〉(1992. 6. 17) 사설(社說)에 따르면 "퇴역(退役)하는 통일벼" 제목아래 "통일벼의 퇴역은 국내 농업사적으로 보면 언뜻 명예퇴역에 해당하는 전환기적인 함축을 갖고 있는 것처럼 보인다"며, "주곡자급(主穀自給)이 최대의 농정목표였던 한 시대가 막을 내리고 있음을 입증하는 증거가 될 수 있다"고 지적했다. 한편 "사실 지난 30년 농정의 기둥은 산업화를 뒷받침하기 위한 기초생산기반의 구축이었고, 그것은 싼 곡가와 주곡의 생산확대 정책을 양바퀴로 삼은 저임금 공업화전략과 상호연계되어 있었다. 이같은 개발전략의 구도 아래서 이 기적의 볍씨는 맡은 바 임무를 충실히 수행했고 탄생 후 20년간 국내 총 미곡생산의 32%, 어떤 해는 거의 80% 가까운 절대적 비중을 차지하기도 했다."… 그리고 "주곡의 자급기반을 달성했다는 명예에도 불구하고 통일벼는 농업구조의 획기적인 전환을 마련하지 못했고, 농촌생활을 혁신적으로 변모시키는 데도 이르지 못했다. 그것은 다른 누구보다도 농정의 책임이 크다."… "우리경제가 새로운 기술, 새로운 경쟁력으로 무장하기 위한 대산업개편이 절실하듯이 오늘의 농업도 새로운 효율과 경쟁력으로 재무장하지 않으면 개방시대의 생존이 불가능함을 직시할 때다. 그것을 위해서도 농업투자와 농업기술 혁신은 필수적이다. 통일벼를 퇴역시키는 일은 어렵지 않다. 그러나 농업의 경쟁력을 개방시대에 걸맞게 재편성하고 통일벼가 못다한 농업혁신과 농촌안정을 이루는 길은 그보다 훨씬 어렵고 더 중요하다."

❖ 이제 '보릿고개'는 영영 없을 것인가

세상물정 모르는 어린 아이들에게 보릿고개 시대의 배곯고 자란 어린 시절의 이야기를 나누면 "라면 먹지요…" 하고 우스꽝스레 받아 넘긴다는 일화(逸話) 들이 나돈다. 일소(一笑)에 부치고 말 일이 아니라 하겠다.

KBS뉴스(2008. 2. 18 저녁 9시)에 따르면 "농산물 가격급등이 생활 물가상승으로 이어지는 애그플레이션(*agflation*)이 현실로 다가오고 있다 하고, 특히 가격도 가격이지만 곡물수입물량을 확보하는 것도 큰 걱정거리"라 했다. … "1년새 사료(飼料) 값이 40% 가까이 오르는 통에 돼지를 팔아 사료값 대기도 벅차다"하고 …또한 "우리나라의 곡물 자급량은 28%, 쌀을 제외하면 자급률이 5%에 미치지 못할 정도로 해외 의존도가 높은 상황"이라며, …"석유에 이어 곡물자원이 무기화할 가능성에 대비하기 위한 대책마련이 시급한 상황"이라 했다.

한편 〈조선일보〉(2008. 3. 4)에 따르면 " '돈 주고도 못 사먹는 시대… '식량전쟁' 먹구름이 온다, '글로벌 보릿고개' 한국만 속수무책'이라는 제하에 "세계는 지금 '식량위기'를 맞고 있다. 곡물생산이 부족하고, 재고마저 감소하고 있다. 미국 농무부는 올해 세계 곡물생산량이 소비량에 비해 2,900만 t이 부족하고, 곡물 재고율(연말 재고량/연간 소비량)도 사상 최저수준인 14.6%로 떨어질 것으로 내다봤다. 여기에다 러시아·우크라이나·중국·아르헨티나 등 곡물 생산국들은 각종 수출제한 조치를 취하고 있다. 세계적으로 식량문제가 초미의 과제로 떠오르고 있는데도 곡물의 해외 의존도가 높은 우리나라는 속수무책인 상황에 처해있다. 날로 치솟는 곡물가격이 물가를 올리는 '애그플레이션'(농업+인플레이션)에 직면해 있는 것은 물론이고, 돈을 줘도 곡물을 살 수 없어 4700만의 식탁이 위협받는 '식량안보'(키워드) 문제에 부닥칠 위험에 노출돼 있다. 실제로 우리나라의 작년 곡물수입은 전년에 비해 액수로는 34.8% 늘었지만, 물량은 2.6% 줄었다. 더 많은 돈을 줘도 더 적은 양밖에 못 사는 셈이다. '오일쇼크(*oil-shock*)'에 버금가는 '그레인 쇼크(*grain-shock*)'의 예고로 읽힌다. 곡물위기는 일시적 수급 불균형만 넘긴다고 해결될 문제가 아니다. 유엔식량농업기구(FAO)는 각 나라가 연간 식량소비의 18~19% 정도를 연말 재고량으로 확보토록 권장하고 있다…"고 지적했다.

일본 무사시(武藏) 대학교수 곤도 야스오(近藤康男) 편《식량자급-가능성과 문제점》(1967, 오짜노미스書房 刊) 머리말에 따르면 "식량의 풍부 또한 확실히 공급하는 농업을 제창하는 것이 농민의 책임이고, 소비자는 이를 기대하고 있다. 자율적 국민경제는 식량자급을 최소조건으로 요구하는 것이다. 그러한 까닭으로 우리들은 국가독점자본주의 하에서의 무역상의 비교생산설비를 배제하고 식량의 국내개발을 추구하여 그 곤란성이 농민의 경제력을 약화시키는 여러 가지 요인을 제거하는 것을 과제로 한다." 41여년 전에 출간된 편저이다. 아직도 우리에게 많은 시사점을 준다.

묻혀만 가는 녹색혁명 전사(戰士)들의 흔적

지금으로부터 15여 년 전의 일이다. 나는 그때 새마을운동 중앙회장으로 재임(1989. 3~1993. 10)하고 있었는데 앞에서 말한 "통일벼" 퇴역에 관한 기사를 본 나의 예스럽고, 쓸쓸한 감회는 필설(筆舌)로도 미칠 수 없었다. 피땀 흘려 이룩한 녹색혁명의 흔적(痕跡)들이 날로 묻혀만 가고 있는 터라 한탄만 하고 넘어갈 수가 없어 내가 본 한 예를 들어 지나간 뒤의 자국 하나라도 여기에서 지적하고 싶다.

농촌지도사들이 못자리(벼모를 기르는 논이나 논바닥) 묘상(苗床), 묘판(苗板), 앙판(秧板)에서 농민들을 모아 놓고, 통일벼의 장점을 강조하고 재배할 것을 권유하면 많은 농민들이 과연 설명과 같이 다수확이 가능할 것인가? 하고 의아스럽고 괴이쩍게 생각했다. 여럿 가운데 어떤 사람은 이앙(移秧)을 하기 위해 묘판에서 찐 묘(苗) 묶음을 팽개치는 농민이 있었는가 하면, 전인미답(前人未踏)의 밀림에 들어가는 듯, 불안감에 휩싸이면서도 대담하게 수용하겠다고 앞장서는 독농가(篤農家)·새마을지도자도 있었다.

여기에 앞서 기적의 볍씨가 나오자 특히 일선의 읍·면(邑·面)과 농촌진흥청산하 연구실·농촌지도소 직원들은 출퇴근시간이 없었다. 연중 근무처나 들녘 현장에서 가히 밤을 지새웠다. 내가 도지사 시절 직접 본 사실이다. 어찌 잊을 수 있을까.

〈조선일보〉(2007. 8. 3) 특별기획기사 "에이즈도 무섭지만 배고픈 건 더 무서워요"라는 제목 아래 '캄보디아'의 한 14세 소녀가 대물림 가난을 견디다 못해 세 동생을 먹여 살리려 가출하여 사창가에서 몸을 판다는 기사가 실렸다. 언뜻 보기만 해도 소름이 끼친다. 요새 "지구 온난화로 2080년이 되면 쌀 생산량이 20%가 줄어들 것이라는 연구결과가 나왔다"는 보도(KBS뉴스, 2007. 9. 11 저녁 9시)를 접하고 보니 잊혀져 가고 있는 보릿고개가 다시 오지 않을 것인가? 하는 위구(危懼)스러운 마음을 금할 수 없다.

❖ 박정희 대통령 기념사업회 "설립취지문"에 담긴 뜻

1999년 7월 26일 그 동안 발족논의만 분분하던 박 대통령 기념사업회가 박 대통령의 행적을 증거하고 이를 역사의 제자리에 올려놓고자 뜻을 모아 고고(呱呱)의 소리를 울리며 역사적인 발족이 가시화되기 시작했다. 박 대통령이 서거하신지 21주년 만의 일이다.

그날 기념사업회가 밝힌 '설립취지문'에 따르면 "과거의 유물적 재현이 아닌 미래지향적 시각에서 '朴正熙학(學)'을 정립하고 전개하는 데 진력할 것"이고, "근대화는 아직 끝나지 않았다는 것이 우리의 확고한 믿음이며 우리 사회가 진입하고 있는 정보사회 또는 후기산업사회는 곧 근대화의 성숙이요, 북한 등 다수 제3세계가 계속 노심초사하는 바가 근대화 궤도의 진입이기에, 그만큼 박 대통령의 국가경영 방식은 앞으로도 오래 국내외적 교훈으로 뚜렷하게 기능할 것"임을 천명했다. 이 외에 취지문의 요점을 추려 다음에 잇는다.

"새 천년의 문턱에서 뒤돌아본 우리의 20세기는 밝음과 어둠이 극명하게 교차한다. 세기의 전반은 일제압제, 동족상잔 등 비극의 연속이었고, 후반은 근대화가 뿌리내리면서 민족웅비의 바탕을 구축한 영광의 역사였다. 그 영광의 한가운데 대통령 박정희가 있다.

박 대통령은 '조국근대화' 역사 그 자체다. 역사는 시대의 숲을 보는 일일진대, 조국근대화는 이 땅에 세 가지 '숲'을 추구했고 또 그것에 성공한 역사였다. 라인강의 기적을 선망한 끝에 박 대통령은 수천 년 동안 절대가난에 시달려온 민초를 구하는 길이 '공장 굴뚝의 숲'과 '안테나의 숲'을 가꾸는 데 있고, 한편 가난한 국민만큼이나 헐벗은 국토를 가꾸는 길이 '나무의 숲' 실현에 있다고 확신한다.

공업입국정책은 이 땅에 공장굴뚝의 숲을 이룩했고, 그 효과로 다수 국민들이 가난을 벗어나 중산층을 자처하게 되니 그 상징이 바로 안테나의 숲이다. 우리 자신을 볼 수 있는 좋은 거울인 외지(外紙)의 논평대로 마침내 '단 한 세대 안에 넝마주이에서 신흥부자로 비약한 나라'가 되었다.

더해서 박 대통령의 신앙과 같았던 녹화(綠化) 집념으로 산하(山河)는 푸르름을 되찾는다. 이로 말미암은 치산치수 성공과 자연재해 해방의 역사 역시 동서고금에서 유례를 찾기 어려운 역사(役事)였다. 치산치수는 새마을운동으로 이어져 주곡(主穀) 자급과 농공(農工) 병진의 가능성을 정착시킨다. '은둔의 소국'이던 이 나라가 세기말에 불어닥친 지구적 바람인 세계화전략을 경영할 만한 토대를 얻은 것도 조국근대화 과업의 일환인 수출입국정책의 공덕이다. 미국 백악관 앞에 세워진 한국전 참전 기념비 후면에 '우리(참전 16개국)의 젊은이들은 한 번도 이름을 들어본 적 없는 땅에서 한 번도 만난 적 없는 사람들을 위해 싸웠다'는 비문이 말해주듯, 불과 반세기 전은 세계 속의 절해고도에 다름 아닌 우리였음에 견주어 오늘의 처지는 세계 무역 10대국의 반열에 들었으니 환골탈태(換骨奪胎)의 극치가 이 아니겠는가" 하고, "박 대통령은 국부증대가 이 나라 국체(國體)를 지키고 한민족의 정통성을 제고하는 지름길이라 믿었다. 헐벗고 굶주리는 국민에게서 애국심을 기대할 수 없을 터인즉 이념이 양극화된 한반도 상황에서 국민경제의 고도성장은 가까이는 대한민국 안보증대책으로, 장차는 통일대비책으로도 이어질 수 있었다.

돌이켜보면 조국근대화의 핵심 치적은 보릿고개가 연례 행사였던 우리 사회에 '가난으로부터의 자유'를 안겨다준 일이었다. …'가난한 농민의 아들'로 태어난 한(恨)을 당대발복(當代發福)의 원동력으로 반전(反轉)시켰던 박 대통령의 혜안과 기백을 대국(大局)적으로 평가하는 시민들의 공감과 동참은 '朴正熙學'을 통해 다가올 새 천년의 우리 미래가 영광의 역사로 더욱 비상할 수 있는 기틀이 될 것을 믿어 의심치 않는다" 했다.

● 4장

조국근대화의 견인차, 새마을운동

제 2공화국시대(1960~61) 정국의 혼미와 경제 · 사회의 불안

새마을운동은 "우리도 한번 잘 살아 보겠다는 국민의 자각(自覺)에서 움트기 시작했고, 그 계기가 된 것은 5 · 16혁명"이라고 했다(《새마을운동》, 문화공보부 발행, 1973). 그렇다면 5 · 16 전후의 국내정황을 살펴보자.

4 · 19 혁명으로 자유당 정권은 무너졌으나 이에 대처할 혁명국회나 혁명정부는 어디에도 없었다. 실상 야당은 자유당 독재정권의 타도를 외쳐왔을 뿐, 집권을 위한 구체적 프로그램은 갖고 있지 않았다. 그들은 3분의 2에 육박하는 자유당 국회에서 내각제 개헌안을 통과시켰으며, 허정(許政) 과도정권으로 하여금 혁명과업을 수행하도록 하였다. 그러나 4 · 19 혁명의 주역은 민주당이 아니라 대학생들이었다. 민주당은 정권을 타도하는 데에는 결정적 역할을 했지만 그들 스스로 정권을 잡을 만한 힘이 없었고, 혁명의 대열에 직접 참여하지 않았던 탓에 권력을 스스로 창조할 만한 명분도 희박했다. 이승만(李承晩) 정권 12년의 구세력이 정치, 경제, 사회 등 각 분야의 핵심을 차지하고 있었던 것이다.

민주당 정권의 취약성은 정권탄생 전후 5개월 동안에 헌법을 두 번이나 바꾼 것만 보더라도 알 수 있다. 1960년 6월 15일 제4대 국회는 지난날의 대통령 중심제를 의원내각제로 바꾸는 것을 골자로 하는 헌법개정안을 압도적 다수로 통과시켰다. 4대의원들은 2년이나 남은 나머지 임기를 포기하였다. 다섯 달 뒤 부정선거원흉들에 대한 미온적인 재판에 항의하여 데모학생들이 한때 국회 본회의장을 점거하자 부랴부랴 부정선거관련자와 부정축재자를 처벌하는 근거를 헌법부칙에 넣었다. 1960년 11월 23일, 소급법의 근거를 만든 최초의 악례였다. 그들은 특별재판소와 특별검찰부를 구성, 부정선거와 부정축재 관련자들에게 형사상의 처벌과 관계없이 일정기간 공민권을 제한하였다.

1960년 4·19혁명 후 치른 7·29선거에서 지난날의 야당 민주당(대표 張勉)은 민의원, 참의원 할 것 없이 압도적 다수의 지지를 얻었다. 그러나 고질적인 파쟁은 보수양당제를 이루어야 한다는 구파쪽의 "분당론"에 따라 총선거부터 민주당 내 신구파(新舊派) 경쟁의 양상을 보였다. 양파는 팽팽하게 맞섰고 그러한 대결양상은 새헌법에 따른 의원내각제의 실권자인 국무총리 선거에까지 미쳤다. 대통령에 구파의 윤보선(尹潽善)을 추대하는 데는 별 이론이 없었고 신파의 장면은 구파의 김도연(金度演)과의 경쟁에서 겨우 3표차로 총리의 자리에 올랐다.

민주당 정권은 일찍이 볼 수 없던 자유를 허용하였다. 정치적 자유는 물론 노동자의 권리를 최대한으로 허용하고 유엔 감시하의 남북총선거를 고수한 통일정책에도 상당히 전진적인 자세를 취했다. 교원노조가 결성되고 성급한 학생들은 남북의 직접협상을 제의하였다. 분출하는 욕망은 한동안 중학교 아이들의 자치요구 데모나 윤락여성들의 권리옹호 시위에 이르기까지 참으로 다양하였다.

장면 정권의 혁명적 성격은 민주당 신구파의 양분으로 크게 퇴색되었다. 그들은 구체제 청산에 미온적이었을 뿐 아니라 이를 강력하게 밀고 나갈 만한 정치적 기반도 없었다. 민주당 국회의석은 겨우 과반수를 차지하는 데 그쳤고 지난 날 같은 뿌리이던 신민당과의 연립내각은 책임소재를 모호하게 만들었다. 또한 빈번한 각료의 경질은 정쟁(政爭)의 유발뿐만 아니라 행정체계를 문란시키고 공무원들의 사기를 크게 저하시켰다. 장면 정권 8개월 동안 네 사람의 내무장관과 세 사람의 국방장관이 바뀌었다. 또 두 사람의 육군참모 총장이 지휘권을 빼앗겼다.

신파가 주력을 이룬 민주당은 유능한 관료출신 정치인의 입김이 세었다. 그럼에도 불구하고 그들은 이를 강력하게 밀고 나갈 기본적 여건들을 채 갖추지 못했다. 그 원인은 집권의 프로그램을 가지고 있지 않았을 뿐만 아니라 집권 후에도 이를 강력히 밀고 나갈 기본계획을 짜지 못한 채 임기응변으로 대처했기 때문이었다.

한편 1960년의 우리나라 국제수지는 수입(輸入)이 3억 4천 4백만 달러인 데 비해 수출은 그 10분의 1밖에 안 되는 3천 3백만 달러였다. 1인당 국민소득이 81달러밖에 되지 않는 저개발국으로서, 2억 4천 5백여만 달러의 외원(자료/주요 업무지표: 경제기획원, 1980년)이 아니면 나라의 예산마저 짤 수 없는 후진국이었다. 650 대 1이던 환율은 껑충 현실화되어 1,300 대 1이 되었다. 물가는 10~20%선에서 안정되었으나 중견 공무원들의 봉급은 여전히 쌀 한 가마니값 정도였다. 실업자는 15~20%에 이르렀고 춘궁기엔 많은 농민이 밥 세끼를 먹지 못하는 참상이 되풀이되었다.

도시의 실직자보다 훨씬 심각한 것이 절량농가였다. 농촌 고리채는 연리 100%로 이른바 '곱빼기'였던 것이다.

학생들은 목숨을 바쳐 자유당 독재정권을 몰아냈다. 그러나 불행히도 정권을 맡은 민주당은 민주적 자유와 권리를 지켜줄 능력이 없었다. 1961년 5·16이 일어난 지 3일 만에 은신처에서 나온 장면 총리는 혁명세력이 선포한 비상계엄을 추인하고 내각 총사퇴를 결의함으로써 9개월 동안의 민주당 정권을 청산하였다. 그러나 5월 16일 새벽, 쿠데타 소식을 들은 장총리가 반도호텔 숙소에서 한 사람의 수행원도 없이 잠적했을 때, 이미 장 정권은 무너진 것이었다.

나는 4·19 전후를 경북도청 지방과에서 겪었다. 1960년에서 61년에 이르는 자유당-민주당 정권의 격동기에 경북도청 지방과 사무관이던 나는 민주당 정권 출범 얼마 뒤 지도과장으로 승진한 후 내무부 지방국 행정과(감사·기획계장 1961~62)로 옮겨 같은 부(部) 법무관·기획감사과장·행정과장(1962~68)의 직책을 맡았다. 헝클어진 지방행정을 정리하고 개혁하는 프로그램을 짜는 것이 내가 맡은 일이었다.

박정희 대통령의 새마을운동 점화(點火)

※ 새마을운동의 효시(嚆矢)가 된 전남의 한해 극복(1967~1968)

1967년과 그 이듬해 전남에서 발생했던 대한발(大旱魃)은 새마을운동이 점화되는 또 하나의 시금석이 되었다. 그 현장이야말로 자조의 가치와 무한한 우리의 능력을 시험한 기회가 되었으며 "절망은 없다"는 용기를 체험한 장(場)이기도 했다. 또한 농민과 공무원의 헌신적 노력과 훈훈한 이웃사랑은 한발로 메마른 땅을 보습(補濕)하고도 남음이 있었다.

한 방울 물이라도 더 찾아내려는 정성들

1967년은 이른바 이곳 후기(後期) 한발로 모내기는 순조로웠으나, 그 해 6월 중순부터 10월까지 비가 거의 오지 않아 수십 리 밖에서 물동이로 물을 져 날라 타들어가는 논에 급수해야 했고, 군(軍) 급수차·기차·선편으로 타도(他道)에서까지 식수를 지원받아야 했다. 도서(島嶼) 지구에는 해군 군함을 배치하여 급수작전을 벌였으나 워낙 광범위

● 전남에 불어닥친 한해는 새마을운동 점화의 효시가 되었다.

한 지역이라 곳에 따라서는 빨래, 세수 등에 쓰는 물은 생각도 못할 만큼 심각했고 이발소며 목욕탕은 도시라 할지라도 격일 내지는 1주일에 하루정도 문을 여는 형편이었다.

이듬해 1968년은 전년과 달리 전기(前期) 한발로 전남도의 21만 정보의 논 가운데 4분의 1에 해당하는 5만 정보가 끝내 모내기를 하지 못했다. 간신히 모를 낸 논도 1만 정보 가까운 면적이 고사하고 말았다. 이글이글 타는 땅에 한 방울이라도 더 물을 대려고 농민들은 안간힘을 썼다. 학생·군인·공무원들 모두가 혹은 인력으로, 혹은 불도저로 들샘을 파고, 개천을 파고, 심지어 저수지까지 파헤쳐 물을 찾는 데 혈안이 되었다. 두레박은 말할 것도 없고 1만 대의 양수기가 물을 품었으며, 수십 리에 이르는 먼 거리에 비닐을 깔아 물을 대고, 산을 넘는 파이프로 강물을 돌리기도 했던 것이다. 이처럼 힘을 다해 끝까지 싸웠어도, 양년에 걸쳐 약 3백만 석의 쌀을 비롯해 농작물의 큰 감수를 면치 못했다.

굶주린 사람 한 명도 없었다

그러나 이와 같이 심한 흉작에도 굶주린 사람은 한 명도 없었다. 예전 같으면 아사지경에 이르렀을 것이나 정부의 재빠른 구호로 그 해 보릿고개에도 옛날과 같은 풋보리를 뜯어다 먹는 사람은 나오지 않았다.

한발의 여파는 여러 방면에 걸쳐 많은 피해를 냈으며 학생과 학교 피해도 컸다. 1967년에 초·중·고등학교와 전문대학 등의 총학생수 92만 명(1968년 93만 7천 명) 가운데 재난을 당한 학생수가 약 36%(68년 55%) 즉, 36만 2천 명(68년 51만 3천 명)에 달했다. 이 가운데 구호의 손길을 뻗쳐야 할 학생수만도 25만 8천 명(68년 43만 3천 명)으로 총학생수의 28%(68년 45%)에 해당되었다. 이들은 학비를 면제받거나 장학금을 받는 한편 무료급식까지도 필요로 하는 학생들이었다. 따라서 학생들이 학교에 납부하여야 할 수업료·기성회비 등 공납금을 내지 못해 생긴 학교재정상 결손도 적지 않았다.

또한 공업용수의 부족과 구매력의 감퇴는 기업체의 가동률을 저하시켰고 조업중단 사태 또한 유발되었다. 즉 1968년 상반기 현재, 전국 기업체 가동률 67.2%인데 비하여 전남도는 56.8%로서 현저한 저하를 보였다. 이러한 현상은 결국 도산으로까지 치달아 같은 기간 중의 휴업률은 5.9%(전년도 상반기는 2.8%), 폐업률은 4.7%(전년도 상반기는 2.2%)에 달했다.

2년 동안, 양곡지원 24만여 톤

박정희 대통령은 전남도민의 참상과 곤경을 직접 살피며, 특별히 대통령 훈령을 내려 구호에 최선을 다하도록 하였다.

1968년 9월부터 2년 동안 지속된 한해대책 제2단계 사업이 완성될 때까지 투입된 양곡은 무려 23만 9천 8백 톤이었다. 이를 환산하면 1천만 포대가 넘는 양으로서 4톤 짜리 트럭 6만 대에 실어 목포에서 서울까지 장장(長長) 천릿길을 뻗칠 수 있는 수량에 해당한다. 뿐만 아니라

240만 석이나 되는 이 양곡에 자재대를 합하면 두 해의 쌀 감수량과 거의 같았으니 한해로 굶는 사람이 없었던 까닭은 여기에 있었다.

박 대통령과 정부의 신속하고 알뜰한 구원은 이에 그치지 않았다. 한해민의 생계에 도움을 주기 위해 도로공사를 일으켰고, 세금을 감면했으며 기왕에 나간 농자금의 상환을 연기하고 새 농자금을 지원해 영농에 지장이 없도록 하는 동시, 한해민 자녀의 학업중단을 막기 위해 학자금을 지원하는 등 전남도민은 직·간접적으로 231억 원이란 막대한 도움을 받을 수 있었다. 전남도의 연간예산이 50억 원에 불과함을 감안하면 이 혜택이 얼마나 큰 것이었는지를 짐작할 수 있다.

종전의 지표수(地表水) 이용에서 지하수 시설로 전환

그 결과 농업용수개발은 1967년도 한해대책으로 1,940개소에 소류지를 만들어 7,900 정보, 1968·1969 양년에 9,450개소의 관정(管井)을 비롯, 1만1천개소의 집수암거·양수장·보·저수지 등 5만5천7백 정보를 수리안전답으로 만들었고, 1970년대에는 나머지 3단계사업을 서둘러 전국에서 제일 먼저 "가뭄 없는 농토"를 완성하게 되었다.

특히 1968년 농업용수 개발의 특색은 종전의 지표수(地表水) 이용에서 지하수 시설로 일대전환을 기도한 데 있다. 전년의 경험에 비추어 극심한 한해 때의 지표수 이용이란 한계점이 드러났기 때문이다. 특히 박 대통령의 진두지휘로 나주군 영산포읍 삼영리에서 이루어진 농업용수 개발사례가 전국 농업용수 개발계획도 작성에 지침이 되었던 것은 우리나라 수리사에 길이 남을 역사적 업적이다.

박 대통령은 다음의 농업용수개발계획의 예시도를 손수 만들어 보냈는데 이것은 전국적인 계획을 세우는 데 기초적인 본보기가 되었다.

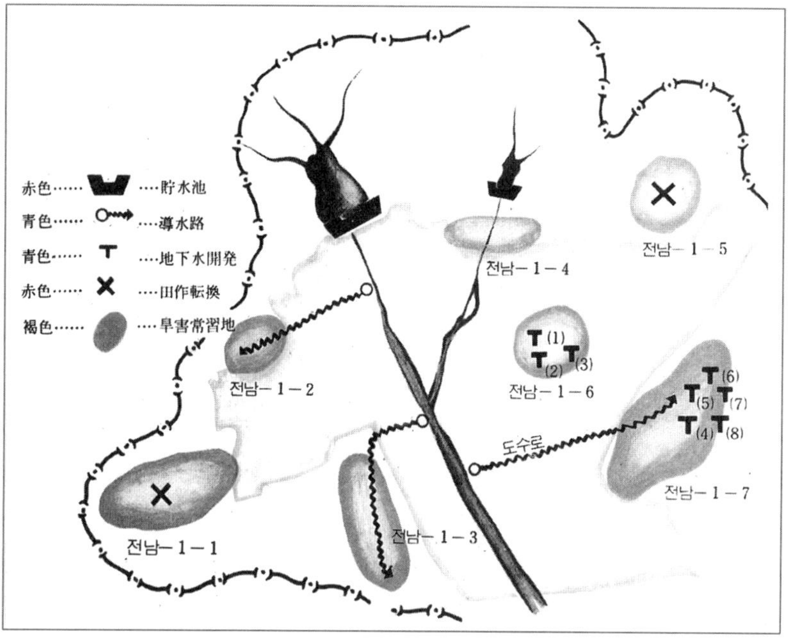

● 박정희 대통령이 손수 만든 농업용수개발계획 예시도

이 도안은 항구적 한해대책을 위하여 한해 상습지를 조사하여 지하수개발·저수지·도수로·전전환 등으로 한해를 완전히 해소시키는 계획도로서 항구적 한해대책을 수립하는데 필요한 계획도 작성의 예시도로 박대통령께서 직접 작성하신 예시도이다. 이 계획도가 기초가 되어 제2단계 및 제3단계의 농업용수개발 계획도가 완성되었다(《고난을 뚫고》, 전라남도, 1969, p.31).

전남도 부지사로 한해 현장에 전근되다

내무부지방국 행정과장에서 전남부지사로 발령이 난 것은 바로 이즈음이었다(1968. 8월). 나 역시 중앙 차원에서 한해지원 실무에 몰두하다가 갑작스레 현지로 전출된 것이다. 당시 현장의 상황은 필설(筆

舌)로는 다할 수 없는 비참한 상황이었다. 모두 지칠 대로 지쳐서 그 곤고(困苦)함이 극에 달해 있었지만 범국민적인 지원과 성원, 그리고 도민이 하나가 되어 쏟아낸 열기의 모습들은 지금도 잊을 수가 없다. 도에서는 공무원뿐만 아니라 민간기술자와 공대·공고생들까지 동원되어 농업용수개발계획도를 만들고 불철주야 일관작업으로 계획수립에 몰두하고 있었다.

이 계획을 세우고 실천에 옮기는 과정에서 그 원칙과 지침이 된 것은 대통령훈령 제22호였다. 여기에는 한해사업추진의 대강과 농업용수개발의 단계적 시행에 이르기까지 빈틈없고 구체적인 지시가 담겨져 있으며 우리나라에서 처음 발족된 지하수개발공사의 설치문제도 제시되어 있다.

그러나 인력관정(지하 수맥을 찾아 인력으로 사력층 밑 풍화대에 도달할 때까지 지하 깊이 8m 이상 굴착하여 직경 1m정도의 시멘트 무공관과 유공관을 묻어 지하수를 양수하는 시설)·기계관정(지하 수맥을 찾아 굴착기로 땅이나 바위 구멍을 뚫고 거기에 철 파이프를 묻어 지하수를 양수하는 시설, 이는 인력관정에 비여 경비가 많이 소요됨)·집수암거 같은 지하수시설은 우선 우리 농민들에게 생소한 것이었기에, 농민의 호응을 얻기까지는 적지 않은 고충도 있었다.

물론 지하수개발에 역점을 두긴 했으나 지표수와 지하수의 합리적인 상호이용이란 견지에서나 또 모든 조건이 지표수라야 되는 곳 2천5백여 개소에는 양수장·보·도수로·저수지 등을 만들었다. 보성발전소에서 발전용수로 쓰고 난 물을 장장 12km의 도수로(導水路)로 끌어 1천 정보의 논에 물을 대고, 고흥군 포두양수장에서는 하루 1만 5백 톤의 물을 끌어 올려 1백 정보에 물을 댔으며 아울러 7백 세대의 식수를 해결한 것들은 그 대표적인 예가 될 것이다. 이와 같은 지표수시설들은 1967년에 완성한 약2천개소의 소류지(小溜池)와 함께 지금까지 전남도 농업용수개발의 큰 비중을 차지하고 있다.

모진 한해 속에서 땀흘려 일한 보람은 이뿐 아니다. 전남발전을 상징하는 광주·송정 간 노폭 35m의 고속화도로를 위시해서 광주·목포 간 거의 전 구간과 목포·보성 간의 일부, 그리고 전남도 서남을 종단하는 영광으로부터 나주·영암·강진·해남 등을 거쳐 1969년 봄에 완성한 연육교로 이어지는 완도에 이르기까지 160km의 간선을 비롯해 벌교·녹동 간 55km 등 총 320km의 도로가 노폭을 넓혀 근대화된 모습을 갖추게 되었다.

> 이와 같은 도로사업은 모두 양곡과 자재대로 이루어졌지만 그 중에서도 광주·목포간은 한해민의 생계지원을 위해 박 대통령께서 특별지원해 준 현금으로 사업을 추진하여 어려운 이재민을 돕는 데 많은 효과를 거둘 수 있었다. 한해사업은 치수사업과 수산물 증식에도 많은 비중을 두었다. 1967·68 양년의 치수사업에 대한 투자액은 그 이전인 10년간의 총사업비에 해당하는 것으로서, 그것은 비록 당장 한해에 시달리는 실정에 놓여 있었을 지라도 그때 우리는 앞으로 닥쳐올지 모르는 또 다른 형태의 재난에 미리 대비했던 것이다. 수산물 증식사업은 수리사업을 벌일 수 없는 도서·해안 지역의 주민들에게 실시하여 때마침 흉어로 허덕이는 어민들에게 증산·구호의 양면에서 혜택을 주었다(《고난을 뚫고》, pp. 12~13).

주민들과 함께 하는 공직자들의 참모습

나 역시 틈나는 대로 현장에 나가 작업장 공무원과 농민들을 위로하고 격려했다. 내가 담당한 지역은 인력관정 개발에 있어 어려움이 많은 해안지구와 목포·무안지구였다.

현장에서 일하는 사람들의 얼굴에는 피곤한 그림자가 역력했으나 오직 물을 찾기 위한 일념뿐, 하늘을 원망하고 세상을 탓하는 기색은 보이지 않았다. 인력관정을 파기 위한 현장장비라고는 삽과 지게 정도였고, 리어카와 가마니때기로 급조한 운반도구가 전부였다. 오늘날과 같은 포클레인이나 불도저는 꿈의 그림이었던 것이다.

더구나 심혈을 기울여 팠던 우물·들샘에 물이 나오지 않아 다시 메운 일도 헤아릴 수 없었으니 그때의 실망은 오죽했으랴. 한해 초기에는 마을 명산(名山)에 누가 묘를 써서 한발이 왔다하여 부녀자들을 동원해 막무가내 묘(墓)를 파내고 기우제를 지내려는 소요가 일어나 이를 말리는 읍·면 공무원의 노고와 고뇌도 적지 않았다.

귀로에 으레 들리던 영산포 길목, 허름한 민물뱀장어구이 집에서 걸치는 한 잔 막걸리가 납같이 무거운 내 가슴을 달래주었다.

나는 그곳에서 진실로 주민들과 함께 하는 공직자들의 참모습을 보았다. 그들은 주민과 혼연일체가 되어 안간힘을 쓰고 있었으며 같이 마음 아파하고 함께 안타까워했다. 관(官)은 민(民)을 위한 기관임을 여실히 입증시켜 준 것이다.

다시 곡창 호남벌에 황금빛이 물드는 풍요를 찾게 될 무렵, 1969년 10월 시련을 극복한 족적을 담은 "고난을 뚫고"라는 표제의 백서(白書)를 상재(上梓)했다. 이 책의 서문에서 김보현 지사는 이렇게 술회했다.

> 지금 이 시점에서 헤아려 볼 때, 한해극복을 외치고 나선 동포들의 인정의 메아리는 참으로 눈물겹도록 고마운 것이었다. '가뭄에 타는 호남을 구하자'는 부르짖음은 국내뿐만 아니라 해외에까지 번져 파월장병들이 귀중한 성금을 보내는가 하면, 재일·재미교포들에게 까지 많은 돈이 기탁되었다. 특히 재경 전남출신 인사와 우리 고장 출신 재일교포들의 의연금이 전달되고, 전국의 곳곳에서 나이 어린 국민학생들이 벙어

> 리저금통을 깨어 고마운 돈을 보내왔을 때, 거기서 우리는 모든 냇물은 말라 없어질지라도 한 핏줄기의 사랑은 영원히 마르지 않는다는 사실을 새삼 깊이 느꼈던 것이다.… 양년의 재난을 겪은 두 해 동안 박 대통령께서는 전후(前後) 여덟 번이나 친히 전남을 다녀가셨고 광주에서 각의(閣議)가 열리기까지 했으며 관계장관들이 거의 상주하다시피 하여 한해구호에 만전을 기했다. 또한 외교사절까지 포함한 내외의 각계인사들이 직접 한해지를 살피고 이재민에게 도움을 주었다(《고난을 뚫고》, p. 13).

김보현 지사는 쓰라린 한해(旱害)의 여진(餘塵)을 모두 씻어내고 그 해 10월 체신부장관으로 영전했다. 나는 며칠 후 대구시장으로 자리를 옮기게 되었다.

이렇듯이 겪은 전남의 한해대책은 "새마을운동"으로 이어진다.

◈ 박 대통령, 역사적 새마을운동 전개를 선언

새마을운동은 박정희 대통령의 직접적인 방향제시에 의하여 점화되었다. 다음에서 그 태동과 배경을 개관해본다.

5·16 이후 농촌개발시책 중의 하나가 "시범마을" 조성이었다. 그 목적은 시범마을을 통해 성공사례의 파급효과를 극대화, 촉진시키는 데 있었다. 이 사업의 중앙부서는 농림부와 농촌진흥청이었으나 주로 도(道)와 군(郡)이 주도했다. 물론 성과도 없지는 않았다.

하지만 일부 지역에서는 전시성에 치우쳐 시행착오로 끝난 사례도 적지 않았다. 예를 들면 이른바 "샌드위치 흙담"이라는 새로운 용어까지 생겨나게 된, 웃지 못할 사연이다. 환경개선을 위해 흙담에 백회를 발랐는데, 비가 온 후 흙탕물이 튀어 보기 흉하게 되자 그 위에 다시 백회칠을 반복하다보니 흙담 양쪽에 백회를 바른 벽의 모습이 마치 "샌드위치" 같다 하여 그런 말이 생겨난 것이었다. 그런가 하면, 5·16 후 양돈마을을 한창 장려하였는데, 고위층 인사가 마을을 방문한다 하면 행정력을 동원하여 농가에 돈사(豚舍)를 급조, 돼지새끼를 입식해 준 다음, 현장보고가 끝난 후 돼지새끼를 도로 가져가는 웃지 못할 사례도 있었다.

이러한 전시적 꾸밈의 잔꾀를 피우는 사례는 초기과정에서 보여준 극히 일부에 지나지 않았으나 후일 새마을운동에 많은 교훈이 되었다. 특히 경북 영덕과 청도에서 주민들의 자발적 협력은 마을의 모습을 변화시켰다. 초가집을 기와지붕으로 개량하고 부엌과 화장실을 고치고 마을 뒷산에 유실수를 심어 소득증대를 꾀하기 시작했다. 경북 영덕군 강구면 금호리 전 새마을지도자 신영순(56세) 씨의 회고다.

> 1968년 가을이었습니다. 주민들이 힘을 모아 80여 호나 되는 집을 기와지붕으로 개량하였지요. 흙담을 시멘트담으로 만들고 마을 안길을 500미터나 확장했어요. 이 사실을 들으신 내무부장관께서 헬기를 타고 내려오셨는데 대접할 것이 없어 홍시를 몇 개 따서 드렸던 기억이 납니다. …

1969년, 그러니까 지방장관 회의가 있던 8개월 전의 일이다. 경북·경남지역 수해현장 순시를 마친 후 전용열차에 오른 박 대통령에게 청도읍 신도마을(淸道邑 神道1里) 주민들이 무너진 제방을 보수하고 있는 현장이 눈에 띄었다.

"바로 저것이다!!!" 열차는 잠깐 거기에 멈추었다.

그곳은 주민들에 의한 자조의 현장으로서 마을 주변의 하천정비를 비롯하여 마을 안길, 마을 뒷산의 산림가꾸기 등 마을 전체가 잘 정비

새마을운동의 발상지인 경북청도군 청도읍 신도1리에서 현지 기관장 및 새마을 지도자들과 함께(1990. 5. 16). 왼쪽에서 여섯 번째가 필자

되어 있었다. 이에 전국의 농촌 마을이 "신도마을"같이 열심히 한다면 가난을 물리칠 수 있다는 확신을 얻게 된 계기가 된 것이다.

이에 대하여 김정렴(金正濂) 회고록, 《한국경제정책 30년사》(중앙일보사, 1990, p. 188)에도 다음과 같이 기술하고 있다.

> 1969년 7월 경남북지방 일원은 혹심한 수해를 입었다. 1969년 8월 4일 박 대통령은 경남북 수해지구를 사찰하던 중 경북 청도군 청도읍 신도1리를 돌아보았는데 이 마을은 다른 마을과는 달리 수해복구뿐 아니라 마을 안길이 넓혀졌고 지붕이 개량되고 담장이 말끔히 다듬어져 있는 등 생활환경이 크게 개선되어 있었다. 이것을 본 박 대통령은 그 경위를 물었는데 그 대답은 "마을사람들이 기왕에 수해로 쓰러진 마을을 복구할 바에야 이 기회에 좀 더 환경을 잘 가꾸어 깨끗하고 살기 좋은 마을

로 만들어 보자고 마을 총회에서 결의하게 되었고 이에 따라 정부의 지원 이상으로 마을 주민들이 서로 자진해서 협동하여 이루었다"는 것이다. 이 말을 듣고 마을사람들의 자발적인 자조정신과 협동심에 큰 감동을 받고 귀경하는 박 대통령의 머릿속에는 농민들의 근면·자조·협동 정신을 일깨워 농촌을 개발해 보려는 새로운 구상이 자리잡혀 갔다. 다음해인 1970년 4월 22일 한해대책의 전국지방장관회의가 개최된 석상에서 박 대통령은 농민의 자조노력을 강하게 호소하고 청도읍 신도1리 마을을 예로 들면서 새마을운동의 구상을 피력하였다.

❖ 새마을운동은 왜, 어떻게 하느냐

부산, 전국지방장관회의 박 대통령 당부사항

1970년 4월 22일, 전국 지방장관회의가 부산에서 열렸다. 안건은 초봄부터 비가 오지 않아 극심한 맥작(麥作) 피해에 대한 대책회의였고 더구나 기상의 장기전망 또한 한발이 계속될 가능성이 많다는 증후가 있어 사전대비를 하자는 데 있었다. 그 자리에서 박정희 대통령은 즉석연설을 통해 한해 사전대비를 강조한 한편 역사적인 새마을운동의 전개를 결단·천명하였다. 새마을운동이 과연 어떻게 일어났으며, 대체 왜 하는 것이고, 무엇을 하는 운동인지를 분명히 하는데 독자에게 도움이 되리라 여겨 그 날 연설내용 중 중요한 부분만 발췌하여 그대로 옮긴다. 이 연설은 순간 뭉클한 감개를 일으켜 회의에 참석한 모든 지방장관들을 숙연케 했다.

"농민뿐 아니라 공무원들도 대부분 한해란 비가 와야지, 비가 오지 않으면 사람의 인력으로는 도리가 없다는 숙명론적 관념을 갖고 농사를 지어 왔습니다. 따라서 이를 극복하지 못한 폐단이 있었기에 금년에는 정부가 서둘러서 여러 가지 대책을 세우게 되었습니다. 미리미리 충분한 대책을 세워 1967, 68년과 같은 한발이 닥치더라도 그 피해를 최소화할 수 있도록 노력해야겠습니다."

"얼마 전 지방출장을 갔을 때에, 마침 각 도마다 '비가 오지 않아서 맥작이 아주 나쁘다, 보리수확이 몇% 감소될 것이다' 하는 걱정만 하고 있는 것을 보았습니다. 그런데 헬리콥터로 농촌 일부를 둘러보니, 우리 농민들이나 일선에서 농촌지도에 임하고 있는 공무원들 역시 생각을 고쳐야 할 점이 있다고 느꼈습니다. 수분이 부족하면 물을 주면 될 일을, 어떤 경우에는 바로 옆에 하천이 있고 저수지가 있는데도 주변 보리밭들이 하얗게 말라서 보리가 크지 못하는 곳이 있었습니다. 그러나 누가 나와서 물을 대준다든지 무슨 대책을 쓰고 있는 것은 거의 한 건도 보이지 않았습니다. 벼농사, 보리농사뿐만 아닙니다. 어려운 문제에 부딪치면 언제나 그 해결방법을 연구하고 노력을 기울여 난관을 극복하고 자연의 어떤 피해에도 도전하겠다는 정신을 갖고 문제를 해결해 나가야지, 과거와 같이 타성적인 사고방식을 갖고는 농업이고 공업이고 발전할 수 없는 것입니다. 비가 오지 않아 한발이 닥치면 그때 가서 야단을 부리다가 그 시기만 넘어가면 다 잊어버리는 일이 있어서는 안 되겠습니다."

"그 다음 지방을 다니면서 살펴보면 어떤 부락, 어떤 농촌은 몇 년 전까지만 해도 기와집이 한 채도 없던 동네가 최근 들어 거의 기와로 이어진 곳들이 있습니다. 설령 기와를 잇지 못했다 해도 작년 가을에 추수한 볏짚으로 깨끗하게 이어서 처마를 하고, 담장도 깨끗이 하였으며 담 위에도 짚으로 지붕을 잇고 퇴비장도 알맞은 장소에 알뜰히 해 놓은 것을 보았습니다. 동네 전체를 보면 부락 앞에 있는 논은 대부분이 경지정리를 해 놓았고, 농로도 자로 쪽 그어 놓은 것처럼 꼿꼿하게 되어 있어 그 정도면 자동차도 충분히 들어갈 수 있게 된 곳도 있었습니다. 산에도 산림이 잘 되어 있고 부락 앞을 지나가는 하천도 작년에 홍수가 나고 했지만 전부 보수해서 깨끗하고, 보리밭에는 잡초가 거의 없을 정도로 잘 되어 있으며, 비닐하우스에서는 고등소채 등이 자라고 논에는 여기저기 농민들이 나와 일하는 부락들이 눈에 띕니다. 특별히 정부가 예산을 주어서 했는지 자체적으로 했는지는 모르지만 이런 농촌은 앞으로 몇 년 안 가서 다른 나라 농촌에 뒤지지 않는, 잘 사는 농촌, 희망에 찬 농촌이 되리라고 확신하며 대단히 흐뭇하게 보아왔습니다."

"그러나, 그런 농촌은 몇 군데 되지 않고 대부분이 그와 반대입니다. 지붕은 언제 이었는지 썩어서 한 쪽이 허물어져 내려오고, 담이 무너져 흙과 돌이 마당에 뒹구는가 하면, 퇴비장이 바로 방 앞에 아무렇게나 엉성하게 쌓여 있고, 동네에 들어서면 어디가 길이고 어디가 논두렁인지 알 수 없을 정도로 전혀 경지정리가 되어 있지 않습니다. 뒷산은 나무 하나 없이 빨갛게 벗겨져 있고 그것마저 무엇 때문에 팠는지 모르지만 여기저기 흙을 파서 빨건 황토가 길에 나와 있어 마치 부스럼으로 헐어 있는 사람의 몸 같습니다. 이런 상태의 농촌을 보면 100년간 정부가 도와준다 해도 되지 않는 농촌이 아니냐는 생각이 듭니다. 내용은 농가 안에 들어가서 하나하나 따져 보지 않았기 때문에 잘 알 수 없으나 겉으로만 보더라도 벌써 틀렸습니다. 산에 나무 한 포기 가꿀 줄 모르고 부락주변에 하천이나 제방이 허물어져 있어도 주민 스스로 보수하자거나 내 고장을 알뜰하게 다듬자거나 하는 정신도 없고, 자기 집 담이 허물어져도 고칠 생각이 없습니다. 그렇다고 들에 나가 일을 하느라고 바빠서 미처 손이 모자라 그런 것도 아닐 것입니다. 들에 나가 일하는 농민이 한 사람도 없다면 필연 집에 들어앉아 있을 게 아닙니까? 들에 나가 할 일이 없으면 농민들은 집을 고친다든지, 담을 고친다든지, 마당을 가꾼다든지, 퇴비장을 만든다든지, 그래도 여유가 생기면 나무라도 한 포기 심고 새로운 정서를 가꾸기 위한 꽃을 심는다든지, 이런 일을 해야 될 텐데 전연 침체상태에 빠져있습니다."

"나는 농민만 나무랄 수 없다고 생각합니다. 농촌 지도원, 면장, 면직원, 군수, 군직원, 그뿐 아니라 농촌진흥원, 농어촌개발공사, 외국에서 나와 있는 기관, 국민학교 교사 등 수없이 많은 기관과 사람들이 있고, 그런 부락이라 해도 고등학교, 대학 나온 청년이 얼마든지 있는데, 이런 사람들은 무얼 하느냐 말입니다. 오늘날 우리가 말하는 지역사회개발이 여기저기서 벌어지고 있기는 합니다만, 문제는 그 부락, 그 고장에 사는 사람들이 자발적으로 우리 고장을 어떻게 하면 살기 좋은 고장을 만들까 하는 노력이나 열성이 없다는 것입니다."

"살기 좋다는 건 산에 나무가 많고, 꽃나무가 많고 경치가 좋다는 것만으로는 안 될 것입니다. 우선 먹어야 되고 입어야 되겠지만, 좀 더 부지런히 일해서 사는 집도 깨끗이 하고, 결국 거기서 소득도 더 많이 올리도록 하며, 산이나 하천의 환경도 정리하고, 경지도 정리하고, 도로도 닦고, 더 여유가 생기면 부락공동의 오락이나 교양시설을 만든다든지 하는 일일 것입니다. 이런 것을 그 고장 사람들이 자발적으로 모여 연구해야 합니다. 물론 찬반의견이 있겠지만 모두 같이 일을 하자고 이끌어 나가며, 주민들의 의욕을 북돋아 '이러이러하면 우리 고장도 잘 살 수 있다, 이웃에 어느 부락은 벌써 이렇게 하지 않느냐, 이 정도는 우리가 하고, 이 정도는 우리 부락의 힘만으로는 안 되니 정부에 도와달라 요청하자', 이런 의욕이 밑에서 끓어오르면 그 농촌은 불과 2, 3년 이내에 전부 일어설 수 있습니다."

“현지 주민들의 그런 자발적인 의욕이 우러나지 않는 농촌은 5천 년이 가도 일어나지 못하고 현 상태와 같은 생활을 반복할 것입니다. 의욕이 밑에서 용솟음치고 지도자 특히 젊은 사람들이 해 보겠다는 의욕을 갖고 나서면 정부에서 조금만 도와줘도 2, 3년이면 다 일어납니다. 부락민들끼리 협력해서 훌륭한 업적을 쌓아올린 농촌이 여기저기 많이 있기는 합니다만, 한국 농촌이 전반적으로 못 사는 것은 그런 지도자가 없기 때문입니다. 현지에 있는 일선행정 책임자들이 어떤 분위기를 만들어 주어야 합니다. 즉, 그 지방에서 지도급에 속하는 사람들을 모아서 지도하고 권장해서, 주민들이 눈을 뜨고 자기들이 모여 앉아서 계획을 짜내고 연구하고 자기들이 할 일, 도나 국가에서 도움받을 일을 구분하여 일해 가도록 분위기를 만들어 주는 것이 우리 공무원들의 임무라고 생각합니다. 지금 농촌에는 부락마다 향토예비군이 조직되어 있습니다. 이 향토예비군을 중심으로 이런 일을 해 보는 것이 좋겠는데, 그것도 처음부터 큰 단위로 시작해서는 안 된다고 생각합니다.”

“앞으로 이런 사업은 한 동네 힘으로는 안 됩니다. 근처에 있는 몇 개 부락이 같이 협조하는 분위기가 자연적으로 조성되면 모르되, 처음 시작은 부락단위가 좋겠습니다. 농사짓는 사람, 공무원, 공장에서 일하는 사람, 회사에 나가는 사람, 서비스 업계에서 일하는 사람 등이 모여서 조직된 것이 예비군 아닙니까? 그 사람들이 바쁜 시기를 피해서 가을이나 봄 같은 때에, ‘우리 고장에는 자동차가 들어올 길도 없어 마을 십리 밖에서 짐을 나르자면 지게로 져야 하니 이런 고장이 발전하겠느냐, 내년에는 우리 힘으로 길을 닦자’, 또 ‘들어오는 입구에 다리를 하나 놓아야 하는데, 이것은 우리 힘으로 할 수 없으니 군(郡)이나 도(道)에다 지원을 요청해 보자, 나머지는 우리 힘으로 하자’, ‘뒷산이 나무 하나 없이 빨건데 내년 봄 식수주간에 마을사람들이 총동원하여 이러이러한 나무를 심어 몇 년 내에 우리 마을을 푸른 마을로 만들어 보자' 등의 계획을 가지고 군을 거쳐 도에 올려 도지사 심사를 거쳤을 때, 그 사업 자체가 대단히 좋고 현지 주민이나 향토예비군의 의욕이 대단히 왕성하고 또 자기들 부담이 대부분이고 지방정부나 중앙정부에 대해서 도와달라는 부분이 비교적 적은 사업이면 국가가 점차 이걸 도와주었으면 좋겠다는 말입니다. '노임이나 재료비 등을 합쳐서 100만 원이 드는 사업인데 80만 원 내지 90만 원을 우리 노력으로 하겠다, 20만 원만 달라, 20만 원은 다리를 놓는데 드는 시멘트 몇 부대값이니 그것만 도와달라, 그러면 나머지는 우리가 하겠다'든지, 혹은 '산에 나무를 심는데 다른 건 전부 우리가 할 테니, 묘목값이나 배수로를 만드는 데 공작물 같은 것만 도와달라'는 식의 건의 말입니다. 이런 경우, 중앙에서 자꾸 도와주면 도처에 모범적인 부락이 생기지 않겠는가 생각됩니다. 그것도 겉치레만 하는 것이 아니라, 가급적이면 생산과 직결되는 일을 권장하는 게 좋겠습니다."

"정부는 금년예산에서 특별교부금으로 약 30억 원을 각 도에다 나누어주었습니다. 아마 내년쯤이면 특별교부금도 더 많아질 겁니다. 도지사는 그 중에서 몇천만 원 정도는 그런 사업에 쓸 수 있도록 하되, 그 대신 철저한 심사를 거쳐 가장 의욕적이고 가장 효과적인 좋은 사업 몇 개만 골라 지원·육성하도록 하십시오. 1년쯤 후에 다시 심사하여 그 중 가장 성공적이라 생각되는 부락에는 도지사가 상금을 100만 원 정도씩 주는 방법도 좋겠습니다. 그렇게 된다면 그 부락은 그 돈으로 또 다른 사업을 추진할 것이며 우리는 앞으로 이런 부락을 점차 늘려 가는 운동을 추진해 볼 필요가 있지 않느냐 생각합니다."

"그 운동을 '새마을 가꾸기 운동'이라고 해도 좋고, '알뜰한 마을 만들기'라고 해도 좋을 것입니다."

“정부에서 이런 안이 나오지 않더라도 지사나 군수들이 시, 군 자체 예산범위 내에서 할 수 있는 일이 있다면 중앙과 직접 관련이 없더라도 권장하도록 하십시오. 우리 농촌이 앞으로 몇 년 내에는 산에 나무도 푸르러지고 부락이 전부 아담하게 가꾸어지고, 농사를 지어도 보다 더 알뜰히 짓고, 같은 농사를 지어도 동네사람들이 모여 앉아 보다 수익성이 높은 것을 심자고 의논하며, 또 우리 마을 근처로 고속도로가 나니 어떻게 이용하면 되겠느냐, 금년부터는 고등소채를 하자… 는 식으로 스스로 연구하고 아이디어를 짜내고 계획을 세우는 분위기를 점차 불어넣어야겠습니다. 이런 것이 제대로 잘 되는 농촌은 빠른 시일 내에 일어납니다.”

“주저앉아서 그저 못 사는 게 팔자소관이라고 한탄하고, 나아가서는 정부가 우리를 도와주지 않아서 못 산다고 원망이나 하며, 내가 못 사는 게 남에게 책임이나 있는 것처럼 불평이나 하는 농민들은 몇백 년을 가도 일어날 수 없는 것입니다. 의욕이 없는 사람은 도와줘 보았자 돈만 낭비될 뿐입니다. 의욕이 왕성한 부락이 도처에 자꾸 늘어나야 합니다. 처음에는 숫자가 적겠지만 몇 년 후에는 대부분이 그런 동네가 되어야 합니다. 그래서 아주 게으른 사람들만 모여 사는, 낙후되어 보기 싫은 동네는 가끔만 보일 정도의 역현상이 나타나야 합니다. 중앙에서도 지금 이런 연구를 하고 있지만 지사들도 한 번 연구를 해보는 게 좋겠습니다.”

“모범적인 부락도 여러 군데 있습니다. 특히 경북 청도 같은 곳을 한 번 보십시오. 천안, 대전 부근에 있는 뻘건 농촌하고 비교해 보십시오. 같은 농촌인데 왜 이렇게 달라지겠습니까?”

❖ 박 대통령의 고뇌에 찬 절규

나는 그날, 이 연설에 담긴 박대통령의 굳은 의지와 집념이 '5·16 이후 10여 년간 박 대통령 스스로 절차탁마(切磋琢磨)하며 쌓아온 경험을 기초로 한 깊은 생각에서 우러나온 부르짖음'이 아닐까, 마음에 사무치게 느꼈다. 그것은 행정(行政)과 농촌마을들이 고착된 현실의 늪에 가라앉은 채 역동적인 활동의 동력을 잃고 있음을 통감하고 우리 농촌의 새로운 역사(歷史)를 만들어 가기 위한 목표와 방법을 제시한 것이었다. 그리하여 그간의 시행착오와 현장확인 결과 등에 의거해 공직자들의 망각 속의 자료들을 바로 현장에서 눈으로 보는 듯 펼쳐 인간 근원(根源)에의 향수(鄕愁)를 유발함으로써 스스로 상실된 기억과 책임을 떠올릴 수 있도록 유도하였던 것이라 하겠다.

한편 이 연설은 무디어지려는 공직자의 양심을 회복하고 무사안일의 배격과 창의노력을 촉구한 계기가 되기도 했다. 덧붙여 말하면 과거의 흔적을 현상에 비추어 가장 시급한 과제인 가난의 굴레에서 벗어나 농촌 근대화의 미래를 여는 초석을 다듬는 데 있었다.

그렇다면 이 연설내용이 갖는 의미를 다시 한 번 재조명해 본다.

첫째, 이 결단은 어느 날 갑자기 하루아침에 이루어진 것이 아니라는 것이다. 1960년대 1, 2차 경제개발 5개년 계획(1962~1966: 1967~1971)과 식량증산 7개년 계획(1965~1971)을 끝낼 무렵까지만 보더라도 박정희 대통령의 신년사 또는 연두교서에는 거의 매년 "근면과 검소"를 행동강령으로 삼아 "증산, 수출, 건설"에 총매진할 것을 국민에게 호소했다. 오늘날에도 현장에 가면 그분의 자화상이 보인다. 또한 1962년 8월 전국 이동농업협동조합장들의 업적 경진대회에서 있었던 박 대통령의 친필원고 속에서도 그 뜻을 읽을 수 있다.

> 우리 농촌이 침체와 가난에서 벗어나지 못하고 있는 원인은 과거 위정자들의 정책의 빈곤 및 무능의 소치라는 것은 물론이려니와 모든 농민들의 자조적 노력과 자각심이 부족한 것도 숨길 수 없는 사실입니다… 본인은 최근 호남 일대의 농촌을 다녀왔습니다. 전남의 "모범농촌 조성운동"과 전북의 "보고가는 마을운동"은 확실히 우리나라 농촌에 혁명을 일으키고 있는 "상록수운동"이라고 생각합니다. 이러한 운동의 목표는 "잘 살아보자"는 것입니다. 이 운동이 앞으로 계속 활발히 추진된다면 우리의 농촌에는 수년 이내에 기적적 현상이 일어날 것을 확신하는 바입니다… 이러한 부락에는 반드시 건실하고도 의욕적인 농촌지도자가 있었습니다. 여러분들과 같은 애향심이 강하고 부락민들을 단합시키고 부락민들의 의욕을 북돋아줄 수 있는 지도자가 꼭 필요한 것입니다.… 본인이 항상 강조하는 바와 같이 하늘은 스스로 돕는 자를 돕는다고 했습니다. 그런 자조정신이 없는 농민들을 정부가 다 같이 도와줄 수는 없습니다.…(조갑제, 《내 무덤에 침을 뱉어라 / 근대화 혁명가 박정희의 생애》, 제11부 국가개조, 조선일보 1998. 12. 11).

둘째, 바바라 W. 투크만(1912~?)은 그의 저서 《우행(愚行)의 세계사—트로이에서 베트남까지》(*The March of Folly: From Troy to Vietnam*, 오오고소·요시코(大社淑子) 역)에서 영지(英智)란 경험에 의한 판단이라 했듯이 이 연설이 있기까지 박 대통령은 많은 것을 느꼈고, 많은 것을 보았고, 많은 것을 체험했다. 그 중에서도 "재건국민운동"(1961~1964)과 "농어민 소득증대 특별사업"을 비롯하여 그동안 겪은 한·수해 대책과 부분적으로 추진했던 일련의 지역사회개발사업 등이 주된 맥락을 형성한 것이라 하겠다. 박진환 박사[1]는 그의 저서 《경제발전과 농

1) 서울대학교 농과대학 농경제학과 졸업(1952), 미국 미네소타대학교 전임강사(1954), 서울대학교 농과대학 교수(1959~1970), 대통령 경제담당 특별보좌관(1970~1979), 농업협동조합전문대학 학장(1980~1992), 북방농업연구소

촌경제》(박영사, 1987, pp. 303~306)에서 다음과 같이 말했다.

> 어떤 사석에서 박 대통령은 회고하기를 새마을운동은 한국의 농촌부흥을 이룩해 보려는 그의 세 번째 시도였다고 하였다. 첫 번째와 두 번째는 성공하지 못하였으나 세 번째 것은 그런대로 성공했다고 회상하였다. 그 첫째번의 시도는 1960년대 초 5·16 군사혁명 직후에 있었던 재건국민운동이었다. 이 운동이 노렸던 궁극적 목표도 농민들의 자조정신을 높이려는데 있었다. 따라서 재건국민운동의 이념이나 신조는 새마을운동의 그것과 거의 비슷한 것이었다. … 그리고 1960년대 말기에 실시한 농어민소득증대 특별사업이었다. 이 특별사업은 전국 각지에 비닐하우스, 양잠, 양송이, 과실, 담배, 연안양식, 비육우 등의 주산단지를 조성하는데 정부가 참여하는 것이었다. 전국 여러 곳에 조성한 주산단지마다 일련번호가 매겨졌으며 박 대통령은 일련번호별로 주산지 조성사업을 하나하나 점검하기까지 하였다. 소득증대특별사업에는 비록 전체 농가 중의 일부가 참여한 데 지나지 않았지만 박정희 대통령이 세 번째로 시도하게 된 새마을운동의 발상에 중요한 자료를 제공했다. 무엇보다도 그는 다음 두 가지에 관하여 확신을 얻게 되었다. 즉 이제는 군(郡)행정이나 면(面)행정의 공무원들이 농촌개발사업을 주도할 수 있게 훈련되고 있다는 것이었고, 다른 하나는 농촌개발을 위한 정부사업에는 농민들의 근면, 자조, 협동의 정신이 선행적으로 요구된다는 것이었다.

셋째, 발등에 불이 떨어져야만 긴장하는 공직자의 안일한 타성을 경고하고 예방행정이 최상의 행정임을 강조한 것이다. 《회남자》〔淮南子, p. 396. 저자는 일반적으로 전한(前漢)의 회남왕(淮南王) 유안(劉安, B. C, 179~122)이라함〕는 "명의(名醫)는 항상 무병(無病)의 병을 다스리므로

명예회장(1995~현재).

병(病)이 없고, 성인(聖人)은 항상 무환(無患)의 환(患)을 다스리므로 환(患)이 없다" 했다. 즉, 아무 탈이 없을 때 다가올지 모를 탈을 미리 막는 것이 다스림의 극치라 하는 이 교훈은 2100여년이 지난 오늘날에도 진부하지 않다 하겠다.

넷째, 우수마을 우선지원의 원칙을 천명했다. 공동체(共同體) 구성원의 의욕이라는 측면에서 우리 사회를 살펴볼 필요가 있다. 국가를 비롯한 모든 조직의 발전과 진보의 가능성은 본질적으로 무엇엔가 도전하고 모험하려는 의욕에 달려있다. 개개 마을이나 개개 주민의 의욕 부재를 중요한 문제점으로 지적하면서 적극적으로 한발 앞을 생각하고 발을 내딛는 자발적 의욕적 자세를 촉구한 것이다. 따라서 마을 공동사업에 대한 재정지원은 지원과 자조노력을 연결시켜 먼저 자조적 열성에 따라 잘 하는 마을을 우선 지원함으로써 주민들의 참여를 유도하고 자조의 참된 가치를 깨닫게 한 것이다. 이는 커뮤니티(*community*)의 싹(芽)을 소중히 육성하여 이를 앞으로의 새마을운동과 "주민참가 행정"의 중핵(中核)으로 더욱 그 위치를 부여하는 것을 시사한 것이라 하겠다.

다섯째, 지방행정기관의 장은 주민에 대하여 "해주겠다"라는 감각보다 공복(公僕)으로서 사업이나 문제제기의 발상을 주민에게 무게를 두도록 시사한 것이다. 새로운 신바람을 일으킬 수 있는 마을의 합의된 목표를 도출하기 위하여 마을 공동관심사에 대하여 고장사람들이 자발적으로 모여 연구하고, 토론하는 열린 마당을 권고하고 있다. 마을 공공사업을 합리적이며 지역사회의 자각, 즉 자신들이 무엇을 하고 앞으로 무엇을 만들어갈 것인가를 분명히 깨닫고 기꺼이 자신의 역할과 의무로서 받아들여지는 과정을 포함하여 지역지도자와 주민이 일체가 된 자발적인 움직임이 동반되어야 한다는 점을 가르쳐 주고 있다.

바로 이것이 풀뿌리 자치의 훈련장으로 승화하는 동기를 부여하는 또 하나의 점화가 되었다 하겠다.

❖ 새마을운동, 역사적 발걸음을 내딛다

이 지방장관회의를 계기로 해서 1971년도에는 전국의 33,267개 행정 리·동에 대하여 시멘트 335대씩을 똑같이 지원하여 각 마을 리·동 단위에서 1단계 실험사업이 추진되었다.

새마을운동의 출범사업은 새마을 가꾸기 사업이었다. 이 가꾸기 사업은 새마을운동의 기본적인 사업 가운데 하나로서 생산기반 조성과 소득증대, 그리고 마을의 환경을 개선하는 작은 일로부터 시작하여 점차 확대되어 갔다. 사업의 선정을 비롯한 중요계획은 마을의 여건, 사업의 성과, 활용도, 설치 후의 유지관리 등 제반사항을 감안하여 마을 단위 주민총회에서 결정토록 하였으며 그 집행은 새마을지도자 및 리·동 개발위원회 주관하에 전 주민이 자율 참여토록 하였다. 주민부담 역시 주민총회에서 결정하되 현금부담은 가급적 억제토록 하여 주민부담이 과중되지 않도록 하였다. 《한국지방행정사》(내무부, 1998, pp. 1664, 1708) 에는 이렇게 기록하고 있다.

> …이 새마을 가꾸기 실험사업은 처음 시도된 사업으로 추진하는 과정에서 여러 가지 문제점이 없지 않았지만 정부지원은 시멘트 값으로 모두 41억 원에 불과하였으나 사업을 통하여 주민들이 이룩한 성과는 그 3배에 상당하는 122억 원으로 평가되는 놀라운 성과를 거두었을 뿐 아니라 이 사업을 통하여 많은 교훈을 터득하게 되었다. …첫해의 새마을 가꾸기 사업이 어느 정도 성과를 거두게 되고 여기에서 얻은 자신감이

힘이 되어 1972년도부터 보다 본격적인 추진을 보게 되었고 한마을 한 마을씩 점차 가열된 새마을의 열기는 마침내 요원의 불길처럼 마을에서 마을로 번져나가게 되었다. …

박 대통령, 우수마을 우선지원 원칙 천명

1971년 9월 17일 이 해의 실험사업을 결산하는 전국 시장·군수 비교행정회의(대구)에서 박 대통령은 유시를 통하여 "새마을 가꾸기 운동의 전국적인 파급"과 "농촌지도에 앞장서는 지도자의 훈련"을 강조함으로써 새마을운동은 본격적인 전개를 서두르게 되었다.

제1차년도 새마을사업의 성과를 분석한 결과 전국 33,267개의 마을 가운데 16,600개의 마을은 기대 이상으로 많은 사업을 훌륭하게 수행한 반면에 그 밖의 마을은 결과가 보잘 것 없었다. 그 원인을 분석해보니 많은 사업을 훌륭하게 수행한 마을에는 역시 돋보이는 지도자가 있었고, 그렇지 못한 마을에는 지도자가 없거나 있더라도 제 역할을 다하지 못했다는 것이 그 원인으로 밝혀졌다.

특히 이 기간중 마을 지도자를 중심으로 모든 주민들이 협동하여 열심히 일한 부락은 놀라운 성과를 보여 줌으로써 이 사업을 추진한 행정기관과 주민들에게 "하면 된다"는 자신감을 갖게 해주었음은 물론 새마을지도자의 역할이 얼마나 중요한 것인가를 일깨워 주었다.

제2차년도 새마을운동 추진에 있어 첫해의 사업평가에서 반응이 좋았던 16,600개 마을에 한해서 지원하게 되었다. 그것은 박 대통령이 특별히 강조한 우수마을 우선지원 원칙에 의해서였다.

제2차 새마을운동(1972)에 박 대통령은 중대한 결심을 하였다. 제2차년도는 첫해에 반응과 성과가 좋았던 1만 6천 6백 마을에만 마을마다 평균 시멘트 500부대와 철근 1톤씩을 배분해 주는 지원계획을 세우라고 지시했다. 즉, 잔여 약 1만8천여 마을에는 전혀 지원하지 말라는 지시였다. 지시를 받은 내무부가 제외된 마을사람들의 반발이 클 것이라고 먼저 난색을 표했다. 또한 이와 같은 방침을 전해들은 여당에서는 대경실색했다. 지원대상에서 제외된 부락민들이 다음 선거 때 지지해 주지 않아 공화당이 망할지 모른다며 박 대통령의 재고를 강력히 요청했다. 박 대통령은 해묵은 농민들의 의타심을 고치고 자조정신을 불러일으키는 길은 오직 자기 스스로 노력하는 마을에만 그 노력한 만큼 지원한다는 신상필벌 원칙뿐이라고 확신하고 요지부동이었다.

어느 날 청와대에서 열린 당정협의회 석상에서 박 대통령은 "스스로 노력하고 협동하는 마을은 적극적으로 돕되 노력하지 않거나 협동하지 않는 마을은 돕지 않겠다. 이 길만이 수천 년 내려온 의타심을 뿌리 뽑고 자조하는 정신을 자각시키는 길이다. 이와 같은 방침으로 설령 선거 때 표를 못 얻어져서 정권을 내놓는 한이 있어도 이 신상필벌의 원칙만은 바꾸지 않겠다"고 강조하였다.

이에 대하여 김정렴 비서실장은 "박 대통령의 방침이 백번 옳지만 지원대상에서 빠진 부락이 계속해서 빠지면 정치적으로 큰일이라고 내심 불안한 마음을 씻기 어려웠다"고 회고록에서 기술하고 있다. 그런데 "이때 농민들의 놀라운 반응이 나타났다. 지원대상에서 빠진 마을 중에는 자진해서 자력으로 새마을사업에 참여한 마을이 3분의 1 이상인 6,108개나 되었다. 이 마을들은 하등 불평 없이 초년도의 미진함을 반성하고 앞으로는 더 잘 하겠다고 다짐했다."

이에 대하여 박 대통령께서는 "우리 농민들이 얼마나 훌륭하냐! 나의 진실을 이렇게 알아주다니!" 하면서 "농민들이 새마을운동이야말로 우리 마을을 잘 살게 하는 운동이라는 것을 잘 인식한 점에 큰 감명을 받았다"고 덧붙였다. 한편 "박 대통령은 근면·자조·협동하여 우수한 성과를 올린 마을부터 우선적으로 지원한다는 원칙을 확고히 세우고 주민들의 참여도에 따라 전국 3만5천 개 마을을 기초마을·자조마을·자립마을의 세 가지로 구분하였다" 했다(김정렴 회고록, 《한국경제정책 30년사》, pp. 189~190).

❖ 새마을운동에 정치성을 철저히 배제하다

1970년대 초반 새마을운동이 농민들에게 올바로 인식되고 요원의 불길처럼 전국 방방곡곡에서 일어날 때 여당에서 새마을지도자에게 당원가입을 권유하는 안이 검토 성안된 바 있었다. 이 안을 공화당 간부로부터 보고받을 때 박 대통령은 일찍이 나타낸 바 없는 불쾌한 표정으로 "누구를 막론하고 새마을운동을 정치적으로 이용해서는 안 된다. 새마을운동이야말로 농민들에게 근면·자조·협동의 정신을 일깨워 농민이 잘 살고 마을을 잘 살게 하며 나라가 잘 되게 하는 순수한 국민운동으로 승화·지속되어야 한다. 과거부터 공화당 당원이던 사람 중 새마을지도자로 뽑힌 경우 공화당을 떠나라고 할 수는 없으나 단 한 사람이라도 새마을지도자를 새로운 당원으로 가입시켜서는 안 된다"고 강경한 태도를 보였다.

그리고 청와대비서실에는 이 점이 잘 지켜지는지를 항상 파악해서 보고하라는 엄명을 내렸다. 이보다 좀 앞서 청와대비서관 중 한 사람이 마련한 청소년문제에 대한 연구건의서 중 농촌지역에 있어서는 4H 클럽운동을 지원하고 이들 회원을 여당 청년당원으로 가입시키는 안을 제출한 바 있었다. 이때에도 박 대통령은 건의안 표지에 붉은 글씨로 "4H클럽운동의 건전한 발전을 위하여 필요한 지원은 적극 계속하되 절대로 정치적으로 이용해서는 안 된다"고 쓰고, 이 지시를 관계기관에도 주지시키도록 했다. 새마을운동에서 정치성을 철저히 배제하라는 박 대통령의 지시는 그 후 엄수되었다(김정렴 회고록, 《한국경제정책 30년사》, pp. 191~192)

이런 과정을 통해 새마을운동의 열기는 나날이 더해가 나라 전체에 커다란 변화의 새바람을 일으키기 시작했다.

하면 된다, 할 수 있다

❖ 불이 꺼지지 않는 지방관서와 마을회관

새마을운동에 향심력(向心力) 결집

농촌에서 시작된 새마을운동은 그야말로 범국민운동으로서 점차 도시, 직장, 가정으로 점화되어갔다. 온 국민이 근면, 자조, 협동으로 일치단결되어 우리 역사의 가장 숭고하고도 열의에 찬 서곡이 울리기 시작했던 것이다.

1970년 4월 22일 부산에서 열렸던 전국 지방장관회의에서 밝힌 박 대통령의 연설은 공무원이나 주민들로 하여금 스스로의 목소리임을 깨닫게 했고 지방관서를 비롯하여 마을에 이르기까지 공감대가 형성되어 지체없이 실천으로 옮겨졌다. 즉 농민이나 공무원들 개개 심금에 와 부딪쳐 공명(共鳴)의 맞장구 소리를 일으킨 것이다.

지방관서는 첫 새벽이 될 때까지 불이 켜져 있는 것이 보통이었으며 마을회관도 마찬가지였다. 그때의 불빛은 지금도 나의 뇌리에 생생하다. 부녀자는 저녁 설거지를 끝내야 하고 남자들도 낮일을 마치고 들판에서 돌아와야 마을집회가 이루어지기 때문이었다. 그 모임에 꼭 참석하지 않아도 되는 주민들이라 할지라도 물끄러미 바라보고 있을 수만은 없어 새참, 막걸리 한 주전자라도 들고 찾아봐야 했다.

시작 초기에는 모든 것이 미지(未知)와의 조우였다. "하면 된다, 할 수 있다." 더듬질하고 모색하면서 가지각색의 시도를 전개하는데 골몰하였다. 어쨌든 길을 열고 앞으로 나아가지 않으면 다른 마을에 뒤처질 수밖에 없었다.

지방관서에서도 과거와 같이 자기 소관의 법령이나 중앙 지시만을 궁리하던 시대는 지난 것이다. 또한 과거 같으면 "권한이 없다", "돈이 없다", "그러므로 일을 하고 싶어도 못한다" 하며 책임회피의 방편을 내세울 수도 있었으나, 앞으로는 이와 같은 조건 하에서도 제도의 벽을 넘는 지혜와 용기는 도지사·시장·군수·읍·면장, 동·리장(洞·里長) 스스로가 갖는다는 점에 무게가 실리게 되었다. 다시 말하면 "주어진 대로 일하면 족하다"는 수동의 자세가 아니라, "스스로의 창의와 노력으로 앞으로 발을 내디딘다"는 적극적이고도 자발적, 의욕적인 자세가 요구되었다. 이 점에서는 마을도 예외일 수 없었다.

그러나 농촌개발사업에 대한 내부 부서간 기능의 중복으로 마찰과 비효율성이 나타나는 경우도 있었고 그 운동의 뜻과 목표를 표현하는 명칭도 "복지마을", "잘 사는 마을", "앞서가는 마을", "보고가는 마을" 등 지나치게 다양한 호칭이 사용되고 있어 농촌·농민측에서 볼 때 전시성이나 혼란을 일으키는 문제점도 없지 않았다. 이러한 것이 "새마을 가꾸기 운동"으로 윤곽과 가닥이 잡힘에 따라 실마리가 풀리게 되었다. 이 경험을 토대로 농촌개발의 기본방향은 "새마을운동"에 향심력(向心力)이 결집되었다.

❖ 변화의 새모습들

내가 대구시장으로 재직하던 1970년대 초, 대구 범어동 마을금고 회원들의 모임이 있어 늦은 밤에 새마을회관을 찾았다.

마을금고란 "좀도리" 저축이라 하여 농촌마을의 주부들이 아침 저녁 밥을 지을 때마다 쌀 한 순가락씩을 덜어내 부엌에 별도로 마련한 항아리에 한 달간 모은 것을 마을에서 공동으로 판매, 그 돈을 개인별로 마을금고에 저축한 데서 출발되었다.

회의장 한 복판에 자리한 무연탄 난로 위에 얹은 큰 냄비에서는 메주처럼 띠운 경상도식 콩비지가 시금털털한 냄새를 풍기며 부글부글 끓고 있었다. 나는 문득 거기에 눈길이 쏠렸다.

"이게 뭐요?"

"시장님께 막걸리 한 잔 대접하려는 안주 아닙니꺼, 우리 회원들 밤참이기도 허고예."

남녀노소 가릴 것 없이 한 잔하며 선후배간 마음과 정이 표출되는 순간이었다. 그 모습은 나로 하여금 마음을 나누는 끈끈한 정(情)의 교실이요, 새마을운동에 대한 애정과 풍요로운 인정을 새삼 상기시켜 주었다.

그런가하면, 대구 근교 초가집이 즐비하던 산기슭 빈촌에 불어닥친 새마을 가꾸기의 열기에 신기하다는 듯 내 손을 잡던 어느 노인의 말도 나는 아직 잊을 수가 없다. "지붕개량을 해노니 초가지붕 썩은 자리에 득실거리던 '노래기(馬陸: 마디발 동물로 길이는 3mm에서 28mm까지 있으며 고약한 노린내를 풍긴다)'가 없어졌어예. 또 하수도를 저래 새로 만드니 모기도 없어지고예."

그뿐 아니었다. 우물을 없애고 간이 상수도를 설치함으로써 장티푸스 등의 질병 걱정이 줄어들었으며 지게를 지고 다녀야 했던 좁은 마을 안길을 확장시킴으로써 경운기나 수레까지 드나들 수 있게 된 것이다. 또한 부엌은 입식으로 바뀌었고 화장실 또한 수세식으로 개량한 집이 생겨 마을의 모습은 하루가 다르게 정화되어갔다.

새마을운동이 일어나기 전, 입 하나라도 덜기 위해 고향을 떠났던 사람들에게 귀향이란 그다지 즐거운 일이 아니었다. 뿌리 깊은 가난으로 고향이 그들을 받아들이지 못한 탓도 있겠으나, 그들에게 역시 고향이란 즐겁지 못한 일들만 기다리는, 보기 싫은 곳이었다. 고향엔 정다움이 아닌, 가난과 한숨, 그리고 눈물만이 있었고 못 먹어 부황 든 가족의 슬픈 모습만 가득했기에….

이를 대변해주는 것이 당시 유행되던 한 맺히고 기구한 노랫가락들이다. "고향이 그리워도 못 가는 신세…", "타향살이 몇 해든가 손꼽아 세어보니…" 등이 그것이다. 그러나 이런 한 맺힌 가사들이 신명나는 새마을노래로 바뀌어 확성기를 통해 마을마다 흘러나왔다.

"새벽종이 울렸네/ 새 아침이 밝았네/ 너도 나도 일어나/
새마을을 가꾸세/ 살기 좋은 내 마을/ 우리 힘으로 만드세…"

이제 도시로 떠난 사람들에게 고향은 즐거운 곳이 되었다. 지저분한 화장실, 불편했던 부엌, 초가집 같은 것들은 더 이상 고향의 모습이 아니었다. 도시에서 번 돈을 고향에 투자(?)하는 사람들마저 생겨났다. 부엌을 개량하라고 아들이 주고 간 돈, 화장실을 고치라고 사위가 쥐어준 돈… .

당시 새마을가꾸기 사업 준공기념으로 주민잔치가 벌어졌던 대구시

서구 평리동에서 나는 어느 새마을지도자의 말을 듣다가 주민들과 같이 얼싸안고 운 일이 있다.

"하이고 시장님, 이제 저희 마을루다가 시집장가 오겠다는 처녀총각들이 늘어갑니다."

파전, 보신탕에 막걸리를 차려놓고 이젠 살기 좋아졌다고 즐거워하던, 그 탁배기처럼 순박하던 사람들… 그들이야말로 새마을운동의 주역이 아니던가. 악수하는 주민의 손바닥에는 돌같은 굳은살이 박히고 손등은 마치 두꺼비 등과 같았다.

신문지상을 장식하던 연탄가스 사고, 거리마다 들려오던 혼분식 장려의 구호, 그러나 국민 모두가 근면으로 협동하여 자조의 노력을 게을리 하지 않았다.

"옛날엔, 가스중독으로 죽었는데 이젠 교통사고로 죽게 됐으니 세상 참 많이 변했습니다. 공무원과 결탁해 술 먹다 변을 당한 사람들은 그래도 싸지만요…."

얼마 전 택시 안에서 들었던 기사양반의 푸념처럼 당시는 무연탄 사고가 비일비재하여, 연일 연탄가스 중독으로 인한 사망자들의 이야기가 보도될 정도였다.

또한 쌀 자급자족이 어려웠으므로 혼식 분식 장려는 농촌뿐 아니라 도시까지 파급되었다. 초등학교에서조차 도시락 검사는 엄격했다.

"선생님들께서 일일이 젓가락으로 도시락을 파 헤집어 보실 정도였어요. 혼식 30%가 넘어야 통과되었습니다. … 당시엔 학교와 가정이 한 호흡으로 숨쉬었습니다. 지금 같으면 어림도 없는 일이지요. 만일 지금 학교나 국가에서 혼분식을 장려한다면 학부형들이 과연 과거처럼 그렇게 응해줄지 의문입니다."

현재 고교 교사로 재직중인 K씨(49세)의 술회이다.

"새마을운동이 시작되었을 때, 저는 초등학교 3학년이었습니다. 매일 아침이면 내 집 앞을 쓸었고, 학교에 오면 빗자루를 가지고 나가 운동장을 깨끗이 청소했습니다. 점심시간에는 '들에는 맑은 햇살… 혼식 분식에 약한 몸 없다'는 노래가 스피커를 통해 들려왔지요. 전교생이 부르던 노래였습니다. 또 매주 수요일은 분식의 날이라 하여 빵이나 국수 등을 먹었어요. 하지만 혼분식을 먹었다 해서 우리 시대 사람들이 굶어 죽었습니까? 못 먹어서 건강에 이상이 생겼습니까? 당시는 성인병도 지금처럼 만연하지 않았어요. 지금은 과식 때문에 성인병으로 인한 사망률이 얼마나 높습니까? 언젠가 이승은·허헌선 씨의 《엄마 어렸을 적엔》(조선일보사, 1997)이라는 책을 보니 거기 정말 우리 세대들의 가슴저린 이야기가 그대로 적혀있더군요. 그렇습니다. 우린 껄끄러운 그 밥 나눠 먹고도 미루나무 큰 키로 자랐거든요…."

현재 마흔여덟 살 주부인 서울시 강남구 개포동 E씨의 말처럼 1970년대 혼분식 장려는 전국민, 더 나아가서는 외국 관광객들에게까지 적용될 정도로 확고한 대국민 약속이었다.

일본의 유명한 작가가 쓴 《한국기행》이란 책에는, 한국으로 수학여행 온 일본의 고등학생들이 관광호텔에서 식사를 하는데 보리쌀이 섞여있어 밥을 넘기기 어려웠다는 고통과 모국고향의 고마움이 가슴 속 깊이 사무치더라는 기사가 실려 있는 것을 본 일이 있다. 이런 사례 하나만으로도 그 당시의 우리나라 식량사정과 혼·분식 정책을 짐작할 수 있다.

그러나 곳에 따라서는 시행착오도 없지 않았다. '실패는 성공의 어머니'라고 말하나, 실제로는 성공이 성공을 낳는다. 보통사람들은 한 번 실패하면 겁쟁이가 된다. 실패의 기억에 사로잡혀 어느 사업에도 자신감이 결여되고 마는 것이다. 반면 성공한 경험은 자신감을 축적시킨다. 당시 새마을운동 역시 이미 성공사례를 통하여 "하면 된다", "우리도 할 수 있다"는 믿음이 있었기에 어떠한 어려움이 닥쳐도 끈기 있게 도전하는 집념을 가능케 하였으니 성공이야말로 성공을 낳았던 것이다.

❖ 문제는 실천이다

박 대통령의 친필 메모 · 연설에 담긴 뜻

박 대통령이 "새마을 가꾸기 운동"을 제창하여 전국 방방곡곡에서 한창 전개되던 1972년 5월 18일, 전남 광주에서 전국 새마을소득증대 경진대회가 열렸다.

여기에서 박 대통령은 손수 쓴 메모를 통해 "나도 그동안 여러 부락을 찾아가 보고, 보고를 통하여 듣고, 우리 농민들이 우리도 한 번 잘 살아보겠다고 몸부림치는 모습을 보고 감명을 받았다. 도지사 이하 시장, 군수 기타 모든 일선 공무원들이 토요일, 일요일도 없이 점퍼 차림에 밤낮을 가리지 않고 뛰어다니면서 이들을 지도하고 격려하면서도 지칠 줄 모르고 보람을 느끼는 것도 우리 농민들의 부지런한 모습에 감동되었기 때문이다"는 격려와 함께 새마을운동의 뜻, 정신, 기본방향, 방법 등에 대해 소상히 밝혔다. 이것으로 새마을운동은 한 단계 더 약진하는 계기를 맞게 되었다. 그 친필 메모에 의한 연설 중 일부 내용을 옮겨본다.

> … 속담에 논어를 읽고도 그 뜻을 모른다는 말이 있다. 새마을운동이란 시멘트와 철근을 가지고 농로 닦고 다리 놓는 것 등의 일이다. 쉽게 말하자면 잘 살기 운동이다.

● 근면, 자조, 협동의 정신은 새마을운동 견인차였다. 박정희 대통령 친필(1975년)

그렇다면 어떻게 사는 것이 잘 사는 것이냐? 방법은 다 알고 있다. 문제는 실천이다. 부지런해야 잘 산다. 자조정신이 강해야 잘 산다. 온 마을사람들이 협동정신이 강해야 잘 산다. 혼자만 부지런해도 안 된다. 온 집안식구 전부가 부지런해야 한다. 한 집만 부지런해도 안 된다. 온 동리사람 모두가 부지런해야 한다. 온 동리 사람들이 전부 부지런하면 협동도 잘 된다.

근면, 자조, 협동 이것이 바로 새마을정신이다.

이제부터 이 사업은 직접적인 소득증대사업으로 이끌어 가야 한다. 단, 새마을운동을 성공적으로 발전시켜 나가기 위해서는 다음과 같은 사항에 유의해야 한다. 우선 정부관리와 농민들은 성과에 대한 성급한 생각을 버려라. 최소한 5년간은 열심히 지속해야 성과가 보인다. 후손에게 물려준다고 생각해라. 조림사업은 40~50년도 걸린다.

또한 새마을운동은 반드시 농민들의 자발적인 운동으로 계도되어야 한다. 예를 들어 부락민들의 총의에 의하여 농로를 만들기로 결정했다면 군이나 면에서는 측량설계를 도와주고 기술지도를 하고 행정지원을 해주며 기술공무원들을 자주 출장시켜 지도를 해야 한다.

이에 훌륭한 부락지도자의 발굴과 양성에 정부는 계속 노력해야 한다.

> 한 사람의 훌륭한 부락 지도자가 한 마을을 완전히 일어나도록 만든 예가 많다. 이들이 이룩한 업적을 기록에 남기고 후세 역사에 남겨야 한다. 이들이 바로 우리 농촌의 영웅이다. …

이 친필 메모는 새마을중앙연수원 부설, 새마을역사관에 병풍으로 그대로 옮겨져 전시되고 있다. 그 앞에서 걸음을 멈추고 숙연히 서 있는 사람들, 특히 외국인들의 관심어린 표정은 더 눈길을 끈다.

당시 대구시장으로 재직하던 나도 광주대회에 참석했다. 새마을운동에 관한 박 대통령의 지시사항은 1970년 4월 22일 부산에서 열렸던 전국지방장관회의와 1972년 5월 18일의 광주대회에서 거듭 강조되어 전국 방방곡곡으로 급속히 퍼져나갔다. 광주대회 한 달 후 나는 내무부 지방국장으로 전임되었다.

마을주민들이 다양한 새마을사업을 선택하게 되고 그것이 전국적으로 전개되어감에 따라 내무부만으로는 농촌개발을 효과적으로 지원할 수 없게 되어 정부 내에 지방국이 주관하는 새마을추진협의회가 구성되었다. 중앙협의회의 위원장은 내무부장관이 되고 새마을운동과 관련되는 각 부처의 차관, 청장들과 각 농업기구의 중앙기관장들이 위원이 되었다. 시·도, 시·군 그리고 읍·면 단위에서도 도지사, 시장, 군수, 읍·면장을 위원장으로 하는 새마을추진협의회가 구성되어 새마을지도자를 돕게 되었다. 그러나 중앙정부와 지방행정 단위로 새마을추진협의회가 조직되었다는 것만으로 종합농촌개발사업을 위한 정부 내의 협조가 이루어지게 되었다고 말할 수는 없다. 그와 같은 협의기구를 만든다는 것은 쉬운 일이지만 관련 기관들 사이의 실질적인 협조가 더 문제시된다.

그래서 박 대통령은 새마을운동의 추진상황을 파악하기 위하여 매월

열리는 청와대 국무회의에서 전월에 이루어진 새마을운동의 진척상황을 비롯하여 성공사례와 문제점들을 분석해 슬라이드로 보고하게 했다. 한편, 경제기획원이 주관하는 월간경제동향 보고회의에서는 한두 사람의 새마을지도자로부터 성공사례 발표를 하게 하고 발표자인 새마을지도자에게 훈장을 수여하며 격려를 아끼지 않았다.

1년 6개월 나의 내무부 지방국장 재임기간중 가장 힘들었던 일은 박대통령이 주재하는 청와대 국무회의시 전국 새마을운동 진척상황을 보고하는 것이었다고 고백하고 싶다. 하지만 이러한 기회는 바로 새마을운동의 현장에 대한 청야(聽野)와 시야(視野)를 넓히는 계기가 되었고 정부 부처간의 협조와 일선 새마을지도자들의 사기를 진작시키는 데 크게 기여하였다고 본다.

❖ 농촌에서 도시·공장·학교로 확산

정부에서는 농촌새마을운동을 추진하면서 1973년에 전국의 농촌을 계층화하여 기초마을, 자조마을, 자립마을로 분류하고 일정한 기준에 도달한 마을에 대해서는 차상위 마을로 승급시켰다.

이와 같이 전국 마을을 3가지로 분류하고 새마을운동을 추진한 결과, "1976년에는 기초마을이 1%만 남고 모두 자조마을과 자립마을이 되었다. 이는, 즉 새마을가꾸기 사업으로서의 기초환경조성사업이 1976년까지는 대개 마무리된 것을 의미한다. 그리고 1979년에 이르러서는 자조마을 3%를 제외한 나머지 97%가 모두 자립마을화되었다." (《한국지방행정사》, pp. 1681~1682)

이러한 새마을가꾸기 사업을 통하여 마을 주민들 스스로가 얻은 것 중에서 가장 중요시해야 할 것은 물질적인 것보다 정신적인 확신과 자신감이라 말할 수 있다. “하면 된다”, “우리도 잘 살 수 있다”, “고쳐놓고 보니 좋다”는 등 주민들이 공동으로 힘을 모아 어떤 일을 이루고 난 후에 느끼고 깨닫는 마음가짐이야말로 쉽게 얻어낼 수 없는 값진 우리의 정신적 자산이라 아니할 수 없다.

새마을운동이 시작된 1970년도부터 1973년까지는 주로 농촌의 환경개선 사업에 치중하여 전개해온 터이므로 도시새마을의 열기는 비교적 저조한 편이었으나 농민들의 분발과 농촌환경의 크나큰 변혁은 도시민의 관심을 불러일으켜 도시지역에서도 새로운 전환이 조용하게 움직이기 시작했다. 이렇게 하여 1973년부터 도시 새마을운동이 점화됨으로써 새마을운동은 명실상부한 국민운동으로서의 기반을 확고히 다져 가게 되었고 그 열기는 다시 “학교 새마을운동”으로, “공장 새마을운동”으로 파급되어 갔다.

실제로 “새”의 의미는 과거경험을 발전적으로 펴나가는 가치의식과 질서체계의 쇄신적 변화를 뜻하며 “마을”이란 공간적 지역공동체와 사회적 생활공동체의 의미가 함축된 것이다. 즉 새마을이란 잘 살아 보자는 인류 공동의 염원이 담긴 것이니 만큼 농촌에만 국한된 것은 아니었다.

경제개발 5개년 계획의 성공적인 추진에 따른 우리나라 산업화의 급물살은 전국적인 도시화 현상으로 나타났다. 그에 따른 필연적 결과인 인구의 도시집중화로 도시인구의 비율은 1960년에 43%(통계청자료, 2003: 이하 같음)이던 것이 도시새마을운동이 시작된 1973년에는 57%로 늘어났다. 최근(2001년) 그 비율이 92%임을 감안할 때 그간 도시화 진전의 실상을 짐작할 수 있을 것이다.

이와 같은 변화는 기존(既存)의 질서·가치체계 등이 붕괴되면서 시민상호간의 관계가 소원해짐은 물론 이웃간 배려하는 마음 또한 잃어

가고 있었다. 도시새마을운동은 시민이 근면·자조·협동을 바탕으로 도시사회의 부조리를 시정하고 건전한 사회기풍을 조성하여 아름답고 살기 편한 선진도시를 건설해 나가는 운동이라 할 수 있다. 다시 말해서 건전한 시민정신과 선진의식의 함양을 통해 이웃을 돕고 내 고장을 개발하며, 내 나라를 발전시키고 사랑하는 운동인 것이다.

《한국지방행정사》(pp. 1766~1768)에서 도시 새마을운동의 추진과정을 다음과 같이 설명하고 있다. 먼저 1973~1976년까지는 도시새마을운동 기반조성단계로, ① 1973년에는 도시새마을운동을 점화시켰고, ② 1974년에는 매월 1일을 새마을의 날로 정하여 가정, 학교, 직장·단체별로 청소를 실시하였으며, ③ 1975년에는 전국 35개 시에 민간단체 새마을운동 협의회를 발족시켰고, ④ 1976년에는 지역과 직장단위에서 자율참여 기풍을 진작시켰다.

다음으로 1977~1980년까지는 도시새마을운동 본격추진 단계로, ① 1977년에는 깨끗한 도시, 질서 있는 도시, 품위 있는 도시로 가꾸는 3대 시민운동을 전개하였고, ② 1978년에는 정신질서·협동질서·환경질서에 중점, 범국민 3대 질서운동을 추진하였다. ③ 1979년에는 새마을 대청소, 도시녹화 등 10대 중요 구심사업을 설정 추진하였고, ④ 1980년에는 3대 시민운동과 중요 구심사업으로 분류 추진하였으나 10·26사태의 영향으로 다소 침체의 늪을 헤매기도 하였다.

여기서 도시새마을운동에 대한 이해를 돕는 뜻에서 기반조성 단계의 사업 1개년도(1975년) 분만의 구체적인 추진상황을 예거해본다.

"① 골목정비 30,955개소 1,468㎞, ② 하수구 정비 16,063개소 1,038㎞, ③ 도심 하천정비 1,447개소 659㎞, ④ 간판정비 123천 개소, ⑤ 도시녹화 44,866개소 2천 1백만 본, ⑥ 청소운동 111,012회, 79,402천 명, ⑦ 폐품수집 매각 1,673천 점(点), 7억 2천 9백만 원, ⑧

자매결연 지원, 7,726개 마을, 3억 4천만 원, ⑨ 새마을지도자 교육 782회 27,592명, ⑩ 주부대학 운영 223회, 19,672명" 등이 중요 사업으로 되어 있으며 이는 해가 거듭될수록 점차 확대 내실화 되어 갔다.

학교새마을운동

1972년 7월, 문교부는 새마을운동과 연관지어 학교는 지역사회의 개선 또는 개발에 일익을 담당해야 한다고 강조하고 새마을 학교설치 운영 요강을 공표하였다.

학교 새마을운동은 지역사회 학교운동을 지역사회 개발사업과 직접 관련시켜 전국적으로 실시되고 있는 새마을운동에 국민의 참여를 유도하는 특유한 한국적인 학교 교육운동의 한 형태라고 할 수 있다. 다시 말해 새마을운동의 이념과 내용을 학교교육에 받아들여 공동체 의식을 고양하고 보다 적극적으로 교육의 사회화를 기하는 동시에 지역사회 개발에 선도적 역할을 담당하게 하였던 것이다.

학교 새마을교육은 기본방향과 목표설정 행정지원을 통해 초등학교에서 대학에 이르기까지 확산 실시되었다. 그 구체적인 실천방법은 학구(學區)와 학교단위로 실천하되 초등학교는 가정과 학교를 직결하여 학교 새마을운동이 바로 가정 새마을운동으로 연장 실천될 수 있도록 어머니 교실, 주부교실 운영을 강화하고, 중고등학교에서는 학습활동을 통하여 교사와 학생의 기술을 지역 새마을운동에 연계되도록 하였다. 특히 학교 새마을운동을 통해 이룬 산학(産學)협동으로서 공장과 농장 그리고 마을이 바로 학생들의 실습장이 되도록 하고 농촌새마을과의 기술교류를 추진함으로써 학교에서 배운 기술이 바로 지역사회발전에 기여될 수 있게 하였던 것이다.

한편 주부층을 중심으로 한 여성새마을운동이 지역과 직장단체를 통하여 차분히 추진되었고 각급학교가 지역새마을의 거점으로서 시민의 협동적 참여를 촉진하는 계기가 되어 도시새마을운동의 기반을 유기적으로 구축하는데 크게 기여하였던 것이다.

공장새마을운동

그런가 하면 1973년 10월, 상공부에 의해 공장 새마을운동의 기본구상이 "수출진흥 확대회의"에 보고되어 본격적 시행에 들어갔다.

그런데 공장 새마을운동이 점화된 시기가 우연의 일치라고 할까? 기업이 확대성장 과정에서 가장 큰 타격을 받게 된 제 1차 석유파동(1973년 10월 6일부터 시작된 중동전쟁 "아랍-이스라엘 분쟁") 직후였다. 석유파동은 한편으로는 원자재 가격을 급등시켜 국내물가를 크게 자극하여 실질소득 및 수요를 감소시키면서 내수산업을 위축시키는 불경기와 성장의 둔화 및 실업의 증가를 가져왔다. 동시에 수입부담의 증가 및 수출의 둔화현상은 국제수지 적자의 폭을 크게 늘려 놓았다.

이러한 악조건에서 시작된 공장 새마을운동은 처음부터 흐트러진 종업원의 마음을 새마을정신으로 재무장시켜 에너지 절감, 물자절약, 원가절감, 생산성 향상 쪽에 역점을 두지 않을 수 없었다. 따라서 초기 운동의 기본목표는 거의 대동소이하게 불황타개 혹은 경영체질 강화에 초점을 맞추어 유효적절하게 운영되었다.

경제단체 간부… 새마을 교육

그러나 농촌새마을운동의 활발한 전개에 비하여 도시의 지도층은 새마을운동을 농촌에 국한된 것으로 인식하여 무관심 또는 방관하고 있는 실정이었다. 따라서 도시지역의 새마을운동을 불붙이기 위해서는 지적(知的) 생활수준을 갖고 경제적으로 영향력이 큰 도시지도층에 대한 새마을교육 실시의 필요성이 제기되었다. 이 방안이 동시에 공장새마을운동을 활성화하는 첩경(捷徑)이 되는 것으로 판단되었기 때문이다. 그래서 상공부와 내무부가 공동주관이 되어 국영기업체 간부를 주축으로 하는 경제단체 간부 새마을교육 계획을 수립하여 수원에 있는 새마을지도자연수원에 위탁함으로써 1973년 11월 19일부터 경제단체 간부반 교육이 개설되었다. 1974년까지 5회에 걸쳐 416명에 이르는 수료생을 배출하였는데 그 면면을 보면 상공회의소, 전경련, 중소기업협동조합 중앙회, 국영기업체 간부, 우수공장 새마을업체의 사장, 부사장, 이사 등이었다. 1975년에 들어 새마을운동을 전 기업체에 확산시키기 위해 "기업인반 새마을교육"으로 명칭을 바꾸었고, 1977년에는 "공장 새마을지도자반 새마을교육"으로 명칭을 변경하여 공장 새마을운동을 주도할 공장 새마을지도자 교육을 실시하였다.

공장새마을운동 추진본부 발족

1975년 7월, 공장 새마을교육을 강화하기 위하여 대한상공회의소 직할 서울연수원 개원에 이어, 1977년 7월에는 대한상공회의소 내에 공장새마을운동 추진본부를 설치하기에 이른다. 또한 1978년 11월에는 부산연수원을 개원하고 1979년 5월에는 전문지도교육단을 설치함으로써 본격적인 추진체제를 갖추게 되었다. 이 교육은 초기단계 즉 1973년부터 75년까지는 새마을지도자 연수원이 담당하다가 그 이후부터 점진적으로 공장새마을 연수원으로 통합되어 갔다.

전술한 바와 같이 초기 공장 새마을운동은 현실문제 해결에 매달려 왔으나 해를 거듭할수록 보다 거시적인 안목에서 차원 높은 사업으로 재정비하게 되었다. 즉 공장 새마을운동은 근면·자조·협동의 정신으로 노사협조를 통한 생산성향상, 품질개선, 원가절감을 효율적으로 추진함으로써 경영성과를 극대화하고 근로자에게는 복지향상을 도모하여 주인의식을 고취하는 공동운명체 운동으로, 국가적 차원에서는 경제부국을 위한 행동철학으로서 그 가치를 평가받게 되었다.

그 상황에 대해 당시 공장 새마을추진본부 사무국장이었던 강승일 씨(대한상공회의소 전무역임, 현 고문)는 이렇게 술회하고 있다.

> 경영자는 종업원을 가족처럼 생각했고 근로자는 공장일을 내 일처럼 생각하는 분위기였습니다. 공장 안을 자세히 들여다보면 다이내믹한 힘과 공동체 의식을 느끼게 하는 훈훈한 인정을 감지할 수 있었습니다. 모두가 보다 잘 해보려고 노력했고 나보다는 우리를, 그리고 내 몫을 챙기려는 목전의 분배욕구보다는 전체의 소득을 증가시키려는 의욕이 드러났습니다. 매월 1일에는 새마을 조회를, 그리고 격월로 노사협의회를 통해 전 임직원이 하나가 됐다는 일체감이 조성되었습니다. 또 주인의식을 갖고 전직원이 참여하는 분임토의는 연중 계속되었습니다. 분임토의를 통해 제품의 품질을 향상시켰고 생산성을 높였습니다. 그리고 여기서 창출된 이윤을 종업원의 복리를 위해서 투자했습니다. 밖으로는 올바른 국가관과 건전한 근로윤리, 안으로는 애사심과 인화와 질서가 공존하는 노사 공동체였습니다

새마을지도자 연수원 수료記

다음은 새마을지도자 연수원에서 새마을교육을 수료한 기업인들의 소감이다(새마을지도자 연수원, 새마을운동 통신교재 中에서).

> 수많은 수료인사들이 농촌이나 산업전선에서 새마을운동을 힘차게 전개시키고 있어 이미 그 알찬 결실도 풍성히 거두고 있음을 보고 있다. 연수원에서 터득한 애국정신을 바탕으로 본 협회를 중심으로 한 공장 새마을운동도 보다 활발히, 보다 효율적으로 전개시켜 나가고자 한다. 아

직도 이 사회 어두운 구석에 잔존해 있는 모든 부정과 부조리를 제거할 수 있는 길이 있다면 그것은 새마을운동으로 무장된 첨병이 방방곡곡 각계각층에서 새마을 신풍을 일으키는 일이다(1975년 4월 기업인 제7기, 대한무역협회 P회장).

이번 연수를 통하여 벅찬 감격과 감명을 받고 귀임 후 반성과 의욕의 나날을 보내면서 산하 기업체 임직원 전원에게 새마을정신으로 무장하는 일만이 우리의 살길이요 또한 경영합리화에 직결된다는 것과 산업역군으로서 조국애를 발휘하는 길임을 강조하고 공장 새마을운동을 전개하는 중이며, 한편 사생활의 건전화를 위하여 전 가족에게 새마을정신을 고취하는 일에 앞장서고 있다. 어둠에 빛을 약속하여 주는 새마을운동은 모두가 잘 살기 운동이며 민족에게 영광을 돌려주는 운동이라 확신한다(1975년 8월 기업인 제8기, 서울 S통상주식회사 C회장).

[사례 1] 공장 새마을운동의 표석, 목포 행남사

일제 침략기인 1942년, 우리 전통식기였던 놋그릇의 무단수탈로 식기가 부족했던 무렵, 우리 손으로 직접 식기를 만들어 공급하겠다는 창업정신을 바탕으로 건립된 행남자기(전남 목포시 소재)는 1970년대 공장 새마을운동의 표석으로서 전남지역에 공장 새마을운동을 떨쳐 일으키는 데 크게 기여한 바 있다.

농촌·도시 새마을운동과 공장 새마을운동은 확연히 다릅니다. 마을의 경우엔 잘 살아보자는 노력이 곧 자신의 이익으로 환원되지만 공장새마을은 그 이윤이 업주에게만 돌아가는 일이 다반사이거든요. 따라서 노사간의 인간적 유대감과 직원 인센티브제가 없으면 진정한 공동체가 될 수 없습니다.

당시 사내 새마을 담당계장으로서 공장 새마을운동에 큰 기여를 했던 노희웅 상무는 공장 새마을운동에 대해 이렇게 술회한다. 그는 또한 행남사가 우리나라 도자기 산업에 견인차 역할을 할 수 있었던 것에 대해 '기업주가 공장 새마을운동의 리더가 되었기 때문'이라는 말도 덧붙인다.

> 애당초 저희 회사의 노조는 사장님(김준형 회장)께서 술을 사주시면서 설립을 촉구하신 것이 시발점이었습니다. 사실 노조란 서로 같이 잘 살아보기 위한 것이 본래의 취지이지 분규가 목적은 아니거든요.

행남사의 노조는 1965년 설립 이래 단 한 차례의 분규도 발생하지 않았고 그때도 4대 노조위원장이 함께 현장에서 근무함으로써 노사관계의 큰 자랑거리가 되고 있다 했다. 지난 IMF 구조조정 기간에도 300여 명의 잉여인력이 생겼지만 단 한 사람도 해고하지 않아 지역사회로부터 호평을 받은 바 있다.

> 사장님께서는 종업원들의 사기진작을 위해 가장 먼저 새마을 모자를 쓰고 일선에서 선두지휘하셨지요. 직원들과 함께 포장마차에서 소주잔을 기울이시고 또 상가(喪家)까지 일일이 찾아 격려해주셨어요.

행남사의 공장 새마을운동은 김준형 사장의 새마을연수교육 이수 후 경영관리 측면에서 본격적으로 추진되었다. 우선 저명한 대학교수 A씨를 비롯해, 김준 연수원장, 정명호 지도자(전 부산 동명목재 직원) 등을 초빙하여 새마을의 이념을 알리는 동시 성공사례 발표를 통해 사내에 새마을 무드 조성에 힘썼다. 추진위원장인 김준형 사장은 직접 현장사원들과 간담회를 통해 24개의 분임조를 조직했고 전사원을 대상으로 연수교육을 실시하여 새마을정신을 이해시키기도 하였다.

> 1970년대 새마을운동이 성공할 수 있었던 또 하나의 이유는 국민 교육이었다고 생각합니다. 실제로 새마을교육장에서 느꼈던 그 열기는 참으로 대단한 것이었어요. 당시 성공사례 발표를 듣고 눈물을 흘리지 않은 사람은 거의 없을 정도였지요. 저희 회사에서는 늘 사장님께서 먼저 우시곤 했습니다. … 수출기한을 맞추기 위해 회사에서 자는 날도 많았지만, 책임감과 애사심, 그리고 일을 마쳤을 때의 보람 등으로 피곤한 줄도 몰랐습니다.

소그룹 분임토의로 1975년 새마을운동 협동장을 수상한 김태주 부장(당시 수작업 도안담당 팀장)의 이야기다. 행남사의 활동 중, 가장 돋보이는 분야는 단연 소그룹 조직활동이었다. 6~10명으로 구성된 소그룹을 만들어 그룹장 위주의 교육을 실시하였고 사원들의 연구심을 진작시키기 위해 제안제도를 마련, 에너지 절감, 원가절감, 품질향상 등의 효과를 보았다. 공장은 변하기 시작했다. 환경이 한층 깨끗해졌고 명랑한 분위기 속에서 작업이 끝나면 분임원별로 개선을 위한 진지한 토론의 모습들이 눈에 띄었다. 그 결과, 숙련공이 되기까지 1년 반 과정이 3개월로 단축되는 쾌거를 올리기도 했다.

분임토의는 문제점 찾기 ― 문제점 정리 ― 문제의 원인 찾기 ― 문제해결 방안 연구토론을 거쳐 결론짓는 방법으로 전개되었다. 특히 "개미분임"의 경우는 실천방안 중 "잔업 줄이기"를 선정하여 종전 1일 평균 2시간의 잔업을 주 2시간의 작업으로 단축, 계획작업량을 달성하는 성과를 거두기도 했다. 자발적인 활동을 유도하기 위해 분임활동 시간을 유급처리했고 분임별 활동 발표대회를 개최하여 수상한 분임조에게는 최고 30만원까지의 상금을 지급, 격려하였다.

새마을운동의 성패는 지도요원의 노력에 달려 있었다. 분임활동을 보다 과학적으로 실천하기 위해 분임일지를 빠짐없이 기록하도록 하고 활동사항이나 건의사항을 정리해 모든 문제점들을 가장 신속하게 해결하도록 했다. 또한 이러한 현장정보를 충분히 이용, ECR(결점원인 제거) 제안제도를 도입, 개선효과에 따라 특별상금을 지급하는 규정을 만들기도 했다. 이로 인해 직원들은 공장의 이익이 사원의 노력에 의해 이루어질 때 다시 사원에게 환원된다는 공장 새마을운동의 기본 이념을 실감할 수 있었다. 또 분기별로 분임마다의 성과를 측정하여 분임원의 노력으로 회사의 이익에 기여했다면 그 이익의 일부를 사원에게 상금형식으로 분배하였다. 직접적인 방법으로 새마을운동이 소득증대의 대명사임을 입증토록 한 것이었다.

직원복지제도 또한 눈여겨볼 만하다. 특히 장학회와 특별학급 운영은 사원의 복지향상에 많은 도움이 되었다. 장학회의 기금은 김준형 회장의 저축과 회갑연의 생략으로 1천만 원을 조성하였고, 목포여상고에 특별학급을 설치하여 직원들로 하여금 수학하게 하고, 수출과 기술혁신의 역군으로서 필요한 외국어 자질을 향상시키기 위해 어학연수관을 마련하여 외국인과 합숙시킴으로써 단기간에 외국어 실력이 향상될 수 있도록 회화교육을 실시하기도 했다. 또한 직원 300여명이 동시에 식사할 수 있는 새마을식당을 신축하는가 하면, 새마을승급제도를 두어 15%씩의 봉급을 인상하기도 했다.

이러한 새마을운동의 전개로 기술적인 면의 개선과 생산에 임하는 사원들의 태도가 바뀌어 화합하는 직장, 명랑한 직장, 활기찬 직장의 분위기가 조성되어갔다. 그 결과 품질면과 생산성에서 비약적인 향상을 가져와 새마을운동 도입 전인 1974년 월 7만 달러 정도였던 수출고는 1977년 4배로 증가되었고 1970년 초의 적자경영은 1976년에 이르러 흑자로 전환되었다. 행남사의 공장 새마을운동은 그 공로를 인정받아 1977년 제1회 전국 공장새마을 비교평가대회에서 최우수업체로 선정되었으며, 박정희 대통령으로부터 김준형 회장이 새마을 훈장 협동장을, 전사원은 단체표창을 수상하는 영광을 안기도 했다.

행남사의 분임조 전통은 이후 QC 서클활동으로, 목표관리제도로 이어져 오늘날 경영혁신 운동의 일환인 "행진 21"로 전개되어 있음은 시사하는 바가 크다.

[사례 2] 품질관리 · 분임조 활동의 귀감

김규환 명장(名匠: 대한민국 품질명장 인증, 대통령상 수상자)

"강원도 첩첩산골 오두막집 5대 독자 외아들로 태어났지요. 가난했지만 사랑을 독차지하며 행복한 어린시절이었습니다. 봄에는 산나물, 여름에는 감자, 겨울에는 강냉이를 먹어도 부모님과 함께라는 것은 말로 표현 못할 행복한 시기였습니다. 공부를 많이 못해도, 돈이 없어도, 옷을 헐벗어도, 어머니는 사랑으로 저를 키우셨습니다. 그러나 내게 행복은 그리 길지 못했습니다. 5대 독자라 어머니가 아들을 하나 더 보시려고 50살에 아이를 낳으시다 돌아가시자 행복했던 우리 가정은 더욱 궁색해졌습니다. 남에게 밥도 얻어먹어 보고, 날품도 팔아보다가 그렇게 사는 것은 차라리 죽는 것이 낫다는 생각마저 들었습니다. 살아봐야 희망이 없었던 것입니다.

그런데 우연히 신문광고에서 '대우 가족을 찾습니다'라는 문구를 보았습니다. 마음속으로 그랬지요. '대우라는 사람도 나처럼 참 기구하구나, 어디서 무슨 가족을 잃어버려 저렇게 애타게 찾는가….' 무슨 일인지 자세히 보니까 기능공을 모집한다고 써놨더라고요. 순간, 죽음보다는 마지막으로 어떻게든 지원(志願)이라도 해봐야겠다는 생각에서 몇날 며칠을 걸어 대우중공업(현 대우종합기계) 창원공장으로 갔습니다. 입사조건이 꽤 까다롭더군요. 고졸이상, 군복무 필한 자, 자격증 취득자였으니 저는 아무 것도 해당되는 것이 없었습니다.

몇날 며칠을 찾아가 취직시켜 달라고 경비실에 애원하던 나를 공장 최고경영자로 계시던 분(델코 밧데리 김성중 사장)이 보시고는 불쌍히 여겨 거둬주셔서 화단풀 뽑고, 공장마당 쓸고 기계 닦는 청소부로, 사환으로 대우중공업에 들어갔습니다. 마당도 쓸고 기계도 닦고 심부름도 정말 열심히 했습니다. 그때 회사에서는 매일 아침마다 건전한 노래가 흘러나왔어요. '새벽종이 울렸네 쿵작쿵작 잘 살아보세' 등 주로 새벽에 일어나 열심히 일하는 것을 권장하는 내용이었습니다."

삶의 물꼬를 터준 공장새마을 품질관리 분임조

그가 공장 새마을운동을 처음으로 접하게 된 것은 입사한 지 1년여가 지난 1977년도 박정희 대통령께서 오신다 해서 부지런히 청소한 것이 계기가 되었다. 대통령은 시커먼 기름 묻은 작업복을 입고 한쪽 구석에서 제일 험한 일을 하는 그의 손을 잡으시며 "고생이 많네. 일이라는 것은 더 쉽고, 더 간편하고, 더 빠르고, 더 많이 만들 수 있는 뭔가를 쉽게 찾아볼 수 있는 방법이 있네" 하셨는데, 그것이야말로 공장 새마을운동의 키워드였다.

그는 고심하기 시작했다. '대통령께서 말씀하신 공장 새마을운동이 뭘까? 더 빠르고 더 좋고 더 많이 만들 수 있으며 궁극적으로 내가 성공하는 과정이라는 공장 새마을운동이란 과연 뭘까?' 그러던 중, 본사에서 "공장새마을 품질관리 분임조 교육"이 있었다. 그는 교육을 통해 공장새마을 품질관리 분임조 방식, 방법, 기법 등을 배우게 된다. 이후, 그는 공장 새마을운동을 자신에게 적용해 '내'가 잘 살 수 있는 방법을 연구하기 시작했다. 계획을 세우고 문제가 있으면 대책을 수립, 결과를 분석하여 표준화와 사후관리를 하는데 이것을 PDCA사이클(plan : 대책수립, do : 실행, check : 분석, action : 행동조치)로 돌리는 방법이었다. 이를 자신의 사생활 덕목으로도 되살려 70세까지의 스케줄을 짜고 잘 살기 위해 3개의 통장도 만들었다.

돈을 더 저축하려고 새벽 4시에 마산 수산물공판장에서 고기를 받아다 아침 7시까지 배달하고 8시에 회사 출근해서 밤 10시까지 잔업근무까지 한 후 집에 돌아와 공부 좀 하다보면 12시, 다시 새벽 4시에 나가려니 몸 고단한 것이야 말도 못했지요.

그는 마침내 1983년도 전국 근로청소년 공장새마을 최우수 저축왕으로 선발돼 대통령상을, 86년에는 전국 공장새마을 우수지도자로 선정돼 새마을훈장을, 또 정부가 최고의 기능인에게 수여하는 '명장' 칭호를 받게 된다. 그 당시 대우종합기계의 사원은 약 1,200명, 10명단위로 분임조가 결성됨으로써 튼실한 조직화를 이루었다. 그러나 품질관리 분임조 교육을 받으면서 그에겐 참 속상하다 싶은 일이 한 가지 있었다. 비싼 것은 다 일본에서 수입하고 싼 것만 우리가 만든다는 것이었다. 더구나 공장 새마을지도자대회에서 박 대통령으로부터 수입품의 국산대체가 자립경제를 앞당기는 지름길이라는 연설에 감명을 받고 공장새마을 분임조활동에 깊이 몰입한다. 작은 단위의 분임조 활동이 그의 답답했던 삶의 물꼬를 터준 계기가 된 것이다.

지금도 당시에 강의했던 공장새마을 추진본부 직원들, 그리고 지도교수들의 열정은 잊혀지지가 않습니다. 만일 당시에 공장 새마을운동이 그와 같이 추진되지 않았다면 우리나라 경제발전 · 수출증대 · 품질개선에 큰 차질이 있었을 것입니다. 방법도 몰랐고 하고 싶은 의욕이 있다 해도 어떻게 하는지를 몰랐거든요. 그런 것을 정부와 새마을담당자, 지도교수, 기업경영자, 근로자가 힘을 합쳐 기적을 이루어내고 오늘의 경제현상을 만들어 냈습니다.

공장 새마을운동, 그 이전과 이후

"노태우 대통령 시절인가요? 잘 돌아가던 공장에서 갑자기 민주화선언인가를 하더니 열심히 분임조 활동하고 일하던 사람들이 붉은 머리띠를 두르고 태업과 파업으로 공장은 어수선해지기 시작합니다.

그러니 그동안 4마리 용의 우두머리로 한강의 기적을 만들어 내서 성장가도를 달리던 우리 경제는 위축되기 시작합니다. 한국이 일본경제를 따라온다고 겁을 먹던 일본은 박수를 치고 좋아라 했겠지요. 다시 말해서 새마을운동 하는 사람들은 따돌림을 받고 있다는 느낌이 들더군요. 정말 안타까웠습니다. 그런 분위기가 10년만 뒤에 일어났으면 새마을운동이 더욱 번창해서 우리가 일본과 어깨를 나란히 하고 지금쯤은 1인당 GNP 3만 달러는 무난히 달성하지 않았겠느냐는 생각이 듭니다. 지금이라도 공장 새마을운동이 다시 일어난다면 우리가 선진국 따라잡는 건 시간문제일 거란 생각이 드는군요."

"공장 새마을운동 이전에는 모든 작업이 표준작업화가 되지 않았어요. 즉 공정요약도라는 것이 없었지요. 쉽게 말하면, 어떤 물건이건 쟁이, 즉 기술자에 의해서만 만들어졌습니다. 그러나 공장 새마을운동이 일어난 후에는 누구든, 언제 어디서건, 어떤 작업도 다 할 수 있도록 표준작업방법의 지침이 만들어졌는데, 이것이 바로 공장 새마을운동의 작업표준 원리입니다. 공장 새마을운동은 노사가 한마음이 되어 공장을 제 2의 가정으로 생각하고 열심히 일해서 생산성을 높이고 여기서 나온 이윤은 기업을 살리고 노사가 합리적으로 분배하자는 운동입니다."

그는 공장 새마을운동이 사원들에게 주는 혜택도 컸다는 사실에 대해서도 힘주어 말한다. 우선은 진급기회가 많아지고 진급에 따른 임금 인상은 물론 진급할 수 있는 길이 많아졌다는 것이다. 보다 중요한 것은 우리나라 기업복지의 효시는 공장 새마을운동에서 나왔다.

사환에서 기능사환보조공, 기능공, 조장, 반장, 직장, 기장, 공장 기능장, 명장으로 성장했던 그는 마침내 그렇게 다니고 싶었던 학교교육을 이수하게 된다. 그것도 국가기술 1급자격증을 획득한 후 창원기능대학을 다니게 되니 그토록 갈망했던 학교의 졸업장을, 그것도 대학 졸업장을 획득하게 된 것이다.

"시키는 대로 일만 하는 것이 아니고 내 나름대로 내 아이디어를 제품에 접목시켜서 그 상품이 최고의 명품으로 이어지게끔 만드는 데 나의 모든 혼을 실을 수 있는 것은 품질관리 분임조 공장 새마을운동의 정신과 기법에서 얻었습니다. 제안제도가 그것입니다. 품질관리와 병행해서 제안제도가 활용되었어요. 덕분에 제가 우리나라에서 상을 가장 많이 받은 사람 중 하나입니다. 공장 새마을운동을 해서 새마을훈장 · 대통령표창 · 품질관리상 · 발명상 · 아이디어상 · 제안상 등을 수상하게 되어 정말로 신명나게 일했지요. … 우리나라에서 다시 한번 새마을의 깃발이 올려지면 경제난관을 무난히 극복하고 선진국 대열에 함께 설 수 있다고 확신합니다."

꽃바람, 행복바람, 저축바람

"우리 회사는 공장 새마을운동의 결과 창출된 이익금으로 창원시 상남동에 680세대의 사원 아파트를 지었어요. 집이 없는 종업원들은 관리비만 내고 무상으로 집을 살 때까지 아파트에 살 수 있는 제도를 만들어줬지요. 공장 새마을운동 할 때는 많은 회사들이 그렇게 했습니다. 사원 아파트는 기본적으로 집세, 방세 이런 것이 없기 때문에 저축해서 빨리 집을 마련할 수 있는 계기가 되었지요.

저희들은 또 공장새마을의 하나로 '삼풍운동'이라는 것을 만들어 추진했습니다. 이 운동은 꽃처럼 아름다운 마음을 가지고 행복한 미래를 갖고 열심히 저축하는 저축바람, 즉 '꽃바람, 행복바람, 저축바람'입니다. 내 집 갖기 저축운동을 통해 기혼자의 98.6%가 몽땅 집을 갖자 빈 아파트는 나중에 들어오는 사람들에게 싼값으로 분양해줬어요.

회사에서 그렇게 이익금으로 기술투자·재투자를 하고 종업원들에게도 복지차원에서 돌려주니까 참 재미있었지요. 열심히 하면 열심히 하는 것만큼 보람과 긍지와 실질적 소득이 나한테 돌아오는 거니까요. 1976년까지 도시락 지참하고 다니던 번거로움도 어느 날 공장이 증설되고 회사마다 식당이 지어지면서부터는 빈손으로 출근하면서 손에는 도시락 대신 책이 들리기 시작했습니다.

저희 대우중공업에는 공장새마을 독서대학이라는 것이 생겨 모든 종업원들이 책을 보며 자격증에 도전하기 시작합니다. 저도 그렇게 공부해서 1급 자격증을 따게 되었습니다. 도시락을 들던 손에 책을 들렸다는 것은 어두운 터널에 광명의 빛이 비추이는 것과 같습니다. 그러니 박정희 대통령이라는 한 위대한 지도자가 국민경제의 발전을 위해 국민들의 힘을 하나로 모았고 정신을 새롭게 하여 나라의 모습을 완전히 바꾸어 놓은 것을 보면 두고두고 감탄할 수밖에 없습니다."

그는 공장새마을운동을 자신의 삶에 접목시켜 하루 세 시간 이상 자지 않고 공부하면서 품질관리기법을 개발, 창원기능대학에 입학해 졸업장을 획득하게 된다. 비단, 공부뿐 아니었다. 그의 인생 전반에 걸쳐 공장 새마을운동이 미친 영향은 지대했다.

그는 주인의식을 뛰어넘어 신앙처럼 일해야 성공할 수 있다고 말하고 있다. 그는 출근길이면 회사 현관 앞에 심어진 흰 목련나무를 매만져 본다. "고 박정희 대통령 기념식수 1977년 4월 14일"이라 씌어진 팻말을 바라보며 가장 허름한 옷을 입고 허드렛일을 하는 자신의 손을 잡아주던 그 지도자를 떠올려본다.

"공장새마을운동은 우리 조국, 우리 민족에겐 잠재능력을 폭발시켜 꿈을 이룩하게 한 대사건이었고 저 자신에겐 종교이자 신념이었습니다. 지금도 그렇습니다."

가난한 화전민의 아들로 태어나 "대한민국 정부가 지정한 명장" 칭호를 받기까지 그의 삶을 지탱해준 힘, 그에게 공장 새마을운동은 '하늘이 내려준 위대한 대한민국의 힘! 민족의 힘!' 바로 그것이었다고 말하고 있다.

◈ 새마을금고 운동

5·16 이후 사회개혁을 위한 추진체로서 재건국민운동본부를 발족시켰다. 《지방행정사》(상게서, 1948~1986 상권 pp.1803~1806)에 따르면 "새마을금고는 1963년, 재건국민운동본부에서 향토계발사업의 일환으로 시작되었으며 경상남도 의령군 정암마을금고가 그 효시가 되었다. 이 운동이 처음 출발했을 때 농촌에서는 절미저축운동으로, 그리고 도시에서는 가계비와 용돈을 절약하는 소비절약운동으로 개발되었으며 금액규모 면에서는 다른 금융기관과 비교할 때 보잘 것 없는 상태였다."

정부는 1972년에 새마을금고 육성을 새마을운동의 20개 표준사업의 하나로 채택·추진하는 한편, 1973년에는 마을금고연합회를 발족시켜

새마을금고의 주요 발전과정

1. 1976년 6월 내무부에서 "새마을금고 육성계획"을 수립하여 국무회의에서 보고한 결과 대통령은 새마을금고의 정신적 측면의 좋은 점을 지적하고 이를 적극 육성해 나갈 것을 당부
2. 1976년 9월 새마을금고연합회의 시·도와 시·군·구 지부에 대하여 지방비를 보조토록 조치
3. 1977년 새마을금고연합회에 대하여 국비보조(내무부)
4. 1980년 7월 새마을금고 임직원 및 회원교육을 위하여 새마을금고연합회 중앙교육원 건물 신축
5. 1981년 12월 사고금고에 대하여 사고보전금 24억 4천만 원을 정부에서 국비로 보조
6. 1983년 1월 새마을금고법 시행(마을금고를 새마을금고로 개칭), 안전기금제도의 신설 및 상환준비금에 관한 사항 보완, 새마을금고의 주무부처를 재무부에서 내무부로 변경
7. 1984년 2월 새마을금고연합회가 새마을운동중앙본부의 회원단체로 가입
8. 1984년 4월 새마을금고저축 1조원 달성 기념대회 개최
9. 1985년 3월 정부에서 안전기금 20억 원 국비로 지원
10. 1987년 3월 내무부 후원으로 새마을금고저축 2조 원 달성 기념대회 개최

전국적인 조직체계를 갖추어 교육과 지도사업을 추진함으로써 이 운동이 비로소 본격화되었다. 1972년 전국의 새마을금고 수는 21,794개, 회원 수는 95만 명, 총자산은 61억 원에 이르렀고, 그로부터 7년 후인 1979년에는 새마을금고 수가 무려 39,295개, 회원 수는 850만 명, 총자산은 4,210억 원에 달하여 양적인 면에서는 큰 성과를 이룩하였다.

제5공화국의 수립과 더불어 정부는 새마을금고를 새로운 차원에서 육성하겠다는 강력한 의지를 가지고 1983년 새마을금고법을 제정·시행하였으며, 이를 계기로 지도감독체계를 정비·강화하는 한편, 안전기금과 상환준비금제도를 새로 마련하고 부실금고를 과감히 정비하는 등 새마을금고 육성을 위한 다각적인 시책을 폈다.

이같은 일련의 조치들은 새마을금고의 공신력 제고와 내실 안정을 다지는 새로운 전기가 되었고, 그리하여 새마을금고에 대한 국민의 신뢰도도 매우 높아져 1984년에는 새마을금고저축 1조원을 달성하기에 이르렀다. 그간 질적인 개선을 목표로 부실금고의 통폐합이 이루어져 2000년 5월에는 마을금고 수는 1,937개로 감소되었으나 회원 수는 11,065천명, 총자산은 35조 641억 원에 이르렀다.

1. 새마을금고 현황(2007. 12. 31 현재)

(1) 설립목적(새마을금고법 제1조)

○ 상부상조 정신에 입각한 주민의 자주적 협동조직

○ 자금의 조성 및 이용으로 회원의 경제·사회·문화적 지위향상

○ 지역사회개발을 통한 건전한 국민정신 함양과 국가경제발전 기여

(2) 육성현황

구 분	계	지 역	직 장	금고평균
금고 수(개)	1,543	1,377	166	-
회원 수(천 명)	15,764	14,999	765	10,216
자산(억 원)	599,644	552,156	47,488	389

○ 회원 1인당 평균 저축액: 3,225천 원

○ 금고 임·직원 수: 총 31,054명

— 임원: 17,277명(상근 734명), 직원: 13,777명

○ IMF 이후('97) 공적자금 등 외부지원 없이 자력에 의해 부실금고에 대한 지속적 구조조정 추진: 1,200개(43.7%) 금고 통폐합

※ 공적자금지원: 상호저축(8조 원), 신협(4조 8천억 원), 농협(3,588억 원), 수협(1조 1,581억 원), 은행(46조 1,052억 원), 증권(10조 987억 원), 보험(19조 987억 원)

→ 연체율('07.9): 금고 4.8%, 신협 11.2%, 농협 4.1%, 수협 8.5%, 상호저축 16.4%

2. 새마을금고연합회 현황(2007.12.31 현재)

(1) 기능 및 조직

○ 기능: 금고 지도·감독 및 공동이익 증진과 건전육성 도모

○ 조직: 본부 - 2본부 1인 2실 1원 9부 2팀 / 13개 지부

— 임원(19명): 회장, 부회장(2), 대표이사, 이사(12), 사외이사(3)

— 직원(691명): 본부 313명 / 지부 378명

(2) 재무현황

(단위: 억 원, %)

계	자금조성			자금운용		
	예탁금	상환준비금	기타	대출금	유가증권 등	기타
147,216 (100)	82,232 (55.9)	27,898 (18.9)	37,086 (25.2)	21,439 (14.6)	113,447 (77.1)	12,330 (8.3)

(※)자금운용본부 및 리스크관리팀 운영

(3) 공제사업

(단위: 천 건, 억 원)

구 분	계약건수	계약금액	공제료
계	2,044	802,693	10,044
손해공제	96	234,264	251
생명공제	1,948	568,429	9,793

(※)지급여력비율: 118.3%(금감원 감독기준 100%), 공제자산: 25,010억 원

(4) 예금자보호준비금

(단위: 개, 억 원)

조성총액	대위변제		준비금 잔액	활성화 자금 지원대출	
	금고 수	금액		금고 수	금액
8,658	186	4,763	3,895	53	2,285

(※) 부보율 1.25%〔FDIC(미예보공사) 권고기준〕 이상 유지 추진계획(현 0.82%)

치산녹화의 기념비적 전기(轉機)

❖ 4년 앞당겨 달성한 1차 치산녹화 10년 계획

박 대통령으로부터 또 하나의 중요한 지시가 내무부에 떨어졌다. "치산녹화 10년 계획"(1973~1982)을 작성해 보고하라는 것으로, 그 계획의 목적과 요강의 줄거리를 엮은 박 대통령 친필 "메모"가 김현옥(金玄玉, 作故) 내무부장관에게 보내진 것이다.

1960년대 초 산림법의 제정과 함께 농림부의 "산림국"을 그 외청으로 승격하는 등 일련의 행정체제를 강화하면서 "치산녹화 7개년 계획"(1965~1971), "수계(水系)별 산림복구 종합계획"(1967~1976) 등을 비롯하여 새마을사업으로 "새마을 붉은 땅 없애기" 또는 "마을 산 푸르게 가꾸기"운동을 전개해 온 바 있었다. 농림부 소관인데 왜 내무부에 하명(下命)된 것인지 그 영문을 알 수 없어 "지방국" 안에서도 설왕설래(說往說來)하는 이견(異見)이 없지 않아 있었다. 당시 계획입안의 책임은 고건(高建)[2] 새마을 담당관이 맡았다. 10여일 여관방에서 고건 새마을담당관과 내가 근무했던 내무부 지방국, 그리고 산림청 관계관

박정희 대통령이 1962년 10월 21일 경주에서 개최된 전국 시장 · 군수 및 산림기술자 연석회의를 주재한 후 황폐가 심한 경주 남산 아래 기념식수한 나무(히말라야시다—개잎갈나무). 이를 계기로 전국 산림녹화를 촉진시키는 기폭제가 되었다.

의 합동으로 철야작업 끝에 계획안이 완성되어 "차트"에 의하여 고건 담당관의 설명으로 박 대통령에게 보고하고 원안대로 확정되어 바로 1973년도부터 시행에 옮겨졌다. 지금 생각하면 국토면적의 67%가 산림인 그 방대한 계획이 단시일 안에 성사되었던 것이 놀랍기도 하고 신기한 느낌마저 든다. 그 후 얼마 안되어 산림청은 내무부 외청으로 옮겨졌다. 연료림 및 조림사업이 새마을운동의 일환으로 편입되자 그 추진력이 몇 배나 강화된 것은 당연했다.

1차 치산녹화 10년 계획(1973~82년)은 1978년에 목표량을 초과달

2) 전남도지사(1975~1979), 정무수석비서관(1979), 교통부장관(1980~1981), 농수산부장관(1981~1982), 국회의원 '군산 · 옥구'(1985~1987), 내무부장관(1987), 서울특별시장(1988~1990), 국무총리(1997~1998), 제2대 민선 서울특별시장(1998~2002), 국무총리(2003~2005).

1976년 4월 5일 식목일을 맞아 대구시 앞산에서 식목행사에 참가한 대구시청 공직자 부인들(맨 앞이 필자의 내자)

성함에 따라 새로 2차 계획을 수립하는데 그 기간은 1979~87년으로 설정된다. 1차 계획이 착수되던 1973년은 우리 산림녹화에서 기념비적 전기이기도 했다. 농림부 산하의 산림청이 내무부로 이관된 데 이어, 박 대통령은 연두기자회견에서 10년 이내 국토녹화를 완성할 것이라는 강력한 의지를 표명했던 점에서 그렇다. 이 연장으로 제1차 계획기간에 100만 헥타르에 21억 본을 심기로 한 목표는 4년 앞당겨 108만 헥타르에 29억 본을 식재하는 데 성공한다. 김정렴 씨는 회고록 《한국경제정책 30년사》(p. 223)에 다음과 같이 기록하고 있다.

> 1984년도 임업통계요람에 의하면 1984년 현재 전 임목면적의 51%가 10년생 이하의 어린나무이며 20년생 이하의 나무가 84%에 달하고 있다. 즉, 우리나라 임업자원의 84%가 박 대통령 재임중에 식재·육성된 것이다. … "박 대통령과 친교가 있었으며 수차 내한한 바 있는 일본의 후쿠다 前수상이 한국하면 일제(日帝) 때부터 벌거벗은 산을 연상했고 한번 파괴된 산림은 그 복구가 곤란한데도 불구하고 박 대통령이 20년 미만의 집권기간중에 완전히 녹화에 성공한 것은 고도성장·수출증대·중화학공업 등 혁혁한 경제업적 보다 오히려 더 어렵고 값어치 있는 위

업이라고 박 대통령을 추모하면서 주일대사(駐日大使)이던 본인에게 말한 것이 항상 잊혀지지 않는다.

❖ 박 대통령이 심은 청와대뜰 밤나무 열매 3개에 담긴 뜻

내가 내무부 지방국장으로 재직할 때의 일이다. 오곡이 무르익는 결실의 어느 가을날, 김현옥 장관의 집무실로 조그마한 봉투 하나가 전해졌다. 대통령으로부터였다. 장관이 개봉해보니 간단한 전갈과 함께 "햇밤" 몇 개가 들어 있었다. 서신의 내용인즉 치산녹화 10년 계획사업의 일환인 산지(山地) 밤나무 식재를 국민에게 권장하면서 청와대 뜰에도 밤나무를 심었다는 것이다. 최초로 결실한 밤이라 반가워서 몇 개를 주무부서인 내무부장관에게 보낸다고 하시며 그간의 노고를 치하하고 시식(試食)해 보라는 내용이 담겨 있던 것으로 기억된다. 그것을 본 내무부장관의 표정에는 기쁨과 더불어 긴장감이 가득했으며 주위의 모든 사람들도 사명감과 책임감이 더욱 용솟음쳤다. 이 몇 개의 밤을 통하여 보여준 박 대통령의 수범정신과 부하들에 대한 애정어린 마음은 그 후 치산녹화 추진력을 배가시키는 또 하나의 전기가 되었다.

이런 일도 있었다. 당시 박정희 대통령의 향리인 경북 선산군 식수계장(1973~1976) 직에 근무하면서 성묘 때마다 동행했던 류한응(전 경상북도 산림과장) 씨의 전언에 의하면, "박 대통령은 향리 선영(先塋)의 성묘시에도 소박한 농촌사람의 모습 그대로였다. 대통령의 성묘일정이 잡히면 도단위, 군단위 기관장에게 일체 연락을 못하게 하고 오직 상모동 동장과 선산군 산림과 식수계장만 성묘길에 동행하게 했다.

1974년 성묘 때에도 생가에서 약 800m 거리를 걸어서 성묘길에 올랐다. 산에 오르면서 동장이 산길이 좋지 않으니 길을 넓히겠다고 건

대한민국 사방(砂防) 백주년을 기념하는 공원과 기념관(네모 안) 전경(2008년 4월 개관). 경북 포항시 북구 흥해읍 오도리 66번지

의하니 박 대통령은 '절대로 넓히지 말라. 오솔길 그대로가 좋다. 다만 사람이 통행할 수 있도록만 하는 것이 좋겠다. 직선으로 하지 말고 꼬불꼬불하게 해야 비가 오더라도 산사태가 나지 않는다. 나무를 베거나 다치지 않게 해라. 부득이 나무가 걸릴 경우에는 옮기거나 길을 돌려라'고 강조했다"는 것이다.

※ 주민들이 이룩한 동해안의 기적

경북 포항시 흥해읍 오도(烏島)마을 記

1999년 11월, 나는 주민과 산림공무원들의 피와 땀이 새겨진 경상북도 포항시 흥해읍 오도마을을 찾아나섰다. 등대박물관이 위치한 인근 호미곶에는 2000년을 여는 해맞이 축제준비가 한창이라 했지만 나

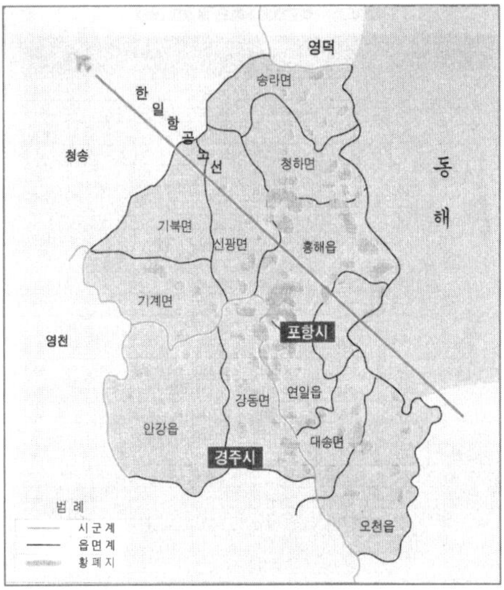

영일지역 사방사업 지역도. 체념과 한숨으로만 남겨졌던 오지에서 5년에 걸친 국토개조사업이 시작되었다.

에게는 새천년의 축제보다 25년 전, 오도마을 주민들이 이룩한 대역사의 현장을 다시 확인하고 싶다는 소망뿐이었다.

일제(日帝)가 1907년부터 50여 차례에 걸쳐 사방사업을 시도했어도 실패만을 거듭했던, 그 방치되어 있던 황폐지…. 우리네의 빈한한 삶을 그대로 대변해주던 헐벗은 산은 침수능력이 부족하여 비만 오면 심한 토사유출로 마을은 물론 영일만까지 매몰되는 등 그 피해란 이루 말로 할 수 없었다. 더구나 이 지역은 한일(韓日)간 국제항공로의 관문으로 중요한 위치에 있었으니 비행기를 타고 공중에서 내려다보면 시뻘건 산의 모습이 한(恨)의 슬픈 빛깔처럼 느껴지기도 했다.

이 민망하기까지 했던 우리 산하가 녹색을 되찾을 수 있었던 건 박정희 대통령의 "치산녹화 10개년 계획(1973년~82년)"을 통해서였다.

1971년 9월 17일의 일이다. 영일군 기계면(迎日郡 杞溪面: 현 포항시) 문성동, 우수 새마을 시찰을 나온 박정희 대통령으로부터 우리나라 삼림황폐의 대표적인 현장이라 할 수 있는 오도마을 지역을 지적하면서 여기에 근본적인 사방(砂防) 사업을 실시하라는 지시가 있었다. 체념과 한숨으로만 남겨졌던 이 오지, 4,538ha에 총 38억 2천 8백만 원의 예산과 연(延) 인원 360만 명의 엄청난 인원이 동원, 5년에 걸친 대(大) 국토개조사업이 시작되었다. 즉시 현지에 2개소의 "사방사업소"를 증설하고 측량·설계 등 시공준비에 밤낮 없는 작업이 진행되었다.

당시의 현장을 직접 보지 않고는 그 사업이 얼마나 방대하고 난공사였는가를 짐작하기가 어렵다. 그래서 조금이나마 이해를 돕기 위하여 여기에서 이 사업의 개황을 살펴본다.

이 지역은 토질이 이암(泥岩: 지름이 1/16㎜이하의 泥土가 굳어서 된 퇴적암. 입도(粒度:암석이나 모래 따위의 낱알의 평균적인 크기)에 따라 실트岩과 점토암으로 나눔. 진흙바위) 지대로서 매우 척박하여 전 사방지를 등고선에 따라 평균높이 1.7m 간격으로 907만m의 계단(폭 60㎝~70㎝ 정도)을 끊어 만들고 그 중 60%는 입지공(立芝工)으로 시공하고 그 이면에는 질 좋은 객토를 넣었다. 40%는 골을 파서 객토를 넣고 "줄떼공"으로 시공하여 그 토질에 적합한 나무를 식재하고 계단 경사면과 계단 끝 부분에는 싸리, 아카시아 종자와 풀씨를 파종하였으며 파종한 연 길이는 무려 5,182만m에 이르렀다. 그리고 계곡에는 석축시공을 하였으며 전 구역에 토사방지와 수분보전을 위한 여러 가지 대책을 강구하였다. 이 공사에 투입된 자재는 떼 2,240만 매, 돌 230만 개, 토비 및 객토 210만 톤, 묘목 2,400만 본, 종자 101톤이다.

객토(客土)에 필요한 토비(土肥) 제조는 새마을사업으로 이루어졌다. 온 주민이 내 일, 네 일 할 것 없이 협동하여 흙 한 켜에 풀 한 켜, 그 위에 인분을 부어 썩힘으로써 토비를 만들었다. 그러나 이에 따른 보상은 한 무더기에 호당 밀가루 2포대가 고작이었다.

● 사방사업 작업의 현장

게다가 지형상 중기(重機)의 투입마저 불가능했으므로 남정네들은 지게로, 부녀자들은 토비를 독에 담아 머리에 이고 산 정상까지 날라야 했다. 노임살포가 겸하여졌다고는 하나 하루 임금이라 봐야 남자 1천 원, 여자 6백 원. 그러나 이 돈으로 자식들을 학교에 보내게 되었다고 좋아하던 그들의 함성은 지금도 저 산하에서 메아리친다.

험준한 산기슭을 계단식으로 개간하기 위해 밧줄을 허리에 감고 삽질하던 남정네들의 피와 땀, 산꼭대기까지 기어올라가 씨를 뿌리던 부녀자들의 이마에도 노고의 땀방울은 흘러내렸다. 각자 싸온 껄끄러운 밥에 김치나 된장이 전부였던 그들의 점심 도시락, 노임을 받기 위해 외지에서 몰려든 사람들이 기거하던 허름한 천막도 아직 내 기억 속엔 생생하다. 당시 현장에서 기술지도에 임했던 관계공무원의 증언을 들어보자(전 경북 산림환경연구소장 박무창 · 과장 최주대).

공사를 추진하는 과정에서 재료가 떨어졌다 해도 사무실에 연락할 길이

● 급경사지에 로프를 이용한 비탈 다듬기

없어 일일이 산에서 사무실까지 걸어가야 하는 실정이라 실제로 육탄으로 뛰어서 복구했습니다. 하루에 최소한 20km 이상은 걸었으니 일을 마치고나면 사람이 완전히 먼지투성이에 녹초가 되었어요. 밤에는 천막 안에서 일반 행정사무를 처리하기도 하며 인부들과 같이 잤습니다. 난로를 피워도 어찌나 추운지 보온에만 치중하여 비닐로 바람구멍을 막다 보면 천막 안의 공기가 제대로 순환이 안 되어 안에서는 물방울이 떨어지고 밖에는 얼음이 어는 결로(結露) 현상이 부지기수였습니다. 이런 곳에서 잠자고 나면 목도 메이고 얼굴이 붓기도 했는데 지정된 기간 내에 복구해야 한다는 의지로 솔선해서 그렇게 했지만 당시 산림녹화사업 추진 분위기와 열기가 대단했기에 그러한 어려움도 이겨낼 수 있었다고 생각합니다.

하지만 이들에 의해 황폐지 4,538ha가 녹지대로 탈바꿈되어 FAO(국제농업기구)에까지 성공사례로 알려진 동해안의 기적이 창출된 것이다.

박 대통령의 현지독려

경상북도 지사로 재직하던 1975년 4월 16일, 연두순시차 대구로 내려오신 박 대통령께 도정보고를 마친 나는 불안한 마음을 가눌 수가 없었다. '아마도 주민 격려차 오도마을로 가실 것'이라는 예상 때문이었다. 지사로서 현장에 여러 번 가보기는 하였으나 워낙 큰 사업이었던지라 미흡한 것은 없는지 마음이 놓이질 않았다. 나의 예상은 들어맞았다.

다음날, 대통령께 아침 문안인사차 대구 수성호텔 3층으로 올라가려는데 경호실장이 앞을 막는 것이었다.

"아무래도 오도마을 사방사업 현장에 가시겠다고 하실 것 같으니 지사가 알아서 절대 안 된다고 하시오. 지금 진눈깨비가 내리고 해서 헬기도 뜨질 못하고 자동차로도 절대 못 간다고."

대통령의 안위에 따른 문제였으니 경호실장으로서도 어쩔 수가 없었을 것이다. 그러나 방에 들어서니 대통령께서는 이미 채비를 마친 상태였다.

"오늘 기류가 어떤가?"

"예, 지금 눈보라가 치고 바람이…."

"헬기가 못 뜨나?"

"헬기도 못 뜨고 자동차도 못 갑니다."

"지프차도 안 되나?"

당시만 해도 새마을운동으로 마을 안길이 넓어지고 마을과 마을을 연결하는 길은 대체로 개통되었으므로 현장까지 지프차가 못 들어가는 곳은 사실 없었다. 거짓보고를 할 수도 없고 하여 잠시 머뭇거리는 동안 대통령께서는 벌써 코트를 입고 나서시는 것이었다.

대통령 전용 승용차에 동석하여 형산강 다리를 건너는데 포항제철에서 준비한 지프차 여러 대가 다가오고 있었다. 앞차엔 경찰서장이 경호차 탑승했고 나는 대통령과 함께 동석, 뒷좌석에 올랐다. 헬기로 10

1975년 4월 17일 박정희 대통령은 포항시 북구 흥해읍 "오도리" 일원 사방사업 진행상황을 점검하고 현장 근로자 및 관계 공무원을 위로 격려했다(좌로부터 박상현 산림국장, 조성완 의창사방사업소장, 세 번째가 필자).

분 거리면 도착할 길은 비포장이라 1시간이나 걸렸고 내 머리는 차 천정에 부딪쳐 피가 묻어나는 촌극이 벌어지기도 했다.

현장 역시 눈비가 내렸고 바닷바람이 매몰찼다. 종이 차트가 바람에 휘날려 찢어지는 바람에 보고조차 불가능했다. 결국 구두로 보고하는 수밖에 방법은 없었다. 마침 손수익(孫守益) 산림청장이 악천후로 강원도 강릉에서 머무르다가 황급히 헬기로 현장에 무사히 도착했다. 나는 우선 불안이 가시고, 또한 큰 원군을 얻은 것 같았다. 박상현 당시 경북도청 산림국장(作故)이 나섰다.

"눈보라치는 바닷바람과 매서운 날씨에도 이 험준한 골짜기를 친히 찾아주신 대통령 각하께 진심으로 감사를 드립니다."

순간, 동행했던 박경원 내무부장관의 표정이 굳어지며 내 손을 잡는 것이었다.

"저, 저! 저걸 보고라고 하나! 간단히 요점만 말하면 될 일이지 웬 쓸데없는 소리를! 지사가 직접 하면 안되겠나?"

그러나 박 국장의 진심어린 기지는 대통령을 감동시키고도 남았다.

"각하, 바로 옆에 수령(樹齡) 1백 년이 되는 소나무가 자라고 있습니다. 이곳이 비록 풀이 자랄 수 없을 정도로 메마르고 척박한 땅입니다만, 기필코 저 소나무와 같이 울창한 산림으로 조성하겠습니다. …"

바닷바람은 점점 세차졌고 눈보라는 끊이지 않았다. 그럼에도 대통령은 산중턱까지 돌아보시고 현장 작업인부와 공무원들을 격려했다.

지금 그 현장이 푸른 모습으로 나를 증언하고 있다. 박 국장이 지명했던 노송이 말없이 우뚝 서 그 역사를 그리게 한다.

유감스럽게도 그때의 증거를 보전해 온 수령 100년의 소나무는 2004년 4월 9일 청하면 신흥리 소재의 한 공장으로부터 일어난 실화의 불길이 번져 소실되어 그 자리에 근원 직경 52cm·60cm짜리 해송 두 포기를 그때 바로 보식(補植)했다.

새로 심은 묘목에 불과했던 아카시아는 높이 10미터에 직경 24센티로 컸고 측백나무는 12미터에 32센티가 되었다.

"대통령께서 순시차 오셨다는 말을 듣고 달려와 보니, 경호원들이 한둘이 아니에요. 누구냐고 묻기에 새마을지도자라 했더니 통과시켜 주더군요. 그때 얼마나 가슴이 벅차던지…. 시장, 군수도 못 들어가게 막는데 말입니다. 그날 대통령께서 돌 하나 쪼개는 것까지 일일이 지시를 내리셨어요."

당시 오도마을 새마을지도자였던 임병찬 씨(60세)의 회고다.

영일지역 사방사업 이전과 이후의 모습

"지금은 여름엔 나무가 우거져 들어가지도 못합니다."

주민들의 산에 대한 긍지다.

"제가 아니었으면 지사님도 목 날아갔을 겁니다. 허허허."

이제는 고인이 된 박 국장의 너털웃음 소리도 문득 귀에 스친다.

나는 주민들이 세운 기념비 앞에 서서 비문을 한 자 한 자 되새겨보며 그 뜨거운 국토애와 바다를 지키겠다는 당시 주민들의 투철한 안보의식에 울컥 눈물이 치밀어 어디에 시선을 두어야 할지 몰라 쩔쩔 맸다.

대한민국의 세계적 성공사업인 산림녹화 역사를 기념하는 사방기념공원이 뜻 깊은 이 사방공사지역(경북 포항시 북구 흥해읍 오도리 66번지)에 조성되어 2007년 11월 7일 산림청과 경상북도 및 포항시 주관으

● 박정희 대통령 순시 기념비 앞에서 필자 (2008년 4월)

로 오도마을 현장에서 한국사방 100주년 기념식을 갖고, 사방기념공원 개원행사를 가졌다. 다음은 기념비문의 내용이다.

朴正熙大統領 閣下 巡視 記念碑

비바람이 세차게 몰아치던 1975년 4월 17일 박정희 대통령 각하께서 이곳 국토녹화현장을 순시하시니 외로운 갯마을에 새 기운이 넘쳤도다. 헐벗은 산에 나무 심고 풀씨 뿌려 아기 돌보는 정성으로 가꾸라시던 뜨거운 국토애를 땀 흘려 심었나니 숲은 우거져 산짐승 보금자리 치고 굳센 의지 감도는 새마을 집집마다 복된 자립의 꿈이 활짝 피었네. 우리 모두 나라 사랑하는 슬기와 힘을 모아 보배 가득한 산과 저 바다를 지켜 자손만대 번영과 영광을 누리며 드높고 푸르른 님의 뜻을 길이 이어 나가세.

1977년 12월 3일

烏島마을 住民一同

새마을교육, 그리고 새마을지도자가 있었다

"새마을운동은 사람이다"라는 말이 쓰이고 있듯이 그 지역주민의 의욕과 역량의 발휘는 새마을운동 본연의 모습을 좌우한다는 것은 확실하다. 여기에서 그 사람이라 함은 새마을지도자와 발상력, 행동력이 풍부한 그 고장의 리더를 비롯해 계발(啓發)된 주민을 말한다. 또한 저명한 대학교수나 지식인들이 그 지역에 파고들어 새마을운동에 참여하고 있는 사례도 많다. 이러한 사실은 농어민 소득증대 특별사업이나 새마을가꾸기의 사례에서 분명히 나타난다. 거기에는 반드시 이러한 인재(人材)가 있었다. 그러한 사람들의 사고와 행동력에 의하여 새마을운동은 점화되었으며 계속하여 새로운 역사(役事)가 창출된 것이다. 구체적인 예로, 여삼리 마을을 들 수 있다.

❖ 지역가꾸기와 그 짐을 짊어진 사람들

500년 전래의 마을 숙원을 푼 "여삼리" 마을記(2003)

화전민의 후손

삼척군청 소재지에서 서남쪽으로 72㎞지점에 위치한 노곡면 여삼리는 사방이 산으로 둘러싸인 해발 350m의 분지이다. 500여 년 전 어지러운 세상을 등지고 숨어들었던 화전민의 후손들이 가난과 고립 속에 외롭게 살아온 이 산간 마을에는 뼈아픈 빈곤만이 조상이 물려준 유산이었다. 70호에 논은 한 평도 없이 밭만 58ha를 가진 이 마을은 춘궁기가 되면 칡뿌리와 산나물로 연명할 수밖에 없었다. 메밥(제사 때 신위 앞에 올리는 밥) 한 그릇에서 한 숟가락씩 떠내 조밥에 얹어주는 제삿날은 일년 중, 쌀밥을 맛이라도 보는 날이었다. 그러니 많은 사람들이 고향을 등지고 도회로 떠나는 것도 무리는 아니었다.

논이 없는 것은 지형 때문이었다. 지반이 석회암으로 형성되어 배수가 빠른 탓에 하천조차 없는 기형지대이다 보니, 물이 고이지 않는 마을 안에서는 물 한 방울 나오지 않았다. 물 한 동이를 길어오기 위해서는 왕복 10리 길 돌산을 넘나들어야 했던 심각한 식수문제도 이 마을로 딸을 시집보내기를 꺼리는 원인이었다. 물을 긷다가 팔이 부러지는 사고도 여삼리 마을에선 예사였다. 주민들의 숙원은 식수난을 해소하는 일과 죽기 전에 마을까지 차를 타보는 것이었다.

이 마을 최초로 고등학교를 졸업한 박재명 씨(1976년 새마을훈장 협동장 수상)는 군에서 제대한 후 사회진출을 포기하고 마을개발에 집요한 구상을 하고 있었다. 10년간 산나물을 뜯어 머리에 이고 험한 산길을 오르내리며 아들을 공부시켜 온 어머니의 소망을 저버린 채, 마을을 위해 헌신하고자 했던 지도자 박재명 씨.

1970년대 새마을의 전조(前兆)는 60년대에 태동되었다고 볼 수 있습니다. 우리 마을의 학구(學區)였던 노곡초등학교까지 가려면 걸어서 왕복 40리 길입니다. 내를 16개나 건너고 2개의 산고개를 넘어야 합니다. 그러니 학교에 가는 날보다 결석일수가 더 많아요. 눈비 오는 날, 소먹이는 날 등엔 학교를 갈 수 없으니 6년 졸업을 했다지만 실제학교 간 날은 4년 정도밖에 안 될 것입니다. 이러한 여건으로 인해 저희 마을주민들은 대부분 학교를 가지 못해 문맹자가 많았거든요. 그래서 야학을 개설해 4년간 가르쳤습니다. 그러다 문맹퇴치에 본격적으로 돌입했어요.

박재명 씨의 뜨거운 의욕과 분연(奮然)한 의지가 마을에 분교를 세우게 된 것이었다. 분교는 32년 만에 폐교가 되었지만, 그 학교를 졸업한 박재명 씨의 차남은 서울대학을 졸업했다 하니 손바닥만 한 시골 초등학교라 할지라도 인재양성에 한몫을 한 셈이다.

식수난 해소에 도전

일단 문명퇴치 문제가 해결되자 이번엔 물에 대한 불굴의 집념으로 물이 있을 만한 곳을 모조리 파보는 작업을 시작했다. 그러나 물은 어디서도 나오지 않았다. 쌀겨를 뿌려 실험한 결과, 석회암 지대로 새어나간 쌀겨가 3일 만에 길에서 발견되었으니 비가 온다 해도 밑 빠진 독에 물 붓는 격이 아닐 수 없었다.

비가 오지 않는 한, 목욕이란 엄두도 못 낼 일이었고 세수마저 간신히 하는 격으로 사람이 세수한 물은 다시 소에게 먹여야 했는데 물에서 비누냄새가 나면 소가 먹지 않으므로 비누사용은 금물이었다. 삶아도 지지 않을 만큼 새까맣게 때에 찌들어도 빨래가 용이하지 않아 한 달간은 옷을 갈아입을 형편이 되지 못했다. 보리탈곡이라도 하는 날엔, 보릿가시가 온몸에 달라붙어도 씻지를 못하니, 살이 따가운 그 고역이란 말로 할 수 없었다.

카바이트불조차 귀해 코꾸리(관솔로 불을 지필 수 있게 방안에 만든 벽난로 겸 불을 밝히는 역할의 사람 코 모양의 장치)에 불을 지펴 밤을 밝히던 전기 없던 시절, 하룻밤을 자고 나면 얼굴이 송진 그을음에 시커메지니 물 없는 설움에 전기 없는 설움에 주민들의 삶은 남루한 모습으로 방치될 수밖에 없었다.

궁여지책으로 산골짜기에 50톤급 대형 물탱크 4개를 만들어 홍수 시 빗물을 저장했다가 빨래 등 생활용수로 사용한 기간이 1년여. 하지만 가뭄으로 인해 식수난을 근본적으로 해결할 수는 없었다. 머리를 싸매고 궁리를 거듭한 박 지도자는 산너머 계곡에 있는 물을 끌어올리는 가압식 간이상수도를 설치키로 결심했다. 그러나 수원(水源)이 마을보다 해발 50m나 낮은데다 평생 물이 높은 곳으로 올라가는 것을 보지 못한 주민들의 반대와 비웃음의 대상이 되었다.

박 지도자는 낙차에 의한 수압으로 물이 산을 넘을 수 있다고 주민을 설득, 드디어 1974년 4월 배관을 설치하고 시험통수를 하기에 이른다. 그러나 안타깝게도 물은 40m지점까지밖에 올라오지 않았다. 물이 산을 넘지 못하자 주민들의 원망은 대단했다. 남은 10m를 넘기 위해서는 45m나 되는 암벽에 터널을 뚫어야 하는 작업 또한 거대하게 버티고 있었다. 하지만 박 지도자는 물을 포기할 수 없었다. 물은 그에게 있어 하나의 신념이자 구원의 종교였던 것이다.

주민설득, 암벽 뚫기만큼 힘든 일

난관은 한두 가지가 아니었다. 하든지 말든지 맘대로 하라며 뒤돌아 앉는 주민들을 더 이상 설득한다는 것은 암벽(岩壁) 뚫기만큼이나 힘든 일이었다. 면장의 협조를 얻어, 노임으로 양곡을 지급한다는 조건을 내걸어 모은 마을사람은 도합 4명, 박 지도자는 불가능의 돌산에 도전을 시작했다. 시공장비란 보잘 것 없는 "정"뿐이었다. 손으로 일일이 돌을 쪼아가는 힘겹고 벅찬 시간들이었지만 이 마을 개창 이래 500여 년의 설움을 이길 수 있다면 돌 아니라 더한 것이라도 두렵지 않았다. 물이 산을 오를 수 있다면… 이 고통이 그 날에는 여삼리의 역사를 뒤바꾸는 기로가 될 것이다.

그러나 박 지도자의 의지를 비웃는 듯, 터널은 18m지점에서 무너지고 말았다. 갱(坑) 버팀목인 동바리가 그만 무너져버린 것이었다.

"다리 부러진 사람을 비롯해 다섯 명의 인부 중 3명이 크게 다치는 사고였습니다. 광산에서 갱도가 무너지는 것과 같아요."

박 지도자도 허리에 부상을 입었지만 자신의 상처를 돌아볼 여유는 없었다. 다리가 부러졌다 해도 치료라고는 고작 머큐로크롬을 바르고 붕대로 싸매주는 것이 전부였다.

기어코 식수난을 해결하겠다는 지도자의 집념과 주민들의 의지는 착공 50일 만에 45m의 암벽을 관통시키는 데 성공했다. 손과 발은 터지고 갈라졌어도 터널 속을 연결한 파이프에서 물이 세차게 쏟아져 나오자 부녀자들은 지도자를 부둥켜안고 감격의 눈물을 흘리며 덩실덩실 춤을 추기도 했다.

때마침 농어촌 전화(電化)사업 추진으로 마을에 전기를 끌어들이게 됨으로써 집수정까지 물을 올리는 것이 가능해 졌다. 이 전기는 정부의 "우수마을 우선지원 방침"에 따라 다른 마을에 비하여 빨리 들어오게 된 것이다. 그러나 아직도 150m나 되는 높은 산에 60톤짜리 물탱크를 만들어 집집마다 급수해야 할 난관은 남아 있었다. 전기가 들어오고 물이 산을 넘는 것을 본 주민들은 앞을 다투어 일했으며 부녀자들은 돌부리에 채이고 나뭇가지에 찢기면서도 4㎞나 떨어진 하천에서 자갈, 모래를 열네 트럭분이나 산꼭대기까지 운반했고 심지어 고사리 손까지도 횃불을 들고 작업에 참여하는 등 총력전 끝에 상수도를 완공함으로써 대대손손 갈망하던 숙원은 지도자의 억척스런 투지로 귀중한 열매를 맺게 되었다.

마을 진입로 개설, 뜻이 있는 곳에 길이 있다

급수문제가 해결되자 두 번째 숙원사업이던 도로개설이 목표가 되었다. 산이 가파르고 길이 험해 세상과 동떨어져 500년간 사람다운 생활을 하지 못하게 만든 12㎞의 돌산에 도로를 개설하는 것은 주민들이 간직한 또 하나의 소원 중 소원이었다. 그럼에도, 박 지도자가 도로개설을 결심하고 계획을 발표했을 때 역시 반대는 대단했다.

"주민의 힘으로는 도저히 불가능하다", "7천 5백 평이나 되는 용지를 무슨 재주로 희사받을 수 있으며 도로가 뚫리면 산지(山地) 임목 소유자만 부자 시켜줄 것 아니냐"는 등이 반대의 요지였다. 심지어는 지도자의 아버님마저 "차라리 내 손에 불을 켜라, 안 된다"며 극구 반대의 기치를 높이셨다.

그러나 이 모든 반대를 무릅쓰고 설득을 거듭해 1972년 2월 얼음이 채 녹기도 전, 자연의 장벽(障壁)을 뚫겠다는 그의 의지는 망치소리와 함께 언 땅을 파헤쳐 나갔다. 밭갈이를 하는 땅주인들을 수십 번 찾아가 애원한 끝에 7천 5백 평의 편입용지는 해결되었지만 그 과정이란 필설로 다 할 수 없을 만큼 눈물 나는 것이었다.

"며칠씩 인분을 퍼 날라주기도 했지요…. 찌는 듯한 땡볕에 인분 퍼 나르는 거, 그거 참 고역입니다."

그래도 땅을 내주지 않는 사람들은 학연, 혈연 가릴 것 없이 모든 인맥을 동원해 설득해야 했다.

"예나 제나 농촌총각 장가들기 힘들지 않습니까. 초등학교도 못 나온 후배 동생이 마음에 두고 있던 마을 처자를 중신했지요."

덕분에 3천 평의 용지를 얻은 것은 쾌거였지만, 땅주인의 마누라에게 걷어 채여 다리가 부러진 불상사도 있었다.

"땅주인이 용지를 희사해준다는 약속으로 술집에서 지장(指章)을 찍었는데 뒤늦게 그 사실을 알게 된 부인들이 노발대발하더니만…."

어렵사리 용지문제는 해결되었지만 손으로 돌을 깨기란 도저히 불가능하여 지칠 대로 지친 주민들은 허탈상태에 빠져 주저앉고 말았다. 박 지도자는 "여기서 중단하면 우리 마을은 영원히 길을 낼 수 없다"는 판단으로 용기를 내어 모교인 삼척공업전문학교를 찾아가 애원해 보기로 했다. 콤프레셔, 착암기 등 장비와 기술지원을 요청하기 위해서였다.

"단박에 거절당했어요. 학생들을 위험한 작업장에 투입할 수 없다는 이유로. 그날, 넋을 잃고 돌아오다 산 고개 밑에서 밤새 울었습니다."

이후 모교를 다시 찾은 것이 부지기수. 삼척공업전문학교 이성갑 학장으로부터 교수들에게 하달되었다. 박재명 씨를 학장실에 들이지 말라는 명이었다. 몇십 년 해도 못 할 일을 여름·겨울 방학 1달씩 일해봤자 성과를 기대하기 어려울 것이라는 분명한 이유가 있었으니 명분대로라면 박 지도자의 요청은 어불성설이었다. 고심 끝에 박 지도자가 찾아간 곳은 학장관사. 이번엔 사모님을 붙잡고 눈물로 애원하기를 수차례. 관사가 위치한 시내까지 걸어서 30리, 왕복 6시간이나 걸리는 먼 길도 도로를 향한 꿈에 비하면 아무것도 아니었다.

뜻이 있는 곳에 길은 있다고 했다. 간곡한 호소 끝에 지원약속을 받고 기쁜 소식을 주민들에게 알린 그는 다음 날부터 도로개설(開設)에 착수했다. 조용하던 산중에 콤프레셔 소리가 요란했으며 뿔뿔이 흩어졌던 주민들은 남녀노소 없이 눈비를 무릅쓰고 돌을 깨고 석축을 쌓아갔다. 심지어 출산 7일의 산모가 미안해서 도저히 누워있을 수 없다고 사업장에 나와 주민들이 울음보를 터뜨린 일도 있었고, 지도자 자신은 좌측 흉부에 신경성 골수염을 앓아 들것에 실려서까지 공사를 지도하기도 했다.

"삼척도립병원에 20일간 입원했습니다. 터널 뚫을 때 부상당한 것이 아직도 시원찮습니다."

척박한 땅이라고는 해도, 삼척 인심은 따뜻했다. 박재명 씨의 "여삼재" 도로개설 이야기가 인근에 퍼지자 노곡면 관내주민들이 먼길을 마다 않고 새마을정신을 발휘하여 야영까지 하면서 작업을 도왔다. 만 4년 7개월 동안 하루도 빠지 않고 70호 주민 연45,440명(매년 호당 5개월 참여)이 똘똘 뭉쳐 온갖 정력을 쏟으며 역경을 이겨낸 이 사업은 설계상 1억 2천만 원이 소요되는 돌산 12㎞도로를 800만 원의 자재비(암반폭파 화약대 600만 원 포함) 지원만으로 결실을 거두게 되었다.

"광산과의 김영달 선배(삼척국립대학교 초대 총장역임)라고… 발파면허를 소지하신 분을 찾아가 무상으로 해달라고 애걸복걸했어요. 만사 젖혀두고 따라다니며 설득했습니다."

비료 실은 트럭이 마을에 들어오다

처음으로 비료를 실은 트럭이 마을에 들어오자 마을은 온통 축제기분으로 한밤을 지샜으며 자동차를 처음 본 어린이들은 무서워 도망가기도 했다. 이웃마을 사람들은 돌산을 뚫어 길을 낸 주민들의 의지가 곰보다 끈질기고 미련하다 하여 '곰이 왔다 울고 간 마을'이라고도 했고 '땡삐(가장 독한 벌) 마을'이라고도 불렀다.

그 과정은 이루 말로 할 수 없습니다. 무거운 착암기를 옮길 때, 온 주민이 달라붙어 인간 감속장치 역할을 했어요. 그리고 도구가 제대로 있었겠습니까. 드럼통에 철사를 꿰거나, 가마니로 "들것"을 만들어 돌을 싣고 날랐습니다. 그 광경을 지켜보던 이웃마을사람들은 모두 돌았다고 했지요. 죽은 사람은 없어도 참 많이들 다쳤습니다.

그뿐 아니었다. 고철(古鐵)값이 비쌌던 당시, 밤이면 행여 착암기를 도둑맞을까 주민들이 순번제로 보초를 섰다. 부녀자들의 일손도 바빴다. 새참을 마련하기 위해 밀방아를 찧어 국수를 삶아내는 일도 당시 여삼리 마을의 진풍경이었고 남정네들이 도로사업에 매달려 땔나무를 할 수 없던 탓에 집의 울타리를 뽑아 불을 때야 했다.

그러나 시집보낸 딸이 보고싶어 찾아오던 친정어머니가 가파른 산길을 오르지 못해 눈물을 흘리며 돌아갔던 얘기는 이제 주민들의 애환이 얽힌 전설이 되고 있을 뿐이다.

이 마을은 당시 수원 새마을지도자연수원 교수들이 비교육기간을 이용 '새마을의 성지'로 여겨 현장을 참관했던 곳입니다. 함께 찾아가 그 감격을 충전하고 박재명 지도자의 불굴의 의지를 본받아 새로운 마음으로 교육에 임하곤 했습니다.

당시 새마을지도자 연수원 교수로 있었던 박병원(새마을중앙회 남부연수원장 1996~97, 동 중앙연수원장 1997~99 역임)씨의 술회이다.

내가 새마을운동 중앙협의회장으로 있을 때 중앙연수원에서 행한 강의에서 《장자(莊子)》에 나오는 목계(木鷄, 나무닭) 이야기를 한 적이 있다. 그 이야기에 의하면 진정한 싸움닭은 다른 닭들이 아무리 성내

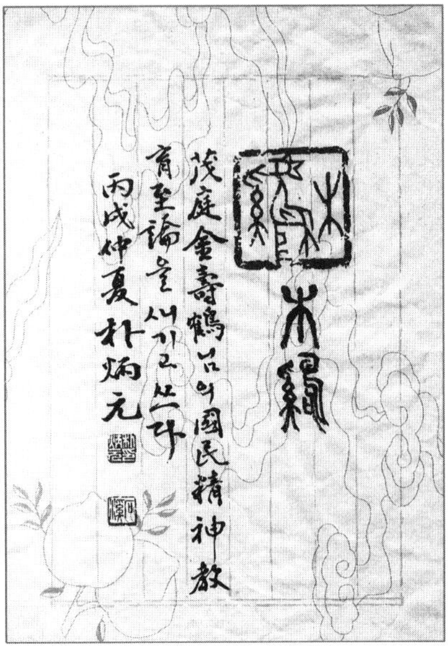

박병원 중앙연수원장이 써 준 〈목계〉 교훈

며 덤벼들어도 아랑곳하지 않고 본연의 자세를 견지하는 닭으로서 마치 목계와 같아야 한다고 했다.[3] 나는 새마을운동의 실천과 새마을지도자의 자세 역시 목계와 같아야 한다고 말했다. 당시 중앙연수원장이던 박병원 씨는 나의 강의를 듣고 손수 '목계'의 붓글씨를 써준 적이 있다.

지역일에 앞장서는 끈질긴 리더 "새마을지도자는 봉사정신 없으면 못합니다. 무슨 일이건 솔

---

3) '木鷄'는 《列子》 "黃帝" 篇과 《莊子》 "達生" 篇에 함께 보이는데, 몇 군데 글자를 서로 달리 쓴 데가 있으나, 내용은 전적으로 동일하다. 여기서는 《列子》의 本文을 인용한다.

"紀渻子爲周宣王養鬪鷄 十日而問 鷄可鬪已乎 曰未也 方虛驕而恃氣 十日又問 曰未也 猶應影響 十日又問 曰未也 猶疾視而盛氣 十日又問 曰幾矣 鷄雖有鳴者 已無變矣 望之似木鷄矣 其德全矣 異鷄無敢應者 反走耳(기성자가 주나라의 선왕을 위해 싸움닭을 길렀다. 열흘이 되어 (왕이) 물었다. 닭이 이제 싸울 수 있느냐. 아직 안됐습니다. 지금 실속 없이 자신을 뽐내고 기운만 믿고 있습니다. 열흘이 지나 다시 묻자 대답했다. 아직 안 됩니다. 다른 닭의 그림자나 울음소리만 들어도 덤벼들려고 합니다. 열흘이 지나 다시 묻자 대답했다. 아직 아닙니다. 상대를 노려보며 기세가 대단합니다. 열흘이 지나 다시 물었다. 거의 다 됐습니다. 상대가 울음소리를 내도 태도의 변화가 없습니다. 멀리서 바라보면 마치 나무로 만든 닭 같습니다. 그 德氣가 완전해져서 다른 닭이 감히 덤벼들지 못하고 돌아서서 도망갑니다)."

선수범이 습관화되어야 가능합니다."

그는 이런 말을 남겼다.

마을 안길을 확장할 때도 1천 평의 밭을 제일 먼저 희사했던 박재명 지도자. 현재 여삼리 마을은 기름보일러와 나무 보일러 겸용의 현대식 가옥을 짓고 장뇌삼, 곤드레 산나물 재배 등 황금작물 수확과 사슴 사육이 주수입원이 되고 있으며, 연간 호당 소득 3천만 원(2002년 현재) 이상을 올리고 있다. 2년여 후면 번듯한 포장길이 완공된다 했다. 이 공사는 그가 향리 기초자치체 시의원으로 재임(2회 역임)할 때부터 추진한 것인데 국비, 도비, 시비로 이루어졌다.

이와 같이 마을 개창(開創) 이래의 오랜 소원을 가히 맨손과 맨주먹으로 이룬 능력은 과연 어떻게 획득할 수 있었을까. 그것은 먼저 '지역에 대한 한없는 애착'이 존재하고 있다는 것을 들 수 있다. 그 고장에 새겨져 온 애틋한 사연이 점철(點綴)된 역사를 골똘히 생각하는 마음, 바꾸어 말하면 '애향심'이나 '통찰력'이 그 능력의 기반이 되었을 것이다. 다음은 지역에 대한 애정과 정열뿐만 아니라 냉철한 조직적 사고, 조직적 행동력을 겸비하고 지역 일에 앞장선 끈질긴 리더의 존재다. 여삼리 마을이 있는 한, 박재명 지도자의 이름은 잊혀지지 않을 것이다. 첩첩 두메산골, 그 불모지에 새겨진 "할 수 있다"는 가능성을 현실화시킨 새마을정신. 그 시간들 위로 우리의 근대사를 다시 써보는 것은 어지러운 작금에 이르러 푯대를 제시할 방향타로서 다시 한번 뛰어야 할 우리네 원동력이 되길 간절히 소망하는 마음에서다.

❖ 새마을지도자 육성의 획기적 전기

앞에서 우리는 마을의 인재(人材), 즉 지도자의 역할이 역사(役事)

를 일으키는 데 있어 얼마나 중요한가를 알 수 있다. 전국 각 마을에서는 지역에 대한 정열과 애정을 갖고 행동할 수 있는 지도자를 갈망하게 되었다. 새마을운동 초기 단계에는 공무원이 그 역할을 수행하면서 주민 스스로의 경험을 축적하는 데 주력했다. 주민들이 자신감을 갖고 자주적으로 새마을운동을 싹트게 하는 데 필요한 리더가 주민 안에서 나타나게 될 것으로 기대했기 때문이다.

1970년대 초기, 나는 대구시장(1969~1972)으로 일하고 있었다. 그 당시 농촌에서는 1970년의 겨울과 1971년의 봄철 동안 농한기를 이용하여 새마을가꾸기 1차년도 사업으로 주민들이 원하는 환경개선 등 10가지 사업(① 마을산 푸르게 가꾸기, ② 마을진입로 확장, ③ 소하천 뚝 보수·정비, ④ 퇴비장 만들기, ⑤ 소류지에 퇴적된 모래 파내기, ⑥ 관정보수 및 관수, ⑦ 마을청소·하수도 준설, ⑧ 공동우물 만들기, ⑨ 공동빨래터 만들기, ⑩ 쥐없는 마을 만들기 등)을 주민에 의해 선출된 지도자를 중심으로 추진하였다.

대구시로서도 근교 농촌지역에 시멘트와 철근이 지원되어 일반 농촌과 같이 새마을가꾸기 사업이 추진되었다. 도심부는 깨끗한 거리조성과 근검(勤儉) 절약을 통한 저축장려운동에 힘쓰는 한편 농촌 새마을운동을 지원하는데 주력하였다. 그러나 그때만 하더라도 역시 도시는 농촌에 비하여 그 열기가 저조했다.

먼저 새로운 시도(試圖)가 펼쳐지고 있는 지역들을 찾아서 거기에서 추진되는 사업의 배경, 기본적 방향을 비롯하여 추진과정에서의 경험 등을 직접 듣고 보는 것만으로도 자신의 지역을 다시 보고 새롭게 고쳐 가려는 의욕이 배양될 것으로 믿어, 시청공무원과 각 마을의 대표격인 인사를 선발하여 경북 도내 농촌지역 또는 타도의 선진마을을 견학시키는 데 힘썼다. 특히 현지견학을 마치고 돌아오는 것만으로 끝낼 것이 아니라 자체 대화시간을 갖게 하여 각자 느낀 소감과 앞으로의 새로운 실천결의 등을 술회하는 건설적인 대화의 광장이 되도록 함과 아울러 타인의 발표를 듣고 미진한 자신의 마음을 확신으로 바꾸는 계기가 되도록 했다. 그러나 각 마을에서는 새마을정신에 투철하고 주민의 신망이 두터운 지도자와 정신교육에 필요한 강사를 구하는 것이 가장 난제였다.

이즈음 전국의 시장군수들의 비교 행정회의가 1971년 9월 17일 대구에서 개최되었다. 이 자리에서 농촌지도자를 발굴 육성해야겠다는 대통령의 뜻이 밝혀졌으며 그날 있었던 박정희 대통령의 유시요지는 다음과 같다.

> … 앞으로 여러분들은 이 새마을 가꾸기 정신을 국가발전개발의 기본정신으로 삼아, 그 계몽에 힘써야 하겠으며 특히 지역사회의 젊고 패기있는 일꾼들을 찾아내어 훈련시켜 농촌지도에 앞장서도록 하는 분위기를 조성하는데 각별한 노력을 기울여야 하겠다. 새마을 가꾸기 운동이 성공하려면, 먼저 그 부락의 지도자 양성이 무엇보다도 선행되어야 하며, 이들 농촌지도자들이 일으키는 새물결이 아래위로 파고들 때, 이 운동은 그만큼 빠른 속도로 파급될 수 있는 것이다.

역사적 "새마을지도자 연수원" 설립

이리하여 정부에서는 경기도 고양군 소재 농협대학 교육시설 일부를 활용하여 독농가(篤農家) 연수원을 설치하고 1972년 1월 31일 전국 각 군에서 선발된 독농가 140명에 대한독농가반 제1기 교육을 시작함으로써 농촌지도자 교육의 새로운 전기를 맞게 되었다.

박 대통령은 아무 예고 없이 독농가 연수원을 방문하여 연수생들이

밥은 잘 먹는지, 침실의 연탄난로에서 가스가 새지는 않는지까지 일일이 확인하곤 했다. 이에 김준 원장은, "일국의 국가 원수가 그 바쁜 국정에도 불구하고 무명의 농민 140명이 교육받는 현장에까지 찾아와 일일이 챙기고 확인하는 모습에서 큰 감동을 받았다"며, "본인 또한 그 날, 이 한 몸 불사르기로 다시 결심했다"는 후일담이다.

독농가반 제3기 교육이 1972년 3월 18일로 끝나게 되자 새마을지도자 교육을 독농가 연수원에서 일원화하여 실시하라는 대통령의 지시에 따라 1972년 7월 3일, 새마을지도자반 제1기 입교식을 갖게 되었다.

이 날 나는 대구시장에서 새마을운동의 담당부서인 내무부 지방국장으로 자리를 옮기게 되어 다시 먼 관도(官途)의 여정(旅程)에 발을 내딛게 되었다. 나는 새벽녘 대구를 출발하여 경기도 고양군 소재 농협대학 구내에 있는 새마을지도자 연수원 교육현장으로 걸음을 재촉했다. 시원스럽게 트인 고속도로, 달리는 차창 바깥으로 변화되어 가는 연도의 농촌풍경들이 그날따라 새삼스럽게 나의 분발을 촉구하듯 감명을 더했다.

하지만 서울에 다가오자 왜 그런지 들뜬 기분이 멈추고 순간 일종의 불안감이 가슴을 짓누른다. 아마도 새 임지(任地)가 가까워짐에 따른 초조감과 새로 맡게 될 직무에 대한 준비의 겨를이 없는 데서 오는 부담감인지도 모른다. 어떻게든 당장 교육장 개회식에 임석하는 마음의 정리를 서둘러야 했다. 특히 거기에서 처음 상면하게 되는 연수원 교관을 비롯한 전국에서 모인 새마을지도자에 신경이 안 쓸릴 수 없었다. 한편 뇌리에 퍼뜩 떠오른 것이 있었다. 그것은 그간 새마을현장에서 내 마음에 간직한 "새마을지도자의 능력문제"였다. 이 과제를 되새기면서 자문자답(自問自答) 해보았다.

"어떠한 조직이든 그 부침(浮沈)은 의욕과 뛰어난 자질을 갖춘 인재를 확보하여 역동성 넘치는 역량을 발휘하게 하느냐에 달려 있다."

이 논지는 곧 새마을운동에도 그대로 부합되어 현재 전국 곳곳에서 실제상황으로 보여주고 있다. 그 한 예가 바로 앞에서 언급한 "여삼리" 박재명 지도자의 행적이다. 지도자 자신의 견인발분(堅忍發憤)과 동시에 주위에서의 격려와 지원을 아끼지 않는다면 향상의욕은 더욱 솟아오르고 지금까지 나타난 이상의 능력을 발휘하게 될 것이다. 요는 본인 스스로 하고자 하는 마음을 가진 지도자의 발굴과 양성이다.

새마을 교육의 뒷이야기(1)

그날 입교식을 마치고 운동장을 거닐고 있을 때였다.

"국장님 저 좀 봅시다."

60여 세로 보이는 어떤 교육생이 나를 멈춰 서게 했다. 그는 경상도 특유의 말투로, "저는 경북 영일군 기계면에서 온 새마을지도자입니다. 국장님 이런 것 안 해도 잘 될 텐데요" 한다.

느닷없이 그가 건넨 말에는 얼른 보기에 정치색이 배어 있었다.

"안 해도 잘 된다는 것이 무슨 뜻입니까? 새마을운동을 의미합니까?" 내가 되묻자 그는 어물거리며 주춤했다. "어림없는 소리, 정치얘기는 꺼내지도 마시오. 절대 그렇지 않습니다."

그러나 그는 나의 말을 믿는 듯 못 믿는 듯 씁쓸한 표정을 지었다. 그는 나를 고향도의 출신으로 믿고 말한 것 같은데 이런 사람이 어떻게 교육에 뽑혔는지 궁금해서 따지듯이 다시 물었다.

"대체 어떻게 교육에 오게 되었습니까?"

교육차출, 위로여행으로 착각

"군청에 좀 와달라고 해서 가보니 새마을교육을 받으러 가라고 하길래 지금 새마을 가꾸기로 바빠서 여가가 없다고 했더니 서울 가서 며칠 구경도 하고 쉬고 오라 하던데요."

"쉬다니요?"

내가 의아해하면서 묻자, 그간 새마을한다고 고생을 많이 했으니 서울 가서 창경원 구경이라도 하면서 며칠간 쉬라는 교육명목으로 그를 새마을연수원에 보냈다는 것이었다.

"농사만 짓던 사람이 아침 5시에 일어나서 구보하고 우리가 꼭 이렇게 해야 되겠습니까?"

그는 꽤 불만스러운 투로 나에게 공감이라도 얻으려는 듯이 말을 마쳤다. 나는 그 자리에서 말로써 그를 설득하기는 어렵다고 생각하고, '딴 생각하지 말고 교육이나 열심히 받으면 분명히 보람된 시간이 될 것이다, 그래도 마음에 안 들면 돌아가라'는 충고를 하고 그 자리를 떠났다. 그가 입교한 지 3일째 되던 날, 연수원에 들러 관계자에게 그에 대해 물어보았다. 그는 첫날과 둘째날에는 정장차림으로 운동장에 나와 아침운동에는 참석하지 않고 물끄러미 구경만 하다가 셋째날부터는 아침운동에도 참석하고 강의 중에 가끔 고개를 끄덕이는 등, 조금씩 변화의 기미를 보이고 있다는 것이었다.

변화발전의 계기

다음날, 다시 연수원에 갔을 때 그가 나를 또 찾아왔다.

"국장님 잘못했습니다. 저는 이런 줄 몰랐습니다. 바로 이렇게 해야 되는 것을… 이제야 알았습니다."

그는 밝은 표정을 지으면서 순박한 아이처럼 말했다. 그는 2주일간의 교육을 다른 사람들보다 더 열심히 받고 고향으로 무사히 돌아갔다. 그 후 내가 어떤 기회가 있어 새마을 관계자를 통하여 그의 활동에 관하여 알아보았다. 2주일간의 교육을 마치고 고향으로 돌아 온 그는 그가 살고 있는 마을을 관내의 대표적인 모범마을로 만들었다는 것이었다. 정말 흐뭇했다.

논산 새마을의 견인차가 되었던 윤주헌 씨도 마찬가지였다고 한다.

"군청에서 위로교육을 보내준다면서 가면 융숭한 대접을 해줄 거라고 해요. 그간 마을을 위해 노력하고 봉사했으니 그에 따른 당연한 대우를 받을 거라나요."

그러나 그의 예상은 첫날부터 빗나갔다.

"입소 후 새마을복으로 갈아입고 식당에 집합을 했는데 누군가 담배를 피웠습니다. 그랬더니 교관이 정신상태가 안되었다고 호통을 치면서 나무라지 뭡니까. 얼마나 기가 막히든지…. 우리가 무슨 공무원도 아니고 내 돈 들여서 봉사하는데 왜 이런 대우를 받아야 하나 싶어 그만 스트라이크를 일으켰지요."

윤 지도자는 입소를 거부하기로 마음먹었다.

"동조자도 꽤 있었습니다. 하지만 일부에선 이왕지사 왔는데 어떤 교육인지 한번 받아나 보자고들 해요. 그래 마지못해 다시 옷을 갈아입고 교육장으로 향했습니다."

그러나 하루 이틀이 지나자 그이에겐 엄청난 변화가 일어났다.

"김준 원장님의 특강과 하사용 씨의 성공사례 발표 등을 들으니 바로 이것이구나 싶더군요. 반드시 알아야 하고 반드시 받아야 할 교육이란 생각이 들었습니다."

그 후 윤주헌 씨는 새마을을 신앙처럼 가슴에 품고 돌아가 1973년 논산군 새마을지도자협의회를 자생적으로 구성하여 본격적인 새마을운동을 펼쳐갔다.

"다 같이 잘 살기 위해서는 누군가 앞장서야 합니다. 그 누군가가

지도자가 되어 자기 몸을 불태워야 해요. 연수를 받으면서 느낀 건 바로 이것이었습니다."

"독농가 연수원"은 이어서 1973년 4월 8일 수원의 농민회관으로 이전하게 되었고 박 대통령의 뜻에 따라 1973년 5월 31일 "새마을지도자 연수원"으로 명칭을 변경하게 되었다.

새마을연수원의 시발은 박 대통령의 구상에 따라 김준 농협대학 교수를 비롯해 같은 생각을 가진 사람들을 불러모은 데서 시작되었다.

지도자 교육의 목표, 심성과 태도변화에 두다

일반적인 교육이 피교육자의 지식이나 기술(기능)을 일정 수준까지 도달케 하는 것을 목표로 하는 것과는 달리, 새마을지도자 연수원의 교육은 피교육자의 마음에 호소하여 심성과 태도변화에 그 목표를 두고 있는 것이다. 당시 교관이었던 김기명 씨는 연수생들의 태도변화에 대해 이렇게 말한다.

"우리가 누구를 변화시켰다고 보지는 않아요. 단 그들 마음에 간직되어 있던 '씨'를 발아시켜주는 작업이었다고 생각합니다."

열이 전도(傳導)되듯, 원장과 교관, 그리고 성공사례 발표자들의 정신이 연수생들의 마음에 전달되었던 것이다.

연수원에서는 원장 이하 연수생 모두가 하나였다. 농민이건 사회고위층인사이건 다를 바 없었다. 같이 화장실을 청소하고 같이 밥을 먹고 같이 토의하고…. 김기명 씨는 당시 연수생이었던 어느 재일교포의 말을 잊을 수가 없다고 한다.

"그분께서 저에게 그런 말씀을 하시더군요. 어떻게 장·차관, 도지사 등이 농민들과 같이 교육을 받느냐고요. 우리나라가 언제 이렇게 바뀌었느냐면서 놀라더군요."

분임토의 또한 중요한 기능을 담고 있었다. 분임토의를 통해 조금씩 연수생들의 생각이 변화되었다. 예를 들어 "왜 당신은 담배꽁초를 버리는가"의 생각이 "내가 할 일은 꽁초를 줍는 것"으로 변모되었다.

대학교수의 교육수료 회고담

다음은 새마을지도자 연수원 사회지도자반 7기 수료생인 경희대학교 서정범 교수의 회고담이다(새마을지도자연수원 통신교재 76, 7월호 "새마을" 애인의 밥).

"3백 명이나 되는 많은 인원이 한자리에서 식사하게 되면 으레 밥에서 돌이 나오고, 뉘(쌀 속에 섞여 있는 겉껍질이 벗겨지지 않은 벼의 낟알)가 있고, 검부러기(검불의 부스러기)가 나오는 게 예사다. 그런데 이렇게 많은 인원 가운데 돌을 깨무는 이나 뉘를 골라내는 이가 한 분도 없다는데 적이 놀라지 않을 수가 없었다. 부식도 정성이 들어있어 감칠맛이 있고 숟가락, 그릇 등도 아주 정결하였다. 이렇게 공이 든 음식을 먹게 된 연유를 알고서 큰 감명을 받았다. 식당에서 밥을 짓는 아주머니들이 식사에 대한 분임토의가 있었는데 연수원에서 연수하는 이에게 어떠한 식사를 제공할 것인가에 대한 토의였다.

'식사에는 식당에서 파는 밥, 하숙집에서 주는 밥, 여관에서 먹는 밥, 집에서 짓는 밥 등 여러 가지가 있는데 밥 중에서는 애인에게 대접하는 밥이 가장 정성을 들이는 밥이니 연수원에 오신 분을 애인으로 여기고 정성껏 식사를 제공하자는 결의를 했다는 것이다.'

일주일간 얼굴도 모르는 그 분들에게 애인대접을 받았다는 것을 알았을 때 그분들의 따스하고 정성스러운 마음이 내 가슴에 젖어들어 옴을 느끼면서 새마을운동은 따스한 마음의 운동이며 사랑의 운동이로구나 하는 생각이 들었다."

새마을 교육의 뒷이야기 (2)

그 외에도 연수생들은 다양한 일화를 남겼다.

김용완 전 전경련 회장(作故)의 선행도 연수원 에피소드 중 하나다.

당시의 교관이었던 김찬수 박사의 증언에 따르면, 한 내무반에 18명씩 입소하였는데 옆 사람이 보니 김 회장이 새벽마다 어딘가를 나갔다 오더라는 것이었다. 그래 하도 궁금하여 몰래 따라가 보니 묵묵히 화장실 청소를 하고 있었다 한다.

"이튿날부터는 옆사람도 같이 나가 청소를 했다더군요. 그러면서 그 분께서 하시는 말씀이 기업인에 대해서도 생각이 많이 바뀌었다고 하더라구요."

그런가하면 부녀자 연수생들의 경우엔 또 다른 어려움이 따랐다. 집에 아이들을 떼어놓고 왔으니 제대로 정신집중이 될 리 없었다.

"사실 1주일이란 연수기간이 주부들에겐 무리죠. 그래서 처음 3일간은 집걱정하느라고 분위기가 영 아니에요. 집에 전화걸기 바빠요. 그런데 정말 신들린 사람들 같던 교관들을 보면서 차츰 태도가 변화되기 시작하더군요. 특히 여자들은 감수성이 예민해서 성공사례 발표 때는 눈물바다가 되곤 했어요. 마지막 날 촛불행진 때는 모두 가족처럼 되어 형제간이나 다름없게 느껴졌지요. 그후 저의 삶 속에 끊임없이 '하면 된다'는 생각을 불어넣어 준 건 바로 새마을연수였습니다."

윤수자 씨(서대문구 동 부녀회장)의 경험담이다. 그러면서 공무원인 남편 또한 연수를 받은 후엔 아침에 일찍 일어나 내 집 앞을 쓸 만큼 달라지더라고 했다.

❖ 새마을운동에 대한 정치적 오해 불식의 계기

"1975년 2월에는 대학교수들이 처음 입교하였습니다. 그간 새마을교육에 대해 일부 방관과 냉담 또는 무관심한 경향이 없지 않았으나 각 교육에 참여한 이후부터 새마을운동과 새마을교육의 진의를 이해하게 되었지요. 그리하여 이 운동 참여의 일환으로 새마을운동의 이론정립을 위한 연구를 실시하기로 의견을 모으고 '새마을연구회'라는 이름으로 대학의 많은 교수들이 새마을운동 연구에 참여하는 계기가 되었던 것입니다." 김준 원장의 증언이다.

그런가 하면 "새마을지도자 연수원에 입교한 사회지도자, 대학교수, 대학생간부들 중에는 새마을운동이 특정정당을 위한 하나의 정치운동인 것으로 오해한 사람도 있었던 것 같다. 그들은 입교하는 날부터 새마을교육의 정치성을 가려내 보려고 신경을 곤두세웠으나 연수생활을 2~3일 하는 동안에 새마을운동의 참뜻이 그와 같은 정치운동에 있는 것이 아니라 나라와 겨레를 위해 꼭 필요한 국민운동임을 알게 되자 즐거운 기분으로 연수생활을 끝낼 수 있었다. 새마을운동이나 새마을교육에 관하여 오해를 가졌던 사람일수록 그 오해가 풀리고 나면 이 운동은 지속되어야 한다는 쪽으로 기울어지게 되었다. 박 대통령은 새마을운동이 정치와 관련되어 그 참뜻을 이루지 못하는 일이 생길 것을 항시 염려하였다. 그는 농민들의 자조운동을 불러일으킨다는 것이 얼마나 어려운 일인지를 여러 차례 경험하였기 때문에 1970년대 초에 일어난 새마을의 불길을 자기 자신의 정치적 야심 때문에 중단되게 해서는 안 된다는 것을 분명히 하고 있었다"고 자신의 저서(《경제발전과 농촌경제》, pp. 392~393)에서 밝히고 있다.

생활 즉 교육

내무부 지방국은 중앙에서 새마을운동을 총괄하고, 매월 전국적인 진척상황을 종합하여 청와대에서 열리는 대통령주재 국무회의에 보고하는 주무부서이지만 새마을연수원의 교관인사나 교육내용에 대하여는 일체 연수원의 자율성에 맡겨 운영하게 하는 것이 기본방침이었다. 다만 지방국에서는 교육생의 차출과 교육비 지원에 그치고 또한 시·도 단위에서 추진되는 교육도 지방의 특성을 고려하여 지방장관에게 일임했다. 그러나 실제 새마을지도자 연수원 교육에서는 대통령의 뜻을 받들어 청와대의 비서관과 특별보좌관들이 연수원의 새마을교육을 리드했다. 이렇게 된 것이 새마을교육의 관료화를 막고 교관들과 새마을지도자들의 의욕을 높이는 큰 요인이 될 수 있었다.

그뿐 아니라 한 예를 들면 당시 청와대 P특별보좌관을 주축으로 하는 팀이 예고 없이 부단히 현장을 순시하여 실황파악과 교육효과를 측정하고 여기에서 도출된 문제점과 개선점을 대통령에게 보고하여 정책에 반영하게 했다. 지금 시대의 관점에서 보기에는 최고 통수부의 지나친 관여인 것 같이 보이기도 하나 그렇지는 않았다. 사실 이렇게 된 것이 중앙정부 관계부서간의 상호협조와 보완을 위한 대처가 마치 톱니바퀴처럼 신속하고도 원활하게 촉진되는 활력소가 되었다.

거기에는 김준(金準) 연수원장의 노고가 실로 컸다. 그는 10년을 하루 같이 연수원에서 교관과 더불어 교육생과 숙식을 같이 하면서 "생활 즉 교육"을 몸소 실천하는 수범을 보였다.

"새마을교육은 교육요원들이 피교육생들과 처음부터 같이 자고 같이 생활해야 변화하는 과정을 알고 일체감이 생기게 됩니다. 같이 자고 같이 고생하는 것이 새마을교육의 본질이므로 교육요원들이 피교육생보다 편해버리면 절대 안 됩니다. 그것은 새마을지도자가 마을사람들보다 더 고생할 때 주민들이 따라주는 원리와 같습니다. 새마을정신은 희생입니다." 김준 연수원장의 증언이다.

지식, 기술교육은 전달, 전수(傳授)이지만 정신과 얼(정신교육)은 전수가 아니라 전도(傳導)에 있다. 즉 그것은 전하는 자인 교육자의 생활(헌신, 희생, 몸공, 진실, 열정, 열의, 최선, 성의 등)을 통해 나오는 열기에 의해서만이 제대로 피교육생에게 전도할 수 있다는 김준 원장의 교육적 신념에 바탕을 두고 있다고 볼 수 있다.

나 역시 새마을지도자 연수원에서 교육받은 사람 중 한사람이고 또한 연수원 개원 이래 1년 6개월여 지방국장으로 일하면서 그의 일거수 일투족에 대하여 눈여겨본 사람이다. 특히 당시를 회상할 때 새삼스레 느끼는 것은 그의 의욕과 책임감이다. 그는 체험, 인격, 인간성, 정열 등 모든 것을 아낌없이 바쳐 새마을교육에 헌신했던 것이다.

❖ 새마을교육 이수 인사들로부터의 통신

새마을 연수는 아직도 "인간 용광로"라는 말로 표현된다. 많은 연수생들이 남긴 연수소감(새마을지도자연수원, 새마을운동 "통신교재" 제1. 2. 3. 4. 5호 중에서) 몇 개를 통해 다시 한 번 이를 확인해보기로 한다.

"타성과 누습에 사로잡혀 살아온 내가 이번 연수를 통해 나 자신 활짝 뒤집힌 새마음을 찾은 듯하다. 가까운 기회에 처와 장녀도 새마을 연수를 받도록 하고 싶고 강의과목 중에 성공사례를 더 많이 청취토록 하였으면 좋겠다"(서울, D통신사 I 편집국장).

성공사례를 듣고 나의 생활태도에 허점이 많았다는 것을 느꼈다

"성공사례를 듣고 지난날 나의 생활태도에 허점이 많았다는 것을 느꼈으며 양심의 가책되는 바도 없지 않았다"(서울, S신문사 M편집국장).

"새마을정신이야말로 우리가 마땅히 간직해야 할 정신이고 이것이 참으로 애국정신임을 깨달았으며 진정한 애국자는 농촌새마을지도자임을 알았다"(서울, Y대 L총장).

"농촌부흥만 이룩하여도 세기적인 난제를 해결할 수 있을 것이다"(서울, S대 L총장).

"새마을운동을 정권연장의 수단으로 보는 경우도 있는 모양이다. 새마을운동에 대한 진정한 의미를 국민들에게 계몽하는 것이 무엇보다 급하다고 본다"(서울, H대 L총장).

"새마을운동이란 농촌의 환경정리와 소득증대 사업이 전부인 줄 알았으며 기업인으로서는 정부시책에 호응하여 새마을공장 운영에 적극 참여하면 된다고 알고 있었다. 우리 회사는 전국적으로 72개 새마을공장을 운영하면서 하루속히 100% 가동에만 노력을 경주했지만 나 자신과 우리 전 사원이 새마을운동의 진의와 실천방안을 여하히 강구하느냐가 더 중요하다는 것을 알았다"(기업인반 제6기 O씨).

연수원이 바로 인생 재생창처럼 느껴진다

"연수원이 저에겐 바로 인생 재생창처럼 느껴지기도 한다. 교육기간 동안 체중이 3kg이나 줄긴 했습니다만 너무나 많은 마음의 양식을 얻어 흐뭇하기만 하다"(새마을지도자반 제17기 K지도자).

"남편과 자식만 위해 살면 그것이 여성의 전부인 줄 알았던 것이 너무나 고루한 생각이었다는 것을 절실히 느꼈다. 이번 기회에 완전히 인간개조를 하였으며 자발적이고 진실성 있고 실력있는 지도자가 되도록 노력하겠다"(부녀지도자반 제12기 K지도자).

여기에서는 몇 사람의 사례를 든 데 불과하나 수료생 대부분은 이와 비슷한 견해를 피력했다.

이처럼 전국적으로 새마을운동의 열기를 확산시키는 데 원동력이 된 1970년대 새마을교육은 새마을지도자 14만 명, 공직자 28만 1,600명, 사회지도층 28만 7,700명, 기타 3,800명, 계 71만 3,100명에 이른다. 그리고 외국인의 새마을 현장 및 연수원 방문은 1만 2,359명이고 외국인이 직접 연수원에서 새마을교육을 이수한 사람은 39명(2002. 10월 현재 인원은 1,925명이다. 참고로 병기한다)으로 나타나있다(새마을중앙회, 2002. 9. "새마을운동 현황").

1970년대 새마을운동의 보람과 결산

❖ 반만 년 보릿고개 드디어 넘어서다

정치적 긴장의 연속에도 불구하고 경제개발 5개년 계획과 새마을운동은 꾸준히 추진되었다. 1970년대 중반 3차 5개년 계획기간 중 가장 큰 성과의 하나는 수천 년 동안 이어오던 보릿고개를 넘어섰다는 것과 "하면 된다"는 투지가 전국에 확산되었다는 것이다.

박 대통령의 한결같은 집념과 우리 기술진이 개발한 다수확 품종인 통일벼가 본격적으로 보급되고 비료와 농약, 수리시설의 획기적 개선으로 10a당 쌀 생산량은 평균 389kg 수준에서 녹색혁명이 성취된 1977년엔 510kg(통일벼) 안팎으로 크게 높아졌기 때문이었다(농림부, 《한국농업 50년사》 II권, 1999, p. 1317). 그리고 강력한 산림보호와 연탄의 보급확대로 산은 몰라보게 푸르러졌다. 또한 1960년대 말까지만 해도 우리 농가들의 20%정도만이 전등불 밑에서 살았으나 그것이 1979년에 이르러서는 전국 농가의 99%가 전화(電化)되었다.

공업생산이나 수출에 관한 한 1961년 5·16 당시와 비교하는 것은 무의미했다. 1973년의 유신 초기와 1979년 유신 말기를 비교하더라도 6년 동안에 32억 달러에서 150억 달러로 거의 5배 가까운 신장을 보였다. 울산에 이어 포항이 한국의 피츠버그로 각광을 받게 되었다. 75만 톤 규모의 조선소가 세워지고 100만 톤 이상의 제강능력을 가진 종합제철공장의 용광로가 한국공업의 심장처럼 달아올랐다. 시멘트 생산은 1천만 톤 대에 이르렀다.

이러한 성과는 전 국민의 정성과 땀이 이룩한 결과였다. 지긋지긋했던 가난을 벗어나기 위해 모든 국민은 더 일하고 덜 놀아야 했으며 더 벌고 덜 쓰는 것 외엔 길이 없었다. 내일을 기약할 수 없는 처절한 전쟁터 월남으로 파병된 용사들조차 받은 급여(달러)를 아껴 조국의 가족들에게 송금했고, 농촌주부들은 끼니를 제대로 챙길 수 없는 상황에서도 밥을 지을 때마다 한 숟가락씩의 좀도리쌀을 모아 마을금고에 저축했다. 그런가 하면, 비바람이 거세던 초가을의 밤, 넓은 들판 논둑에서 쓰러져가는 벼포기를 끌어안고 대성통곡하며 밤을 지새웠던 농촌지도소의 공무원, 그러한 공직자도 많았다.

◈ 지구둘레 1.1배의 농로개설과 국민정신개혁

10년간의 새마을운동은 우리의 국토와 국민의 모습을 몰라볼 정도로 바꾸어 놓았으며, 특히 농·어촌의 소득수준 향상에 결정적인 전기를 마련하였다.

좁고 꼬불꼬불한 골목길과 지게만이 이용되었던 농로 등도 경운기나 자동차가 들어 갈 수 있을 정도로 넓혀졌고 초가집도 자취를 감추었다. 《새마을운동》(내무부, 1979)에 따르면 그 농로개설만도 1979년까지 지구 둘레의 1.1배나 되는 43,966㎞라는 엄청난 물량이다. 그뿐 아니다. 교량가설 74,900개소, 소하천 정비 9,180㎞, 도수로 4,442㎞, 소류지 827개소, 보 28,352개소, 마을회관 35,950개소, 간이급수 시설 23, 633개소, 농촌주택 개량 187천동, 취락구조개선 2,102개 마을, 하수구설치 14,479㎞나 되며, 농촌 전화(電化) 277만7천5백 호와 18,633리동에 통신망 가설 등이 완성되었다.

새마을운동 9년 동안 매년 35,715개 마을씩 총 321,335개 마을에서 연(延) 11억여 명이 참여하였다. 이것은 우리나라 국민 한사람이 9년간 43번이나 새마을운동에 참여하였음을 나타낸다.

이를 위하여 정부와 민간부문에서는 12,300천 건의 새마을사업에 13,997억 원이라는 자금이 투입되어 사업건수당 약 113,796원씩을 지원해 준 결과가 되며(주민들은 현금부담이라기보다는 주로 노력, 자재, 토지로 구성되어 있다), 이러한 막대한 정부·지방자치단체의 투자와 국민들의 적극적인 참여로 인하여 발생한 성과는 정부·지방자치단체 투자의 2배에 달하였다.

※ 박정희 모델의 4가지 원칙

이영훈 서울대 교수는 2006년 10월 23일 〈동아일보〉에 기고한 칼럼에서 박정희 대통령의 고도성장 정책을 분석했다. 새마을정신의 이해를 돕기 위해 "박정희 모델을 다시 본다"는 제목의 칼럼 요지를 다음에 소개한다.

"사흘 뒤 26일이면 박정희 전 대통령의 27주기이다. 그의 재임 18년간은 오늘날의 한국인에게 무엇을 의미하는가. 고도 경제성장을 기획하고 견인한 이른바 '박정희 모델'은 미래의 한국 정치와 경제에 어떠한 역사적 의의로 남는가. 얼마 전에 '박정희 모델'은 시효가 많이 지났기 때문에 박물관으로 보내야 된다는 모 교수의 주장이 있었다. '박정희 모델'을 대신하여 '노무현 패러다임'을 구축하자는 주장도 정부의 모 인사가 제기했다. 그와 유사한 주장은 박 전 대통령의 서거 직후부터 있었다. 지금까지 그런 주장이 이어지니, '박정희 모델'에는 무언가 쉽게 폐기될 수 없는 소중한 것이 담긴 모양이다.

다소 추상 수준을 높여 박 대통령과 그의 정부를 지배한 행동원리를 요약하면 다음의 4가지라고 생각한다. 첫째는 철저한 실용주의이다. 박 대통령에게 모든 이론은 회색이었다. 그가 잘 훈련된 경제학자였다면 결코 '수출주도 공업화'라는 한 시대를 구원한 위대한 전략을 발견할 수 없었을 것이다. 당시의 주류 경제학은 그런 것을 가르치지 않았다. 1963년부터 특별한 지원도 없었는데 합판이나 섬유 등 노동집약적 경공업제품의 수출이 부쩍 늘기 시작했다. 인근 일본이 중화학공업화를 달성하자 경공업 부분의 비교 우위가 슬그머니 한반도로 이동했기 때문이다. 박 대통령은 거기서 가능성의 조짐을 발견했으며, 확신이 서자 먹이를 쫓는 표범처럼 맹진했다.

둘째는 조정과 합의이다. 흔히들 그가 독재를 하였다지만, 합의와 조정의 시스템을 독재했을 뿐이다. 제도화된 시스템의 상징이 1965년부터 매달 이어진 수출 진흥확대회의와 월간경제동향 보고이다. 그는 두 회의를 14년간 거의 빼먹지 않았다. 두 회의를 통해 수도승처럼 묵묵히 경제를 익혔으며, 때로는 매서운 선생으로 돌변해 학생을 질타했다. 조정과 합의를 거친 다음의 이견이나 불평은 그의 정부에서 없었다. …

셋째는 선택과 집중이다. 지나친 단순화이겠지만 그가 추구한 일은 수출진흥과 새마을운동 2가지뿐이다. 그의 정부는 2가지를 위해 잘 훈련된 군대와 같이 조직이 간편했고 기동이 민활했으며 집행이 강력했다. 요사이는 모든 것이 거꾸로인 듯하다.…

넷째는 공명과 강직이다. 재임 18년간 그는 사(私)를 추구한 적이 없다. 빈털터리로 떠났다. 이 점은 동시대 한국과 비슷한 수준의 후진국에서 비슷한 예가 하나도 없었다고 해도 좋을 정도로 탁월한 정치적 덕목이다. 천하의 재재다사(才才多士)가 그의 정부에 모여든 것도 바로 그 때문이다. 새마을운동 덕분인가. 농촌의 필부필부(匹夫匹婦)가 담장을 허물고 농로를 넓히면서 조그마한 공(公)의 사회를 발견하였던 것도 다름 아니라 위에서 커다란 공의 세계가 펼쳐져 있었기 때문이다.

'박정희 모델'은 이와 같은 원리와 덕목으로 구축됐다. 모든 위대한 리더십이 다 그러했다. 8억 명의 인민을 문명의 막다른 골목에서 구해낸 덩샤오핑이 그러했고, 영국병으로 시들어가는 나라를 소생시킨 마거릿 대처가 그러했고, 다이아몬드처럼 빛나는 도시국가를 건설한 리콴유가 그러했다. 그렇게 한 시대를 구원한 리더십이 1960, 70년대의 한국에서 운 좋게 출현했을 뿐이다.…"

❖ 영원히 국민들의 가슴속에 살아 꿈틀대는 새마을운동

새마을운동의 이념은 가난극복을 열망하는 국민전체의 정서를 자극하고도 남았다. 현대 한국이 절대적·상대적 빈곤을 넘어 '보다 잘 사는 사회', 그리고 '보다 고루 잘 사는 사회'로 변모하는 데 성공을 거둔 계기였다. 외지(外誌)의 논평대로 "마침내 단 한 세대 안에 넝마주의에서 신흥부자로 비약한 나라"라는 신화가 창조된 것이다.

그렇다면 지금 새마을운동에 대한 국민들의 의식은 과연 어떠할까?

지난날 새마을운동 중앙회장으로 있을 때만이 아니라 야인(?)으로 돌아온 지금도 그 조바심을 숨길 수가 없다. 지난 1980년대 말, 새마을운동에 불어닥친 소위 관변단체라는 일부 여론의 매도와 비난 그리고 냉대 속에서 살얼음판을 걷는 심정으로 새마을운동을 이끌어왔던 한 사람으로서의 책임감 때문일까? 아니면 새마을운동에 집착하는 나의 고집스러움 때문일까?

2001년 연말, 국정홍보처에서 한국갤럽조사연구소에 의뢰하여 조사한 '한국인의 의식과 가치관'에 대한 보고서를 접하였다. 이 보고서에서 나의 관심을 끈 내용은 "해방 이후 우리나라 역사 중 국민들이 가장 자랑스럽게 여기는 사건"이 무엇이었느냐는 것이었다. 보고서에 의하면 ① 88올림픽 개최(28. 3%), ② 새마을운동(19. 8%), ③ 경제성장(6.6 %) 순이었다.

순간 '아직도 새마을운동은 살아있구나'하는 반가움 속에 나도 모르게 씁쓰레함이 배어나왔다. 이러한 조사는 새마을운동 중앙회장으로 있을 때 여러 기관에서 수차례에 걸쳐 조사한 바 있었기 때문이다.

지금부터 근 13년 전인 1994년, 대륙연구소와 경향신문이 광복 49주년을 맞이하여 조사한 '해방이후 가장 잘된 정책'에서도 응답자의 78.7 %가 '새마을운동 추진'을 그 첫 번째로 들었으며, 1996년 당시 공보처와 코리아리서치가 공동으로 조사한 '해방이후 가장 자랑스런 일'에 대한 조사에서도 ① 올림픽유치(35.8%), ② 경제성장(14.8%), ③ 새마을운동(9.7%)으로 나타났다.

그리고 1998년 조선일보와 한국갤럽이 정부수립 50년을 맞이하여 조사한 '우리 국민이 성취한 가장 큰 업적'으로 ① 새마을(45.6%), ② 올림픽(37.3%), ③ 경부고속도로(31.9%)를 들었으며, 동아일보와 리서치&리서치에서 조사한 '역대 정부가 가장 잘 대처한 사건'으로 '새마을운동(일반인 50.5%)'을 꼽았다.

이렇듯 정권의 변화에도 불구하고 새마을운동에 대한 일반 국민의 평가가 변하지 않는 이유는 무엇일까? 2001년 월간조선 12월호에 실린 "잘 살아보세"의 작사자인 한운사(韓雲史) 선생이 쓴 "박정희 시대의 추억담"에서 그 일단을 엿볼 수 있다.

… 최고회의라는 아리송한 간판을 내걸고 1주년이 될 무렵, 나는 이상한 프러포즈를 받았다. 5·16 군사혁명 1주년을 기념하는 예술제가 있는데, 거기서 수천 명이 부를 수 있는 노래를 하나 지어달라는 것이었다. 나는 그들 혁명주체 세력이라는 사람들이 누구인지 몰랐다. 그런데 이상한 것이 그들에게 이 나라를 제대로 좀 이끌어가 달라는 희망을 품게 되었다. 그 희망이란, 뭔가 좀 해라, 이 나라 이 모양으로 가다가는 어디로 빠질지 모른다. 도대체 이 가난이 뭐냐? 이게 나라냐? 이게 백성을 다스려 간다는 것이냐? 보릿고개라는 것이 있다. 우리는 힘이 없어 그 고개를 넘기가 어렵다. 너무나도 가난하다… 열심히 일만 하면 세 끼 밥은 먹을 수 있게 해 달라고 부탁만 한다. 그거 하나만이라도 제대로 해달라…는 것이었다. 그래서 나는 '잘 살아 보세', '우리도 한 번 잘 살아 보세'라는 가사를 만들어 주었다. 별로 기대도 걸지 않고 말이다. 김희조(金熙祚) 교수가 작곡해 주었다. 어떤 곡인지 나는 몰랐다. 장충동 체육관에서 5·16 민족예술제라는 일대 잔치가 벌어졌다. '잘 살아 보세'는 그 주제가였다.… 어떤 곡인지 모른 채 이 예술제에 참석하고서야 천지개벽을 알리는 듯한 오케스트라의 연주를 듣다가 가슴이 뜨거워져 솟구쳐 오르는 눈물을 의식했다. 제발 그 철학으로 가 달라. 우리는 착한 민족이다. 땀 흘리며 일할 테니, 제발 이 지긋지긋한 가난만은 면하게 해 달라 그런 노래가 된 것 같았다. 사람들도 감동해 운 모양이었다.

그렇다. '잘 살아 보세'라는 노래는 1970년대 '새벽종이 울렸네'로 시작하는 '새마을노래'와 함께 새마을운동이 요원의 불길처럼 타오를 때 국민들에게 새로운 희망과 용기를 북돋워 주는 역할을 했다. 한마디로 이 노래들을 부르며 지칠 줄 모르게 정말이지 신명나게 일했다. '우리도 한번 잘 살아 보자'며 마을사람들이 너나 할 것 없이 하나가 되어 팔을 걷어 부치고 횃불을 밝혀가며 일구어낸 성과에 '하면 된다, 할 수 있다'라는 자신감에 절로 신바람이 났었다.

❖ 산업화 주역 1위 '박정희'

2005년 8월 12일자 문화일보에서 광복60주년을 기념해 한국리서치(대표 노익상)가 공동 여론조사를 통해 "광복을 맞은 지 60년, 인생으로 따지자면 짧지 않은 갑자(甲子)의 세월은 과연 어떻게 평가되고 있을까, 국민들은 무엇에 가장 자부심을 느끼는지, 산업화와 민주화는 어떻게 평가하며 그 주역들은 누구라고 생각하는지" 되돌아보았다. 다음에 그 기사의 일부를 초기(抄記)한다.

조사에서 우리나라가 선진국에 진입하는 기틀을 마련한 시기를 언제로 보는가 묻자 1960년대 중반부터 70년대까지의 산업화시기(60.6%)를 꼽는 응답이 높았다. 1980년대부터 90년대 초반까지의 민주화시기(37.8%)가 뒤를 이었고, 해방후 60년대 초반까지의 건국시기(1.6%)는 낮게 평가됐다. 산업화시기 중 가장 중요한 사건·현상으로 '박정희 집권'(31.2%)과 '새마을운동'(30.5%), '중공업 수출정책'(23.0%)등이 꼽혔다. '산업화시기를 이끌었던 주역'으로는 박정희(52.6%)가 과반으로 1위를 차지했고, 다음으로 근로자(32.9%), 대기업인(8.0%), 중소기업인(3.5%), 경제부처(1.8%)등의 순이다.… 1960년을 돌아볼 때 국민들이 가장 자부심을 느끼는 것이 무엇인지'를 순위로 환산한 결과, 문화적 다양성(78.7%), 경제성장(74.1%), 먹고사는 문제의 해결(70.4%), 국제적인 위상강화(66.7%), 삶의 질 향상(63.6%), 민주화 달성(62.5%), 국민의식의 성숙(49.0%), 사회적인 체계수립(36.6%) 등이었다."

이제 새마을운동은 이러한 국민들의 의식을 다시 한 번 되새겨 21세기 이 민족이 나가야 할 길을 밝히는 횃불이 되어야 하겠다.

여기에 새마을운동의 현주소를 알아보기 위해 명지대 배찬복 교수(정치학)가 2007년 4월 28일 문화일보에 기고한 "새마을운동의 가치를 생각한다" 제하 칼럼의 일부를 다음에 옮긴다.

> 근면·자조·협동의 실천을 통해 '잘살아보자'는 민족적 염원으로 태동했던 새마을운동이 4월 22일로 37주년을 맞았다. 한국은 세계 최빈국으로서 산업화의 3대 요소인 자본·기술·자원을 전적으로 수입에 의존해 농업근대화 및 산업화를 성공시킨, 세계사에 유례없는 나라임은 누구도 부인하려 들지 않는다. 그 뒤에서 피땀으로 다져진 새마을운동이 견인차 역할을 해왔음은 이미 잘 알려진 사실이다.
>
> 지금은 새마을운동이 민간자율로 건재하지만, 한때는 관 주도로 태동됐다는 이유로 짧은 시간에 엄청난 효율성을 올렸음에도 인정하지 않으려 하거나 정치적 시비의 대상이 되기도 했다. 그렇지만 누가 뭐라 해도 새마을운동은 한편으로는 경제역군으로서, 다른 한편으로는 국민통합(*integration*)·국민결속(*solidarity*)·국민일체(*identity*)를 아우르는 국가 존재성을 구축하는 역군으로서 나라의 버팀목 역할을 해 왔다고 자부한다.…생각해보면 그동안 새마을운동은 산업화 이후에도 국제통화기금(IMF) 시기를 전후해 '경제살리기 범국민 저축운동'과 '나라사랑 금 모으기 운동'을 통해 나라경제 살리기 운동을 주도했다. … 이제 새마을운동은 그동안의 연륜적 가치와 경험을 상기하여 국가사회 신성장 동력으로서의 역할을 감당하는데 운동의 철학과 뚜렷한 방향을 제시해야한다. 현재 우리의 시대정신은 경제적 양극화를 극복하고 국민통합을 이뤄 하루빨리 선진국으로 진입하는 것이다. 지역 공동체의 구심체로서 아래로부터의 공동체를 재건하고 '할 수 있다'는 국민의 에너지를 다시 불러일으켜 건강한 시민사회와 국가 재도약에 기여하는 새로운 변화의 물결을 기대한다.

❖ 새마을운동 1위 – 국민이 본 건국 60년의 업적

조선일보는 창간 88주년을 맞아 한국갤럽에 의뢰해 2008년 3월 1일 '건국 60주년 특별여론조사'를 실시했다. 조선일보(2008. 3. 5)에 따르면 "건국 60년 동안 우리민족의 가장 큰 업적은 새마을운동(40. 2%)이 꼽혔다. 2위는 1988년 서울올림픽 개최(30. 1%), 3위는 경제개발 5개년 계획 및 중화학공업 육성(29. 9%)이었다. 경부고속도로 건설과 2002년 월드컵 개최 및 4강 진출이 각각 4~5위였다. 1~5위 모두 경제발전과 국가브랜드 제고를 가져온 사건들이었다. …"

나는 매주 월요일이 되면 밤10시에 방영하는 KBS 1TV의 가요무대를 시청하곤 한다. 그 프로는 온고지신(溫故知新: 옛 것을 익히고 그것으로 미루어 새로운 것을 안다)하는 뜻이 있어 내가 좋아하는 TV프로 중에 하나다. 2008년 3월 10일 정례대로 KBS TV 채널 9를 열었더니 첫 번째로 예상밖에 새마을 노래(1절에서 4절까지)를 15명의 출연자와 만장한 방청객들이 함께 제창하는 것이었다. 이를 보고 있던 나와 내자는 오랜만에 들어 보는 감동의 노랫소리에 가슴이 뭉클했다.

다시 새마을운동의 나아갈 길을 고 이은상(1903~1982) 선생께서 남긴 "새마을찬가, 영광은 우리의 것" 제목의 시의 종장(終章) 한 절로 대신해 본다.

해와 달이 두 눈 부릅뜨고
민족의 살길 일러 주며
내려다보는 지역에서

한 사람의 낙오자도 없이
산과 들에서

바다와 갯벌에서
어디서나 웃으며 사는
오직 믿을 수 있는
희망과 사랑과 평화의
새 지도를 그려가는 우리들!

여기 새 인간이 탄생
새 역사의 증언이 있다

여기 남북의 통일
동서의 융화
모든 인간의 가슴 가슴에
막힘이 없는 통로가 있다

새뜻 새말로 적은
우리들의 새 경전 새 합창
산넘고 물건너 울려 퍼지리

새 마을 새 나라
새 아시아 새 세계를 만들기 위해
우리 모두 일어섰다

고난을 딛고 일어선
이 나라 자손들의 머리 위에
이 시대 인간들의 머리 위에
영광 있으라
영광 있으라

이렇게 하여 우리 민족은 보릿고개를 넘었다. 힘겹고 기나긴 민족사의 여정이었다.

5장

정권변동과 새마을운동의 변화

관 주도에서 민간 주도로 전환

1979년 10월 26일 박정희 대통령의 서거로 대통령 권한을 대행하던 최규하 국무총리가 12월 21일 유신헌법 하에 제 10대 대통령으로 선출되었다. 그로부터 10개월 후 최대통령의 사임(1980. 8. 16)에 따라 개정된 헌법에 의해 제 11대 전두환 대통령이 선출(1981. 8. 27)되었다.

제 5공화국은 정부가 출범하자마자 새마을운동에 전환점을 제공하였는데 그것은 조직상의 민간주도였다. 《한국지방행정사》는 그 당시 민간주도로 전환하게 된 배경의 일면을 다음과 같이 엮고 있다.

> 1970년 새마을 가꾸기 사업에서 시작된 새마을운동은 10년간 큰 성과를 거두어서 전국 어디를 가도 그 영향이 미치지 않은 곳이 없었다. 그간의 성과 중에는 환경개선·소득증대뿐만 아니라 의식의 변화도 포함되었다. 이는 근대화를 향한 개혁이었다. 그러나 이러한 긍정적인 성과가 있었던 반면 불가피하게 부정적인 면도 없지 않았다. 새마을운동의 시행과정에서 일부 관료들의 지나친 전시효과적 정책집행이 곧 비난의 대상이 되었고, 또 유신이념과 직결된 정치운동이라는 비판의 소리도 높았다. 따라서, 제5공화국이 출범한 이후의 새마을운동은 새로운 방향에

서 추진되지 않으면 안 되는 문제가 있었다.

새마을운동을 영속적으로 국민의식과 생활 속에 뿌리내리게 하고 주민 스스로 이 운동을 주도해 나가도록 하기 위한 추진 모체를 민간부문에 심는다는 취지로 국가보위비상회의는 1980년 11월 29일 "새마을운동 조직육성법"을 통과시켰다. 이 법률에 의하여 "새마을운동 중앙본부"라는 사단법인이 설립(1980. 12. 31)되었고, 새마을지도자협의회, 새마을부녀회, 직장새마을협의회 및 공장새마을운동추진본부 등이 회원단체로 구성되었다. 그 후 새마을청소년중앙연합회, 새마을문고중앙회, 새마을조기체육회, 새마을금고연합회가 본부산하 회원단체로 들어왔다. 이어서 1982년 9월, 중앙본부의 지방조직인 시·도 지부를 설치하였고, 1984년 3월에는 각 시·군·구 지회를 설치하는 등 민간 새마을운동 조직을 갖추었다. 중앙본부 회장에는 김준 전 새마을연수원장(金準, 1980.12월~1984.2월: 1988.4월~1988.11월), 사무총장은 후일 중앙회장(1985.2월~1987.2월)직에 올랐던 전경환(全敬煥, 1980.12월~1985.2월)씨가 선임되었다.

특히 민간주도로 전환하자마자 곧바로 정부지원을 얻어 중앙본부 건물을 확보하고 중앙연수원을 건립하는 한편, 적지 않은 운영기금도 적립하기 시작했다. 이를 두고 후일 겉치레와 허식이라는 외부로부터의 비판이 없지 않았다. 그러나 이 시설과 운영기금이 없었다면 격동의 제6공·문민정부시대까지 전국 300만 새마을지도자의 인적 자원이 보존되고 새마을운동의 "불씨"와 그 "명맥"을 유지할 수 있었을까 하는 문제는 생각해볼 일이다.

여기에서 하나 짚고 넘어가야 할 것은 1970년대의 새마을운동을 "자발적인 주민참여나 자생적 지도자, 자율적 조직이 없는 관주도 운동이어서 주민들의 자발성과 창의성이 반영되지 못한 것”(《한국지방행정사》, p. 50)이라는 잘못된 시각과 평가에 관한 것이다. 더욱이 이 책자의 또 다른 지면(p. 1692)에는 “새마을공동사업도 마을총회를 통하여 주민 모두의 의사에 따라 결정하고 또 주민 모두가 자율 참여하는 직접 민주제의 한국적 형태를 형성하였다”며 전자와 상반되는 내용을 담고 있어 독자를 혼란스럽게 하고 있다.

앞에서도 서술한 바와 같이 1970년대의 새마을운동은 마을 주민들의 집합체인 총회에서 사업의 발상과 그 시행을 결정하였고, 지도자의 선출 또한 그 총회에서 이루어졌다. 이러한 마을의 자율적인 조직이 “풀뿌리 자치”의 초석을 다듬어 온 것이다. 새마을운동의 실천체이며 그 주체가 되는 마을 자체조직을 간과한 채, 1980년대에 탄생된 것과 같은 중앙·도·시·군·구 단위의 민간조직이 1970년대에는 없었다는 이유만으로 관주도 운동이라고 일컫는 것은 잘못된 시각이라고 아니 할 수 없다.

요컨대 1970년대의 새마을운동 추진에 있어, 행정은 주민의 자율적인 참여를 최대한 유발하여 마을주민 스스로가 자조적인 활동을 할 수 있는 동기를 부여하고 여건과 환경을 조성하는 데 주력한 것이다. 즉, 무대장치는 행정이 꾸며주었으나 연출과 연기는 주민 스스로가 한 것이라는 점에서 볼 때 1970년대 새마을운동은 “관·민의 공동작품”이라 할 수 있다.

새마을운동이 “민간주도”로 전환된 1980년도 이후에도 새마을운동계획사업에는 정부와 지방자치단체의 재정투융자가 계속 이어졌고 새마을교육도 부분적인 변화는 있었으나 기본적 교육방침은 그대로 유지되었다. 그러나 사회 각 분야의 변화로 새마을운동의 여건도 상당히 달라져 있었다.

1970년대 초에는 마을마다 자조사업을 일으켜 해결해야 할 일들이 많았지만 10년이 지난 80년대에 와서는 새마을 사업의 일거리가 적어졌다는 것이다. 1980년 이후의 새마을 사업은 마을길을 포장한다든지, 농기계를 공동으로 관리하고 주산지 조성을 위해 영농기술과 시장판매에 서로 협동하는 일 등으로서 대체로 노력보다 자본투입을 필요로 하는 일들이 많았다. 또한 70년대 초만 해도 마을마다 유휴노동력이 많아 새마을 사업을 위한 노력동원이 용이했으나, 80년대에는 농촌의 인력부족으로 70년대와 같이 노력동원에 의존하는 새마을 사업은 어렵게 되었으므로 주로 장비를 동원하는 사업들이 이루어지게 된 것이다(박진환, 《경제발전과 농촌경제》, 전게서).

70년대 미진사업의 마무리와 국제행사 손님맞이 새마을운동

1970년대에 이루어진 계획으로서 79년까지 미진된 사업은 그대로 추진되어 완성을 보았다. 여기서 이미 앞에서 밝힌 1979년도까지의 새마을운동 실적에 제 5공, 즉 1987년도까지의 실적을 《한국지방행정사》(상게서) 와 〈내무부 새마을운동〉(1979, 1987) 등 자료를 통하여 종합하여 본다.

마을 안길 확장 43,333km(79년)를 비롯하여 농로개설 78,931㎞(43,966㎞/79년), 새마을 도로포장 14,291km, 교량가설 84,347개소(74,900개소/79년), 소하천 정비 23,623km(9,180㎞/79년), 도수로 7,987km(4,442㎞/79년), 소류지 13,942개소(10,742개소/79년), 보(洑) 110,697m(80~87년) 및 28,352개소(79년), 마을회관 39,462동(35,950동/79년), 간이급수 35,097개소(23,633개소/79년), 농촌 주택개량 32만6천 동(18만7천 동/79년), 취락 구조개선 3,485마을(2,102마을/79년), 선착장 76,612m, 하수구 설치 17,465km(14,479㎞/79년), 새마을 버스노선 개설 1,556개소, 농촌 전화(電化) 2,777,500호(79년), 법정리동 통신망 18,633리동(79년), 자석식 전화시설 345,240

회선(79년) 등이며, 그중 1971~1979년도까지 종결된 사업으로는 마을안길 확장, 농촌 전화사업, 법정리동 통신망, 농촌 마을 위주로 하는 자석식 전화시설이며, 1980~1987년도 간에 새로이 추진된 사업으로는 새마을버스 노선개설, 새마을 도로포장과 선착장이다.

마을을 수준별로 분류하는 데도 변화가 있었다. 1970년대 농촌과 도시근교마을은 주민들의 참여 열의정도에 따라 기초마을, 자조마을, 자립마을 등 세 가지로 구분되었으나 1977년도 기초마을에 뒤이어 1980년도에는 자조마을이 일소되었다. 따라서 종래의 기초 · 자조 · 자립마을로 구분되었던 계층구조가 1980년도부터는 "자립마을", "자영마을", "복지마을"로 상향계층화 되었는데 특히 복지마을이 되려면 호당 소득 450만 원 이상, 화장실 및 하수구정비 100%, 농로와 소하천 정비 역시 100% 이어야 한다는 지표가 설정되었던 것이다.

1987년 말을 기준으로 볼 때 전체 37,064개 마을 중 상대적 하위 마을격인 자립마을은 12,982개 마을(35%)로 줄어든 반면, 중위 마을격인 자영마을이 22,198개 마을(60%)로 대폭 늘어나고, 상위 마을격인 복지마을은 1,884개 마을(5%)로 발전하는 변모의 모습을 보였다.

이 중 복지마을은 당초의 "지표"를 넘어 호당 소득이 510만 원 이상으로 생산 및 소득기반시설이 100% 완비되고, 복지기반과 마을환경 · 문화시설 등이 선진국의 농촌마을과 비교해도 손색이 없을 정도로 가꾸어진 마을들이다.

1980년대로 접어들어 점차 사업규모가 대형화되자 투자나 기술면에서 주민 자력만으로 추진하는데 어려움이 있었다. 1983년도에는 1976년도 이래 여러 마을이 서로 협동하여 공동추진하던 협동권사업의 권역을 더 확대하여 소도읍(小都邑) 가꾸기를 비롯한 "광역권 사업"을 추진하였다. 또한 새마을 협동유아원 설치, 새마을소득 특별지원사업,

전국토공원화 사업 등이 신규 새마을사업으로 추진되었다.

그 중 특기할 수 있는 것은 범국민 손님맞이 새마을운동이다.

1983년도부터 '86 아시아경기대회 및 '88 서울올림픽에 대비하여 손님맞이 새마을운동이 대대적으로 전개되었다. 이 운동은 첫째 선진문화시민의식과 행태의 정립을 위한 질서·친절·청결운동 전개, 둘째 깨끗하고 조화로운 생활환경의 정비, 셋째 쾌적하고 아름다운 국토경관조성에 기본방향을 두어 추진됨으로써 '86대회의 성공적 완수에 기여함과 동시에 '88올림픽 준비기반을 견고하게 다지는 계기가 되었다.

> 올림픽경기장 주변을 비롯한 시내 공중변소의 청소와 거리 꽃길 조성·관리, 무질서하게 붙은 가로 벽보 제거 등 힘들고 궂은일은 거의 새마을지도자가 도맡아 봉사했습니다. 특히 새마을 부녀회원의 노고는 대단했어요.

당시 김용래 서울특별시장(金庸來: 1987. 12월~1988. 12월 재임)의 술회이다. 그 고된 현장에서 봉사했던 전 서울시 강남구 새마을 부녀회장 이영희 씨의 증언을 들어보자.

> 86아시안게임 때도 마찬가지였지만, 88올림픽을 앞두고 역시 서울시 전체의 공중화장실 청소는 새마을에서 도맡았습니다. 물론 어디에도 보도되지 않았습니다만, 새마을이 올림픽의 질서를 정착시키는데 보이지 않는 기여를 했다는 점에서 저희는 자부심을 갖습니다. 사실 저는 공중화장실을 청소해야 할 줄은 꿈에도 생각하지 못했어요. 하지만 집에 손님이 올 때 주부들이 가장 먼저 청소하는 곳이 일반적으로 화장실이잖아요. 공중화장실 청소도 마찬가지죠. 우리나라에 외국 손님들이 오는데 우리 부녀회에서 제일 먼저 해야 할 일이 화장실 청소가 아니겠냐는 취지에서 시작됐지요. 서울시 17개구 부녀회장 회의에서 화장실 청소의

안건이 토의되었을 때 저만 손을 들지 못했어요. 순간 강남 33개동 부녀회장들의 얼굴이 떠오르면서 과연 해낼 수 있을 것인지 의문이 들더군요. 그러나 그 자리에서 제가 약속했습니다. 지금은 손을 들지 못하지만 1주일 후 다시 회의가 소집되었을 때는 반드시 손을 들 수 있도록 노력하겠다고요. 강남구 33개 부녀회장님들의 도움이 컸지요. 당시 공중화장실의 그 지저분함이란 이루 말로 할 수 없었어요. 고속터미널을 통해 상경하는 인구의 반 정도가 수세식 화장실을 처음 사용하는 분들이었거든요. 화장실 사용방법을 몰라, 변기 뚜껑을 닫은 채 용변을 보고는 변기 안의 물로 세수를 하는 사람도 부지기수였습니다. 하여간 화장실 천정부터 시작해 문짝, 변기, 벽, 바닥까지 일일이 락스와 가루비누로 닦고 걸레질 하고… 처음엔 혹여 문짝에 손이라도 닿을까 모두 고무장갑을 끼었습니다. 그런데 나중에는 고무장갑이고 뭐고 맨 손으로 걷어 부치고 일했지요. 한번 상상해 보세요. 세단 타고와서 그 지저분한 화장실 청소하는 부녀회원들 말예요. 강남 엄마들이라고 해서 다를 것 하나 없었습니다. 오히려 제일 잘 했을 걸요, 그해 대통령 포장을 받았으니까요.

부녀회의 화장실 청소는 2년이나 계속되었다. 서울 시내 그 많은 공중화장실이 새마을부녀회에 의해 깨끗해졌고 우리는 외국인에게 선진화된 이미지를 심어줄 수 있었다.

새마을지도자협의회도 마찬가지였다. 하천정화라든가 쓰레기 줍기, 또 푸른 서울 가꾸기 등의 캠페인을 통해 외국인들에게 아름답고 청결한 우리나라의 이미지를 심어가는 데 일조하였던 것이다. 다음은 올림픽 당시 서울시 새마을지도자협의회 회장직을 맡았던 석종윤 회장의 증언이다.

새마을지도자는 어떤 일이 생기면 스스로 움직이는 사람들입니다. 봉사가 필요한 날이면 누가 부르지 않아도 저절로 모여요. 지금이야 장비가 많지만 당시만 해도 한번 눈이 왔다 하면 제설작업 하나에 사람 손이 많이 가야 했지요. 그런 날이면 새마을지도자는 으레 봉사하러 가는 걸로 되어 있었습니다. 그러니 올림픽 때야 두말할 필요조차 없었지요. 남녀 지도자들이 모여 환경정화를 위해 매일 일했습니다. 올림픽 당시만 해도 강남에는 공지가 많았어요. 공지를 푸르게 가꾸기 위해 꽃, 메밀, 결명자 등을 심었지요. 손에 상처가 나 피가 줄줄 흘러도 다음 날이면 다시 현장으로 달려갔습니다. 그뿐 아니에요. 방배천이나 양재천 등지의 소하천을 청소하다보면, 버려진 가구나 고물 등이 많았어요. 장화 신고 들어가서 얼굴에 흙탕물 묻혀가며 일일이 청소했던 사람들이 우리 새마을지도자들이었어요. 그에 따른 비용은 모두 회비에서 충당했고 나머지 모자라는 부분은 회장 및 임원들이 보탰지요. 유일하게 시에서 보조받은 것은 새마을 주관으로 선출, 교육시켰던 자원봉사요원들의 점심 식대뿐이었습니다.

보수가 주어지는 것도 아닌데 자기 돈 써가면서 궂은일을 도맡아 하는 그들이었다. "새마을지도자는 미쳤다"고 농담을 건네니, 이렇게 답했다.

봉사란 것이… 한 번 해보지 않으면 그 기쁨을 모릅니다. 좋아서 하는 겁니다. 억지로 한다면 봉사가 아니지요. 고생한다, 수고한다, 이 말 한 마디면 됩니다. 더 이상 바라는 건 없어요. 그저 그 말 한 마디가 오늘도 보이지 않는 곳을 찾아다니는 새마을지도자들에게 힘이 될 것입니다.

사실 이 기간 중 나는 새마을운동의 영역에서 벗어나 있었다.

격동기 새마을운동 중앙협의회장에 취임

1987년 봄에서 초여름에 걸쳐 군정타도와 대통령 직선제 개헌을 요구하는 시위는 전례 없이 거세었다. 더구나 서울대생 박종철 군이 경찰의 고문에 의해 죽은 것으로 밝혀지고, 이한열 군이 시위중 경찰의 최루탄에 맞아 숨지는 사건이 발생하자 이한열 군의 장례를 계기로 상황은 심각한 국면으로 치달았다. 결국 대통령직선제 개헌을 주요내용으로 하는 정치개혁 선언(6·29 선언)이 민정당 노태우 대표이름으로 발표되고, 김대중 씨를 포함한 반체제 인사들에 대한 사면복권이 뒤를 이었다.

해빙국면은 예상보다 빨리 왔다. 여야 합의로 대통령 직선 중심의 헌법개정안이 국회에서 가결되고 헌법개정안에 대한 국민투표와 대통령 직선을 위한 정치일정이 잡혔다. 김대중(평민당), 김영삼(민주당), 김종필(공화당) 이른바 세 명의 김씨가 난립한 가운데 1987년 12월 16일 실시된 대통령선거에서는 민정당의 노태우 후보가 집권의 기회를 잡았다. 간선대통령에서 직선대통령으로 바뀐 셈이다.

두 번에 걸친 한국토지개발공사 사장의 임기 6년에서 3개월을 남겨

둔 1989년 3월, 주위로부터 새마을운동 중앙협의회 회장을 맡으라는 권유를 받았다. 당시 나는 토개공 사장 자리에 너무 오래 있었다는 생각에 스스로 그만 두어야겠다는 결심을 하고 퇴임사를 준비하던 터였다. 지방 모 신문사 사장 자리를 맡아 달라는 요청이 있기도 했지만 이제 얽매인 생활을 떠나 좀 편안히 살고 싶다는 생각만이 간절했다.

6공은 5공의 계승자인가. 이에 대한 성격규정은 쉬운 일이 아니다. 노태우 대통령은 전임 전두환 대통령과 오랜 전우이자 정치적 동지였다. 그러나 여당인 민정당은 국회의 제1당이면서도 "삼김(三金)"이 이끄는 야당연합에 휘둘려 제대로 힘을 쓰지 못했다. 6공은 5공을 청산하는 데에 먼저 힘을 쏟았다. 6공은 5공과의 지난날 의리보다 현실논리에 따랐다. 국회 청문회 정국이 연일 계속되었다. 5·18의 진상을 밝히기 위한 "광주특위"와 언론탄압의 경위를 밝히기 위한 "언론특위", 그리고 일해재단의 내막을 밝히기 위한 "5공특위"는 청문회의 하이라이트였다. 결국 전두환 전 대통령이 서울을 떠나 설악산 백담사에 은둔하고, 5공 당시 권력핵심에 있었던 몇몇 인사들이 직권남용과 부패혐의로 구속되었다.

권력변동에 따른 불똥은 새마을중앙본부에도 튀어, 한때 "새마을 비리"라는 제하의 기사가 온 신문을 수놓고 그간 새마을지도자들이 쌓은 공든 탑이 하루아침에 무너져 내리는 듯한 양상을 보였다. 한마디로 새마을운동이 동반수모를 당한 꼴이 된 것이다. 정부차원에서는 새마을운동의 존폐가 거론되었고 이와 유사한 성질을 갖는 다른 이름의 운동이 시작되기도 하였다. 그러나 새마을운동을 없애거나 그 동안 나라와 지역사회를 위해 묵묵히 봉사한 새마을지도자의 업적을 한꺼번에 무너뜨려서는 안 된다는 뜻있는 많은 사람들의 여론이 폭넓게 깔려 있었다. 1988년 1월에 지방행정연구원이 실시한 국민의식 조사결과, 도

시민의 63%, 농촌인구의 80%가, 같은 해 6월 서울대학교가 조사한 결과에도 도시민의 66%, 농촌거주민의 82%가 새마을운동은 존속되어야 한다고 대답함으로써 대다수 국민들이 새마을운동이 지속되어야 함을 보여주었다.

결국 새마을중앙본부에 집중된 권능을 대폭 회원단체로 분산하고 동시에 "본부"라는 명칭도 "새마을운동 중앙협의회"로 변경했다. 이 조치가 있기 전에 이미 중앙협의회 회원단체였던 "조기체육회"는 해체(1988. 4월)된 바 있었고, "새마을 청소년 중앙협의회"도 회원단체에서 제외하여 1980년 12월 이전의 소속으로 복귀시키는 동시에 중앙회 기구도 대폭 축소 조정하는 것으로 일단락 짓게 되었다.

평소 가깝게 지내던 친구들을 만나 새마을 회장 자리를 제의받았다는 이야기를 꺼냈더니 "그만큼 일했으면 됐지, 이제 와서 무슨 수모를 겪으려고 하느냐, 누더기가 된 '헌 마을'에 가서 대체 뭘 어쩌겠느냐!" 하며 모두들 이구동성으로 말렸다. 1987년 2월 이후 두 분의 회장이 취임한 바 있었으나 각각 짧은 재임으로 그쳤다. 또한 그간 4개월 여 회장 자리를 비워둔 채, 회원단체의 장이 회장의 직무를 대행했고, 새마을운동에 대한 사회 일각에서의 냉담한 시각과 음해도 만만치 않았다. 어떤 이는 앞으로 회생할 수 없을 것이라 극언하기도 했다.

주위의 만류와 이런저런 선입견에도 불구하고 내가 새마을 회장직을 끝내 거절하지 못한 이유는 첫째, 은혜를 갚아야 한다는 양심 때문이었다. 지난 1970년대 나는 내무부 지방국장이라는 자리에서 새마을운동을 기획했고, 또 일선 기관장 시절에는 새마을지도자와 공무원, 기업인 그리고 학자들과 함께 현장에서 새마을운동을 추진했다. 오로지 잘 살아보겠다는 일념으로 땀 흘리며 봉사하던 새마을지도자들과 함께 일했던 동료 공무원들의 노고에 대해 내가 뭔가 보답하여야 한다는 생

직장새마을운동중앙협의회는 국민의식개혁운동본부, 한국경제신문사와 공동주관으로 일본 MK 기업신화를 이룩한 유봉식 회장을 초청, 강연회를 개최했다(92 .8. 26).

각은 곧 의리이기도 했다.

둘째, 미력이나마 새마을운동을 다시 살려야 한다는 사명감 때문이었다. 1970년대 초, 가난의 한을 풀기 위해 방방곡곡에서 불길처럼 번져 나갔던 새마을운동을 상기할 때, 이 운동은 분명 조국 근대화의 견인차였음을 어느 누구도 부인하지 못할 것이다.

새마을중앙회는 여론의 끊임없는 질타 속에서 방향을 잃은 배처럼 표류하고 있지만, 새마을지도자라는 뿌리만은 건재하지 않은가. 오직 '잘 살아 보자'는 일념 하나로 아무런 반대급부 없이 고장을 위해 봉사하는 민초들이 바로 그들이다. 나 역시 월급을 받는다는 것이 내키지 않았다. 그래서 오로지 새마을운동에 참여하여 작은 힘이나마 보태야겠다고 결심하고 1989년 3월 새마을운동 중앙협의회장 자리를 맡았다.

❖ 본래의 정체성에 새로운 방향성을 접목

신뢰를 잃으면 바로 설 수 없다(無信不立)!

당시는 국내적으로 과거의 질서가 무너지고 새로운 질서가 태동하는 과도기를 겪고 있었다. 절대에 가까웠던 국가권력과 정부의 권위에 의

새마을운동 20주년이던 1990년 춘천 실내체육관에서(1990. 3. 7)

해 유지 · 발전된 정치 · 경제 · 사회의 틀이 민주화의 요구에 따라 근본부터 재정립되는 과정이었다.

그간 정치 격변기를 맞아 새마을운동을 보는 행정이나 일부 국민들의 시각이 흐리마리해지자 큰소리치며 앞장서던 일부 회장 중 어떤 사람은 은근슬쩍 피하는 사례도 없지 않았다. 그러나 새마을지도자들은 달랐다. 비록 의욕이나 사기 등이 전과 같지는 않았어도, 흩어지지 않고 "중앙회"의 변화에도 좌고우면(左顧右眄) 함이 없이 오로지 지역사회를 위해 꾸준히 땀 흘리며 일하고 있었다. 그것이야말로 오늘날까지 새마을을 이어온 가장 큰 힘이라고 나는 믿고 싶다.

새마을 회장직에 앉자마자 먼저 손을 써야할 과제는 내부화합을 다지고 실추된 새마을중앙회의 이미지를 회복하는 계기를 마련하는 것이라 생각됐다. “신뢰를 얻지 못하면 바로 설 수 없다(無信不立)” 즉, 신뢰를 잃으면 더 이상 잃을 것이 없게 된다는 공자(孔子)의 교훈이 되새겨졌다.

새마을중앙회로서는 저간(這間)의 사건을, 새마을운동에 대한 접근 방식이나 자세를 반성하는 계기로 삼고 정책문제를 비롯하여 일선 새마을지도자들과의 교감을 나누는 방안을 진지하게 검토하지 않을 수 없었다. 그러나 하나하나가 먼 앞날을 내다보며 시간을 갖고 심도있게 논의, 검토되어야 할 사항이었다. 다행히 회원단체와 16개 시·도지부, 269개 시·군·구지회의 회장들도 ‘중앙회에서 어떻게 하겠지’ 하는 방관식의 태도가 아니라, 새로운 좌표설정에 적극 참여하는 성의를 보여 주었다. 그래서 중앙회 정채진 사무총장, 학계, 전·현직 새마을지도자를 구성원으로 하는 자문위원회의 심의를 거쳐 “새마을운동 발전방향”을 수립했다. 그 대강을 밝혀본다.

우선, 새마을의 본질적 의미를 보다 구체화시키기 위해, 절대빈곤을 극복하는데 역점을 둔 종래의 ‘잘살기 운동’에서 상대적 빈곤극복과 삶의 질 향상을 추구하는 ‘함께 잘살기 운동’을 기본 지표로 정하고, ‘민족자존과 번영을 지향하는 국민정신운동’, ‘주민의 자율과 참여를 확대하는 사회발전 운동’, ‘잠재자원 및 인력을 개발하는 경제 선진화 운동’을 펼쳐가기로 했다. 이에 따라 ‘다정한 이웃’, ‘살기 좋은 고장’, ‘건강한 사회’, ‘자랑스런 나라 건설’을 목표로, ‘국민정신교육’, ‘마을 특화사업’, ‘직장 한가족 운동’, ‘환경보전’ 등 각종 사업을 꾸준히 전개하기로 했다. 그리고 새마을지도자의 새로운 행동지침으로 “헌신으로 창조하자/ 화합으로 건설하자/ 전통 살려 도약하자”는 “우리의 다짐”을 제정하자는 데 뜻을 모았다.

하지만 새 방향이라고는 해도 모두 생짜로 만들어진 것은 아니다.

그것은 1970년대 이래 가꾸어온 새마을정신 본래의 정체성(正體性)에 변화가 요구되는 시대적 새로운 과제를 접목시킨 것이었다. 아울러 1980년도부터 새마을운동이 민간주도로 전환되면서 중앙본부에 의한 지나친 획일·하향(下向)식 사업추진을 지양하고, 지역 사회의 특성에 따라 다양·상향(上向)식으로 추진체제의 변화를 시도했다. 이를 위해 새마을운동의 구심체는 기초적 자치체인 시·군·구가, 실천체는 동·리·마을과 직장·공장이 되게 함으로써 현장중심의 생활운동으로 결집될 수 있도록 했다. 또 중앙회와 지방 사무기구를 소수정예주의로 축소·개편하고, 잉여인력을 대폭 감원했다. 따라서 서울에 위치한 강서구 화곡동 중앙회 사무실과 그 부대재산도 처분키로 하되 매각될 경우, 기금으로 적립하여 그 이윤으로 부족한 사업비에 충당키로 했다. 이와 함께 중앙회도 경기도 성남시에 소재한 중앙연수원으로 옮겨 인력의 합리적 관리와 비용의 절감을 도모하기로 했다. 그러나 나의 재임기간 동안 중앙회 사무실은 매각되지 않았다.

기업에서 일컬어지는 채산성이 없는 부문의 축소, 성장분야에의 진출 등에 의하여 수익력과 성장성을 향상시키는 구조개혁 방식을 본받은 것이다. 이러한 배경에는 그간 국내의 정치·경제·사회 등 각 분야의 급격한 변천과 국제화의 조류에 발맞추어 민주화, 지방화에 부응해야 했고, 국고지원의 대폭적 감축에 따른 자구수단으로서의 "업무체제를 재구축" 해야 하는 불가피성에 있었다.

이렇듯 새 방향의 정립과 조직정비도 그런대로 마무리되어 갔다. 그간의 상황을 노태우 대통령에게 보고하고 정부지원을 건의하여 약소하나마 중단된 국고보조도 다시 부활되었다. 이 작업에는 특히 서울대학교 김안제(金安濟)·이질현(李瓆鉉) 교수와 단국대학교 김유혁(金裕赫) 교수(후일 새마을운동 중앙협의회장 역임) 등 학계의 조언과 협조가

켰다.

이러한 일련의 개혁에 있어 일부 미흡한 부분도 없지 않았지만 무엇보다 중요한 것은 실천이었다. 즉 새마을지도자 스스로 한 때의 시련과 침체를 딛고 일어나 주민의 자발적 참여와 헌신을 유도해 낼 수 있는 새로운 목표의 창출과 아울러 사무국 유급(有給)요원들의 관료화 경향을 스스로 경계하며, 진실로 새마을지도자들의 반려자가 되게 하는 데 역점을 두었다.

◈ 일선 새마을회장 전원, 중앙연수원 재교육

하루 빨리 실천체제를 구축하기 위하여 각 시·도별로 일제히 새마을지도자 대회를 개최하는 한편 시·군·구, 읍·면·동의 새마을회장, 부녀회장 등 14,500여 명에 대한 새마을중앙연수원 교육을 병행했다. 25회차로 나누어, 실시된 교육을 통해 새마을 동지들이 다시 모여 전환기적 역풍을 극복하고 새 방향에 대한 실천의지를 다졌다. 나 역시 매기 교육기간 중 하루는 회장으로서 그들과 숙식을 같이하며 나름대로 새마을운동의 재정립을 위해 힘껏 노력했다. 총 25회를 연수원에서 숙박한다는 것이 쉬운 일은 아니었지만, 지도자들의 사기와 의욕을 통해 "살아있는 새마을"이 가슴에 와 닿았다.

모든 교육참가자들은 밤늦게까지 계속되는 청강(聽講)이나 분임토의에도 지칠 줄 모르는 왕성한 열의를 보였다. 모두가 생업 또는 가정주부로서 쉴 틈 없이 바쁜 사람들임에도 날로 거칠어져 가는 새마을의 모습에 매양 팔짱끼고 앉아 한탄만 하고 있을 수는 없어 개인 사정도 무릅쓰고 기꺼이 참집한 사람들이다.

이와 같은 기풍과 불문(不文)의 상률(常律)은 도대체 어떻게 길러진

1992년 전국 새마을지도자 대회

것인가? 매회 2박 3일간의 교육이 끝나는 전야에는 조촐한 "뒤풀이의 장"이 열린다. 토론을 끝내고 밤 10시가 넘은 야밤, 정채진 연수원장(그는 6개월간의 교육기간 동안 하루도 귀가하지 않고 지도자들과 숙식을 같이 했다)의 폐회사에 이어, 애국가 제창이 만장을 숙연하게 한다. 한 구석에서는 누군가 선창하는 "새벽종이 울렸네"의 새마을 노래를 소리 높여 합창한다. 헤어지는 아쉬움에 눈시울을 적시는 부녀지도자도 있다. 나 역시 얽히고설킨 회한(悔恨)의 눈물에 가슴을 쳤다.

원래 새마을지도자에게 물질적인 보수는 없다. 출세를 위한 일시적인 편의의 자리도 물론 아니다. 그러나 그들에겐 달리 가지는 것이 있다. 그것은 실추된 신뢰를 회복함으로써 가난의 한(恨)을 풀어준 새마을운동의 값진 전통을 길이 이어가야 한다는 너무도 엄숙한 사명감이요, 봉사를 통하여 선(善)의 소중함에 눈뜨게 한 보람이다. 나 역시 그곳에서 서로를 섬기는, 봉사의 가치를 배웠다. 월급쟁이 공무원을 끝으로 거기서 머물러 있었다면, 어쩌면 내 앞길만 닦는 데만 연연했을지 모른다. 양심고백을 하자면, 그제야 새마을중앙회장 권유를 받았을 때 주저했던 일이 새삼 부끄럽고 후회스러웠다는 점이다.

❖ 설움과 역경을 딛고

“집중화에서 분산화로”, “극대화에서 적정화”를 목표로, 중앙·지방간, 내부 회원단체간의 기능과 업무영역이 조정되고 이에 걸맞는 내부구조도 어지간 정비되어 갔다. 하지만 우리의 진로가 순탄한 항해만은 아니었다. 세간에 나도는 새마을운동에 대한 일부층의 음해적 비방의 소리는 그치지 않았고, 6공 정부가 들어서면서부터 정계 일각에서는 “새마을의 명칭을 바꾸자”는 말들이 끊임없이 일었다. 그 예가 “새정신운동”의 발상이다. 결국 “이 운동을 주관하는 새로운 단체설립까지 꾀한다면, 정권이 바뀔 때마다 새로운 이름의 국민운동을 만들어 내야하지 않느냐”는 일부 언론의 부정적 시각으로 수그러들고 말았다. 그러나 일련의 과정에서 모처럼 회복되어가던 새마을지도자들의 사기만 위축시킨 결과를 초래했다.

새마을운동의 명칭문제를 비롯해 향후 진로를 논의하기 위해 내무부 주관으로 회의가 열렸다. 학계, 종교계, 사회단체와 시민운동단체 대표들이 모였고, 나도 회의에 참석했다. 이야기 도중, 모 교수가 “이제는 잘살게 되었는데, 아직까지 새마을운동이 필요한가?”라는 말을 꺼냈다. 즉석에서 나는 반론으로 응수했다. 동석한 학계와 새마을지도자 중에서도 나의 반박에 동감하는 발언이 이어졌다.

참석한 스님 한 분은 새마을운동을 바다에 비유하면서, “바다 수면(水面)이 겉보기에는 고요하나 그 안에는 수많은 고기가 헤엄치고 있듯이 지금의 새마을운동도 정지된 듯이 보이나 여러 사람들이 끊임없이 움직이고 있다”는 긍정적 발언을 하였다. 그 스님의 말 한마디에 나는 백만대군을 얻은 것과 같은 용기를 얻었다. 그날 회의의 결론은 “대안이 없으니 새마을운동은 계속 되어야 한다”는 것이었다.

이런 과정 속에서 새마을운동은 다시 활력을 갖게 되었고 나는 틈나는 대로 현장을 찾았다.

어느 토요일, 서울특별시 새마을지도자들이 주축이 되어 자연보호의 일환으로 관악산 정상에 버려진 쓰레기 수거작업을 했다. 이런 작업은 연중 실시하는 상례적인 봉사로서, 새마을중앙회와 환경처 직원들도 참여하였다. 그 날의 봉사에는 군(軍)의 지원을 얻어 관악산 정상일대에 산재한 쓰레기더미를 군(軍) 헬기를 이용해 산 아래 주차광장으로 내리는 작업이 병행되었다. 도착 헬기가 저공상태에서 머물면, 매달린 쓰레기 뭉치를 풀어치우는 작업은 새마을지도자들의 몫이다. 헬기에서 나오는 프로펠러의 소음과 맞바람을 무릅쓰고 여러 차례 반복해야 하는 고된 작업이었다. 그런데 새마을지도자들의 땀방울과는 무관한 듯, 공원관리소 직원들은 팔짱을 낀 채 물끄러미 구경만 할 뿐이었다. 나는 보다 못해 관리소 직원에게 한마디 건네지 않을 수가 없었다.

"보시오, 새마을지도자들이 저렇게 일하고 있는데 관리소 직원들도 좀 거들지 그래요" 했더니, 직원의 말인즉, 그 쓰레기는 관악구 소관이 아니라는 것이다. "왜 그러냐"고 되물었더니, "'정상'지역은 경기도 안양시 또는 과천 관할구역이라 거기서 발생한 쓰레기는 관악구 책임 밖의 일"이라 했다. 어찌나 기가 차든지 "그럼 지금 이곳에 내려진 저 쓰레기는 관악구 소관이 아니냐"고 꼬집어 물었더니 더 이상 대답이 없었다. 동석했던 환경처 장관도 유구무언이었고, 법적 책임을 따지고 드는 데야 나도 할 말이 없었다. 결국 우리가 모두 치웠다. 새마을 가족들의 착한 마음에 쓴웃음만 나왔다.

산줄기를 따라 몇 군데 작업장을 돌아보고 하산하니, 새마을 부녀회원들이 수거한 깡통과 공병들을 분리하며 '캔 꼭지'를 따서 따로 모으고 있었다. "그것을 무엇에 쓰느냐"고 물었더니, '캔 꼭지'는 수매가격이 좀 높다며 그 수입금은 부녀회의 봉사활동비로 쓰인다고 했다.

일을 끝낸 뒤, 새마을지도자들과 시원한 막걸리 한잔을 같이하며 감동과 울분이 뒤섞인 복잡한 감정을 녹였다.

새마을 방역 봉사활동을 하던 중 방역차에 불이 나 미처 피할 새도 없이 목숨을 잃고만 사람, 크고 작은 부상을 입으면서도 희생과 봉사의 역할을 다 한 사람, 그리고 열과 성을 다해 새마을의 선봉역할을 해내는 부녀자 회원들… 그들이 바로 새마을지도자들이었다. 사회적 보상을 해 줄 수 있는 근거가 충분치 않았던 상황에도 불구하고 그들은 죽음과 부상의 위험까지 감수하면서 새마을운동에 미쳐 있었다. 새마을운동을 환하게 밝히는 것은 그들의 가슴에서 우러나오는 진실된 신념 하나일 것이다. 그들과 함께 대화할 때면 벅찬 감동과 함께 "이들을 위해 내가 해야 할 일은 무엇일까" 하는 조직 수장으로서의 책임감이 끝없이 일었다.

우리 사회에 전통적으로 이어져 온 공동체 의식을 다시 꽃피우고 힘을 잃어가는 경제력의 기반을 되찾기 위해서는 도덕성 회복과 '근면·자조·협동'의 새마을정신을 활력화할 수 있는 방안을 찾는 것이 기본임이 매번 절감되었다.

❖ 새마을 기(旗)를 지키려는 새마을지도자의 정성과 염원

지금도 섬마을, 두메산골, 도시 어디서나 새마을기를 찾아볼 수 있다. 간혹 서울 도심부를 드나들 때에도, 묵묵히 세파를 견디며 굳건히 서 있는 새마을기는 한 번도 거르지 않고 나의 눈에 들어온다.

을지로 1가 SK 건물, 계동 '현대그룹 본사 정문, 세종로 광화문전화국·정보통신부 정문과 현대해상화재보험 건물옥상, 남대문 삼성 동방프라자 등… 그것은 새마을지도자에게 말할 수 없는 감동이다.

새마을기는 새마을운동이 점화되었던 1972년, 공모(公募)로 선택된 몇 개의 도안 중 박정희 대통령의 낙점에 따라 탄생했다.

녹색바탕은 농촌의 녹색혁명을 상징하고, 황색원은 협동과 부 및 무한한 가능을 표시하며, 녹색의 잎과 싹은 근면·자조·협동의 새마을 정신 및 희망과 소득을 상징한다. 또한 밑이 넓은 줄기는 안정과 번영의 표시이다. 그간 새마을기의 제작·게양이나 작도방법 등에 관한 성문률(成文律)은 없었으나 새마을기는 새마을운동의 표상으로서 많은 국민의 사랑을 한데 모아왔다.

고래(古來)부터 우리나라에는 대소 역사(役事)를 벌일 때 "손"없는 날을 택하는 관행이 있었다. 현재까지도 이러한 무속신앙(巫俗信仰)은 "미신타파"라는 계몽에도 불구하고 전국각지에서 사라지지 않고 있다. '손'이란 우리말 국어사전에 의하면, "우리나라 민속에, 날 수에 따라 4방위(方位)로 돌아다니면서 사람의 활동을 방해한다는 귀신이 있다 하여 이 귀신을 '손'이라 한다. 음력 1·2일에는 동쪽, 3·4일에는 남쪽, 5·6일에는 서쪽, 7·8일에는 북쪽에 있고, 9·10·19·20·29·30일에는 하늘로 올라가 있으므로 어떤 방위에도 없다. 이사 하거나 먼 길을 떠날 때는 이 손이 없는 날을 택해야 한다. 1월이나 10월 등 연말연시의 농한기에 행하는 '재수굿' 안택(安宅)도 '손' 없는 정한 날을 택한다. 마을 신앙의 상징인 이른바 신목(神木)을 해칠 때, 가옥을 수리(특히 변소나 부엌을 수리하거나 벽에 못을 박을 때)하는 경우에도 '손' 없는 날을 택한다"고 되어 있다.

마을길을 넓히고 초가집을 개조하는 등 "새마을 가꾸기" 공동사업도 마찬가지였다. 지금으로서는 우스꽝스럽게 들릴지 모르겠으나 가가호호(家家戶戶) 개별적으로 손 없는 날에 맞추어서 새마을사업을 추진하기란 사실상 어려움이 따랐다. 이에 마을총회를 개최해 공사현장에 '새마을기'를 세워둠으로써 모든 화액(禍厄)을 쫓기로 결의하였다.

즉 전국 방방곡곡에 새마을기를 세움으로써 부엌을 수리하고 변소를 이전하고, 대문의 위치가 바뀌어도 '손'있는 날의 금기(禁忌)는 적용되지 않았던 것이다.

6공 후반기에 접어들면서 새마을운동에 대한 불확실하고, 예측불허한 앞날의 문제를 걱정하지 않을 수 없었다. 이미 6공 초기에도 일시적이나마 새마을운동의 좌표가 흔들렸던 전환기 상황을 경험한 바 있었기 때문이다. 그래서 서둘러 새마을중앙협의회 이사회에서 당초 선정된 그대로를 수정없이 성문화하여 새마을기에 관한 규정(1992. 2. 28. 제145호)을 제정 공포했다.

새마을기는 나에게 특별한 의미를 지닌다. 깃발 아래 열심히 일하던 많은 국민들의 모습이 고스란히 담겨 있기 때문이다.

푸념조의 한탄들이 행진곡조의 새마을운동가로 처음 바뀌던 때, 나는 새마을운동 주무부서인 내무부 지방국장으로 근무하고 있었는데 당시 새마을기는 우리 민족의 저력을 상징하는 푯대였음을 지금도 생생히 기억하고 있다.

1989년 3월, 새마을 회장직에 앉자마자 가장 급박했던 관심사는 무슨 수를 써서라도 새마을운동에 대한 일반인의 시각을 올바르게 전환할 수 있는 새로운 돌파구를 마련하는 일이었다. 이것은 새마을기를 지키느냐 못 지키느냐의 중요한 관건이기도 했다.

먼저 의욕이 감퇴되고 있는 새마을지도자의 사기진작책으로 그들의 한결같은 염원인 직장, 단체 등에 내려진 새마을 깃발을 다시 올리는 것이 당면과제로 인식되었다. 6공 시절, 노태우 대통령을 접견하는 자리에서 건의사항을 묻기에 새마을기에 대해 이야기했다. 원래 88올림픽 기간 동안만 새마을기 대신 올림픽기를 게양하기로 되어 있었는데 올림픽이 성공적으로 끝난 이후에도 새마을기는 올려지지 않았기 때문이다. 그날의 건의를 통해 곧바로 서울시청에서부터 새마을기가 다시 올라가게 되었다.

새해가 되어 당시 김영준 감사원장에게 신년 인사차 들렀더니 나에게 직원 새마을교육 강의를 부탁하기에 "아침마다 감사원 뒷산 삼청공원을 산책하는 어느 시민으로부터 감사원에 새마을기를 올리도록 해달라는 전화를 받은 적이 있습니다." 농(弄) 트는 사이는 아니었지만 결례를 무릅쓰고, 농(弄) 반, 진(眞) 반으로 "새마을기를 달아 주신다면 오겠습니다"라고 말했다. 강의하러 간 날, 감사원에는 새마을기가 걸려 있었다. 또 도로공사 사장과 철도청장을 찾아가 부탁한 결과, 고속도로 지방 사무소와 전국 각 역(驛)에 새마을기가 다시 올려진 일도 있었다.

새마을운동중앙협의회 회원단체이며 새마을운동의 생성발전과 그 궤(軌)를 함께 했던 "새마을금고"는 문민정부가 출범(1993. 2. 25) 한 그해 4월에 새마을기를 내리고 새로 제정한 "심볼마크"를 새긴 기를 게양했다. 조직이미지를 대표하는 상징체를 변경하는 것을 두고 왈가왈부할 일은 못되나 새마을가족 입장에서는 섭섭한 일이 아닐 수 없었다. 애당초 새마을금고의 모태는 5. 16이후 "재건국민운동본부"가 발족되면서 절미운동을 통한 사랑의 금고운동이었다. 새마을금고의 토대를 쌓아 올리기까지 남녀 일반 새마을지도자들의 노고는 실로 컸다. 이러한 사실이 선명하게 기억되는 것은 내가 시장·도지사로 재직할 때의 일이었기 때문이다.

새마을운동이 민간주도로 전환된 후에도 새마을금고 연합회가 새마을운동중앙본부의 회원단체로 가입(1984년 2월) 되면서 많은 새마을가족들이 새마을금고 회원으로 참여하게 된 것도 큰 성과의 하나이다(《지방행정사》).

지난날의 연혁을 들추며 실없이 복고적 감상에 젖어 보려는 생각은 추호도 없다. 다만 새마을기를 내렸다는 소식을 전해 들었을 때 변화의 무상함에 말할 수 없이 서운했던 것은 어쩔 수 없었다.

한편 1995월 9월, 초대민선시장 조순 씨에 의해 서울시청에서도 새마을기는 다시 내려졌다. 이런 사실이 보도되자 새마을중앙협의회는 중앙 일간지 등에 항의성명을 게재하고 10월 13일에는 여의도 한강고수부지에서 3만 5천여 명의 남녀 새마을지도자가 모여 궐기대회까지 한 바 있다. 또 어느 도(道)의 경우에는 민선지사의 명에 따라 산하기관에서 새마을기를 내리고 만 사례도 있다. "왜 행정기관에 일반 단체의 기를 올리느냐, 그러니 새마을이 관변이란 소리를 듣지." 이것이 사유라고 한다.

이에 대해 국외자(局外者)로서는 "새마을기 게양은 자율적인 문제다"로 말할 수밖에 없다. 하지만, 집집마다 펄럭이는 새마을기가 정신적 힘의 원천이 되는 경우는 얼마든지 찾아볼 수 있다.

제주도 북제주군 조천읍 중산간 "와흘리" 마을이 좋은 예다. 이 마을 170가구 주민은 1997년 10월부터 한 집도 빠짐없이 국경일엔 국기를, 평일엔 새마을기를 게양하고 있다. 특히 돌담인 제주도 전통가옥 구조와 중산간 지역의 특성을 살려 집집마다 4m높이의 게양대까지 설치해 두고 있다. 게양대 자재대는 마을 공동기금으로 지원하고 작업은 "마을청년회"가 도맡았다.

그들은 국기를 게양함으로써 애국심을 고취시키며, 새마을기의 게양을 통해 오늘날 잘 사는 복지농촌으로 탈바꿈하기까지 원동력이 되었던 새마을 정신을 되새기고 있다. 다시 말해 이러한 의식 속에는 새로운 출발을 다짐하는 마을전체 주민의 의지가 담겨 있는 것이다.

향약(鄕約)을 제정하여 근검절약을 생활화하고 있다는 것도 이 마을의 자랑거리다. 새마을운동의 열기가 상승하던 1975년부터 시작된 향약(鄕約)은 지금도 주민들간의 불문율처럼 여겨지며, 당시 도박, 음주를 억제하기 위해 마을 안 상점에서 술판매를 금지한 규율 또한 그대로 지켜지고 있다. 어느 상점에서도 주류를 찾아볼 수 없으며, 마을에 행사가 있더라도 술 마시고 홍청거리는 주민들의 모습을 찾아보기 힘들다. 또 문상시 "겹부조"라든가, 답례품을 주고받는 행위 등이 금기시되고, 경조사시 음식 간소화 등 생활의식 개혁을 위한 주민들의 노력도 돋보인다. 그 주역들은 새마을지도자 협의회 새마을 부녀회, 청년회, 노인회, 개발위원회 등으로 마을의 발전과 단합을 위해 노력하는 그들의 모습에서 자랑스런 "와흘리"의 미래를 볼 수 있다. 와흘리 이외에도 서귀포시 천지동 남성마을, 북제주군 조천읍 대흘1리 등지에서 전 마을주민이 새마을기를 게양하고 있으며 전국적으로 새마을기가 게양된 곳은 셀 수 없이 많다.

새마을기는 정권이 네 번이나 바뀐 인고의 긴 세월, 혹은 관변의 홀대를 딛고 설움을 넘어 근면·자조·협동의 새마을정신을 일깨우는 빛이자, 마음의 샘터이다. 새마을 가족에게 녹색바탕에 황색의 새싹이 그려진 깃발은 새마을 춘하추동 색다른 느낌으로 다가온다. 봄이면 절약과 근면성을 다시 한 번 되새기게 만들고, 더운 여름날의 새마을기는 흐르는 땀의 노고 속에서 용기를 북돋아 준다. 청명한 가을날, 맑은 바람에 나부끼는 새마을기에서 보람과 풍요를 맛보며, 흰눈 덮인 겨울의 새마을기는 송죽 같은 푸르름이 있다.

새마을기를 내리고 올리고는 자치단체장의 개인적 의견에 따른 단순한 문제가 아니다. 새마을기에 대한 300만 지도자들의 염원을 어찌 외면할 수 있겠는가. 그 녹색깃발에 담긴 우리네 역사의 노정(路程)들을 어찌 무시할 수 있겠는가. 특정지역에서 보았을 때, 현행제도나 운동방향의 실효성을 문제 삼는다면 그 시행착오를 분별하여 시정·보완해 나갈 일이다.

30여 년, 하루같이 게양되었던 새마을기를 내리는 것은 힘을 합해야 할 새마을지도자들의 사기를 위축시키고 지역개발에 앞장서는 그들의 의욕을 약화시켜 그간의 노하우와 공든 탑을 무의로 돌려 자칫 소탐대실(小貪大失)이 될지 모른다.

❖ 도덕성 회복운동의 전개

당시 우리 사회에는 혼란과 무질서가 걷잡을 수 없이 번지고 있었다. 경제성장에서 빚어진 나쁜 여파가 사회의 여러 부문에서 드러난 것이다. 여과되지 않은 외래문화의 범람과 책임지지 않는 자유의 만연으로 가치는 전도되고 도덕은 타락하여 혼란과 방종의 작태는 눈뜨고 못 볼 정도까지 치닫고 있었다.

폭력과 인신매매, 마약과 부정식품, 도박과 가정파괴 등의 사회악적 풍조는 물론이고 분당과 파벌, 한탕주의의 심리, 순간적 쾌락으로만 살아가는 일부 국민의 몰지각한 자세는 사회기풍을 문란케 만들며 국가기반을 위태롭게 하고도 남음이 있었다.

서울주재 일본 공동통신사 아와무라 료이치(栗村良一) 기자는 그의 저서 《한(恨)의 나라 견문록(見聞錄)》, "현대 서울 16경(景)"(1995)에서 이렇게 적고 있다.

> 한국은 1980년대 후반의 고도경제성장으로 빈곤에서 탈출하여 88서울 올림픽으로 국제사회로부터도 인정받게 되었다. 그러나 옛부터 가난 속에서도 정이 넘치던 사람들 간에, 이즈음 수년, 배금주의와 과소비의 악패가 침투하여 인심이 거칠어지고 박정한 세태가 되었다.… 88서울 올림픽이 하나의 전기가 되어 한국사회의 분위기는 변화하기 시작했다… 경제발전에 견인된 의식의 변화로 촌락사회 이래의 유교도덕의 가치관이 무너지기 시작했다. 한편 그에 가름하는 새로운 시민의식의 미숙으로 한국사회는 현재 가치관의 혼란과 무질서 상태에 빠져들고 있는 것 같다.… 공중도덕이 아주 결여 되고, 전통적으로 법률 무시 혹은 경시의 악습이 있다.… 시민의식의 미성숙이란 자기만 좋으면 된다 라는 이기주의, '시민사회 룰' 무시의 야만성, 후진성을 나타낸 것이다. 이것이 현재의 평균적 한국인의 행동이 아닌가 생각한다.… 휴일의 행락지나 고속도로 갓길은 쓰레기 산이 되어 버린다. 이와 같은 자기중심의 이기주의가 범람하고 타인에 대한 매너가 나쁜 것은 한국 시민사회가 미숙한 유아기의 단계이기 때문일 것이다.

나는 이 글을 읽고 "한 일본인에 의한 음해성(陰害性) 기사"라는 생각에 울분이 치솟았다. 그러나 냉정히 그 당시를 되새겨 보니 옳은 지적이었다. 왠지 기분이 씁쓸했다.

농촌출신 새마을지도자들은 우리 사회의 병적 증후가 이렇게까지 회복하기 어려운 중증(重症) 상태임을 알지 못하고 있었다. 농촌은 그나마 병폐가 덜했고, 삶의 여유가 없다는 것도 한 이유다. 또한 본인들 스스로 근면이 깊숙이 뿌리내려 있기 때문에 그토록 부정·부패가 만연되리라고는 차마 생각지 못한 것이다. "모르면 약이요, 아는 것이 병"이라는 말이 있듯이 차라리 이러한 험한 꼴을 보지 않거나 듣지 않은 것이 다행일지 모를 일이다.

우리는 헐벗고 굶주린 가난 속에서도 사람의 도리를 지켰고, 외침과 망국의 비운 속에서도 민족적 전통과 긍지를 저버리지 않은 아름답고 끈기 있는 국민성을 지니고 있었다. 우리는 오랫동안 효도와 우의를 존중하고 신의와 질서를 숭상하는 예의 바른 민족으로 널리 칭송 받았다. 오늘날의 세태를 직시하면서 비탄과 회한으로 좌시(坐視)할 수 없는 일로 우리 새마을 조직 내부의 중론을 모았다. 국가발전을 오도하고 사회의 건강을 해치며 민족의 정기를 흐리게 하는 비도덕적 풍조와 반윤리적 행위를 배격하는 데 우리 스스로 앞장서기로 했다.

'선언문'의 성안은 서울대학교 김안제 교수가 맡았다. 1989년 12월에 열린 전국 새마을지도자대회를 통해, "범국민 도덕성 회복을 위한 우리의 선언"을 결의하고 새마을운동 차원에서 강력히 추진할 것을 천명했다. 곧바로 전국적인 캠페인을 지속적으로 펼쳤다.

한편 학계, 언론계 등 전문가의 자문을 얻고 금호문화재단으로부터 연구비를 지원받아 《참되게 사는 길》이라는 국민적 교본을 발간하여 보급하였다. 이 책은 일반인의 관심을 끌게 되어 직장·단체뿐 아니라 개인들로부터도 책자구입 요청이 쇄도해 2년 동안 약 10만여 부를 실비(740원)로 보급하였다.

이 책과 관련하여 잊을 수 없는 일이 몇 가지 있다. 책이 발간된 후 어느 모임에 참석하였는데, 내무부 시절 나를 아낌없이 지도해 주던 김보현 선배(전남 도지사, 체신부 장관, 농림부 장관 역임)가 좋은 책을 펴냈다며 칭찬해 준 일이다.

또 교도소에서 출감한 지 얼마 되지 않은 청년으로부터, '책을 읽고 큰 감명을 받았다, 앞으로 착하고 열심히 살아야겠다'는 내용과 함께 "새마을 중앙회에서 앞으로도 좋은 책자를 계속 발간해 주기 바란다"고

쓰여진 편지를 받은 일도 있었다. 이 한 통의 편지가 너무나 고마워 이 책을 전국의 교도소와 구치소, 유치장과 경찰관서에도 보내야겠다고 생각했다. 그런데 예산이 여의치 않다는 직원의 얘기를 듣고 김준성 대우회장을 찾아가 부탁하였다. 그가 흔쾌히 승낙해준 덕에 대우문화재단의 지원을 받을 수 있었다. 이렇게 만들어진 책자는 법무부를 통해 전국 교도소에 배포되었다. 몇 개월이 지난 후, 어느 교도소 수감자로부터 엽서 한 장을 받았다. 비록 짧은 글이었지만 그 속에는 과거를 반성하여 착하게 살아보겠다는 재소자의 진실된 마음이 담겨 있었다.

또 한 번은 호주 한인 노인회장이 직접 찾아와, 책자의 내용을 호주의 한인방송으로 내보내 한인 2세들을 교육하겠다고 했다. 그 외에도 여기저기에서 전화와 편지를 통한 많은 격려가 끊이지 않아 마음을 뿌듯하게 해주었다.

그러나 이러한 노력에도 불구하고, 우리 사회에는 "소비가 미덕이다", "돈이면 귀신도 부릴 수 있다(有錢可使鬼)", "내 가족만 잘되면 된다"라는 풍조가 더욱 퍼져가고, 정도(正道)보다는 사도(邪道)가 횡행하고 있었다. 이처럼 정신이 유린당한 사회 분위기를 복원시키기 위해 지속적으로 책자 및 팸플릿 등을 제작하고, 캠페인을 벌이기도 해봤지만, 이른바 3D 업종 기피현상이 만연하면서 우리 사회는 전반적으로 활력을 잃어 가고 있었다. 동아일보(1990. 4. 29)는 "도덕재무장운동 펼 때다"의 제하로 다음 요지의 사설을 실었다.

> 노사갈등이 첨예화하고 무주택자 문제가 심각한 우리사회 한 귀퉁이에서 일부 사람들이 여전히 외국인들에게 '봉'노릇을 하고 있어 개탄스럽다. 국내에서는 호화 사치품수입이 급증하고 국외에서는 빈축사는 호화

쇼핑, 유학자녀를 위한 현지 주택구입이 공공연하다고 한다.… 오늘의 한국인들 모습은 빈부, 학력의 고저, 지위여하를 막론하고 참으로 나라를 걱정해 자제와 지혜를 짜내는 데는 등한한 것 같으며 특히 일부 졸부 벼락부자들의 흙탕물 휘젓기가 전 사회적으로 번져가는 느낌이 짙다.…이미 세계는 한국을 종전의 아시아의 4마리 용에서 '지렁이' 또는 '봉'으로 비하해 보는 경향이 높아졌다.… 활력이 넘치는, 그리고 도덕성을 갖춘 한국사회를 이룩하기 위한 도덕재무장운동과 이를 추진할 만한 사람들이 기다려진다.

❖ 살기좋은 고장 가꾸기, '계속성이 무기다'

일본 오이타현과 교류에서 얻은 교훈

우리나라의 경우, '지역경제의 활성화'란 말들은 "서울"만이 예외일 뿐, 전국 모든 지역에서 흔히 사용되고 있다. 모(某) 시장·군수가 말하기를 선거시 지역경제의 활성화를 슬로건으로 제시하지 않으면 낙선은 불을 보듯이 명백하다 했다. 지방의원 선거도 마찬가지다. 이러한 경향은 도나 시·군을 가리지 않고 그 장의 선거공약에는 예외 없이 중요한 비중을 차지하고 있다.

일본 오이타현 지사 히라마츠 모리히고(平松守彦) 씨는 그의 저서(《지방으로부터의 발상》, 1991)에서 "오늘의 시대는 '동경(東京) 불만·지방 불안의 시대'라고도 말하여지고 있다" 했다.

일본 규슈(九州) 지방 동부에 위치한 오이타현(大分縣)에서는 우리 새마을운동의 성숙기라 할 수 있는 1979년부터, 히라마츠 지사의 제창으로 촉발된 일촌일품운동(一村一品 運動)이 현하 각 지역에 수많은 특산품의 생산과 우수한 지역만들기 리더가 육성되고 이벤트와 문화의 창출 등 지역의 활성화에 많은 성과를 거두었다. 이 운동은 일본 에

● 오이타현 일촌일품 운동: 새마을 중앙연수원에서 한 · 일 국제 심포지엄 개최하여 새마을운동과 일본 오이타현에서 선풍을 일으키고 있는 일촌일품운동에 대해 상호 의견을 교환하였다.

머물지 않고 아시아를 비롯해 세계 여러 나라로부터 높은 관심을 이끌어, 이를 통해 피어난 교류는 해마다 발전을 거듭하고 있었다.

우리 새마을운동중앙회와도 1992년부터 정기적으로 매년 번갈아 두 차례의 "교류대회"를 열고 상호 유익한 경험과 정보를 교환해 왔다.

그 배경은 새마을운동이 지향하는 "살기좋은 고장가꾸기" 운동과 오히타현의 "풍요한 지역만들기" 운동이 그 성격과 내용에 있어 유사했고, 또 "모든 현민(縣民)이 '하면 된다'는 정신으로 특색있는 성격을 연마하여 21세기에 도전한다"(《지방으로부터의 발상》)는 관민일체의 슬기와 줄기찬 노력의 공감대를 형성했기 때문이다.

히라마츠 현지사가 한국을 방문했을 때의 일이다. 나와의 사석에서 그는 "일촌일품 운동은 한국의 새마을운동에서 본받은 사례가 적지 않다"라는 화두(話頭)로 새마을운동이 선배라고 추어주었다. 겸손에서 오는 인사말로 가볍게 받아들이며 그 "성공의 비결"을 물었더니, 한마디로 "계속성이 무기다"라 했다.

> 훌륭한 수장(首長: 자치단체장을 말함)과 유능하고 사기 높은 직원이 있어야 비로소 좋은 행정이 전개된다. 이런 의미에서 '행정은 사람이다'라고 말하여진다. 오늘날에는 보다 폭넓은 말로 쓰여지고 있다. 예를 들면 '마을 가꾸기는 사람이다'. 그 사람이라 함은 훌륭한 수장 및 유능하고 사기 높은 직원과 함께 건설적인 의원, 계발(啓發)된 주민, 그 중에도 특히 발상력과 행동력이 풍부한 지역 리더를 말한다.… 오늘날의 정·촌(町·村) 행정은 이들 모든 사람들의 힘을 결집하고 활용하지 않으면 안된다(일본 정촌자치연구회 편저, 《지역을 젊어진 인재》, 1993년).

이 지적은 우리에게도 많은 시사점을 준다. 또 이러한 요청에 부응하는 사례의 하나로 오이타현을 손꼽을 수 있지 않을까 싶다. 1979년 초선 이래 일곱 번 연속 23년 간(2002. 12월 현재) 재임중인 히라마츠 지사는 다음과 같이 술회했다.

> 시류(時流)에 몸을 맡기지 않고, 흐름을 거슬러, 지역에 머물러서 지역가꾸기를 추진한다는 것은 쉬운 일이 아니다. 역풍을 쫓아 달린다. 지사로 일한 지 10년 이상 되지만, 시간의 흐름과 함께 역풍은 세차고 빨리 달리면 달릴수록 몸체에 부딪히는 풍압(風壓)은 세다. 그 실감의 매일이다(《지방으로부터의 발상》).

섭공(葉公)이 정치의 요체에 대해 묻자, 공자(孔子)는 불과 여섯 문자, "근자열 원자래"(近者說 遠者來)[1]라 하지 않았던가. 선정이 행하여지는 나라에는 가까운 곳 사람들이 기뻐 그리워하고, 그것을 들은 사람들은 먼 데서도 찾아오기 마련이다. 우리나라 지방자치의 풍토에 비추어 볼 때 큰 교훈이 될 것으로 나는 믿는다.

❖ 30분 일 더 합시다!

새마을운동의 본령은 근면이다

1990년 당시 우리 국민의 1인당 소득은 5,886달러로 개발도상국 중 조금 앞선 위치에 있을 뿐이었다. 이런데도 우리 사회는 사치, 낭비, 과소비로 몸살을 앓았다. 한국은행이 발표한 1990년 1·4분기 중 경상수지 적자는 10억 달러에 이른다. 무역수지만 보더라도 수입 158억 달러에 비해 수출은 139억 달러에 불과, 무려 19억 달러의 적자를 기록했다. 이를 두고 〈동아일보〉(1990.4.29 사설)는 "86년 흑자기록 이후 4년만의 반전(反轉)이다. 6공의 경제적 중간 평가의 한 모습이기도 하다" 했다.

하지만 그 시점에서 심각하게 우려되었던 것은 경제 지표상에서 나타났던 저조한 기록만이 아니다. 우리 경제성장의 원동력이며, 한때 세계인이 부러워했던 한국인의 근면성과 자신감, 그리고 전래의 미덕인 절약정신이 점차 퇴색하고, 연중행사로 노사분규가 발생하여 근로의욕의 전반적 감퇴를 부추기는 점이었다. '투철한 근로의식이나 노동에 대한 사명감이 희박하기 때문에 생산제품의 품질이 떨어져 국제적으로 한국상품은 신뢰를 잃고 해외 구매자들이 다른 나라로 발길을 돌

---

1) 《論語》 子路篇.

● 새마을운동의 본령은 근면에 있다. 새마을 가족은 1991년 땀 흘려 일하는 사회기풍을 세우고자 '나부터 30분 일 더하기' 운동을 전개하였다.

리고 있다'는 우려의 소리도 컸다. 또 과거에 "하면 된다"는 강한 자신감으로 충만했던 많은 국내 기업인들은 미래에 대한 불확실성으로 인해 투자의욕을 잃고 움츠러드는 분위기도 일고 있었다.

1989년 서울대 한완상 교수의 연구조사 발표에 따르면 '평생살기에 충분한 경제적 여유가 있다면 어떻게 하겠느냐?' 라는 질문에 '그래도 일하겠다'고 응답한 사람은 28퍼센트에 불과했다. 이는 1967년 서울대 김경동 교수의 같은 설문조사에 답했던 95퍼센트보다 현저하게 떨어진 수치이다. 이는 일에 대한 우리 국민들의 의식이 크게 변화되었음을 입증하는 것으로서 경제적 여유가 오히려 정신적 병폐의 형태로 나타났다고도 볼 수 있다.

이러한 시대적 상황에 맞서 전국 3백만 새마을 가족은 1991년 11월 13일 '땀 흘려 일하는 사회' 기풍을 세우고자 '나부터 30분 일 더하기'

를 선언하고, 그 감화력과 실천역량을 확대시키기 위해 우선 새마을 가족이 솔선수범하기로 결의했다. 한편 이 운동의 자발적 참여 분위기의 확산을 위하여 새마을중앙협의회와 KBS, 중앙일보사 등 언론기관과 공동으로 '일하는 보람상'을 제정·운영하기로 했다. 이 운동의 참뜻은 가까스로 땀 흘려 이룩한 우리 경제가 물거품이 되고 말 위기를 극복하고 빛을 잃어가는 근면정신을 회복하자는 데 있었다.

일은 단순한 돈벌이의 수단에 그치는 것이 아니며 생활의 목표자체이고 삶의 보람이다. 자신의 능력과 양심을 다해 직분을 다할 때 일의 참된 의미와 보람을 느끼며, 일을 덜 하더라도 즐기고 싶다는 생각은 사회의 정신적 황폐와 도덕적 타락의 요인이 된다. 생계 걱정이 없는 정년 퇴직자가 일을 찾아 나서는 이유를 어떻게 생각할 것인가.

각 언론매체를 통해 이 운동내용이 보도되자 국민적 공감대는 점차 확산되었다. 정부시책으로도 도입되어 전 공직자까지 참여하기에 이르렀다. 정부에서는 국무회의 의결을 거쳐, 1991년 12월부터 공직자 새질서·새생활 실천의 일환으로 전 행정기관으로 하여금 퇴근시간에서 30분 연장근무를 하도록 했다. 이처럼 공직사회가 솔선하여 민간활동에 적극 참여함으로써 사회 전반에는 '열심히 일하는 분위기'가 확산되기 시작했다.

> 이후 1992년 10월 1일부터 '30분 일 더하기 운동'을 각 부처에서 자율적으로 실시토록 전환함으로써 근무시간에 더욱더 열심히 밀도있게 근무하여 실질적인 일 더하기 운동의 성과가 나타나도록 하였다(《새질서, 새생활 실천의 발자취 1990~1993》, 국무총리실 발행, 1993).

또, 사업계에서도 경제에 대한 인식 내지 경제마인드를 재정립하기 위해 광범하게 확산되어 있는 '일해 봤자 소용없다' 또는 '일보다는 놀고 보자'라는 부정적 인식에서 '이대로는 안 된다'라는 인식을 구축해 나갔다. 이와 동시 열심히 일을 해야 할 당위성과 열심히 일할 경우의 이점에 대한 국민적 공감대를 형성하는 데 중점을 두고 업계의 경영자, 근로자는 물론 경제단체, 사회각계와 정부의 유기적 협력 하에 '일하는 풍토조성 운동'을 추진키로 하였다.

이러한 방침 하에 기존 산업계에서 전개하던 '1직장 1운동'을 더욱 발전시켜 실천가능성이 높고, 효과를 조기에 거둘 수 있도록 대상사업을 선정하고 이를 적극 실천해 나가기 위해 "5대 더하기 목표", 즉 '10% 절약 더하기', '10% 저축 더하기', '10% 생산성 더 제고하기', '10% 수출 더 증대하기', '자발적으로 일 더하기' 등을 설정·전개했다. 1991년 11월 22일에는 대한상공회의소 등 경제 5단체가 중심이 되어 산업계 '5대 더하기' 운동을 추진하는 전국결의대회를 개최하고 산업계 '5대 더하기' 운동을 추진한다는 의지를 표명함으로써 '5대 더하기' 운동의 열기는 더욱 가속화되었다.

그러나 '30분 더 일하기'냐 '30분 일 더하기'냐는 개념규정과 실천방법의 차이로 인해 혼돈과 오해가 생기기도 하였다. 일부에서는 단순히 30분이라는 시간의 양에만 집착하여 근무시간을 30분 연장하는 경우도 없지 않았다. 공무원의 퇴근시간을 30분 연장한다고 한 것이 바로 그런 경우였다. 더구나 일부 기업체에서는 근무를 30분 연장하려면 수당을 지급해야 한다는 근로자들의 요구로 내부갈등을 겪는 일도 생겼다. 새마을중앙회의 실무 담당자들은 일부 항의성 전화로 곤욕을 치러야 했다. 이때를 회상하면 새마을중앙협의회 이경원 담당자의 노고가 실로 컸다. 그로부터 몇 년 후 나는 우연한 기회에 이런 기사를 읽게 되었다.

> 시간의 양보다는 질이 우선되어야 한다. 최근 우리나라 기업들이 도입하고 있는 변형근무시간방식은 산업사회형과 정보화 사회형이 섞여 있는 상태다. 예를 들어 1초의 시간비용은 얼마니까 일과 중에는 1분 1초라도 아껴서 악착같이 일하자거나 자투리 시간도 아껴 쓰라고 강조하는 것은 시간자원의 중요성을 강조하는 데는 도움이 되지만 심리적 압박감이 커져서 오히려 일의 성과를 떨어뜨리기 쉽다. 몇 년 전에 있었던 '30분 일 더하기 운동'은 시간의 양만을 고려한 후진국형 사고방식에서 나온 대표적 실패작이다(윤은기, "상식을 무너뜨린다", (주)대현 사보, 1996년 2월호).

"새마을운동"에서 주창한 '30분 일 더하기'에 담긴 참뜻은, 30분이라는 시간의 양보다 시간의 질을 더 중요시한 것이었다. 즉, 30분이란 시간을 더 일하는 것처럼 한정된 시간을 효율적으로 관리하자는 취지였다. 역설적으로 말하자면 '효율적으로 시간을 활용하여 30분 일 덜하기'라는 뜻이 담긴 것으로, 요컨대 시간 생산성을 높이기 위한 시(時)테크를 하자는 운동이었던 것이다. 솔직히 일을 30분 더 한다고 해서 큰 성과가 나오는 것은 아니다. 문제는 일하는 사람들의 정신자세, 자신이 하고 있는 일에 대한 사랑과 열정이 무엇보다 중요하다.

"일이 즐거움이면 인생은 극락이요, 일이 의무라면 인생은 지옥이다." 사회주의 리얼리즘 문학을 창시한 러시아의 소설가 막심 고리키의 희곡《밑바닥: Na dne》의 제1막에 나오는 이 대사는 즐겁게 일하는 것이 얼마나 중요한가를 시사한 것이다.

또 공자는 "아는 자는 좋아하는 자만 같지 못하며, 좋아하는 자는 즐기는 자만 같지 못하다"[2]고 했다. 도를 알기만 하는 것보다는 이를

2) 《論語》雍也篇, "子曰 知之者 不如好之者 好之者 不如樂之者"

실천에 옮기는 것이 더 중요하고, 그 실천을 생활화하여 즐길 정도라야 최고의 경지라는 뜻이니 이 가르침이야말로 '30분 일 더하기' 운동이 담고 있는 본래 정신이 아닌가 생각한다.

하지만, 우리가 우려한 것은 이러한 운동이 단발적이고 전시성으로 그치지 않을까 하는 것이었다. 과거, 이런 식의 운동을 펼쳤으나 그 결과가 용두사미(龍頭蛇尾)였음을 너무도 많이 보아온 터였기 때문이다. 또 현재의 물질적 성취감에 만족하고 현재의 가치관이 당연시되는 사회 일부 계층에게 먹혀질 수 있을 것인가 하는 의구심도 있었다.

당시 언론에 비친 우리 사회의 한 단면은 이러했다.

> … 해외여행은 해마다 최고기록을 경신하고 있다. 여행자들의 씀씀이도 헤퍼서 국내로 들어오는 외국관광객의 두 배나 되는 돈을 흥청망청 써가며 돌아다니는 것이 우리 관광객들의 행태다. 이런 사치와 낭비가 절대다수의 서민들이야 언감생심(焉敢生心) 어찌 흉내라도 내볼 수 있는 일들인가. 모두가 돈푼깨나 벌고 권력 깨나 행사한다는 졸부들이나 이른바 사회지도층이라는 사람들의 작태인 것이다. … 이런 사치와 과소비가 한정된 특권·부유층에 국한되지 않고 전체 국민의 의식과 가치관에 널리 악영향을 준다는 데 문제의 심각성이 있다(중앙일보 사설, '우리 모두 정신차릴 때다', 1991. 9. 1).

1991년 11월 13일 이 운동을 시작하는 날이었다. 아침 출근시간대를 이용해 서울 종로구·중구 관내 남녀 새마을지도자 전원이 결집하여 서울 시청 주변거리에서 새마을중앙회가 제작한 "땀에 젖은 작업복, 아빠의 땀 속에 행복이 있습니다"는 전단을 배부하며 대대적 캠페인을 전개했다. 나도 직원들과 함께 참가했다.

행사 첫날 아침은 자화자찬 같으나 성공적이었다. 일을 끝내고 곧바로 서울대학 병원에 입원중인 종로구 새마을지도자 홍기서 회장을 문병했다(그는 전날 밤 늦게까지 행사준비를 하다 과로로 졸도했었다).

"오늘 행사 잘 되었습니까?" 책임을 통감하는 실날같이 가냘픈 그의 목소리가 동석했던 모든 이의 눈시울을 뜨겁게 했다.

한편, 캠페인은 전국적 규모로 확대되었다. 종로 종묘 앞 퇴근 시간대를 이용한 행사장에서 보고 느낀 일이다. 그곳에서도 남녀 새마을지도자들이 행인들에게 전단을 나누며 동참을 호소하고 있었다. 행인들 중에는 그저 무심히 전단을 받기만 하는 사람, 그 자리에서 읽어보는 사람, 받기를 피하는 사람, 귀찮게 군다는 표정으로 받기를 거부하는 사람, 받아 던져버리는 사람 등 백양백태였다. 간혹 수고한다며 격려까지 하는 사람도 있었다.

'30분 일 더하기' 운동에서 가장 잊혀지지 않는 것은 퇴근시간대 캠페인을 할 때 일이다. 무심히 전단을 받고 근처 '대폿집'에 들어가는 노동자풍의 한 중년남자의 모습을 나는 유심히 보았다. 축 처진 어깨, 한쪽 겨드랑이엔 빈 '도시락'인 듯한 봉투를 끼었고 얼굴에는 무거운 납덩이 같은 고뇌가 담겨 있었다. 그는 아마도 한 조각의 두부를 안주 삼아 '소주' 한 병을 마셨으리라. 피로에 지친 듯 힘없이 어두운 뒷골목으로 사라지는 그의 모습 뒤로 착잡한 내 마음도 뒤따랐다. 그의 모습이 완전히 사라질 무렵에서야 내 마음도 가라앉았다. 문득 그의 모습 위로 '30분 일 더하기 운동'이 겹쳐졌다. 이미 30분 이상의 일을 더 하고 있는 저들….

그러나 이 운동은 계속되어야 했다. 저들을 위해서라도 전반적으로 나태해진 사회 의식구조는 바뀌어야 하며, 꾸준히 전진하는 길밖엔 도리가 없다는 생각 때문이었다.

❖ 새질서 · 새생활 운동 1990~1993

새마을가족들의 동참

6 · 29선언 이후, 일련의 민주화 조치로 우리 사회가 활력을 갖게 되었던 것은 사실이다. 그러나 한편, 산업화 현상과 맞물려 이미 서술한 바와 같이 집단이기주의, 불법, 무질서가 독버섯처럼 자라났고 조직폭력배, 인신매매, 마약, 강 · 절도 등 공동체를 파괴하는 각종 범죄도 날로 늘어만 갔다. "우리에겐 의식개혁이 절실하다" 제하의 중앙일보 사설(1989. 12. 7)은 당시의 사회상을 이렇게 표현하고 있다.

> 오랜 권위주의 시대를 벗어나 민주화, 자율화의 길을 개척해 나가는 사회에서 어느 정도의 기강해이는 불가피한 것인지도 모른다. 그러나 우리가 매일 주위에서 겪는 기강의 이완현상과 거기서 나오는 병리현상은 더 이상 방관할 수 없는 지경에 이르고 있다. …우리 주변에서 일어나고 있는 온갖 형태의 사회적 병리현상을 여기서 일일이 열거할 필요는 없을 것이다. 그러나 길거리에서, 학교에서, 직장에서, 가정에서 일어나고 있는 비정상 행태의 규모와 강도가 이제는 방관만 하고 있을 선을 훨씬 뛰어넘어 가파른 상승곡선을 그리고 있다는 사실만은 강조하지 않을 수 없다. 이 현상을 바로잡아야 된다….

마침내 노태우 대통령은 1990년 10월 13일 '대통령 특별선언'으로 범죄와의 전쟁을 선포하고 검찰과 경찰력을 총동원하여 모든 주민이 범죄와 폭력에 대한 공포 없이 안심하고 살 수 있도록 강력히 대처해 나갈 것을 천명했다. 정부는 중앙행정기관과 도 · 시 · 군 · 구까지 총력 대응체제를 구축하고, 6대 중점과제(범죄와 폭력퇴치, 불법, 무질서 추방, 일하는 풍토조성, 호화 · 사치 낭비추방, 교통사고 줄이기, 비능률. 불합리한 제도와 관행개선 등)를 설정, 범정부적인 '새질서 · 새생활' 실

● 범정부적인 새질서 · 새생활 운동에 새마을 가족들도 적극적으로 동참하였다.

천운동을 전개했다. 또한 각급 민간단체, 언론 등 민간차원의 건전한 국민운동을 지원 · 확산시키는 데 집중적인 노력을 기울였다.

새마을운동 중앙협의회에서도 새마을운동의 지향목표와 본질적으로 다른 점이 없는 '새질서 · 새생활 운동'에 전 새마을가족이 동참했다. 당시 역점을 두고 추진했던 "도덕성 회복" 및 "가정 새마을운동"과 "30분 일 더하기 운동" 등 근면성 회복운동을 보다 가속화하였으며 호화 · 사치낭비 추방과 쓰레기 줄이기, 지역방범(防犯) 사업 등에도 박차를 가했다. 한편, 중앙 및 남부 연수원은 새마을지도자를 비롯하여 공무원 및 시민의 의식교육을 확대 실시하였고 300만 새마을 가족들은 이를 솔선수범하는 동시, 이러한 공감대를 이웃에 확산시키기 위해 거리 캠페인을 끊임없이 전개했다.

과소비추방 캠페인 현장에서는 냉소적인 비난의 소리도 들렸고, 이를 못마땅하게 여기는 업체도 없지 않았다. 고급 유흥업소 밀집지역과 유명 백화점들은 주로 서울에 많았다. 그 즈음, 서울특별시 새마을지부 주관으로 과소비 추방 및 국산품 애용 캠페인이 열렸을 때의 일이다. 해프닝은 중구 관내 모백화점 뒤편 공원, 새마을가족들의 결의대회에서 발생하였다. 근처 백화점 판매부서 직원이 뛰어들어 행사의 현수막을 가위로 자른 것이었다. 영업에 방해가 된다는 이유였다. 거리 캠페인에 대해 “남의 장사에 고춧가루 뿌린다”는 식으로 오해한 모양이었다. 결국 실랑이 끝에 주최측이었던 중구 새마을지회 박수웅 사무국장이 가위를 빼앗아 상대방의 넥타이를 자르는 격투까지 벌어지고 말았다. 사건의 전말을 전해 들었던 그날, 나는 씁쓸한 기분을 넘어 백화점, 주최측 모두에게 애련지정(哀憐之情) 마저 들었다. 이윤 극대화의 원칙은 기업의 생존을 추구하는 기본이다. 사회 병리현상은 척결되어야 하나, 연대감이 상실되고 있는 현대 사회에서 영업상 저해요인이 되는 그와 같은 행사를 영업 주체로서 달갑게 여기는 사람이 과연 얼마나 있을까? 경제적 세계와 도덕적 세계와의 조화를 허심탄회하게 낙관만 할 수 있는 자가 몇이나 될 것인가?

새마을지도자 중앙협의회와 새마을부녀회 중앙연합회의 연대는 가정새마을운동, 알뜰마당 개장, 자원절약 및 환경보전 활동을 통해 새질서, 새생활 실천에 선도적 역할을 담당했다.

가정이 건전해야 사회가 건강해진다는 인식 하에 가정 새마을결의대회 3,569회, 가정윤리교육 4,300여 회 개최를 통해 146만여 명이 참여하였다. IMF가 터졌던 당시 유행어처럼 번졌던 아나바다(‘아껴 쓰고, 나눠 쓰고, 바꿔 쓰고, 다시 쓰자’의 약칭) 운동의 원조를 찾는다면 사실 새마을부녀회이다. 현재 부녀회의 가장 비중 있는 고유사업으로 자리잡은 “새마을 알뜰마당 사업”은 이미 그때부터 각 가정의 입지 않는 옷, 그릇, 가전제품 등을 서로 교환하고 판매했다. 즉 이웃사랑의 실천과 건전소비생활의 산 교육장으로서의 역할을 다 했던 것이다. 교환, 판매에서 얻은 수익금은 불우이웃 돕기 기금으로 활용하였다. 또 대학가 알뜰마당을 열어 대학과 지역사회를 이어주는 만남의 장이 되기도 하였다. 특히 고대 앞 행사의 경우, 중고가전제품을 매우 저렴한 가격으로 판매하여 자취생들의 인기를 모았다.

이밖에도 자원절약과 환경보전의 일환으로 전개된 재활용품 수집운동을 통해 폐지(廢紙), 공병(空甁), 고철(古鐵), 폐(廢)비닐 등 48억 2천 톤을 수거하였는데 이를 돈으로 환산하면 219억 8천 2백만 원(새마을운동중앙협의회 자료)이라는 놀랄만한 성과다.

새마을 조직 이외에도 민간단체의 참여가 늘어나자, 새마을지도자들의 참여의식이 크게 고무되었다. 1993년 국무총리실에서 발행한 정부자료 "새질서, 새생활 운동의 발자취"에 따르면 바르게 살기 운동 및 자연보호단체 등 국민운동단체, 경제단체, 여성단체, 종교단체, 체육청소년단체, 보훈단체, 소비자단체, 언론기관 등 많은 분야의 민간단체가 이 운동에 참여했다. 대한상공회의소 등 경제 5단체는 10% 절약 더 하기, 10% 저축 더 하기, 10% 생산성 더 제고하기, 10% 수출 더 증대하기, 자발적으로 일 더하기 등을 추진했다.

1991년 11월 22일 전국결의대회를 개최한 이래, 2만2천여 기업체가 자체 결의를 다짐하는 등 추진열기가 점화되었다. 상공부 주관 아래 대한상공회의소와 53개 지방상공회의소를 통하여 2,300개 제조업체를 대상으로 조사한 결과, 57.2 %에 해당하는 업체가 어려운 경영여건에 대처하여 이 운동을 자발적으로 시작한 것으로 나타났다. 또 이 운동을 추진하기 전 3개월과 추진한 후 3개월을 대비하여 그 효과를 알아본 결과, 90%의 기업체가 추진 3개월 만에 눈에 띄는 효과를 거둔 것으로 판명되었다.

그런가하면, 천주교는 우리 사회의 도덕적 타락을 서로간에 책임을 전가하는 신뢰상실에서 오는 것으로 보고 "내 탓이오 운동"을 전개했다. 1990년 9월 한국천주교 평신도협의회가 주도한 "내 탓이오 운동"은 이후 김수환 추기경 등 천주교 사제와 교인들로부터 전국민에게까지 확산되었다. 특히 1990년 11월에는 "내 탓이오" 스티커 50만 매와 월별 실천덕목을 담은 팸플릿 10만 장을 전교인들에게 배부함으로써 이 운동은 삽시간에 전국적으로 번져나가 일반 국민들에게까지 큰 반향을 일으키는 범국민운동으로 파급되었다. 1991년 2월에는 "내 탓이오"를 주제로 한 시, 시조, 수필, 희곡 등 문예작품을 공모하여 단행본으로 발행한 바 있고 1991년 4월에는 각계 인사들의 체험적 글을 모은 책자 "내 탓이오"를 발행하여 이론적 뒷받침을 하였다.

노태우 대통령은 관계 장관회의를 개최하거나 민간 단체장 또는 수범자를 청와대에 초청하여 격려 오찬을 하는 등, 새질서·새생활 운동의 활성화를 주도(主導)했다. 다음은 정부 간행물(《새질서, 새생활 실천의 발자취》)에서 발췌한 내용이다.

> 정부는 국무총리실에 종합상황실을 설치, 운영하는 한편 중앙행정기관과 모든 지방행정기관까지 총력 대응체제를 구축하고 공권력을 통한 범죄와 폭력소탕, 범인성 환경개선, 불법 무질서 추방에 전력을 기울였다. 또한 민간 사회단체와의 간담회, 각종 토론회, 세미나, 교육, 홍보 등을 통해 "이대로는 안된다"는 국민적 공감대를 조성하고 각급 민간단체, 언론 등 민간차원의 건전한 국민운동을 지원, 확산시키는데 집중적인 노력을 기울여왔다.

1991년 강서구 화곡동 새마을 지도자들과 함께

❖ 막(幕) 내린 '새질서 · 새생활 운동'

그러나 당시 현승종 국무총리는 위 책자의 발간사(1993. 2월)를 통해 "비록 완벽하지는 못하였지만 새질서, 새생활은 우리 사회의 개혁에 커다란 희망과 가능성을 제시해준 국민의식 개혁운동이었다. 앞으로 우리 사회가 지향해 나가야 할 한국병 치유와 신한국 창조를 위한 참고자료로 활용될 수 있기를 기대한다"고 했다. 여기에서 '완벽하지 못했다…'는 말에 담긴 참뜻은 헤아리기 어려우나 상존한 문제점을 다음 정권에 넘긴다는 의미로 받아들여진다. 아쉬운 것은 당시 사회의 분위기를 일신할 과감한 개혁조치들이 절실했는데 정부 내부의 자체정화와 부조리, 비리척결 작업을 비롯한 관련정책에 대한 정치권의 강력하고도 지속적인 관심과 관련 정책수단의 유기적 공조가 부실했고 지도층이 먼저 수범하는 스스로의 노력도 미흡했다.

대통령 특별선언이 있었던 2개월 후, 〈조선일보〉(1990. 12. 7)를 들여다보면, “가장 싫은 사람 정치인” 제하의 사설에서 “서울대 사회과학연구소의 국민의식 성향조사가 드러낸 우리 국민의 정치인 혐오증은 참으로 심각한 증후로 받아들여져야 할 일이다. 응답자의 71%가 정치인을 부패와 타락의 장본인으로 치부하고 있으니 이래가지고서야 어떻게 현 정계의 권위와 정당성이 서겠는가”라고 했다. 또 행정기관에서는 단기적 처방에 급급하여 적당주의나 전시행정에 흐르고 위의 눈치만 보며 서로 경쟁이나 하듯 앞장서 한건주의식 구호로만 그치는 경향도 없지 않았다.

6공 전반은 5공 청산에 시달렸고, 후반은 벌써 정권이양 분위기에 휩싸였다. 3당 통합으로 이룩된 민자당은 엉거주춤한 ‘한 지붕 세 가족’의 모습이었으나 ‘사랑방 손님’의 입김은 날이 갈수록 커갔다. 그러니 내부의 갈등이란 찻잔 속의 태풍이나 다름없었다. 결국 민자당의 민정계 일부는 떨어져 나가 새로운 당을 만들기도 하고 다른 당으로 뛰쳐나가는 사람들도 있었다. 5공의 말기과정과 마찬가지로 6공 또한 응집력이 허약한 것은 단임제가 가져온 여파였다.

집권 초 전국민을 들뜨게 한 88올림픽 열풍도 집권층의 인기를 높이는 데 활용되지 못했다. 동구 공산권의 자유화, 소련공산당 붕괴 등의 해빙무드 역시 한반도의 냉전구조를 해소시키는 데 별 도움이 되지 못했다. 정부수립 이후 40여 년 동안 그토록 숙원했던 남북한 유엔 동시가입으로 우리의 국제적 지위는 높아졌으나 우리편으로만 활용하던 유엔카드는 신통력을 잃게 되었다. 게다가 빈번하게 각종 남북회담을 열고 재벌들에게 활발하게 북한 경제개방의 문을 두드리게 했으나 별다른 성과를 얻지 못했다. 다만 동구권에 이어 소련, 중국과 수교를 함으로써 북한통로를 다원화한 것은 상당한 진전이었다.

6공 정권이 기본적으로 민주제도를 보완하는 데 나선 것은 5공 정권에서는 볼 수 없던 일이다. 6공은 각급 지방의원선거를 실시하고 농, 수, 축협 등 농업 단체장을 직선토록 했다. 또한 대통령 선거의 공정성을 확보하기 위해 1992년 12월 대통령 선거에 앞서 노 대통령 스스로 집권당을 탈당, 총리를 비롯 내무·법무·공보처장관과 정무1장관을 중립적인 비정당인으로 기용한 것은 최초의 중립내각으로서 주목받았지만, 대국민 설득에선 한계가 많았다. 결국 6공 정부가 제창한 '새질서·새생활' 운동은 미완성 작품으로 막을 내리고 말았다. 이 운동의 남은 과제는 차기정권이 어떻게 승계할 것인가가 문제였다.

나는 직무상 경기도 성남시에 소재한 새마을중앙연수원을 자주 찾는다. 그때 일을 반추해보건대 분당 신도시 거리를 지나다보면 매양 가로변 전주마다 성남시에서 게양한 새질서·새생활의 구호를 담은 각양각색의 기(旗)나 현수막을 볼 수 있었다. 그러나 이 시설들은 김영삼 정부 출범과 더불어 하루아침에 내려졌다. 이러한 사례 등은 우리나라 행정 특유의 쏠림의 속성이라 하겠다.

❖ 새마을운동의 정체성 회복과 변화에의 대응

문민정부시대의 신한국 창조와 새마을운동

김영삼 정부의 출범은 어느 정권보다도 화려하게 닻을 올렸다. 으레 되풀이되던 선거결과에 대한 시비는 물론 정통성에 대한 논란은 종지부를 찍었다. 김영삼 씨는 수십 년간 권력을 장악했던 기득권층을 발판으로 하여 오랫동안 함께 민주화운동을 했던 동지들을 접목시켜 문민정부를 출범시켰다.

1990년대에 들어서 한국경제는 한동안 침체국면을 헤매었다. 국제

환경이 악화된 데다 국내의 여건 또한 지난날의 구조적 불균형과 노사간의 갈등심화 등으로 새로운 정권출범에 짙은 그림자를 던졌다. 신경제 100일 계획은 처음부터 무리였고 급조한 장기개발계획 또한 대폭 수정이 가해져야 할 형편이었다. 이는 "정치적 민주화가 경제적 성장을 보증하는 것은 아니다"라는 사실을 여실히 입증했다.

거센 사정바람 속에서 공직자의 복지부동(伏地不動) 경향은 빈번히 신문지상을 장식했다. 경제적 규제를 대폭 풀고 고위 공직자의 재산을 공개하며 금융실명제를 전격적으로 단행한 것들은 깨끗한 정치를 구현하는데 자극이 되었을 뿐 경제를 살리는 구급약은 되지 못했다.

문민정부가 '개혁'과 '변화'를 내걸고 출범했을 때 세상을 떠들썩하게 했던 국정지표는 '신한국'이었다. 이를 받들어 경제에는 '신경제', 외교에는 '신외교', 교육에는 '신교육' 등을 위한 정책입안 작업이 요란했다. 개혁 국면에 대해서 과거와 현재의 문제상황들을 극복하기 위한 실행프로그램은 보이지만, 국민들에게 활력을 불어넣고 새로운 신바람을 일으킬 수 있는 방안이 제시되지 않고 있음을 우려하는 목소리는 날로 높아지고 있었다.

6공 정부가 그렇게도 열의를 쏟았던 "새질서 · 새생활 운동"의 구호도 문민정부 출범과 동시에 소리 없이 자취를 감추었다. 당시 그 일에 골몰(汨沒)했던 한 사람으로서 새삼스레 씁쓸한 느낌이 거슬러 올라 "한국인은 양철 냄비처럼 달아오르기도 쉽지만 식기도 쉽다"라는 풍자적 말로 빗대어 본다. 그간 "새질서 · 새생활 운동"으로 새마을운동 자체가 갖는 정체성이 불투명해지고 정부의 비위를 맞추려고 소리만 요란하게 낸 것이 아니냐는 일부 우려의 제기와 함께 오해와 불신도 없지 않았다. 그러나 새마을운동은 그 시대와 사회적 요청에 따라 떳떳하고 보람있는 일들을 전개했다고 나는 자부한다.

정권이 바뀌자 새마을운동 내부에서도 신정부가 내세운 '신한국' 지표에 보조를 맞추는 발상이 제기되어 한때 전담반을 설치하여 새로운 국민운동 방향을 모색했으나 새마을운동의 이념·정신과 목표 등이 신한국창조의 과제와 유사한 점이 많아 동일 궤도 위에서 같은 방향으로 노력할 공통의 소지가 매우 컸다. 그러므로 새마을운동 본연의 방향을 변경하지 않고 복지로운 가정, 살기 좋은 고장, 보람찬 일터, 건강한 사회, 자랑스러운 나라를 만들어 가는 역점시책을 그대로 추진하되, 매사를 진지하게 생각하고 실천하며 협동하는 덕성을 기르기로 했다. 또 나보다 우리, 우리보다 국가를 앞세우는 공동체의식을 함양하고 진취적이고 창의적인 개척정신과 근검(勤儉)자세를 재확립하는 데 힘을 모으기로 했다.

❖ 고통스럽고 외로웠던 홀로서기

그간 새마을운동도 전환기적 변화의 소용돌이 과정을 겪으면서 희망과 낙담, 참여와 방관이라는 갈등 속에서 적지 않은 시련을 겪기도 했다. 그러나 위기감이 팽배할수록 어우러지는 능력을 키우며 변화를 보는 안목을 넓히고, 변화 속에서 새로운 과제를 포착하는 체험을 쌓았다. 또 새로운 국민운동단체를 만들지도 모르는 일이고, 새마을운동에 대한 국고보조 시비가 다시 대두될 것도 뻔한 일이었다. 과거 어느 정권이나 정치의 속성은 비슷하다는 것을 체험한 바다.

그 중에도 중앙회의 미약한 재정자립도를 감당하는 것이 가장 난제였다. 새마을운동을 지속시키기 위해서는 새마을지도자 교육비 정도의 실낱같은 국고보조(지방자치단체 보조 별도) 조차 정부와 국회에 매달려야 했다. 이것마저 끊긴다면 중앙의 눈치를 살피는 지방자치단체

측의 보조도 단절되기 때문이었다.

정국(政局)의 풍향이 어떠하던간에 스스로 중앙, 사무기구 인력을 감축하여 재정적 충격의 내부 흡수와 그간 지역단위에서 추진하던 일들 중 새마을운동 본연의 존재이유에서 벗어났거나, 기대하는 효과를 거양하지 못한 부문의 사업들은 정리해 나갔다.

이즈음에 한 가닥의 활로가 트였다. 지방자치단체들 역시 중앙의 시대에서 지방의 시대로 변화되는 역사적 큰 파고에 실려있는 상황에 있었다. 특징적인 것은 본격적인 민선자치와 '정책자립'의 시대를 맞이한 것이다. 선출된 수장(首長)과 의원(議員)에 의하여 지방행정과 정치가 이루어지며, 지방자치단체 스스로가 지역개발을 계획하고 집행하게 된다. 또 지역주민의 참여를 통하여 지역개발에 대한 주민의사를 반영하는 폭도 확대될 것이다. 물론 현실의 흐름은 모든 면에서 말과 같이 빠르지는 않아도 그 조류가 결코 멈추지는 않을 것이다.

지방자치단체는 일정한 지역을 존립기반으로 하고 있고, 새마을운동 역시 그 궤(軌)를 같이 하고 있다. 즉 시작부터 줄곧 동반자가 되어온 순치(脣齒)와 같은 관계에 있다 하겠다. 새마을지도자들의 일반적 의식도 "그곳에서 정주(定住)하려는" 지역에 대한 애착, 영주의식, 귀속의식을 기본으로 한다. 주민상호간 어울리는 훈훈한 인간관계가 상통하고, 주민간의 연대의식으로 맺어진 정신적 기반이 공고하다.

앞으로 각급 지방자치단체는 더욱 지역발전을 위한 지역경제, 지역산업, 지역 문화진흥 등 각기 지역의 특색과 매력을 창출하고 개성과 주체성을 살린 다양한 지역활성화 사업들을 경쟁적으로 전개해야 할 것이다. 또한 주민공동의 힘으로 이루어져야 할 사업 중 "행정과 주민의 역할분담" 관계가 확대되는 것은 자치의 필연적 과제라 할 수 있다. 이런 경우 행정으로서는 주민들이 자주적으로 행동할 수 있도록 조건을 조성하고 환경을 갖추어 주는 역할 즉, 일본(日本) 지방자치단체의 "커뮤니티 가꾸기"의 예처럼 "무대장치는 마련해 주되 연출은 주민에게 맡긴다"는 것이다. 사실 이와 같은 방법은 우리 새마을사업에서 이미 적용하고 있었다.

그런 방법을 통해 새마을운동의 "이상(理想)과 현실"의 가교(架橋) 역할을 지방자치단체의 지원에 기대를 했다. 또한 이 길이 중앙정부의 그늘에서 한 걸음 벗어나 우리의 정위치를 지방에서 찾는 계기가 될 수 있다고 판단했다. 따라서 "머리"와 "마음"을 새로 바꾸어 다가올 본격적인 변화에 대응하는 우리의 역할을 다지기 위해 새마을지도자의 재교육에 힘을 쏟았다. 그러나 과거에 "하면 된다"는 식의 강한 자신감으로 충만했던 많은 새마을지도자들은 지역에 따라 차이는 있어도 일부 열기가 감퇴되고 방관적 태도로 흐르는 경향도 없지 않았다. 전환기적 상황에 어떤 기대 섞인 바람의 의미를 갖는다고 하더라도 그것 자체가 소망스런 결과를 반드시 담보해주지는 않는 법이다. 바람이란 개인적인 물질적 대우가 아니라 새마을운동의 정체성에 더 이상 흠축(欠縮)을 내지 않게 하는데 있음을 뜻한다.

정권변동 초기에는 으레 일어나는 예이지만 다시 "관변단체"로 흠손(欠損: 흉보고 헐뜯다)하는 일편지언(一片之言)이 간혹 고개를 들기 시작했다. 그 말에 좌고우면(左顧右眄)할 필요는 없으나 새마을지도자들로서는 일편지한(一片之恨)이 아닐 수 없었다. 나 역시 능력의 한계를 느꼈다. 또 좋건 나쁘건 관변단체라는 일부 편견이나 선입견을 불식시키고 새마을의 발전을 위한 새로운 전기를 마련하기 위하여 전통적 관료출신인 내가 물러나야 할 때가 되었다고 스스로 판단했다. 중앙회장 4년 7여 개월, 관변단체의 홀대를 딛고 설움을 넘어서 대과 없이 회장직을 지탱하는 데는 전국 새마을지도자들의 헌신적 노력과 행정, 학계의 협조가 적지 않았다. 되새겨 볼 때 "남의 팔매에 밤 줍는다(남의 힘을 입어서 그 덕택으로 형편 좋게 이룬다)"는 속담의 격이 되었지 않았는가 하는 자괴심이 앞선다. 그간 봉사했다는 것보다 내가 좋아 선택한 일이므로 월급을 받지 않고 일했다는 데서 자위할 따름이다.

1993년 10월, 나는 단국대학교 부총장 김유혁 교수(현 정년퇴임 명예교수)에게 배턴을 넘기고 새마을운동 중앙협의회장직을 퇴임했다.

밖에서 본 새마을운동

❖ 이종교배(異種交配)의 현장, 민간기업 연수원장 3년

이제 서울에 머물 필요는 없었다. 고향으로 돌아가는 채비를 서두르면서 평소 존경하던 고향어른이신 코오롱그룹 이동찬 회장(현 명예회장)에게 인사차 방문했다.

그 자리에서 느닷없이 "새마을운동 다시 하는 기분으로 코오롱연수원장 맡아 한번 일해보라"는 권고가 있었다. 좀 놀랍기도 하고 당시의 가정 형편상 사양하면서 며칠 머무적거리다가 결국 다시 서울에 주저앉게 되었다. 사실 50여 년 공직·준공직으로 일관하다가 비록 영업직이 아닌 교육부서인 연수원장이라 할지라도 민간기업에 취직한다는 것은 뜻밖의 일이었다. 혹은 욕심 많은 속인 탐부(貪夫)로 남의 빈축을 사지는 않을까 마음이 꺼림칙했다.

코오롱그룹이 1990년부터 5개년 계획으로 "참여의 보람, 성취의 보람, 대가의 보람을 이룩하여 보람의 일터를 펴 나가자" 하는 캐치프레이즈로 전개했던 '보람의 일터 운동'은 당시 직장새마을운동에도 많은 시사점을 주었다. 그런 인연으로 하여 사실 연수원이 전혀 생소한 직장은 아니었다. 다만 국제화·세계화를 지향하는 우리 국내 기업들이 경영혁신과 함께 사원에 대한 교육투자를 크게 늘리고 있었고 이에 편승해 기업 사내교육의 열풍 또한 일고 있을 때라 막중한 일을 감당할 수 있을지 퍽 주저스러웠다.

당시 영국의 경제전문 주간지인 〈이코노미스트〉 조사에 따르면 1995년 미국기업들의 교육투자 규모는 무려 500억 달러로 미국 전체 고등 교육비 지출액의 절반에 이르는 것으로 소개되었다. 스탠퍼드 경영대학원 교수인 제프리 페퍼는 그의 저서 《사람이 경쟁력이다》(포스코 경영연구소 옮김, 1995)에서 다음과 같이 지적했다.

> 경쟁에서의 성공을 보장해 주던 기존요인들의 중요성이 감소하면서 사람 그리고 사람을 관리하는 방법이 가장 중요한 요소로 대두하고 있다. … 전통적 경쟁우위 요소인 생산 및 공정기술, 보호받고 규제되는 시장, 금융자본, 규모의 경제 등이 아직까지 중요한 요소이기는 하지만, 이러한 전통적 경쟁우위 요소들은 과거보다 그 중요성이 감소되고 있다. … 기술이나 가격은 경쟁기업이 쉽게 모방할 수 있지만, 사람의 의욕과 창의성을 극대화시키는 인력개발정책은 쉽게 모방할 수 없는 장기적인 경쟁우위의 원천이다.

이와 같이 인력자원 개발의 중요성이 더욱 커지고 사업확대에 수반한 신규 교육투자의 필요성이 높아가는 현실에서, 민간기업에는 문외한(門外漢)이요 경영혁신과는 거리가 멀다 할 수 있는 나로서는 겁부터 먼저 났다는 것이 솔직한 심정이었다.

"새로운 마음으로 다시 시작하자"는 다짐을 나 혼자 마음속에 가다듬었다. "가치는 정신으로 계량(計量)하는 것이지 일의 대소(大小)로 계량되는 것이 아니다"는 어느 책에서 읽었던 말이 새삼스레 가슴에

와 닿았다. 오직 쉬지 않고 곧장 전진하는 젊음의 호기심(豪氣心)도 스스로 일으켜 보았다.

얼마 후 임직원 교육에 대한 이동찬 회장의 생각을 들을 기회가 있었다. 이 회장은 교육의 기본은 “인간교육”이라 했다. “올바른 국민”으로서, “산업인”으로서 “코오롱인”으로서 긍지와 책임을 갖게 하여야 한다는 것이다. 또 싸우는 의지가 있어야 전쟁에서 이길 수 있다며 ‘하고자 하는 의지’가 앞서야 경쟁에서 이길 수 있다고 힘주어 말했다. 그리고 노사(勞使) 대립적 인간관계의 극복과 협동적 감정으로 승화시키는 분위기를 조성하고, 동시에 그룹 내의 성공과 시행착오나 실패 사례를 그대로 적시하여 그 원인과 결과를 조량(照諒) 함으로써 잘된 점은 더욱 조장하고 잘못된 점은 그 반복을 예방한다는 차원에서, 살아있는 현장교육이 이루어져야 한다고 강조했다.

“사람은 본래 누구나 다 잘못을 저지른 다음에 그것을 고칠 줄 알게 되고, 고난을 겪고 난 다음에 그것을 극복할 힘이 생기는 법이다” 하는 맹자의 교훈을 반추해 보건대, 그 당시의 시대상황과 사회·경제환경을 냉철히 관찰한 데서 우러난 당부였다고 생각된다.

기업의 존립과 번영에는 부단히 경쟁에 노출되고 있고, 그 변화는 일시도 정지되지 않는다. 긴장을 풀 수 있는 틈이 없다. 연수원장은 제2선이라 비교적 여유가 있었으나 어제까지 그룹 내에서 얼굴을 보이던 어느 임직원이 업적부진의 책임을 지고 물러나는 예를 적지 않게 보았다. 기업활동의 실적은 그대로 경영자를 비롯해 기업에 관계되는 모든 사람의 개인적 이해와 연결된다. 비정, 냉혹할 정도로 개개인의 대우와 지위로 돌아온다. 행정에 있을 때 보고 듣기도 했으나 사실 현장에 와 보니 천양지차(天壤之差) 임이 실감됐다.

특히, 오늘날과 같은 변화의 시대에 있어 사원이 한번 기억한 지식,

정보, 사고는 급속히 진부화되고, 또한 하나의 고정된 행동, 습관에 젖어 시간의 경과와 더불어 외부환경에 적응하지 못하는 타성도 생길 수 있다. 따라서 적응력을 잃은 의식을 개혁하고 사회·경제의 동향, 소비자의 의식, 고객의 요구 변화를 '안테나'와 같이 감득하는 예민한 감수성을 갖는 동시에 '새로운' 것을 끊임없이 몸에 간직하려는 부단의 공부가 필요했다. 이러한 요청에서 사원의 개인별 의무훈련 시간과 같이 일정 근무시간이 경과되면 정기적인 보수교육(補修教育)을 받도록 했다.

"집 짓는 목수와 수레 만드는 장인(匠人)들이 남에게 규구(規矩, 네모와 원을 만드는데 쓰이는 기구)는 줄 수 있으나, 남을 능히 기술이 좋아지게 해 주지는 못한다"[3]는 맹자의 말처럼 동기부여적인 연수원 또는 회사자체 교육도 중요하나 자기 스스로의 수양과 노력이 절실했다.

목수나 대장장이가 남을 가르칠 적에는 반드시 규구의 사용법을 먼저 가르친다. 바로 그것이 교육의 올바른 순서이다. 그러나 그 이상의 기술향상은 배운 사람 자신의 노력여하에 달려 있다. 즉 학문의 기본이 되는 것은 우선 배움이지만, 그 후 덕을 쌓고 인격을 도야해 올바로 살며 또 남을 옳게 지도하는 일은 그 자신에게 달려있다는 의미이다. 요는 사원에게 어떻게 "하고자 하는 의지를 진작케 하느냐, 시대의 변혁을 선점(先占) 할 수 있는 시각을 갖게 하느냐? 이런 의식·의욕을 어떻게 고취시키느냐"가 큰 과제였다.

어떤 회사에 투신했다면 그 회사를 위하여 열심히 일하는 것이 자기 인생의 목표가 되어야 한다. 회사를 위한다는 것은 곧 자기 자신을 위한다는 뜻과 같다고 나는 믿고 있다.

---

3) 《孟子》盡心下, "孟子曰 梓匠輪輿 能與人規矩 不能使人巧"

1995년도 대학졸업자 신입사원 교육시 생산직 이현근 사원이 1991년부터 4년간 5,844건(1일 평균 4건)의 제안실적을 올리고 그중 1,785건(1일 평균 1.2건)이 채택(채택률 31%)되었음을 "나는 이렇게 일하고 있다"는 체험발표를 통해 수줍고 겸손한 말투로 설명하는 것을 들었다. 그의 신념은 평소 '메모하는 습관'을 생활화하고 '작은 것부터', '더 많이'하며, '자기와의 싸움'에서 이겨야 한다는 것이라고 했다.

"개선제안의 보람이 있다면 무엇인가?"라는 질문에는 "자신과의 싸움에서 승리한 기쁨"이라 했다. 또 "일의 성취를 통하여 직무관에 특히 느낀 바 있다면 무엇인가?"라는 질문에는 "부정적 시각에서 항상 긍정적 시각을 갖는 것이 중요하다" 했다. 이런 사례가 사람을 통한 경쟁에서의 성공을 대변해주는 본보기가 되지 않을까.

당시 정부와 지방자치단체에서도 변화에 대응하는 공무원의 재교육 바람이 급격히 불기 시작했다. 그 교육의 주안점은 민간기업의 "경영마인드"를 행정에 접목시키는 것이었다. 코오롱연수원에도 적지 않은 위탁교육 인원이 배정되어 한때 주야 숨쉴 사이 없이 바쁜 날을 보냈다. 이때 내가 한국토지개발공사(현, 한국토지공사) 사장 재직시 일본의 한 사례를 보고 공감했던 '행정의 정책적 시야에 입각한 종합성'과 '대학의 과학을 기초로 한 고도의 전문성', '기업의 응용적 감각에 뒷받침된 경영성'의 이종교배(異種交配)를 통하여 이상적 교육효과를 올리려는 시도도 해보았다.

그러나 거기에 쏟은 "노력"에 비하여 "성과"는 그다지 크지 않을 것이라는 것이 나의 솔직한 심정이었다. 다시 말하면 살아서 움직이는 행동가치로까지는 진전되지 못했을 것이라는 생각이다. 그 정도의 단기교육으로 골수에 들다시피 한 관료의식이 개선되리라는 것은 연목구어(緣木求魚)이다. 의식을 바꾸는 것만큼 어려운 일이 없다. 이것은 새마을운동에서 뼈저리게 느낀 자괴심이기도 하다. 1년 정도 연수원장을 해보겠다던 기약이 3년을 채우고서야 사퇴했다.

◈ 새마을교육의 가치에 대한 재인식

새마을중앙회장직에서 물러난 후에도 간혹 일선 새마을현장 또는 지방행정기관, 공공연수원, 민간기업체 등에 출강하는 기회가 있었다. 거기서 새삼스럽게 놀란 것은 나로서는 면식이 없는 사이면서 오랜 지기인 것 같이 반기며 인사하는 사람들이 적지 않았다. 사연인즉 그 중에는 "새마을연수원" 교육 이수자가 많았다.

더욱 감명받은 것은 그들과 잠깐이나마 대화 속에서도 연수원 또는 새마을현장에서 터득한 "근면, 자조, 협동의 새마을정신이 한국인에게 오늘을 살아가는 삶의 지혜가 되었으며 역사의 정통성을 잇게 하는 새로운 민족의 행동규범"이 되었다는 확신을 갖고 있다는 것을 엿볼 수 있었다.

나 역시 새마을중앙연수원 교육기법을 부분적이나마 코오롱연수원에서 접목해 보려고 노력했으나 모방한다고 쉽게 되는 것이 아니라는 것을 통감했다. 다시 "새마을교육"의 깊은 뜻을 재인식하게 되었다. 후일 이 글을 엮으면서 새마을운동이 시작된 이후 새마을교육의 실적을 알아본즉(2002. 9월 현재), 새마을지도자 56만 2,105명(14만 명/1970년대), 공직자 36만 7,514명(28만 1,600명/ 70년대), 사회지도층 50만 2,323명(28만 7,700명/ 70년대), 서비스업 종사자를 비롯한 직능단체와 청소년이 198만 5,188명(3,800명/ 70년대)으로 총 341만 7,130명(71만 3,100명/ 70년대)에 이른다.

그리고 새마을운동이 시작된 이래 외국인이 새마을연수원을 찾아 교육받은 사람만도 태국을 비롯한 72개국에서 1,886명(39명/70년대)이나 되며 외국인의 새마을현장 및 연수원 방문은 일본을 비롯하여 164개국에서 3만 8,227명(1만2,359명/70년대)으로 나타나 있다. 그중 1980년대 이후 새마을교육 이수자는 새마을지도자를 비롯하여 270만 4,030명으로 여기에는 86아시안게임과 88올림픽경기 준비를 위한 단기교육 수료자 198만 1,388명이 포함되어 있다. 그리고 1980년 이후 외국인 새마을교육 이수자는 1,847명에 이르고 새마을현장 및 연수원 방문은 2만 5,868명이다(새마을중앙회, 2002. 9. 새마을운동 현황).

내가 새마을운동중앙회장으로 있을 때의 일이다. 중동 걸프전이 한창이던 1991년 1월 19일, 이란 정부의 차관급 각료 일행이 찾아왔다. 그들 국가가 직접 전쟁당사국은 아니라도 그 인접 주변국가 간에 치열한 전쟁이 불붙고 있는데 외유할 여유가 있었는지 하도 기이하여 무엇이 급해 왔느냐고 물었더니 "자국에서 한국의 새마을운동 방식을 도입하여 무주택자에게 공급하는 국가계획을 수립하는 중 의문을 풀기 위하여 급히 왔다"는 것이다. 그 일행은 다음날인 월요일에도 강화군 운양 1리의 시범마을을 시찰하고 당일 돌아갔다. 이러한 일 등을 미루어 보더라도 새마을운동에 대한 그들의 관심이 얼마나 큰 것인가를 알고도 남는다.

다시 맡은 새마을운동 중앙협의회장 1년(1997/8~1998/7)

❖ 경제살리기를 위한 몸부림

1993년 10월, 새마을운동중앙회장직을 그만 둔 지 4년여가 지난 1997년 8월, 조해녕(曺海寧) 회장이 내무부(현 행정안전부) 장관으로 입각하게 되어 나는 다시 그 후임 회장직을 넘겨받게 되었다. 개인적 사정도 있고 해서 사양했으나 조 회장의 종용과 새마을 동지들의 정의(情誼)를 끝내 거역할 수 없었다.

당시 우리가 직면한 여러 문제 가운데 보다 심각하다고 생각되는 것은 잘못된 국민의식과 부조리한 사회현상이었다. 새마을운동도 그간 의식개혁에 주력하는 것 같았으나 새마을 가족 범주에서 머물 뿐, 외곽 확산에는 한계가 있었다. 문민정부가 내건 신한국 창조나 한국병 치유도 그것이 갖는 포괄성, 추상성 등으로 인하여 일반국민들에게 체감적인 모습으로 와닿지 못하고 있는 현실이었다. 이 같은 우려의 소리들은 일부 언론매체 등을 통해서도 알려진 사실이나, 이를 국민들이 분명히 깨닫고 자발적인 움직임이 동반되지 않았다.

김영삼 정부는 깨끗한 정치를 위한 몇 가지의 기반을 조성했다는 점에서 주목받았다. 공직자 재산공개, 금융실명제, 통합선거법과 정치자금법의 개정을 통해 정치자금의 흐름을 제도적으로 파악할 수 있게 했을 뿐만 아니라 정치자금과의 결탁금지를 대통령 스스로 소리 높이 외쳤다. 당시 정부가 직면한 어려움은 과거 정권이 겪었던 것과는 전혀 다른 것이다. 우루과이라운드의 역풍이 그렇고 북한의 핵문제를 둘러싼 변화가 남북관계와 한미, 북미관계에 어떤 풍운을 몰고 올지 모르는 긴박한 상황이었다.

그간 나는 모든 시름을 다 털어 버린 채, 향리에서 모처럼 어머니를 모시면서 가업(家業)인 과수원 농사일에만 전념하고 있었던 터라 신문 보는 시간조차 농촌의 정서로는 사치스러운 부담으로 치부되었다. 밤이면 텔레비전도 일찌감치 끄고 잠드는 것이 어머니를 편안하게 해드리는 것이었다. 다만 이의근(李義根) 향백(鄕伯: 고향 도백을 일컫는 말)이 제창한 "나부터 운동" 경상북도 협의회장직을 맡고 있어 그 일로 출강(出講)을 위해 가끔 대구, 구미 등 지역에 나들이하는 경우 외에는 곁눈질할 여념이 없었다. 그렇다 보니 세상 돌아가는 물정에는 어두울 수밖에 없었다. 임지로 가기 위해 다시 새마을운동에 관한 자료를 챙기며 상경을 서둘렀다. 출발 전날 모 군청직원과의 사석에서 지난 1996년을 "제2 건국의 해"로 설정했다는 것에 대해 그 개념을 물었더니, 그는 "모호하고 무엇을 하는 것인지 잘 모르겠다" 했다.

"공무원이 그 정도는 알고 있어야지, 그래서 쓰겠느냐"

"'역사 바로 세우기'에 대한 교육까지 받았습니다만 '신한국'에서 출발해 '세계화', '역사 바로 세우기' 등 구호에서 구호로 끊임없이 바뀌기는 하는데… 그 일관된 실체가 무엇인지는 분명치 않습니다."

그는 나의 반문을 웃어 넘겼다.

그 자리에서 직감한 것은 제2 건국이라는 것이 그때까지도 일반 국민들에게 체감적인 모습으로 와닿지 못한다는 것이었다. 이미 대통령의 임기말 현상이 엿보이고 있었다. 사실 정부 부처간의 정책혼란과 협조미비 등 내각의 난조현상이 나타나고 있을 때였다.

그 해 조선일보 연두사 "한국호(韓國號) 침몰할 수 없다" 제하에 지적된 다음 내용 속에서 우리는 당시 우리나라 정치·경제·사회의 한 단면을 읽을 수 있으며 나는 이 일이 바로 새마을운동의 길잡이가 될 것으로 공감했다.

> … 지난 한 해 우리는 흡사 우리가 타고 있지 않은 어떤 딴 배를 가리키듯 그의 곤경을 손가락질하고 그의 허점을 헤집으며 서로 남을 탓하면서 세월을 보냈다. 그러면서도 원래 내 것과 앞으로의 내 몫은 한치도 양보 없이 결사적으로 지켜냈다. 법조계도 교육계도 의료계도 노사도 심지어는 '골목길 주차'를 두고도 맹렬하게 이기적으로 대결했다. 그래서 지켜낸 눈앞의 소승적 이해에 일희일비하는 동안 나라는 4분5열되고 국가는 경영부재의 난맥으로 치달았다. 기업들은 도산하고 수출은 정체되어 본격적인 경기후퇴가 진행되는 가운데서도 여전히 거품과 과소비는 그칠 줄 몰라 사상최대의 경상적자와 1천억 달러의 외채 누적을 기록하게 되었다 …우리를 둘러싼 이 모든 환경과 조건들은 우리로 하여금 한 치의 헛디딤과 낭비를 허용치 않는 절대적 효율과 최고의 생산성을 요구한다. 이 같은 요구는 너무나 절박하고 절실하기 때문에 대선(大選)이나 그 어떤 정치적 명분으로도 희석되어서는 안된다. 때문에 우리는 정부가 올해를 "경제 살리는 해"로 선포하고 정치·경제·사회 각계 지도자를 망라한 거국적 추진위원회를 구성·운영할 것을 제안한다(1997. 1. 1).

동아일보 역시 "흥청망청 거품사회"라는 제하로 다음과 같이 지적하고 있다.

> …열 개 벌어 열두 개를 소비하면 가정이건 국가건 적자살림은 당연하다. 과소비에 열중하고 비효율과 거품으로 가득한 나라가 경쟁력이 있을 수 없다. 일반 생활에서부터 기업·정부·정치권 등의 소비수준과 효율성을 외국과 비교한 대한상공회의소 분석자료를 보면 우리나라가 '총체적 거품사회'임을 실감케 한다. 이러고도 가계와 나라살림이 거덜나지 않는 게 신통하다. 누가 누구를 탓할 수 없을 만큼 온 나라가 과소비 불감증에 걸려 있다.…(1997. 8. 16).

이와 같이 다가올 파국을 우려하는 경고의 소리는 결국 현실로 나타났다. 1997년 11월 21일 IMF에 구제금융을 신청할 수밖에 없었던 수치스런 국가경제 위기를 맞이하게 된 것이다.

❖ 새마을운동의 재발견

새마을 조직의 모든 역량을 경제위기 극복을 위한 경제살리기 운동에 집중했다. 조해녕 전 회장 재임시 크게 성과를 이룬 경제살리기, 저축운동을 통하여 새마을 가족들의 의지가 굳게 다져져 있었던 터라 새마을지도자들은 일사불란하게 운동대열에 동참했다.

덜 놀고, 더 일하고, 덜 쓰는 노력 이외에는 꽉 막힌 국면을 뚫어나갈 길이 없었다. 나라가 어려워지자 새마을운동에 대한 국민의 관심과 기대 또한 커지고 있었다. 일부 대기업을 비롯한 중소기업, 백화점 등에서 "새마을 노래"로 하루 일과를 시작하는 모습이 눈에 띄었고, 새마을 정신을 배우겠다고 자료를 요청하는 학교와 기업체도 늘어갔다. 이러한 움직임은 "지난 1970년대 허리띠를 졸라매고 경제부흥을 일으킨

● 경제위기의 국난을 맞아 새마을운동은 조직의 모든 역량을 경제살리기 운동에 집중했고 그 과정에서 새마을정신을 재발견할 수 있었다.

근면, 자조, 협동의 새마을정신을 다시 본받자"는 발로(發露)이며 당면한 경제난국을 극복하고자 하는 정신 재무장의 절실성에 기인된 것이라 하겠다.

1997년 12월 대한상공회의소, KBS, 한국경제신문과 새마을운동 중앙회 공동으로 6대 광역시 순회강연회를 여는 한편, "경제살리기 1천만 명 서명운동"을 펼쳐나갔다. 나라경제를 다시 살리자는 것은 남의 일이 아니라 바로 내 일인 만큼 나부터 먼저 참여를 다짐하는 서명운동을 경제살리기의 출발점으로 삼았다.

❖ 새마을 가족들은 달랐다

새마을 가족들의 3·3·3·3 신 국채보상운동

모든 현직에서 떠나 어떤 일에 매인 몸은 아니라 할지라도, 아무 구속 없이 한가로운 생활을 할 만한 처지는 못되었다. 당시만 해도 나의 마음속에 품었던 새마을운동에 대한 정의(情義)나 애정은 변함이 없었다.

1997년 4월초 향리 경주시 새마을지회 사무실에 들렀다가 조해녕(曺海寧) 새마을운동 중앙회장 제창으로 경제살리기 3조 원 저축운동을 전개한다는 소식을 접했다. 나도 덩달아 즉석에서 한 구좌를 가입했다. 물론 나의 작은 성의는 창해일속(滄海一粟)에 불과하나 "티끌 모아 태산"이라 하였으니 귀로의 발걸음은 가벼웠다. 그날 저녁 친구들의 막걸리 술판 모임에서도 이 뜻을 전하면서 참여를 권했다. 그러나 후일 결과를 물었더니, 행동으로 연결되지 않았다. 한달 적금액이란 그들의 경제력에 비추어 볼 때 그날 밤 벌어진 술 한 판값도 되지 않은데…. 씁쓸하기만 했다.

그러나 새마을 가족들은 달랐다. 당시 우리 경제는 성장이 둔화되고, 실업이 증가되며 경상수지 적자가 년 200억 달러, 외채총액이 1천억 달러를 넘어서는 등 큰 시련을 겪고 있었다. 통계수치를 보면 1992년도 민간저축률은 27.1%, 96년도는 23.7%로 5년째 연속하여 하락추세를 걷고 있을 뿐 아니라 소비증가율은 1993년도에 5.7%, 1994년도 7.6%, 1995년도 7.9%, 1996년도 8.0%로 4년째 연속 상승하고 있었다. 이러한 경제지표를 반영하듯이 1997년 2월의 어음부도율은 0.24%로 1982년도 이후 가장 높은 수준에 이르렀으며, 중소기업 사장들이 자금사정으로 자살까지 하였다는 신문보도도 있었다.

그럼에도 불구하고 이처럼 어려운 국면을 이겨내려는 국민들의 정신 상태는 제자리걸음이었다. 이에 대하여 서울 언론인클럽 오소백 회장은 새마을중앙회가 엮은《300만 새마을가족 경제살리기 국민저축운동》(1997)에 담은 글에서 다음과 같이 말했다.

> 전문가들은 '이러한 어려움을 경제적으로 접근하면, 높은 비용에 낮은 열매의 틀(구조)이 낮은 경쟁력의 처짐에 있다'고 진단하지만, 보다 본질적인 문제는 다른 데 있다. 사치, 낭비, 과소비, 지나친 제몫 찾기의 흐름이 모든 걸 물거품으로 만들었다. 거기에 더해 초기 개척기의 근면, 자조, 협동의 국민정신은 사라졌다. 더욱이 지역 이기주의, 집단 이기주의 등이 번졌다. 이래서 사회의 여론은 새로운 말을 낳게 했다. '소득은 1만불, 씀씀이는 3만불, 국민정신은 1천불 시대'라고. 이는 우리 '사회병'의 뿌리가 어디 있는가를 귀띔하고 있다. '정신적 타락'을 보다 근본적인 원인으로 보고 있다.

저축운동의 내용은 1907년 국채보상운동 정신을 되살려 하루 1천 원씩 한 달에 3만 원 절약하여 매월 3만 원을 불입하는 3년만기 정기적금이다. 이 운동의 "큰 뜻을 쉽게 간추려 본다. 알뜰소비, 줄여쓰기, 저축, 이른바 내핍정신이다. 다음은 일 더하기, 노동의 질 높이기, 이른바 근면 정신이다. 다음은 우리 것 먹고·쓰고·입기, 이른바 스스로를 돕는 정신이다. 이런 정신들은 결코 새로운 것이 아니다. 이미 새마을운동으로 열매를 거두었던 사례들"(오소백, 상게서)이라 했다.

이러한 경제현실에 대한 각계의 우려와 대응방안이 제시되었으나, 마땅한 국민 모두의 실천과제를 찾지 못할 때 300만 새마을가족들은 솔선하여 저축운동을 전개하였다. 근검, 절약의 정신을 국민 모두에게 심어주어 다시 한 번 경제를 되살리자는 국민의 의지를 결집하는데 새마을가족이 앞장선 것이다. 당시 조해녕 새마을운동중앙회장은 이 운동을 3백만 새마을 가족이 월 3만원씩 3년간 3조원을 저축한다는 의미로 3·3·3·3 운동이라 명명하였다.

"지성(至誠)이면 감천(感天)"이라는 속담이 있듯 새마을 가족들의 한결같은 노력은 정부를 비롯한 각계각층의 협력과 참여를 얻게 되어 순조로운 진전을 보게 되었다.

> 한일·조흥·신한은행·농협중앙회 등 금융기관이 '경제살리기 국민통장'을 발매, 개설하고 여·야 정계 지도층 인사도 적지 않게 참여했다. 뿐만 아니라 언론기관의 새마을운동에 대한 긍정적인 이미지 부각은 신국채보상운동의 국민공감대 확산에 적지 않은 경각심을 불러 일으켜 주었다는 것을 간과해서는 안될 것이다"(평택대 교수 조항래, "새마을운동과 신국채보상운동", p.47).

운동시작 3개월 만에 목표한 3조 원 계약고를 올렸고, 9월까지 계약고 5조 3천억 원을 달성(불입액 8,743억 원, 321만 계좌, 참여인원 130만 명)하여 큰 성공을 거두었다. 이 같은 성공 뒤에는 온 동네를 다니며 주민을 설득하여 저축을 권유한 남녀 새마을지도자의 헌신적인 노력이 숨어 있었다. 그들에게는 평소 다져온 근면, 자조, 협동의 새마을정신을 기틀로 한 튼튼한 기반과 "하면 된다"는 불굴의 실천의지가 불타고 있었다. 1998년 2월, 오랜 지병으로 작고한 서울 한남동 장호순 새마을지도자의 유품 속에서는 108개나 되는 이웃주민의 경제살리기 저축통장이 발견되었다. 장호순 지도자는 생전에 1,756명의 이웃주민에게 경제살리기 저축 가입을 권유, 22억 원의 계약실적을 올렸고 세상을 떠날 때까지 108개의 통장을 직접 관리하며 주민들에게 불입금을 거두어 대납하고 있었던 것이다.

> 구두닦이 소년, 환경미화원, 채소장수 아주머니에서 지역유지, 회사사장에 이르기까지 두세 번씩 찾아가지 않는 곳이 없었습니다. 20여 개의 통장을 내보이며 '이렇게 통장은 많은데 무얼 또 어떻게 듭니까?', '3조 원 저축해서 누구 입에 털어 넣으려고 합니까?', '먹고 살기 바쁜데 무슨 놈의 적금입니까?' 하고 불평하는 사람은 거의 식자층이나 경제력이 있는 분들이어서 저희들의 마음이 우울해질 때도 있었습니다(경기도 오산시 새마을부녀회장의 회고, 전게서).

이러한 민초(民草)들의 절치부심(切齒腐心)의 노력에도 불구하고 결국 1997년 11월 21일, 정부는 통한의 IMF 구제금융을 신청하기에 이르렀다.

대구 문희갑 시장의 의지와 온 시민의 정성이 모여 도심 한복판 구동인공원 자리에 새롭게 공원을 만들었다. 그 이름 "국채보상운동기념공원"이었다. 대구시민의 얼과 기상을 온누리에 전할 "달구벌 대종"도 함께 세워졌다. 그 곳 국채보상운동 안내판에 명기(明記)된 글을 다시 한번 새겨본다.

> 국채보상운동은 대한제국 말기에 일어난 항일 독립운동사에 길이 빛날 구국정신의 결정이다. 1907년 1월 29일, 애국계몽단체인 대구 광문회(회장 김광제)에서 서상돈 선생이 건의함으로써 첫 횃불이 올랐다. 일본 차관 1,300만 원으로 국가가 존망의 위기를 맞았으니, 담배를 끊어서라도 국민의 힘으로 국채를 갚아 국권과 국토를 보존하자는 외침에 200여 회원들은 분발하여 즉각 전국적으로 실행할 것을 만장일치로 결의했다. 2월 21일 북후정(北堠亭)에서 열린 '국채보상 대구 군민대회'에는 수많은 시민이 다투어 참가했으며, 남일동의 일곱 부인은 패물을 바침으로써 전국여성 국채보상운동의 선구가 되었다. 이 운동은 들불처럼 전국으로 번져 이름 없는 걸인에서부터 고종 황제에 이르기까지 자

발적으로 참여하는 구국운동으로 승화하였다. 이 비폭력 항일정신은 뒷날 3·1운동과 물산장려운동 등으로 이어져 우리의 소중한 정신유산이 되었다.

❖ 10원짜리 동전(銅錢)모으기

1996년대 초반 경상북도 지부에서는 마을 단위 남·여 모든 지도자들이 참여하여 잘 쓰지 않는, 사장(死藏) 된 10원짜리 동전을 수집하기 시작했다. 그간 1년 7개월여에 걸쳐 모은 총량은 25,387,550개(2억 5천 387만 5천 5백 원) 라는 엄청난 것이었다. 약 88톤으로 8톤 트럭 11대 분의 물량이다. 진합태산(塵合泰山: 티끌 모아 태산) 이란 이를 두고 하는 말이 아닐까? 지성(至誠) 이면 감천(感天) 이라 했듯이 이의근 경상북도 지사를 비롯한 관계공무원의 협조도 적지 않았다.

수집한 동전 전액은 도 새마을회관 건립비로 헌납되었다. 10원짜리 동전 1개 제작비를 30원으로 볼 때 약 7억 5천여만 원의 동전발행 예산절감 효과도 거둔 것이다. 이 사례가 계기가 되어 다른 지역에서도 동전모으기 운동을 전개하여 46톤(1억 2천만 원) 을 추가 수집하기도 했다.

1997년 10월 31일 경상북도청 앞 광장에서 거행된 동전 인수인계 행사에 참석하여 느낀 감회는 지금도 잊을 수 없다. 말 그대로 태산같은 동전 무더기를 보면서 "돈"의 가치 그 자체보다도 그 한 닢 한 닢에 배인 새마을지도자들의 "땀내"를 맡을 수 있고 "새마을"을 향한 지도자들의 일편단심(一片丹心) 을 재확인했다.

● 외채 극복을 위해 새마을 부녀회가 시작한 '애국가락지 모으기' 운동은 나라 사랑 '금모으기' 캠페인의 기폭제가 되었다.

❖ 나라사랑 금(金)모으기

새마을 부녀회 중앙연합회(회장 정행길)는 1997년 12월 10일 한국 프레스센터에서 외환위기 극복을 위해 "애국가락지 모으기 운동" 특별 행사를 가졌다. 구한 말 나라 채무로 국권이 흔들릴 때 일제(日帝)에 진 빚을 갚기 위해 전국 곳곳에서 여러 부인회가 조직되어 귀금속은 물론 각종 패물 모으기에 앞장선 정신을 이어 받고 밑바닥 인생을 살아가던 기생(妓生)들까지도 금반지 등을 내놓는 등 여성들의 눈물겨운 애국정신을 90년 만에 재현해 보자는 취지에서 출발했다.

이 행사는 새마을 가족들의 자발적인 참여로 당일 "금" 2,445돈쭝, "은(銀)" 133돈쭝, 미화(美貨) 2,834 달러, 우리 돈 179만 원 등 1억

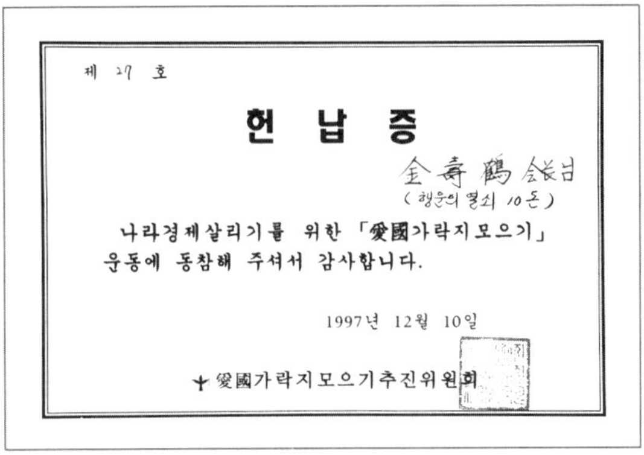

제 27 호

헌 납 증

金壽鶴 会長님

(행운의 열쇠 10돈)

나라경제살리기를 위한 「愛國가락지모으기」
운동에 동참해 주셔서 감사합니다.

1997년 12월 10일

愛國가락지모으기추진위원회

필자의 애국가락지 모으기 헌납증

876만 원 상당이 각출되어 그 날 즉석에서 중소기업 지원금으로 중소기업청장에게 전달되었다.

이와 같은 행사는 바로 시·도지부를 비롯하여 시·군 지회로 확대되고 이 운동이 기폭제가 되어 KBS, MBC, SBS 3사도 범국민적인 캠페인을 전개했다. 거기에 힘입어 새마을 조직도 초기단계 성과의 여세를 몰아 370만 돈쭝(13.8톤: 1억4천4백만 달러 상당)을 더 수집하게 되어 TV 3사가 주도하는 캠페인에 합류했다. 이를 통해 수집된 "금"의 총량은 225톤(약23억 달러: 그 중 새마을 기여도 6.1%, 새마을운동중앙협의회 자료)에 이른다. 물론 이는 방송사들이 쏟은 정성과 노력의 결과지만 기꺼이 헌납한 "금" 한 돈쭝, 한 돈쭝에는 나라 사랑과 경제위기 극복을 위한 국민들의 한결같은 소망이 담겨져 있다는 것을 엿볼 수 있었다.

보도에 의하면 외환위기 극복을 위해 전개되어 온 금모으기 운동은 시민들의 자발적인 참여로 기대 이상의 성과를 거두어 1998년 1월 경상수지 흑자 중 5억 달러를 금 수출로 이뤄냈다고 하며 외국인들도 IMF 파고를 넘으려는 우리 국민의 나라사랑 의지를 높이 평가했다.

'나라사랑 재활용품 모으기' 새마을지도자 협의회(회장 석종윤)는 KBS, 매일경제신문과 공동 주관으로 고철 모으기 운동을 전국적으로 전개하여 약41만 톤(환가액 410억 원)의 재활용 가능한 폐자원을 수집하여 원자재를 수입하는 데 드는 외화를 절약하는 데 보탬이 될 수 있었다. 국가의 IMF위기를 극복하기 위한 "경제 살리기는 남의 일이 아니다. 바로 내 일이다"라는 마음으로 새마을가족 모두는 적극 동참한 것이다.

다가올 미래의 준비 : 21세기 새마을운동의 구상

스피노자가 "내일 지구가 멸망하더라도 나는 오늘 한 그루의 사과나무를 심겠다" 했듯이 아무리 "발등에 불끄기"가 급하다 해도 다가올 미래의 준비를 늦출 수는 없었다. 더욱이 1998년은 다른 해와 현저히 구별되는 특별한 해였다. 21세기와 통일을 목전에 두고 새로운 100년에 도전해야 할 중요한 시기였으며 또한 우리의 반만 년 역사상 그 유례가 없었던 고도성장의 신화가 무참히 깨어져 다시 시작해야 했던 한 해였다. 국제통화기금이 주도하는 우리 경제구조의 조정이 진행되면서 우리 사회는 모든 국면에 걸쳐 심한 소용돌이에 휩싸였다.

통상적으로 새 정권이 출범(당시는 '국민의 정부') 하게 되면 초기(1년여) 가 대단히 중요하다. 정부는 으레 각종 개혁을 단행하게 마련이다. 또 제 2기 자치단체장과 제 3기 지방의회 의원의 선거도 겹쳐 그 여진(餘震) 이 적든 크든 새마을운동에도 미친다는 것은 필연적이다.

중 · 장기 계획구상

문민정부가 들어서면서 주창한 "변화와 개혁"의 분위기는 일부 정치권·언론과 시민운동 단체들로 하여금 새마을운동 단체들을 "관변단체"로 폄하시키려는 물밑 움직임이 있었다. 과민반응인지 모르겠으나 문제는 관변단체라는 어휘(語彙)를 혹 "어용단체"와 같은 것으로 오해할까 싶어 변명 또는 사족(蛇足)을 붙여본다.

새마을운동의 범주(範疇)에는 일부 행정과 공동 또는 역할분담 차원에서 국민운동의 책무를 수행한 것이지 이를 경멸하여 일컫는 즉 권력기관에 아부하고 그를 위하여 자주성이 없이 활동하는 이른바 "어용단체"가 아니라는 것을 다시 한 번 밝혀둔다.

그리고 경제적 불황과 정권교체가 겹치게 되면서 새마을지도자들 중에는 지난 날 정권교체기마다 일어난 전환기적 풍압(風壓)에 시달린 쓰라린 경험도 있고 해서 앞으로 새마을운동의 진로에 대해서 불안감을 떨쳐버리지 못하는 경향도 없지 않았다. 또한 앞에서도 언급한 제반 정황에 비추어 새마을운동도 이제는 뭔가 새로운 기강과 비전을 세워야 한다는 대내외적 공감대가 형성되고 있어서 기획팀을 구성하고 자문위원을 보강하여 중장기 계획의 수립에 착수했다.

고심(苦心) 끝에 학계와 내부의 간부들로 구성된 합동 기획팀이 공동으로 작성한 연구안을 중심으로 자문위원회의 심의를 거쳐 일단 기본적인 골격과 당면한 1998년도 사업계획(안)을 채택하고 연차별 중·장기계획은 계속 연구하기로 했다.

그 개요는 출발의 기치를 "새로운 100년, 다시 여는 새마을"로 정하고, "근면·자조·협동"을 실천정신으로 재확인함으로써 새마을운동의 정체성을 유지·승화하는 지주로 삼았다.

그 지향이념은 ① 공동선의 추구, ② 삶의 질 향상, ③ 가치창조의 실현에 두었다.

기본방향은 ① 국가 장래에의 대비, ② 국민정신의 쇄신, ③ 지역활

성화의 촉진, ④ 마을·직장에서의 실천, ⑤ 신 봉사문화의 창달,

역점과제는 ① 도덕·질서 세우기, ② 경제살리기, ③ 지역 가꾸기, ④ 환경 되살리기, ⑤ 이웃사랑 나누기, ⑥ 국제화 이루기, ⑦ 통일준비로 정했다.

아울러 이를 기틀로 한 100여 개의 세부사업을 제시하여 지역별 특성에 맞는 사업을 선정·추진하기로 했다.

이 계획에 대한 새마을지도자의 공감대를 형성하고 실천의지를 다지기 위하여 1997년 11월 6일 서울에서 전국 새마을지도자대회를 개최하고 "선진된 생활자세, 건전한 사회기풍의 확립, 활기찬 고장, 보람찬 지방자치의 창출, 민족자존의 긍지와 세계주역의 위상을 고양한다"는 내용을 담은 "21세기를 위한 새마을운동 선언"을 채택했다.

이 대회에는 당시 고건(高建) 국무총리가 격려를 해주어 모처럼 새마을지도자들의 사기를 진작시키는 계기가 되었다. 대회를 마치고 잠시 휴식하는 자리에서 그가 나에게 "김 회장은 일에 대한 욕심이 많다"는 말을 건네자 긴장된 주위 분위기는 웃음으로 변했다. 나는 그 말에 담긴 뜻이 "보잘 것 없는 정부지원에 너무나 버거운 짐을 새마을지도자들에게 지게 한다"는 새마을지도자들에 대한 애정의 뜻이 담긴 위로의 말로 받아들였다. 지금도 나는 그 말을 잊지 않고 있다. 이 대회가 계기가 되어 1997년 11월 27일자로 정부에서는 한동안 중단된 새마을운동에 대한 지방자치단체의 정액보조를 재개하는 조치가 취해졌다.

새마을운동의 시대적 여망과 발전방향(1998. 6) — 21세기 제 2 국민운동으로서의 새 출범 — 에 대한 5개년 계획안은 대학교수, 언론인, 진보적 지식인과 시민운동가에 이르기까지 폭넓게 자문을 받으면서 시안(試案)까지는 작성했으나 확정은 뒤로 미루었다. 시계(視界)가 너무 어두웠기 때문이다.

1970년대부터 뜨거운 열기로 대학새마을을 추구해왔던 이질현(李瓆鉉) 교수는 나와의 어느 사석에서 새마을운동이 지속되어야 할 필요성을 이렇게 말했다.

> 새마을은 결국 공동선(共同善)입니다. 국가의 역량이 미치지 못하는 곳, 국민 개개인의 취약점을 커버할 수 있는 그 중간지점의 공동선이 새마을인 것입니다. 다시 말해서 그것은 협동을 통한 상호보완이자 더불어 사는 사회의 조화로운 삶이라 할 수 있습니다. 현재의 새마을운동이 관 중심으로 변질되어 간다는 우려가 높습니다. 그래서 관변단체니 뭐니 하는 소리들도 들리고 있습니다만, 새마을을 되살리기 위해서는 끊어진 부분을 다시 이으면 됩니다. 즉 접목시키면 된다는 뜻이지요. 뿌리까지 흔들 필요는 없어요. 새마을의 뿌리란 매우 견고한 결속력으로 다져진, 주민들의 공동선이기 때문입니다.

이로써 나는 1998년 7월 두 번째의 회장직을 마감했다. 이 소식이 전해지자 일부 정치권과 신문에서 잔여임기(1년 6개월여)를 채우지 않은 채 사임하는 배경이 혹은 정치권의 풍압(風壓)으로 밀려나가는 것이 아닌가? 하는 데 관심을 두고 나를 성가시게 하였다. 하지만 나의 개인적인 사정에 의한 자유의사임을 명백히 했다.

스스로를 반추해 보건대, 지난 1년은 첫 번째 회장 5년 동안의 연장선상에서 변화와 전환기적 소용돌이를 극복하고 새마을운동의 정체성 확립에 주력하면서 자립운영을 위한 고통 감내의 기간이었다 하겠다. 후임 회장으로는 강문규(姜文奎, 69)씨가 취임(1998. 8. 14)하였다.

> 김대중(金大中) 정부 초반, 시민운동의 '대부(代父)'라는 호칭이 어울리는 강문규 씨의 '새마을회장' 임명은 아는 사람들에게는 적지 않은 관

심사였다. … 숱한 NGO(非정부기구) 직함으로 활동해 온 강 회장과 국가의 주도(主導)—박정희 대통령—관변(官邊) 등의 그림자가 강하게 드리워 있던 '새마을'은 선뜻 자연스럽게 연결되지 않았기 때문이다. 취임 직후 기자와의 인터뷰에서 강 회장은 '솔직히 밖에서 생각한 새마을 운동과 안에 들어와서 본 새마을은 많이 달랐다'고 말한 바 있다. 일반 시민단체가 머리를 통해 '논(論)'을 펴는 조직이라면, 새마을은 봉사의 지로 무장된 발이 뛰는 조직이며 그 의미는 생각보다 매우 크더라는 게 그의 생각이었다"(〈월간조선〉 2000년 5월호).

새마을지도자여 다시 한 번 일어서자

한때 정치 · 사회적 분위기 속에 새마을지도자들의 사기가 떨어지고 일부사회 계층의 냉담함에 다소 위축되어 있기는 하지만 뜻 있는 일반 국민들의 새마을운동에 거는 기대는 지금도 변함이 없다. 그것은 마치 실핏줄처럼 퍼져있는 230만 새마을가족에 대한 나라와 내 고장의 미래와 관련된 현재의 상황에 어떤 기대 섞인 바람의 의미를 부여한 것이라 본다. 그 속에는 새마을운동 본원(本源)에의 향수(鄕愁)가 깃들어 있을지도 모른다.

새마을이 가야할 길도 순풍만범(順風滿帆)의 행로를 기대할 수 없다. 금후에도 한국은 더욱 다양화로의 길로 걸어갈 것이다. 정치 경제를 비롯하여 자연현상이나 사회현상에 있어서 변화는 반드시 일어난다. 새마을운동의 환경도 예외가 될 수 없다. 예를 들면 연령계층의 변화이다. 통계청 발간(1999. 12) 통계자료에 따르면 새마을운동의 태동기인 1960년 이후에 출생한 인구가 총인구의 태반(太半: 46.6%)에 가까운 숫자를 차지하고 있다. 그들의 대부분은 6 · 25 전쟁을 모르는 계층이며 "보릿고개"를 경험하지 않은 물질적 풍요로운 시대에 자라난 사람들이다. 그들에게 "보릿고개"란 고사성어(故事成語) 쯤의 의미로 인식되고 있을지도 모른다.

따라서 이미 붕괴되고 있는 기성(旣成)의 질서, 가치체계 등이 더 큰 변화를 가져올 것은 명확하다. 요는 변화를 겁내지 않고 어떻게 하면 조금이라도 좋은 방향으로 유도할 것인가 지혜를 짜내어 행동하는 것이 필요하다.

그간 지방의 이곳저곳을 돌아보며 보고, 들은 바를 토대로 독필(禿筆: 몽당붓)이나마 새마을운동을 전개하는 데 더욱 힘을 쏟아야 할 과제를 적어본다. 이제 초야에 묻혀 사는 처지라 본의 아니게 상황판단의 오류로 도리어 새마을운동의 진로에 티를 끼친 결과가 되지 않을까? 다만 질정(叱正)을 바랄 뿐이다.

❖ 전·현직 모두가 초심으로

새마을정신으로 갈고닦은 초심(初心)에 변함없는 전직지도자는 아직도 많다. 하지만 세월이 흐르다보니 점차 전·현직 지도자간의 거리낌없는 협동과 전직지도자의 참여가 점차 식어가는 느낌을 주는 곳이 보인다. 이 사례는 내가 중앙회장으로 있을 때부터 현장에서 느낀 경험이다. 그간 중앙회를 비롯한 일부 시·도지부 또는 시·군·구 지회에서도 나름대로의 배려를 하고 있으나 만족스럽지 못한 것 같다. 1998년 "새마을을 사랑하는 모임"을 결성 추진한 것도 여기에 연유한다. 거듭 강조하지만, 새마을운동은 지엽적이거나 한시적인 운동이 아니다. 애당초 우리 모두 잘 살아보자고 힘을 합했던 거국적 움직임이었으며 우리의 현재는 그 기반 위에 존재한다 해도 과언은 아니다. 물론 현재와 과거는 지향점이 조금은 다를 수 있겠으나 시대가 달라졌다고 해서, 기본 정신마저 달라진 것은 아니다. 새마을의 뿌리를 지키면서 새로운 아이디어나 시대상에 맞는 운동을 전개하는 것은 매우 중요하다.

어느 일본(日本) 책에서 본바, 전 직장에 대한 변함없는 애정의 충정으로 도로에 부설된 맨홀 뚜껑에 새겨진 전직회사의 심벌마크가 눈에 뜨이면 밟지 않고 비켜간다는 것이다. 우리에게 시사점을 준다.

어느 사회건 노(老), 장(壯), 청(靑)이 힘을 합해야 좋은 결실을 맺기 마련 아닌가. 더구나 협동이 주정신인 새마을운동이야 더 말해 무엇하겠는가. 전직 지도자가 밀어주고 현 지도자가 앞장 서 일할 때, 그 바람직한 모델로 하여 새마을의 새싹들은 양성될 것임을 나는 믿는다. 그러나 사람이 모이는 사회는 어느 곳이나 분열이 따를 수 있다. 이는 저마다의 개성 탓도 있겠으나 다분히 세대차이 때문이기도 할 것이다. 전 지도자들의 입장에서 볼 때, 현 지도자들이 불만스러운 점도 있을 것이고 그 반대일 수도 있다. 특히 젊은 현직 지도자들의 눈에는 나이 든 사람들의 생각이 진부하게 느껴질 수도 있다. 그렇다면 전직 지도자는 과거의 영웅일 뿐인가. 뒷짐 지고 앉아 옛날을 회상하는 구세대일 뿐인가.

그렇지 않다. 가장 어려웠던 시절, 지역사회개발에 헌신했던 주역들의 힘은 현재까지도 보이지 않는 새마을의 저력이 되고 있다. 지금도 많은 지도자들이 "새마을 정신이면 된다!"라고 외치고 있는 것은, 새마을운동의 결과를 몸소 경험한 이들의 절절한 증언일 것이다. 이를 위해서는 전·현직 지도자간의 꺼림직 하거나 무슨 일에 구애됨이 없는 협동하는 수범을 보여야한다. 어떻게 해서 오늘을 이루었는가?

● 우리농산물 애용 캠페인(1992). 가운데가 필자

❖ 새마을운동의 본향, 우리 농촌에 생기(生氣)를

말할 나위도 없이 우리농촌은 새마을운동을 일으키고 성공으로 이끈 본향(本鄕)이다. 또한 우리 모두의 뿌리이며 한국인의 삶의 원형질(原形質)이 살아 숨 쉬는 농촌을 지키고 아끼며 살려야 한다는 자각운동과 함께 자조운동을 불러 일으켜야 하는 절박한 시점에 와 있다.

누구에게 새마을운동의 방향과 과제를 물으면 우리 농촌지역에서 이 운동이 다시 활성화되어야 한다는 것이 도시·농촌사람 할 것 없이 공통된 견해이다. 그 기저에는 이 길이 새마을운동 본질에 접근하는 가장 기본이 되는 방안이고 모든 새마을사업 분야 중 가능성과 실효성이 높다는 뜻에서 우러나온 것임을 엿보아 알 수 있다. 또한 1970년대에 경험한 바와 같이 농촌에서 발상된 새마을의 열기가 상대적으로 부진한 대도시로 파급되게 하는 방편의 하나가 되기도 한다.

우리농촌이 과소화와 경기불황의 여파로 생기를 잃은 채 주름살을 펴지 못하고 있는 것은 이미 오래 전의 일이다. 근자 그 도(度)는 더해 가고 있으며 심한 말로 "차별 받는 지역", "한계지역"이 되고 있다는 소리마저 일고 있다.

지금까지 '우리농산물 먹기' 등과 같은 '농어촌 지키기' 운동이 다양하게 전개되고 있으나 일회성 반짝 운동과 도시민의 무관심으로 인해 그 실효성에 대하여 일부 의문이 제기되고 있기도 하다. 또한 국제화, 개방화 추세를 감안할 때 애국심과 동포애에 호소하는 포괄적인 농촌 지키기 운동은 도시 소비자의 설득에 한계가 있을 뿐만 아니라, 자칫 통상마찰을 야기시킬 수도 있다.

다행히 지방시대의 흐름은 자치본연의 요청에 따라 각 자치체마다 한정된 권한과 재정적 제약 안에서도 복지, 환경, 과소(過疎) 등의 문제로부터 "주민참가 커뮤니티", "내 고장 가꾸기" 등 당면과제에 대한 개성 있는 독자적 대응을 전개하고 있는 것을 볼 수 있다. 하지만 개중에는 이벤트성 수준에서 벗어나지 못하고 있는 곳도 보이나 그 속도와 강도는 멈추지 못할 것이다. 새마을운동 측에서도 자치체와 농밀한 연대체제를 구축하여 리더의 발굴, 교육, 정보교환, 사업의 선정, 지원 등 역할분담을 통해서 이 운동을 추진한다면 새마을운동의 본향인 우리 농촌에 새로운 생기를 불어넣는 계기가 되리라 믿는다.

❖ 주민과 함께 자전(自轉) 자립

1970년대의 새마을운동을 생각하지 않으면 그 본질이 보이지 않는다. 그때야말로 새마을지도자와 주민 그리고 행정이 함께 현장에서 자전하는 "유기체"의 정수를 보인 예이다. 그렇게 했기에 성공의 금자탑을 세우게 된 것이고 오늘이 있는 것이 아닐까?

지금 이를 내세우면 혹자는 한갓 복고적 감상 또는 현실을 모르는 탁상공론적 발상으로 가볍게 보아 넘길지도 모른다.

무엇보다도 새마을운동의 생명은 현장에 있다. 따라서 한사람의 지혜(智慧)보다 많은 사람의 지혜를 모으는 것이 좋고 혼자서 일하는 것보다 다함께 일하는 것이 좋은 것이다. 물론 거기에는 "리더"가 있어야 하고 발전을 향한 자유의 정신을 가지고 자발적인 의사와 판단으로 활동하는 것이 새마을운동의 생명이다. 그리고 중앙의 지시나 지침에만 움직이는 것이 아니라 지역의 문제를 주민과 함께 해결하려는 인간적인 움직임이야말로 주민들의 참여와 사랑을 이끌어 낼 수 있다. 그리고 혹 주위로부터 새마을지도자만이 하는 운동이라 하는 불만이나 비난의 소리는 없는지 유심히 살펴보고 주민 누구나 참여하는 열린 조직으로 전개되어 가야한다. 이렇게 할 때 새마을운동은 명실상부한 국민운동으로서 명성과 위상을 확보할 수 있을 것이다.

그러나 지역에서 이루어지는 새마을사업은 내용과 대·소(大·小) 규모에 따라 주민만으로는 힘겨운 것이 많다. 또한 행정의 힘만으로는 되지 않는 경우도 있다. 지방자치란 말할 나위도 없이 국가의 제도개혁만으로 별안간 태어나는 것이 아니다. 거기에는 주민과 자치체가 오랜 세월에 걸쳐 참고 견디며 만들어 낸 토양의 소산이다. 그러한 토양이야말로 지방의 시대라고 말하여지는 오늘에 있어 극히 중요한 과제가 아닐까?

지난 1998년 11월 예술의 전당에서 있었던 박노해 씨의 강연을 듣고 박노해 특집 프로그램을 제작케 한 결정적 계기가 됐다는 일본 기시도시로 NHK 서울지국장의 글 중(국민일보, 1999. 4. 8) 다음 일부 강연

내용은 우리에게 큰 시사점을 주고 있다 하겠다.

> 가난은 다른 이들과 비교하면 증오가 생기지만 그런 빈곤도 함께 나눈다면 풍요로워집니다. 고통도 혼자서 짊어지려고 하면 쓰러질 수밖에 없지만, 함께 나누면 그 안에서 창조가 탄생합니다. 서로 믿고, 함께 나누고 서로에게 봉사하는 것이 대단히 중요합니다.

민선 자치제가 실시된 이후, 주민의 힘과 에너지를 최대한 발휘하게 하여 행정과 주민과의 공동작품을 만들어내는 곳이 있다. 최근 충남 당진군과 당해군 새마을지회를 비롯, 일부 기초 자치체의 사례로서 "행정과 주민의 역할 분담" 사고방식의 발로이다. 아직은 이상적 수준에까지 이르렀다고 볼 수 없지만 중요한 것은 이를 받아들이고 보살피는 행정과 주민 측인 새마을조직의 자세, 즉 "우리들의 일은 우리들 스스로가 맡는다"는 자치정신과 자조·자립의 의식전환을 꾀하는 일이다.

❖ 지역인재(人材) 발굴과 육성

새마을 부녀회의 역할을 주목해야!

어떤 조직이든 그 부침(浮沈)은 그것을 움직이는 사람에 달려 있다. 새마을운동도 각급 조직의 임직원을 비롯한 "지도자"의 의욕과 역량의 발휘 여하가 운동의 소장(消長)을 좌우한다. 더욱이 오늘날과 같이 주민의 개성화와 가치관의 다양화가 진행되는 변화의 시대일수록 지역사회의 활성화에 있어서 무엇보다도 필요한 것은 바로 "인재"이다.

오늘날 농촌의 현실은 도시화 산업화의 진전으로 이농현상이 가속화되면서 기간(基幹) 노동력과 두뇌의 급속한 유출로 인해 일손을 구하기 어려울 뿐만 아니라 특히 농촌의 미래를 창조 개척해나갈 역량을 가진 후계세대가 드물다. 도시 또한 인적 자원은 많아도 새마을지도자 지망자를 찾기란 여간 어려운 것이 아니다. 그래서 10년, 20년 계속해서 한 사람이 지탱하고 있는 곳도 없지 않다. 새마을지도자와 만난 자리에서 이 문제를 제기하면 그간 "새마을조직 스스로의 새 인물영입 노력이 미흡했다"는 것을 실토한다. 사실 사회전반에 만연된 이기주의나 3D 기피현상을 볼 때 새마을지도자들이 하는 일이야말로 어느 누구도 선뜻 하겠다고 나설 수 있는 일들이 아니지 않는가? 그렇다해서 매양 팔짱 끼고 앉아 한탄만 하고 있을 수 없다. 현실에 안주하거나 또는 시대상황을 제대로 인식하지 못할 때 새마을운동은—그 지역도—정체 내지 퇴보할 수밖에 없다.

모든 일엔 늘 만족이란 있을 수 없다. 나의 중앙회장 경험에서 말하면 곤란한 문제나 과제는 언제나 따르는 법, 매사 최선을 다한다고 했으나 잘 됐다는 만족감을 느낀 예는 한 번도 없었다. 그보다 나은 방법이 있을 것 같은 부족감에서였다. 항상 문제의식을 가지고 끈질긴 노력의 지속화가 매우 중요하다.

지도자를 필요로 하는 전국 마을의 수를 9만 1천여 개 지역으로(새마을중앙회 자료, 2001년) 보고 있는데 각각의 지역에서 지도자를 발굴하는 일차적 책임은 시·군·구, 읍·면·동 단위 새마을회에 있다. 그러나 이러한 얼개는 되어 있어도 모두 지방말단 조직의 책임으로만 돌린다는 것은 현 단계에서 볼 때 가혹한 면도 있다.

인재발굴과 육성의 진전을 도모하는 데는 말단 새마을 조직체의 노력도 물론이거니와 주민이 지역의 문제를 스스로의 문제로서 껴안아주고 함께 생각하며 거기에 대응해나가는 기운(氣運)의 성숙이 더욱 필요하다. 주민 자신이 지역에 대한 깊은 애착과 관심을 쏟아 공동체의식을 높인다는 것은 커뮤니티의 육성과 정주사회로의 지향에 있어 매우 중요한 과제가 아닌가. 이와 같은 관점에서 지방자치체로서도 행·재정(行·財政)적 지원이 절실히 필요하다 하겠다. 왜냐하면 이 문제가 지방자치에서도 제일의적(第一義的)인 과제로 보기 때문이다.

또 지도자의 교육훈련도 지금까지 중앙연수원(성남)에서만 맡고 있으나 중앙은 핵심요원의 육성교육과 현지교육의 지원에 중점을 두고 현장에서 이루어지는 자율적 교육이 일상화 될 수 있도록 변화에 부응하는 사고와 구조를 개혁할 필요가 있다고 본다.

일본(日本) 정촌(町村)자치연구회가 편저한《지역을 짊어지는 인재》(立正대학 교수 西川 治, 1993)에 따르면 "1990년도부터 시작한 고향 창생 사업은 주민참가, 주민지혜 일구기의 계기가 되어 그 구체화를 리드하는 인재를, 행정당국은 물론 민간단체에 이르기까지 갈망하게 되었다. 거기에는 생애교육의 추진정책도 거들어 '인재육성'은 자치행정에 있어서 핵심과제로 다루게 되었다"한다. 그 사례 하나를 들면 1985년 10월, 도·도·부·현(都道府縣)을 비롯한 시·구·정·촌(市區町村)등의 공공단체는 물론 민간기업까지 참가한 전국적인 공공조직으로 '지역활력화 센터'(자치대신 허가, 재단법인)를 설립하고 '전국지역 리더 양성교실'을 운영하여 지역활력화의 중심적 역할을 짊어질 리더가 될 인재를 계획적으로 양성하고 있다. 이와 같은 일본의 사례는 우리나라 지방자치 행정이나 우리 새마을운동과 본질적인 면에서 공통성이 짙다고 보며 우리에게 많은 시사점을 준다 하겠다.

전국 232만 새마을가족 중 79%를 차지하는184만여 부녀지도자와 그 회원이 있다. 이들은 결혼하고 자녀를 기르면서 어떤 명리(名利)나 신분·종교·빈부에 얽매임이 없이 도타운 인정에서 지역에 봉사하고 있다. 앞으로도 주부층의 고학력화 진전은 여성의 사회적 활동의 장(場)이 직업에 있어서나 혹은 수입이 따르지 않는 시민적 활동의 영역에 있어서나 더욱 넓어져 갈 것은 명확하다. 이와 같이 지역과 주민생활에 극히 중요한 비중을 차지하고 있는 부녀의 역할을 제고하기 위한 계획적인 리더양성이 필요하다고 본다.

❖ 변화에 부응하는 사무국 요원들의 솔선수범

앞에서 지적한 유능한 지도자의 확보와 함께 새마을운동에서 또 하나 극히 중요한 것은 지도자들이 제대로 활동할 수 있는 여건조성에 중요한 역할을 담당하는 추진요원(직원)들의 의식문제다. 어떻게 하면 그들에게 "하고자 하는 의식과 의욕"을 갖고 뛰게 하느냐가 과제이다. 불행하게도 그간 전환기적 변혁과 구조조정에 따른 신분상의 불안을 여러 차례 겪어왔다.

아직도 일선 일부 시·군·구 지회 직원들은 재정적 제약으로 정액의 보수조차 염출이 궁색한 처지라 새마을운동이 갖는 "아름다운 이상"과 현실의 격차는 너무나 크다. 새마을중앙회는 이 문제부터 해결책을 강구하여 일선 직원들이 안심하고 즐거운 마음으로 일할 수 있도록 분위기를 조성해야 한다. 동시에 일 잘하고 능력 있는 사람이 대우받는 시스템이 확립되어야 한다. 각종 보상제도도 충분히 활용하고 인사에서도 가점(加點)주의를 과감하게 도입함으로써 "잘해보았자 소용없다", "일 많이 한 사람만 바보다" 하는 내부지적을 하루 빨리 해소할 수 있도록 하는 것이 나의 바람이다.

다음은 직원 자신의 의식개혁이다. 앞에서도 언급한 바와 같이 앞으로의 방향을 가늠하는 데 지극히 어려운 상황으로 치닫고 있다. 특히 지역의 과소화, 다양한 시민운동단체의 대두 등 사회전반에 걸쳐 새마을운동의 기반도 흔들리고 있다. 이럴 때일수록 직원들은 의존과 관료적 체질의 사고나 행태를 과감하게 불식하고 "변화의 시대를 짊어진다"는 투철한 사명감이 절실히 요구된다. 이것이야말로 '관변단체'라는 외부의 질시와 오해에서 벗어나는 길이기도 하다.

또 변화를 보는 안목, 종합판단력을 몸에 익히도록 부단히 폭넓은 공부를 함으로써 문제에 직면하여 스스로 판단하고 대응할 수 있는 평소의 노력이 절실히 요구된다. 이러한 개개 직원들의 활력을 잃지 않는 성실한 수범의 자세는 대다수 새마을지도자들의 사기에 크게 영향을 미친다. 내가 경험한 바로는 현장사정에 어두운 직원들이 많다. 안다 해도 "수박 겉핥기"였다. 일선 사무국직원이 사무실에만 박혀있으면 진실을 보지 못한다. 현장에 가야 발전을 위한 문제점을 발견할 수 있다. 거기에서 자기 자신도 배우고 함께 일할 새마을의 일꾼도 찾을 수 있다.

지도자가 없는 사각지대도 적지 않다. 있어도 유명무실한 곳이 없지 않을 것이다. 그러한 지역은 직원들이 잠시나마 대역을 맡는 경우도 있을 것이다. 그러자면 시·군·구 사무국장들은 먼저 자강불식(自强不息)의 자세로 관내의 사람들을 알고, 역사, 문화, 경제동향을 파악하여, 그 지역의 모든 상황과 문제점을 제대로 이해하고 있어야 하는 것은 필수적이다. 직원들과 지도자는 마치 톱니바퀴와 같다 하겠다. 그것이 엇물리면 그 장치는 아무 소용이 없게 된다. 그러므로 매사 새마을의 대의명분에 충실하면서 상대방의 입장을 존중하고 뒷받침하는 인간관계가 무엇보다도 중요하다.

이상은 나의 현실을 알지 못한 소치(所致)로 볼지 모르겠으나 적어도 이 과제가 개선되지 못하면 일선은 겉돌 수밖에 없을 것이다. 앞으로도 많은 고난이 닥칠 것이다. 직원이나 지도자들은 어떠한 난국에도 맞서는 기개(氣槪)와 자립심을 길러 주었으면 하는 소망 간절하다.

감히 이 붓을 들게 된 것은…

※ 새마을운동만은 수성(守成)되어야 한다

새마을운동의 발전과정에 대한 시대구분을 한다면 크게는 1970년대 박정희 대통령 시대를 "창업기"로, 그 후를 "수성기"로 나눌 수 있다.

1980년대 후반에 접어들면서 "새마을운동"을 향한 앞바람은 거세고 쉴 날이 없었다. 이런 와중에서 새마을운동이 내외의 저해요인을 극복하고 일반 국민들이 새마을운동을 외면하지 않을 만한 과거의 이미지와 "봉사시스템"을 계속 유지할 수 있을 것인가? 하는 의구심(疑懼心)에서 전·현직 새마을지도자는 물론 일반 국민에 이르기까지 새마을운동의 수성(守成)을 우려하지 않을 수 없었다.

그러면 1980년대 이후의 진전상황을 어떻게 볼 것인가? 과연 수성의 책임을 다했다고 볼 수 있을 것인가? 거기에는 긍정적 측면과 부정적 측면이 있을 것이다. 5공 시대에서 문민정부 시대에 이르는 15년간에 걸친 새마을운동을 면밀히 파악하고 올바른 평가를 하는 일이란 어렵기도 하려니와 위험부담 또한 적지 않다. 뿐만 아니라 내 자신도 그 일에 비자격자임을 모르는 바 아니다. 하지만 앞으로 올바른 평가와 지속해야 할 수성의 앞길에 교훈으로 삼을 수 있도록 하기 위해 1980년대 이후 새마을운동의 기록들을 누군가가 남겨야 한다는 절박감과 "보릿고개" 극복의 효소원(酵素原)이었던 근검절약과 자조정신이 1980년대에 와서는 물질적인 풍요가 가져다준 부작용 탓인지 우리사회에 정신적 해이상태의 증후군이 점차 보편화되고, 나아가 1970년대 새마을운동에서 보았던 근면·자조·협동정신과 정열·덕행의 총화적인 힘이 쇠퇴되는 경향이 나타나고 있어 그 안타까운 마음에서 감히 이 붓을 들게 되었다.

중국의 긴 역사 중에서 명군(名君)을 말하면 먼저 당 왕조(唐王朝) 제 2대 태종(太宗: 재위·627~649) 이세민(李世民)을 든다. 당 왕조가 창업에서부터 수성으로 이행해나가는 시기인 24년간에 걸쳐 "수장"의 자리에 있으면서 당 왕조 300년간의 기초를 다졌다. 그 치세는 그의 연호에 따라 "정관(貞觀)의 치(治)"라고 기리고 있다.

그러면 이세민은 어떠한 자세로 정치에 임하였을까. 그 언저리의 기미(機微)를 극명(克明)하게 기록하고 있는 것이 《정관정요(貞觀政要)》라 일컫는 고전(古典)이다. 이 책 중에서 가장 널리 알려져 있는 것이 다음의 대화이다.

> 어느 때 이세민이 중신들을 모아놓고 "초창(草創, 創業)과 수성(守成) 중 어느 것이 더 어려운가?" 물으니, 재상(宰相) 방현령(房玄齡)이 나와서 "그것은 뭐니해도 창업쪽이 어렵다고 봅니다"라고 답했다. 이 말을 받아서 다음에는 위징(魏徵)이라 하는 중신이 일어나서 "아니오. 저는 수성이야말로 어렵다고 생각합니다"라고 주장했다.
>
> 두 사람의 말이 엇갈리는 것을 잠자코 듣고 있던 이세민은 이같이 말

했다.

"방현령은 일찍이 나를 따라 천하를 평정하고 온갖 간난(艱難)을 겪으면서 구사일생(九死一生) 끝에 오늘에 이르렀으니 그대로서 본다면 창업이야말로 어렵다고 생각하는 것도 지당한 것이다. 한편 위징은 나와 더불어 천하의 안정을 꾀하면서 지금 여기서 조금이라도 마음을 느슨하게 하면 반드시 멸망의 길을 걸어갈 것이 틀림없다는 것을 걱정하고 있다. 그러므로 수성이야말로 어려운 것이라고 말했을 것이다. 그런데 돌이켜 생각하면 창업의 어려움은 이미 과거의 일이 되었다. 금후는 그대들과 함께 정신차려서 수성의 어려운 국면을 극복해나가야 할 것 같소."[4]

이렇게 해서 이세민은 수성의 어려움을 감내(堪耐)하여 명군으로 우러러보게 되었다. 이 "정관정요"의 교훈은 1370여년이 지난 오늘날에도 우리에게 시사하는 바가 크다.

"나라를 세우는 것과 지키는 것 중에 어느 것이 더 어렵겠소?"

마찬가지로 "새마을운동을 일으키는 것과 지키는 것 중 어느 것이 더 어렵겠소?"라는 물음에 어찌 답할 것인가.

창업의 어려움만큼 수성의 어려움을 깨닫고 새마을운동의 수성을 위해 다함께 지혜를 모아나가는 노력이 계속되어야 하지 않을까.

4) 《貞觀政要》君道篇, 第3章.

●6장

소외된 상황 속, 뜻 깊은 현장과의 만남

상록수 정신 깃든, 당나루의 "우리마을사랑 운동"

— **충남 당진군 記**(2000년 6월 12일)

다음은 내가 2000년에 찾아가 만난 뜻 깊은 현장들에 대한 작은 기록이다.

서해안 고속도로에서 아산만 방조제 방향으로 달리니 웅장한 삽교대교가 미래를 연다. 서해대교까지 개통된다면 이곳은 서울에서 1시간 거리로 1일 생활권이 될 것이다.

이 다리를 건너면, 소들평야 펼쳐지는 당진이다. 일찍이는 고려 개국공신 복지겸의 고향이요 천주교의 성인이라 불리는 김대건 신부의 탯자리이이며 또한 심훈 선생이 상록수를 썼던 땅….

푸른 물길을 돌아나가는 충절의 자취는 당나루 곳곳에서 발견된다. 그것은 아산의 이충무공을 필두로, 천안의 유관순 열사, 예산의 윤봉길 의사, 홍성의 김좌진 장군과 만해 한용운 선생 등으로 이어지는 충남의 역사이자 전통일 것이다. 이러한 맥이 더 가깝게는 심대평 충남지사와 군수들에게까지 확산되고 있다. 도의(道義) 새마을의 발상지가 충남이요, 전체적으로 가장 새마을운동이 활발하게 진행되는 곳 또한 충남임을 부인할 수 없기 때문이다. 귀로는 갈 때와는 달리 예산, 온

양, 천안을 거치는 국도 32호선을 택했다.

초행길은 아니었지만, 27년 전 내가 충남지사로 있을 때(1973~1974)의 일들이 주마등처럼 뇌리를 스친다. 첫 부임하여 한밤중에 좁고 포장도 안 된 이 길을 지났던 당시, 군청소재지 외에는 불빛 하나 보이지 않아 주변에 사람사는 마을이 없는 곳으로만 느꼈던 기억이 있다. 다음 날 낮에 되돌아오며 보니 도로주변이나 시야에 비친 먼 산기슭 아래 또는 넓은 들판에는 간밤에 보이지 않았던 많은 취락들이 점·점(點點)으로 자리하고 있어 놀라지 않을 수 없었다. 그때 동석한 국장에게 사연을 물은즉, 전기가 들어가지 못해서 사람사는 집들이 보이지 않았다고 했다. 1972년 당시 농어촌 전기보급률은 40.8%(1965년 12%)에 지나지 않았다. 그렇던 마을이 새마을운동의 일환으로 전기보급이 가속화되어 1977년에 이르러는 전국 모든 농어촌의 "호롱불"이 전기로 바뀌어졌다. 23년 전의 일이다.

부임한 지 얼마 되지 않던 1974년 4월 28일, 아산 현충사에서 충무공 이순신 장군의 탄신일 기념행사를 마치고 온양관광호텔에서 박 대통령과 육영수 여사 그리고 학계인사들 몇 명과 함께 오찬을 나누는 자리였다. 식사 도중, 박 대통령께서 갑자기 "지사, 충남에는 무엇이 유명하냐?"고 물으셨다. 그 순간, 충남지사로 발령받은 지 얼마 되지 않던 나는 자신이 없어 어리둥절하고 있었는데 육영수 여사께서 "갈월도 어리굴젓" 쟁반을 옮기면서 "이 어리굴젓이 유명합니다"라고 나 대신 대답을 해주셔서 위기(?)를 모면한 일도 있었다.

그러한 추억이 깃든 이 산하…. 지금 당진땅의 모습은 도의 새마을의 '우리마을사랑 운동'으로 전개되고 있다.

상록수 정신이 깃들어서인가. 이 고장의 군 전체가 함께 하는 새마을운동은 정말 눈여겨볼 만하다. 일부 마을, 일부 주민이 아니라 군청과 모든 군민이 혼연일체 되어 명실공히 "우리마을사랑"을 몸소 실천하고 있는 현장이다. 작년도 정부의 종합행정평가 1위, 농수산부가 평가한 벼농사 경작분야에 있어 2년에 걸친 1위 등의 실적은 "우리마을사랑 운동"의 결과임을 입증해준다.

※ 70년대의 원형에 미래의 지향점을 접목

당진군청을 찾아 자치단체장인 김낙성 군수를 만나니 인심 좋은 충청도 식 선한 웃음에 먼 길 온 피로가 풀린다. "우리마을사랑 운동"에 대해 첫마디를 물으니, '군청과 새마을지회의 공동 주도로 현재 250개 마을이 참가, 환경·미풍양속·소득·공동체 의식에 있어 선의의 경쟁을 하고 있다'고 한다.

"군에서는 상하반기 두 차례에 걸쳐 총 4억 원의 상사업비를 지원합니다. 즉 심사를 통해 우수마을을 선정해 군사업비를 지원하는 것이지요. 심사는 새마을지도자 중 40명의 심사위원을 위촉, 채점표에 의해 공정하게 이루어집니다."

그는 이어서 '관주도가 된다면, 연속될 수 없다'는 단호한 의지를 표명한다.

"관에서 조성해 놓은 꽃밭에 자동차가 밀어닥쳐 어느 날 꽃밭이 온통 망가졌다고 가정해 보십시오. 주민들은 그저 뒷짐 지고 강 건너 불구경 식으로 '군에서 어떻게 하겠지…' 할 것입니다. 과거 새마을운동이 성공했던 가장 큰 이유 중 하나가 관주도가 아닌 민간주도의 형태가 되었기 때문이에요. 결국 우리 군의 새마을운동은 마을단위중심의 지역사회 개발운동이었던 1970년대의 원형에 미래의 지향점을 접목시킨 것이라 할 수 있습니다."

우리마을사랑 운동은 김 군수가 취임하던 첫 해, 농촌을 꼼꼼히 둘러본 데서 시작되었다.

"농촌의 고령화 현상이란 정말 심각한 문제입니다. 기운 없는 노인들이 제각각 무슨 일을 할 수 있겠습니까? 하지만 굳건한 연대의식으로 공동체가 형성된다면 가능한 일이지요…. 우리마을사랑 운동은 과거의 공동체 의식을 일으키자는 취지에서 출범했습니다. 즉 경로효친 사상과 예로부터 내려오는 미풍양속이 되살려지는 것이지요. 금년까지는 마을단위이지만 내년부터는 우리마을 자랑비를 건립할 예정입니다. 점차적으로 이 운동은 가정단위로까지 연결될 것입니다."

이미 관(官)과 새마을지도자가 주도하여 동네 쓰레기를 몰아냈고 샛강 살리기를 위해 공장폐수 유출을 금했다. 마을 안길의 풀깎기 등도 주민의 노력으로 이루어지고 있어 말 그대로 마을 전체가 활기찬 새마을로 변모되고 있다. 이 같은 새마을운동의 활성화에는 이민선 군새마을지회 사무국장의 열의도 빼놓을 수 없다. 영농현장에서 새마을지회 사무실로 발이 부르트도록 뛰는 그는 자립의지 강한, 젊은 새마을의 일꾼이다.

전국적으로 벤치마킹의 모델이 되고 있는 요인을 물으니, "20 대 80"이라는 알 수 없는 답을 한다.

"관변이라는 말이 죽기보다 싫었습니다. 좋은 일은 도맡아 하면서도 관변이라 불리니 그 오명을 어떻게 해서든 벗자고 결심했습니다. 국가시책에 부응하고 다른 단체보다 보조금 비율이 조금 많다는 이유로 관변이라 하는 것은 부당합니다. 그래서 '자립으로 본보기를 보여주자, 그것이 새마을의 기본정신 아닌가' 싶어 열심히 노력한 결과, 애당초 지방비의 보조금 80%, 자력부담 20%에서 이제는 자력부담이 80%를 넘어섰습니다."

그의 설명을 듣고 나서야 20대 80의 의미가 제대로 전달된다. 도둑질 빼고 다 해봤다는 그가 처음 시도한 사업은 구매사업과 판매사업이었다. 판매와 구매는 직거래로 이루어졌다. 가장 좋은 물건을 가장 싼 가격으로 판매하되 생산자와 소비자를 직접 연결함으로써 새로운 가치 창출을 이루어낸 것이다.

"삽교호로 낚시왔던 서울분이 인근 농가에 들어가 쌀 두가마를 부탁하더랍니다. 그런데 먹어보니 쌀의 품질이 좋아 반상회를 통한 단체주문이 이어졌지요. 더구나 좋은 쌀 보내줘서 고맙다고 가격도 후하게 쳐준다고 하니 생산자 입장에서도 농약을 덜 치게 되는 것은 인지상정 아니겠습니까?"

김 군수는 직거래의 장점을 이렇게 설명한다. 새마을지회 역시 직거래를 실시한 결과, 추가주문이 잇달았다. 하지만 그것만으로 기금을 충당하기에는 한계가 있었다. 이 국장은 새로운 사업을 고안해야 했다.

"산업화 과정에서 높은 땅값으로 인해 파생된 사생아가 바로 농어촌의 '노는 땅'입니다. 문득, 그 땅들을 경작해보자는 생각이 들더군요. 물론 반대도 있었지만, 이것이 기금자립의 효자가 될 줄은 아무도 몰랐지요."

농사라면 신물이 나는데 또 무슨 영농사업을 하느냐는 비난이 쏟아졌다. 그러나 부족한 자금난에도 아무런 사업을 하지 않는 유명무실한 단체로 낙인찍힐 수는 없었다. 군지회를 비롯한 12개읍면에서 단체별로 유휴지 영농사업이 시작되었다. 막상 시작해 놓고 보니, 역시 새마을이었다.

"근면과 자조와 협동으로 일어섰습니다. 그런데 봉사란 것이 참 묘합니다. 모두 함께 뙤약볕 아래서 일하면서도 보람이 컸거든요."

현재 봉사기금의 원천이 되고 있는 유휴지 영농사업은 군 6천여 평,

읍면 4만 4천 평으로 전국 최대 규모를 자랑하며, 이를 통한 총수입은 1억 4천여만 원이나 된다.

"이 사업이 전국적으로 확대되어 현재는 많은 새마을지회들이 노는 땅을 경작하고 있지 않습니까?"

자신감 넘치는 그의 표정에 마음 한켠이 든든하다. 이 모든 것은 중심이 잘 잡혀 있기에 가능한 일일 것이다. 중심이란 곧 자발적으로 참여하고자 하는 개개인의 의지이다.

"저희는 회원 입회에 있어 등록제를 실시하고 있습니다. 1993년은 전 새마을 가족에게 참으로 불우한 해였어요. 전국적으로 새마을운동이 폄하되고 존속의 여부마저 논란의 대상이 되지 않았습니까? 그때 저희는 과감히 전 지도자의 자격을 정지하고, 자율적으로 지역사회를 위해 봉사하고자 하는 인사들로 하여금 재등록하게 만드는 작업을 전개했습니다."

장부를 들여다보니, 연 회비가 군회장 50만 원, 읍면회장 6만 원, 일반지도자 3만 원으로 적혀 있고 이에 따른 적립금은 2000년 6월 현재 5,500만 원으로 되어 있다. 1994년 1월 50%에 머물던 회원 등록의 수치도 현재는 99%로 거의 완료된 상태다.

물론 젊은 패기도 있을 것이나, 이 국장의 한 마디 한 마디가 내게는 그렇게 대견하게 들릴 수가 없다. 1980년대 이후 위태롭게 지탱해 오던 새마을의 진정한 모습을 나는 그에게서 본다. 그 중 협동정신은 공동운영제 실시로 부각된다.

"일부 위정자들에 의해 협의회니 부녀회니 갈라진 것이지 애당초 새마을운동에는 남녀 구분이 없었습니다."

이 국장의 말대로, 당진새마을에는 남녀지도자의 구분이 없다. 사업도 공동입안하여 추진하며 예금통장도 1개로 통합되어 있다. 즉 모든 창구를 일원화시킴으로써 분열의 소지를 없앤다는 취지다.

❖ 혼자노인, 어린가장, 장애이웃 돌보기

전북 김제시에 이어 두 번째로 경지면적이 넓은 당진의 주 소득원은 역시 쌀이다. 김 군수에게 벼농사 경작 1위를 차지하게 된 경위를 물으니, '새마을기의 새싹이 밑거름이 되었기 때문'이라는 농담을 한다. 그러나 그의 말이 단순한 농담만은 아님을 우리는 서로가 안다. 충남 전체가 그러하지만, 당진 곳곳에서 펄럭이는 새마을기… 전국적으로 군청 내 새마을과가 설치되어 있는 곳도 당진이 유일하다.

"혼자노인, 어린가장, 장애이웃…."

이런 용어도 10년 전부터 당진에서만 쓰이는 말들이다.

"1990년부터 지도자 한 사람이 한 가구의 장애이웃과 자매결연을 맺고 가족이 되고 있습니다. 장애이웃에겐 물질적인 것뿐 아니라, 정신적 버팀목이 필요해요. 즉 지도자들이 보호자가 되는 셈이지요."

이 국장은 "마음이 전해져야만 진정한 봉사"임을 강조한다. 전국적으로 실시되는 새마을운동의 하나인 "사랑의 김장 담가주기"도 마찬가지다. 지회에서 직접 심어 가꾼 5천 포기의 배추에 지도자들이 십시일반 양념을 보태는 것은 정성과 사랑의 표현이 아닐 수 없다. 김장의 혜택이 돌아가는 곳은 총 450가구, 군 내 모든 어려운 가정의 김장을 전량 담아준다.

이들의 바통을 이어받을 미래의 지도자는 학생자원봉사학교에서 양성되고 있다. 7주 코스의 봉사프로그램을 작성해, 보다 체계적으로 운영되는 이 봉사학교는 현재까지 5회에 걸쳐 600여 명의 꿈나무를 배출해냈다.

과거의 지도자들도 쉬지 않는다. 새마을운동에 대한 향수 때문일까. 120명의 회원들이 매달 모여 환경봉사활동을 하는 모습이야말로 끌어주고 밀어주어야 할 전직 지도자들의 과제가 아닐 수 없다. 하긴 애당초 이곳은 농촌부흥운동의 산실이 아니던가. 구한말 동아일보가 전개했던 브나로드 운동(농촌부흥운동)이 심훈의 상록수 정신에서 다시금 새마을운동으로 발전되고 있음에 감사하다.

하늘가로 번지는 여름 석양이 곱다. 그러나 자꾸 뒤돌아보게 되는 것은 저녁빛 때문이 아니라 함께 잘 살아보자는, 저들의 아름다운 공동체가 겹쳐지는 까닭임을 나는 모르지 않는다.

풍요와 발전의 키워드를 찾아서

— 안성시 미양면 신계리 복지마을 記(2000년 4월 26일)

서울에서부터 1시간 남짓이나 달렸을까. 경부고속도로에 완연하던 봄빛이 터미널에 내려서까지 잔상(殘像)으로 아른대더니만, 신계리행 택시를 갈아타니 배꽃향이 가슴 속까지 스미어든다.

1980년대 복지마을로 알려진 안성시 미양면 신계리로 가는 길, 차창 밖으로 드문드문 어우러진 복사꽃에 고향의 흙냄새가 어린다. 가슴이 뭉클하다. 투박한 경상도 사투리마저 그리워지는 오늘, 모처럼의 여유 속으로 펼쳐지는 기름진 경기평야가 마음을 넉넉하게 만든다. 여기서부터 그곳까지는 20분 거리다. 동승한 K씨가 핸드폰을 두고 내렸는데 8 km나 달려갔던 기사는 우리가 내린 마을까지 되돌아와 휴대폰을 건네준다. 푸근한 안성 인심이다.

신계리에 들어서자 김선홍(53세) 전임 지도자와 곽춘식(44세) 현 지도자가 반겨준다. 그들의 손을 잡고 악수를 하니 가죽처럼 단단한 손의 느낌이나 선한 표정의 구릿빛 얼굴 등이 건강한 농부의 모습이라 유쾌하기까지 하다. 곽 지도자의 안주인이 내오는, 손수 키웠다는 토마토가 싱싱하다. 안주인 역시 새마을 면 부녀회장으로서 부부가 같이 마을조직의 리더로 일하고 있다. 김 지도자가 이 마을로 이주한 것은 1977년, 대청댐 건설로 마을이 수몰된 후였고, 임진왜란(壬辰倭亂) 때 의병장 곽재우(郭再祐) 선생의 후손인 곽 지도자는 조부 때인 80년 전 경북 영천에서 이주하였다 한다.

신계마을은 지금으로부터 439년 전인 1561년(명종 16년), 정3품 당상관의 벼슬아치로 있던 절충장군의 부친이 가족을 이끌고 들어와 안착한 데서 유래되었다. 그가 무과에 급제한 기념으로 동료들이 집 앞 연못에 섬을 만들어 심었다는, 이름 모를 나무 한 그루가 오늘날까지 마을을 지키는 수문장처럼 위태로운 모습으로 서 있다. 그러나 김 지도자에 의하면 이 나무는 국가가 어려움을 당할 때마다 나뭇가지가 시들거나 부러지는 등 영특한 변화를 보인다고 한다.

"6·25사변 때는 북쪽 가지가 시들었고 10·26 박정희 대통령 시해사건 때는 나무 전체가 부러졌는데 당시 마을에는 모래채취와 매립관계로 주민과 행정기관간의 대립과 불신이 있었습니다. 또 마을 주민간의 갈등으로 한바탕 곤혹을 치르게 되어 그 후유증이 지금까지 남아 있지요."

❖ "고속도로가 우리 마을 살렸습니다"

둘러본 이 마을의 첫인상은 마치 선진국의 농촌과 같다. 구획정리된 땅이며 가택의 모습들이 그야말로 사람을 잡아끌고도 남음이 있다. 과연 국내는 물론 베트남, 인도, 파키스탄, 태국, 말레이시아, 스리랑카, 인도네시아 등지에서 찾아와 배워갈 만도 하다.

"고속도로가 우리 마을 살렸습니다"라는 곽 지도자의 말에서 과거 고속도로 개통식(1968년 12월 21일, 서울-인천, 서울-수원) 날 있었던 박정희 대통령의 연설이 생생히 실감된다.

> 산업국가에서 도로의 혁명 없이는 산업의 혁명이 이루어질 수 없다. 서울, 부산간 고속도로는 1970년 말까지 4시간 거리로 연결될 것이고 (1970년 7월 7일 전면개통), 이 연변에 새로운 산업발전이 이룩되면 이는 우리 경제개발에 획기적인 계기가 될 것이다.

그 선견지명대로 이 마을은 고속도로가 개통됨에 따라 물류나 정보가 빨라져 경쟁에서 이길 수 있는 토대가 마련되었던 것이다.

초가집뿐이었던 35호 농가가 기와집, 함석집, 슬레이트집으로 바뀌고 한 필지당 1,200평 규모로 경지정리가 시작되어 농경지와 수로가 바둑판처럼 정리됨으로써 영농에 큰 획을 긋게 되었다. 전기가 들어온 것도 1968년 고속도로공사 시작과 함께 불어닥친 변화와 발전의 물결이었는데, 그 물결은 수천 년간 깊은 잠을 자고 있던 이 농촌마을을 흔들어 깨웠다.

다른 마을보다 먼저 깨어난 이 마을 주민들은 어느 곳보다 더 적극적으로 새마을운동에 참여하였다. 1979년에는 취락구조 개선사업을 추진하여 현대적인 시범농촌마을로 탈바꿈하였는가 하면, 1980년대부터는 '복지마을 건설'을 향해 지도자를 중심으로 주민 모두가 힘을 합쳐 계속 새마을운동을 추진한 결과, 목표를 초과달성함으로써 1992년에는 '자랑스런 마을'로 지정되기도 했다.

이후 비옥한 안성천의 퇴적층에는 쌀농사 중심의 영농을 실시하고, 한편으론 시설 채소인 참외, 토마토, 오이 및 축산 등의 복합영농을 추진, 호당 평균소득이 약 3천만 원 이상(1999년) 되었을 뿐 아니라, 호당 저축액도 평균 약 1천만 원으로 경기도내 제5위 부자마을로서 현재까지 복지농촌마을의 표본이 되고 있다. 이렇게 복합영농을 실시하는 것은 한 가지 사업이 부진할 때, 다른 사업이 보완해 줄 수 있기 때문이다. 얼마 전 구제역 파동으로 소값이 하락했을 당시, 축산마을은 울상이 되었지만 신계리처럼 복합영농을 실시하는 마을은 큰 타격을 입지는 않았던 것이 좋은 예다.

35호에 불과했던 마을이 현재 52호로 늘어난 동기를 물으니 소문을 듣고 찾아온 사람과 지나가다 이 마을을 본 사람들이 모여들었기 때문이라 한다.

"지금은 농지를 전용하여 집을 더 지을 수가 없기 때문에 이사를 오고 싶어도 오지 못합니다."

김 지도자의 말에 자부심이 가득하다. 그러나 그 배경에는 열심히 일해온 노력과 근면이 바로 잘 사는 근본임을 주민 모두가 생활 속에서 체득한 덕분일 것이다.

"이상은 높게, 현실은 착실히"라는 1970년대 새마을지도자연수원의 "우리의 생활신조"를 마을의 훈(訓)으로 삼아 성실하고 모범적인 생활을 지속하고 있는 모습들을 보니 표현할 수 없는 흐뭇함이 인다.

마을 환경면에서도 농가소득의 증가와 함께 1970년대 추진했던 사업들을 꾸준히 보완, 개선하고 있다. 전 가구 농촌문화주택 건립에 이어 현대식 마을회관, 마을 안길·진입로 아스콘 포장, 하수구 정비·복개, 가로수 식재, 가로등 설치, 어린이 놀이터, 버스 승강장, 상수도, 배구, 농구, 테니스장 등의 설치는 마을의 모습을 선진화시키는 주요인이다.

❖ 선진국형 농촌의 지향

바둑판 같은 들판으로 불어가는 5월의 훈풍에 잠시 망중한의 기분으로 다시 주위를 둘러본다. 눈에 띄는 것은 현대식으로 지어진 주택뿐 아니다. 3차례에 걸쳐 개축하였다는 마을회관도 이곳 주민들의 결속력을 다지는 장이 되고 있는 듯하다. 마을회관에서 이루어지는, 자체영농기술 향상 및 개량을 위한 노력 등은 정말 높이 살 만하다.

"선진독농가, 농업기술자, 대학교수 등 전문가를 초빙하여 정기적으로 세미나를 개최해 기술을 배웁니다."

김 지도자의 설명이다. 또한 경주 안강지역의 찰토마토, 성주 참외 견학이나 서울 가락시장의 농산물 출하실태도 일일이 분석하여 상품성 제고에도 힘쓰고 있다. 주민의 결속력을 다지는 데는 무엇보다 자금이 필요한 것이 사실이다. 다 같이 모인 자리에 자금이 없어 식사 한 번 못할 처지라면 필시 흥은 나지 않을 터이므로.

"마을기금이 4천여만 원이 조성되어 있습니다. 그 돈은 주민들의 애경사나 경로잔치, 효도관광에 사용되지요. 또 명절 때면 전 주민이 이곳에 모여 출향인사를 위한 노래잔치나 민속놀이 같은 행사를 개최합니다."

곽 지도자의 귀띔에서 알 수 있듯 공동체적 삶을 이어가고 있는 것도 특색이다. 그러나 삶의 질을 높인다는 것이 단지 경제력 향상에만 국한된 것은 아니다. 경제가 향상되면 그에 따른 문화적 수준 또한 높아져야 한다. 신계리 주민들은 승용차를 이용해 세종문화회관을 비롯해 서울에서 공연되는 연극이나 쇼를 관람하기도 한다.

"인터넷 등에서 정보를 찾아 은행에 가서 입금하면 당일 매표소에서 티켓을 찾을 수 있습니다. 그런 날은 승용차 몇 대가 출발하지요. 공연이 끝난 후엔 으레 뒤풀이가 있기 마련 아닙니까? 술 한 잔 할 사람은 차를 집에 두고 다른 집 차에 동승하면 됩니다."

곽 지도자의 은근한 자랑만으로도 사는 일의 즐거움이 가속화된다.

이 화려한 산하를 배경으로 땀 흘려 일하고 그 대가를 즐길 수 있다면 이보다 더한 낙원이 또 있겠는가.

그렇다면 신계리 주민들의 생활수준을 잠시 들여다보자. 우선 냉장고나 세탁기, 가스레인지 등은 물론 52개 가구에 화물차가 12대요 승합차가 1대며 승용차를 포함한 차량이 총 71대다. 컴퓨터도 12대나 된다. 주거형태만 보아도 전 가구 입식부엌에 기름보일러 시설을 갖췄다. 그 중에는 에어컨을 설치해 시원한 여름을 보내는 이들도 적지 않다. 또한 효율적 영농사업을 위해 이앙기와 트랙터, 결속기 등의 농기계가 145대나 된다. 실례로 하우스의 경우, 자동화 시설이 70% 진척된 상태이며 수경재배 농가도 4호나 된다. 즉 논농사에서부터 비닐하우스에 이르기까지 모두 기계화시킴으로써 선진국형 농업을 지향하고 있는 것이다.

❖ 생동감이 넘치는 마을 기능분담 조직

연둣빛 녹음이 퍼져가는 신계리는 젊다. 마을의 인구분포를 살펴보면 우리 농촌이 안고 있는, "젊은층의 부재"라는 문제가 이곳에서는 나타나지 않는다. 단단한 허리로 농사에 종사할 수 있는 21세~70세까지의 인구가 전체 주민의 60% 정도 된다. 나머지 인구는 주로 열 살 미만의 아이들과 중고생들이다.

또 한 가지 특기할만한 사실은 주민들이 각 나이별로 마을조직을 구성해 역점사업을 실시하고 있다는 점이다. 우선 장년층이 모인 영농회의 경우, 농자재를 공동구입해 가격을 낮추고 병충해를 공동방제하는가 하면 양질미 생산을 위해 퇴비를 같이 생산한다. 지도자를 중심으로 협동생산에 의한 공동출하를 실시함으로써 농산물 제값받기를 위해 노력하며, 농기계 공동보관창고(102평), 농산물집하장(30평), 기계화 영농단(25평), 선별기 등의 설치로 이에 박차를 가하고 있다.

부녀자들의 모임인 부녀회는 경로잔치를 개최하고 불우이웃을 도우며 생활필수품이나 가전제품 등을 공동 구입하기도 한다. 또한 토마토 작목반과 포도 작목반에서는 계통출하는 물론이요 자체 세미나를 개최하거나 농촌지도소 교육 및 시찰을 통해 변화 속에 새로운 과제를 포착하고 아울러 질 좋은 우수한 농산물 생산에 주력하고 있으며 원가를 절감하기 위해 공장에서 직접 원예자재를 구매하고 있다.

그런가 하면 청년회는 미래를 준비한다. 그들은 N세대 특유의 앞선 마인드로 공부방을 운영하며 출향인사들을 수시로 초청, 마을 위안의 밤 행사 등을 통해 유대를 강화하고 있다. 노인회도 쉬지 않는다. 폐품 모으기나 예절교육, 그리고 마을 안길 청소 및 마을 진입로의 잡초 제거가 그들의 몫이다.

21명의 유치원생과 초등학생들은 마을에서 1 km 떨어진 곳에 위치한 계정초등학교 및 병설 유치원에 다니고 10명의 중고등학생들은 8 km 떨어진 안성 시내로 통학한다. 그래봐야 20분 거리니 서울의 학생들에 비하면 무리는 아니다. 더구나 고속도로 밑엔 1 km의 아스콘 도로가 나 있고 버스도 수시로 들어와 통학의 어려움은 없다.

아이들은 건강한 발걸음으로 학교에 가고 청년들은 큰 포부로 새천년을 연다. 너른 들에는 열심히 일하는 장년층이 있고 노동을 통해 삶의 보람을 찾으려는 노인들의 모습도 쉽게 발견된다.

이제 신계리는 다시 바빠질 것이다. 농기구장에서 쉬고 있던 기계들도 다시 기지개를 켤 때다. 그러나 기계영농으로 1만3천 평 농사를 혼자 짓는다는 곽 지도자가 문득 푸념같은 말을 건넨다.

“손으로 농사짓던 과거엔 품앗이의 전통이 있었는데. 지금은 그런 미덕이 개인주의로 흐르는 것 같아 아쉽습니다. 기계화의 산물이겠지요…. 정부에서 새마을운동을 점점 등한시하는 것 같아 아쉽습니다. 저희 마을이 지속적인 풍요를 누릴 수 있는 것도 따지고 보면 지도자에서 지도자로 이어져 내려온 새마을운동 때문 아니겠습니까?"

1990년대 초 새마을운동이 정치와 관련되어 이런저런 오해를 샀던 일이 떠올라 그에게 '당적을 가지고 있는지' 물었다.

"당적이라니요? 그런 건 일체 없습니다. 애당초 새마을이 정치와 연결되었더라면 전국적 범국민운동으로 전개될 수 있었겠습니까? 새마을은 정치와는 무관합니다. 특히 지도자가 정치색을 띤다면 주민 호응을 받을 수가 없어요."

그의 말을 들으며 나는 지금도 묵묵히 일선에서 뛰는 230만 지도자들을 떠올려 보았다. 국가발전의 기틀이 되어온 그들을 위해 과연 무엇을 대신해줄 수 있을 것인가. 그러나 한 가지 확실한 것은 새마을운동이 계속 전개되는 곳은 꾸준한 발전을 거듭한다는 사실이다. 신계리는 이러한 선례를 보여주는 좋은 예다.

"삶을 다스리는 데는 근면만한 것이 없다(治生之道 莫尙乎勤)"하였듯, 보람된 삶을 경작할 수 있는 키워드는 바로 근면임을 다시금 배워본다. 복지마을 신계리에 와서.

전통 농촌공동체를 복원하는 "살기 좋은 내 마을"

— 충남 공주시 우성면 상서 2구 마을記(2000년 6월)

우리의 먼 조상들이 이름도 없는 촌락에서 태어나 긴 세월 동안 성장기반이 된 농촌은 경제사회의 급속한 발전과 도시화 현상으로 과소화(過疏化)에 신음하고, 또 정보화, 고령화, 개방화의 진전으로 경제, 사회의 모든 면에서 크게 변화되고 있다. 따라서 농촌전래의 공동체는 붕괴일로로 치닫고 있고 지역의 다양성, 전통 혹은 인심마저도 크게 변모되어 그 양상은 마치 기복 세찬 해일이 바다를 덮치는 것으로도 비유할 수 있다. 하지만 이런 와중에서도 충남 공주시 우성면 상서 2구 마을에서는 지금까지 다져 온 새마을운동의 정체성(正體性)을 계승하여 마을의 특색과 매력을 창출하고 개성과 주체성을 살린 다양한 마을활성화사업을 전개함으로써 우리 전통의 농촌공동체를 복원하고 있다. 상서마을에 관한 소식은 나에게 있어 까맣게 잊고 있던 고향의 옛 모습을 떠올리게 한 사건(?)이었다.

❖ 새마을의 자장력(磁場力)이 미치는, 네 개의 자연부락

산이 마을을 감싸고 옥답의 젖줄인 금강이 멀리 감돌아 나간다. 공주시에서 서쪽으로 약 5킬로 지점, 예산·청양 가는 길목은 함평 오씨(吳氏)와 진주 강씨(姜氏)가 집성촌을 이루어 5백여 년 살아온 4개의 자연부락이 있는, 상서2구 마을이다. 총 호수 155호(농가 120호, 비농가 35호)에 총인구는 510명(남자 260명, 여자 250명), 총 경지면적은 99정보(논 76정, 밭 23정)로서 호당 평균 경지면적은 약 2천 5백 평 정도가 된다.

새마을운동가의 후렴구인 '살기 좋은 내 마을'의 표상처럼 새마을금고에는 65억여 원의 예금고가 보유되어 있고, 마을공동자산 또한 시가 약 15억 원 상당이나 된다. 마을공동자산에서 나오는 수익금은 마을공동 경비로 충당된다. 이러한 자립경영뿐 아니다. 주민의 화합과 단결에 있어서도 새마을의 자장력(磁場力)이 작용한다.

"전 주민을 청년회, 부녀회, 노인회, 개발계(契), 마을금고 등 5개 조직으로 편성해 각 단체별로 임무를 분담시켜 공동으로 새마을사업을 추진하고 있습니다. 한 단체에서 사업을 주관하면 나머지 4개 단체가 적극 협조 지원함으로써 사업추진이 용이하고 효율성이 높다는 장점이 있지요."

오재고 현 지도자의 말이다.

새마을사업을 총괄하는 사람은 새마을지도자요, 이장(里長)은 행정을 담당하며 이들을 기점으로 청년회는 새마을사업의 추진주체가 되어 새마을의 미래를 열어가고 있다. 각종 마을행사 지원은 부녀회가 맡는다. 그들은 1993년에 구입한 자동식 장갑 직조기 2대를 이용한 가내수공업과 폐품수집 등의 수익사업을 통해 청소년수련대회, 경로잔치, 불우이웃돕기 등을 지원함으로써 마을 공동체를 윤택하게 만든다. 노인회의 역할도 만만치 않다. 청소년 지도 및 충효·건강 교실 개최, 문화전승관과 태상전(太上殿) 운영관리 등이 노인회의 몫이다. 또한 1995년도부터 350평 밭에 벚나무 묘목 1만 2천 그루를 식재해 양묘(養苗) 사업을 하고 있으며 4백 평의 생강밭도 눈에 띈다.

그런가 하면, 150명의 회원으로 이루어진 개발계는 마을 공동자산 관리, 마을발전을 위한 사업지원을 하며, 150명 회원으로 이루어진 새마을금고의 재산관리, 저축, 농사자금지원 등을 담당한다.

❖ 돼지새끼 열 마리가 15억 원 마을 재산의 밑거름

풍요롭고 살기 좋은 마을에는 반드시 주민을 리드하는 인물이 있기 마련이다. 상서마을 역시 굳건한 지조(志操)와 비전을 겸비한 리더가 있었다. 암울했던 "1963년에 저(오정영 전 새마을지도자, 1987. 11 새마을훈장 노력장 수상)를 포함한 마을 청년 8명이 권농회(勸農會)를 조직해 농촌 잘살기 운동을 시작했습니다. 당시 마련한 회원이 각출한 기금으로 돼지새끼 10마리를 구입한 것이 마을공동 자산조성의 시발점이었지요. 당시 10호의 영세농가에 돼지새끼를 한 마리씩 나누어 사육하게 하고 1년에 돼지새끼 2마리씩을 권농회(勸農會)에 갚게 했습니다." 그 시작의 점화수(點火手)가 바로 그였다.

오정영 전 지도자의 시원시원한 음성이 의욕에 찬 추진력을 가늠케 한다. 올해 72세인 그는 해병대 출신 6·25 참전용사로서 남다른 국가관을 갖고 있다. 아닌 게 아니라 주민의 의욕에 불을 붙인 점화수이며 상서 2구 마을에 새바람을 일으킨 진원(震源)인 것이다.

새마을운동 초기 지도자란 우선 "새마을정신이 투철해야 하고 신망과 설득력이 있어야 하며 창의력과 개척정신은 물론, 사명감과 민주적 지도력을 지녀야 한다"("새마을운동" 72쪽. 문화공보부, 1973)고 했다. 그런 의미에서 오정영 씨는 지도자의 자격을 확실히 갖춘 인물이라 할 수 있을 것이다. 그 단적인 예가 마을공동자산의 분배문제이다. 자산이 어느 정도 조성되자 많은 사람들은 이를 처분하여 개인별로 분배하자고 하였다. 그러나 그는 새마을운동은 우리 당대만 잘 사는 운동이 아니고 우리 후손까지 잘 살게 하는 운동이므로 마을 공유로 하여 후손들이 이 자산을 계속 이용할 수 있도록 해야 한다는 소신을 굽히지 않고 주민들을 설득, 오늘이 있게 하였다.

그간의 새마을사업 추진방침을 물으니, "사업을 추진할 때는 먼저 주민의 공감과 공명을 얻기 위해 무슨 일이든지 회의를 거듭하여 주민의 동의나 합의를 끌어낸 후 추진하였다" 한다. 또 "사업별로 총무(책임자)와 현장감독을 배치하여 차질이 없도록 사전조치를 했다" 한다. 또 "일이 끝난 후엔 반드시 주민 앞에서 결산보고를 하고 관계 장부와 증빙서류를 비치하여 누구나 열람할 수 있도록 투명한 관리로 일관하였다"는 말도 덧붙인다.

"공과 사를 분명히 하신 분이지요. 마을공유자산을 비롯해 금전관계나 이해관계가 수반된 일은 일체 개입하지 않으셨습니다. 마을금고 이사장 15년 간 무보수로 일하셨는가 하면, 새마을사업에서도 지도자가 총괄하고 남녀 공동으로 추진하였는데 이것이 오늘날까지 내려오는 마을의 전통이 되었습니다."

현 지도자인 오재고 씨가 피력하는 오정영 전 지도자의 모습이다.

어려운 사람, 가난한 사람을 항상 배려하고 도와주는 데 앞장섰다는 말도 들린다. 본인은 검소한 생활을 하면서 마을을 위한 금전적 희사에는 누구에도 뒤지지 않았다는 것이다. 본인에게 얼마나 희사하였느냐 물으니 그는 말을 꺼린다. 재차 묻자 그제야 쑥스러운(?) 표정으로 "한 5~6천만 원 정도 될 것"이라며 과거 권농회 이야기로 공(功)을 돌린다. 돈 좀 냈다고 자랑삼아 움질대는 사람도 있는데….

> 1966년에 권농회에서 쌀 20가마를 마을에 내놓았습니다. 우리만 잘 살려고 노력할 것이 아니라 마을 전체가 잘 살도록 하자는 의견이 모아졌거든요. 그 일에 마을 주민들이 감동하여 집집마다 성의껏 내놓은 쌀이 10가마가 되어 마을 자산이 쌀 30가마로 늘어났습니다. 이를 계기로 67년에 전 가구를 대상으로 하는 개발계가 조직되었고, 그 후 주민들이 단합하여 공동으로 마을 일을 추진하게 된 겁니다. 그러다가 새마을운동이 시작되어 침수지, 유휴지, 못 쓰는 땅을 논으로 개간해 총 7천 4백 평의 마을 공동논을 확보했어요. 그 논을 다시 영세농가에 임대해 경작하게 했지요. 다 같이 잘 살아보자는 거, 그게 새마을 아닙니까?

계속적인 공동자산 증식(增殖)으로 대지 830평이 또 확보되었다. 이어서 구판장(상가)과 노인회관, 그리고 행정기관의 지원자금과 자재자금으로 농기구 수리센터와 복지회관을 건립하여 현재 공동자산은 약 15억 원으로 평가되고 있다. 더구나 이 공동자산은 개인 소유나 처분이 불가능하도록 '상서 2구 마을회' 명의로 등기, 대대손손 후손들이 활용할 수 있게 하였다. 이 마을 공유재산의 존재는 주민단결의 원천이며 마을의 사회, 경제적 발전의 기반이 되고 있다. 그 심주(心柱)는 바로 새마을정신이다.

1970년대 새마을운동으로 상서 2구 마을은 한 단계 더 도약(跳躍)할 수 있었다. 70년대 초, 기초환경개선 사업이 마무리되자 새마을 회관과 창고를 건립하였고 73년에는 통일벼 못자리 6천 평을 설치·보급함으로써 그해부터 보릿고개가 없어지는 녹색혁명의 쾌거를 이룬 것이다. 또 그간 절미저축 운동으로 조성된 140만원으로 새마을 금고(회원 130명)를 개설하였으며 부녀회가 중심이 되어 마을 구판장을 운영하기도 했다.

1970년대 새마을운동은 민족사의 전환점이 되었던 우리네의 소중한 역사가 아닐 수 없다. 상서 2구마을도 예외가 아니라서, 주민 모두가 힘을 합해 개인 소유 침수지 1만여 평을 농지로 조성, 그 대가로 3천 평을 공동자산으로 확보하게 되었다.

오정영 전 지도자가 술회하는 당시의 이야기.

> 3천 평의 논을 어려운 5가구에 6백 평씩 임대해 경작하도록 했습니다. 이후에도 쓸모없는 땅을 논으로 만드는 공동작업은 계속되었지요. 그 결과 1975년에는 천 6백 평, 76년에는 2천 8백 평, 총 7천 4백 평의 마을 공동 논이 마련되었습니다. 또 공주시 최초로 노인회관을 건립했던 것도 70년대였지요….

박 대통령 서거 후에도 이곳에는 새마을운동의 불길이 꺼지지 않았다. 변화와 역풍에도 흔들림 없이 뿌리 깊은 공동체가 유지된 것이다. 실례로, 1984년에는 40평 짜리 농기구 수리센터를 건립하여 농촌의 기계화에 따른 농민의 불편을 해소하였고, 85년 농지개량조합 우성출장소 가옥(대지 250평)을 매입해 마련한 마을 구판장이 오늘날까지 운영되고 있다.

앞서 말한 새마을의 자장력은 1990년대에도 단절되지 않았는데 그것이야말로 상서 2구 마을이 오늘날 모범마을로 자리매김 된 또 하나의 요인이 될 것이다. 말끔한 모습으로 신축된 40평짜리 노인회관 건물도 90년대 새마을사업 중 하나였다. 현재 이 건물 1층은 노인회관과 건강교실로 사용되고 2층은 문화전승관(마을 박물관)으로 활용중이다.

문화 전승관에 들어서니 비치된 물품들이 문득 어린 시절, 농촌에서의 추억을 그리게 한다. 생활용구, 농사도구, 제례용 집기, 길쌈도구, 집 짓는 도구 및 기계 장비, 기름짜는 기구, 디딜방아….

❖ 세시풍속 이어지는 아름다운 모듬살이

우리 전통문화 중 가장 새마을정신과 일치되는 것이 아마도 두레의 풍속일 것이다. 이제 두레가 시행되는 마을은 거의 찾아볼 수 없다. 여기에는 기계화의 탓도 있을 것이나, 어찌 되었건 두레의 전통이 사라지고 있음은 안타까운 일이 아닐 수 없다.

> 저희 마을은 농사일을 할 때 아직도 두레를 실시하고 있습니다. 이를 위해서는 먼저 좌상(또는 영좌)과 업무를 맡아보는 간사인 공원(公員)을 선출하지요. 두레패가 일하는 장소에는 두레의 기를 높이 꽂아놓고 풍악을 칩니다. 일이 끝나면 논의 평수에 따라 비용을 부담하는데 그 비용은 동네의 재정으로 축적되지요.

오장웅 이장의 말에 보람찬 협동의 현장이 눈앞에 펼쳐진다. 이마에 흐르는 구슬 같은 땀방울, 걸쭉한 막걸리에 신명나는 풍악소리, 서로가 서로를 돕고 사는 그 아름다운 모듬살이가 상상만으로도 가슴을 벅차게 만든다.

살아 전해오는 전통은 두레 외에도 정월 대보름의 척사대회를 비롯해 중국 전설의 제왕(농사법·의료·교역 등을 민중에게 가르쳤다 함) 신농씨(神農氏) 제례행사, 칠석맞이 주민 체육대회, 청소년 어울마당, 그리고 음력 10월 5일에는 단군왕검과 역대임금들의 제례행사가 있다. 마을 저편, 최근 건립한 태상전에는 단군왕검, 고구려 28위, 백제 31

위. 신라 56위, 가야 10위, 발해 14위, 고려 34위, 조선 27위의 임금과 김구, 이승만, 윤보선, 박정희 대통령 등 총 205위의 역대 임금과 대통령의 위패가 모셔져 있다.

총 205위의 신위 중 조선조 연산군과 광해군은 제례를 지내지 않습니다. 살아서 잘못하면 사후에도 영원히 예우를 받지 못한다는 점을 청소년들에게 교훈으로 남기려는 것이지요.

어떠한 문화이건 역사적 배경을 이해·존중해야 하며 자기의 일방적인 기준으로 평가하거나 비하해서는 안 된다는 것이 문화상대주의이다. 이에 우리의 전통문화를 자랑스럽게 생각하고 계승 발전시키는 것 또한 새마을의 중요한 몫이 될 것이다. 역시 새마을의 초심(初心)이 변하지 않는 곳엔 발전과 미래가 있다.

이같은 오정영 전 새마을지도자의 자기형성과 그 후배들의 적공(積功) 사례 경험을 들으면서 충청인(忠淸人)이 갖고 있는 청풍명월(淸風明月)—맑은 바람과 밝은 달의 뜻으로 결백하고 온건한 충청도 사람의 성격을 평하는 말—의 기질이 나의 뇌리를 스쳤다.

매사 서둘거나 쉬지 않고 한걸음 한걸음 목표를 향하여 우보(牛步)처럼 전진해온 상서2구 마을 주민의 줄기찬 노력에 머리가 숙여진다.

아름답고 귀한 그들

◈ 고통을 깎는 이발사

경주시 성내동 새마을지도자 황종섭 씨

서민의 힘은 위대하다. 영국에서 귀족가문을 창건한 이야기 중(스마일즈 저, 남용우 옮김, 《자조론》) 텐더슨 경의 고사내력(故事來歷)은 잊혀지지 않은 일화로 남겨지곤 한다. 텐더슨 경의 출신이 아마도 가장 미천했을 것이나 그는 조금도 부끄럽게 생각하지 않았다. 자기가 높은 지위를 얻은 것이 오직 자기자신의 근면과 연구와, 전념(專念)의 덕이라고 확신했기 때문이다. 어느날 그는 아들 찰스를 데리고 당시 캔터베리 중앙성당의 서쪽 건너편에 있던 조그만 판잣집으로 가면서 다음과 같이 말했다 한다.

> 애야, 저 조그만 이발소를 보아라. 저 집을 보여주려고 내가 일부러 너를 데리고 온 것이야. 저 이발소에서 너의 할아버지께서 손님들의 머리를 깎아주고 1페니의 돈을 받으셨단다. 저 집은 내게 가장 자랑스러운 추억을 남겨주는 곳이지….

경주시 성내 9동의 새마을지도자 황종섭 씨(2002. 10. 25, 새마을지도자대회 대통령 표창 수상)는 가난한 산골마을 출신, 빈농의 아들이라고 했다. 경주시 현곡면 상구2리, 여섯 살 되던 해 어머니를 잃고 아버지마저 병석에 누워 계셨으므로 그는 조부모님 슬하에서 중학교도 제대로 졸업할 수 없었다. 친구들이 자전거를 타고 등교하던 모습을 물끄러미 지켜보다가 지게를 지고 산에 올라 나무를 해야 했던 그의 유년기…. 동생이라도 공부를 시키자는 각오로 중학교 2학년을 중퇴, 남의 집 머슴살이를 시작했고 기술이라도 배워보자는 심정으로 이용사 자격증을 따기까지의 세월 6년.

오늘은 그가 고아원생들의 머리를 깎아주는 날이다. 자신의 손으로 그 아이들의 모습을 번듯하게 만들고 나면 황씨는 보람만큼 행복을 느낀다고 한다. 이 무료이발 봉사도 벌써 20년이 되었다. 한번은 몸이 아파 제 날짜에 가지 못하자 어떻게 알았는지 보모선생님들과 원생들이 음료수를 사들고 가게로 찾아와 황씨의 눈시울을 적시게 만들었다는 미담도 들려온다.

연말에 고사리 같은 손의 원생들로부터 "아저씨, 올해도 너무너무 감사합니다"라 쓴 연하장을 받을 때, 더운 여름날 무거운 방역장비를 들고 전염병 예방을 위해 방역봉사를 하는 그에게 주민들이 내미는 시원한 냉수 한 잔, "약치는 아저씨 왔다!!"고 좋아라 그의 뒤를 졸졸 따라다니는 동네 꼬마들, 그리고 새마을 자율방범대를 조직해 우범지대를 순찰하면서 불미스런 일들을 줄이는 일에 동참했을 때 그의 가슴은 벅차오른다.

그가 경영하는 경주 시내의 '부부 고도이용원'은 현재 마을문고겸 고물상이다. 3, 500권의 책을 보유하고 있어 컴퓨터를 이용한 도서대출 관리가 이루어지고 있고 지난 1992년 2월부터 새마을 자원재활용 사업을 추진하여 총 1,648톤을 수거함으로써 10,498만 원이라는 엄청난 소득을 올렸다. 이 금액으로 불우이웃을 돕고, 폐품교환용 재활용 화장지를 구입하며 새마을문고의 신간도서를 산다. 그리고도 남은 돈은 3,500만 원. 그는 잔고가 5천만 원이 되면 장학재단을 만들어 불우이웃 자녀를 공부시킬 생각이라는 포부를 편다. 지금까지 그의 도서를 대출받았던 사람은 총 27,800명, 책은 총 67,300권이었다.

과거 1960년대에는 망태 아저씨라 불리던 사람들이 있었다. 커다란 망태에 집게를 들고 폐품을 수집해 생계를 이어가던 분들이다. 그래서 우는 아이에게 망태아저씨가 잡아간다고 하면 눈물을 뚝 그치곤 했던 일들을 지금의 40대 이상은 누구나 기억할 것이다. 폐일언하고, 자원재활용이란 말이 요즘에서야 이슈화되지만, 폐품수집으로 올리는 금액이 만만치 않음을 볼 때, 우리는 티끌모아 태산이라는 구시대의 유물격이 되고만 표어를 다시금 상기해야 하지 않을까 싶다.

황종섭 씨의 별명은 "인간 상록수"다. 그의 꿈은 새마을자원재활용기금 장학회 목표 5천만 원 달성이라고 한다. 독학으로 공부했던 동생이 서울로 대학입시를 보러가기 전날, 여비가 없어 결국엔 가지 못한 채 자취방에서 서로 부둥켜안고 울었던 일, 부부가 함께 낮에는 포장마차를 하면서 사글세방을 찾아 수없이 이사를 다녀야 했던 일, 단돈 100원이 없어서 먼 길을 걸어왔던 꼬마의 서러운 울음소리 같은 것도 황 씨의 마음 한켠에서 아직도 메아리친다. 그는 가난을 제대로 아는 사람이다. 그러기에 머리카락이 아닌 고통을 깎아준다. 그의 손길에는 존귀한 선의 빛이 있다. 언젠가 향리에서 농장에 다녀오던 나는 저녁 늦게 새마을지회 사무실에 불이 켜있는 것을 발견하고 발걸음을 옮겼다. 그곳에는 밝고 온화한 표정의 황종섭 씨가 컴퓨터를 수리하는 모습이 보였다. 순간 가슴이 찡해 그만 발걸음을 멈추고 한참이나 그를 보고 서 있었던 적이 있다.

또 한 번은 밤 10시경에 비닐막사로 지은 알뜰매장에서 어느 부녀회원과 맞닥뜨린 일이었다. 알뜰매장은 수집조, 교환관리조, 정리조로 나뉘어 봉사하게 되는데 저녁 설거지를 마친 어느 부녀회원이 늦은 시간인데도 수백 가지가 되는 악취 심한 헌 옷을 일일이 정리하고 있었다. 무어라 할 말을 잃어 "동지, 수고합니다. 야심한 밤에 살림살이도 바쁘실 텐데…"하며 위로의 말을 건네니 "아이고, 회장님 오셨습니까?"하며 반겨주었다. 말이 오가지 않아도 "소망의 닮음"을 나는 순간 마음 깊이 느꼈고 다시 한번 봉사에 대한 희열과 진정한 삶의 가치를 발견한 적이 있다. 새마을이 현재 이런저런 정치적 이유로 국민적 호응을 얻지 못한다 해도, 전국 새마을지도자 중엔 이렇게 봉사를 천직으로 아는 사람들이 많으니 참으로 감사할 일 아닌가.

❖ "제가 하겠습니다!"

제주도 서귀포시 새마을부녀회장 김영보 씨

봉사자란 궂은일에 선뜻 나설 수 있는 사람이다. 아무런 보상 없이 그저 남 돕는 게 좋아서, 남의 슬픈 일이 가슴 아파서 나누고 베풀기 위해 오늘도 집을 나서는 그들, 안방의 벽을 넘어 이웃에게 눈을 돌리고 있는 그들이야말로 이 사회를 지속시키는 원동력이라고 나는 믿는다.

제주도 서귀포시 새마을부녀회의 회장 김영보(1997. 12. 27, 새마을훈장 노력장 수상)씨도 바로 그런 사람 중 하나이다. 봉사뿐 아니라, 주민의식 개혁에도 일조하고 있는 그의 활동은 과연 제주도를 변모시키는 새마을의 힘이다. 대대적 자원재활용품 수집을 통해 매년 올리는 수익은 5,400만 원. 그 돈은 독거노인, 소년소녀 가장, 장애인, 폐질자, 생활보호대상자 등 소외된 이웃을 위해 쓰인다.

“인간에게 외로움처럼 괴로운 일이 또 어디 있겠습니까? 차라리 소년소녀 가장은 희망이라도 있지, 혼자 계신 노인분들을 만나고 올 때면 발걸음이 떨어지질 않아요.”

독거노인을 찾아다니는 며느리 봉사대로서 활동하는 그의 소감이다. 노인들에게 밑반찬 해드리기, 말벗 되어주기, 병원 모셔가기, 심부름 해주기 등이 며느리 봉사대의 주 임무지만 그래도 가슴 한켠에 남겨지는 외로움의 흔적은 지울 수가 없다고 그는 토로한다.

김영보 씨의 하루는 오늘도 분주하다. 특산물인 감귤 수상선과(樹上選果; 摘果)에도 적극 나서는 등 내고향 활력화 사업에도 나서야 하고 환경을 보존하는 일도 게을리 할 수 없다. 공한지에는 유채와 호박을 심어 소득을 올리며 주부건강대학과 시민외국어강좌의 운영을 통해 열린 새마을사업도 벌인다. 그러나 그는 행복하다고 한다. 그래서 늘 궂은 일, 힘든 일에 선뜻 “제가 하겠습니다”라고 나선다.

“지금이야말로 새마을정신이 다시금 국민운동으로 타올라야 합니다. 근검절약만이 나라를 살리는 길이에요.”

그는 정말 아름답고 귀한 사람이다.

❖ 스무 가마짜리 머슴

충남 서천군 새마을부녀회장 양옥금 씨

그런가 하면, 충남 서천군 새마을 부녀회장을 지낸 양옥금(1997. 11. 6, 새마을훈장 협동장 수상)씨 같은 이도 있다.

“등에 흙짐을 지고 나르며 마을 안길을 넓혔습니다. 뜻 있는 주민들은 대대로 물려받은 토지를 내놓기도 했지요. 뱀에 물리는 것도 두렵지 않았어요 그때는….”

그는 1970년대 새마을운동을 이렇게 추억했다. 뭔지도 모르고 시작해 30년간이나 지속했던 새마을운동은 그에게 새로운 삶의 기쁨을 가르쳐주었다고 한다.

“남들은 고생이라고 하지만 저는 새마을운동, 아주 재밌고 기쁘게 했습니다. 봉사처럼 즐거운 일 없거든요.”

여유가 있어 봉사했던 건 아니다. 스무 살 때 8남매의 장남에게 시집와 어떻게 해서든 가세를 일으켜 보기 위해 맨발로 뛴 그였다. 둘째 아이를 낳은 후엔 영양실조로 실명 위기에까지 처했지만 이튿날엔 또 다시 일어나 보리방아를 찧어야 했다. 시골 살림은 어려웠다. 남편은 면서기 일을 보았고 시아버지는 조그만 문구점을 경영하셨으나 열 몇 식구들의 입을 충당한다는 일은 쉽지 않았다. 달밤에 논에 나가 일하다 허리를 펴보면 어느새 산너머에선 해가 뜨기 시작했다. 몸을 가눌 수 없을 만큼 강한 진동의 농약 살포용 분무기를 메고 남정네처럼 일했다. 그러나 제 한 입 먹기도 어려운 와중에서도 스물두 명의 부녀회원들은 좀도리쌀을 덜어 어려운 사람들을 도왔다.

“1976년 당시의 절미운동으로 87년 수해 때 복구사업에 나섰던 장병들에게 국수를 삶아 먹였습니다. 결국 그렇게 모은 좀도리쌀이 엄마 손길이 되었으니 좀 좋습니까?”

과거 농촌에서 가장 일 잘하는 머슴은 1년에 쌀 스무 가마를 받았다. 주민들은 맨발로 뛰어다니는 그를 “스무 가마짜리 머슴”이라 불렀고 농삿일하랴, 새마을운동하랴 그의 하루는 어떻게 가고 오는지 모를 정도였다.

1992년에는 서천지역이 쓰레기 종량제 시범지역으로 지정, 재활용품 분류수집장을 신축하게 되었고 읍면별로 재활용품수집 경진대회를 열어 적극적으로 추진하고 있다. 도의(道義) 시범마을 선정을 통해 "가정새마을운동"을 확산시킨 것 또한 부녀회의 눈부신 활동이다.

"새마을운동은 사실 가정에서부터 시작되어야 합니다. 근면, 자조, 협동의 출발점은 가정이에요. 전 우리 부녀회원들에게 늘 당부해요. 좋은 어머니, 내조자가 되어야만 진정한 봉사자가 될 수 있다고 말입니다."

독거노인, 소년소녀 가장 등 소외된 이웃을 위해 발벗고 나섰지만 그는 정부지원이 되지 않는 장애인들을 만날 때 가장 가슴이 아프다고 한다.

"다녀오면 마음이 좀 편안해집니다. 말은 못해도 사람이 찾아가면 그들은 반가움을 몸으로 표현해요. 그럼 우리 회원들이 안아주기도 하고 쓰다듬기도 하고…."

독거노인을 만날 때도 가슴 아프긴 마찬가지다.

"몇 년 전, 수해 때였습니다. 갑자기 폭우가 쏟아져 논밭이 송두리째 물속에 잠기게 된 일이 있었어요. 온 마을사람들이 혼비백산하여 야밤에 몸만 빠져나와 언덕배기 학교에 공동대피를 하게 되었습니다. 겨우 정신을 가다듬고 주위를 살피는 순간, 외딴 집에 혼자 사시는 할머니가 떠오르더군요."

그 길로 달음박질하여 겨드랑이까지 차오르는 물살의 소용돌이치는 헤집고 들어가 다 돌아가시게 된 할머니를 구해내 부둥켜안고 울었던 일도 있다.

"그 후에 새마을구호품을 머리에 이고 할머니를 찾아갔어요. 그런데 증손자가 글쎄 배급된 라면을 자기가 받아가는 거예요. 할머니가 나 좀 달라고 해도 모른 채 하더군요…. 아무튼 새마을운동 하면서 학교에서 못 배운 것 많이 배우기도 했습니다."

그 유명한 한산모시의 고장 서천, 그이 역시 여름이면 밤새도록 모시를 짰다. 모시는 습기가 없으면 실이 끊어지므로 반드시 움집에서만 짜야 했다. 모시를 짜다 보면 새벽닭이 울었고 그이는 다시 부엌으로 나가 보리방아를 찧어 밥을 했다.

"나라는 사람은 원래 남을 위해 살아야 하는구나, 하고 늘 생각하며 살았어요. 그래도 남의 도움으로 살기보다 남에게 베풀며 사는 삶이 더 보람되지 않겠습니까? 축복이지요."

그이는 세모시 속에는 자신뿐 아니라 자식 뒷바라지를 위해 밤을 새워야 했던 서천 어머니들의 피와 땀이 새겨져 있다고 말한다.

"그런 세상을 살았습니다…. 새마을여인상 대상을 수상할 때, 비로소 눈물이 나더군요. 그래서 울었습니다."

그는 1994년에 새마을여인상 대상을 수상한 바 있다.

"도지사께서 특별히 전 도민의 자랑이라고 격려하면서 마을숙원사업에 쓰라고 선뜻 1억 원의 도비를 지원해주셨고 군수님도 7천만 원을 지원해주셨어요."

그 돈으로 작년에 주민들의 숙원이던 농수로 암거시설을 멋지게 완료함에 따라 주민들은 마을 어귀에 양 회장의 공적을 기리는 비를 세우기도 했다. "그 비만 보면 사실 마음이 무겁습니다. 앞으로도 더 많은 일을 해야 할 텐데…."

그러나 작년, 식량의 낭비를 줄이고 환경오염의 심각성을 알리기 위해 "범국민 음식물 쓰레기 줄이기 1천만 명 서명운동"이 전개되었던 그 더운 여름날에도 터미널로 장터로 서명부를 들고 쫓아다니며 적극적인 활동을 벌였던 그가 아닌가.

"현재 부녀회 사업인 알뜰마당 수익금과 군청 지원금을 합해 서천의 특산물인 소곡주 직판장을 운영함으로써 올리는 소득은 연간 2천 5백만 원이나 됩니다. 이 돈은 모두 부녀회의 기금으로 적립되고 있지요. 또 군소유지를 무상 임대받아 산벚나무 5천 주를 심어 가꾸고 있습니다. 내후년부터는 가로수 묘목으로 군청에 전량 납품할 계획이에요. 그렇게 되면 자립기반이 한층 튼튼해지겠지요. 앞으로도 많은 후배들이 이 기금으로 어려운 이웃을 돕게 될 겁니다 아마…."

서른두 살에 뛰어든 새마을운동이 이제는 환갑을 바라보는 나이가 되었지만 그는 여전히 곱다.

"딱한 사람 보면 내가 가진 100원에서 30원이라도 도와주겠다는 정신이 바로 봉사입니다. 욕심이 지나치면 사는 맛이 없어요. 하루 종일 그것만 생각해야 한다면 지옥 아니겠습니까? 나도 좋고 너도 좋은 것, 그것이 더불어 사는 기쁨이자 사람으로서의 도리입니다…."

나는 그의 환한 얼굴을 물끄러미 바라보며 새삼 선의 존귀함을 다시금 느껴보았다.

❖ 수하계곡 새마을 아지매

경북 영양군 수비면 새마을부녀회장 신춘성 씨

근검절약이란 하루아침에 이루어지는 것은 아니다. 생활습관이 되어 몸에 배어야만 가능한 일이다. 그러나 분명한 것은 낭비는 죄악이란 사실이다. 지구촌 곳곳에서 벌어지는 천태만상의 풍속도를 보면 얼마나 한심한가. 한편에서는 너무 많이 먹어 비만증 환자들이 속출하건만, 어느 한 편에서는 굶어 죽어가는 사람들의 모습이 한 둘이 아니니 말이다. 가진 것이 많으면 나누어야 하나, 가진 것이 많은 사람은 절대 나누지 않는 것 또한 인간의 속성이니 기막힐 수밖에.

고추로 유명한 경북 영양군 수비면의 새마을부녀회장 신춘성(1993. 12. 10, 대통령 표창 수상)씨는 어린 시절부터 근검절약을 익히며 살아온 사람이다. 대농가의 3남매 중 막내로 태어나 쇠붙이 한 조각, 헌 고무신 한 짝도 버리지 않고 고물장사를 통해 생필품과 교환해 쓰곤 했다 한다. 그의 새마을운동은 1974년부터 시작되어 오늘날까지 23년간 계속되고 있다.

"1985년 말부터 오염된 생활하수를 보며 폐품수거에 나섰습니다. 여름에는 새벽 4시, 겨울에는 5시에 일어나 리어카를 끌고 상가 구석구석을 돌며 열심히 모아 보았지만 목표량을 채우기엔 턱없이 부족했지요. 생각 끝에 장화와 마스크, 고무장갑을 끼고 쓰레기 집하장으로 가보니 버려진 폐품이 너무나 많더군요…."

어느 주민은 그의 모습을 보며 혀를 찼다.

"병신은 아닌 것 같은데 요즘 세상에 어디 가면 못 살아 넝마주이를 할꼬…."

그러나 그는 지독한 냄새도 참을 수 있었고 비웃음도 부끄럽지 않았다. 그렇게 모은 폐품으로 결국 16톤이라는 목표량을 달성하였고 매각대금 50%는 1회원 1통장 갖기로 적립, 나머지 50%인 640만 원은 부녀회 활동사업비로 적립되어 있다. 1992년에는 경북도내 최우수 재활용품 수집마을로 선정되는 쾌거도 올렸다.

대구 염색공단 페놀사건이 터졌을 때의 일이다.

"이러다가 우리 모두 맑은 물을 마실 수 없을 거란 생각이 들더군요. 생각 끝에 면내 음식점 20개 소에 쓰레기 분리수거, 음식물쓰레기 줄이기, 합성세제 덜 쓰기 등의 전단을 배부하고 폐식용유를 모아 달라는 부탁도 했습니다."

이 캠페인에 많은 분들이 적극 동참했고 회원들에게는 저공해 비누

제조법 시연회와 더불어 교육을 실시하게 되었다.

"한 번은 추운 겨울날 비누를 만드는데 회원의 5살 난 아들내미가 글쎄 그 뜨거운 비누통에 손을 집어넣어 난리가 난 일이 있었어요."

정신없이 병원으로 옮기고 나니 이번엔 꼬마의 할머니가 달려와 큰일 칠 여자라고 소리를 지르시면서 한바탕 소란을 부렸고 설상가상으로 옆에서 이 광경을 지켜보던 남편은 부녀회장 그만 두지 않으면 당장 이혼하겠다고 선언했다. 그이는 난감하기만 했다.

"아이가 완쾌되어야 이혼을 하든지 하지 않겠냐고 일단 말막음을 했지요. 그 후에 아이가 퇴원하는 날, 조용히 남편에게 저공해 비누만들다가 이혼했다는 소문나면 전국에서 비누만들 회장 한 사람도 없을 거라고 했어요."

"잘도 둘러댄다"고 너털웃음을 짓던 남편은 이제 폐식용유(廢食用油)통까지 들어다주며 용기를 북돋는 든든한 한 편이 되어 있다.

그이는 새마을운동은 실천운동이라고 주장한다. 언젠가 수하계곡을 찾아온 피서객이 쓰레기를 함부로 버리고 합성세제를 마구 쓴다는 제보를 듣고 새마을 앞치마와 모자를 쓴 채 저공해 비누 50장을 가지고 갔더니 주민과 말다툼을 벌이고 있던 그 피서객은 말리지도 않았는데 대뜸 죄송하다는 사과를 해오는 것이었다.

"그 순간 얼마나 마음이 뿌듯하던지…. 새마을의 위대성을 새삼 느꼈지요."

더구나 신춘성 씨는 그 피서객으로부터 "수하계곡 새마을 아지매"라는 별명까지 얻었다.

"제 이름은 몰라도 새마을 아지매라면 모르는 사람 거의 없습니다."

새마을 속의 작은 한 사람으로 남고자 한다는 그의 말이 왜 그렇게 가슴 저리던지 나는 그이의 손을 잡고 고맙다는 말만 되풀이하고 말았다.

❖ 그 슬펐던 폐허 속 푸른 봉사대

서울시 서초구 새마을부녀회

1995년에 발생했던 삼풍백화점 붕괴사고는 차마 사람으로서는 볼 수 없을 만큼 아비규환이었다. 전 국민을 비탄에 빠뜨렸던 그 끔찍했던 참사…. 그러나 그 폐허 속엔 새마을부녀회의 푸른 봉사가 있었음을 국민들은 기억할 것이다. 봉사를 선두지휘했던 서울시 서초구 새마을 부녀회장 이명희 씨는 당시의 정황을 이렇게 설명한다.

"그 날 뉴스를 통해 사건을 전해듣고는 어느 한 부분이 무너졌겠지 하고만 생각하고 달려갔습니다. 그런데, 막상 현장에 도착해보니 감히 뒷말을 이을 수 없을 만큼 처참한 광경들이 목격되었어요. 영화에나 나올 법한 아비규환이었지요."

소식을 듣고 달려온 부녀회원들은 무너진 삼풍백화점 A동 지하입구 등 10군데에 봉사센터를 설치하고 구조대원 및 관계자들에게 한 끼 6천 명분이나 되는 식사와 간식을 제공하였다.

"첫째, 둘쨋날은 인근 부녀회원들의 집에서 밥, 국, 김치통, 장아찌 항아리, 심지어는 아이들 도시락 반찬까지 들고 나와 식구들은 음식점에 가서 식사를 해결하는 일까지 벌어졌어요. 쌀 한 가마로 밥을 지어도 코끼리 비스켓이었지요…."

국내는 물론 미국에서까지 격려전화가 쇄도했다. 권영해 안기부장 부인과 비서실장도 찾아와 도울 것 없느냐며 묻고는 양념한 불고기 200근 등 많은 상품을 1주일간이나 보내주기도 했다.

장마철의 무더위와 타오르는 연기, 그리고 석면의 분진과 시체 썩는 악취 속에서 시신과 생존자 발굴작업에 혼신을 다하는 구조대원들을 보며 열심히 김밥을 만들기도 했다.

"그 김밥을 우리는 '새마을김밥'이라고 불렀습니다. 김밥을 먹으며 숙식을 같이 했던 최명석 군(붕괴현장에 230여 시간 동안 매몰되어 있다 기적적으로 구출된 젊은이)의 부모가 아들을 찾은 기쁨을 저희에게 제일 먼저 달려와 전해주었을 때는 콧등이 시큰해지더군요…."

6월 29일부터 7월 31일까지 투입된 인원은 총 1,580명. 지금도 비 오는 밤이면 어머니와 딸의 시신을 찾겠다고 삼풍백화점 주위를 서성이던 30대 여성과 딸의 한 조각 살점이라도 찾겠다고 허공을 바라보던 전라도에서 온 실종자 가족이 눈앞에 선하기만 하다.

"봉사는 신나는 일입니다. 제 작은 힘으로 남에게 기쁨을 줄 수 있다면 더 바랄 것이 무엇입니까?"

없는 자에겐 입히고 먹이며 외로운 자는 다독여주고 몸이 불편한 자는 돌봐주는 그의 시간들은 오늘도 귀한 가치로 소중하게 남을 것이다.

❖ "아직도 당기면 한 줄에 딸려옵니다…"

류영태 전 새마을지도자(경남 고성군 대평리)

뜨거운 동지애 때문인가. 1970년대 지도자들을 만나면 정말 남같지 않다. 결속력 강하기로는 많은 이들이 해병대 전우회나 고려대 동문회 등을 꼽으나 초창기 새마을지도자들의 만남도 그 못지않음을 나는 확신한다. 물론 타 단체처럼 정기적 모임을 주선하는 협회 등이 있는 것은 아니나, 언제 어느 때 만나건 간에 "더불어 잘 살아보자"고 죽기살기로 일했던 과거의 시간들은 그들을 하나로 엮는 단단한 공통분모가 되고 있다.

고성군의 초대 지도자 회장을 지낸 류영태(1981. 12. 9, 대통령 표창 수상) 씨도 그 중 한 사람이다. 과거뿐 아니라 현재, 그리고 미래까지도 "당기면 한 줄에 달려오는 이들이 바로 새마을지도자"라는 말을 농담처럼 건넨다.

그가 20년 전, 지회 사무실 이전 중 캐비닛을 나르다 척추를 다쳤던 사건은 우리 모두를 우울하게 했다. 그래서인지 이번 만남이 나에겐 더더욱 기다려졌다. 서울에서 경남 고성까지의 먼 길, 충무공이 당항포 해전을 치렀던 바다 근처에 위치한 그의 집은 아담한 꽃밭이 울타리를 대신한다. 보기에도 그렇지만, 이제는 건강을 많이 회복했다는 말에 우선 감사하다.

그러나 그는 너무 많은 것을 잃었다. 사고를 당해 1년 반 동안이나 자리에서 일어나지 못하게 되자 극심한 생활고가 들이닥쳤고 "앞장서 일하고자" 했던 의욕만큼이나 절망도 컸다. "건강을 잃으면 모든 것을 잃고 만다"는 말이 있듯, 주업인 농사를 짓기엔 그의 건강이 따라주지 않았으니 그 사정이야 말해 무엇하겠는가.

"모든 것을 포기했었지요. 집사람에게도 떠나라고 했고, 저 스스로도 삶은 이제 끝이라고 생각했습니다."

그를 일으킨 것은 집사람의 내조와 고성읍에 살고 있는 모 한의사의 무료봉사였다. 그 한의사가 류 회장을 무료로 치료해 준 데에는 "나라 지키는 군인과 보릿고개 없애고자 무보수로 일했던 새마을지도자를 존경하는 평소 신조" 때문이었다고 한다.

더구나 새마을 가족끼리의 결속력은 강했다. 1984년, 고성군 지회가 창설되면서 평소 그를 아끼던 강호림 전 경남도지부 회장이 그를 고성군지회 사무국장으로 천거했던 것이다.

"그런데 읍면회장들이 반대하고 나왔습니다. 회장으로 모시던 분을 직원으로 부릴 수 없다면서요. 그러나 우리가 돕지 않으면 안 된다는 최종 결론에 도달해 결국 사무국장으로 모시게 된 것이지요. 류 회장님, 참 열심히 일했어요. 경남 사무국장 중 어느 누구도 당하지 못할 정도로….”

동행해준 전 경남 도지부 사무처장 이영섭 씨가 말을 보탠다. 그러나 1995년 국가 보조금이 중단되면서 재정이 어려워지자 류씨는 “자발적으로 나가겠다”고 했다. 새마을에 누를 끼치기 싫어서였다.

“내는 사무국장이 아니라 지도자라는 입장에서 일했습니다. 그래도 막상 새마을을 떠난다는 것이 견딜 수 없이 허망하더군요. 내사 새마을 빼면 무엇이 남겠습니까?”

지도자들간에 “소 박물관”이라 회자되는 뒤채의 방문을 여니 과연 새마을운동 30년의 역사가 흐르고 있다. 박정희 대통령의 새마을운동 구상록을 붓글씨로 써 제작한 열 폭짜리 병풍이 둘렀고 “새마을지도자 류영태”라 적힌 문패는 깨진 채 한쪽 벽을 차지하고 있다. 1973년에 신었던 운동화, 베이지색의 초창기 새마을모자, “귀하는 근면, 자조, 협동하는 새마을운동의 기수입니다…”라 적힌 지도자증에는 1975년 5월 11일이라는 날짜가 명시되어 있다. 지도자 활동기간 중 사용했던 낡은 볼펜하며 과거 사용했던 수첩을 들추어 보니, ‘소모 재료표(1㎥), 용접 배합비’ 등 마을 교량 및 안길 포장에 이용되었던 시멘트 배합률이 상세히 적혀 있다.

액자에 담긴 박정희 대통령의 모습도 눈에 띈다.

“10·26 이후 각 마을회관에 걸려있던 존영을 불사르라는 지시가 내려왔을 때, 집으로 가져온 것입니다.”

지도자 대회 때 받은 시계며 라디오, 수건, 심지어는 1회용 라이터까지 비치되어 있는 그의 집에서 나는 새삼 새마을에 대한 그의 깊은 애정을 본다.

“내사 죽더라도 이 기록은 남겨야 합니다. 새마을이 정치적으로 이

용당하면서 점점 기록들이 사라져가고 있지 않습니까? 그런데 새마을이 지금은 외국에서 더 난리들인 것 같더군요."

류영태 씨의 수집품들은 비단 개인의 기록이 아니요 한 시대의 모습을 담은 유물들이다.

말없이 떡과 식혜를 내오는 안사람의 표정이 편안해 보여 "고생 많았다"고 한 마디 인사를 건네니 "내사 좋은 신랑이랑 살아서 고생 안 했습니다. 그래서 안 늙습니다" 한다. 남편을 희생시킨 새마을에 대해 불평도 있을 법하여 '고생 바가지였을 텐데 무에 그리 좋으냐'고 농담조로 되물으니, "다 좋습니다. 다 좋지예…" 하며 조용히 웃는다.

역시 무조건이야말로 사랑의 조건이다. 마치 류 회장이 보수도 따라주지 않는 새마을을 사랑하듯 말이다.

❖ 전직 지도자들의 모임 "자문위원회"

서울시 서대문구지회 記(2000. 6. 17)

"지속적인 봉사를 하자는 취지에서 모였습니다."

4번째 모임의 회장직을 맡고 있는 두현용 지도자(68세)의 첫마디였다. 1986년 6월, 김석겸·전화진(전 새마을운동 서대문구지회 회장) 씨 등이 주도하여 발족된 이 모임(새마을지도자 서대문 자문위원회)은 단지 과거를 회고하자는 것이 아니요, 현 지도자들에 대한 압력단체(?)도 아니다. 14년 전 20명으로 시작해 현재 회원은 총 23명, 모두가 1972년 새마을 초창기부터 1980년대 전후에 활약했던 동협의회장 출신이다. 그러나 동협의회장을 지냈다고 해서 모두 회원이 될 수 있는 것은 아니다. 전체 회원 중 3분의 2의 동의를 얻어야 한다.

두 씨가 이 모임의 회장직을 맡은 것은 스태프로만 11년간 일한 후였다. 그러나 처음 스태프가 되었을 당시 전임자에게 건네받은 적립금은 2,700원, 같이 모여 밥 한 끼 제대로 먹을 수 없는 금액이었다.

"돈이 없으면 모이게 되질 않고 모이지 않는 모임이라면 아무런 의미가 없지요."

궁리 끝에 돌아가면서 밥을 사기로 결정했지만, 서너 달에 한 번씩 돌아오는 그것도 부담이 아닐 수 없었다. 결국 이 제도는 회비제로 변경되어 월 1만 5천 원씩 걷기로 했다. 식대는 이제 회비에서 지출되었지만, 적립금을 만들기 위해서는 식대를 줄이는 방법 외엔 없었다.

"3~4천 원짜리 된장찌개나 설렁탕을 먹으면 남은 돈은 적립할 수 있잖습니까? 적은 비용으로 오붓하게 모이는 맛도 괜찮습니다.…"

그러나 가끔 각 동을 순회하며 현 협의회장을 불러 격려해 주는 일이 있는데, 그럴 때만큼은 식대지출이 배가된다고 한다.

"얼마 전에도 현직지도자들을 초청해 만남의 장을 열었습니다. 경비 많이 들죠. 하지만 현직에서 애쓰는 분들을 소홀히 대접할 수는 없어 100만 원이나 지출했습니다."

14년 간 알뜰히 모은 회비는 현재 1천 4백여만 원, 구 지회 행사에 20만 원씩 지원한다. 지회의 복사기나 컴퓨터 등을 구입할 때도 자문위원회의 보조가 따랐다. 그러나 경조사비는 10만 원을 넘지 않는다. 개인적 일보다는 전체를 위한 일에 더 큰 비중을 두기 위해서다.

"전직지도자의 모임이 단지 친목으로만 흘러서는 새마을의 의의가 없습니다. 어떤 형태로든 봉사가 이루어져야 진정한 새마을정신이라고 할 수 있지요. 선배들이 앞장서 끌어주려면 모범을 보여야 합니다. 그래서 저의 회원 모두 각 동의 평지도자로 일하고 있습니다. 청소도 하고 연막소독도 하고…."

물론 새마을지도자가 감투는 아니나, 평지도자가 된 과거 동회장들과 현 동회장 간의 갈등도 없지 않을 것 같아 물었더니 그는 여전히 편안한 목소리다.

"현직지도자가 명령조로 말할 때도 가끔 있지만 전체를 통솔하기 위해서는 어쩔 수 없는 일이라 생각하고 묵묵히 따릅니다. 그런 것 신경 쓰면 봉사 못합니다. 현 지도자들이 한참 후배지만 맘에 들지 않는다고 해서 명령을 해서는 안 되지요. 단, 질문에는 성의껏 경험을 살려 답을 해 줍니다. 저희는 그것으로 되었습니다. 보이지 않게 뒤에서 밀어주는 힘이야말로 보다 능동적인 격려가 될 수 있다고 봅니다."

후회는 없다. 그러나 무슨 일이건 뛰어나가야 하니 생계에 지장은 있었다고 웃으며 토로한다. 하지만 오늘, 모처럼 지회에 간다는 그에게 "새 옷으로 좀 갈아입고 가지…" 하는 안사람의 말에 새삼 힘이 솟는다는 그. 이러한 전직지도자들에게서 나는 새마을을 처음 일구어냈던 역군들의 초심을 읽어본다.

• 7장

빈곤을 향한 도전, 여기 사람이 있다!

◈ 역사의 그물이 놓치고 있는 이 사람들을 보라

사람은 누구나 태어날 때부터 강한 생명력을 갖는다고 나는 믿는다. 스스로 지탱해갈 수 있는 힘, 혼자서 일어설수록 강해지는 힘….

스스로를 돌볼 줄 아는 이러한 자조(自助)의 힘이야말로 개인을 성장시키고 나아가서는 국가의 힘이 된다. 1970년대 범국민적으로 전개된 새마을운동 역시 '자조정신'이 기본바탕을 이루고 있으며 당시 박정희 전 대통령은 "성공한 사업장은 근면하고 자조정신이 강하며 협동정신이 왕성한 곳"이라 지적한 바 있다(1972년 4월 26일 광주에서).

조선일보사와 한국갤럽이 정부수립 50주년 기념으로 실시한 국민여론조사의 "대한민국 50년의 업적" 분야에서 50년 역사상 우리 국민이 성취한 가장 큰 업적으로 국민들은 새마을운동을 1위로 꼽았다. 이를 주도한 박정희 전 대통령에게도 높은 평가를 내렸다(1998. 7. 16 〈조선일보〉).

우리는 종종 역사의 교훈을 말한다. 역사의 교훈이란 다시는 잘못된 전철을 밟지 않을 것을 뜻한다. 1997년 국가적 비극을 초래했던 IMF 사태를 되새겨보면 IMF 등 대외원조의 필요성을 얕보는 것은 아니지만 우리들의 급속하고도 정열적인 자조노력에 따라 난국돌파가 그만큼 쉬워지고 기간도 단축된다는 교훈을 얻게 했다. 1997년 말에 우리는 IMF를 비롯한 선진국들의 지원 없이는 국가파산으로 치달을지도 모르는 심각한 국면에 처했다. 결국 그해 11월 21일 IMF에 구제금융을 지원해 줄 것을 공식 요청하였다. 12월 3일 IMF를 비롯한 국제금융기관과 G7 등 총 570억 달러에 달하는 지원에 합의하였다. 동시에 자금지원과 결부시켜 IMF는 강도 높은 구조조정을 요구하였다.

지금 당시를 되돌아보면 한국경제에 대한 대내외적인 비판과 절망이 도처에서 쏟아지고 근로자들은 자신이 언제 직장에서 쫓겨나게 될지 모르는 상황에서 공포에 떨고 있었다. 서울역전이나 공공장소에는 노숙자들이 눈에 띄게 늘어갔으며 가장 우려되는 분야가 실업문제였다. 매년 6% 이상의 성장률이 그 이하로 낮아질 것이기 때문에 실업률이 높아질 것은 자명했다.

아닌 게 아니라 정부가 공식발표한 실업률은 1999년 2월 8.7%로 지난 1966년 1분기(8.5%) 이후, 30여년 만에 최고 수치를 기록하였고 실업자의 수도 178만 5천 명에 달했다. 이 같은 대규모 실업은 IMF 쇼크 이전의 45만 명(1997년 10월)에 비해 무려 130만 이상 늘어난 규모였다(1999. 3. 25 〈조선일보〉).

그러나 바쁜 농촌에는 사람이 귀하다. 실업자도 많지만 사람이 귀한 곳도 아직 많다. 그것은 일이 편하고 임금도 많이 주는 공공근로사업 현장에 비해 농촌의 일은 고되기 때문이다. 심지어, 공공근로사업장에 자가용 승용차를 몰고 와 낮잠을 자면서 시간을 때우는 진풍경도 목격된다고 하니 기가 찰 노릇이다. 관(官) 또한 진정한 의미에서의 자조력을 민(民)에게 불어넣지 않는다.

그간 큰 재난이 있을 때마다 한 가지 일을 하며 두 가지, 세 가지 효과를 보는 예는 허다했다. 즉 재해복구사업에 따른 이재민 노임살포로 생계지원이 되고, 다시 자조와 내 고장 사랑이 되었던 것이다. 한 예로 3년(1967~1969)에 걸쳐 추진되었던 전라남도의 한해대책사업(이 책 P. 271 참조)을 들 수 있다. 그 후 오랜 세월이 흘러 많은 행정경험이 축적되었을 텐데도, 실업자의 자조노력을 유발하는 동기를 부여하면서 목적을 달성하는 일거양득(一擧兩得)의 발상과 슬기가 아쉽다.

> 실업대책을 위한 공공구조사업으로 환경부가 벌인 황소개구리 퇴치작업으로 1998년 5월부터 하루 200명을 동원해 70일 동안 생태계를 파괴하는 외래종인 황소개구리 잡기에 3억 원을 들였는데 결과는 1마리 잡는데 1만원이 든 꼴이라니 결국 돈잔치로 끝난 셈이다. 당국의 즉흥적이고 주먹구구식 발상 때문이기도 하지만 사공이 많은 것도 하나의 원인이다(1998년 10월 23일, 〈조선일보〉 '만물상').

이럴 때일수록 더욱 용기와 자조정신의 발휘가 아쉬운 때다. 좌절하는 모습을 보이거나 퇴출되었다, 쫓겨났다 하면서 자기비하에 빠져서도 안 된다. 하늘이 무너져도 솟아날 구멍이 있다는 말은 아무리 큰 고난에 부딪치더라도 빠져나갈 방도가 생긴다는 뜻이다. 어려움을 겪고 있는 어떤 사람을 대할 때 상대를 위로하는 수인사말로 흔히 쓰이나, 이 말의 뜻은 하늘은 스스로 돕는 자를 돕는다는 격언이 시사하는 바와 같이 "가만히 앉아 있어도 어떤 요행이 찾아온다"는 것이 아니라 "자기 스스로 자기를 돕는다"는 자조노력에 무게를 주고 있다.

삶의 길이란 여러 갈래가 있다. 분기점도 있다. 여기에 주저앉지 말아야 한다. 운(運)은 스스로 운반하는 것이기 때문이다. 이러한 의미에서 살펴볼 때 물론 우리나라의 정주영 회장 같은 사람도 있지만, 오직 정직과 성실로 고난을 극복함으로써 세계적인 인물로 각광받은 일본 마쓰시타 전기의 창시자 마쓰시타 고노수게(松下幸之助: 1894~1989) 씨를 들 수 있다. 그의 자서전 《인간을 생각한다》(매일경제신문사 출간, 김재봉 역) 속에는 자조로서 역경을 이기고 성공신화를 창출한 그의 인생역정이 그대로 적혀있다.

> 1894년 11월 27일, 일본 와가야마겐 우미구사 군 시골에서 3남 5녀 가운데 막내로 태어난 나는 네 살 때 부친이 미곡거래소에서 시세조작에 대 실패, 집도 절도 없는 알거지가 되었다. 6살 때 초등학교에 입학하였으나 학업을 계속할 수가 없어 아홉 살 때 단신으로 오사카에 가서 미야다(宮田)화로상점의 심부름꾼이 되었다. 그 다음해인 1905년, 고다이(五代)자전거 상회로 옮긴 나는 그곳에서 정직하고 성실한 소년으로 인정받아 열심히 일했다. 만 6년간 재직했던 그 곳에서 받은 월급은 책값을 제외하곤 모두 저축했고 낮에는 심부름, 밤에는 책과 싸웠다. 그러면서 나름대로의 장사를 배웠다. 당시에는 자전거가 대유행이어서 손님이 많았다. 담배를 사오라는 손님이 많아서 시간과 노력을 아끼기 위해 담뱃가게에서 도매로 사뒀다가 손님의 요구에 따라 소매로 팔아 그 이익금을 꼬박 저축했다. 열다섯 살 때 잠시 사구라 시멘트 공장의 임시 운반공을 지냈고 같은 해 오사카 전등(주)에 내선 견습공으로 입사, 18세 되던 해 오사카 상공학교 야간부 예과에 입학하였다가 19세에 중퇴하고 22세 때 전등회사를 퇴사했다. 이것이 나의 월급쟁이 경력의 전부이다.

그해, 저축했던 돈으로 그는 전기소켓 제조판매에 착수, 정직하고 성실히 일했다. 일꾼이란 그와 처, 그리고 처남 등 겨우 세 사람뿐이었다. 더구나 그는 폐결핵 환자였으므로 아내의 고생이란 이루 말로 할 수 없었다 한다. 그러나 각고의 노력을 게을리 하지 않은 결과, 소켓 상사는 날로 번창하여 현재 세계적 기업인 내셔널 상표를 부착한 마쓰시타 전기가 창업되었던 것이다.

각국어로 번역되어 큰 영향을 주었던 스코틀랜드 태생의 저술가 겸 사회개량가 새뮤얼 스마일즈(Samuel Smiles 1812~1904)가 쓴 《자조론》에도 이러한 교훈을 인용(하늘은 스스로 돕는 자를 돕는다), 자기에 대한 진실한 성실이야말로 만인에게 통한다는 신념을 많은 사실에 의거하여 설명하고, 성공을 위해서는 어떻게 살아가야 할 것인가가 수록되어 있다.

> 앞날을 생각해본다면, 우리가 대비해야 할 세 가지 주요한 일은 실직, 질병, 그리고 죽음인데, 이 세 가지는 예고 없이 우리 앞에 닥쳐오기 때문이다. 처음 두 가지는 피할 수 있는 것이지만 마지막 것은 어쩔 수 없는 것이다. 그러나 신중한 사람이라면 생활과 준비를 규모 있게 하여 이런 일이 발생할 경우, 자기 자신뿐 아니라 안락과 생존의 모두를 그에게 의존하고 있는 가족들을 위해서도 가능한 한 최소한도로 고생의 정도를 줄여야 한다.

이런 관점에서 볼 때, 정직하고 정당한 벌이와 돈을 절약해서 쓴다는 것은 참을성 있는 근면과 끊임없는 노력으로서 어느 때인가 닥쳐올지 모르는 결핍에 대비할 방패(防牌)와 같은 것이다. 또한 그는 "모든 도덕 철학은 가장 훌륭한 사람들뿐 아니라 일반 서민의 생활에도 적용된다. 인간생활의 모든 형태가 본인 자신에게 있는 것이다"라고 했다. 진부한 말로 들릴지 모르겠으나 나 역시 실생활에서 이 교훈을 살리기 위해 애썼다.

나의 경우, 초등학교 학력이란 한계를 극복하는 길은 역시 근면과 자조였다. 그 이외에는 여지가 없었기 때문이어선지 근면과 자조는 평생의 가치였다. 물론 공직이라는 한 우물만 파 온 까닭에 그 시대와 직무환경이 자조의 체질을 만들었던 것도 있을 것이다. 그러나 그 체질 속의 피는 유년시절부터 빈농(貧農) 집안에서 태어나 보릿고개를 넘어온, 민족사 속에 흐르고 있는 바로 그것이다. 이는 비단 나뿐 아니라 그 시대를 함께 넘어온 모든 사람(구태여 분류한다면 그렇지 않은 계층도 있을 것이나)의 가슴에 똑같이 흐르는 선혈인 것이다.

나는 다행스럽게도 1960, 70년대, 농촌사람들이 갖가지 세상살이. 쓰리고 고생스러워도 자신의 삶 속의 의미를 식별할 수 있는 힘을 주고, 공동선(共同善)의 존귀함을 눈뜨게 한 새마을운동 현장에서 주민과 지도자들을 많이 접했다. 고난의 길을 경험한 것이 뭐 그리 다행스럽다는 것이냐고 반문한다면 나는 이렇게 답할 것이다.

"그들을 통해 인생을 보다 깊이 있게 생활하는 것을 배우고 나 스스로 마음을 자정(自淨)시킴에 있어 많은 교훈을 얻었다"라고.

이 사람을 보라

이제 나는 "고삐 놓은 말"이라는 속담처럼 거리낄 것 없는 자유스런 몸이 되었다. 남은 여생 기력이 소진되기 전에 꼭 해야 할 일이 나의 인생에 정신적 용기를 주고 지역사회에 큰 본보기가 된 "자조와 극기"의 산 증인, 즉 구비(口碑)를 찾는 일이었다.

왜냐하면 우리의 역사 속에 길이 기억되고 보존되어야 할 지난 날 보람찬 일꾼들에 관한 기록들이 소멸해가고 있고, 한 사람 한 사람 유명을 달리하고 있어 그간 알려지지 않은 소중한 구슬들이 묻혀만 가고 있기 때문이다.

> 우리의 역사는 대부분 지도자 중심이거나 정권 중심, 또는 영웅주의적인 것으로 나타나는 것이 보통이고, 역사 그 자체를 배경으로 볼 때도

> 그것은 너무 추상화되고 문서화되어 민족의 생생한 슬픔이나 기쁨을 알뜰하게 표현하지 못하는 경우가 대부분이다. 이럴 때 "역사의 그물"이 놓치고 있는 인생의 실상, 민족의 애환 등을 그려주는 것이 소설의 큰 역할이라고 이 작가는 굳게 믿고 있다〔이병주(李炳柱), 실록대하소설 《지리산(智異山)》 1권 머리말(이광훈, 경향신문 논설위원)〕.

또한 율곡 이이의 어머니 사임당 신씨를 비롯한 조선의 어머니 33분을 골라 아들이 손수 기록한 어머니 일생을 번역하여 펴낸 《나의 어머니 조선의 어머니》(박석무 편역·해설, 현대실학사, 1998)에도 사대부에 관한 전기뿐이고 일반 서민들의 기록은 전혀 없다. 편역자도 그의 머리말에서 "애환이 가득하고 처절한 사연이 많을 서민들의 어머니에 관한 이야기를 기록을 통해 찾을 수 없는 것이 한스러울 따름이다"고 하였다. 앞서 말한 스마일즈도 다음과 같이 말했다.

> 우리의 진보는 이름 없는 다수 범인에 힘입은 바 큰 것이다. 대전(大戰)의 역사엔 오직 장군의 이름만이 기록되지만 승리는 대부분 병졸 각 개인의 용기와 애국심으로 이루어진 것이다. 그들의 공헌은 전기에 나와 있는 유복한 사람들에 못지않다. 가장 미천한 사람이라도 근면, 착실, 정직으로 타인의 모범이 되면 당세(當世)뿐만 아니라 후세에까지 나라의 복지에 영향을 끼치는 것이다.

우리의 역사를 되짚어 보아도 스마일즈의 얘기는 그대로 입증된다. 임진왜란이나 정유재란 당시 국난을 극복할 수 있었던 저력은 바로 창의병(倡義兵)이 아니었던가. 자신의 이익만을 추구했던 관료대신들의 당쟁으로 왜구의 침략을 받자, 나랏님은 서행파천(西行播遷)하지 않았던가. 그러나 민초들은 오직 나라를 구하겠다는 일념으로 전국 각

배낭 메고 새마을운동과 근대화의 현장을 찾는 필자

처에서 모여들어 의병이 되었다. 이름도 없이 순국한 그들의 시신을 거두어 한 무덤을 지은 금산의 칠백의총(七百義塚), 남원의 만인의총(萬人義塚) 등의 유적지엔 국난극복을 위해 목숨을 바쳤던, 역사의 주인공인 민초들의 숨결이 그대로 내려앉아 있다.

그래서 새마을중앙연수원 부설 "새마을 역사관"에 소장된 문헌과 구전(口傳) 등을 중심으로 '역사의 그물'이 놓치고 있는 고투의 현장을 찾아 그들 삶의 실상, 가난의 애환 등을 한 조각이라도 엮어보기 위해 과욕임을 자인하면서도 발을 내딛었다. 이는 과거의 영광을 새로 발굴하여 미화하거나 본래의 광채를 다시 빛내려는 것이 아니며 같은 병을 앓는 사람끼리 서로서로 가엾게 여기는 동병상련(同病相憐)의 의미도 아니다. 오직 옛것을 익히고 그것을 미루어 새것을 안다는 온고지신(溫故知新)하는 데 있고 특히 선량한 서민을 배움으로써 현대인의 허약한 삶의 구조적 결함에 시사점을 찾기 위함이다.

나는 그곳에서 "의지(意志)만 있으면 무슨 일이든 할 수 있다"는 격언을 새삼 절감했고 역경을 이기는 전향적인 정신학을 배웠다.

그곳엔 투철한 자조가 있었고 불굴의 근면이 있었다. 보릿고개를 넘어, 성공의 신화를 창조해낸 우리네 아버지 세대의 뼈저린 초상이 그려져 있었다. 이제 그 8명의 이름을 떠올리면서 나는 비로소 "이 사람들을 보라!"고 외치고 싶다. 지면의 한계로 더 많은 수범사례들을 취재하지 못한 것이 한(恨)스럽다.

❖ 창랑(滄浪)의 물 맑으면 갓끈을 씻고, 흐리면 발을 씻는다

함정웅 씨 / 1979년, 83년 새마을 훈장 근면장 수상 등

만홧가게 꼬마 사장

새벽 공기는 얼음처럼 찼다. 밤새도록 이 생각 저 생각에 잠을 설친 소년은 대구행 "목탄차"(木炭車: 목탄가스 發生器에서 나오는 목탄가스를 연료로 하는 자동차)에 올라 주먹을 꼭 쥐었다. '만화를 떼어다 장사를 해보리라.' 장사 물건을 떼기 위해 대구를 오가던 삼촌을 따라 다니며 눈여겨 보아두었던 서문시장 내의 만홧가게는 소년에게 커다란 희망이자 꿈이 되고 있었다.

그러나 필사적인 각오가 아니면 어림도 없는 일이었다. 소년은 다시 한번 허리에 단단히 동여맨 책보를 소중히 확인해 보았다. 책보 속에는 남은 가족을 살려야 할 돈 몇 푼이 들어 있었다. 옆집에서 꾸어온 그 돈은 가족이 살아가야 할 비상 생계수단이었던 것이다.

일본에서 살다온 탓에 우리말조차 서툴렀던 열한 살 난 소년. 아버지나 형을 대신하기엔 너무 어린 나이였지만 만화책을 떼어 장사를 해보겠다는 소년의 의지는 절박하기만 했다.

장남을 유학시키기 위해 맹모삼천지교(孟母三遷之教)로 일본으로 건너갔던 함씨 일가가 귀국해 정착한 곳은 고향인 경북 고령이었다. 낙동강 연안인 그곳은 다른 지역보다 훨씬 6·25의 상흔이 깊었다. 폭격으로 인해 마을은 온통 잿더미가 되었고 온전한 세간살이 하나 제대로

남아있지 않을 정도로 쑥대밭이 된 집들…. 그러나 쌀 한 톨 눈 씻고 찾아볼 수 없는 와중에서도 산 입에 거미줄은 칠 수 없다는 생존의 명제는 참으로 서글픈 일이 아닐 수 없었다.

전쟁이란 단 한번으로도 씻을 수 없는 상처를 남기건만 우리 민족은 그 지긋지긋한 전쟁을 두 차례나 겪어야 했다. 일본의 헛된 망상이 야기했던 제 2차 세계대전과 동족상잔의 전쟁 6·25, 형과 아우가 서로 총부리를 맞대야 했던 그 비극의 소용돌이 속에서 소년은 아버지와 맏형을 잃었다. 졸지에 하늘같은 지아비와 총명했던 큰 아들을 잃은 어머니는 끝내 실신하고 말았지만 그래도 맏아들의 전사가 믿기지 않았던지 어머니는 지푸라기라도 잡는 심정으로 용하다는 점쟁이를 찾아가 아들의 생사를 묻곤 하셨다.

전쟁이 막바지로 치닫던 1953년, 시가지 길가에 위치한 두 평짜리 만홧가게의 꼬마주인이 된 소년은 장사에 바빠 학교에 자주 나갈 수 없었다. 어쩌다 등교하는 날엔 친구나 선생님들에게 만화책을 무상으로 대여해주는 선심도 베풀었지만, 학교는 1년에 3분의 1 정도도 갈 수 없었고, 나머지는 집에서 독학을 해야만 했다.

휴전이 됐고 그는 고령중학교에 진학했다. 판자로 지은 만홧가게를 운영하면서 간혹 미제 물건을 팔기도 했으나, 만홧가게만으로도 힘에 벅찼던 소년에겐 역시 무리가 아닐 수 없었다. 나이가 어려 상술이 부족한 데다 동네에 큰 가게가 들어서는 바람에 그 정도 규모의 사업(?)으로 집안을 바로 세우기엔 역부족이었다.

중학교 3학년이 되던 해, 장사를 그만 두고 어머니와 함께 농사를 짓기로 마음먹고 고령농업고등학교에 진학했다. 그러나 고등학교를 수석으로 졸업했음에도 불구하고 집안 사정으로 졸업과 동시에 군에 입대해야만 했다. 더구나 아들이 최전방 비무장지대로 배치되었으므로 전쟁으로 남편과 큰아들을 잃은 어머니는 걱정과 한숨으로 밤잠을 이루지 못하셨다.

대구 메리야스업계의 귀재소리를 듣다

그러나 어머니의 염려는 기우였다. 군 생활은 순탄했고 그의 성실함을 높이 산 상사들의 눈에 들어, 비무장지대 복무 1년 반 만에 카투사로 재배속받는 행운까지 찾아온 것이다. 더구나 카투사로 근무하던 미 8군 내에는 메릴랜드 대학 분교가 설치되어 있어 대학에 다니며 영어를 배울 수 있었고 경영자 과정까지 이수할 수 있었다. 특히 당시만 해도 우리에게 낯설었던 표준화, 규격화의 개념을 열심히 습득했다. 그 지식이 훗날 공장운영의 지침이 될 줄은 까맣게 모른 채.

1962년 3월, 군복무를 마친 그는 함께 근무했던 통역장교의 소개로 대구 메리야스공장 서기로 취직한다. 살림집 앞마당에 슬레이트 지붕을 얹어 세운 공장은 말이 좋아 공장이지 시설이 부실하기 짝이 없었다. 한 여름, 그 유명한 대구 더위 속에 땀띠가 극성을 부렸고 한겨울엔 동상으로 애를 먹어야 했다. 더구나 사장이란 사람은 일본 사람 밑에서 얼치기 기술만 배웠을 뿐 경영마인드라고는 눈곱만큼도 없었다.

러닝셔츠를 만들어 시장에 내놓기만 하면 불티나게 팔려 나가는 여름철, 사장은 '최소한의 옷감을 들여 최대한의 러닝셔츠를 만들라'고 재단사를 윽박질렀다. 사장의 요구대로 생산된 러닝셔츠는 얼마나 천을 아꼈던지 배꼽이 다 나올 정도로 길이가 짧았고 조금만 몸을 움직여도 찢어질듯 두께 또한 얇았다. 러닝이 잘 팔리지 않는 장마철, 결국 사장의 '많이 많이'주의에 의해 만들어진 수만 장의 러닝은 창고에 쌓여갔다. 엉터리로 만든 내의는 해가 지나도 팔릴 리 만무했다.

"가격을 조금 올리더라도 제 치수를 유지해야 한다는 생각에 사장에게 각급 체격에 맞는 표준 사이즈를 정하자고 제안했습니다. 입지도 못할 옷을 만들면 생산자나 소비자 모두 손해보게 됩니다. 그래 소비자가 입을 수 있는 옷을 만들어 제값을 받자고 사장을 설득했지요."

그의 주장에 따라 가슴둘레, 팔길이, 두께 등 각종 치수의 표준에 맞춘 내의가 생산되기 시작했다. 그러나 예상치 못했던 문제가 기다리고 있었다. 애초에 원료비, 인건비, 전기세 등의 원가계산은 물론 공장운영에 드는 간접비용이나 이익에 대한 치밀한 계산 없이 주먹구구식으로 가동해온 공장은 품질이 개선되었음에도 불구하고 흑자로 돌아서지 않았다. 그러다보니 물건이 잘 팔릴 때는 인건비가 올라갔다가 팔리지 않으면 장사가 될 때까지 턱없이 인건비를 내려버렸다. 그러니 경영에 무지한 사장을 둔 죄로 공장 근로자들이 겪는 고통은 이만저만이 아니었다. 당시 공장주들은 얼마가 남는지 얼마가 손해인지도 모른 채 무한정 제품을 생산해냈고 밑지는 장사를 하다가 공장을 말아먹는 예도 다반사였다.

"이런 식으로 운영해서 남아날 공장이 몇이나 될까 싶더군요. 제품 치수와 마찬가지로 경영방식에도 룰이 있어야겠다고 생각했습니다."

고집불통에 완고하기 짝이 없던 사장도 결국 그의 간곡한 건의를 받아들일 수밖에 없었다. 수많은 우여곡절을 겪은 끝에 그가 재직하던 공장은 마침내 대구 최초로 미국식 선진 경영관리기법을 적용하게 되었고 50여 명이던 종업원도 3배로 늘어나게 되었다. 그러자 주위 사람들은 그를 '메리야스업계의 귀재, 메리야스업계의 총아'라 추켜세웠다. 그 공로로 그는 스물다섯 나이에 공장장으로 승진하게 된다.

그러나 이와 같은 경영방식의 개선에도 불구하고 공장은 작업환경 또한 가관이었다. 산업역군으로서 또 수출입국의 선봉으로서 생산현장에 선 스무 살 전후의 여공들은 점심도 제대로 먹지 못하고 일했고,

화장실은 지저분하고 악취가 심해 한 사람만 화장실에 다녀와도 작업장 전체에 냄새가 퍼져 일할 수 없을 정도였다. 사장에게 작업장 환경을 개선해달라고 입이 닳도록 요청했지만 그건 사흘 삶은 호박에 이도 들어가지 않을 소리였다.

"변소 안 고쳐도 공순이는 천지(天地) 빼까리(쌓아 놓은 볏가리 더미처럼 매우 많다는 뜻)인데 뭘 할라꼬 돈들여 변소를 고치노? 괜히 고쳐 봤자 일들은 안 하고 변소간에서 놀기만 하지."

절이 싫으면 중이 떠날 수밖에 없었다.

"직원을 아끼지 않는 사장 밑에서는 도무지 의욕도 능률도 오르지 않는다는 것을 그때 몸소 체험했습니다."

재봉틀 봉제기 5대로 드디어 창업!

1966년 6월, 회사에 사직원을 낸 그는 대구시 대봉동 주택가 가정집에 두 칸짜리 방을 빌려 재봉틀 봉제기 5대로 창업을 했다. 메리야스 업계에 발을 들여 놓은지 5년만의 일이었다. 이전 공장에서 그를 따라온 5명의 종업원과 함께 차린 작은 공장이었지만 팀워크나 사기만은 어느 큰 공장에도 결코 뒤지지 않았다. 창업멤버 5명 중 반장으로 재직하던 지금의 아내는, 현재도 봉제공장을 맡아 기술지도도 하고 운영도 책임지고 있다.

> 사랑이 많으신 하나님, 저는 있는 힘을 다해 노력할 뿐, 결과는 모두 하나님께 맡기겠습니다. 믿을 수 있는 분은 오직 하나님이십니다. 열심히 일해서 고객이 바라는 신제품을 생산해내겠습니다. 제품이 성공하면 근로자들이 즐겁게 일할 수 있는 작업장을 만들겠습니다. 별보고 출근해 별보고 퇴근하는 근로자들이 인간답게 대접받는 공장을 만들어 보겠습니다. 또 점심을 무료로 제공하고 잔업을 할 경우 저녁걱정을 하지

않도록 하며, 수세식 화장실을 갖추고 여름이나 겨울이나 최상의 작업 조건에서 일할 수 있는 공장을 만들겠습니다. 제가 번 돈의 상당부분을 근로자들을 위해 쓰겠습니다.…

다짐에 다짐을 거듭하며 신제품을 구상해 원단집으로 가져갔다. 공장장으로 재직하면서 쌓아둔 신용과 그간 맺었던 인간관계를 발판으로 거래는 모두 외상으로 이루어졌다. 천연소재의 가는 실을 사용해 만든 후, 한 장씩 낱개로 포장한 내의는 외제용품 유통으로 유명한 대구 교동시장에서도 내다 놓기가 무섭게 팔려나갔다. 원료와 소재를 고급화하여 제품을 만든 전략이 적중했던 것이다.

"여름 한철 장사해 번 돈으로 20평짜리 2층집으로 공장을 늘려 이전했습니다. 잇달아 겨울시장을 겨냥해 화학섬유 소재로 된 내의를 만들었지요."

세탁해도 줄지 않는, 따뜻한 신소재 내의는 면섬유로 만든 내의보다 소비자에게 어필했고 결과는 대성공이었다. 사업 시작 2년만인 1968년, 대구시 내당동에 120평 공장부지를 마련해 원단편직공장을 건립했다. 또 이듬해에는 180평의 땅을 더 사들여 드디어 그토록 소원하던 현대식 3층 공장을 지었다. 건물의 지하에는 보일러 난방시설을 설치했고 각 층마다 깔끔한 수세식 화장실을 지었다. 종업원을 위해 무료로 점심식사도 제공했다. 공장규모가 커지고 형편이 나아지면서 그가 스스로에게 다짐했고 또 하나님께 약속했던 것들을 실천하기 시작한 것이다. 그러자 주위에서는 귀가 따가울 정도로 악담과 비난을 퍼부어댔다.

대학교수도 수세식 화장실을 못쓰는 판에 공순이들에게 수세식이 웬말이냐 말여, 저렇게 공순이들한테 잘 해줘봤자 다 돼지발에 편자여. 괜스레 엉뚱한 데 돈 들여 어렵사리 번 돈 다 날릴 테니 두고 보래이.

그러나 사람들의 예상과는 달렸다. 그의 사업은 탄탄대로를 달려 1973년, 대구 제3공업단지 안에 염색공장을 세운데 이어, 76년에는 봉제공장까지 건립하게 되는 이적(異蹟)을 낳았던 것이다.

함정웅 씨의 나이 36세, 다른 사람들의 눈에는 이적으로 보였을지 모르나 그것은 그 동안의 노력과 발상의 전환에 따른 당연한 귀결이었다.

"사업시작 불과 10년 만에 공장을 3개나 지었습니다. 당시 국내에서는 운동복을 생산하는 업체가 없어 트레이닝복을 일일이 맞춰 입어야 했거든요. 그러나 양말의 경우는 맞춤이 아니지 않습니까? 그 점에 착안해 국내 최초로 스포츠웨어를 생산하기 시작했습니다."

1966년, 종업원 5명으로 시작한 공장이 79년에는 600명의 종업원이 소속된 중견기업으로 성장했다.

그 즈음, 농어촌에서부터 일어나기 시작한 새마을운동은 도시로 밀려 들어와 도시새마을운동, 공장새마을운동으로 확산되어 갔다. 특히 1973년 말, 불어닥친 1차 석유파동으로 국내경기가 급격히 위축국면에 접어들자 모든 기업이 불황극복에 힘을 쏟기 시작하였다. 어려운 시기에 때마침 불기 시작한 새마을운동의 바람은 기업들이 경영목표를 제대로 설정하고 물자절약과 에너지 절감을 통하여, 난관을 슬기롭게 극복해나갈 수 있는 전기를 마련해 주었다. 함정웅 사장 역시 공장 새마을운동의 정신과 이념을 받아들여 실천하기 시작하였다.

그는 공장 가족들을 모아놓고 3개의 공장 중 원단편직공장과 염색공장에서 나오는 수익만 사장 개인재산으로 하고, 봉제공장(회전니트)에서 나오는 이윤은 사원들의 임금인상과 복지시설에 전액 투자하겠다고 공표했다. 실제로, 세 번째로 건립한 봉제공장은 사장의 개인회사가 아닌 주식회사로 등록을 마친 상태였다. 또 공장 내에 정식 법인인가를 받은 새마을금고를 만들어 여사원들의 근검절약과 저축 기풍을 진작하는 한편, 분임조를 만들어 자발적으로 새마을운동을 펼쳐 나갔다.

공장새마을운동, 노사분쟁 없는 회전니트

분임조 토의는 특히 돋보이는 공장새마을운동의 사례였다. 분임조의 목적은 업무능률 향상을 위한 소규모 그룹별 토의를 일상화하여 문제의 원인분석을 통해 개선대안을 제시하는데 있다. 특히 문제해결과정에서 근로자들이 함께 생각하고 아이디어를 창출하는 가운데 집단 사고력을 함양하고 실천력을 배양하는데 탁월한 효과를 보여주었다. 1986년 12월말 기준으로 전국 약 5만 5천여 개의 광·공업체 중에서 분임조를 편성한 업체가 모두 5,560개나 되고 총 11만 개의 분임조에 조원이 150만 명에 이른 것으로 보더라도 당시의 열기를 짐작할 수 있다.

기업들의 분임조 활동을 뒷받침하기 위하여 대한상공회의소에서는 전국에 3개의 직할 집체교육장을 설립하여 연중 쉬지 않고 교육을 실시하는 한편, 전국적으로 시범공장을 선정(1974년에는 500개, 1976년 1,465개)하여 지역별 교육장으로 활용하는 등 많은 정성과 노력을 기울였다. 당시 태완선 대한상공회의소 회장(부총리 역임)이 몸소 쓰레기와 담배꽁초 줍기를 위해 거리로 나선 사례만 보더라도 새마을운동에 몸담았던 분들의 열정과 사명감을 미루어 짐작할 수 있다.

"종업원을 가족처럼, 공장일을 내 일처럼"이라는 공장새마을운동의 표어가 말해주듯, 77년 2월 대한상공회의소는 "공장새마을운동 추진본부"를 창설하고 "직장의 제2 가정화 운동"을 전개하였다. 모든 운동은 노사관계의 안정을 통해 생산성을 향상시킬 수 있는 견인차적 기능을 발휘하게 되었다.

회전니트 역시 끊임없이 신제품을 개발하고 판매하여 올린 수익금으로 사원들의 복지시설에 투자하는 함정웅 사장의 노력에 힘입어 한 가족과 같은 노사관계를 유지할 수 있었다.

"1979년에 YH사건이 발생하자 박정희 대통령께서 성공적인 노사화합의 사례를 영화화하라는 지시를 내렸습니다. 그때 저희 회전니트가 선정됐지요."

'공장 가족, 밝은 일터'라는 제목으로 제작된 영화는 전국 극장에서 대한뉴스와 함께 상영됐고, 그 해 12월 함정웅 사장은 새마을훈장 근면장을 수상하게 되었다.

그러나 박 대통령이 서거한 후, 정국은 한치 앞을 내다볼 수 없는 혼란에 빠져들었고 경제 역시 급속히 내리막길을 걷게 되었다. 수출이 격감하기에 이르렀고 내수시장 또한 악화되어만 갔다. 1980년 우리나라는 1962년 경제개발계획을 착수한 이래, 처음으로 마이너스 성장률을 맛보아야만 했다. 하지만 노사화합으로부터 나오는 보이지 않는 힘과 슬기는 어려운 시기에 더욱 빛을 발했다. 회전니트의 600명 종업원들이 직접 제품을 팔러 거리로 나선 것이다. 찌는 듯한 무더위에 회사버스 2대를 이용해 직원 전체가 전국의 거리를 누비며 회사살리기에 나섰다. 자투리천을 이용해 도시락 가방, 장갑 등을 만들어 판촉상품으로 내놓기도 했다.

그러나 이러한 눈물겨운 노력에도 불구하고 상황은 나빠지기만 했다. 모조상표를 부착한 가짜 외제상품이 소비자를 유혹했고 비록 가짜라 해도 외국 유명 브랜드를 싼 값으로 구입할 수 있다는 생각에 소비자들은 품질 좋은 국내 상표를 외면하기 시작했다. 하는 수 없이 내수 쪽에서 수출 쪽으로 눈을 돌리는 자구책을 마련해보고자 했으나 환율로 가격경쟁력이 떨어져 있는 상태에서 수출이 될 턱이 없었다.

이같은 어려움 속에서 1980년에서 85년 사이 대구 직물공장의 1/3 가랑이 도산할 수밖에 없었고 그동안 가장 비중이 큰 품목으로서 효자 노릇을 톡톡히 해왔던 섬유는 사양산업의 길로 접어들었다. 잘 나가던 회전니트 역시 침체와 불황의 골을 온전히 비켜갈 수는 없는 노릇이었다. 은행빚이라곤 없던 회사가 해마다 적자로 부채가 점점 불어갔다. 결국 종업원을 600명에서 400명으로 줄이고, 공장을 축소하는 등 난국을 극복하기 위해 이런 저런 노력을 해보았으나 직원들 퇴직금을 챙겨주다 보니 은행대출 빈도와 규모는 나날이 늘어났다.

"다행히 1985년 후반기부터는 형편이 좀 나아져 한숨 돌릴 수 있었습니다. 엔화가 오르고 기름값이 내리면서 국내경기가 점차로 호전된 덕분이었지요."

광에서 인심난다고 그간 어려운 자금사정 때문에 돌보지 못했던 직원복지 분야에 다시 재투자를 시작했다.

1987년, 6·29 선언을 계기로 노동자들의 자기중심적인 권리의식이 일시에 분출되면서 회사와의 충돌이 빈번했다. 의무와 책임이 뒤따르지 않는 과도한 제몫찾기가 불러온 현상이었다. 전국에 200만 호의 주택을 짓겠다는 노태우 대통령의 발표로 전국의 농지값은 껑충 뛰었고 먹고 살만해진 농촌의 인력들은 굳이 공장으로 오려들지 않았다.

"그 당시 전국 봉제공장 8천 개 중에서 6천 개가 문을 닫았습니다. 나머지 2천개도 골병이 들어 겨우 목숨만 부지하는 형편이었지요."

더구나 1980년대에 들어서부터 초기의 순수했던 이념들이 훼손되고 방향이 왜곡되기 시작한 새마을운동은 6공에 이르러 상공회의소 내의 새마을 전담부서의 모습은 감춰지고 말았고 노사간의 분규는 극에 달했다. 그러나 1976년부터 발족한 노사협의회를 통해 노동자들의 요구에 꾸준히 귀 기울여온 회전니트에는 노사분쟁이 발생되지 않았다.

"아파트에 한번 살아보고 싶다"는 여공들의 소망을 수렴, 전국 최초로 15평짜리, 50가구의 아파트 기숙사를 건립해 1층에는 도서관, 식당을 마련했다. 뿐만 아니라 산업체 야간학교인 회전여자중학교를 병설, 여공들에게 진학의 꿈을 실현시켜줌으로써 주위 사람들의 부러움을 사기도 했다. 이 학교에서는 일반교양과목은 물론 특히 상업 및 공업에 사용되는 전문영어와 산업현장에서 꼭 필요한 실무과목을 가르치는 등 전문인력 양성의 산실이 되기도 하였다.

그러나 어려운 시기에 생산성 증대에 이바지했고 노사화합에 기여해왔던 공장새마을운동에도 황혼기가 닥쳤다. 아무리 변화를 선도하는 지고지선의 운동이라 해도 흐르는 역사의 물결을 가로막을 수는 없었다. 1988년 6공화국의 출범과 더불어 시작된 5공 청산은 공장새마을운동의 퇴조를 불러온 결정적 요인이었다. 정치, 경제, 사회 등 여건의 급변과 정치권의 눈치를 살피는 관료의 속성 등이 작용하여 그 열기가 급격히 식어갔던 것이다.

1987년, 대통령 선거를 앞두고 노태우 후보와 치열한 경쟁을 벌이던 평민당 김대중 후보가 대구의 중소기업방문을 희망했을 때였다. 혹여 불이익을 당할까 싶었던지 대부분의 기업들이 이를 꺼리는 웃지 못할 상황이 벌어졌다. 그러나 예상되는 어려움을 무릅쓰고 쾌히 김대중 후보를 모시겠다고 나선 사람이 바로 회전니트의 함정웅 씨였다. 그만큼 기업경영이라든지 개인생활 등 모든 면에서 투명하고 당당했기에 가능했던 일이었다.

"그때 정말 많이 놀랐습니다. 그 분은 중소기업의 정황이나 실정 등에 대해 전문가처럼 해박한 지식을 갖고 계시더군요. 그게 참 쉽지 않은 일인데…."

그러나 김 후보의 방문 이후, 주위의 기업인들은 함 사장을 향해 곱지 않은 시선을 던졌다. '혹시 같은 전라도 사람 아니냐'는 말들도 들려왔다.

폐놀사건을 계기로 맡게 된 대구염색공단 이사장직

1991년 4월 17일을 그는 아직도 잊을 수 없다. 신문지상과 방송 등 언론을 떠들썩하게 만들었던 대구염색공단 페놀사건, 공장의 폐수를 강으로 그대로 방류하여 온 국민을 분노케 한 바로 그 사건이 세상에 알려지면서 염색공단은 설립 이후 최대의 위기를 맞았다. 중앙정부, 지방정부 모두 나 몰라라 책임지지 않으려 했고, 언론과 환경단체들은 낙동강과 금호강 오염의 주범인 구제불능 상태의 염색공단 폐쇄를 주장함으로써 공단이 존폐위기에 직면한 절박한 상황이었다.

염색산업단지 110개 입주업체의 폐수는 입주업체가 공동출자한 염색폐수처리장에 한데 모아 정화처리 과정을 거친 후 배출하게끔 되어 있었다. 그런데 매월 8억여 원이라는 거금이 소요된 정화처리 약품이 대부분 효능이 거의 없는 불량품이었고 시설 또한 부실하기 짝이 없어 사용 불가능하다는 진단이 내려졌다. 부실의 이면에는 6공 시절 모 고위기관의 인사들이 개입되어 있다는 추측도 나돌았다. 정치논리와 관료적인 행태가 낳은 그 폐해로 인해 염색공단 입주업체들은 무려 500억 원에 달하는 직접적 피해를 입게 되었고, 간접피해까지 합하면 3천억 원 이상이나 되는 엄청난 액수였다. 그러나 사건은 공단 이사장이 억울하게(?) 구속되고 150억 원의 벌과금이 부과되는 선에서 마무리되고 말았다.

관계기관은 물의가 확산되는 것을 무마시키려 온갖 노력을 기울였다. 하지만 정화되지 않은 공단의 폐수가 비밀 배출구를 통해 강으로 유입, 식수원인 금호강·낙동강 수계 주민들의 생명을 위협하는 마당에 이 사건은 결코 흐지부지 봉합될 수 없는 일이었다. 공단 내 기업인의 한 사람으로 함 사장의 자괴감과 허탈함은 이루 표현할 수조차 없었다. 그렇다고 강 건너 불구경하는 식으로 사태를 그저 바라볼 수만은 없는 노릇이었다. 누군가 총대를 메고 이 사건을 해결하지 않으면 공단전체가 존폐위기에 몰릴 지경이었다.

당시 비산염색공단은 이사장의 공석으로 8개월간이나 혼란의 소용돌이에서 헤어나지 못했고, 폐수처리장은 폐허가 되어있는 상태였다. 그러나 아무도 어려운 일에 선뜻 총대를 메고 나설 사람은 없었다. 누구도 공단의 이사장이 되기를 꺼려했다. 그때 염색공단 입주 기업인들은 함정웅 씨에게 만신창이가 된 공단의 재건에 밀알이 되어 줄 것을 간곡히 당부했다.

"그런 위기상황이었기에 제가 공단이사장으로 취임했고, 또 오늘날의 염색기술연구소가 설립된 것입니다."

그가 믿을 곳은 오직 하나님뿐이었다. 겸허한 마음으로 두 손을 모은 그의 간절한 기도가 이어졌다.

> 하나님, 방향을 잃고 표류하는 염색공단의 문제를 해결할 수 있도록 저에게 사명감을 일깨워주시고, 지혜와 통찰력 그리고 어려움을 이겨낼 수 있는 용기를 주옵소서. 폐수처리장에 거머리처럼 들러붙어 온갖 환경사기를 일삼고 있는 질 나쁜 업자들이 추방될 수 있도록 도와주시옵소서. 그들에게서 용돈이나 얻어 쓰면서 그들을 비호하는 권력자들로부터 제가 불이익을 당하지 않도록 보호해 주시고, 환경부장관과 대구시장이 제가 요청한 기술지도 진단팀과 감사팀을 속히 보내오도록 그들의 마음을 움직여 주시옵소서. 또 저에게 기술자문을 해주고 있는 일본인 기술자가 받는 위협을 막아주시옵소서. …

그는 공단을 정상궤도에 올려놓겠다는 신념 하나로 입주업체 대표들이 모두 꺼려하는 공단 이사장직을 맡아 공단관리와 운영의 개혁에 전력투구했다. 비정상을 정상으로, 불법을 적법으로, 허세를 실질로, 거짓을 진실로 바꾸기 위해 죽기 살기로 뛰었다. 공단의 방만한 조직구조를 개편, 350명의 직원을 280명으로 감축하고 염색 기술자의 물갈이를 단행하여 부조리의 고리를 원천적으로 차단했다. 그 과정에서 별의별 공갈과 협박이 신변을 위협했다. 심지어는 '당신 자식들이 온전히 학교에 다닐 수 있을 지두고 보라'는 협박까지 해댔다.

그러나 대구 염색공단의 폐놀 방출사건은 개인의 문제가 아니었다. 이 사건을 철저한 마무리 없이 무마시킨다면 대구시민 나아가서는 낙동강 유역에 살고 있는 많은 주민들의 생명이 위협받을 수도 있는 지대한 문제였고 또한 이 사건의 공정한 해결이란 부끄럼 없이 살아온 한 기업인으로서의 책무이자 양심이기도 했다.

그는 법정투쟁을 불사했고 수십 개국을 다니며 일일이 현장을 살핀 후 선진기술을 직접 배워와 우리나라에 적용시키기도 했다. 공장의 현대화를 위하여 공단 부설기구로 염색기술소도 설립했다. 말이 좋아 세계 최대의 공단이지 당시 대구염색공단은 전문기술자 하나 없는 상태에서 부실과 방만의 극을 이룬 상태였던 것이다.

기본이 바로 선 회사 만들기

대구염색공단은 이제 명실공히 이 나라 최대의 염색공단으로서 자랑스럽게 우뚝 서 있다. 자기 사업은 돌보지 않은 채, 하루 5시간이 채 못 되는 잠을 자며 불철주야로 헌신해온 함정웅 씨의 공로다. 그는 수십 개국을 다니며 터득한 노하우로 폐수처리의 일인자가 되어 지금도 폐수처리장에서 기술지도도 하고 입주공장을 돌며 염색지도도 하는 열의를 보인다. 그러나 이러한 성취 뒤에는 남들이 모르는 눈물과 땀이 있었으며 인간적인 고뇌와 외로움 그리고 많은 상처들을 가슴에 안아야 했을 것이다.

"하늘엔 맑은 공기, 땅에는 맑은 물이 흐르게 하는 것이 우리에게 부과된 가장 큰 의무요 애국이 아니겠습니까? 누군가는 해야 할 일을 한 것뿐이지요."

그간의 고생을 애써 감추며 함정웅 씨는 소탈하게 웃는다.

그가 설립한 회전니트는 1987년 과학기술처장관 인가 기업부설연구소를 설립해 운영하면서 연구소운영 노하우를 터득하였고 이것이 훗날 염색공단 내에 기술연구소를 만드는 아이디어로 이어졌다. IMF 이후, 모든 부문의 투자가 위축되는 형편인데도 회전니트는 한 개의 생산라인을 더 증설할 수 있었다. 또 원가절감과 생산성 증대로 수출 경쟁력이 강화되면서 기업운영이 더 활발해지고 있다고 한다. 서비스업으로 몰려들던 인력들이 이제는 하나둘 제조업으로 다시 발길을 돌리는 분위기가 조성되고 있고 특히 전문인력 확보가 쉬워졌기 때문이다.

"저희 같은 노동집약적 산업은 IMF가 한편으로 전화위복이 된 측면도 없지 않아 있습니다. 전에는 사람 구하기가 어려웠는데 우선 인력난이 해소되었기 때문이지요. 그간 사회가 제조업보다 서비스업을 잔뜩 키워 놓았으니 우리 경제가 제대로 돌아갈 수가 없어요. 장터에 장꾼은 없고 풍각쟁이만 많으니 이래서야 어디 시장이 기능을 발휘할 수 있겠습니까?"

장꾼이 많아져 풍각쟁이도 신바람나는 사회, 우리 모두가 바라는 세상은 과연 언제 올 것인지….

"아름다운 직장, 연구소 같은 공장, 신뢰받는 회사…." 수많은 수상경력과 여러 번에 걸쳐 공장새마을 최우수업체로 선정되었던 회전니트의 창업이념이다. 흔히 창업이념이나 사훈 등은 액자나 간판에 모셔 외부에 보여주기 위한 장식물로만 치부되거나 중요행사 때 의례적인 낭독용으로만 사용되는 경향이 없지 않다(특히 민간기업보다 관청에 게시된 '시정방침'이나 '역점시책' 등의 경우 더욱 그러하다). 그러나 지난 날 양적 성장에 급급하던 시절, 많은 기업들이 오늘날 부실화의 원인이 된 과잉투자와 중복투자의 함정 속에서 벗어나지 못할 때 오로지 섬유업의 외길을 걸어온 함정웅 씨. 그는 초지일관 정도(正道)를 관철하면서 "기본이 바로 선 회사 만들기"에 심혈을 쏟아왔다.

"하나님이 인간을 이 세상에 보내실 때는 위대한 업적을 남기고 성공한 자가 되라는 소명을 주셨다고 믿습니다. 이제 저는 이곳을 섬유산업을 위해 땀 흘려 일하는 사람들을 위한, 수세대에 걸쳐 이어질 수 있는 열린 연구소로 만들려고 합니다. 먼 훗날, 선한 싸움 다 마치고 하나님을 뵈올 때, 하나님께서 '너는 세상에서 무엇을 했느냐'고 물으신다면 저는 아마 이렇게 답할 것입니다. '세계 제일의 한국염색기술연구소를 만들었으며 협의체를 구성하고 팀워크를 통해 대구염색산업단지의 열병합발전소와 세계 최대의 10만 T/D의 고농도 염색폐수 종합정화처리장을 획기적으로 개선해 질적 향상을 이룩했습니다. 또 일본, 이태리, 독일 등 선진국과 같은 수준의 자동화, 첨단화를 통해 이들 나라에 못지않은 환경을 만드는 데 저의 많은 시간과 정력을 다 받쳐 노력하였습니다'라고 말입니다."

1994년 10월, 염색기술연구소는 건물 건립비 지원을 요청하는 건의가 결실을 맺어, 김영삼 전 대통령으로부터 30억 원을 지원받을 수 있게 되었다. 또 1994년 12월, 중앙정부, 지방정부, 염색공단이 300억 원을 투자, 제3섹터방식의 프로젝트 완성을 앞두고 다시 김대중 대통령의 "대구를 아시아의 밀라노로 만들겠다"는 원대한 청사진과 함께

700억 원의 추가지원을 건의하여 기꺼이 승낙받는 영광도 얻었다.

무에서 유를 만들어내는 집념과 불굴의 개척정신, 남다른 추진력으로 오늘의 영예를 이룩해낸 함정웅 씨, 그는 어제의 고난을 딛고 일어서 오늘을 일구어낸 입지전적 인물로 지역사회에 널리 알려져 있다.

초등학교 4학년 때, 가계를 일으키기 위해 경상북도 고령에서 최초로 만홧가게를 오픈하는 창의력을 발휘하였고, 일찍 독립하여 26세라는 젊은 나이에 욱일섬유를 창업하였으며, 약관 30에 종업원 150명의 중견기업인 회전 메리야스를 설립해 청년사장으로서 명성을 얻었다.

남 잘 때 안 자고 남 놀 때 안 놀고 남보다 더 많이 노력하면서 언제나 한발 앞서서 모범을 보이는 그는 지금 이현 서대구공단 내 (주) ADC(구 회전니트)[1]와 염색산업단지 내 욱일섬유, 달성공단 내 욱일섬유를 운영하고 있다. 또한 1993년에는 300만 달러를 투자해 중국 청도에 회전침직품 유한공사를 설립하여 해외진출의 첫발을 내디딘 바 있다.

그의 날카로운 조직운영 감각과 소명의식이 아니었다면 대구염색공단은 오늘의 모습을 갖추지 못한 채 그대로 주저앉았을 것이다. 그는 오늘도 기술적으로나 이론적으로 따를 사람이 없을 정도의 탁월한 능력으로 대구염색공단 폐수처리장을 진두지휘, 입주업체들로부터 신뢰를 받고 있다. 남들이 엄두내지 못하는 일들을 해낼 수 있었던 그의

---

1) 주식회사 ADC
대표이사 咸正雄
원 업체명: 회전니트(회전의자 메리야스)
개명일자: 2007. 7. 1
개명사유: 글로벌 시대에 국제감각에 맞추어 개명함(인터넷 쇼핑 등)
ADC의 어원(아랫 글들의 이니셜로 이름 지음)
A: Artware, D: Design, C: Company

집념과 끈기는, 어렵고 힘들었던 어린 시절의 환경에서 비롯되었을 것이다. 그가 섣부르게 학력에만 매달려 있었다면, 또 편안하게 현실에만 안주해 있었다면 오늘날과 같은 자유분방한 사고방식은 보여줄 수 없었을 것이다.

사람을 귀하고 중히 여기는 휴머니티, 실천과 비전을 보여주는 리더십, 사악한 일에 분노할 줄 아는 진정한 용기, 그리고 지식과 기술을 근간으로 새로운 것에 도전하는 장인(匠人)정신이야말로 오늘날의 그를 있게 한 원동력이라고 할 수 있다. 바로 이러한 덕목들이 기업의 종업원은 물론 국민 전체의 생활과 삶을 윤택하게 하고, 밥그릇의 풍성함을 좌우한다고 나는 믿는다.

"우리는 차별화의 시대에 살고 있다"는 미국 GE사 잭 웰치 회장의 말이다. 오늘 날 기업을 경영하는 이들에게 가장 필요한, 변화를 보는 안목과 고객의 욕구를 포착하는 순발력, 그리고 강인한 프로근성을 바탕으로 차별화의 시대를 살아온 함정웅 사장.

순풍(順風)과 역풍(逆風)에 따라 유연성을 발휘, 배가 가는 방향으로 바람이 불 때는 그 배에 힘을 주고, 바람을 안고 갈 때는 방향을 바꾸거나 속도를 조절했던 그의 경영관에서 "창랑의 물 맑으면 갓끈을 씻고, 창랑의 물 흐리면 발을 씻는다"는 중국 초(楚)나라의 시인 굴원의 교훈을 다시 한 번 가슴에 새겨 본다.

❖ 내 평생의 유일한 적(敵)은 가난

하사용 / 1970년 동탑산업훈장 수상

많은 사람들이 가난의 실상에 대해 잘 모른다. 아무리 살기 힘들다고 죽는 소리들을 해도 아직은 찢어지게 가난한 생활을 실감하지는 못한 것 같다. 나 역시 보릿고개를 넘어왔고 죽으로 연명했던 유년시절을 보냈지만 하사용 씨의 얘기에는 왠지 송구함이 앞선다.

뗏집거리 넝마주이

충청북도 청원군 강외면 정중리 애장터, 가난한 사람들이 뗏집을 짓고 살기 시작하면서 "뗏집거리"라 불리던 이곳은 그야말로 빈민촌이었다. 나무의 껍질을 벗겨 겨우 움막이나마 짓고 살던 사람들에게 집이란 개념조차 없었다. 짚으로 만든 가마니를 깐 방바닥엔 빈대가 우글거렸고 옷도 먹을 것도 없어, 아이들은 배고픔을 참으며 벌거숭이로 지내야 했다. 기저귀라는 것은 구경조차 할 수 없었으므로 어린애가 똥을 싸면 개를 불러 엉덩이를 핥게 했고, 굶주림을 채우기 위해 들과 산에서 나물이나 풀뿌리 등을 캐어다 먹었다. 두부 집에서 나오는 비지찌꺼기, 엿방에서 나오는 엿밥, 그리고 양조장의 술찌끼(술을 걸러내고 남은 찌끼)도 허기진 배를 달래주던 먹거리였다. 술찌끼를 먹고 난 아이들은 아침부터 술에 취해 여기저기 뒹굴었다.

1930년 4월, 하사용 씨는 뗏집거리 진주 하씨 집안의 8남매 중 넷째로 태어났다. 그래서 이름이 사용이다. 아버지는 날품팔이를 하셨고 어머니는 묵이나 떡 같은 것을 받아다가 파셨지만 식구들의 배를 채워주지는 못하였다. 여덟 살이 되자 학교에 다니는 아이들이 부러워 어머니께 간청을 해 겨우 강외초등학교에 입학했지만, 남루한 차림에 도시락도 변변히 싸가지 못하던 그는 아이들의 조롱거리가 되었다. 점심시간이면 맹물을 마셔가며 운동장 한 구석에 앉아 배고픔을 곱씹던 유년기…. 세상에 어떤 설움도 배고픈 설움보다는 덜할 것이란 생각에 지긋지긋한 가난은 어린 그의 마음에도 원망스럽기만 하였다. 게다가 당시 50전이던 월사금을 6개월이나 체납하는 바람에 2학년에 올라가 퇴학당하게 되었다. 서러운 봄볕이 어깨로 쏟아져 내리던 4월, 울면서 교문을 나선 것이 그의 학력 전부이다.

허기진 배는 하루 종일 그를 괴롭혔다. 모내기 끝난 논을 빙빙 돌며 올무를 주워 먹었어도 배는 채워지지 않아, 차라리 술찌끼를 먹고 취해 잠드는 편이 나았다. 열 살 되던 해, 매일 논을 배회하며 올무를 주워 먹는 그를 딱히 여긴 이웃 동네의 면서기 아저씨가 주재소에 취직시켜 주었다.

"옛날엔 순사라고 하면 울던 애도 눈물을 뚝 그쳤잖습니까? 주재소에 가서 심부름하면 밥을 먹을 수 있다고 해서 가긴 갔지만 어찌나 무서웠든지…. 개 떨듯 떨었던 생각이 납니다."

첫날, 주재소에 들어서자 제일 먼저 눈에 띈 건 쇠좆매(황소의 생식기로 만들던 옛 "刑具"의 하나)였다. 순사와 쇠좆매는 당시 가장 무서운 것으로 그 형구로 맞는 사람은 주로 징용 기피자라든가 벌목 갈비(낙엽진 솔잎) 등 나무하다 붙들려 온 한국인들이었다.

"일본 순사는 잘 때리지 않아요. 오히려 일본 순사의 앞잡이인 한국 순사들이 과잉충성하느라 쇠좆 몽둥이로 무자비하게 사람을 때려요. 일본 순사는 한국 순사가 쇠좆을 찾으면 귀찮아하면서 아예 자리를 비켜버리더군요. 같은 민족끼린데도 아무튼 한국사람 독한 건…."

주재소장의 일본인 아내도 더할 나위 없이 친절했다. 배고픈 그에게 밥도 주었고 검정 고무신도 사주었다. 난생 처음 신어본 검정 고무신, 그 감회 때문인지 그는 아직도 검정 고무신으로 사철을 지낸다.

그러나 몇 번인가 쇠좆매를 맞고 오줌까지 싸는 사람들을 본 후론 도저히 주재소에 나갈 수가 없었다. 어린 그에게 사람의 피와 비명소리는 세상에 대한 두려움을 먼저 가르쳤고 매일 밤 그는 악몽에 시달렸다. 결국 3개월여 만에 그는 주재소를 그만둘 수밖에 없었다.

그러나 주재소를 그만 뒀다 해도 빈둥댈 여유는 없었다. 무어든 일하지 않으면 목구멍에 풀칠조차 어려웠고 그럴 때마다 죄를 짓는 것 같아 엿장사도 했고 동냥도 했으며 넝마도 주웠다.

종이, 유리, 철사조각, 헌 신 등 하루 종일 고물을 수집하여 고물상에 팔면 좁쌀 한 되를 살 수 있었다. 고물을 줍다가 배가 고파지면 버려진 음식물이나 과일껍질을 주워 먹었다. 하루는 조치원역 쓰레기장에서 고물을 줍는데 비슷한 또래의 아이들이 몰려나오더니 발로 차고 때리며 자루를 빼앗는 것이었다.

"이 새끼야! 누가 여기 와서 함부로 고물을 주우라고 했어! 한 번만 더 나타나면 그땐 죽여 버릴 거야!"

피투성이가 된 그는 집으로 돌아와 엉엉 울었다. 어머니께 자초지종을 말씀드리니, "이 녀석아, 그러게 에미가 하지 말라고 하잖던. 그 놈들이 다 양아치 깡패들이여!" 하시며 눈물을 흘리셨다.

더 이상 고물을 줍는 일은 불가능했다. 또 한 번 고물을 주우면 죽여 버리겠다고 한 그들의 무서운 얼굴을 생각하면 온몸에 소름이 끼쳤다. 그래서 생각해낸 것이 엿장수였다. 밑천 없이 할 수 있는 장사란 생각에 시작했으나 어린 몸으로 무거운 엿지게를 메고 하루종일 이 마을 저 마을 돌아다니면 식은땀이 흐르고 코피가 터졌다. 어린 아이나 아주머니들이 가지고 나온 걸레조각, 담뱃대에 붙은 철물, 헌 고무신짝, 부러진 숟가락 등을 엿가락과 바꾸다 보면 어느새 해는 서산에 기울고 짚신은 다 떨어져 맨발이 되어 버린다. 그러나 엿과 바꾼 고물을 엿방에 팔아 돈을 받는 순간이면 온갖 피곤함은 사라졌다. 그 돈이면 보리쌀 두 되를 살 수 있었고, 오늘 저녁은 식구들이 굶지 않겠구나 하는 보람에 집으로 향하는 발걸음은 바빠졌다.

때로는 나무장사도 했다.

“30리나 떨어진 산에 올라 새벽마다 나뭇가지를 주웠지요. 벌목한다고 붙잡혀서 맞기도 많이 맞았습니다. 나이가 어렸으니까 순사들이 쇠좆매로 때리진 않았지만 아무튼 개패듯 두들겨 팼어요. 때리는 것까지는 그래도 좋은데 지게하구 낫을 뺐는데야…. 실컷 두들겨 맞고 산을 내려올 때는 정말 하늘이 무너지는 듯했습니다.

한번은 눈이 많이 내렸던 추운 겨울에 산에 올라갔는데 낙엽이며 뭐며 흠뻑 젖었더라구요. 젖은 낙엽은 잘 타질 않으니까 상품의 가치가 떨어지지 않겠습니까? 지게를 지고 역전을 기웃대는데 어떤 아저씨가 따라 오라고 하더라구요. 어찌나 고마운지…. 그런데 그 아저씨 집에 가니 아주머니가 젖어서 못쓸 낙엽이니 사지 않겠다는 거예요. 10리길을 돌아갈 기운조차 없어 마당에 주저앉아 막 울었던 기억이 납니다. 결국 옆 집 할머니가 보리개떡과 물을 주시면서 양지바른 곳에 두면 금세 마를 터이고 또 아이가 불쌍하니 사자고 해서 겨우 싼값에 팔고 울면서 돌아온 일이 있었지요.”

그렇게 비참한 세월이 흘러갔다. 그는 인근에서 채소농사를 짓는 중국사람들에게 오이, 호박, 배추, 무 등을 사서 지게에 메고 다니면서 채소장사를 시작했다. 채소를 사러 가면서 그는 중국인들의 농사기술을 유심히 살폈다. 땅만 있으면 농사를 지을 수 있을 것 같았다. 채소농사를 지으면 돈을 많이 벌 수 있을 것 같았다.

6·25, 사형선고가 내려지다

“큰일 났다, 난리가 났어!”

어느 날, 아버지를 따라 남의 집 모를 심는데 동네사람들의 함성이 들려왔다. 사람들을 따라 역전에 가보니 부산행 기차의 지붕 위에는 사람이 가득했고 길거리엔 보따리를 등에 진 사람들 천지였다. 6·25

가 발발했던 것이다. 그의 집도 피난을 떠나야만 했다. 그러나 돈도 없고 먹을 것도 없던 그는 결국 피난을 포기하고 집으로 돌아올 수밖에 없었다.

"마을에 도착했는데 인민군위원장이란 사람이 불러요. 의용군에 가지 않으면 재미없다고 협박하더군요."

마을 친구 몇몇과 함께 인민군에 끌려간 그가 1개월 만에 도착한 곳은 평안도 강동의 인민군 야영소였다. 그곳에서 교육을 시킨 후 군대로 보내려는 인민군들의 속셈이었다. 그는 탈출을 시도했다. 잡혀 죽을지라도 이대로 살다가 개죽음을 당하기는 싫었다. 밤이 되자 막사를 탈출해 대동강가로 나왔다. 그러나 별만 보이는 칠흑같은 어둠 속에서 방향감각을 잃은 그는 곧바로 잡혀서 사형선고를 받게 된다.

"비는 주룩주룩 내리는데 쌀밥 한번 못 먹어본 채 나이 열몇 살에 죽는다고 생각하니 어찌나 서럽던지…."

그러나 구사일생으로 그는 반공호를 빠져나와 개성까지 도주했다. 아군폭격기의 공습으로 감시가 소홀한 틈을 탔던 것이다. 사람들이 그에게 자수를 권유했다. 경찰서에 가서 자수하면 용서해주고 풀어줄 것이라고 했다. 허나 아군 또한 그의 편은 아니었다. 나는 인민군이 아니라고 아무리 소리쳐도 미군들은 그를 포로로 붙잡아 밥도 주지 않고 빨갱이 취급을 했다. 어느 날인가 군대 앞마당으로 떠밀더니 목에 개목걸이 같은 끈을 하나씩 걸었다. 포로 번호표였다. 당시엔 사상여부를 떠나 잡히는 대로 포로가 되었다.

미군들의 엄한 감시 속에 인천 소년형무소로 수송되었던 그는 동래 수용소를 거쳐 그 악명 높은 거제도 포로수용소로 이감되었다. 거제 수용소의 실정은 정말 끔찍하기만 했다. 폭동을 일으킨 빨갱이들이 사람을 죽여 토막낸 후 똥통에 넣어 바다로 떠내려 보내기도 했고 사람과 사람과의 분쟁은 상상을 넘어선 것이었다. 배고픔을 이기지 못해 군화를 삶아 먹는 사람까지 있었다. 그러나 포로 자유송환이 발표되면서 그는 경북 영천으로 송환되어 귀가하게 된다.

냉수 한 사발로 올린 결혼식

"집에 돌아와 보니 어머니는 돈 벌러 나가시고 아버지는 돌아가셨더군요. 날품팔이로 연명하다가 군에 입대하게 되었지요. 그 때도 돈있고 빽있는 집 자식들은 군에 가지 않은 사람이 많았습니다. 요새 군대 비리가 어쩌구 떠들지만 빙산의 일각입니다. 그 당시엔 더 했어요."

그는 당연히(?) 최전방으로 배치되었고 그곳에서 전투 중 파편을 맞아 육군병원에 입원해있던 중 결핵으로 판명되어 의가사 제대를 했다. 혼인할 나이가 되었으나 가난이 죄인지라 아무도 시집오겠다는 처자는 없었다. 그러나 인연은 정해져 있다고 작은 아버지의 중매로 지금의 아내를 만나게 되었다.

"처가까지 걸어서 갔어요. 차비 한 푼을 아껴야 하니까요. 너무 추워서 장가가다 얼어 죽을 뻔 했습니다. 정말 냉수 한 사발 떠놓고 식을 올렸지요. 아내 역시 비슷한 처지여서 혼수라고는 호청 없는 이불 한 채가 전부였습니다. 그래도 색시 데리고 올 때는 열차 탔어요."

결혼을 하였으나 생계는 막연하기만 했다. 가정을 꾸려가야 할 가장이란 책임은 그로 하여금 밤잠을 이루지 못하게 만들었다. 결국 어느 날 새벽, 그는 아내 몰래 집을 나와 춘천까지 걸식을 하며 어느 부잣집을 찾아갔다. 머슴살이를 시작한 것이다.

"1년에 쌀 4가마를 받기로 하고 3년간 몸이 부서져라 일했습니다."

3년 후 모아둔 새경은 쌀 12가마에 이자까지 더해져 15가마가 되었다. 이젠 자립기반이 마련되었다는 생각에 집에 돌아와 보니 아내는 남의 집 식모살이를 하고 있었다. 소가죽처럼 딱딱하고 거칠어진 아내의 손…. 뜨거운 눈물이 솟구쳤다.

1957년 초, 머슴살이를 해 모은 유일한 밑천으로 그는 270평의 땅을 사 한쪽엔 움막을 짓고 채소농사를 시작했다. 난생 처음이었다. 흙을 퍼 날라 모래땅을 옥토로 개간해 땅을 넓혔고 지게에 인분을 실어 조치원에서 뗏집거리까지 날랐다. 인분을 퍼오다가 읍내 사람들에게 매도 맞았고 똥통이 부서지는 일도 다반사였다.

그런데 또 한 번의 시련이 찾아왔다. 군대시절, 발병했던 폐병이 도진 것이었다. 도저히 일을 할 수 없는 처지가 된 그는 방에서 피를 토해가며 병마와 싸워야 했다. 아내의 고통은 배가되었다. 남자가 해야 할 일까지 이제는 모두 아내의 몫이 되어버린 탓이었다. 그러나 아내의 정성 어린 간호와 그리고 오로지 살아야 한다는 집념과 의지로 그는 3년 만에 회복할 수 있었다.

"사람의 건강은 정신입니다. 정신력이 강하면 절대 죽지 않아요. 요즘 운동이 필요하다고들 하는데 일하지 않으니까 그런 말들이 나오는 겁니다. 움직이게끔 생긴 인간이 많이 먹고 움직이질 않으니 어디 사람 몸이 정상일 수 있겠습니까?"

돈을 벌면 버는 즉시 저금을 했다. 단돈 10원 한 푼이 생겨도 은행을 찾아 예금했고 적금도 몇 개 들었다.

"돈은 돌고 도는 피와 같습니다. 돈을 은행에 예금해야 돌고 돌면서 필요할 때 쓰이지요. 자신한테도 이익이 되구요."

노다지는 남다른 노력의 결과

김천에서 비닐하우스 재배법을 배워온 하사용 씨는 전에 보았던 중국사람들의 농사법에 착안해 300만 원의 영농자금을 농협으로부터 융자받아 비닐하우스에 야채를 심기 시작했다. 하우스 농사가 노다지라는 말이 돌면서 온 동네가 하우스 천지로 탈바꿈되기 시작했다. 그러던 중 1969년 겨울 계속되는 폭설로 동네의 하우스가 전부 무너져버린 불상사가 발생했다. 자연재해에 대항할 수 없는 인간의 한계…. 그러나 하사용 씨가 그 해에 노다지를 캘 수 있었던 건 남다른 노력의 결과였다.

"밤새워서 눈을 쓸었습니다. 동상이요? 그런 걸 따질 겨를이 어디 있습니까? 다시 배를 곯아야 한다고 생각하니 죽기 살기가 되더군요. 눈과의 전쟁이었어요. 결국 다른 집 하우스들은 다 무너졌는데 우리 하우스는 건재할 수 있었지요."

상추 값은 금값이었다. 상추 한 관 값이 쌀 서 말 값과 같았다. 시골 사람은 구경도 못했고 서울의 부자들만 먹을 수 있었던 황금작물이 바로 겨울철의 상추였다. 그 해 상추를 팔아 남은 돈은 150평의 하우스를 800평으로 늘려주었고, 800평의 하우스 농사로 1천 평의 땅을 살 수 있었다.

"어디 사는 아무개가 어떻게 해서 돈을 벌었다더라는 소문이 꼬리를 물었어요. 그러더니 어느 날인가 군수님이 오시더니 농어민소득증대특별사업경진대회에 저를 성공사례 발표자로 내보낸다는 거예요. 어리둥절했지요. 그런데 도(道)에서도 추천되었다고들 하더니 얼마 안 있어 중앙에서도 제가 뽑혔다면서 빨리 양복을 지어 입으라는 겁니다. 그렇지만 생각해 보세요, 하루 입자고 헛돈을 씁니까? 또 제가 양복을 입으면 동네 사람들이 엿장사하던 놈이 양복 입는다고 손가락질 할 거 아닙니까? 농사꾼이 농사 잘 지었다고 상 받는데 양복이 무슨 상관이랴 싶어 끝내 양복을 거부했지요."

그런데 이번엔 또 원고내용이 문제였다. 성공사례 발표 때, 이 원고대로 읽으라며 군청 직원이 건네준 자료에는 소득금액이 사실과 다르게 과장되어 있었다.

"분명 저는 97만원의 소득을 올렸는데 150만원이라 적혀 있더라구요. 이건 잘못되었다고 하니까 그냥 쓰여진 대로만 말하라는 겁니다."

이런 거짓말이 있나. 나는 분명 97만원을 벌었는데 왜 150만원을 벌었다고 하라는지 알다가도 모를 일이었다. 이것이 바로 당시 행정의 공명심이요 허구성이었다. 군수가 더 많은 생색을 내기 위해서는 무어든 부풀려서 보고한 것이다.

성공사례 발표회날이 다가왔다. 1970년 11월 11일 아침, 그는 농사꾼 차림 그대로 집을 나섰다. 그러나 서울 시민회관에 수두룩하게 모인 양복쟁이들을 보자 그만 기가 죽고 말았다.

농수산부 장관의 개회사가 끝나자 드디어 하사용이란 이름 석 자가 불려졌다. 떨리고 앞이 안보여도 꼼짝없이 단상으로 나가야 할 판이었다. 2층에는 박정희 대통령이 와 계시다고 했으나 그는 턱이 덜덜 떨려와 대통령이 오셨는지 돌아가신 아버님이 오셨는지 정신을 차릴 수가 없었다. 태어나 3천 명이나 되는 이렇게 많은 사람들 앞에서 자신의 얘기를, 그것도 남에게 귀감이 될 만한 얘기를 자랑스럽게 하는 건 난생 처음이었다.

"원고가 눈에 들어올 리 있겠습니까? 어릴 적, 주재소에서 쇠좇매를 처음 볼 때처럼 덜덜 떨렸어요. 한참을 떨다가 용감해지기로 마음먹었지요. 내가 살았던 것이 성공사례라면 당당하게 얘기하자. 내가 뭐 죄진 것도 없는데 하는 생각이 들더군요. 그래서 원고 없이 그냥 제 얘기를 줄줄 했습니다. 발표를 마치자 박 대통령께서 오시더니 저를 붙잡고 눈물을 글썽이시더군요. 저도 같이 울었습니다. 옛날의 설움이 복받쳐 울었고 오늘 같은 날이 제 인생에 찾아와준 것이 감사해서 울었습니다…. 그날 박 대통령께서 저에게 무에서 유를 창조했다고 하시

● 하사용 씨가 아내와 함께 살던 움막집. 그는 박정희 대통령으로부터 농어민소득증대 특별상(공로상)을 받았다(1970년 11월 11일).

며 소원을 물으시더군요. 저는 배곯지 않는 것이라고 대답했습니다. 그렇습니다. 제 평생의 유일한 적은 가난뿐이었어요…."

하사용 씨의 성공사례 발표가 끝나자 박정희 대통령은 즉석연설을 통해 그를 이렇게 격찬하였다.

> 우리는 농촌개발에 헌신한 훌륭한 인물로서 걸핏하면 외국의 사례만을 인용하기 쉽습니다. 그러나 이제 우리 농촌에도 훌륭한 인물들이 많이 나타나고 있습니다. 하사용 씨는 우리 농민들의 위대한 교사일 뿐 아니라 우리 국민 모두의 훌륭한 교사입니다. 그는 그의 가난을 근면과 자조와 협동으로 해결해 내었습니다. 한국 농촌의 빈곤도 하사용 씨와 같은 정신자세가 있어야만 해결될 수 있습니다(박진환, 《경제발전과 농촌경제》, 박영사).

그 후 전국 각처의 수많은 농민들이 견학왔고 충북 농촌진흥원은 하사용 씨의 농장을 4H 기술농장으로 선정하여 매년 수십 명씩의 농촌

청소년들을 보내 교육을 이수하게 하였다. 25년간 수백 명의 농촌후계자를 양성 배출한 그는 새마을지도자로 선출되어 전국적인 새마을 가꾸기 사업과 소득증대사업에 기여하였다.

10원짜리까지 모아 저금을 했던 수백 개의 통장이 말해주듯 그의 몸에 밴 절약정신은 달력 하나 그냥 버리는 법이 없다. 밤이면 그는 못 쓰는 종이를 잘라 봉투를 만들어 군청에 보낸다.

“돈을 받자는 게 아닙니다. 지금 사람들이 너무 물자 아까운 줄 몰라서 이렇게 만들어 보내는 겁니다. 달력 하나면 봉투 74개가 나옵니다. 그런데 이것도 만원짜리 들어갈 정도로만 작게 만들면 104장이 나오지요. 한번 쓴 봉투를 뒤집으면 또 한 번 쓸 수 있구요. 요즘 사람들은 왜 거기까지 생각이 못 미치는지 모르겠어요. 하긴 지게꾼이 벌어놓으니 갓 쓴 놈이 먹는다고. 우리 집만 해도 손자놈들이 배고픈 걸 몰라요. 학교에서 너희 할아버지가 옛날에 엿장사했다는 말들을 듣고 와선 가끔 저에게 할아버지 진짜 엿장사했냐고 물어요.”

그는 껄껄 웃는다. 현재 여기저기 성공사례를 강의하는 강사가 되어 있지만 77세의 백발이 된 지금까지 역전에서 또는 마을을 돌아다니며 종이컵을 수거한다.

“한 번 마신 종이컵들을 아무렇지도 않게 버려요. 외화가 모자란다면서도 이거 다 수입하는 건데도 아까운 줄 몰라요. 저는 1년에 5만 개 목표로 수거해요. 이 컵을 묘상(苗床)으로 재활용하여 1년에 천만 원 수입을 올립니다.”

뗏집거리 넝마주이였던 하사용 씨. 그러나 이제는 어엿한 농장주인으로, 새마을지도자로 우뚝 선 그에게 커다란 박수를 보내며 그가 힘주어 강조했던 얘기들을 여기에 남긴다.

“남의 돈처럼 무서운 게 없습니다. 저는 아무리 밥을 굶어도 하우스 시작할 때 영농자금으로 300만 원 빌렸던 것 외엔 남의 돈은 빌린 적이 없어요. IMF도 마찬가집니다. 남의 돈 무서운 줄 알았으면 그렇게 빚을 졌겠습니까? 돈처럼 추악한 게 없습니다. 그래서 돈의 진가를 모르는 사람이 탐욕이 많은 거예요. 그러나 걱정할 것 없어요. 아무리 살기 어렵다고 해도 지금 삼시 세끼 밥 굶는 사람이 몇이나 됩니까? 다같이 노력하면 일어설 수 있습니다. 우리 세대의 얘기를 지금 사람들은 남의 얘기라고만 하지만 나라가 어려운데 어쩌겠습니까? 다시 옛날로 돌아가야죠. 새마을지도자는 감투가 아닙니다. 남이 하기 어려운 일을 해야 하는 희생정신이 뒷받침된 사람만이 지도자가 될 수 있습니다."

가난을 경험하고 극복한 사람들에겐 경제난국이 두렵지 않다. 예방주사를 맞았기 때문만은 아니다. 그들은 가난을 통해 진정한 삶의 의미를 배웠고 가난했기에 돈의 가치를 안다. 함부로 남의 돈을 빌려다 흥청망청 써버리는 일이 없으며 자신의 피와 땀의 결실이 바로 밥이 된다는 진리에 대해서도 알고 있다. 의지의 한국인이 있다면 하사용 씨를 두고 하는 말일 것이다. 극빈촌에서 태어나 지금의 부를 이루기까지 그의 근면과 성실은 눈시울을 적시게 만든다. 혹자는 듣기 싫어할지 모른다. 그때의 생활상일 뿐이라고 치부할는지 모른다. 그러나 하사용 씨 같은 인물이 있기에 그래도, 이나마 대한민국은 안심 아닌가.

❖ 자립으로 풀어간 한(恨)

강영환 / 1969년 대통령상 수상

징용 끌려간 빈농의 아들

가난은 흉이 아니라 설움이었다. 대체로 지주를 제외하곤 너나할 것 없이 못살았으니 상대적 빈곤감 따위는 없었지만, 배고픈 설움이란 참으로 감내키 힘든 고통이었다. 어머니는 식구들과 겸상을 하시는 법이 없었다. 양식이 생기면 우선 식구들을 먹여야 했던 어머니는 빈 밥그릇을 물에 헹궈 드시곤 늘 배부른 척하셨다.

피땀 흘려 농사를 지어봤자 절반 이상을 지주에게 바치고 나면 농민들은 입에 풀칠조차 힘들었다. 반면 양반님네들은 서책을 들여다보며 음풍농월(吟風弄月)을 일삼고도 배불리 먹을 수 있었다.

강영환 씨는 1927년, 경상남도 진주의 가난한 농가에서 8남매의 넷째로 태어났다. 14살 때 아버지를 여의자 가뜩이나 없는 살림은 더욱 궁핍해졌다. 처음 부역(賦役)에 끌려간 건 6학년 겨울방학이었다. 부산에 위치한 일본 군(軍) 제8기지창인 군수공장에서 철근 하역작업을 했던 열다섯의 어린 어깨…. 삶은 그렇게 고달프기만 했다.

이듬해인 1943년 3월, 초등학교를 졸업한 그는 징용(徵用)으로 일본에 끌려간다. 옥수수와 콩, 말고기, 단무지로 연명하며 일본 해군 군수공장에서 하루 12시간 막노동을 해야 했던 열여섯의 봄…. 노동이 끝난 후엔 피로에 지친 몸을 이끌고 '취침 전 정신교육'을 받아야 했고 전쟁이 막판에 접어들어 일본이 수세에 몰리자 왜놈들은 징용자들을 국지전에 투입시켰다.

"반공호를 파기도 하고 본토에 미군이 상륙하면 반공호 안에 대피했다가 돌격대로 미군에 맞서 저항하는 훈련을 받기도 했습니다. 폭격 때문에 하루에도 수십 번씩 생사를 넘나드는 긴장의 연속이었지요. 게다가 고향에 계신 어무이가 어찌 보고접던지…."

그러나 타고난 농사꾼인 그는 그 와중에서도 일본 농업실황을 꼼꼼히 살피곤 했다. 징용생활 2년째부터는 외출이 허용되었으므로 부대인근 농촌마을을 둘러 볼 수 있었는데 우리나라보다 농업기법이 상당히 발전해 있음을 한 눈에 알 수 있었다.

현재는 우리나라도 모내기의 기계화가 이루어졌으나, 당시만 해도 볏모를 심을 때 줄의 간격을 맞추기 위해 모를 대고 심는 못줄을 사용하고 있었으므로 일손이 많이 필요함은 물론 못물의 적정치(물의 양, 깊이 등) 또한 일일이 맞추어야 하는 등 번거롭기 짝이 없었다. 그러나 일본은 못줄 대신 이미 조작이 편리한 일인용 모내기 틀을 고안해 사용하고 있었다. 뿐만 아니라 호박이나 오이 등의 채소재배도 오늘날의 비닐하우스처럼 종이를 씌워 보온을 유지함으로써 생산성을 극대화하는 과학적 영농방법을 도입하고 있었다.

게다가 우리나라 면사무소격인 무라(村)에서는 농민이 생산코자 하는 품목의 품질 좋은 종자를 나눠주고 땅을 배당해 농사를 짓게 했다. 수확물은 선별해 1~4등급으로 분류하여 매상하는 것 같았다.

"좋은 값을 받으려면 1등품으로 인정받아야 하잖습니까? 우리나라 같으면 모종의 뒷거래가 있을 만도 한데 전혀 그런 사례가 없습디다."

농민과 무라 직원 간에는 투명한 거래가 이루어졌고 계산 또한 정확하여 종자비와 재료비를 제한 나머지 대금은 농민들의 통장에 넣어주는 것이었다.

"우리에겐 원수 같지만 전시중인데도 과학적 영농기법과 유통체계만은 놀랍고 부러울 정도였습니다."

어떻게든 보란 듯이 잘 살아보리라

일본의 패전으로 끝이 보이지 않던 전쟁이 갑작스레 끝났다. "해방은 도둑처럼 찾아들었다"라고 했던 함석헌 선생의 말처럼 세상은 갑자기 뒤집어졌다. 일본이 패망할 줄은 꿈도 꾸지 못한 일이었다. 지하에서 자고 지하에서 일하던 지긋지긋한 징용생활도 끝이었고 이제는 고향에 대한 꿈을 다시 꾸어도 좋았다.

징용의 대가로 받은 몇 푼의 임금으로 수많은 사람들 틈에 끼어 배를 타던 날, 현해탄에 어리던 그 가슴 벅찬 감회를 어찌 다 설명하랴. 열아홉 살 된 연상의 일본 처녀가 넌지시 프러포즈를 하며 일본에서 살 것을 권유하기도 했지만 그의 마음엔 오직 고향 생각뿐이었다.

돈을 벌어보겠다고 일본으로 떠났던 큰 형, 징용간 둘째형과 셋째 형…. 4형제가 일본으로 갔으니 모두가 살아남았으리라는 기대는 할 수 없었다. '인명은 재천(在天)일 뿐'이라고 체념하려 애썼지만, 자꾸 눈물이 쏟아지는 건 어쩔 수 없었다. 다시 볼 수 있을 것인가, 다시 만나 얼싸안고 감회의 눈물을 흘릴 수 있을 것인가. 그러나 하늘은 그의 기대를 저버리지 않았다. 일본으로 끌려갔던 형제들이 모두 무사히 돌아왔던 것이다.

하지만 막상 돌아오니 살 길이 막막했다. 집안에는 한 평의 땅도 없었고 그렇다고 밑천이 있어 장사를 시작할 수 있는 것도 아니었다. 머슴살이라도 하면 밥도 먹여주고 봄 겨울로 입을 옷도 한 벌씩 얻어 입는데다가 1년에 쌀 세 가마의 새경(농가에서 머슴에게 주는 연봉)을 받을 수 있었다. 그러나 왜소하고 약골인 그에게는 머슴일조차 좀체 돌아오지 않았다. 더욱 서러웠던 것은 친척들의 냉대였다.

그날, 의지할 곳 없던 어머니는 큰집을 찾아가 통사정을 하신 모양이다. 징용에서 돌아온 자식들에게 보리밥이라도 먹이고 싶었던 어머니는 '큰집은 농사철에 많은 인부를 쓰고 있으니 내가 일해서 갚겠다. 그러니 보리쌀 한 가마니만 꿔달라'고 애원하셨다. 하지만 먹고 살만했던 큰집은 쌀 한 톨 내주지 않았다.

"장정이 네 명이나 있는데 보리쌀 한 가마도 없다니 말이 되는 소립니까? 못 내줍니다."

조카인 큰집 종형으로부터 박대를 받은 어머니는 보름달 휘영청한 논두길을 울면서 돌아오셨다. 어떻게든 보란 듯이 잘 살아보리라. 어머니의 눈물을 갚아드리리라. 그는 스무 살의 오기로 이를 악물었다. 달걀장사, 나무장사 등 닥치는 대로 부지런히 일했다. 그러나 장사를 하면서도 농사를 지어야겠다는 생각을 떨쳐 본 적은 없었다.

때마침 씨 없는 수박의 대가 우장춘 박사가 부산 동래에 있는 농업과학연구소의 소장으로 계시면서 연구에 몰두한다는 소문이 들려왔다. 어떻게 해서든 만나야겠다는 생각에 무작정 우 박사를 찾아갔다. 먹여 주고 재워주기만 한다는 조건으로 낮에는 원예시험장에서 일하고 밤에는 교육을 받았다. 앞선 기술을 익힐 수 있다는 감사함에 몸은 피곤해도 마음만은 한없이 편하고 행복했던 그 시절.

그러나 귓전을 때리는 총포소리와 함께 6·25가 덜컥 터지고 말았다. 또다시 군대 행이었다. 삶이 자신의 의지대로 풀려주지 않는다 해도 그는 그 처참한 시간들을 끌어안아야 했다. 비탄한다 하여 더 나아지지 않음을, 차라리 벅찬 소망을 떠올리는 편이 스스로를 이롭게 만듦을 그는 징용생활을 통해 이미 터득하고 있었다.

그의 영농능력이 인정받게 된 건 아주 우연한 기회였다. 전쟁이 2년 넘게 지속되자 군수품은 물론 생필품조차 턱없이 부족했는데 이를 자체 내에서 조달하기 위해 제주도에 육군 급양생산대를 설치해 놓은 상태였다. 병사들 가운데 일할 만한 사람을 뽑기 위해 장교들이 직접 병사 한 사람 한 사람을 붙들고 농업에 대해 물었다.

"수박은 어떻게 재배하느냐, 염소와 돼지는 각각 새끼를 몇 달 만에 낳느냐?"

묻는 질문마다 척척 답했던 그는 곧바로 차출되어 서귀포 농장으로 배치된다. 같은 절차를 거쳐 농장에 모인 사람은 백여 명이나 되었지만 그 가운데 농사를 지을 줄 아는 사람은 불과 다섯 명뿐, 나머지는 전방복무를 피하려는 대학생이나 돈 있는 사람들인 것 같았다. 졸지에 책임자로 선정되어 의욕적으로 농사를 지어보려 했지만 일을 아는 사람은 다섯 명밖에 되지 않았고, 농사일을 모르는 95명은 일도 하지 않고 노닥거리며 밥만 축내고 있었다.

불필요한 인력을 다시 돌려보내고 군 부식 조달을 위해 정신없이 일하던 중 휴전이 됐다. 농장은 폐지되었고 그는 부산을 거쳐 대전에 있는 군수공장으로 이동명령을 받게 된다. 제대하고도 남을 만큼 군복무를 한 셈이었지만 정직하고 부지런한 그를 신임한 상사들은 그를 제대시켜주지 않았다. 오히려 '촌에 가서 농사나 지으면 뭘 하겠느냐, 여기 공장서 일하면 돈도 벌고 좋은 아가씨한테 장가도 갈 테니 그냥 여기서 일하라'라며 아예 군대에 말뚝을 박으라고 권했다.

"공장서 일하면 몸도 편하고 돈도 많이 버는 것이 사실이었습니다. 그렇지만 성격에 맞지 않는 걸 어쩌겠습니까? 고향으로 돌아가 농사짓고 싶은 마음만 간절합디다."

매사에 치밀한 그는 자신을 대신할 후배를 양성시킨 후 상사가 맞춰준 양복 한 벌을 선물로 받고 제대했다. 군복무 시절에는 제시간에 삼시 세 끼를 꼬박꼬박 먹고 규칙적인 생활을 할 수 있어 보기 좋을 정도로 살이 쪘지만 다시 고향에 돌아오니 양식이라곤 상추 이파리에 쌀 몇 톨을 넣어 쑨 죽이거나 쑥밥이 고작이었다.

"젊어서 그랬는지 그렇게 부실하게 먹고 하루 종일 뙤약볕에서 일해도 끄떡이 없습디다."

주위 사람들은 그를 향해 타고난 농군이라고 입을 모았다. 매일매일 땅은 반갑게 그를 맞았고 그는 열심히 일했다.

비닐하우스 농법을 최초로 적용

1956년 2월, 그는 고향인 진양군 금산면 속사리에 내버려진 땅을 일구기 시작했다. 척박한 땅을 개량하기 위해 강바닥에 퇴적된 비옥한 흙을 퍼다 5리나 되는 밭으로 실어 날랐다. 한 달 동안 생고생을 하니 그럭저럭 밭의 꼴을 갖추게 돼 3월부터는 오이 농사를 지을 수 있었다. 농사짓기엔 아직 바람이 찼다. 그래서 생각해 낸 게 밭에다 대나무를 꽂고 거기에 비닐을 씌워 바람을 막아주고 따뜻하게 하는 것이었다. 징용시절 일본서 보았던 농법을 직접 적용했다. 그러나 문제는 비닐이었다. 모든 물자가 턱없이 부족하던 시절에 비닐을 구하기란 하늘의 별따기였다.

"부산 럭키공장에 가문 비닐이 있다든데…."

여기저기 수소문한 결과 부산에 있는 럭키공장에 가면 비닐을 구할 수 있다고 하여, 꼬박 이틀 걸려 비닐을 구해와 오이대에 씌웠다. 이것이 오늘날 전국적으로 유명해진 진주 비닐하우스의 시초다.

"처음에는 사람들이 다 미쳤다고 하더이다. 오이농사 짓는데 저래 비닐을 걸쳐놓으면 어쩌냐고, 저러다 다 망하는 거 아니냐고 걱정이 늘어졌습디다."

4월에 접어들자 드디어 온갖 정성을 들여 키운 오이는 주렁주렁 열매를 달았다. 자신이 조성한 땅에서 처음 수확한 소중한 오이였다. 오이 포대를 짊어지고 장터로 향하는 그의 가슴은 설레고 있었다. 장터는 아침부터 북적댔다. 그러나 사람들은 이른 봄에 시장에 나와있는 오이를 신기하게만 여길 뿐 사려들지는 않았다.

"뭔가 미심쩍고 못 미더워 하는 눈칩디다. 어찌나 속이 상하든지…."

망연자실해 있는 그에게 말쑥하게 차려입은 신사가 다가온 것은 한참이 지나서였다. 그는 강씨에게 일찍 수확한 오이에 대해 이것저것

캐물었다. 더구나 만족스런 미소까지 짓더니만 직접 오이밭을 찾아와 둘러보겠다고 했다.

"내가 땅을 더 살 테니 오이를 더 많이 심읍시다. 오이 100개당 쌀 대두(大斗) 한 말을 드리지요."

힘 꽤나 쓰는 장정이 한 달 꼬박 일해야 겨우 쌀 대두 서 말을 받을 수 있던 당시 물정에 비하면 파격적인 제안이었다.

"모레 아침에 오이소."

경상도 사나이다운 무뚝뚝함의 속내엔 포부와 기대가 가득했다.

"일이 될라고 하니까 계속 잘 풀립디다. 남들은 다 안 되는데 나는 대만 꼽아 놓으면 오이가 주렁주렁 열리니 참…. 쪼매난 오이가 논 한 마지기의 수익을 올리는 통에 졸지에 부자가 됐습니다."

서울 사람은 오이 2관에 쌀 1가마니 대금을 내고 봄철 내내 그에게 오이를 사갔다.

1962년 봄, 그는 속사리를 떠나 강가 근처 마을에 서울사람과 공동으로 땅 만 평을 샀다. 만 평이나 되는 개간지에 오이농사만 짓는다는 소문이 퍼지자 주위에서는 '망할라고 작정을 했다. 바람 불고 비 오면 찢어지는 비닐을 씌워놓고 어쩌자는 것이냐' 며 비웃었다. 그러나 힘든 시간 속에서도 포기하지 않았던 그의 소망들은 현실로 다가오기 시작했고, 뜻이 있는 곳엔 반드시 하늘도 길을 열어 주었다. 바람 한 점 불지 않았고 눈도 오지 않았던 것이다. 3월 1일부터 수확한 오이는 시장에 내놓기가 무섭게 불티나게 팔렸다.

"얼마나 날이 가물었던지…. 5~6월까지 가물어서 채소를 경작해 성공한 사람이 없었습니다. 나야 강 가까이에서 농사를 지었으니 물주기도 수월했지요."

오이 한 상자는 무려 1만 8천 원을 받을 수 있었다. 한 달 노임이 1만

2천 원이었으니 그야말로 황무지가 금싸라기 땅으로 변한 셈이었다.

이익의 반은 유통만 담당하던 서울사람의 몫이었다. 재주는 곰이 넘고 돈은 뙈놈이 먹는 형국이었지만, 워낙 이재에 밝지 못했고 없는 살림에 이만한 수입이 어디냐며 스스로에게 타일렀다.

"그런데 은혜를 원수로 갚는다고 그 서울사람이 사기까지 칩디다."

서울사람에게 이미 사들인 땅임에도 불구하고 명의이전을 시키지 않아 다시 그로 하여금 그 땅을 되사도록 만든 것이다.

"두 배로 뛰어 있는 땅값을 치르고 땅을 다시 사들였지요. 억울하긴 했지만 더 이상 같이 일했다가는 무슨 일을 당할지 모른다 싶어 동업을 청산했습니다."

농민 괴롭히는 발목 잡는 행정

오이농사로 짭짤한 재미를 본 그는 이번엔 파인애플을 키워보기로 했다. 한 그루에 1천 원씩 하는 파인애플 모종 1천 그루를 일본에서 사들여 땅에 드문드문 심었더니 가을 무렵엔 돈나무에서 돈 열리듯 탐스런 파인애플이 열매를 달았다. 마침 진주 부근에 취재 왔던 기자의 눈에 띄어 신문에 대문짝만하게 보도가 됐다.

"처음엔 군수가 보자고 하드만 나중엔 박정희 대통령까지 만나게 되었습니다. 제주도에 파인애플 심으라고 권장했더니 3년이 돼도 요만한 거밖에 못 가오는데 1년 만에 농민이 이래 큰 거를 재배해 갖고 오다니 놀랍다고 하시면서 악수를 청하십디다."

서울 가서 대통령을 만나 뵌 그날 저녁, 청와대에서 예약해 준 밤차를 타고 진주로 내려왔다. 그런데 도착해 보니 집 앞 모래밭으로 승용차들이 장사진을 이루고 있었다.

"대통령 말 한마디에 도지사, 청와대 농업담당 비서관이 내보다 먼저 내려와 있습디다. 기자들도 몰려와 있구요."

오두막집이나 다름없는 집을 둘러보며 기자들은 이것저것 묻고 사진도 찍었다. 높은 사람이 직접 전달하는 지원금도 받았지만 말이 좋아 지원금이지 3년 쓰고 갚으라는 조건이 붙은 돈이었다. 그러나 문제는 정작 엉뚱한 곳에서 발생했다.

"20일쯤 지났는데 도에서 연락이 왔습디다. 그 돈을 나눠갖자나 뭐라나? 기가 맥힐 노릇이라, 그런 돈이라면 차라리 안 받는 게 낫다고 생각해 거절했어요. 아무 것도 안한 놈한테 공짜로 반을 줄 수는 없는 일 아닙니까?"

그러자 이번엔 진양 군수가 찾아와 지원금을 줄 터이니 파인애플 모종을 속사리 농민들에게 나눠주고 묘목값을 받는 것이 어떠냐고 했다. 지원금도 지원금이지만 같은 고향사람들인데 다같이 잘 살아야 좋지 않겠는가 하는 생각에 농민들에게 모종을 나눠주었다. 그런데 군수는 "속사리로 이사가서 농사지어야만 농자금을 지원해 줄 수 있다"고 까다로운 조건을 그제서야 제시하는 것이었다. 파인애플 농사의 노하우를 터득한 그를 인질로 데려가려는 군수의 속셈이었다. 그러나 피와 땀으로 일군 땅을 버리고 어떻게 속사리로 간단 말인가. 농민을 괴롭히는 발목 잡는 행정이 원망스럽기만 했다.

결국 자비를 들여 묘목을 나눠준 셈이 되어버렸다. 묘목 분양에는 적지 않은 돈이 들어 지금까지 공들인 탑이 무너질 위기였다. 그의 신용을 믿은 진양군 농협으로부터 담보도 없이 대출받게 되어 급한 불은 껐다지만, 3년 동안 뼈 빠지게 농사 지어 번 돈은 모두 서울사람에게 사기 당한 땅을 되산 돈의 이자로 나갔다. 속사리로 이사를 가지 않아 모종을 나눠준 주민들에게는 돈 한 푼 받지 못했으나 그는 5부나 되는 이자를 갚느라 허리가 휠 지경이었다.

"어리숙하고 고지식해서 당하기도 많이 당했습니다. 군에서 돈 준다고 해서 묘목을 분배해 주민들이 이미 다 심어버렸는데 단지 이사를 안 간다는 이유로 돈을 못 준다니 결국 내만 골탕을 먹은기라."

타협할 줄 모르고 정직하고 올곧게만 살았던 그는 이처럼 손해를 본 적도 많다. 딱한 사정을 구구절절 얘기하는 사람을 보면 과거 어렵게 살았던 시절이 떠올라 싼 이자로 돈을 빌려주었지만, 고리대금부터 갚는다고 차일피일 미루며 돈을 갚지 않아 떼이고 만 적도 한두 번이 아니다.

KBS TV '인간승리'라는 프로그램에 소개되어 전국에 알려지게 되자 신문기사를 보고 많은 사람들이 찾아왔다. 그는 안타까운 마음에 몇 년씩 훈련도 시키고 자립 지원금까지 빌려주기도 했다. 그러나 성과를 올리지 못한 사람들은 돈도 갚지 않은 채 종종 무소식이었다. 단 한 사람만이 "미안하다"며 가끔 전화연락을 해올 뿐이다.

"괜찮습니다. 넘한테 피해주지 않고 나름대로 부지런히 살아왔으니 후회스럽지 않습니다. 한(恨)은 자립으로 풀었습니다."

남에게 피해를 주어선 안 된다는 생각에 지금도 곤충 하나 죽이는 법이 없는 강영환 씨. 어느덧 칠십을 넘긴 그는 1999년 올해로 결혼 43주년을 맞는다. 표현하지 않는 사랑이 더 크다던가, 사랑을 내색하는 일은 없으나 언뜻 안사람에 대한 깊은 정을 내비친다.

"젊었을 때는 살기 바빠 고생만 시켰고 나이 들어 좀 살만해졌어도 관광 한 번 제대로 못 시켜줬으니 미안하지요. 그래도 넘의 밥 안 멕이고 넘에게 돈 꾸러 가게 한 적은 없으니 그나마 다행 아닙니까?"

식구들을 위해 큰집으로 보리쌀을 꾸러 다니셨던 어머니는 그의 성공을 보지 못하신 채 눈을 감으셨다고 한다.

"그냥 농사일이야 하루 이틀 미뤄도 된다지만 비닐하우스는 하루도 쉬지 못합니다. 그래 어무이 상중에도 엉엉 울어가며 나가 일했지요."

진주 최초로 비닐하우스 농법의 길을 스스로 고안해 세상을 놀라게 했던 농부 강영환 씨. 근면과 자조 그리고 인(仁)과 의(義)가 날로 쇠퇴해 가는 이때, 시원한 나무 그늘 밑 평상(平床)에 앉아 같이 이야기를 나누다가 나는 흐뭇해진다.

1992년부터 무려 52조 원이 투입된 농어촌 구조개선 사업의 부실화가 보도되고 있는 이 때, 앞선 마인드와 자립으로 풀어간 그의 치열한 삶을 통해 경제대란을 헤쳐 나갈 묘안을 보기 때문이다.

농원의 나뭇가지마다 불붙는 듯 목놓아 울어대는 매미소리를 뒤로 진주성으로 발걸음을 옮긴다. 임진왜란 때 한산도 해전, 행주대첩 등과 더불어 임란 3대첩(三大捷)으로 꼽는 이곳 진주성의 싸움도 군관민이 하나되어 끝까지 성을 사수하다가 마침내 성의 함락과 운명을 같이 한 민족혼의 역사였다. 주논개의 죽음도 그 직후였다. 전후 두 번에 걸친 장렬한 방어전, 우리 의병사가 입증하듯 그 항전 속에는 당시 이 지역 민초들의 공로도 컸으리라. 세상엔 돌로 새긴 선정비(善政碑)도 많고 송덕비(頌德碑)도 흔하다. 허나 여러 사람의 입으로 전해져오는 구비(口碑)야말로 진정한 덕행의 표본이 아니겠는가.

> … 아무리 금석에 깊이 새긴들 어찌 영원하기를 바랄 수 있으랴? … 그 비문의 내용을 어느 누가 곧이곧대로 믿어 주며 알아주랴? 더구나 돌도 풍마우세(風磨雨洗)되고 결이 일어 마침내 판독조차 못하게 될 날이 올 것인데…

권필(1569~1612, 조선시대 시인)의 작시 〈충주석〉의 한 구절을 떠올리며 나는 강영환 씨를 생각한다. 구비(口碑)로 길이 후세에 새겨나갈 그의 값진 근면과 자조의 심상(心象)을 생각한다. 가난한 농가에서 태어나 진주 비닐하우스의 선구자가 된 강영환 씨. 그렇다, 이 사람이다, 여기 사람이 있음을 보라.

❖ 가례골 산신령 교장

진병황 / 1973년 국민훈장 동백장 수상

우리 동네 근처, K초등학교는 교정 한모퉁이에 닭, 토끼 등을 기르고 있다. 아마 자연과 접할 기회가 없는 도시 아이들을 위한 교육용 또는 관상용이리라. 어느 날 아침 산보삼아 그곳 운동장에 가보니 두 명의 중년 남자가 닭장을 청소하는 모습이 보였다. 나는 문득 나의 초등학교 시절이 떠올라 그에게 말을 건네 보았다.

"이 학교 선생님이십니까?"

"아닙니다."

"그럼 학부형이십니까?"

그는 말없이 웃기만 했다.

추측건대, 청소용역을 맡은 사람인 듯싶었다. 세상이 달라졌다고 하는 것은 바로 이런 것을 두고 하는 말일까?

1930년대, 내가 다니던 계림초등학교(당시 경주공립보통학교)는 학교 앞 2천여 평의 공터와 학교 이전부지(현 계림초등학교 자리)를 이용해 만든 "실습지(實習地)"란 이름으로 무, 배추 등을 경작하였다.

교내 화장실 분뇨는 이 실습지 농장의 퇴비로 쓰였으며, 그 운반 등 모든 작업은 학생들의 몫이었다. 5~6학년 상급반 학생들의 경우, 방과 후엔 둘이 한 조가 되어 분뇨통을 메고 나가 농사를 지었고, 시장이나 가정을 순방하면서 닭장에서 생산되는 달걀 등을 내다파는 일도 학생들의 몫이었다. 일요일이면 현 경주 황성공원 앞 도로를 닦는 공사장에 동원되는 일도 흔했다.

과거엔 그러한 학습을 통하여 자기의 환경에 적응하면서 스스로의 생활을 갱신해나가는 인생의 기본 과제를 소박하나마 초등학교에서부터 가르쳤던 셈이다. 이처럼 지역사회발전의 요체가 될 수 있는 곳이 바로 학교다. 정신적 개혁을 통해 삶의 모습을 바꾸어 나가는 기능이 곧 교육이기 때문이다.

우리나라의 지역사회학교 운동은 6·25 동란 이후, 1952년에 한국교육의 재건을 위한 유네스코, 운크라(UNKRA)의 파한 교육사절단 보고서에 제기된 곧 지역사회개선을 위한 학교의 관심과 협동, 지역사회생활에 있어서의 교사의 지도적 역할, 지역사회 교육문화 향상을 위한 학교개방 등의 건의에서부터 싹트기 시작했다. 계명대학교 황종건(黃宗建) 교수는 그의 저서 《지역사회와 학교》(계명대학교 출판부 발행)에서 이렇게 말하고 있다.

> 유기체로서의 지역사회 또는 지역공동체 안에서의 심장부는 두말할 것도 없이 학교이다. 그 지역사회에 구름이 낄 때나, 비가 올 때나, 홍수로 큰 재난을 당하거나 화재를 입거나, 또는 병난 사람이 있거나 사망하는 노인들이 있을 때에도 학교는 항상 문을 열고 어린 생명들이 모여 쉴 새 없이 움직이며 자라는 곳이다. 이와 같이 학교는 지역사회의 중심부에 자리잡고 사회의 생명요소인 문화를 전승하고 개조하는 혈액제조와 공급의 일을 쉬지 않고 진행한다. 그러므로 지역사회의 학교는 마땅히 지역사회 생활 전체를 위한 커뮤니티 생활의 센터이어야 한다.

이 운동이 4·19를 계기로 하여 일어난 각급학교의 교과과정 재편성과 신생활 운동 또는 국토개발사업과 때를 같이하고 있어 "향토학교 운동"이란 이름으로 시동은 걸렸으나 명목수준에서 벗어나지 못했고 실제 교육 현장에서 실효를 거두게 된 것은 역시 새마을운동이 불붙기 시작한 때부터라 해도 과히 틀림이 없다고 본다.

이러한 시점에서, 교실 하나 제대로 없던 산골 초등학교를 모범 자활학교로 변모시킴으로써 지역사회발전의 구심점이 되었던 강원도 춘천시(당시 춘성군) 북산면 추곡초등학교 진병황 교장이 있다.

그가 이룩해낸 신화는 공교육에 대한 우려의 소리가 높은 요즈음, 진정한 스승의 길과 교육의 의미를 다시금 일깨운다.

첩첩산중에 숨어살던 화전민 언놈이

"느 아부지가 북간도로 돈 벌러 갔다 안하던."

아버지에 대해 물으면 할머니는 매일 똑같은 말만 되풀이하셨다.

강원도 인제군 서화면 배양 마을. 민가라곤 없는 산골 움막집에서 화전(火田)을 일구며 할머니와 둘이 숨어 살던 아이에겐 이름조차 없었다. 남자아이는 "언놈"이, 여자아이는 "언년"이나 "갓난"이가 일반적인 이름이었던 당시, 아이도 그저 언놈이라고만 불렀다.

아버지와 할아버지는 독립운동을 하셨고 왜경들은 매일같이 찾아와 할머니를 윽박질렀다. 할머니를 주재소로 끌고 가 할아버지대신 할머니의 주리를 틀었는데 그 일로 할머니는 돌아가시는 날까지 다리가 불편하셨다. 왜경들의 고문이 또 언제 시작될지 몰랐으므로 할머니는 민적(호적)도 없는 갓난 손자를 데리고 산골로 숨어들었다. 일찍 어머니를 잃어 젖 한 번 빨아보지 못한 아이였다. 사람 하나 눈에 띄지 않는 산골에서 아이는 새소리, 짐승 우짖는 소리를 벗 삼아 살았다.

인제는 내륙지방이라 소금이 귀했다. 할머니가 소금 사러 간성을 가신 날이면 아이는 하루 종일 강아지와 놀면서 할머니가 만들어 놓으신 옥수수콩떡으로 허기진 배를 채웠다. 좁쌀로 죽을 쑤어 만든 조당수, 곤드레나물을 끓인 멀건 곤드레죽, 칡을 갈아 시커먼 뗏가루로 끓인 씁쓸한 칡죽 그리고 기름을 짜고 난 정어리 찌꺼기에 콩깻묵을 섞은 비린 정어리깻묵에 비하면 옥수수가루에 콩물로 반죽을 해 찐 옥수수콩떡은 산간지방 최고의 별미였다. 간성은 걸어서 왕복 열흘이나 걸리는 먼 길이었다. 여섯 살까지는 할머니를 따라 소금을 사러 갔다. 그러나 갈 때는 팥자루 위에, 올 때는 소금자루 위에 실린 채 할머니 등에 업혀 가는 여섯 살 난 아이는 마음이 편치 않았다.

"할무니, 다리 괜찮너?"

아무리 물어도 할머니는 진땀만 흘리실 뿐 대답하지 않으셨다. 일곱 살 되던 해부턴 혼자 남아있겠다고 떼를 썼던 것도 할머니의 다리가 자꾸 마음에 걸려서였다. 열한 살 되던 어느 날, 두메산골 움막집에 어느 아저씨가 찾아왔다.

"니가 병황이너?"

병황이 자신의 이름인 줄도 모르던 아이는 그 아저씨의 손에 이끌려 처음으로 아버지를 만나게 된다. 열한 살 늦은 나이였지만 그때부터 학교에도 갈 수 있었다.

소, 소나무, 두루미…. 일제시대, 한글어학회의 주시경 선생이 만드신 조선어독본 첫 장엔 이 세 가지 단어가 적혀 있었다. 아직도 진병황 씨의 가슴에서 태극기처럼 펄럭이고 있는 소, 소나무, 두루미.

"소는 우리 민족이 지닌 근면의 상징이요, 소나무는 푸른 정기이며 두루미는 백의민족을 상징하는 것입니다. 나라 잃은 설움이 얼마나 큰지…. 당시의 선생님들은 이 사실을 엄격히 가르치셨어요. 6권의 조선어독본 속에는 민족의 뿌리가 있었습니다. 조선어독본을 외우지 못하면 선생님들은 종아리를 치셨어요. 그러나 일본 교과서를 모른다고 혼나는 일은 없었습니다. 가자(字)는 밖에 점 한 점, 갸자(字)는 밖에 점 두 점, 거자(字)는 안에 점 한 점…. 당시 어머니들은 바느질을 하면서도 우리 언문을 깨치셨지요."

그러나 일본인들이 이런 사실을 알 리 없었다. "소는 우매하고 소나무는 구불구불 휘어졌으며 두루미는 모내기의 훼방꾼이니 딱 조센징과 같다"고만 비웃을 따름이었다.

당시에는 월사금을 못내는 학생들이 많았다. 학교에서는 누에를 치고 돼지와 닭을 키워 어려운 학생들을 공부시켰다.

"지금은 수업료가 엄청 싸진 편입니다. 당시에는 쌀 한 말에 58전, 월사금은 한 달치가 40전이었거든요."

그는 공부를 잘해 6학년 급장을 맡았다.

"제가 아주 큰 죄를 지었습니다. 어린 나이에 돼지죽 주는 일이 어찌나 귀찮던지 그만 동무들과 돼지 한 마리를 죽이자고 공모했어요."

돼지는 전부 세 마리였는데 한 마리만 죽이면 일은 훨씬 줄어들 것 같았다. 돼지는 새우젓을 먹이면 죽는다고 했다. 식당집 아들이 나섰다.

"내일 내가 새우젓 한 사발 퍼올 것이너…."

돼지에게 새우젓을 먹이는 일은 아이들의 공론에 의해 급장인 그가 맡았다.

"아침에 돼지 밥을 주고 1교시 수업을 하는데 어찌나 마음이 떨리던지 정신이 하나도 없어요. 그래서 쉬는 시간에 얼른 돼지우리에 가보니 돼지가 시름시름 앓고 있더라구요."

돼지가 죽게 생겼음을 교장선생님이 아시게 되었다. 이젠 내가 죽을 차례구나 싶어 그는 마음을 졸였다. 그러나 교장선생님께서는 아무런 말씀도 하지 않으신 채 돼지 잡는 사람을 불러오라고만 하셨다.

"돼지 배를 가르니 새우젓이 그대로 나왔지요. 오늘 당번이 누구냐고 물으실 법도 하신데 아무 말씀도 하지 않으세요. 그때 저는 선생님께 큰 사랑을 배웠습니다."

아이들의 소행임을 모르셨을 리 없었지만 교장선생님은 함구하심으로써 더 큰 깨달음을 주셨던 것이다.

"그때 기억이 저에겐 큰 발판이 되었습니다. 학교에서 돼지나 닭을 키워 어려운 학생들을 가르치고 허물은 큰 사랑으로 덮어주셨어요. 추곡초등학교가 유명해진 것도 그 교장선생님의 교육 덕분입니다."

"교장이 왜 남의 사생활에 간섭이냐!"

강원도 홍천군 내면 창초초등학교를 졸업한 후, 열 아홉이란 나이에 독학으로 3종 검정교사자격고시에 합격, 교육자의 길로 들어선 그는 몇 년간의 평교사 생활을 마친 후 일찍 교장 발령을 받았다. 홍천 청량초등학교 교장으로 처음 재직했고 임기를 마치자 이번엔 춘천 근교로 발령이 날 것을 기대하며 식솔을 이끌고 춘천으로 이사했다.

그러나 그가 발령을 받은 곳은 춘천이 아니라, 춘천에서 양구쪽으로 20여 km 떨어진 "가례골"이라 부르는 산골 초등학교였다. 처음 부임하여 이장에게 인사를 가니 작은 체구와 어린 나이 때문이었는지 대놓고 경멸과 실망의 표정을 나타냈다. 그러나 실망은 그 역시 마찬가지였다. 말이 교장이지 마을회관보다도 못한 18평의 목조건물이 학교였으며 운동장은 웬만한 집 마당보다도 작았다. 더구나 추곡 초등학교로 부임하면서 또다시 홀아비 생활의 시작이었다.

추곡마을엔 마약, 도박 등이 성했다. 상인들은 코데인을 몰래 들여와 팔았으며 코데인 주사를 맞다가 목숨을 잃는 사람도 여럿 있었다. 그러니 학교보다도 우선 마을을 정화하는 것이 시급했지만 주민들은 선뜻 따라주지 않았다. 계몽운동을 펼치는 그에게 "교장이 학교일이나 잘 할 것이지 남의 사생활에 왜 간섭이냐"며 항의하기도 했다.

그들의 생활은 정말 말이 아니었다. 식량난이 극심하여 장리(長利) 쌀을 먹지 않는 집이 없었으며 도박과 마약은 나날이 주민들을 병들게 했다. 그는 경찰지서 주임의 도움으로 마을청년들과 함께 잠복해 있다가 코데인을 들여오는 상인을 잡아 약품을 압수했다. 코데인은 사과궤짝으로 하나가 쌓여갔으나 마약중독이 된 주민들의 불만은 점점 심화되기만 했다. 마약주사에 중독된 주민들을 잡아 가두기도 하고 때로는 때리며 꾸짖기도 했고, 도박하는 주민들은 집의 문짝을 떼어내 학교에 갖다 놓기도 했다. 문짝을 빼앗긴 주민들이 할 수 없이 학교를 찾아와 다시는 도박하지 않겠다는 각서를 쓰고 문짝을 찾아가는 일도 있었다.

조회시간을 통해 아이들에게도 호소했다. '도박이나 마약하는 부모가 있으면 매달려 애원하라. 만일 그래도 듣지 않거든 식칼을 갖다 놓고 이 칼로 식구들을 모두 죽이시라고 해라.' 물론 교육방법에 있어 문제가 있고 지나치다는 사실은 알고 있었으나 가난을 극복하기 위해서는 도박과 마약의 척결이 우선이었다.

반응은 천차만별이었다. 눈물을 흘리며 다시는 하지 않겠다는 아버지도 있었고 학교로 찾아와 교장 나오라고 행패부리는 집도 있었다.

농협 이동조합에 얽힌 감투를 놓고 벌어지는 파벌싸움도 만만치 않았다. 농민의 자주적인 협동조직이 협동은커녕 매일같이 싸움질만 해대니 이 또한 마을정서를 흐리는 요인이었다. 결국 조합장을 불러 설득도 하고 달래도 보았으나 조합장은 고집을 꺾지 않았다.

"따귀를 한 대 쳐서 따끔하게 훈계했습니다. 그 후에도 싸우는 사람들을 불러다 서로 감정을 해소할 수 있도록 자리를 마련했지요."

우리 문제는 우리가 해결하자

마을을 위해 불철주야 뛰는 진병황 교장은 점점 주민들의 신임을 얻기 시작했다. 드디어 주민들이 학교에 대한 관심을 보이기 시작했던 것이다. 학교의 사정은 말이 아니었다. 우선 부족한 교실 증축과 전교생이 함께 조회할 수 있는 운동장 마련이 시급했다. 개교 당시, 학교부지는 자체부담으로 해결하는 것이 그 조건이었으나 기부채납된 1천여 평의 땅은 부지로선 부적합했다. 가교사 뒷편의 15도쯤 경사진 돌무더기 밭은 개척만 한다면 학교부지로 손색이 없을 터였다. 그러나 땅을 매입할 여건이 되지 않아 해마다 얼마씩 임대료를 물기로 하고 학교 자력으로 개척에 나섰다.

주민들을 움직이려면 자신이 먼저 모범을 보여야 했다. 새벽부터 일어나 괭이와 삽을 잡고 지게를 지며 3미터 이상의 낭떠러지를 돌과 흙으로 메워 운동장을 만들기 시작했다. 작업복을 입은 채 수업을 진행하다가 밤이 되면 횃불을 켜놓고 계속 작업을 했다(그래서 지금도 마을사람들은 추곡초등학교 운동장을 횃불운동장이라 부른다).

진 교장의 일념으로 완공된 운동장에서 첫 번째 운동회를 갖던 날, 가을 하늘 가득 울려 퍼지던 주민들의 기쁜 함성들…. 운동회에 참석한 주민들 중엔 고집불통이던 마을 노인들도 있었다.

그러나 이번엔 교실이 문제였다. 노천수업을 하다가 비를 피해야 하는 일이 다반사였으므로 진 교장은 가교사를 짓기로 결정하고 무조건 공사에 착수했다. 목재비는 매달 자신의 판공비를 떼어 충당했다. 그의 손엔 대패가 쥐어졌고 등에는 나뭇짐이 지어졌다. 학교와 학부형, 학생이 삼위일체된 결과는 실로 놀라웠다. 방앗간을 빌려 교실로 쓰던 추곡초등학교에 번듯한 가교실이 만들어진 것이다. 교실신축공사에 협력했던 학생들과 주민들은 서로 얼싸안고 감회의 눈물을 흘렸다. 더구나 준공 직후, 가교사는 홍수로 피해를 입은 사람들의 숙소로서도 요긴하게 사용되었다.

개교와 동시에 전직원은 노작교육(勞作敎育)[2]을 통하여 무(無)에서 유(有)를 생산한다는 굳은 교육신념으로 한 마디의 불평 없이 일치단결되었다. 특히 대자연을 교육자료로 삼아 전심전력한 결과, 1966학년도 신입생 입학시험에서 박한원 어린이가 3대 1의 경쟁을 뚫고 춘천의 명문인 사립 성수중학교에 합격, 100%의 합격률을 보였으니 가례골의 함성은 하늘을 찌를 듯 했다. 부형들은 두메산골 어린이가 보여준 놀라운 기적에 실로 감격을 금치 못했다.

"옛 어른들께서 가난한 집에서 열녀 효자 나고 개천에서 용 난다고 하시더니 그 말씀이 사실이다. 우리 가례골 앞날에 30년 대운이 터졌다. '불가능은 없다', '하면 된다' 우리 모두 새로운 희망과 용기로 전진 전진 또 노력하자!"고 외치며 기도했던 것이다.

이 광경을 본 진 교장은 아무리 힘들고 어려운 일이라도 여러 사람들과 함께 정직하게 노력할 것을 굳게 다짐하였고 그때부터 주민들은 그의 탁월한 선견지명을 높이 평가하여 '가례골 산신령'이라는 별호를 지어주었다. 그렇게 학교의 모습이 잡혀갔다. 하지만 가난극복이란 문

---

2) 노작교육(勞作敎育)이란 19세기 말~20세기 초에 걸쳐 독일을 중심으로 발달한 교육 사상·활동을 말하며, 주지주의(主知主義) 교육의 補完으로서 '의미 있는 학습의 전개'와 주지주의(主知主義) 교육의 대안(代案)으로서 '삶의 다양한 측면의 통합'을 내용으로 하고 있다. 즉, 종래의 학교교육이 주지성(主知性)을 강조하는 타율적이고 수동적이며 비활동적인 성격을 띠고 있었음에 반하여, 노작교육은 학생들의 자기 활동을 통한 노작적(勞作的) 학습을 전개시키는 것을 강조하는 교육을 말한다. 따라서 노작교육은 삶의 경험을 특정한 관점에서 구조화한 각 교과 내용을 통합한다는 측면에서 중요한 교육적 가치를 갖는다.

제는 아직도 과제로 남았다. 대대손손 이어온 지긋지긋한 가난, 보릿고개…. 진 교장은 가난을 몰아내고 추곡리의 봄을 맞이하기 위한 노력 역시 학교의 교육으로부터 시작되어야 한다는 사명감에 불탔다.

마을 근처에는 해마다 수천 명의 관광객들이 몰려드는 유명한 추곡 약수터가 있었다. 그러나 달걀 하나 살 곳이 없어 먼 춘천에서 사들여와야 했다. 그것이 바로 양계사업을 구상하게 된 계기였다.

1965년도에 절약해 모은 판공비 5천원으로 66년 1월, 갓 부화된 병아리 200마리를 구입해 숙소에서 기르기 시작했다. 그러나 추운 겨울에 병아리를 기르는 것은 쉬운 일이 아니었다. 따뜻한 아랫목은 모두 병아리 차지였고 그는 한데서 새우잠을 자야 했다. 주민들은 겨울철에 난데없이 병아리를 키우는 교장이 딱하다는 듯 혀를 끌끌 찼지만 죽은 병아리는 3마리뿐, 197마리의 병아리들은 그가 지은 간이계사(簡易鷄舍)로 옮겨졌다. 정성을 다해 기른 병아리들이 어미닭이 되고 장닭이 되더니 6월부터는 달걀을 낳기 시작해, 약수터 근처에서 소비되는 달걀의 절반을 추곡초등학교에서 공급할 수 있었다. 자립학교의 기반이 생긴 셈이었다. 더구나 주민들이 양계업에 관심을 보이기 시작해 사육자가 늘어나기 시작했다. 진 교장은 교사들과 함께 각 가정을 돌며 양계기술과 소득증대사업의 중요성을 일깨워 주었다.

온 마을이 양계마을이 되어 생기가 돌고 가난을 몰아내기에 바빴다. 특히 생계가 어려워 진학을 포기한 1회 졸업생에겐 양계사업을 권장, 자립농가로 자리잡게 돕기도 했다. 양계사업은 주민들에게도 큰 소득을 안겨주었고 학교 역시 자체수입을 올린 첫 계기가 되었다.

"가난한 산골마을 학생들이 무상으로 교육받을 수 있도록 여건을 조성하는 것 또한 교육자로서의 의무라고 생각합니다. 양계사업으로 모은 돈으로 송아지를 구입해 학교에서 기르기 시작했지요. 그러나 부지런히 일한 보람을 주민과 학생 모두가 느끼게 만들기 위해서는 수입의 배분이 중요했어요.”

1차로 졸업생 한 사람당 성계(成鷄) 5마리씩을 분양했고 교사들에게도 연구비를 지원했다. 마을은 이미 양계붐이 일었으므로 이제 학교에서는 양계업에서 손을 뗄 때가 왔다고 느낀 것이다.

“양계업이 축우사업의 밑거름이 되어준 것만도 감사한 일이었습니다. 피땀 흘려 번 떳떳한 돈을 보람 있게 사용한다는 생각에 교육자로서의 보람도 있었구요.”

양계사업은 축우사업으로 바뀌었고 양봉사업으로 양잠업으로 확대되어, 학교는 이제 지역사회발전의 구심점으로서 주민과의 견고한 결속력을 갖게 되었다. 뽕나무밭에 “뽕나무 복나무, 고치더미 돈더미”라는 표어를 붙여놓고 학생들이 직접 돌보게 한 후 수입금을 골고루 배분해 6학년 학생 전체에게 저금통장을 하나씩 만들어 주었다. 학생들의 감격은 말도 못했고 그들의 기쁨은 곧 진 교장의 기쁨이기도 했다.

‘우리의 문제는 우리의 힘으로 해결하자’는 자립정신으로 교육자료들도 대부분 교사들이 직접 제작했다. ‘우리’라는 연대의식으로 더욱 공고히 뭉치게 되어 자립, 자조, 협동의 정신이 여물어갔던 것이다.

이제 학교와 마을은 하나였다. 학교 교실을 예식장으로 개방하고 농한기에는 어머니교실을 개최하였으며 마을문고의 역할도 담당했다.

그의 남다른 애국심과 지칠 줄 모르는 의지는 민둥산을 방치할 수 없었다. ‘새마을운동의 기수가 되고 투사가 되는 것은 우리의 뒤를 이을 후손들에게 자랑스러운 유산을 남기는 것이다. 풍요와 꿈의 씨앗인 나무를 심자.’ 식목일(1972년)을 기해 졸업생과 교사, 주민들이 한데 모여 나무를 심기로 결정하고 묘목준비에 나섰다. 그런데 전날 저녁에 강원도 교육위원회로부터 엉뚱한 전화를 받게 되었다.

"내일 부교육감이 그곳으로 방문하실 예정이니 내일 아침 9시까지 교장과 교감은 대기하고 있으시오."

"대기 못 합니다. 졸업생들까지 1천 명이 움직여 나무를 심기로 했으니 그 쪽도 나무나 심으시고 다른 날 오십시오."

"부감께서 가시는데?"

다음날, 부감은 기어이 추곡초등학교를 방문했다. 오자마자 신경질을 부리더니 신문을 꾸겨 교감에게 휙 던지는 것이었다.

"이 원고 누가 썼소? 소가 20마리에 묘포장과 땅이 있다구? 그 돈 대체 어디서 난 거요?"

대뜸 화부터 내는 부감의 태도가 그에겐 못마땅했다. 사형수도 밥은 먹인 다음에 형을 집행하는 법인데…. 더구나 신문이라니, 그건 알지도 못하는 일이었다.

"저희는 모르는 일입니다. 이왕 오셨으니 기념식수나 하고 가시지요. 교장을 그만두라면 고용원으로 무료봉사하겠습니다."

한국일보(1972. 4. 2자)에 추곡초등학교에 대한 기사가 대문짝만하게 실린 것이 화근이었다. 한국일보 편집장이 요양차 추곡약수터에 왔다가 학교에 대한 주민들의 칭송을 듣고 사진도 찍고 취재했던 것인데 이러한 사실을 까맣게 모르고 있었던 것이다. 더구나 한 달에 한 번은 꼭 추곡초등학교를 들러 교직원과 학생들을 격려해주던 김명환 춘성군수가 우리군 일등 교장이라고 진 교장을 추천했다는 것이다.

신문에 보도되자 박정희 대통령이 민관식 문교부장관을 불러 물었다. 그러나 민 장관이 추곡초등학교를 알 리 만무했다.

"모르는 게 당연해. 소리가 나면 안 되거든. 그런데 이제는 소리를 좀 내야겠어. 교장 좀 오라구 해!"

박정희 대통령과의 만남

1972년 5월 2일, 총리 및 문교부장관을 비롯해 각부 장관 60명이 참석한 가운데 그는 박정희 대통령으로부터 국민훈장 동백장을 수상하게 된다. 수상식이 끝나고 청와대에서의 오찬이 있었다. 식단은 보리가 40%정도 섞인 잡곡밥에 김치, 깍두기, 그리고 사리를 넣은 설렁탕이었다. 진 교장은 박 대통령과 이런저런 이야기를 나누었다.

"각하, 새마을운동을 전개하는데 전담기구가 있습니까?"

"전담기구는 없다. 지금 일하는 사람들은 정부 각 부처에서 차출되어온 사람들이지(필자주: 주무부서는 기존의 내무부 지방국이었고 정부 각 부처가 각 기능별로 소관 사무에 따라 새마을운동을 전개했다. 아마 '지금 일하는 사람들'이란 새마을연수원을 두고 하신 말씀 같다). 새마을운동 때문에 부담될 거 아무것도 없다. 기구를 만들어 놓으면 나중에 처리하기 곤란해질 거다. 새마을운동은 관료들의 운동이 아니라 보릿고개를 없애자는 국민 모두의 운동이다. 내가 영구집권하는 게 아니니까 언제든 내가 그만두면 새마을운동도 끝날 것 아닌가. 그때가 되면 그 사람들은 '본래 다니던 직장을 향해 앞으로 가!'하면 될 거다. 그럼 세 사람만이 남게 되겠지. 그중 김준 새마을연수원장은 자기집으로 가면 되고, 부원장은 원 직장(필자주: 농협)으로 돌아가면 될 거고, 운전기사는 내가 데리고 가면 된다. 그리고 교육장소는 농민회관으로 다시 돌려주면 된다. 그런데 교장은 학교에서 소도 먹이고 닭도 치고 누에도 기른다는데 공부는 언제 하느냐?"

"정규 교과시간은 제 생명과 같이 철저히 지킵니다."

박 대통령은 고개를 끄덕이셨다.

"그런데 각하, 한 가지만 더 여쭙겠습니다. 각하께서는 추곡 생산량을 몇 천, 몇 백, 몇 십 석까지 정확히 발표하시는데 어떻게 그리 자세히 아십니까? 사실 농민들도 자기 수확량을 그렇게까지 자세히는 모릅니다. 대략 몇 천석이라고만 말씀하시면 되는데 너무 세밀하게 발표를 하시니 국민들이 그대로 믿지를 않습니다."

"그래? 그럼 다음부터는 대략 몇 천 석이라고만 발표하도록 하지."

근로는 생활의 꽃, 교사는 국민의 스승

박 대통령과의 면담이 있은 지 3개월 후인 1972년 8월, 추곡초등학교는 새마을교육 우수학교로 지정돼 그의 간곡한 사양에도 불구하고 KBS TV에 보도되었고 '인간승리'라는 프로그램에도 소개되었다.

그는 지금도 힘들 때면 초등학교 3학년 교과서에서 배웠던, 우리 민족의 시련사를 비유하여 주시경 선생이 엮으신 "소"란 글을 마음에 새긴다고 한다. 그 글 속에서 재차 인내와 근면을 깨닫는다고 한다.

> 나는 파란 3월의 하늘 아래 푸른 언덕에서 풀을 뜯는 저 소를 보면 눈물이 저절로 흘러납니다. 살아서는 건 거름과 맛난 젖을 주고 넓으나 넓은 논밭전지를 다 갈아주고 무거운 짐을 다 날라주고 죽어서는 맛난 고기와 뼈를 주건만 사람은 무지무지한 채찍질하건만 소를 한 번도 공치사한 적이 없더라.

그는 눈물을 흘렸다. 독립운동가의 자손인 그로서는 아마도 감회가 남다른 모양이다.

"새마을운동은 동학(東學) 신촌(新村) 운동의 연장선상입니다. 민족적 계몽실천운동이지요. 어려운 때일수록 더 근면해야 하는데 사람들이 점점 게을러져서 큰일입니다. 특히 사람의 인성은 초등학교에서 길러지기 때문에 초등학교 교사는 자질이 아주 중요해요. 무엇보다 사명감이 있어야 하고 사회에 물들지 않아야 하는데…."

그는 새로 부임하는 교사에게 늘 이렇게 당부했다고 한다.

"선생님은 우리 아이들의 스승임을 잊지 마시오. 그러나 그것으로 만족하지 말고 이 지역사회의 스승임을 더 깊이 느끼시오. 더불어 국민의 스승임을 더욱 잊어서는 안됩니다."

생과부생활 10년 동안 묵묵히 견뎌준 그의 아내도 오늘의 진 교장을 있게 한 장본인이다.

"아내에게 고맙고 미안할 따름입니다. 제가 보내주는 월급만으로 생활비와 아이들 교육비를 감당하지 못해 남의 논에 모내기도 해주고 품일도 했다고 합니다. 솔직히 남의 자식들을 가르치느라 제 자식들은 어떻게 컸는지 잘 모릅니다."

하지만 그의 2남 2녀는 현재 모두 훌륭한 교사로 재직중이고 평소 "근로는 생활의 꽃"임을 신조삼아 살아온 그는 1988년 8월, 화천의 논미초등학교 교장을 끝으로 정년퇴임한 후, 경기도 가평에서 농사를 짓고 있다.

흔히 교사를 천직 또는 성직(聖職)이라 한다. 정년퇴임까지 오직 교직의 외길을 걸어온 그의 지난 세월에는 힘이 있었다. 후진을 가르치고 이웃을 감도(感導)하며 스스로를 채찍질했다. 백발의 노령이 된 지금까지도, 인정이 메마르고 인의(仁義)의 도가 날로 무너져가고 있는 이때에도, 그는 여전히 자신을 한없는 이상에 접근시키기 위해 끝없는 노력을 쌓아가고 있다. 곧고 충실하며 유연한 생활태도로 일관하는 그의 모습에 머리가 숙여지고 만다.

지금도 길을 가다가 일손이 딸리는 집에 들어가 모를 심어준 후, 냉수 한 사발을 들이키곤 훌쩍 떠나버려 사람들을 의아하게 만드는 진병황 씨. 일손이 딸려 동분서주할 때, 키가 작고 다부진 체격을 지닌 노인의 도움을 받았다면 그가 아마 진 교장일는지 모른다. 생색내기를 결코 좋아하지 않는 가례군 산신령 교장일는지 모른다.

❖ 오류리의 여인들

정문자 / 1974년 새마을 훈장 근면장 수상

'암탉이 울면 집안이 망한다'고 했던 우리네의 전통적 편견은 많은 여성들의 가슴에 깊은 한을 심어주었다. 아무리 가슴칠 일이 생겨도 절대 큰소리를 낼 수 없었기에 옛날 어머니들의 속병은 깊은 한으로 남겨질 수밖에 없었다. 그러나 주어진 환경을 팔자 탓으로만 돌리지 않고 힘든 일을 묵묵히 해냈던 과거의 어머니들. 억새풀처럼 보릿고개를 넘어온 전라북도 임실군 성수면 오류리 마을 정문자 씨의 삶은 진정한 우먼파워의 의미를 되짚어보게 한다.

아들 셋을 가슴에 묻었던 어머니는…

전염병은 형제들을 죽음으로 내몰았다. 전북 익산군 춘포면 석탄리, 어느 날부터인가 전염병이 돌기 시작하더니만, 갑자기 셋이나 되는 오빠들이 세상을 버리고 만 것이다. 아들 셋을 잃은 후 아버지는 겉도시기만 했다. 남 주면 그만인 딸자식 하나만 남겨진 가정이 아버지의 마음을 서성이게 만들었던 모양이다. 그러나 가슴에 아들 셋을 고스란히 묻은 채 어머니는 남다른 강인함으로 억척스럽게 살림을 일구어 나갔다. "여자도 배워야 사람 구실을 한다"고 입버릇처럼 말씀하시던 어머니. 없는 살림에 딸자식 공부시킨다고 손가락질하던 주위의 눈길에도 아랑곳 않던 어머니 덕분에 마을 최초로 여중생이 된 그이는 어머니와 둘이 전라북도 이리시로 이주하게 된다.

교과서를 살 돈조차 주어지지 않아 쉬는 시간이면 옆 반 친구들의 교과서를 빌리기에 분주했던 학창시절…. 어머니는 학교 바로 옆 공사판에서 벽돌을 나르셨다. 늘 머리에 수건을 동여매신 채 일하시던 어머니, 창을 통해 어머니의 모습을 보면서 그이는 입술을 깨물었다. '반드시 어머니께 보답하리라.' 졸업 후 미션스쿨인 전주 영생고등학교 보육과에 진학했으나 이리에서 전주까지는 6km나 되는 먼 거리였다. 그러나 어머니로부터 물려받은 그이의 억척스러움이야말로 훗날 새마을운동을 이끌어간 원동력이 아닐 수 없다.

"어려운 일이 있을 때마다 어머니를 생각하며 이를 악물고 버텼어요. 어머니가 저를 어떻게 키웠는데…. '딸자식 가르치더니 저 꼴이다' 라고 주위 사람들이 손가락질할까봐 어머니 욕보이지 않겠다는 일념으로 살았습니다."

"난 넓은 땅을 개간하는 곳으로 시집가서 고아들을 돌보며 살 거야…." 처녀시절, 동무들과 모여 앉으면 곧잘 이런 얘기를 하던 그이는 정말 산을 개간하는 청년을 만나 결혼하게 된다. 3년을 한결같이 쫓아다니던 남편의 성실함만 믿고 전라북도 임실군 오류리 마을로 시집가게 된 것이다. 그이의 남편은 면사무소에 근무하는 공무원으로 주변에 부지런하기로 소문이 자자했지만 친정의 반대는 이루 말할 수 없었다. 가난뱅이 산골마을로 시집가겠다는 딸을 붙잡고 어머니는 펄펄 뛰셨다. 하지만 2만여 평이나 되는 넓은 땅은 철없던 그이에겐 무한한 가능성으로만 생각되었다.

"땅이 2만 평이나 되는데 거기서 뭘 못해? 농사도 지을 수 있고 나무도 심을 수 있고 또…."

그러나 척박한 현실은 이상을 따라주지 않았다. 앞 못 보는 홀시어머니와 산그림자보다 더 짙은 가난…. 게다가 마을에서 2킬로미터나 떨어진 산중의 외딴 움막집도 새색시에겐 두려움으로만 다가왔다.

"막다른 곳에 이르면 못할 짓이 없다지만 신혼 초 산지를 개간하며 살던 때를 생각하면 지금도 몸서리가 쳐져요. 어떻게 그 시절을 견뎠나 싶어서…."

대낮에도 노루나 산돼지 같은 짐승들이 내려왔고 인적이라곤 눈 씻고 봐도 없었다. 얼기설기 지은 움막은 그래도 참을 수 있었지만 산속의 적막함에 마음은 견딜 수 없이 외롭기만 했다. 그 산골에서 3남 1녀가 태어났다. 아이들과 함께 먹고 살기 위해서는 더 부지런하지 않으면 안 되었다. 나무 심고 누에도 치며 방죽에는 잉어를 길렀다. 소·돼지까지도 길러 봤다. 그러나 허리가 휘어지도록 일해도 산골에 머물던 8년 내내 끼니는 여름철에 저장해둔 고구마가 전부였다.

더구나 극심한 한발로 하는 일마다 손해를 보았다. 면사무소 산업계장으로 있던 남편은 한해대책으로 우물을 파느라 거의 집에 오지 못했고 폐결핵까지 앓았던 터라 직장생활만으로도 힘들어 했다. 그러니 힘든 농사일은 그이의 차지였다.

몸은 고되고 마음은 외롭고 하는 일마다 실패하던 그 즈음, 정부에서는 농어민 소득증대사업으로 한우증식사업을 장려한다고 했다. 임실군이 한우단지로 책정돼 한 농가당 소 다섯 마리를 입식시키게 된 것이다. 말이 소 다섯 마리지 농사일만으로도 벅찬 농촌에서 소 다섯 마리를 키운다는 것은 보통일이 아니었다. 그러나 어떻게든 살아야 했으므로 희망자가 없는 소 50마리를 정씨네가 배당받기로 했다.

'이 소들이 바로 우리 집 재산이다. 한 마리 한 마리 불어나면 살림이 좀 펴지겠지.' 그러나 정작 아이들의 학비며 양식이 되어야 할 소는 학비는커녕 없는 살림을 더더욱 파먹기만 했다. 품종 좋고 건강한 소를 선별해 키워도 성공할까 말까한데 군청 축산과에서 여수, 순천, 구례 등 인근 시장에서 마구잡이로 사다준 송아지를 키우니 될 일도 안 됐다. 방목으로 키우던 송아지는 툭하면 설사병이나 피부병에 걸려 자고 일어나면 다섯 마리씩 쓰러져 있었고 병에 걸려 죽은 소를 정육점에 내다팔 수도 없어 아까와도 눈물을 머금고 땅에 묻어야 했다.

엎친 데 덮친다고 과로에 시달려, 있는 대로 심신이 허약해진 상태에서 막내를 임신하고 보니 눈앞에는 헛것이 다 보였다. 움막집에 사는 딸의 모습에 어머니는 눈물을 감추지 못하시며 큰애와 둘째 애를 데려가 키워주셨다. 친정어머니 덕분에 이리병원에 입원해 무사히 막둥이를 낳았지만 소 걱정에 몸도 제대로 추스르지 못한 채 퇴원해야 했다. 그래도 상황은 전혀 호전되지 않았다. 소는 일부 병들어 죽고 일부는 처분하여 50마리 가운데 20마리 남짓 남았는데 이놈들 역시 여간 속을 썩이는 게 아니었다. 산에 풀어놓았더니 인근 농가로 내려가 못자리를 온통 망쳐놓곤 하여 동네에서 항의가 빗발쳤다.

세 살배기 딸아이를 혼자 남겨두고 마을로 소를 잡으러 간 날, 이리저리 도망다니는 소를 간신히 몰아 돌아오니 이번에는 딸아이가 온데간데없었다. 엄마를 찾아 자박자박 산속으로 걸어나간 것이었다. 그 어린 것이 울며불며 산속을 헤맨다고 생각하니 하늘이 다 노랬다.

"횃불을 들고 산속을 샅샅이 뒤져도 아이가 없어요. 미친 여자처럼 산을 헤매다 그만 실신하고 말았지요. 다행히 하나님께서 도와주셨어요. 남편이 집에 두고 간 서류를 찾으러 오던 길이었는데 딸아이가 방죽에서 울고 있더래요."

모성은 강했다. 남편이 세운 뜻을 꺾어서는 안 된다는 생각에 산속 생활을 견뎌왔지만 온몸이 상처투성이인 딸아이를 보는 순간, 성공하기까지는 죽어도 산을 내려가지 않겠다던 그이의 의지는 꺾이기 시작했고 결국 산속 생활을 청산하리라 굳은 결심을 하게 되었다. 여고 시절에 배워둔 양재기술이 있으니 전주로 나가 맞벌이하면 산 입에 거미줄이야 치겠는가.

가정폭력에 멍들어가는 시골 여성들

소 20마리를 헐값에 팔고 이사를 감행했다. 마음 같아서는 전주로 나가 살고 싶었지만 돈 없고 빽 없는 면서기가 전주로 들어가는 것은 하늘의 별따기였다. 나중에 전주로 나갈 요량으로 일단 오류리 마을에 셋방을 얻어 살기 시작했으나 이 또한 만만치 않았다.

오류리는 그야말로 외우내환의 씨족마을이었다. 여순반란 사건 때 동조자가 많았다는 이유로 면에서 눈에 가시처럼 여기는데다가 전통적 보수성향의 남정네들은 툭하면 아내들에게 손찌검을 해댔다.

그 작은 마을에 주막이 다섯 군데나 되었고 한해 농사를 마친 남정네들은 하루종일 주막에서 세월을 보냈다. 찌개가 졸아들도록 몇 번씩 저녁상을 보아가며 남편을 기다리던 아내들이 아버지를 모셔오라고 아이들을 주막으로 보내면 폭력과 호통이 떨어지는 것도 다반사였다. 그러나 대꾸를 했다가는 또 무슨 일이 벌어질지 몰라 여자들은 그저 눈물만 훔칠 따름이었다. 아내로서 마땅히 받아야 할 대우를 받지 못하는 그들을 보니 안타깝기만 했다. 아들만큼 딸을 귀히 여기시던 어머니의 모습도 비껴갔다. '여자라고 해서 저렇게 천대받는 삶을 살 수는 없다. 그래, 여성운동을 하자.'

때마침 기회가 왔다. 당시 대한가족계획협회가 발족되어 어머니 회장을 선출해 동네 부녀회를 활성화시킨다는 것이었다. 고등학교까지 마친 정씨가 회장으로 추대됐다. 매사에 적극적인 그이는 스스로 일을 만들고 추진했다. 전기도 스피커도 없었던 시절, 징을 치며 온 동네를 돌면서 부녀자들을 불러 모았다. 하나 둘씩 걸어 나와 깔아 놓은 멍석에 옹기종기 모여 앉은 동네 부녀자들을 향해 “잘 살려면 여자도 경제권을 가져야 한다. 이렇게 살지 말고 우리 힘으로 뭔가 해보자”라며 목청을 높였다.

처음 시작한 일은 밥을 할 때 좀도리 쌀을 한 움큼씩 덜어 두었다가 매달 부녀회 모임에 가져와 공동으로 모으자는 것이었다. 처음에는 동조하지 않던 사람들도 한 달에 쌀이 다섯 되씩이나 모이니 점차 흥미를 보였다. 각 학교 운동회에 필요한 운동복을 만들어 돈을 벌자는 계획도 세웠다. 전주에서 나일론 옷감을 구입해 와 온 동네 아녀자들이 재단하고 꿰매어 납품하니 돈이 솔찬히 벌렸다. 이 돈을 금고에 모아두고 필요한 사람에게 저리로 융자해준 후, 갚을 때는 푼돈으로 갚을 수 있도록 해주니 부녀회는 점점 인기를 끌게 되었다.

오류리 여인들의 심상치 않은(?) 모임이 활성화되던 1972년 2월, 전국적으로 새마을운동이 전개되기 시작했다. 오류리 부녀회장으로 있던 그이는 새마을운동 교육을 받기 위해 도청 부녀과로 갔다. 주방을 고치라는 교육을 받았지만 도청에서 지원해준 시멘트 500부대와 철근 2톤으로는 턱도 없이 부족했다. 고심 끝에 그이가 먼저 장롱에 넣어 두었던 결혼 금반지 세 개를 내놓았다. ‘어차피 장롱에 넣어둘 거 잘 살아보는 데 쓰자, 나중에 돈 벌면 다시 사다 끼면 되지 않겠느냐’고 동네 아녀자들을 설득했다. 결국 금 15돈이 모였고 이것으로 시멘트를 구입해 직접 벽돌을 찍어 부엌을 개량했다.

전북대 이금용 교수를 마을로 초빙해 마을 아녀자들이 직접 교육받을 수 있는 기회도 마련했다. 이런 분위기에 고무된 오류리 여성들은 너도나도 새마을운동에 동참, 잘 살아보자는 열기는 확산되어 갔다.

굴러온 돌이 박힌 돌을 빼내다(소외된 곳에 빛을 발한 우먼파워)

시범마을로 선정되면 각종 지원과 혜택이 주어졌다. 그러나 오류리는 워낙 가난해 시범마을로 선정되기 어려웠을 뿐 아니라 환경사업만으로는 큰 마을을 따라잡을 수 없었다. 그래서 아이디어를 낸 게 소득사업이었다. 산을 개간하던 때, 다른 일은 다 망했어도 밤나무를 심어 성공했던 일이 퍼뜩 떠올랐다. 그 경험을 바탕으로 공동조림을 시작했다. 놀고 있는 마을 뒷산에 밤나무를 심어 산주인과 3/7제로 분배하기로 합의 본 것이다.

오류리 부녀자들은 한마음 한뜻이 되어 차갑게 언 겨울땅을 파기 시작했다. 그러나 문제는 비싼 묘목값이었다. 바빠서 만나줄 수 없다는 군수를 만나기 위해 군청 앞에서 꼭두새벽부터 죽치고 앉아 기다려, 군으로부터 밤나무 2천 그루를 지원받는 쾌거를 올렸다.

때마침 새마을 시찰에 나선 도지사가 선정된 5개 시범마을에 별 성과가 없자, 여성 지도자가 열심히 뛰고 있다는 소문을 듣고 오류리에 들르게 되었다. 마을에 강의 왔던 강사가 오류리를 추천했던 것이다. 도지사가 방문한다는 소식이 들리자 온 동네의 퇴비를 모아 밤나무를 심으려고 파두었던 구덩이에 넣었다. 50여 명의 사람들이 일사불란하게 일하는 모습에 도지사는 감탄을 금치 못했다. 더구나 "앞으로 녹황색 채소와 잔디, 꽃 등을 심을 예정이며 미꾸라지도 양식할 계획"이라는 정문자 씨의 브리핑을 듣자 도지사는 눈물까지 흘리는 것이었다.

"이 마을은 2~3년만 지나면 남부럽지 않은 부자마을이 될 것이오. 시멘트 500부대 전량을 이 마을에 주시오."

도지사의 눈에 들면서 오류리 마을은 유명세를 타기 시작했다. 조선일보에 모범마을로 소개되면서 임실에 시찰차 오셨던 내무부장관이 정문자 지도자를 호출했던 것이다. 그런데 하필이면 장관의 부름을 받은 그날, 누나 등에 업혀있던 막내가 덜컥 경기를 일으켰다. 눈이 허옇게 뒤집어지면서 정신을 차리지 못하는 자식을 보는 어미의 심정…. 모정(母情)과 지도자로서의 책임감의 갈등이 그이를 괴롭혔다. 그러나 인명은 재천이고 동네를 위하는 것이 우선이라는 생각에 과감히 옆집 아주머니에게 아이를 부탁하고 장관을 만나러 갔다.

“하나님, 저희 막내를 살펴주세요. 믿을 곳은 하나님밖에 없어요.” 미션스쿨을 졸업한 그이는 장관을 만나러 가는 길에 쉬지 않고 기도를 했다. 막둥이의 얼굴이 눈앞에 어른거리면서 평소 아이들 때문에 일하기 힘든 농촌여성들의 고충이 십분 납득되었다. 이 일로 그이는 농촌교회에 탁아소 건립을 건의하게 된다. 게다가 탁아소에 맡겨진 아이들에게 간식을 제공할 방안을 첨부하자 장관은 탄복에 탄복을 거듭하여 다른 마을에 주려고 가져왔던 리어카를 오류리 마을에 하사했다. 장관으로부터 지원받은 것은 물론이요, 물불 가리지 않고 일하는 그이의 모습에 동네사람들은 더더욱 결속되었다. 막내의 일이 전화위복의 계기가 된 것이다.

일이 이렇게 되자, 뜨내기가 부녀자들을 선동해 온 동네 여자들이 설친다고 고깝게 보던 마을 남정네들도 발벗고 나섰다. 나날이 두둑해지는 마을금고와 개선되는 마을환경. 그것은 말 많고 탈 많던 오류리 마을 여인네들이 이룬 엄청난 성과였다.

그 무렵, 정 씨는 면서기를 그만 둔 남편과 함께 산업체를 돌며 하청일을 따와 마을의 부업 기반을 마련하기 시작했다.

“홀치기를 하는 일이었는데 우리가 다른 마을보다 솜씨가 월등했거든요.”

처음에는 뭘 믿고 하청을 주느냐던 공장에서 오류리 마을에 기계를 들여놓더니 공장까지 지었다. 결혼자금을 마련하기 위해 도시에 있는 공장으로 돈 벌러 나갔던 동네 처녀들이 돌아왔다. 그들은 이제 객지에서 고생할 필요 없이 고향에 머물며 일할 수 있게 되었고 정 씨의 주선으로 중학교 교육까지 받을 수 있는 혜택이 주어졌다. 한 어머니의 피나는 교육열이 종국엔 남의 딸내미들까지 가르쳤던 것이다.

오류리가 시범마을로서 모습을 갖춰갈 즈음, 어머니께서 노환으로 거동이 불편하시게 되었다. 벽돌을 나르고 청소해가며 딸을 가르쳤던 어머니, 꺾이지 않는 억새풀처럼 삶의 근면함을 가르쳐주신 어머니…. 이제는 어머니를 모셔야 했으므로 정 씨는 오류리 마을을 떠나 전주로 이사했다. 전주에서도 그이는 새마을지도자로서 잔손이 많이 가는 궂은일을 도맡아 했고, 관 주도의 새마을운동이 민간 주도로 바뀌던 1980년, 초대 새마을운동본부 전라북도지부 부녀과장을 역임하기도 했다. 그이가 부녀회장으로 일하던 11년간, 전라북도가 중앙부녀회 평가에서 여러 차례 1등을 놓치지 않은 것도 정 씨의 공로가 크다. 그 후, 그이는 전주시 중노송동 동장으로 발탁되어 5년간 일하다가 정년퇴직을 하였다.

하지만 정문자 씨는 현재까지도 여전히 삶 속에 새마을 정신을 뿌리내리며 1999년 11월에 출범한 여성자원봉사연맹 전북지부 사무국장으로 추천받아 일하고 있다. 그뿐 아니다. 1999년 3월에는 주거공간을 줄여 회사 설립금으로 충당, 전라기독신문이라는 주식회사를 설립해 문서선교를 하고 있다.

마케팅의 노스트라다무스라 불리는 미국의 페이스 팝콘은 21세기 트렌드를 제시하는 저서 《클릭 미래 속으로!》라는 책을 통해 "여성적 감수성이 세상을 바꿀 것"이라 예언한 바 있다.

잠시도 쉬지 않고 바삐 움직이며 사랑과 봉사를 심는 정문자 씨의 삶속에서 나는 새천년의 밝은 우리 사회를 그려본다. 그의 섬세한 여성적 감수성과 추진력이야말로 소외된 곳에 빛을 줄 수 있는 진정한 우먼파워이기 때문이다.

❖ 개펄에서 옥토까지

이응주 씨 / 1974년, 새마을 훈장 근면장 수상

소금밥 한 덩이, 등골 휘던 부역

열한 살짜리 장손은 800여 평의 위토답을 바라보며 한숨을 쉬었다. 어떻게 해서든 저 문중땅을 일구어야만 식구들이 밥을 먹을 터인데, 처져가는 어깨로는 도무지 자신이 서지 않았다. 오늘 아침에도 쑥을 넣어 끓인 멀건 죽이 전부였다. 서당을 때려 친지도 벌써 오랜 일이었다. 초등학교에 다니던 예닐곱 살 또래들이 부러워 서당 가는 일이 그렇게 싫을 수 없었지만 낡은 한학 책과 소금밥 한 덩이를 책보 속에 싸 가지고 다니던 서당공부조차 아홉 살까지가 끝이었다.

1929년 경남 고성군 마암면 두호리. 아버지를 일찍 여읜 종손에게 남겨진 건 식구들을 부양해야 한다는 절체절명의 의무뿐, 아무리 주위에서 머리가 좋다고들 하였어도 서당이니 학교니 하는 것들은 사치에 불과했다. 일흔 넘은 꼬부랑 할머니와 슬픈 눈의 어머니 그리고 죽조차 배불리 먹지 못하는 어린 동생들…. 식구들을 생각하면 곡괭이질을 하는 어깨는 더 바빠질 수밖에 없었지만 학교에서 돌아오는 동무들의 재잘거림이 들릴 때면 속이 상해 그만 곡괭이를 내던지고 싶을 때도 한두 번이 아니었다.

낮 동안의 고된 노동으로 몸은 파김치가 되었으나 밤이면 어둑어둑한 호롱불 아래 한학 책을 펼쳤다. 그러나 주경야독을 해가며 뼈 빠지게 일해도 가난은 끝이 보이지 않았다. 1년에 200일 이상은 죽을 먹었고 그것도 부족한 겨울에는 말린 고구마가 식량의 전부였다.

"일제 치하는 경험해보지 않으면 정말 모릅니더. 부역(賦役) 한 번 나가면 등골이 휘어질 정도로 일하고 소금밥 한 덩이 얻어먹었으니 참 나라 없는 설움이란 게…."

14살 되던 해, 그는 처음 부역일을 나갔다. 고성에서 8킬로미터 가량 떨어진 실리라는 곳의 저수지를 막는 작업이었다. 동터 올 기미조차 보이지 않는 어두컴컴한 새벽, 지게를 짊어지고 터벅터벅 집을 나설 때면 오늘 하루를 또 어떻게 감당하나 싶은 생각에 끔찍하기만 했다.

"새벽부터 정신없이 일합니더. 점심밥이라고 주는 주먹밥 한 덩이 허겁지겁 먹고 나선 또 뙤약볕 아래 땀 뻘뻘 흘리며 일혀고…."

하루 온종일 일하고 나면 발은 부르트고 짚신은 밑창이 다 헤져 못 쓰게 되었다.

"이래 짚신을 하루 한 켤레씩이나 신으니 무슨 수로 당하노?"

매일 새 짚신을 삼아야 했던 어머니는 타박을 하셨지만 그 날 목표량을 달성하지 못하면 그만큼 부역일수가 더 늘어났기 때문에 잠시도 쉴 수는 없었다.

"해방되던 해엔 사천 비행장으로 부역을 나갔습니더. 종손이라 부역 가지 않는 것이 원칙인데 막다른 골목에 몰린 일본 놈들이 막무가내로 사람들을 징용해 가는 겁니더. 철로 까는 작업을 한다고 구루마(수레)를 밀고 가다 넘어져 하마터면 앞 못 보는 봉사가 될 뻔했어요."

쇠 조각에 찔린 눈두덩에선 피가 솟구쳤다. 다행히 눈에는 별 이상이 없었지만 설움과 고통에 목이 메어 그는 엉엉 울고 말았다.

"가뜩이나 일도 힘든데 이런 사고까지 당하니 '우리 집은 어른도 없고 또 내는 종손인데 왜 여기 와서 일해야 하느냐' 싶어 비행장에서 도망나왔습니더. 그런데 징용 담당직원이 집으로 찾아와 잡아가둔다구 어찌나 공갈을 치는지 헐 수 없이 다시 진해로 일하러 갔어요. 그러다가 해방이 되었지요."

일본이 항복하는 바람에 부역 일은 더 이상 나가지 않아도 됐다. 만세를 부르며 거리로 뛰쳐나온 사람들은 해방이 되었다고 좋아했지만 어린 그는 해방이 무언가 싶어 어리둥절하기만 했다.

관(官)은 쉽게 포기했지만…

"이제 징용은 없다니 그저 해방이란 게 좋은 긴가부다 했심더."

그토록 바라던 조국 광복은 이루어졌지만 가난은 좀체 극복될 기미가 보이지 않았다. 다만 강제징용만은 나가지 않게 되었으니 그나마 다행이었다. 해방 후에도 소망은 배불리 먹어보는 것뿐이었다. 보리죽, 밀기울떡, 쌀가루를 조금 넣어 빚은 쑥떡 외에는 아무것도 없었다. 더구나 남과 북으로 갈리느니, 이승만 박사와 김구 선생이 대립한다느니, 좌익을 몰아내야 한다느니 갖은 소문만 무성한 채 세상은 어수선하기만 했다. 그 와중에 6·25가 터졌고 그는 군에 징집되었다. 일제 침탈의 설움이 끝나는가 싶더니만 이제는 같은 민족끼리 총칼을 겨누게 된 것이다.

"훈련도중 휴전협정이 맺어졌습니더. 그래도 무작정 제대를 할 수는 없었어요. 제대해 봐야 배운 거 없지, 기술도 없지 해서 그냥 눌러있다 보니 거진 6년이나 군대에 몸담았어요. 군(軍)공무원까지 승진을 했는데 동생이 직업군인으로 지원하는 바람에 군복을 벗었어요. 종갓집에서 최소한 한 사람은 고향을 지켜야 한다고 친척들이 어찌나 성화들을 허는지…."

10대를 넘게 살아온 고향, 막상 돌아오긴 했지만 먹고 살 길은 까마득했다. 그 때 마침 고성 속시개 지역에서는 간척지 매립사업이 시작되었다. 그는 수로를 감시하는 일을 맡게 되었다.

"간척사업을 혀던 중에 5·16 혁명이 났어요. 투자하면 할수록 손해라는 판단을 내린 혁명정부가 고성 간척지는 경제성이 희박하다는 이유로 부적격 판정을 내리는 바람에 한창 사업이 진행되다가 정부의 지원이 끊겨 버렸습니더."

앞이 캄캄했다. 온 마을사람들이 함께 뭉쳐 너나 할 것 없이 노력했건만 모든 것이 허사가 되고 만 것이었다. 그러나 간척의 꿈은 쉽게 포기되지 않았다. 갖가지 제약과 고달픔에도 그의 정열과 의욕은 감쇄되지 않았고 오히려 역경을 극복하는 데 늠름했다.

눈앞의 수익성만 따졌던 타지인들은 아무렇지도 않게 포기해 버렸지만, 한 평의 땅이라도 옥토로 만들어 쌀밥 한 번 배불리 먹어보고 싶었던 주민들의 간절한 꿈.

외부의 지원이 중단되자 주민들은 자생적으로 계를 조직해 간척지를 일구어갔다. 일군 땅을 각각 분양한 뒤 배수(排水)개선사업도 벌였다. 워낙 기반시설이 약해 100밀리 정도의 비가 오면 제방이 범람해 다시 복구하기를 수십 번.

"왜놈들을 위해서도 일했는데 아, 우리 먹고 살 길인데 뭐이든 왜 못하겠능교. 100정(헥타르) 이상 되는 버려진 땅을 개척하는데 꼬박 10년이 걸렸습니더."

말이 10년이지 강산도 변할만한 시간이었다. 그 오랜 세월을 주민들은 피와 땀을 쏟아가며 태고 이래의 개펄을 옥토로 만들고자 매일 허리가 휘어졌다. 그 처절한 자조의 현장에서 그들은 근면과 협동의 슬기를 배웠고 드디어 쓸모없던 개펄은 기름진 논으로 변했다.

1974년, 간척지의 갈대밭과 조류지(潮流地)를 5년 내에 전부 농토화하겠다고 대통령에게 보고했던 당초 계획보다 5년이 더 걸리긴 했지만 정부마저 포기했던 땅을 주민들이 힘을 합해 성취시킨 것이다. 그때의 그 벅찬 보람을 무어라 설명할 수 있으랴. 그로 인해 이응주 씨는 새마을훈장 근면장을 받게 된다.

"내가 주도를 혔다 혀도 주민들의 단합된 힘이 아니었더라면 오늘날 이런 발전은 불가능했을 거라…." 그는 겸손했다.

1975년부터는 고향인 고성군 마암면의 면장일을 맡아봤다. 농사일은 아내가 도맡아 했다. 해방되던 해 열여섯 꽃다운 나이에 시집와 금혼식까지 치렀던 아내, 지금도 잠시도 가만히 있지 않고 잡초라도 뽑아야 직성이 풀리는 전형적인 농부의 아내이다.

"여보, 너무 그라지 마라. 넘이 보면 청승 떤다 칸다. 뭐한다고 그렇게까지 하느냐?"고 퉁이라도 줄라치면, "내 버릇이 그런데 우짭니꺼?"한다. 무려 5년 5개월간의 면장일을 아무 탈 없이 해낼 수 있었던 것도 묵묵히 내조해온 아내의 공로다.

"하이고, 학교도 제대로 안 나온 사람이 면장일 본다꼬 삐딱한 소리를 하는 사람들도 있어예. 뭐 한 귀로 듣고 한 귀로 흘려뿌리문 그만 아닌교."

그래도 계속해서 싫은 소리를 해대는 사람에게는 농담 반 진담 반으로 "내가 대학 못나와서 면장일 잘못 한 적 있나? 니는 머리가 부족해서 대학까지 갔는지 모르지만 나는 핵교 안 다녔어도 이리 열심히 일해 잘 살고 있다!"라고 되받아쳤다. 상대편은 무안해 하며 다시는 그런 애기를 입에 담지 않았다.

"말은 그래 했지만 오기 없는 사람 있습니꺼? 남한테 지기 싫어 '아는 게 힘'이라는 생각에 항시 신문이나 잡지 등 참고서적을 꼼꼼히 읽으며 세상 돌아가는 일을 파악하려 노력했어요. 최소한 무식하다는 소리만은 듣고 싶지 않았어요."

이력서에 학력 한 줄 더 들어 있다고 함부로 남을 업신여기는 주위의 오만적 작태에도 굴하지 않고, 불치하문(不恥下問)적 탐구 노력을 통해 학력의 한계를 극복해 온 그의 인품에 문득 마음이 찡하다.

우리밀 살리기 운동을 전개

간척사업에 발벗고 나서 버려진 땅을 옥토로 만들었던 그였다. 이 씨가 면장을 맡게 되자 마암면은 더더욱 발전을 거듭했다. 야산을 개간하여 40헥타르나 되는 땅을 농경지로 조성한 것은 물론이요, 노는 일손을 모아 한우를 키우고 오동나무, 밤나무, 감나무를 심는 등 농업을 다각화(多角化)하는 각종 소득사업에 심혈을 기울였다. 워낙 좁고 포장되지 않아 차가 들어올 수 없는 주요 골목과 도로를 정비해 15톤 트럭이 드나들 수 있는 넓은 길을 텄다. 주민들은 계속되는 공동사업에 적극적으로 참여했다. 이러한 일들이 보람 찬 결과를 맺은 데는 이응주 씨의 정열과 모험적 추진력이 있었다지만 공동사업에 대한 그곳 주민들의 적극적 참여의 힘 또한 그 못지않게 컸다.

면장일을 그만 둔 후엔 10년간 고성 정신요양원 원장을 맡아 다시 사회봉사를 위해 힘썼다. 회갑 때 축의금으로 받은 400여만 원을 요양원 자동차 구입비로 선뜻 내놓았던 일도 있다.

오로지 마을의 발전을 위하겠다는 마음으로 발벗고 나섰던 주민들을 생각하면 지금도 고마울 따름이다. 다른 일부 마을에서는 공동사업에 참여하지 않으면 벌금을 물게 하는 등 강제적 방법으로 주민들을 동원했다지만 두호마을 주민들은 달랐다. 그들의 자조정신이란 놀라울 정도였다. 개인적인 일이 있거나 내키지 않아 함께 해야 하는 일에 참여하지 않은 사람들은 오히려 부끄럽고 미안한 마음에 작업장 가까이 오지도 못하고 슬슬 피해 다녔다.

"떳떳하지 못해 피해가야 하는 거, 그거이 바로 벌이라예. 작업에 열심히 참여했던 사람들은 나이 들어서도 건강하고 그렇지 않았던 사람들은 건강도 안 좋고 하는 일도 잘 안 풀리데예. 그래 사필귀정이란 말이 맞긴 맞는구나 했습니더. 넘하고 더불어서 넘 도와주며 사는 게 결국 나 잘 사는 길 아닙니꺼? 자기만 알고 남을 돕지 않는 부모 밑에서 자란 자식은 그대로 보고 배우기 마련입니더."

정의로운 피를 잇는 의병의 후손

남한테 베풀며 살아야 나중에 복받는다는 말을 그는 입버릇처럼 한다. 가정환경이 어려워 배울 처지도 못되었고 가난을 극복하기 위해 고생도 많았지만 자신이 살아온 인생이 만족스럽고 행복하다는 그.

"농땡이 부리느라 공부 못헌 것도 아이고, 자식들 모두 장성해 살지, 사지육신 멀쩡하지, 면장 했지, 나라에서 주는 훈장까지 받았으니 이제 더 이상 무신 소원이 있겠습니꺼?"

아버지의 뜻을 이어받은 장남은 서울 가톨릭농민회의 귀농운동본부장으로, 고향에 돌아가 농사를 짓겠다는 사람들을 교육시키고 있다.

"핵교 댕길 때는 민청련 사건에 연루돼 긴급조치 4호 위반으로 10년형을 받아 구속되기도 했어예. 그래 시국사범으로 애비 맘고생 꽤나 시켰지예. 그래도 땅에서 땀 흘리며 살아온 애비 닮아 농사꾼으로 살아가는 큰아가 여간 듬직허지 않습니더."

불의에 항거했던 큰아들의 전력 역시 그의 피를 이어받은 건지 모른다.

"국가시책으로 농가의 육우사업을 크게 장려했던 적이 있었어예. 그래 놓구선 엉뚱하게 나라에서 산 송아지와 쇠고기를 수입해 소 값이 폭락하는 바람에 농가가 절단나 부렀어예."

1985년 7월에 정부의 농업시책에 반발하는 이른바 소몰이 시위가 있었다. 고성 청장년 모임인 농우회가 주도해 고성 읍내까지 항의 시가행진을 했다. 묵묵히 자신의 일을 하되 잘못된 일이 있으면 바로 잡으려는 태도 또한 그의 단면이다. 두호마을에 건립된 민주동산 비문에는 소몰이 시위를 비롯해 농민의 인간다운 삶을 위한 주민들의 투쟁이 고스란히 기록되어 있다. 1970년대의 강제농정 시정운동, 1987년 6월 마을 시국선언, 1988년 추곡수매 거부운동, 1989년 민주농정을 위한 마을 대회 등….

또 1989년에는 장남과 함께 시들어 가는 농촌에 다시 생기를 불어넣기 위해 전국으로 다니며 잃어버린 우리밀 씨를 찾아 우리밀 살리기 운동을 처음 전개하기도 했다.

"그저 더도 말고 덜도 말고 새마을운동하던 마음으로만 살문 IMF쯤은 거뜬히 극복할 수 있습니더. 쬐금 잘 살게 됐다고 너도나도 놀면서 편하게 돈 버는 일만 궁리혀느라 여념이 없드니만 결국은 오늘날 이 모냥을 만들었어예. 우리가 새마을운동 시작할 때만 혀도 지금에 발뒤꿈치도 못 쫓아갈 정도로 가난했어예. 지금이야 그때에 비하면 암것두 아니라예. 새마을운동 다시 시작하는 마음으로 관민이 모두 다시 협동하면 남의 나라에서 꿔온 돈 다 갚을 수 있습니더. 지금 하나라도 줄여야 할 때 아닙니꺼? 그저 새마을정신이면 다 됩니더."

특히 외국인 노동자들이 도맡아하다시피 한 이른바 3D 업종을 무조건 기피하려고만 하는 젊은 사람들을 보면 그의 가슴은 답답하다.

"애비가 했던 일을 왜 아들들은 못한다는 건지, 도대체 그런 정신자세로 IMF를 어찌 극복하겠다는 건지 도무지 이해되지 않아예. 일확천금의 허황된 꿈들 인저 다 버리고 하루 2~3만 원이라도 꼬박꼬박 벌겠다는 마음자세가 필요해예. 아무리 IMF 시대라 캐도 보릿고개 시절에 비하면 밥걱정 안하고 사니 얼마나 좋아졌는지…. 젊은 세대가 보릿고개 넘어온 애비들의 노력을 이어야만 다시 일어날 거라예. 예전에는 하루 노력으로 쌀 한 되도 못 벌었지만 지금은 우리 집사람이 가 일혀도 쌀 7되는 벌어요. 한 되 3천 원 허니까 7되문 2만 원이 넘어예. 7되문 몇 식구가 메칠을 먹는데두 그건 버는 것도 아니라고들 허니 참…. 그래도 옛날에는 하루 한 끼 먹여 준다문 가서 일혔는데….”

그는 가진 사람들은 가진 만큼 불안할 텐데 왜 못 가져서 안달인지 모른다고 혀를 찬다.

“조물주가 우리 인간 신통하게 만들었어예. 아무리 대식가더라도 사람이 먹는 양은 비슷해예. 그런데 왜 그렇게 돈을 못 벌어서 안달들인지…. 요즘 정신이상자 아닌 사람 없구 공직자들은 선비정신이 없는 게 문제라예. 사약을 받더라도 안 되는 건 안 된다고 하던 혼(魂)은 어디로 갔는지 찾아보기 어렵고 전부 ‘예 옳습니다’ 하고 눈치만 보니…. 하기사 어느 시댄들 그런 게 없었겠소만. 차근차근 성실하고 그러면 제아무리 말단 서기라도 인정받을 수 있어예.”

이응주 씨의 고향인 경남 고성군 당항리 마을 주변은 6·25 때 낙동강 최후 방어선을 구축한 국군과 유엔군이 사활을 건 대공방전을 전개한 지역이다. 우리 해병대가 1950년 8월 3일, 그 마을에서 가까운 거리인 진동리 서방 고사리에서 적 정찰대대를 기습공격, 궤멸시킴으로써 창군 이래 최대의 전공을 세웠다는 유명한 전적지이다. 치열한 전투 끝에 미군 사상자를 많이 냈다 하여 “갓뎀산”이라 불리는 여항산이 둘러쳐졌고 임진왜란 때 당항포 해전의 격전지이기도 하다.

고성 군지(郡誌)에 따르면 이응주 씨의 12대조(이명원)도 임진란 때

의병으로 참전했던 기록이 있다. 그렇다. 그 역사의 현장에는 그곳 주민들도 함께 있었고 그 굳센 환란(患亂)극복의 정신이 오늘을 이어주고 있는 것이다.

“간척한 바다를 ‘속시개’라 하는데, 왜놈들이 올라오다가 그만 속아서 죄 죽었어예. 그래 그렇게 부릅니더. 선조들은 극심한 왜구들의 노략질 이기고, 전란도 많이 극복하고 나라 꿋꿋이 지켜냈어예. 우리도 근검절약하고 합심해서 이 어려움을 이겨나가야 헐 텐데…. 정치인들은 입으로만 떠들지 말고 일상적 실천을 중요시해야 합니더. 백성들도 보다 선량해야 허구예. 민(民)이야 지도자만 잘 만나면 잘 해낼 텐데 언제나 비뚤어진 지도자들이 문제 아닙니꺼?”

낙엽은 곱게 져야 좋다. 좋은 낙엽되어 떨어지자는 생각으로 남은 여생 보내겠다는 그는 80을 바라보는 노령임에도 예나 제나 새벽 다섯 시에 일어나 괭이며 낫을 들고 들판으로 나간다.

“이제 좀 쉬시지요”하고 넌지시 말을 건네니, “청춘이란 인생의 어떤 기간을 말하지 않습니더. 마음의 양상을 말하는 것이지예…”한다.

그는 명리를 추구하지 않는다. 어떤 고난이나 고뇌도 견디면서 스스로 이웃과 함께 앞길을 열어가며 살아왔고 앞으로도 그렇게 살려 한다. 선산 중 일부가 대전-통영 간 고속도로로 편입되면서 받은 보상금 1억 1천만 원의 사재(私財)를 털어 장학회를 설립하기도 했던 그. 이기주의가 팽배해 가는 삭막한 우리 사회에 사랑과 자비를 일깨우는 자랑스러운 일이나 이응주 씨는 ‘그것이 못 배운 한을 푸는 자신의 선택’이라며 시원스레 웃을 뿐이다.

그를 만나고 돌아오는 길, 진동해병 전적비 앞에 발걸음을 멈추고 낙동강 방어선에서 진격하는 용감무쌍한 해병상과, 지척 간에 있는 충무공 당항포 대첩기념탑을 함께 가슴에 안고 머리 숙여 추념한다.

… 여기 자유조국의 수호신으로 승천한 그대들의 빛나는 투혼과 공훈은 이 국토와 겨레의 마음속에 길이 살아 빛날 것이다.

꿋꿋하게 국난을 극복해온 선조들을 닮은 이응주 씨와 같은 사람들이 한없이 소중하게 여겨지는 시절이다.

❖ 그 중에 제일은 사랑이어라 …

박중길 씨/ 1977년 새마을포장 수상

간혹 어린 시절을 돌이켜 보면 생채기투성이의 그림들이 머릿속으로 지난다. 특히 보릿고개를 넘겼던 해방 전 세대들에게 있어 어린 시절의 꿈이란 따뜻하게 입고 배불리 먹어보는 것이 유일했다. 지금 아이들처럼 "어린이가 나라의 보배"란 말도 들어보지 못했고 "대통령이나 과학자"를 꿈꿀 여력조차 없었다. 다만 "저 먹을 건, 제가 갖고 태어난다"는 말을 통해 천부적으로 인간에게 부여된 노동력을 어렴풋이 깨달았고, "일하지 않으려면 먹지도 말라"는 어른들의 닦달 속에서 근면을 배워왔다. 성경에 이르되 예수께서 가장 불쌍히 여긴 계층은 고아와 과부였다. 그래 천애고아였던 박중길 씨의 근면함과 믿음을 하나님께서는 더더욱 외면치 않으셨던 모양이다.

압록강을 건너서 …

"선친께선 장사를 하셨습니다. 일제치하에 식솔들을 이끌고 만주(滿洲)로 건너가셨지요. 저는 길림성(吉林省)에서 태어나 여덟 살까지 그곳에서 살았습니다."

그러나 그의 삶은 무수한 이면을 보이고 있었다. 여덟 살 되던 해, 8남매나 되는 형제들과 부모들이 열병으로 세상을 떴고, 하루아침에 고아가 된 그는 할머니의 손에 이끌려 압록강 다리(중국 안동(安東)과 북한 신의주간의 철교)를 건너게 된다. 조국이 해방되었다고 했지만 해방이 뭔지, 조국이 뭔지 알 리 없었던 아이는 그저 밥 한 끼만으로 행복했다. 충북 음성에는 일가들이 살고 있다고 했다.

"조금만 더 가면 친척들이 사는 곳이 나오니까 조금만 참거라. 이제 곧 배불리 먹을 수 있을 거야…."

할머니의 얘기를 신앙처럼 가슴에 묻은 채 걷고 또 걸었다. 요행히 기차를 만나면 감지덕지한 마음에 곳간차건 뭐건 올라타고 보았지만, 기차 위에 짐짝처럼 실려 가는 횡재(?)조차 좀처럼 찾아오지 않았다.

먼 여정이 지루하여 보채는 아이를 달래느라, 할머니는 매일 '조금만'이라고 하셨으나 국경선을 넘는 길은 까마득하기만 했다. 만주로부터 철수하는 일본 여자들은 검문에 걸려 봉변을 당할까봐 머리를 빡빡 깎고 남장을 한 채 숨어서 압록강을 넘었고, 곳곳마다 러시아 군인들의 총칼은 섬뜩하게만 느껴졌다. 몇날 며칠을 걷고 또 걷고 할머니 등에 업히기도 했지만 아픈 다리보다 더 견딜 수 없었던 건 배고픔이었다. 할머니는 남의 집에서 밥을 얻어다 손자에게 먹이셨다. 순천 박씨 가문의 하나 남은 손자가 할머니에겐 자신의 목숨보다 소중한 생명이었을 것이다.

"지금 생각해도 그 귀향길은 아비규환(阿鼻叫喚)이었습니다. 그래도 한국 사람은 좀 나았어요. 패전국인 일본인들의 끔찍했던 참상에 비하면…."

중국인을 '짱꼴라'라 부르며, 게다짝(나막신)에 훈도시(下帶) 바람으로 활보하던 교만에 찬 일본인들의 최후는 패전 침략자의 업보가 그대로 묻어나리만큼 비참하기만 했다. 오직 살아서 고국으로 돌아가야 한다는 일념으로, 어린 자녀들 중 낙오자가 없도록 가족 또는 동족 간 감싸주는 배려가 대단했다. 일본말을 구사하면 혹여라도 타인들의 군중심리를 자극할까 하여, 기차 안에서 말없이 쭈그리고 앉아 있던 그들의 모습…. 목욕이나 옷 세탁이란 생각도 못했고, 온 몸을 스멀스멀 기어 다니던, 쌀알 크기의 "이"를 손톱으로 잡아 죽이는 일도 일상이었다. 더구나 식욕과 대소변의 배설욕구를 참고 견뎌야 하는 고통을 어찌 필설로 표현할 수 있을 것인가.

그렇게 힘든 노정 끝에 당도했던 충청북도 음성, 하지만 입 하나를 덜고자 자식을 버리는 마당에 친척 아이에게 선심을 베풀 사람들은 없었다. 그래도 할머니 슬하는 걱정이 없었다. 배가 고프면 떼도 써보았고 할머니의 옛날 얘기를 자장가 삼아 잠을 잤다. 그러나 할머니와의 생활도 오래 가진 못했다. 어느 날부턴가 시름시름 앓으시던 할머니는 영 운신을 못하시더니 매일밤 눈물만 흘리시는 것이었다.

"불쌍한 내 새끼, 데리고 갈 수 있는 길이라문 데리구 가겼다만…."

자신의 수명이 다했음을 아신 할머니는 두고 가야 하는 어린 손자가 눈에 밟혀 눈조차 편히 감으실 수 없었을 것이다. 그러나 할머니는 끝내 어린 손자를 남겨두고 그렇게 영면(永眠)하시고야 말았고, 무엇을 어찌해야 좋을지 모를 아이는 배고픔과 외로움에 울다 지쳐 잠이 들곤 했다.

"청주 중앙교회 어봉례 전도사님의 손에 이끌려 가게 된 것이 바로 청주 중앙교회가 운영하는 "희망원"이란 고아원이었습니다. 적어도 입을 것, 먹을 것, 그리고 잠자리가 해결되니 그곳에 맡기면 죽지는 않겠지 싶으셨던 할머니의 자구책이었지요."

"천부여 의지 없어서 손들고 옵니다…"

희망원에서의 생활은 새벽 4시부터 시작되었다. 아침에 눈을 뜨면 밭으로 나가 일용할 양식을 위해 일했고 밭에서 생산되는 농작물은 보육원생들의 식량으로 쓰였다.

"고아의 설움이란 겪어보지 못한 사람은 정말 모릅니다. 큰 그릇에 밥을 담아 학교에 가지고 가서 점심시간이면 희망원생들이 한데 모여 다같이 먹습니다. 옷도 전부 유니폼이니 고아원 소속이란 티가 나지 않겠습니까? 그런데 고아가 무슨 죄나 되는 것처럼 학교나 사회에서 따돌림들을 해요. 심지어는 고아원 애들과는 놀지 말라는 부모도 있었으니 예나 지금이나 사회적 편견이란 참…."

지금으로 치면 왕따였던 셈이다. 자신의 속좁은 판단을 잣대로 남을 재는 어른들의 그 위험천만한 시각이 어린 아이들의 가슴엔 비수가 되어 꽂혔던 것이다. 6·25가 끝나자 희망원에서는 젖소를 사육하게 되었다. 의지할 곳 없던 소년은 젖소들을 가족처럼 돌보았다.

"새끼가 태어나면 어미소가 혀로 등을 핥아줍니다. 송아지는 어미의 젖을 먹구요. 그 모습이 부러워 얼마나 울었던지…."

젖소는 소년에게 가족이나 마찬가지였다. 그때부터 소년은 젖소와 대화하는 방법을 체득했고 그건, 생명과 생명 간에 교감할 수 있는 뜨거운 정이기도 했다.

"짐승과 땅은 거짓말을 하지 않습니다. 거짓말을 하는 건 사람이지요. 사랑과 정성을 쏟으면 가축들과도 얼마든지 얘기할 수 있습니다. 소의 숨소리만 들어도 소의 건강상태를 알 수 있을 정도로요…."

그는 병든 짐승을 보살피고 축사를 깨끗이 쓸고 닦았으며 산에서 풀을 뜯어다 먹였다. 누가 시켜서도 아닌데 앞장서서 가축들을 돌보았고 가축들의 선한 눈은 그의 마음을 훈훈하게 만들었다.

희망원 생활은 고달팠다. 부모 슬하에서 사는 아이들을 보면 할머니 생각에 눈물도 났다. 누더기 이불이나마 따뜻하게 덮어주시던 할머니, 김칫국물 뒤범벅인, 남이 먹던 밥이나마 한 톨을 아끼시며 먹여주시던 할머니…. 할머니가 생각날 때마다 풀숲에 엎드려 펑펑 울었지만 아무리 울어도 외로움은 덜어지지 않았다. 세상 천지에 혼자라는 사실이 그를 옭아매고 있었다. 하지만 그는 혼자가 아니었다. 아주 힘들고 지쳤을 때 조용히 골방에 들어가 무릎을 꿇고 하나님께 기도하면 천부께서는 큰사랑의 손으로 그의 머리를 쓰다듬어 주셨으므로.

> 두려워 말라. 내가 너와 함께 함이니라 놀라지 말라. 나는 네 하나님이 됨이니라. 내가 너를 굳세게 하리라. 참으로 너를 도와주리라. 참으로 나의 의로운 오른손으로 너를 붙들리라.

하나님께서는 성경 말씀을 통해 응답해 주셨다. 고사리 손은 얼고 터져 피가 흘렀지만 하나님이 계시다는 생각을 하면 든든하고 감사하여 또 눈물이 났다.

"천부여 의지 없어서 손들고 옵니다…."

기도를 마치고 혼자서 나직이 찬송가를 부르면 힘이 솟았고 외로움도 덜어지는 것 같았다. '할머니께 보답하는 길은 혼자 일어서는 것뿐이다. 부모는 없지만 나에겐 천부가 계시다'는 생각으로 열심히 일하고 열심히 공부했다. 희망원의 배려로 중학교, 고등학교를 졸업한 그는 대전농민학원에서 1년간의 전문인 과정을 거치게 된다.

성장의 발판이었던 희망원의 총무직을 맡아 일하게 된 건 1963년 1월, 군에서 제대한 직후였다. 워낙 성실하고 믿음이 좋은 그를 어여삐 본 목사님의 중매로 결혼도 하게 되었지만, 혈혈단신인 남자에겐 딸을 줄 수 없다던 신부 집의 완강한 반대를 무릅쓰고 결혼하기까지는 무려 5년이란 세월이 걸렸다. 1964년 12월 17일, 그 힘겹던 사랑이 비로소 세상에 공표되던 날의 환희를 그들 부부는 지금도 잊을 수가 없다고 한다.

신혼살림이랬자 비록 쌀 한 말과 팥 한 말, 그리고 군복무 시절 35개월치 사병월급을 모아 장만한 재봉틀 한 대가 전부였지만 이젠 혼자가 아니라는 사실이 그를 행복하게 했다. 출산도 뒤로 미룬 채, 젊은 신혼부부는 뼈 빠지게 일했다. 희망원에 딸린 단칸방이었지만 비로소 사람이 사는 모양을 갖추었다는 생각에 힘들지 않았다. 젊은 신혼부부는 이른 봄, 뾰족뾰족 새순이 돋는 들판을 밤 12시까지 헤매며 풀을 뜯었다. 젖소는 먹이는 만큼 더 많은 젖을 생산했다.

"사랑이 있으면 어려움도 극복됩니다. 생활이 어려워지니까 살기 싫다고 집 나가는 주부들이 많다고 하지만 그건 아마 돈이 아니라 사랑이 없기 때문일 겁니다. 성경에도 믿음이나 소망에 앞서는 것이 사랑이라고 했습니다. 내 몸을 불사르게 다 내어줄지라도 사랑이 없으면 아무것도 아니지요…."

적은 박봉에도 계(契)를 들어 3만 원이란 돈을 수중에 넣게 되었고 희망원 원장님께 청해 재산목록 1호인 젖소 한 마리를 사육하게 되었다. 혹여 남편이 마음 쓸까 점심을 굶으면서도 배부른 척을 하던 아내의 기쁨은 무엇에도 비교할 수 없었다. 두 내외는 서로 얼싸 안고 눈물을 흘렸다. 그들에게 젖소는 친자식이나 마찬가지였다. 행여 병이 들새라 정성껏 돌본 결과, 젖소는 무럭무럭 자라 큰 소가 되었고 새끼 암송아지까지 낳아주었다. 그때의 기쁨을 어떻게 표현할 수 있으랴.

젖소 13마리와 더불어 희망원을 뒤로

1960년대 이전만 해도, 축산을 기업화한다는 것은 상상도 못할 일이었다. 농업에서 축산이 차지하는 비중이 극히 미약하여 소는 농경우(農耕牛)로, 닭이나 돼지는 농가에서 부업삼아 기르는 것이 고작이었다. 그러나 60년대에 이후에 들어 정부의 양축 기반구축과 퇴비증산에 의한 지력증진을 목표로 "유축농가 조성 5개년 계획"이 수립, 추진되면서 활성화되기 시작했고, 이러한 축산진흥시책에 힘입어 60년대 후반에는 낙농업의 발전과 함께 기업축산이 나타나면서 산업으로서의 기반을 굳혔다. 동시에 1967년과 68년에 "낙농진흥법"과 "초지법(草地法)"을 제정하고 "농어민 소득증대 4개년 사업"을 추진함으로써 72년 드디어 새마을운동의 봉화불이 점화되었다.

1965년, 그간 절차탁마(切磋琢磨), 즉 "옥돌 따위를 갈고 닦는 것처럼 노력하여 닦은 기술"과 "하면 된다는 신념", 그리고 "하나님의 돌보심"을 굳게 믿으며 그들은 드디어 자신의 지분이었던 젖소 13두와 함께 희망원을 떠났다. 매형에게 꾼 돈 300만 원으로 청주시 미청동에 600평의 땅을 구입해 축사와 집을 짓겠다는 벅찬 꿈이 젊은 부부를 들뜨게 만들었다.

꿈과 현실의 가교(架橋)는 지력(知力)이라 했다. 교과서적 표현이긴 하나, 낙농업을 효율적으로 영위하기 위해서는 질이 좋은 우유를 가장 경제적으로 생산하여야 한다. 그러기 위해서는 유전적으로 우유 생산량이 높은 젖소를 확보해야 하고, 그 소가 능력을 최대한 발휘, 건강하게 오랫동안 양질의 젖을 생산할 수 있도록 균형있는 영양소를 사료로 급여한다. 또한 1년 주기로 번식할 수 있도록 관리하는 등 완벽한 착유기술로 젖을 수확, 유방염 및 질병예방 등 젖소에게 안락한 환경을 제공토록 해야 한다. 박중길 씨 부부가 낙농에 성공할 수 있었던 실체적 원인은 이러한 모든 분야의 원리와 기술을 연마하는데 게을리 하지 않았던 까닭이다.

"새벽 동이 틀 무렵까지 밤잠을 자지 않고 일했습니다. 젖소는 점점 늘어갔고 매일 한 마리 당 60킬로그램의 젖을 짜게 되었지요. 1년 만에 빚도 다 청산하고 땅을 600평이나 더 샀습니다."

그 후 1969년, 미호천강을 끼고 낙농단지가 조성될 무렵, 목장을 아내에게 맡기고 박중길 씨는 단지 내 기업축산 관리인으로 취직한다. 맞벌이 부부가 된 그들은 각자 피나는 노력으로 살림을 불려 나갔다. 드디어 1974년, 그간 착실히 모은 돈으로 목장의 규모를 확장하고 목장 이름을 '길'이라 지었다. 이러한 모범사례의 공로가 높이 평가되어 1977년 12월 9일 전국 새마을지도자대회에서 그는 "새마을포장"을 받게 되었다.

"오랜 농업부진의 시대, 특히 문민정부 들어 본격 시행되어 52조 억원을 쏟은 농어촌 구조개선사업의 원초적 부실(1998년, 8월 29일자 한국일보 보도)"과 "농가부채 총액 28조에 연대보증 채무가 12조 원이나 되고 연체이자조차 상환이 잘 되지 않고 있어 심각한 경제, 사회 문제가 야기되고 있다"는 등의 보도(1999년 8월 27일자 KBS TV)가 끊이지 않았다. 그러나 박중길 씨의 부채는 IMF 환란 때 사료구입자금으로 받은 300만 원의 융자금이 유일하다. 승자(勝者)는 적고 패자(敗者)가 대다수인 요즘의 농촌 경제상황에서 시사하는 바가 크다.

젖소 한 마리로 시작한 그는 현재 청주에서 손꼽히는 낙농가가 되어 있다. 그의 얼굴이 편안하고 밝은 것은 기독교의 사랑일지 모른다. 그는 힘들지 않다. 외롭지도 않다. 잘 자라서 모두 대학까지 졸업한 세 아이들과 손자, 손녀들이 있고 안온한 가정이 있다. 자신의 소유인 젖소도 스물여섯 마리나 된다.

희망원은 그들 부부에게 시댁이나 마찬가지다. 앞으로 어려운 사람을 돕겠다는 박중길 씨를 만난 후, 나는 문득 고아에 대한 사회적 편견이 범하는 우에 대해 다시금 생각해본다. 순천 박씨 가문의 귀한 손인 박중길 씨가 단지 고아라는 이유 하나만으로 업신여김 당했을 것을 생각하니 속이 상했다. 그러나 고아에 대한 편견이 어찌 그 시대뿐이겠는가. 지금 역시 마찬가지다. 고아, 결손가정이 곧 문제아를 만들어낸다고 생각하는 알량한 사회적 통념이 현재까지도 얼마나 많은 어린 생명들을 위협하는지 모른다. 이유도 모른 채, 단지 부모가 없다는 사실만으로 냉대를 받아야 하는 어린 아이들….

행운은 근면한 자의 것

성공한 사람들의 공통점은 역시 극기(克己)의 미덕이며 근면성이다. 이제 벌써 목장경영 40년…. 적수성가(赤手成家)한 입지전적 인물 박중길 씨, 초심을 바꾸지 않고 한결같은 근검절약과 화목한 가정을 이룩한 사랑의 이름으로 달려왔던 박중길 씨는 환갑을 넘긴 오늘까지 새벽 4시면 일어나 젖소들을 목욕시키고 축사를 청소한다. 그의 모습에서 나는 "행운은 근면한 사람들의 것"이라 했던 S. 스마일즈의 말을 재차 실감한다.

"하나님께 감사하는 마음을 가지면 부지런하지 않을 수 없습니다. 가난은 근면으로 얼마든지 이길 수 있어요. 가정도 마찬가지입니다. 어미소가 혀로 새끼를 핥아주는 그런 사랑을 우리는 배워야지요. 사랑이 있으면 모든 것이 합하여 선(善)을 이룰 수 있습니다. 하나님께서도 믿음, 소망, 사랑 중 제일은 사랑이라고 하셨어요. …"

사랑이라…. 문득 51년 전 울릉도 출장시, 냉수 한 사발을 내밀며 행복에 겨워 생글거리던 두 명의 새댁들이 머리를 스쳤다. 1948년 5월

10일, 유엔 한국임시위원단 감시하에서 치렀던 남한의 총선거가 끝난 후, 도지사의 특별 배려로 상사 두 분을 모시고 울릉도로 위로출장을 떠난 일이 있었다. 내 나이 스물 둘, 신혼이었다. 뒤로는 높은 산이 병풍처럼 둘렀고, 앞으로는 망망대해의 바다뿐, 그 장소까지의 교통수단이라곤 고깃배가 유일했던 50년 전의 울릉도는 참으로 적막했다. 목이 마르던 차에 외딴 초가집이 눈에 띄어 들어가니, 젊은 새댁 두 명이 신기한 눈으로 나를 바라보았다. 아마 같은 집에 기거하는 모양이었다.

"누구십니꺼? 이 외진 곳엔 어인 일로 오셨습니꺼?"

"도청에 근무하는데… 울릉도 구경왔습니더. 물이나 한 잔 주이소."

남정네 없는 집에 오두마니 남은, 여인네들이 안쓰럽기도 하여 다시 물었다.

"아저씨들은 다 어디 가셨습니꺼?"

"고기잡으러 갔심더."

"무슨 고기를 잡습니꺼?"

"아무 꺼나 잽히는 대로 다 잡아예."

괜한 질문인 줄 알면서도 젊은 호기였는지 또 말을 건네 보았다.

"이 궁촌벽지에서 무슨 낙으로 사십니꺼?"

"하이고 마, 사랑이 안 있능교."

말을 해놓고도 부끄러운지 둘이서 마주보며 깔깔 웃는 여인들의 말에 나는 깜짝 놀라지 않을 수 없었다. 당시만 해도, 남녀유별이 엄하였으므로, 사랑이란 말을 대놓고 한다는 건 생각할 수조차 없던 시대탓이었다. 그러나 그 집을 나서면서 사랑이란 단어가 왠지 좋아, 마음이 환해졌던 기억이 있다.

박중길 씨가 가꿔온 가정을 들여다보면서 그 시절에 들었던 사랑이란 말을 떠올려보는 것은, 역시 가난과 역경을 이길 수 있는 힘이란 사랑이기 때문일까? 하긴, 그 아름다운 마음에 어찌 하늘인들 탄복하지 않을 수 있겠는가. 뜻이 있는 곳에 길은 있고 스스로 돕는 자를 돕는 것이 하늘일 터인데.

❖ '더불어 사는 삶'의 승리

최진규 씨/ 1974년 새마을훈장 근면장 수상

진부 IC를 지나 정선가는 길을 잡고, 시가지를 빠져나가면 보기 드문 비경이 온통 마음을 들뜨게 만든다. 언제 봐도 푸근한 남성의 느낌을 주는 강원도 산수에 '투망이나 가져올 걸…' 하는 부질없는 생각도 든다. 산을 개간해 감자와 고랭지 채소를 심어놓은 풍경 속으로, 밭이랑마다 드리워진 삶의 모습에 문득 가슴이 저리다. 아직도 강원도에는 감자와 옥수수, 그리고 화전(火田)으로 대변되는 척박함이 고스란히 남아 있는 산간오지 마을들이 있다고 듣고 있다. 투명한 물과 가파른 산이 이어지는 이 두메산골, 그래서 저 거대한 산자락을 이고 살아온 사람들의 삶은 그저 아라리로만 묻혀갔을 것이다.

강릉 방향으로 좌회전해 최진규 씨의 마을인 북평면 장열리를 묻자, 친절한 40대 남자가 누구를 찾아왔느냐고 되묻는다.

"저 최진규 씨라고…"

"아, 그 새마을운동 하는 양반이요?"

물음에 응대하는 표정만으로도 최진규 씨의 덕행과 지명도를 짐작할 수 있다. "음덕(陰德)이 있으면 양보(陽報)가 있다"[3]는 말이 있듯 남모르게 덕을 쌓은 사람은 반드시 뒤에 복을 받는다고 했던가….

해가 뜨자 해가 진다고 할 만큼 일조량이 적은 강원도 정선, 처녀가 시집가도 쌀 두 말을 못 먹고 갔다던 이 첩첩산중 오지에서 새하얀 이밥(쌀밥) 한번 실컷 먹고자 했던 주민들의 한결같은 소망은 황무지를 개간해 오늘의 모범마을을 이룩해냈다. 선두지휘를 맡았던 최진규 씨의 이름은 그래서 어느 정승판서에 앞선다.

장열리 마을 입구, 231미터나 되는 긴 교량을 건너다가 나는 오던 길을 되돌아본다. 이 다리가 바로 주민들의 힘으로 건설된, 자연재해를 극복하고 마을의 부(富)를 가져다준 그 다리임에 감회가 새롭다.

이밥 한 번 배 터지게 먹어봤으면…

새마을운동의 열풍이 불어닥치기 전, 강원도 정선군 북평면 장열리는 간신히 밭농사만 지을 수 있는 산골마을이었다. 주민들은 좁은 농토를 활용, 최대한의 양식을 확보하기 위해 보리를 베기 전에 미리 조를 심었고, 감자밭이랑 속에 옥수수를 심는 등 사이짓기(間作)의 방법으로 농지를 최대한 활용했다. 근근이 배고픔을 달래주던 양식은 보리와 감자, 옥수수뿐 이것마저 턱없이 부족한 춘궁기에는 감자에 산나물을 버무려 주린 배를 채웠다.

가까스로 보릿고개를 넘기기만 하면 다행히 끼니를 거르지는 않았지만 두 끼밖에 못 먹는 집도 허다했고 아무리 세 끼를 먹는다고 해도 저녁은 묽은 죽이 당연한 일이었다. 설상가상으로 가뭄이나 홍수가 나는 해엔 고통이 더 가중되었다. 첩첩산골의 칠흑같이 어둡고 배고픈 밤은 마냥 길기만 하여 주민들은 쌀밥을 꿈꾸며 잠을 청했다. 고기는 명절이나 되어야 구경이라도 할 수 있었지만 그래도 소를 잡는 일은

3) 《淮南子》人間訓, "夫有陰德者必有陽報 有隱行者必有昭名"

없었다. 소는 잡아서 동네사람이 나누기엔 너무나 귀한 짐승이었고, 노루 같은 산짐승은 자연에 대한 경외감 때문에 절대 잡지 않았다. 고작해야 동네에서 키우던 돼지를 잡아 나눠 먹거나 읍내 시장에서 고등어자반이나 양미리를 사다 먹는 게 전부였으나, 꼬마들에겐 고기구경을 할 수 있는 명절이 1년 중 가장 기다려지는 날이었다.

가진 것 없이 그저 굶지 않고 사는 데 급급했던 주민들에게 돈이란 것은 개념 자체도 없었고, 집집마다 사는 수준 또한 비슷했다. 그래서 배를 곯는다는 것이 전혀 창피하지 않았고 쌀밥에 대한 염원을 접은 채 수북한 보리밥 한 그릇이면 남부러울 것이 없었다. 생활이 달라진다는 것은 생각지도 못했기에 그저 가난을 팔자소관으로만 돌리면서도 깨닫지 못하던 불각빈(不覺貧)의 두메산골 사람들….

궁촌 벽지에 독버섯 만연

최진규 씨가 군복무를 마치고 돌아온 것은 1969년. 그러나 패기만만한 젊은 그의 눈에 들어온 것은 황폐해진 마을과 주민들의 상처투성이 삶이었다. 쌀은커녕 끼니 잇기조차 어려운 사람들은 자포자기 상태였고, 구석지고 깊숙한 은벽(隱僻) 산촌의 인심과 미풍양속들은 회복하기 어려운 나락의 길로 치닫고 있었다. 그 중요 원인은 1965년, 그 지역으로서는 초유의 대역사인 정선선 철도공사가 시작되면서부터였다. 당시 돈벌이를 위해 외지에서 모여든 막노동판 인부들은 마약이나 도박 등을 즐겼는데 그들에게 오염된 마약중독자가 주민의 3분의 1이나 되었던 것이다. 워낙 오지라 관헌(官憲)의 단속이 미치지 못한 것도 그 창궐의 한 이유였다.

"마을에서 행세깨나 한다는 사람들은 거의 마약중독자가 되어있었습니다. 순박한 시골사람들에게 공짜로 주사를 놔주고 하니 그저 따라 했던 겁니다. 그들이 사용한 마약의 정확한 종류는 알 수 없지만 모르게 꾸민 은어(隱語)인지 당시엔 606(당시 농어촌에 유행된 마약성 진통제인 메사톤인 듯함)이란 약을 약국에서 그냥 팔았어요. 여기는 약국이 없었으니까 주민들이 학교 가는 아이들에게 돈을 주고 마약을 구입해 주사를 맞고는 화투판을 벌이는 게 예사였지요."

100여 호 남짓한 마을에는 술집이 20개 소나 생겼고, 마약 살 돈을 구하기 위한 좀도둑이 성행했다.

"누구네 누구네가 빤한 이 산골마을에서 마당에 곡식조차 내 말리지 못할 정도였어요."

알코올 중독도 또한 문제였다. 몸을 가눌 수 없을 정도로 곤드레만드레 취해 거리를 누비는가 하면, 길바닥에서 자는 사람이 없나, 툭하면 술패들의 싸움판이 벌어지지 않나, 이 또한 마약·도박을 번지게 하는 상승 매체로서 마을의 정서를 황폐화시키고 질서를 어지럽게 만들고 있었던 것이다. 물론 일하다가 잠깐 쉬는 시간 "새참"으로 한잔하거나 잔치, 놀이, 손님 접대 등엔 주안상이 따르기 마련이나 이미 술로 인해 벌어지는 마을의 현상은 가히 위험수위에 다다르고 있었다. 또한 그것이 철도공사 일터에서 번 돈의 매혹에 잠시 홀린 것이라 치더라도 일과성으로만 치부할 수 없는 상황이었다.

그는 마을 청년 30여 명을 규합하여 마을순찰대를 조직하고 마을의 안정과 질서를 회복하는 데 앞장서기로 했다. 먼저 마약을 사용하거나 도박장을 만들어 노름꾼을 유치하는 사람, 도박하는 사람 등은 마을에서 쫓아내기로 했다. 또한 잔칫집에서 내오는 접대 주안상에는 한 사람당 석 잔 이내의 술을 제공하기로 하는 등 마을 주민 모두가 자율적으로 지킬 것을 결의했다. 달리 어떻게 고칠 수 없는, 기본적 규약으로 채택되었다. 순찰봉사대원들은 마을 입구를 지키고 있다가 학교에서 돌아오는 아이들의 책가방을 검사하는 방법으로 마약 반입의 길을 차단했다.

“마약주사를 맞은 인부들이 촌사람이라고 얕잡아 보고 싸움을 걸어오면 밧줄로 묶고 대원 30명이 육박전을 벌이기도 했습니다.”

그러나 그 좋아하는 술 마시기를 규제하니 주민들의 반발이 이만저만이 아니었다. 사실 메마른 가슴을 일시적이나마 윤택케 해준 술의 은택을 당장 단절하기란 쉬운 일이 아니다.

“궁하면 통한다(窮卽通)”[4]는 말이 있듯 궁리 끝에 대원들이 나서서 잔치집의 일손을 돕는 품앗이 일을 도맡아 해주고 술대접도 직접 하면서 “석 잔”이라는 자체규율의 참뜻을 계도하며 공감대를 넓혀갔다. 일손이 달리는 잔칫집들은 무료 일꾼들을 동원할 수 있었으므로 결국 대원들의 뜻에 호응하게 되어 일거양득의 효과를 거두었다.

정선선 철도 공사에 따른 외지인들의 유입이 이 마을에 끼친 부정적 면도 있었으나 긍정적이며 보탬이 되는 면도 없지 않았다. 그것은 궁축(窮蹙, 생활이 어렵고 궁하여 집안에 죽치고 들어앉아 있음)한 마을이 미지(未知)와의 조우(遭遇)를 통하여 변화를 보는 눈을 뜨게 하는 계기가 되었으며 공사장 취로의 기회를 얻어 돈도 벌고 새로운 기술도 적지 않게 습득한 것이 사실이기 때문이다.

최진규 씨의 주도로 함께 앞장서서 봉사했던 29명의 청년들 중 한 사람은 현재 농협단위조합장으로 일하고 있고, 그 외 사람들도 타의 모범이 되고 있다 하니 참으로 고마운 일이다.

---

4) 《周易》 繫辭 下, “窮則變 變則通”(窮하면 變하고, 變하면 通한다).

얼어 터진 손, 시력 잃은 눈, 그러나 이제는 쌀밥이다!

정부가 1971년도에 실험적으로 실시했던 새마을 가꾸기 사업이 뜻밖에 큰 성공을 거두자, 72년에 들어서면서부터 새마을운동은 요원의 불길처럼 전국에 번지기 시작했다. 71년 최진규 씨는 장열리 새마을지도자로 추대되었다. 미국에서 원조해주는 옥수수 가루, 분유, 옷가지 등이 재산이나 마찬가지였던 그 시절, 오로지 새하얀 이밥을 먹어보고자 했던 소박한 꿈으로 논을 일구기 시작했던 건 1973년 11월이었다. 그러나 버려져 있다시피 한 강가의 16만여 평 땅을 개간해 논이 마련되기까지는 또다시 주민들의 부정적 사고와 싸워야 했다.

"수리조합에서 해도 안 되었던 일을 우리가 어찌 할 수 있겠나? 안 될 말이지, 암 안 되고 말고."

1958년에 수리조합에서 경지정리사업을 시작했지만, 지대가 강보다 높아 양수기로 물을 대야 했던 주민들은 양수기 기름을 등에 지고 2킬로나 되는 산비탈 오솔길을 오가야 했다. 그러니 경제적 손실이란 이만저만이 아니었다.

"주민들의 부정적 사고도 무리는 아니었습니다. 그렇지만 이미 전기가 들어와 있어 전기를 이용해 양수기를 사용할 수 있었으므로, 기름을 지고 날라야 하는 번거로움 같은 건 피할 수 있었거든요."

그는 치밀한 조사를 통해 실패의 원인을 일일이 설명해가며 다시 주민들을 설득하였다. 그러나 개답과정에서의 시련은 말로 할 수 없을 만큼 고되고 또 고됐다. 허리가 휘도록 산을 깎다 보면 영하 10도의 추위 속에 손은 얼어 터졌고, 돌이 눈에 튀어 한쪽 눈의 시력을 거의 잃게 되는 일도 발생했다. 더구나 안타깝게도 개간 직후 소출되는 쌀의 양은 생각보다 훨씬 적었다. 이리 사나 저리 사나 배고픔과 가난은 매한가지란 생각이 그들을 더욱 실망시켰다. 하지만 피땀 어린 노력이

수포로 돌아가나 싶던 개간지는 해가 지나면서 오히려 기존 농지보다 더 많은 수확량을 내기 시작했다. 정말 감사한 일이었다.

"그때의 기쁨이란 말로 다 할 수 없지요. 이 강촌 산마을에서 직접 수확한 쌀을 먹게 되다니, 그건 기적이었습니다."

장열리 사람들의 생활은 하루가 다르게 나아져 갔다. 감자와 옥수수 이외에 보리밥을 먹는 횟수가 늘었으며 가끔씩은 쌀밥도 상에 올랐다. 최진규 씨의 어깨에도 힘이 솟았다. 주민들은 상에 오른 쌀밥에 감사 기도를 올렸고 서로 얼싸 안고 눈물을 흘렸다.

개답과 동시에 경지정리도 함께 시도하였는데 그 과정에서도 문제는 발생했다. 누구나 자기 땅에 밭을 일구고 살았으므로 계획된 경지 속에는 살고 있는 집들이 포함되어 있어, 부득불 집들을 이주해야 했던 것이다. 결국 92호의 가구 중 65호나 되는 집들이 이주, 집단마을을 형성하게 되었다.

"그래도 타지로 이주를 한 집은 7호밖엔 되지 않았습니다. 조상 대대로 일궈온 이 터를 떠날 수 없었던 거지요."

주민들의 피와 땀이 새겨진 마을길과 교량

"큰일났다! 또 버스가 굴렀어!"

순식간에 마을은 아비규환이 되었고, 버스를 타고 나간 식구를 기다리던 사람들은 혼비백산하여 "곧베루"로 달려갔다. 곧베루는 첩첩산중 정선에서도 험하기로 소문난 장열리 마을 뒷산으로서, "베루"란 낭떠러지 아래가 강이나 바다로 통하는 몹시 위태한 벼랑을 일컫는 "벼루"라는 말에서 변조된 그 지방 토어(土語)이다.

아질 아질 곧베루, 지루하다 성마령,

지옥같은 이 정선을 누굴 따라 여기 왔나.

가도 가도 끝없는 곧베루, 지루함을 달래느라고 부른 정선아리랑의 가사에서도 그 험난함을 유추해볼 수 있을 것 같다. 민요는 그 시대의 모습과 이면을 파악할 수 있는 소중한 자료가 된다 했다. 이 가사를 통해서도 곧베루의 험난함과 그 지역 사람들의 좌절, 체념과 비원(悲願) 등이 보편적 정서로 외연되어 있음을 볼 수 있다.

이처럼 곧베루는 첩첩산중 정선에서도 험하기로 소문난 장열리 마을 뒷산으로서 해방 전엔 이 산 허리를 깎아내려 겨우 자동차가 다닐 수 있는 정도의 1차선 국도(42번선)가 있었다. 1960년대까지만 해도 정선-강릉을 잇는 그 지역 주요 지상 병참선으로서의 구실을 하는 주도로였다.

버스 추락사는 벌써 세 번째였지만 아무런 대책도 없었고, 한번 사고가 터졌다 하면 사람이건 버스건 형체도 없이 일그러지는 것이 보통이어서 생존자란 한 사람도 찾아볼 수 없었다. 사고대책만이 유일한 문제도 아니었다. 당시 옥수수 1가마니당 가격이 2천 원이었는데 그 중 오솔길을 돌아 곧베루까지 운반하는 비용이 500원이었으니 옥수수를 장에 내다팔기 위해서는 운임으로 25%나 되는 돈을 날려야 했던 것이다.

장열리 사람들에게 있어 유일한 도로였던 곧베루 길은 마을에서 직선거리로는 200미터여 떨어진, 비교적 가까운 곳이었으나 워낙 가팔라(경사도 80) 벼랑을 아슬아슬 붙들고 기어올라야 할 정도였으므로 물자수송이란 엄두도 못 낼 일이었다. 그러니 길을 정비하는 일이야말로 시급히 해결해야 할 마을 숙원사업의 하나였다. 궁여지책으로 1971년, 1차 새마을사업으로 구비구비 오솔길의 선형을 부분적으로나마 직선화하고 노폭을 3m여 넓혀 국도까지 2km의 곧베루 진입로를 정비하였다.

다음은 국도 진입로의 정비와 함께 마을 안길과 농로를 넓혀 편리하고 생산적인 취락구조로 개선해야 했다. 그러나 주민들은 총론에는 찬성하나 본인에게 부담이 가는 것은 싫어했다. 그 대표적 예가 마을 안길을 넓히는데 따른 갖은 반발이었다. 당시 주민들에게 있어 농외소득의 주수입원은 누에였으므로 마을엔 오래된 뽕나무가 많았다. 그런데 폭 60센티밖에 되지 않는 마을 안길의 폭을 4미터로 늘리려니 뽕나무부터 베어내야 했다. 더구나 도로를 정비할 주요 지점의 땅은 마을 유지들의 소유였으므로 더 어려움이 따랐다.

"열 번도 넘게 찾아가서 설득을 계속했습니다. 저희집 뽕나무는 도로계획에 포함되지 않았지만 할 수 없었지요. 그 사람들을 설득하기 위해 시범삼아 20~30년생 저희집 뽕나무부터 베어버렸어요. 그래 겨우 허락이 떨어지면 새끼줄을 치고 밀어붙였습니다."

결국 최진규 지도자의 솔선수범과 끈질긴 노력, 그리고 살기 좋은 고장을 만들자는 주민의 각성과 열성이 융합되어 마을 안길을 정비할 수 있었다.

또한 농지를 개간하면서 제방을 쌓아 장마로 인한 농산물 피해는 전보다 줄었다지만 홍수가 날 때마다 마을의 여러 시설들이 무너져 번번이 어려움을 겪기 일쑤였다. 최진규 씨는 꾸준히 마을환경을 개선해나가기로 했다.

"천재지변으로 인한 손실은 인간의 힘으로 통제할 수 없는 자연재해라 해도, 제대로 정비되지 않은 교통시설이나 도로가 야기하는 인명피해만큼은 최대한 줄일 수 있으리란 생각이었습니다."

더구나 1979년의 거듭되는 수해로 곧베루 길이 폐도(廢道)가 되자 운송은 더더욱 어려운 일이 아닐 수 없었다. 마을 앞을 흐르는 조양강 건너편에 곤베리 길을 대체하는 2차선 국도가 개설되었다. 그러나 장열리 마을 주민에게는 그림의 떡이었다. 마을과 연결되는 교량이 없었기 때문이었다. 주민들은 이제 강 건너 도로를 이용해야 했다. 읍내 대형트럭이 비료를 실어다 강 건너에 부려 놓으면 주민들은 지게를 지고 강을 건너 마을로 수송했다. 또 생산한 옥수수를 내다 팔러 갈 때에도 옥수수를 짊어지고 강을 건넌 후에 트럭으로 운송해야 했다. 강물이 깊지 않을 때는 잘박거리는 강물에 옥수수가 젖을 리도 없었고 사람이 물에 떠내려갈 리도 없었으나 장마철에 강을 건너는 일은 아침밥이 사자(死者)밥 될는지도 모를 위험한 행로였다. 그때마다 갖가지 크고 작은 사고들이 뒤따랐다.

교량의 필요성은 더더욱 절실해졌다. 이쯤 되면 나라에서 교량을 놓아주고 도로를 복구해줘야 하는 것이 상례다. 그러나 당시엔 꿈도 꾸지 못할 일이었다. 정부에서 작은 마을의 도로까지 일일이 신경 쓸 형편이 되지 않았기 때문에 주민들 스스로 발벗고 나서지 않는다면 정부는 한결같이 강 너머 불구경으로 일관할 것이었다.

새마을 사업의 일환으로 교량을 건설하고 도로를 정비하자는 의견이 제기된 것은 우기(雨期)가 끝날 즈음이었다. 일단 마을 주민들의 자조노력으로 기초공사를 시작하면, 국가의 지원이 있으리란 기대도 마을 사람들을 부추겼다. 그들의 자조정신에 감동되어 정부의 새마을 사업 지원이 결정되었지만, 시멘트와 철근 지원뿐 자갈이나 모래, 인력 그리고 기술 등은 모두 주민들의 몫이었다.

교량 건설작업이 밤으로 낮으로 이어졌다. 더구나 동절기가 아니면, 농사에 매달려야 하고 강물이 불어나기 때문에 추수가 끝난 후에야 작업이 가능했다. 그러니 강추위 속에서 남녀노소 온 주민들은 어깨에

등짐을 지고 모래와 자갈을 날랐고, 교각을 받치는 다리의 이음새는 시멘트를 한꺼번에 쳐야 튼튼하다 들었으므로 한번 시작한 작업은 새벽 3시까지도 이어졌다. 그러나 정선의 추위는 매우 혹독하여 공사현장은 지하 2m까지의 땅이 동결하였으므로 착암기와 기술자를 구하기 위해 그는 새벽길을 나섰다. 1981년 1월, 영하 20도라는, 정선군 임계면 기상관측소 설치 이래 가장 추운 날이었다.

"폭발물 사용신고차 관할 북면 사무소에 들어서니 이웃면 임계 '반천'다리 공사에서 강력성 폭발물을 사용하지 않고도 쉬운 공법으로 처리하고 있더라는 말을 하더군요. 다이너마이트대신 화학약품을 뿌린 뒤 가마니를 덮어 하룻밤 재운 다음 그냥 파낸다구요."

이 말에 귀가 솔깃해진 그는 좀더 쉬운 방법을 찾으려 점심도 거른 채, 곧바로 임계면으로 발길을 돌렸다. 새로운 공법을 배워간다면 공사는 더더욱 수월할 터였다. 그는 부푼 마음에 어렵사리 현장을 찾아 들은 대로 물었다. 그러나 막상 담당자를 만난 최진규 씨에겐 허탈감이 온 몸을 짓눌렀다. 사실무근한 루머일 뿐이었던 것이다.

"그런 엉터리 소리를 어디서 들었냐며 비웃더라구요. 그러니 헛걸음만 한 셈이지요."

결국 강을 가로지르는 231여미터 길이의 교량과 마을까지 트럭이 들어올 수 있는 길은 주민들만의 힘으로 건설할 수밖에 없었지만, 힘겨운 장대교(長大橋)의 가설을 가능케 한 것은 그들의 투철한 애향심과 과연 무엇이 중요한 일인지를 식별하는 힘에 있었다. 그 힘으로 이루어진 판단을 주민들이 분연히 실행에 옮기는 용기…. 힘든 사업을 통해 주민들은 일치단결의 저력을 실감했다. 자조의 보람, 그리고 '하면 된다'는 자신감과 더불어.

어설픈 행정, 순박한 민심

새마을운동이 시작되기 전인 자유·공화당 시절, 국가행정의 최대 임무는 국민의 주린 배를 채워주는 것이었다. 그러나 국민이 배를 곯을 정도로 가난한데 국가가 부유할 리 없었다. 국가재정 역시 턱없이 영세하여 모든 영세민에게 무상으로 식량을 공급할 수 있는 처지가 못 되었다. "나라도 가난 구제는 못한다"는 속담처럼 조상 대대로 물려받은 가난을 극복하지 못한 채 등짐처럼 짊어지고 살아가는 사람들이 부지기수였다. 국가에선 그런 사람들을 선정하여 식량을 무상으로 나눠줬다. 동네 이장이 면사무소에 구호신청을 해 아사(餓死) 직전의 사람들을 간신히 연명할 수 있게 해준 것이다. 장열리에도 입에 풀칠조차 어려웠던 대여섯 가구가 있었고 장열리뿐 아니라 전국 곳곳에 조상 대대로 구호양곡을 타먹으며 연명하며 사는 사람들이 있었다. 이들은 배급의 최대 수혜자로서 "배급 타먹는 사람들이 대대로 타먹는다"라는 말이 생겨날 정도였다.

제 앞가림도 힘든 상황에서 행정이니 정치니 하는 것은 너무나 먼 얘기였다. 따라서 국민들의 행정개념은 척박할 수밖에 없었고, 관청 직원들 역시 근대적 의미의 행정개념이 미흡한 것은 마찬가지여서 지금 생각하면 어이없는 일도 많았다.

예나 지금이나 푹푹 찌는 여름, 농번기의 뙤약볕 아래 고된 논일을 하다가 잠시 짬을 내어 마시는 막걸리 한 사발은 보약보다 몇 배의 효과가 있다. 그러나 당시에는 탁주 단속이 심해 밀주가 발각되면 벌금을 물리곤 했다. 가뜩이나 쌀이 부족한데 그 귀한 쌀로 술을 담아먹는 것을 막기 위해서였다. 그러나 농가에서는 밀주를 담아 고이 모셔놓고 제사지낼 때 혹은 농번기의 반주나 야참으로 요긴하게 사용했다. 탁주 단속반에 걸리면 벌금을 물리는 것이 원칙이었지만 관청 직원들 역시 막걸리가 농민들에게 꿀이나 다름없다는 사실을 알고 있었고, 너나없이 가난한 살림에 벌금 낼 능력이 없다는 사실도 뻔히 알았다. 그래서 단속에 걸린 사람들이 죄를 덮어달라는 뜻으로 집에서 기르던 닭 한 마리를 잡아 건네면 단속반은 순순히 눈감아 주곤 했다. 그밖에 도벌하다 발각되었을 때나 마을 도로를 닦는 부역에 참가하지 않았을 때도, 장작개비를 든 채 붙들어간다고 호통 치는 면서기나 순경에게 닭 한 마리를 대접함으로써 입막음할 수 있었다.

이장의 영향력을 신봉했고 두려워하기까지 했던 주민들은 선거 역시 그들이 시키는 대로했다. 그러니 90% 이상의 몰표도 얼마든지 가능했다. 자유당 시절, 한국을 취재하러 온 어느 미국기자가 강원도 춘천에서 길가는 주민들에게 누구를 찍을 거냐고 물었더니 "아직 이장, 반장님이 얘기를 안 해서 모르겠다"고 답변해 서방 기자들을 아연케 했던 일도 있었다 한다. 지금 생각해보면 아무런 원칙 없이 인정에만 이끌리는 콩가루 행정이라 할 수 있지만 행정에 대한 인식이 낮았던 당시로서는 어쩔 수 없었을 뿐만 아니라, 당시 사람들의 순박한 성품을 미루어 짐작할 수 있게 하는 일화다.

"너는 어서 가서 공부하거라, 아니면 또 이 꼴 된다!"

1974년, 최진규 씨는 경제동향보고를 하는 자리에서 장열리 새마을운동 성공사례를 보고, 새마을훈장 근면장을 수상했다. 공무원들의 말에 의하면 박정희 대통령과 총리가 배석하며 식사도 그 자리에서 이루어질 예정이라고 했다. 그런데 식장에 들어가기 전, 어느 공무원이 밥은 그저 먹는 시늉만 하라는 귀띔을 하는 것이었다.

"각하도 계시고 하니 여러 가지로 조심하시오. 식사는 보리밥이 나오는데 일단 일을 마치고 나면 밥이야 얼마든지 좋은 것으로 먹을 수 있으니까 절대 많이 먹지 마시오."

그러나 식사시간이 두 시간이나 되었으므로 최진규 씨는 이러지도 저러지도 못해 안절부절하고 있었다.

"대통령께서 밥을 더 가져오라고 하시더군요. 보리밥에 선짓국이었습니다. 대통령께서 반을 덜어내시고는 나머지는 제 국그릇에 쏟아부어 주셨어요. 경상도에서는 손님께 식사를 대접할 때, 밥을 국에 말아주는 풍습(과거, 상대방의 형편을 생각해 혹여라도 손님이 밥을 사양할까 하여 경상도 사람들은 국그릇에 밥을 쏟아부어주는 것으로 정성을 표했다)이 있다고 하시면서요. 그리고는 가난했던 어린 시절의 이야기를 들려주셨습니다."

박정희 대통령의 선친께서는 소작농으로서 남의 위토답에 소작을 부치는 대가로 시제의 제수를 차려내는 일을 하셨다.

"그 해는 흉년이 들어 농사가 부진했지. 내사 그 날 제사가 있다 해서 떡 얻어먹으러 따라갔는데 제관들이 '과일이 적다, 떡도 적다' 하며 트집들을 잡더라구. 그러자 아버님께서 그만 상을 뒤엎으시더니만 나더러 '너는 빨리 가서 공부해라, 그렇지 않으면 또 이 꼴 난다' 하시는 게야…."

최진규 씨는 그 일이 두고두고 잊혀지지 않는다고 했다. 나 역시 마찬가지다. 가난이란 역시 경험해 본 사람에 의해 극복될 수 있는 문제이기 때문이다.

농자천하지대본(?)

과거 농촌은 도시보다 나았다. '푸성귀'라도 자급자족할 수 있던 덕이다. 그러나 산업화의 바람은 젊은 사람들을 도시로 떠나게 만들었고 젊은 기운이 빠져나간 농촌에는 나날이 궁핍해지는 기현상이 발생했다. 최진규 씨는 농촌이 무너지는 원인으로 농민들의 이러한 경향과 정부의 잘못된 농촌정책을 꼽는다.

"우리나라는 농업정책은 있어도 농민정책은 없습니다. 최근 실시된 정책 가운데 대표적으로 두 가지를 들 수 있습니다. 우선 쌀 전업농 10만 호 육성을 목표로 하는 전업농정책이 문젭니다. 전국적으로 전업농 200만 가구 중 6만 평의 논에서 쌀만 경작함으로써 연간소득이 2억 정도 되는 농가를 10만이나 육성한다는 것입니다. 그러니 나머지 190만 가구는 일자리를 잃게 되어 도시빈민으로 전락해버리고 마는 현상이 벌어집니다. 물론 세계화 시대를 맞이해 외국과 경쟁할 수 있는 농산물을 생산하겠다는 목표는 좋습니다. 하지만 한 사람이 많은 농지를 보유함으로써 결국 소수를 위해 다수가 희생되고 맙니다. 소농의 경우 땅 3천 평이면 온 가족이 똘똘 뭉쳐 쌀 100가마를 생산할 수 있지만 대농의 경우라면 같은 면적의 땅에서 생산량이 60~70가마로 떨어집니다. 그래서 프랑스 같은 선진국들에서도 10년 전부터는 소농육성정책을 추진하여 농가가 튼튼해진 결과를 낳았지요.

WHO에서는 수요가 공급을 넘어서, 먹을 것이 없어지는 기아의 원년이 2010년이라고 합니다. 돈이 있어도 식량을 살 수 없는 일이 벌어질 겁니다. 과거 새마을운동을 전개했던 것처럼 새로운 정책이 반드시 필요합니다. 더구나 앞으로 4~5년 후면 농촌의 가장 젊은층이 환갑을 맞는 사람들입니다. 문제는 젊은 사람들이 돌아와 살 수 있는 농촌이 되어야 하지요. 한 가구당 농지를 300평씩만 나눠준 등소평의 정책은 매우 의미 있는 일입니다. 게다가 전업농정책은 환경오염을 야기시킵니다. 전업농이 소를 100마리씩 키우면 그 외의 농가에서 소를 키우지 않아 소가 절반으로 줄어들 뿐만 아니라 퇴비가 아닌 화학비료에 의존하는 농법을 택하게 돼 농토는 점점 더 황폐화됩니다. 또 거기서 나오는 축산 폐수는 공해물질이 되고 이를 방지하기 위해 국가에서 수십억 원씩 들여서 축산분뇨처리장을 만드는 악순환이 계속되고 있습니다. 날로 지력(地力)이 약화되는 토양개량을 위하여 규산질과 석회질의 비료사용을 국고에서 지원합니다. 그런데 지금까지는 3년에 한 번 소요액의 50%씩을 지원했는데, 이제부터는 6년에 한 번 100%를 해준다고 합니다. 이런 난센스가 어디 있습니까? 정치인들의 100%지원이란 명분의 눈가림식이며 행정편의주의적 생색 탓에 6년에 한 번 비료를 주게 되니 결국 땅이 죽게 됩니다."

전업농으로서 농민의 애환을 누구보다 잘 알고 있는 그는 농민정책에 대한 구체적인 대안을 제시한다.

"농민의 70%가 직업병을 호소합니다. 마을회관에 찜질방이나 헬스기구를 설치한 농민건강센터를 마련하는 데 한 곳당 5천만 원의 예산이 들어간다고 해요. 2001년까지는 면 단위당 한 곳씩을 설치한다고들 하기에 각 마을마다 해달라고 요구하니 돈이 없어서 안 된답니다. 그래서 각 마을마다 새마을회관이 있으니 1천만 원씩만 지원해 달라고 했더니 그래도 안 된다고 해요. 얼마 전에 농수산부 장관을 직접 만나 아무 쓸모도 없는 농산물집하장을 건강센터로 용도변경하자고 했더니 펄쩍 뛰더군요. 정책을 가지고 이러쿵저러쿵 한다구요. 말이 나왔으니 말이지 농산물집하장이란 곳은 5명으로 법인만 구성되면 1동에 8천만 원까지 지원이 가능합니다. 판넬에 지붕을 얹어놓아 여름철이면 감자가 다 썩어버려 아무짝에도 쓸모가 없는데 말입니다. 그러니 생각해 보십시오. 이게 농민을 위한 정책입니까?"

두 번째로 농민을 돕고자 1996년부터 실시된 농어민 연금제도는 삼척동자가 들어도 도시에 비해 농촌정책이 얼마나 차별적인가를 단적으로 보여준다.

"농민의 최저소득을 월 22만 원으로 산정, 이 금액의 1%에 해당하는 2천2백 원을 농민 1인당 연금보조금으로 지급합니다. 따라서 농민이 받을 수 있는 지원금은 1년에 2만4천4백 원이 되는 셈입니다. 그런데 사립학교 교직원은 보수의 2%인 연간 57만~60만 원의 국고지원을 받음으로써 농민이 받는 지원금보다 20배 이상이나 됩니다. 즉 농민은 월수입을 22만으로 잡고 획일적으로 보조금을 주는데 반해 다른 직종은 보수의 2%에 해당하는 보조금을 지급하니 월급이 많은 사람은 더 많은 지원금을 받는 셈이지요. 정부에서는 농민이 국가에 고용된 게 아니라서 지원금이 적다고 합니다만, 사립학교 교직원 역시 국가에서 고용한 건 아니지 않습니까? 또 공립학교 교직원과 형평을 맞춰주기 위해 사립학교 교직원에게 2%의 지원금을 보조할 수밖에 없다고 말합니다. 물론 농민들이 지원금으로 사는 건 아닙니다. 하지만 농민들 입장을 한번 생각해보십시오."

예로부터 "농사는 천하의 큰 근본"(農者天下之大本)이라 했다. 아무리 오랜 세월 농업을 외면했던 정부라지만 최소한 농민의 사기를 꺾는 정책을 실시해서는 안 될 것이다.

새롭게 등장된 화두, '가난 극복'

1970년대 처음 새마을운동이 시작될 당시엔 '가난 극복'이 절체절명의 과제였다. 잘 살아보자, 살기 좋은 내 마을을 우리 힘으로 가꿔 쌀밥 한번 배 터지게 먹어보자는 일념으로 온 국민이 열심히 노력했다. 다른 지역의 성공사례를 보고 배운 지도자가 이를 자기 마을에 적용하는 솔선수범을 보이면 누가 먼저랄 것도 없이 온 동네 사람들이 함께 도왔다. 새마을운동은 그렇게 확산되었고 마을 주민들이 혼연일체가 되어 자체적으로 사업을 벌이고 환경을 개선했다. 그 결과 오늘날 농촌에서는 더 이상 보릿고개란 말이 사라지게 된 것이다.

그러나 1970년대 '가난 극복'은 1997년 IMF로 말미암아 새로운 화두로 대두되었고 최근 유가폭등 등으로 오늘에 이르고 있다. 그럼에도 불구하고 젊은 사람들은 보릿고개를 모른 채, 고리타분한 옛날 얘기라고만 치부하려 든다. "옛날에 아버지는…" 하고 얘기를 꺼내면 "또 시작이군" 하며 돌아앉기 일쑤다. 그래서 가난극복이란 더 어려운 문제가 되고 만다. 또 부익부 빈익빈 현상이 나날이 심각해져가는 것도 문제다. 한쪽에선 살 길이 까마득해 한숨만 늘어가는데 한쪽에선 아직도 잔치를 벌이니 어느 누가 가난에 대해 겸허해질 수 있겠는가. 과거 우리는 조상 대대로 물려받은 근면성과 노력으로 불행감을 극복해왔다. 그러나 지금의 세태는 너나할 것 없이 조금만 모자라도 불평불만 투성이다. 근면성도 상실되어 가고 있으며 투기와 거짓이 난무한다.

현재 장열리 마을에는 최진규 씨의 주도로 산나물 가공산업이 한창이다. 정선의 깊은 산에서 채취한 무공해 산나물을 생육환경 그대로의 조건에서 말림으로써 보존, 시판하고 있다. 최진규 씨는 직접 서울 가락동 시장 등지를 오르내리면서 물가시세라든가 동향 등의 시장조사를 게을리 하지 않는다.

"고랭지채소 재배 전에는 우리 마을이 정선군 내에서 가장 소득이 높았습니다. 그런데 고랭지 채소가 활성화되면서 이제 논농사로 올리는 소득만으로는 잘 살 수 없게 되었습니다. 빠르게 변화되는 사회에서는 새로운 마인드가 필요합니다. 다른 방안을 찾아야지요. 앞으로는 산나물에 승부수를 걸어볼 생각입니다. 근면과 자조, 협동단결은 물론이고 말입니다."

어려운 길을 동행해 주셨던 그의 하나님

과거 새마을운동의 충실한 일꾼이었듯, 그는 하나님의 종인 교회의 집사로서도 그 직분을 성실하게 수행하고 있다. 나는 기독교인은 아니지만 그 날 들었던 그의 간증에는 가식이 없음을 안다. 나이 40이 넘으면 얼굴에 자신이 살아온 길이 적히게 된다고 했던가? 그렇다면 그는 매우 신뢰할 수 있는 인물이다.

교량건설의 새로운 방안을 찾아 임계로 향하던, 임계 기상대가 생긴 이후 가장 기온이 낮았던 그 겨울 밤, 최진규 씨는 영하 20도의 추위 속에 80리길을 걸어 마을로 돌아와야 했다.

"얼어 죽는 줄만 알았습니다. 한참을 걸으니 춥다는 느낌도 없고 그저 길가 바위에 누워 자고만 싶더라구요. 그때 잠이 들었으면 그대로 얼어 죽었을 거예요…."

그는 절박해졌다. 동네사람들이 교회에 나오라고 권면(勸勉)하던 소리가 귓가에 메아리치면서 그는 난생 처음 하나님께 빌었다. '오늘 살아서 집으로 돌아가게만 해주신다면 반드시 교회에 나가겠습니다.'

"그날 하나님께서는 저를 살려주셨습니다. 그런데 사람이란 게 워낙 완악(頑惡)해요. 요행으로 살아났지만 하나님과 또 멀어지고 말았지요. 어려움이 없어지니 그만 외면하고 말았던 것입니다. 하나님을 모르는 사람들이 들으면 비웃을는지 모르지만 그 후로 저는 이상한 체험들을 여러 번 했습니다."

교량이 완성된 후 1년이 지나자 이상하게 왼쪽 다리가 아팠다. 병원에도 가보았으나 아무런 이상이 없다고 했다. 결국 서울의 경희의료원을 찾아 정밀검사를 해보니 그의 다리는 고관절에 피가 통하지 않아 썩고 있다는 진단이 내려졌다. 더욱이 그 질환은 10만 명에 한 명 걸릴까 말까하는 희귀한 병이라고 했다. 인공관절을 끼우는 수술이 시급했다. 그러나 의사는 그 수술을 한 후엔 환자가 잘 깨어나지 않을뿐더러 고통도 아주 심하다는 말을 미리 해주었다.

"그것이 제가 하나님과 만나게 된 동기가 되었습니다. 옆 침대에 누워있던 환자가 저보다 앞서 수술을 받았는데 몇날 며칠이 되어도 깨어나질 않더라구요. 저도 사람인데 얼마나 겁이 나든지…. 그래서 하나님만 믿고 기도했습니다."

그는 수술 직후 깨어났고 고통도 느끼지 않았다고 했다.

"하나님께서 보여주신 이적(異蹟)은 그뿐 아닙니다. 수술한 후로 일을 계속하니까 인공관절이 뼈를 파고 들어갔어요. 그래 양쪽 다리의 길이가 3센티 정도나 차이가 나 다리를 절뚝거렸지요. 그런데 하루는 전도사님이 오셔서 안수기도를 받자고 해서 따라갔는데 기도를 마친 후 1분도 되지 않아 다리의 길이가 똑같아졌어요."

언젠가 어느 책자에서 이런 말을 본 일이 있다. 어떤 사람이 소천(召天)되어 하나님 곁으로 갔다. 예수님께서는 그가 살아온 인생길을 보여주셨다. 늘 예수님과 동행하던 그의 삶에는 예수님의 발자국과 그의 발자국이 나란히 찍혀 있었다. 그런데 어느 지점에 가서는 자신의 발자국이 보이지 않다가 다시 이어지는 것이었다. 이를 이상하게 여긴 그 남자가 물었다.

"예수님, 저는 이때 어디 있었습니까? 왜 제 발자국은 없습니까?"

그러자 예수님께서는 사랑이 넘치는 목소리로 이렇게 대답하셨다.

"그때는 네가 너무 힘들어해서 내가 너를 업고 갔었단다. …"

남달리 선한 인상의 최진규 씨를 만난 후 나는 몇 년 전, '망막박리'라는 질병(眼疾)으로 눈수술을 하게 되었을 때, "이번에 무사히 수술을 마치게 되면 반드시 교회에 나가겠습니다"라고 약속했던 병상에서의 기도가 떠올라 마음이 불편했다. 다만 한 가지 확실한 것은 하나님께서는 이웃을 내 몸처럼 사랑하는 자를 살피신다는 것이다. 최진규 씨가 혼자서만 잘 살겠다고 생각했다면 순찰대 따위를 조직하지는 않았을 것이다. 아무런 희망도 없던 고향에서 애써 주민들을 설득하며 그 어려운 일을 하지도 않았을 것이다. 나는 문득 '네 이웃을 네 몸같이 사랑하라'는 계명을 생각해본다. 그것이야말로 하늘 아래 사는 우리의 의무이자 도리이며, 다 같이 잘 살아보자는 취지 아래 지속되어 온 새마을의 애민정신(愛民精神)이기에….

●8장

새마을운동의 중심권을 넘어서

도지사에서 국세청장으로

❖ 불치하문(不恥下問)의 마음자세로

1978년 연말이 가까워 오고, 경북지사 생활도 4년이 넘어갈 즈음이 되니 고향이라 어쩐지 편한 생각이 들었다. 도민에게 의지하는 타성이 생기기도 하는 것 같았고 세심한 주의력이라든가 긴장감이 결여되며 자만심 또한 생기는 것 같았다. 고향에서 도백(道伯)을 4년이나 했다는 데 대한 자랑보다는 무언가 부끄러움이 앞서는 마음이 지금도 여전하지만, '아하! 이제 그만두어야 되지 않겠는가…' 하고 스스로 진단해 보곤 했었다.

그때 경주군 외동읍 석계마을에 산불이 났다. 헬기로 현장에 도착하니 급히 상경하라는 전갈이 왔다. 무슨 일인지 궁금했지만, 직원들에게 아무 이야기도 하지 않고 야간열차를 탔다. 대전쯤 가서야 역무원을 통해 국세청장 발령사실을 알게 되었다. 행정관료 출신으로서 국세행정은 처음이었다. 자연 세인들의 관심이 쏠렸다.

8·15 해방 전 경주군청에서 출발하여 경상북도 지방과에서 재근중

● 국립공무원훈련원 제1기 수료식. 앞에서부터 2열 왼쪽에서 10번째가 필자. 앞 열에 앉은 사람들은 각료와 교수들. 그 뒤는 졸업생

'국립 공무원훈련원' 제 1기를 수료하고 내무국 지도과장까지 근무하다가 내무부 본부로 전임했다. 그간 36년 11개월 동안 내무관료 외에는 한 일이 없었고 지방에서나 중앙에서나 세금은 다루어 본 적도 없었으니 나로서는 착잡하기만 했다. 비유가 적합할지 모르지만 나의 국세청장 발령은 이종(異種) 교배라는 생각이 들었다. 이종교배란 서로 다른 종류의 동식물을 교배시키는 일인데, 여기서 나오는 새로운 품종은 생식(生殖) 능력이 없다 한다.

그러나 또다시 시작하자는 마음으로 12월 26일 제 4대 국세청장으로 취임하였다. 다행히 《지방회계정의》(國都출판사, 1958)의 저술과 시험 준비 때 재정학, 회계학 등을 선택했던 적이 있어 기초이론 정도는 터득하고 있었기에 현황 보고를 받는 과정에서 부하들로부터 숙맥(菽麥)

이라는 인상은 면할 수 있었다.

책은 역시 인생의 스승이었다. 또다시 책과 씨름하는 힘겨운 장정이 시작되었지만 이종교배를 극복할 수 있는 길은 오직 책뿐이었다. 그리고 옛 성현들은 “사람은 늙어서도 아랫사람에게 배우는 것을 부끄러워해서는 안된다(不恥下問)”고 하였다. 더구나 나이가 들어 늙으면 아랫사람에게 묻기를 꺼려하기 때문에 죽을 때까지 알지 못한다고 하였다. 즉 도를 먼저 깨달았다고 자처하기 위해서는 자기 스스로 알지 못하는 것이 있다는 사실을 인정하기 싫어하고, 그래서 아랫사람에게 묻기를 꺼린다는 것이다. 허나 이렇게 자신이 모르는 것에 대해 묻기를 꺼리게 되면 마침내 백 가지의 폐단이 생겨나게 되고, 이로써 다른 사람뿐만 아니라 자기 자신을 속이면서 죽을 때까지 알지 못하는 길을 택하게 된다. 제 아무리 들은 것이 많고 본 것이 많다고 하더라도 천하의 모든 것을 다 알고 있다고 말하기에는 부족함이 많은 것이 인생살이다.

인생의 주위에는 많은 선생이 있다. 책 속에 스승이 있으며 선배, 동료, 후배 모두가 인생의 스승이다. 따라서 모르는 것이 있으면 이들에게 물어야 한다. 더불어 보는 안목이 필요하다. 그래야만 눈을 뜨게 된다. 아랫사람에게 묻는다고 결코 수치가 아니다. 특히 내무행정에 몸을 담아 온 나로서는 정통 세무공무원이 아니었기 때문에 국세청장이라는 자리에 있으면서 세무행정의 세세한 내용까지는 잘 알지 못했다. 정말 난감한 일이 아닐 수 없었다. 결재할 때면 무슨 말인지 어떤 내용인지를 잘 몰라 쩔쩔맸다. 그래서 모르면 물었다. 서기관이든, 사무관이든, 말단 담당직원이든 간에 지위고하를 불문하고 이해되지 않거나 견해를 달리하는 부분에 대해서는 꼭 물었다.

“아이구, 그것도 모르면서 무슨 청장이냐…”는 소리를 듣는다고 하더라도 몰랐기에 물었고, 묻기 전에 스스로 노력하려 애썼다. 그러나

국세청장 취임 인터뷰(1978년 12월 26일): TBC 송도균 기자(현 방송통신위원회 부위원장)

나 혼자 노력하는 데는 한계가 있었다. 아무리 스스로 노력한들 거기에서 시원한 대답을 찾기란 정말 어려웠다. 특히 전문성을 지니고 있는 젊은 직원들이 많은 도움을 주었다. 이들이 하나의 커다란 사회의 힘이라고 생각한다.

공자가 그의 제자인 자로에게 말하기를 "아는 것을 안다고 하고, 모르는 것을 모른다고 하는 것이 곧 아는 것이다"[1] 라고 하지 않았는가. 그래서 "민첩하면서도 학문을 좋아하며 아랫사람에게 묻기를 부끄러워하지 않음"[2] 을 나의 좌우명으로 하여 그 실천을 게을리하지 않았다. 자화자찬(自畵自讚)의 글이라는 비방이 있을지 모르겠으나 직원 상호간에도 '불치하문'하는 기풍이 진작되어 세무관리의 적정성 확립과 뒤

1) 《論語》 爲政篇, "子曰. 由. 誨女知之乎. 知之爲知之. 不知爲不知. 是知也."
2) 《論語》 公冶長篇, "子貢問曰. 孔文子何以謂之文也. 子曰. 敏而好學. 不恥下問. 是以謂之文也."

에 기술한 '국세기본통칙' 제정의 효율적 완성에로 이어졌다.

부임 후 경주 노모께 인사를 갔다.

"아이구… 큰일났다. 사람들이 너 국세청장으로 갔다는 이야기 듣고 이제 돈방석에 앉았다 카더라…."

"맞습니다. 돈방석에 앉았지만 그 돈은 국민의 세금입니다."

무슨 뜻인지 아시는지 모르시는지(?) 내내 "조심혀라, 조심혀라, 밥 굶을 형편이면 고향으로 돌아오라"는 말씀밖에 하시질 않으셨다. 자나 깨나 자식 걱정하시던 어머니… 지금도 잊을 수 없다.

나는 어린 시절부터 세금이란 것을 몰랐다. 해방 전에는 세금보다 쌀, 보리 공출이 더 무서웠다. 내가 처음 국세로 낸 것은 직장생활을 하면서부터 매월 봉급 받을 때 원천징수되던 갑종 근로소득세뿐이었다. 친인척 중에 공무원이 일부 있었지만 대부분 농사꾼이었고 사업하는 사람은 없었기에 세금이란 것은 더욱 거리가 멀게만 느껴졌다. 다만, 장인께서 외손자에게 기존 보유산지에 붙은 농경지 얼마를 매입해서 이전시켜 준 사례가 있어 세무서에 의뢰하여 증여세 과세여부를 조사시켰더니 과세미달이라는 대답이었다. 이렇게 내 주변부터 직무대상으로 점검하면서 나는 '세금쟁이'가 되어갔다.

❖ 새로운 책임에 정진하며

나는 새마을운동 중심권에서 벗어나 새로운 일을 하게 되었다. 나의 지나친 선입관이라는 질책을 받을지 모르겠으나 그 당시 부가가치세를 주축으로 한 국세행정의 정황을 납세자 측에서 보기에는 1977년 7월에 시행된 "부가가치세제"에 대한 회의적 여론으로 들끓었다. 갑자기 시행된 관계인지(?) 준비기간이 짧아 제대로 홍보도 되지 않은 상태여서

필자의 국세청장 시절(1979. 1. 6.)

새로운 명목으로 세금을 더 내야 한다는데 국민들의 불만이 적지 않았다. 1978년 12월에 치러진 10대 국회의원 선거에서 야당인 신민당이 의정사상 최초로 집권당인 공화당을 앞지르는 사태가 발생하였는데 그 큰 원인 중 하나가 바로 이 부가가치세 문제라고 보는 견해가 많았다. 여론은 물론 야당 역시 공화당이 선거에서 패한 이유를 부가세의 강행으로 판단했다. 실제로 선거유세 과정에서 이에 대한 국민들의 불만이 의외로 컸으며, 야당후보로부터 부가세 행정에 대한 공세도 숱하게 받았다고 많은 여당후보자들은 입을 모았다.

국가 세정의 움직임이 국민 한사람, 한사람의 생활에 밀접히 결부되어 있다는 것은 여기에서 새삼스레 말할 나위도 없다. 그런데 나는 내무관료 외에 한 일이 없고 더구나 지방에서나 중앙에서 국세행정을 직접 다루어 본 일은 없었다. 그러나 태어날 때부터 거물이라고는 세상에서 존재하지 않는다는 말이 있듯이 도지사 시절 몸소 체험해온 민정(民情)의 낌새를 헤아려 모든 사안(事案)의 완급경중을 가려 가능한 것부터 시작함으로써 재임기간 동안이나마 누를 끼치는 일이 없도록 악착스럽게 청검(淸儉)과 청경우독(晴耕雨讀)하던 선인들의 슬기에 젖어 보려고 애썼다.

2000년 섣달 그믐, 내가 국세청장 재임중 나와 함께 일한 김종상[3](金鐘相) 씨로부터 본인이 애써 지은 《국세청 사람들》이란 이름의 책 한 권을 받았다. 서술(敍述)의 내용이 당시의 세정사를 축약(縮約)하여 언언사사(言言事事, 모든 말과 모든 일) 재미있게 엮어져 있어 섣달 긴긴밤을 세워 완독(玩讀, 글의 뜻을 깊이 음미하여 읽음) 했다. 하지만, 제 4장 "문민청장의 등장"에서 "동네 아저씨 같은 행정전문가"로 표방(標榜)한 글을 보고 그 내용이 독자에 따라서는 혹시 내가 한 일을 자기가 스스로 칭찬한 것 같이 견주어 보지 않을까(?) 염려했다. 또한 이 책 안의 다음의 예로 되새겨 볼 때 국세청 직원들에게 맡겨진 부담이나 책임이 과중했지 않나 하는 자괴지심이 든다.

> … 한동안 국세청의 간부들은 국세행정을 잘 모르는 청장이 전문분야에서 어찌 그리 잘 처리하는지, 그 특이한 아이디어들이 어디에서 나오는지 자못 궁금해 했는데 결국 알아낸 정답은 김수학 청장님의 정보원천, 다시 말해 커닝페이퍼(?)들이 일본에 있는 지인들을 통해서 구한 세무관련 잡지와 신문들을 통독하고 나서 얻어진다는 것을 알았다. 그래서 참모들, 특히 젊은 과장들이나 사무관들은 일본어를 잘 모르므로 일본자료들의 번역을 부탁하는 한편, 늦더라도 일본어 공부에 열을 올렸던

3) 서울대 법과대학 졸업(1969), 국세청 행정사무관(1973), 성동·남대문세무서장, 본청의 과장·지방청, 본청의 국장, 부산지방국세청장(1998)을 끝으로 명예퇴임, (현) 세일회계 사무소·세일 세무관리연구소 대표.

일도 있었다(《국세청 사람들》, 2001. pp. 91~95).

그 당시로 말하면 우리나라는 세정에 관한 전문서적의 간행(刊行)이 비교적 희소하여 선진화된 출판물을 구독하는 데는 이웃나라 일본의 공·사(公·私) 경로에 의존할 수밖에 없었다. 앞에서 지적한 바와 같이 그때 구독한 일본의 《국세기본통칙》, 《세정사(稅政史)》, 경제관련 신문 등이 우리 세정과 업무개선에 많은 시사점을 주었다. 특히 일본 세법(稅法)의 모든 분야에서 463문제를 정선하여 명쾌하고 간결한 해석과 기초적 지식의 검증(檢證)에 명청스레 함이 없고, 다시 나아가서 현실의 문제를 이론적으로 고찰하는 응용능력을 배양하는데 주안점을 두어 편찬한 《세법의 기초지식》[4]은 나와 같은 국세의 초심자에는 유익한 반려가 되었다.

사람은 나름대로의 생각으로 세제(稅制)와 세무행정을 논한다. 예컨대 불공평 과세제라든가, 근로성 소득보다 자산성 소득에 세금이 덜 매겨진다(?)는 세금우대의 사실, 정경유착(政經癒着) 그리고 세 배분의 부적정한 구도 등이 탈세의 객체적 유인(誘因)이 된다면 주체적 유인으로 윤리관, 준법의식, 국민성 등을 들 수 있을 것이다. 이러한 문제들은 '조세공평주의' 측면에서 국민에게 세금부담이 공평히 배분되도록 조세법이 제정(입법)되어야 하며, 세법의 해석, 적용, 즉 집행에서도 납세자가 평등하게 부담하도록 하는, 즉 조세법규의 입법과정뿐 아니라 집행과정에서도 공평을 추구해야 한다. 입법과정의 공평문제는 조세법규를 주로 성안하는 재무부(현 기획재정부)와 입법심의를 하는 국회에서, 집행과정의 공평문제는 국세청이 담당할 일이다.

---

4) 편집대표 : 가내고 히로시(金子 宏), 애구사 다다기수(江草忠允), 발행 1974, 有斐閣.

특히 그동안 지방행정기관에서 지역주민과 항상 얼굴을 맞대면서 그들과 생각을 함께 했던 나는 우리 세정이 무엇보다 권위적이고 규제를 고집하는 관료적 근성으로부터 벗어나야 되는 때임을 절감하였다. 그래서 어떻게 하면 납세도의를 확립하여 가능한 한 납세자에 대한 직접적 간섭을 줄이고 자율적 신고납부의 풍토를 조성할 수 있을까에 중점을 두어 업무를 추진하려고 노력하였다.

❖ 국세행정의 내실화 추구

재임기간 중 행정의 기본방향은 "세무행정의 근대화와 신뢰세정"에 두어 그 역점을 둔 시책들을 《국세청 40년사》(2006년 12월, 국세청 발간)에서 지적된 "국세행정의 내실화 추구"(1978~1982년) 제하의 자료를 중심으로 다음에 간추려 본다.

내가 청장으로 재임했던 이 기간은 과거 수년간의 혁신적 조치들을 마무리하고 내실을 추구하는 기간이었다. 이 시기는 1979년 부마사태, 10·26사건, 그리고 1980년 광주민주화운동이 일어났던 정치적 격변기였으며, 정치적·사회적 불안정 속에서 세정에 대한 국민의 불만과 불신이 표면화되기도 하여 세정당국과 세무공무원 모두 일방적 세정을 자제하였던 시기이기도 하였다. 이에 따라 세정측면에서도 세정당국의 일방적 세정을 지양하고, 납세자와 함께하는 쌍방적·협조적 세정을 지향하는 등 대민행정을 개선·강화하는 한편, 잔존 부조리의 제거, 공평과세의 실현 등에 주력하였다.

이 기간 동안 역점을 두고 추진했던 사업들을 보면 다음과 같다.

첫째, 대민행정의 체질개선을 위한 노력을 경주하였다. 1980년 1월 1일부터 전국적으로 같은 2100번의 전용전화를 설치하여 세금에 대한 상담을 받기 시작하였으며, 1980년 9월 19일에는 명실공히 국세청을 대표하는 중앙세무상담실을 서울시내에 설치하여, 주요 세목별로 전문요원을 배치하여 상담에 응하였고, 1981년 3월 이후에는 전국 6개 지방청에 각각 마이크로버스 1대씩을 배치하고, 세무상담요원이 세무서에서 멀리 떨어진 지역의 시장, 상가 등을 직접 순회하는 이동상담도 실시하였다.

이와 함께 '세금을 아는 주간'을 설정하여 납세 홍보활동을 전개하였으며, 《세금이야기》 등 초·중·고등학생들을 대상으로 하는 교육용 책자 발간, 시범세무서 지정·운영, 우편신고제도의 도입, 민원이 많았던 양도소득세의 사전안내문 발부 등의 조치와 함께 조세마찰이 빈번하였던 집단상가에 공평과세협의회를 구성·운영하는 한편, 중앙세무상담실 외에 전 세무관서에 세무상담실을 설치·운영하였다. 또한, 지역담당제를 폐지하고 세적(稅籍)관리책임제로 전환하는 등 납세자와의 지나친 유착으로 인한 부조리 제거 등을 위한 조치가 이루어졌다. 한 지역내의 사업자에 대하여 신고지도와 접수, 신규 휴폐업 처리 등 모든 업무를 담당자 중심으로 처리하게 하는 지역담당제는 질적인 관리가 소홀하였을 뿐만 아니라 사업자와의 잦은 접촉으로 유착사례가 빈발하여 부조리의 한 요인이 되었던 것이 사실이었다. 이에 따라 1983년 1월부터 세적관리책임제로 전환하였고, 1985년 10월부터는 세적관리책임자를 2인1조로 하는 복수세적관리제를 채택하게 되었다.

둘째, 세무조사범위의 점진적 축소와 조사관제도를 확립하였다. 세무조사에 따른 부조리와 조세저항을 줄이고 자진신고 납부에 의한 세수확보를 실현하기 위해서는 종전까지의 조사중심의 세정에서 벗어나 점진적으로 세무조사를 줄여나가야 한다는 세정방향을 설정하였다. 이는 당시 방대한 규모의 세수를 확보하여야 했던 세정당국으로서는

● 전경련 주최 국세청장 초청 세정 간담회(1979)

어려운 정책결정이었으며, 이를 뒷받침하기 위해 조사범위는 줄이되, 조사의 질적 수준을 제고하여야 할 필요성을 인식하게 되었다. 이에 따라 종래 행정적 동원조직으로 운영하였던 국세청 조사반을 1979년 직제개편을 통해 직세국에 흡수, 정식기구로 조사관제도를 확립하는 한편, 법인세가 1980년 1월 신고납부제로 전환됨에 따라, 법인의 질적 구분관리제를 도입하여 신고납부내용, 기본사업현황 등을 종합적으로 분석, 평가하여 모범·우수·보통·불량신고법인으로 구분, 조사면제, 정밀조사 등 조사관리에 차등을 두어 기업의 자율적인 성실신고분위기를 조성하는 데 역점을 두었다.

셋째, 기장확대 5개년계획을 수립·시행하였다. 추계(推計)과세로 인한 조세마찰을 해소하고 근거과세를 통한 공평부담을 실현하기 위해서는 기장확대가 시급하다는 인식하에 중장기계획을 수립·시행하였다. 주로 부가가치세의 연간 수입금액이 2,400만 원 이상인 일반과세자를 대상으로 세무사회, 상공회의소, 중소기업협동조합중앙회 등 세무협력단체의 협조를 얻어 1980년부터 1984년까지 5개년 동안 기장사업자를 획기적으로 확대하고자 하였다. 이 때 영세사업자의 기장편의를 도모하고자 표준간이장부를 제정, 보급하고 중소기업협동조합 중앙회에는 기장지도교부금을 주어 기장을 지도하도록 하였다. 이 계획은 여건의 어려움으로 인해 계획대로 추진하지는 못하였지만 소득세 장부과세자가 1979년 4만 2천 명에서 1984년 12만 5천 명으로 약 3배 증가하는 성과를 거두었다.

넷째, 업무분야별 국세기본통칙 및 사무처리규정을 제정하였다. 국민경제가 복잡·다기(多岐) 화됨에 따라 조세법령의 해석에도 많은 다툼이 발생하게 되었고, 이에 대한 예규(例規) 도 양산되어 납세자나 세정당국 모두에게 상당한 어려움이 있었는데, 납세자의 권익과 납세편의를 증진하고 세정의 효율을 도모하기 위하여 조세법령별로 주요 예규를 중심으로 법령해석을 체계적으로 정리한 국세기본통칙을 제정하였다. 또한 그 동안 산발적으로 시달된 훈령·지침 등을 통폐합하여 분야별로 사무처리규정을 제정·시행하였다.

❖ 부가가치세제의 도입배경

세금에 관한 명언(名言) 은 많다. 윈스턴 처칠(Winston Churchill) 은 "좋은 세금 이상으로 좋은 일은 없다"(*There is no such thing as a good tax*) 고 했으며, 또한 유대인 속담에 "세금은 비가 오지 않아도 잘 자란다"(*Taxes grow without rain*) 는 말이 있다. 세금은 필요한 것이고 늘어나게 마련이라는 뜻인 듯하다.

"고장이 다르면 풍속·관습·언어 등도 달라진다"는 속담이 있듯이 새 일터의 자리가 잡히고 보니 지난날의 선입감(先入感) 이 사라지고 부가가치세가 우리나라 세정사에 일대 혁신을 가져온 당위성을 인식하게 되었다. 또한 새로운 세제가 시행된 7월 이후부터 국세청은 '부가가치세 조기정착' 이라는 대명제하에 모든 행정력을 여기에 투입했다는 것을 알 수 있었다. 다음에 《국세청 40년사》(상게서, pp. 856, 857) 중 자료를 간추려 본다.

1976년 당시 우리나라는 그동안 1·2·3차 경제개발 5개년계획을 성공적으로 추진하여 중진국권내에 위치하게 되었고, 산업구조도 경공업에서 중공업 중심으로 발전하게 됨으로써 1980년대에는 선진국 대열에 진입하려는 목표를 가지고 있었다. 따라서 국내시장이 협소한 우리나라는 이러한 목표를 달성하기 위해 수출주도의 경제운용이 불가피하였고, 이를 위해서는 점진적인 수출자유화와 더불어 국제경쟁력 강화가 시급하였다.

그러나 우리나라의 간접세 제도는 제도자체가 경제에 미치는 영향을 고려하지 않은 것은 아니었으나 실제로는 납세편의 위주로 대부분 제조단계에서 과세되었으며 그 과세품목에는 원재료가 많이 포함되어 있었고, 특히 영업세는 전 거래단계에서 과세되어 누적과세로 인한 물가상승 요인이 되어 왔다. 따라서 기업의 원가압박을 제거하여 수출과 투자를 촉진시키고, 또 국가의 재정수입을 안정적으로 확보할 수 있는 세제가 절실히 요구되어 간접세 제도의 개편과 아울러 부가가치세의 도입은 불가피하였다.

정부는 1971년 장기세제계획을 마련, 선진국에서 실시하던 합리적이고 이상적인 간접세인 부가가치세의 도입을 결정하고 그 후 약 5개년에 걸쳐 국내외 조세전문가들의 자문과 관계 공무원들의 꾸준한 연구와 준비작업을 거친 후 1977년 7월 1일부터 시행하게 되었다.

당시 부가가치세법의 제안 이유에서 밝힌 도입의 목적을 살펴보면 다음과 같다.

첫째, 복잡다기한 세목과 세율을 단순화하여 세제 및 세정을 간소화하려는 것이었다. 우리나라 조세체계는 1970년대 이후 간접세가 전체 내국세 세수의 50% 이상을 점유하는 간접세 위주의 조세구조를 가지고 있었다. 특히 간접세의 세목은 11개로서 각 세목의 세율도 상이하고, 신고기한 및 신고절차도 복잡하여 납세자나 세무관서 모두 불편을 겪었다. 따라서 종래의 영업세, 물품세, 직물류세, 통행세, 입장세, 전기가스세, 유흥음식세, 석유류세를 대부분 부가가치세로 통합하였고, 부가가치세의 역진성을 보완하기 위하여 특별소비세를 신설하였다. 또한, 주세, 전화세, 인지세는 그대로 두어 세정의 효율성을 기하고자 하였다.

둘째, 간접세의 완전면세를 통해 수출 및 투자를 촉진하려는 것이었다. 1960년대 초부터 추진한 경제개발 5개년계획의 제4차 연도를 맞아 동 계획을 효과적으로 지속시키기 위하여 수출지원 체제를 강화하고 민간부문의 투자를 촉진하고자 수출재화와 용역에 대하여 영세율(零稅率) 제도를 마련하고, 사업설비 등 투자재 가액에 포함되어 있는 매입세액을 즉시 공제함으로써 투자를 촉진하고자 하였다.

셋째, 누적과세 배제에 의한 간접세의 중립을 유지하려는 것이었다. 영업세는 모든 거래단계에서 누적적으로 과세되므로 세금에 대하여 다시 세금을 과세하는 조세의 중복현상을 가져왔으나, 부가가치세는 거래단계별 부가가치의 합계액에 대해서만 과세함으로써 간접세의 중립성이 유지될 수 있도록 하였다.

넷째, 세금계산서 수수에 의한 탈세의 예방과 근거과세를 실현하려는 것이었다. 세금 계산서의 수수기능을 통하여 납세자 상호간의 매출·매입거래가 자동적으로 노출되어 탈세가 방지되며, 또한 세금계산서를 근거로 공평과세를 실현하고자 하였다.

❖ 그때 못 다한 이야기

세금은 무서운 것이 아니라… 세정의 민주화와 납세지도의 전개

부과(賦課) 과세제도에서 신고납세제도로 바뀐 것은 우리나라 세정사상 실로 큰 변혁이었다. 1977년 부가가치세 도입 당시부터 이 제도의 조속한 정착을 위하여 영수증 수수 실태점검을 강력히 실시하였다. 영수증 수수가 중심을 이루는 세목이 되고 보니 과도한 밀어붙이기식 단속을 한 것 같았다.

그 시책이 일단은 성과를 거둔 것으로 평가되었으나 그 과정에서 많은 물의를 빚었다. 현장지도에 나선 세무공무원이 술집 앞에 지켜 서 있다가 나오는 손님을 멈추게 하여 "영수증 받았느냐"고 물어 확인하는 것이 가장 초보적인 방법이었으나 이 경우 의외의 봉변도 감수해야 했다. 술에 취해 얼근해진 기운이 돌아 휘청거리는 취객으로부터 "남이야 영수증을 받든 안 받든 무슨 상관인가" 하는 건 그래도 고운 편이고 폭언이 이어지는 경우도 비일비재했다. "당신이 알아 뭐 할 거야?", "여기까지 따라와 귀찮게 굴지 말고 빨리 꺼져", "웬 시비야 시비가…"로 나오는 데는 당시 행정과 민도의 괴리가 어떠했느냐를 쉽게 감지할 수 있을 것이다. 그밖에도 취객이 술값 시비를 벌이다 신고하는 경우, 동업자끼리 모함하는 경우 등 건전한 시민정신을 흠되게 하는 사례도 적지 않았다.

문제는 국민들의 일반적인 인식이 세금을 무섭게 생각한다는 데에 있었다. 재임시, 어느 날인가 단골로 다니던 "국수집"에 식사하러 가니 평소 주방에서 일하던 주인장이 보이지 않았다. 주인 좀 보자고 한

즉 한쪽 팔을 크게 다쳤는지 붕대를 하고 나와 인사했다. 연유를 물으니 얼굴을 붉히면서 대답을 주저했다. 억지로 짓궂게 청하였더니 옆에서 눈치 보던 종업원 한 사람이 팔에 화상을 입었다고 했다. 어제 세무서로부터 부가가치세 입회조사가 나오자 놀라고 겁이 나 뜨거운 국수국물을 그만 팔에 쏟고 말았던 것이다. 그런가 하면, 얼마만큼을 팔았는지의 수치가 찍히는 "금전등록기"를 깔고 앉아 아예 한복치마를 덮어씌워 며칠을 버티며 세무직원들을 애먹게 한 어느 유명 냉면집의 여주인도 있었다.

적발되면 벌금 50만 원이나 영업정지 2주간. 강력행정의 한 표본으로 이 같은 지나친 단속의 발상은 영수증 주고받기의 당위적인 목표에 집착한 나머지 중벌제일주의로 치달은 결과가 아닐까(?), 생각이 일어나는데 과연 이 같은 방법이 옳았느냐에 대해선 의문의 여지가 없지 않다. 왜냐 하면 오늘날 당시 단속에 치중했던 현금수입 업종의 영수증 수수상황을 보면 쉽게 답이 나오기 때문이다.

당시 세정의 민주화를 우선적인 집행방향으로 설정한 것은 경제규모가 확대되고 사회발전이 가속화되면서 납세도의를 기초로 한 조세정의의 실현 없이는 더 이상의 발전이 있을 수 없다는 생각에서였다. 많은 고심 끝에 국민이 세정을 이해하고 가깝게 느낄 수 있도록 세무상담실을 설치하고 '세금을 아는 주간'을 만들어 적극적인 홍보활동으로 세금에 대한 기본적인 인식을 넓혀나갔다.

또한 신고납부의 편의증진을 위해 우편신고제를 도입하고 도서벽지에 주재원을 배치하였으며, 조세부과 과정에서의 마찰을 줄이기 위해 전산에 의한 양도소득세 사전안내서 발부, 집단상가에 공평과세협의회를 구성·운영하는 등 납세편의와 세정의 민주화를 위해 많은 노력을 기울일 수밖에 없던 시절이었다.

앞에서 말한 세무환경을 조량(照諒)하는 데 참고가 될까 싶어 다음에 일본(日本)의 사례 하나를 들어본다. 일본의 세정전문가 몇 사람이 공동으로 편찬한 《소화[5] 세정의 회고와 전망》에 기술된 내용 중의 한 사례인데 서기 1948년 4월, 신고납부의 새 제도가 실시되는 무렵, 어느 지방의 재무국 직세부장(淸野眞)에 재임할 때의 당면한 애로상황을 토로한 기사이다. 그 실상은 다음과 같다.

> "워낙 큰 변혁이라 설명회를 충분히 실시했다"고 지적하고 "세무관서 직원을 비롯하여 납세자 모두를 교육시키는 데 애써야 했다. 막상 그러고 보니 납세자는 깜짝 놀라는 것 같았다. 이름 많은 주인공이 되었으나 이제부터는 스스로 신고하지 않으면 안 되게 되어 있어 아주 엉거주춤하며, 머뭇거리는 상태가 지속되었다. 그러나 이와 같은 상황은 일선 세무서에서도 그 사실을 잘 모르고 있었다. 그래서 서기 1947년의 세무서 직원 정원이 2만 7천 명이던 것이 1948년, 1949년도에는 어물쩍 7만 6천 명이 되었다. 아직 풋내기가 5만 명이 증가되었으므로…. 그래서 지금까지의 2만7천명은 부과과세(賦課課稅)의 세무직원이지 신고납세 제도의 세무직원이 아니었다. 그러니까 양쪽 모두가 잘 모르면서 그 혼란기를 치렀기에 대단한 세무행정이었다는 셈이다." 그 설명회에 동석한 또 한 사람(忠 佐市)은 "당시 300여 개의 세무서가 500개 이상으로 늘어났다"며 맞장구를 쳤다. (상게서, 上卷, pp. 270, 271)

우리나라 부가가치세 실시 초기과정을 되새겨 볼 때, 우리에게 시사하는 바 크다 하겠다.

---

5) '昭和': 1926년 이후의 일본의 연호(年號), 발행인 淸野 眞 1980, 편자 平田敬一郎, 忠 佐市, 泉美野松, 共編.

(1) 불신의 시대를 마감하고 자율에 맡기고자…

부가가치세 세적(稅籍)관리 지역담당제의 폐지

당초 지역담당제는 납세자가 많은 대중세 분야에서 세적을 정확하게 관리하기 위해 실시했다. 그러나 지역담당자가 신고지도·접수(신고서 대리 작성) 자료처리 등 모든 업무를 하다보니 납세자와 지역담당자 간의 유착소지가 있다는 일부 불신도 있고 자율적인 신고납부제의 취지가 반감되는 단점이 많아 1981년 5월 지역담당제를 폐지하였다. 그 뒤 세적관리책임제가 부활되었다가 우여곡절 끝에 1991년 다시 폐지되는 것을 보면서 차라리 일관성 있게 집행했으면 지금쯤은 부가가치세 행정이 훨씬 정착되지 않았을까 하는 아쉬움이 남는다.

(2) 납세의 제1책임은 납세자 자신

조사중심에서 '신고납세제도' 정착에 역점을 둔 세정으로

세무조사는 세무행정의 가장 강력하고도 고유한 기능이기는 하나 여기에는 조사인력동원 등 많은 행정력이 투입되어야 하고 동시에 조사과정에서 마찰소지도 적지 않다. 납세자는 자기소득에 부과되는 사정(事情)과 자기소득액을 잘 알고 있기 때문에 그 소득산정에 필요한 자료를 자발적으로 제출하는 것을 "신고납세제도"라고 말한다. 따라서 이 제도가 갖는 중요한 점은 납세의 제1의적인 책임은 납세자에게 있는 것이고 세무관서는 그 납세의무가 적정히 이행되었는가를 조사하는 제2의적인 입장에 있게 된다.

내가 청장 재임 중 때마침 법인세가 신고납부제로 전환됨에 따라 조사행정도 전(全)법인 대상조사에서, 소수 불성실신고혐의 법인에 대한 선별조사 즉 "법인 질적 구분 관리제"를 실시했다. 동시에 조사의 질적 수준을 높이기 위해 일시적 동원조직이었던 "조사반"을 "지방청조사관"

제로 상설하여 조직을 정예화하여 성실한 자진신고납세를 유도하는 등 지속적인 노력을 기울였다. 그 결과, 차츰 기틀이 잡혀 지금은 자율신고체제가 성공적으로 뿌리내려 가는 것으로 알고 있다.

그러나 신고납세제도는 민주적 세제로서는 훌륭한 장점을 가지고 있는 반면 탈세가 활개칠 결함도 없지 않다. 구미(歐美)에서는 이 제도가 근대국가와 궤적(軌跡)을 같이 하면서 200여 년의 긴 역사를 갖고 있다. 이에 반하여 우리나라는 2007년 기준으로 볼 때 부가가치세와 특별소비세는 30년, 법인세 7년, 소득세 12년 — 국세청 소관 13개 내국세 중 상속세, 증여세, 부당이득세 등 3개 세목을 제외하고는 모두 신고납부 세목임 — 정도에 불과하다. 18세기 근대 자연법사상의 역사적 소산으로 존중해온 구미와 비교하면 우리나라는 아직 그 역사가 일천(日淺)하다. 여기에서 어느 일본책에선가 읽은 바 있는 교훈적인 미국인의 신고납부 미담사례 하나를 들어본다.

> 일본에서 선교활동을 하던 미국인 선교사가 대학강의 등을 통해 얼마간의 수입이 있었다. 물론 그는 양심적으로 신고납부를 하였지만 귀국 채비에 겨를이 없어 일부분은 깜빡 잊고 미처 신고를 하지 못했다. 그런데 본국으로 돌아간 후에 그 일을 스스로 알게 되어 어찌나 양심에 꺼리던지 다시 일본행 비행기를 타고 말았다. 단지 세금을 내기 위해서였다.

신고납세 제도의 선진국인 미국에도 탈세는 발생하지만 탈세자를 보는 납세자의 시각은 지극히 엄한 것으로 알려져 있다. 한때 국세행정에 몸담았던 한 사람으로서 볼 때 미국인의 정직성과 납세의식이 부럽기만 하다. 14대 대통령선거(1992. 12. 17) 직전 "특혜—탈세 없었다" 제하의 조선일보 사설(1992. 12. 5) 내용은 아직도 내 기억의 창고 속에 담겨있다.

> 3당 대선 후보들의 관훈클럽 토론회를 지켜보면서 우리는 다시금 공인들의 통찰력과 도덕성에 대해 곰곰 되씹어보게 된다… 가장 전형적인 측면은 공인들의 진실성과 도덕성에 관련된 정보가 크게 부족했던 점이다… 국민당의 정 후보는 '일생 동안 특혜받은 바 없고, 정경유착한 일 없으며, 세금 한 푼 탈세하지 않았고, 일생을 내 힘으로 기업을 키웠다'고 거침없이 주장함으로써 많은 국민들을 큰 혼돈에 빠뜨렸다. 현대뿐 아니라 우리 재벌의 성장과정을 지켜본 국민들에게는 이 같은 주장이 도저히 수긍되지 않는다. 현대그룹이 지난 해 주식 변칙거래로 1천3백여억 원의 세금을 추징당했고, 현대상선의 탈세혐의가 1심에서 유죄판결났는데도 여전히 정 후보는 깨끗한 돈뿐이라고 주장한다….

기업회계의 일반원칙(주식회사의 외부감사에 관한 법률 제13조 근거)에는 회계처리 및 보고는 신뢰할 수 있도록 객관적인 자료와 증거에 의하여 공정하게 처리하여야 하며 재무제표의 양식 및 과목과 회계용어는 이해하기 쉽도록 간단·명료하게 표시하여야 하고 또 중요한 회계방침과 회계처리 기준·과목 및 금액에 관하여는 그 내용을 재무제표상에 충분히 표시하여야 한다는 것을 규제하고 있다.

이 일반원칙으로부터 본다면 분식회계의 수단을 사용한 탈세행위는 있을 수 없을 것이다. 하지만 유명기업에 의한 거액의 탈세가 행하여지고 한편 저명인사에 의한 부정이 뒤가 끊이지 않는 것이 오늘의 현상이다. 그 한 예가 모(某)기업이 "살아있는 대기업으로는 국내 최대 규모(1조 5천억대)의 분식회계가 검찰에 적발되어 외부감사법·증권거래법 위반 등 혐의로 회장을 비롯한 관계인사가 기소되었다"(중앙일보, 2003. 3. 12).

이런 일들을 볼 때 탈세의 근절을 계속 외친다는 것이 헛수고로 끝나는 것이 아닐까 하는 위구심(危懼心)마저 든다. 일본의 구라이시·

히로유기(倉石弘之) 교수는 그의 저서《탈세의 구조》(일본경제신문사, 1979, pp. 12~15)에서 "탈세행위는 반윤리적 · 반도덕적이고, 민주적인 국가형성을 지향하는 선량한 다른 납세자에 대한 적대(敵對)행위일 수밖에 없다"하고, "저명인사에 의한 거액의 탈세가 행하여지고 있다는 것은 그 국가사회의 퇴폐현상을 나타내는 것이다"라고 지적하고 있다. 계속 세제와 세정개혁이 강조되고 있는 현시점에서 우리에게 시사하는 바 크다 하겠다.

(3) 얼굴 없는 돈을 찾아

음성불로소득 등 지하경제에 대한 문제의 인식

그동안 계속된 경제성장으로 경제규모가 확대되면서 동시에 과세에서 누락되는 소위 "지하경제"의 규모도 커져가고 대기업이건 중소기업이건 사채시장과 줄을 대지 않고서는 기업하기가 어렵게 되어 가고 있는 것이 우리경제의 병리현상이었다. 그러기에 기업의 경리담당자들은 사채돈줄을 얼마만큼 유효 적절히 활용하느냐가 능력과 비교될 만큼 사채는 우리 경제구조 내에 깊은 뿌리를 내리고 있어 세정차원에서도 그 대책을 강구함이 무엇보다 시급했다.

기업의 사채이자 지급실태와 사채업자의 이자수입에 관련된 과세자료 추적조사를 할 방침을 세웠으나 당시 일고 있었던 경기침체와 금융긴축에 따른 기업 자금난 등의 부득이한 사정과 당시는 아직 지하경제의 기본적인 의미조차 정리되지 못한 시기라 사채시장 추적조사는 일단 유보했다. 대신 우선 신고소득이 없고 소득원이 불분명한데도 호화생활을 하는 사람 즉 호화주택 소유자 · 고급승용차 소유자 · 해외출입국이 빈번한 자 등 음성불로소득혐의자 중 일부를 선정하여 관련자료 수집 · 소득원 추적조사를 실시하였다. 다만 이러한 조사가 처음 시도

된 관계로 극히 제한적으로 실시하였고 또한 이른바 큰손(大型錢主)들은 얼굴도 꼬리도 없이 음성적으로 이루어지는 지하경제의 특성상 조사의 어려움이 있어 큰 성과는 이루지 못한 아쉬움은 있었으나 지하경제의 문제점을 처음으로 제기하였고 이후 국세청이 지하경제색출이라는 막중한 책임을 담당하여 성공적으로 수행하고 있는 데에서 큰 보람을 느낀다.

(4) 부패성 부익부(富益富)라 …

기업소유 부동산에 대한 조사

기업이 본연의 경영활동에 전념해야만 한다는 것은 너무나 당연한 말이다. 그럼에도 1970년대 급격한 지가상승을 경험한 기업들의 무분별한 비업무용 부동산 투자로 인해 기업체질이 악화되고 사회적으로도 투기심리 확산 등 좋지 않은 영향을 끼치고 있어 1980년말 기업소유 부동산에 대한 확인조사를 실시하여 은닉부동산을 적출하였다. 이 조사는 대통령의 명에 의하여 국세청장을 단장으로 하여 관련부처(내무부 · 재무부 · 서울시 · 한국은행)가 합동으로 실시한 것으로 이를 계기로 비업무용부동산에 대한 무분별한 투자가 억제되고 건전한 기업풍토 조성을 위한 자성의 계기가 되었으나 지난 1990년 5 · 8 조치 때 드러난 기업의 부동산 소유실태를 볼 때 아직 기업의 투기심리가 근절되지 않은 것 같아 씁쓸함을 금할 수 없다. 앞으로는 기업들이 더욱 자성하여 국세청의 인력이 불필요한 투기조사에 사용되지 않고 보다 보람있는 곳에 사용되었으면 하는 것이 솔직한 바람이다.

(5) 관습적 기록성의 빈곤

기장(記帳)문화 바로 세우기

앞에서 이미 기장 확대의 대강을 지적한 바 있으나 사안의 중요성에 비추어 좀 더 부언한다. 솔직히 말해서 기장 부진의 주요 원인은 우리나라의 역사적인 전통적 관습이라고 할까, 이것을 "관습적 기록성의 빈곤"이라고도 표현하지만 하여간에 영수증을 주고받는 것을 점잖지 못하다고 생각하는 권위의식, 계수관념의 빈곤에서 오는 "근거있는 생활자세의 빈곤"에도 큰 원인이 있다고 하겠다.

또 우리 세무관서 자체에도 기장 불신풍조가 있었던 것도 사실이다. 과거에 우리 세무관서에서 오히려 기장하는 것을 싫어하고 납세자가 추계과세 받는 것을 바랐다는 소리도 많이 들었다. 차라리 복잡하게 기장하여 실사받는 것보다는 오히려 소득표준율에 따라 추계과세를 받는 편이 간편하다는 풍조가 있었던 것 같기도 하다.

그러나 모든 것이 발전하는 오늘에 있어서 전근대적인 세정의 폐습을 그대로 답습하고 있을 수는 없기 때문에 이 계획을 꾸준하게 추진해서, 설령 시행 초기에는 다소 세수가 감소되는 일이 있더라도 기장을 인정하는 풍토를 이룩하고자 하였다. 이렇게 기장을 인정하는 풍토가 조성되면 성실한 기장이 유도되어서 종국에 가서는 오히려 세수가 증대한다는 것을 우리는 일본의 경우에서도 볼 수 있으며, 이렇게 성실한 기장을 유도하고 기장을 인정하는 세무환경이야말로 세정당국과 납세자가 서로 믿는 신뢰세정의 밑바탕이 되는 것이기 때문이다.

이에 따라 주로 부가가치세의 연간 세입금액이 2,400만 원 이상인 일반과세자를 대상으로 세무사회, 상공회의소, 중소기업협동조합중앙회 등 세무협력단체의 협조를 얻어 1980년부터 1984년까지 5개년동안 기장사업자를 획기적으로 확대하고자 하였다. 이때, 영세사업자의 기장 편의를 도모하고자 표준간이장부를 제정·보급하고 중소기업협동조합중앙회에서는 기장 교부금을 주어 무과(無科)로 기장을 실시하도록 하였다.

(6) 어려운 세법, 쉬운 기본통칙

세정의 합리적·효율적 추진

국세청은 대표적 대민행정기관으로서 내부행정절차나 처리과정도 납세자에게 직접 영향을 미치고 더욱이 세법의 해석기준은 납세자의 권리·의무에 중대한 영향을 미치게 되므로 효율적인 행정절차와 합리적 세법 해석기준의 제시는 내부적으로 업무능률을 향상시킬 뿐 아니라 나아가 행정편의주의를 지양하고 납세편의 증진을 위해서 가장 긴요한 일이었다. 즉, 세법이 복잡다기(多岐)하여 종사직원이나 납세자 모두가 해석에 어려움이 있었기에 이미 전술한 방침에 따라 그 동안 발행된 주요 예규를 재정비하는 기본통칙(基本通則)을 제정·시행함으로써 체계적인 법령해석기준을 제시하였다.

또한 행정편의에 따라 그때그때 산발적으로 제정·시행하고 있던 훈령·지침 등을 분야별로 종합된 사무처리 규정을 제정하여 세정을 보다 합리적이고 체계적으로 추진하고자 하였으며, 잘못된 부과처분으로 인한 납세자의 불이익을 막기 위해 고지 전 심사규정을 제정·시행하는 등 행정절차의 적법성과 민주화를 기하고자 하였다. 이 방대한 작업에는 본청 박래훈 법인세 과장(대구지방 국세청장)을 비롯한 본청 모든 과장들과 자문위원으로 참여한 이상혁 변호사의 노고가 실로 큰 바 있었다.

(7) 자치인력은행, 세무대학 설립

세무공무원의 능력개발, 세무대학 설립

세정운영은 기본적으로 세무공무원이 하는 것이므로 세정발전 또한 종사직원의 능력제고에 좌우될 수밖에 없으며 따라서 우수한 신규인력의 확보·기존직원의 계속적인 능력개발을 위한 기회를 부여하기 위해 노력하였다. 특히 그때만 하더라도 과거에 비하여 공직 선호도가 떨어져 우수한 하위직 공무원 확보가 시급하다고 보아 우리가 소요인력을 직접 양성하여 활용할 목적으로 세무대학 설립을 추진하여 1981년 3월 처음 입학생을 맞이하였다. 그 결과 많은 졸업생이 현재 중추적인 세무공무원으로서 역할을 충실히 하는 것으로 알고 있다.

(8) 되뇌어 그리운 일들

축문을 읽는 목민관들

3년 반의 세월을 보내면서 잘 모르는 것은 공자 말씀대로 불치하문(不恥下問)하였고, 세무비리에 대해서는 일벌백계(一罰百戒)로 엄히 다루기도 했지만 지금도 잊지 못할 일들이 많다.

5공 시절 숙정의 회오리바람은 불어닥치고 연대책임이라 하여 한 명의 직원이 꼬투리를 잡히면 계장, 과장할 것 없이 줄줄이 인사조치가 감행되던 때, 내부적으로는 세수를 달성해야 했고 외부적으로 이러한 압력을 받아야 했으니 그 이중고란 말도 못할 지경이었다.

하루는 시찰을 나갔다 소공세무서에 들렀는데, 여직원 한 명만이 사무실을 지키고 있을 뿐 아무도 보이지 않았다. 밤 9시, 10시까지 매일 야근을 일삼는 게 다반사였던지라 아무도 없다는 사실에 깜짝 놀라 물었다.

"다들 어디 갔느냐?"

첫 청백리상을 수상한 남대문세무서 구만석 씨 부부와 함께(1981. 5. 8)

"예… 숙직실에 있습니다."

여직원의 당황한 목소리도 예사롭지 않았지만 늦은 시간에 전직원이 숙직실에 모여 있다니 더더욱 이상하기만 했다. 지하 숙직실로 내려가보니 모두 쥐죽은 듯 조용하게 모여 촛불까지 켜놓고 있었다. 일은 하지 않고 무슨 엉뚱한 짓을 하고 있는가 싶어 가만히 지켜보니 촛불 앞에는 돼지머리를 그려 놓고 뒤편에는 "회 청백지심(懷 淸白之心) 행 충정지도(行 忠正之道)"(깨끗한 마음을 품고 충성스럽고 바른 행동을 하자)라 써 붙인 채 직원 한 명이 앉아 열심히 축문(祝文)을 읽고 있었다.

안팎으로 어렵고 힘든 진퇴양난의 상태에서 전직원이 합심하여 자체적 기강확립을 다짐하는 모습에 가슴이 저려왔다. 저들의 애절한 충정을 과연 무엇으로 대신해 줄 수 있을 것인가 하는 생각이 들어 빗발치듯 단속과 문책을 감행했던 나 자신이 스스로 부끄럽기까지 하였다. 아무런 인기척도 내지 않고 발길을 돌려 밤길을 돌아오는 길엔 여러 가지 상념들이 스치고 지나갔다. 그 후에 들은 이야기로는 이 글귀를 당시 국세청 계장으로 있던 국전 입상자 모씨가 목욕재계한 후 정성껏 다시 써서 표구를 하여 국세청장 방에 걸어 놓았다 한다.

또 하나는 성북세무서 말단공무원 부인의 이야기다.

남편이 온종일 일하다 저녁 늦게 돌아와서는 또 체납자 주소를 찾기 위해 나가는 것이 하도 안쓰러워서, 궁리 끝에 자신이 직접 발 벗고 나서기로 했던 것이다. 낮에 어린애를 등에 업고 일일이 집을 확인해 두었다가 남편에게 일러 주면 다음날 남편은 수월하게 체납정리를 할 수 있었다고 한다. 지금은 어떤지 모르겠지만, 당시는 한 지번에 수백 수천 세대가 살았기에 주소만 들고 집을 찾기란 여간 어려운 일이 아니었다. 그러니 지금 생각해 보아도 가슴 뭉클한 이야기가 아닐 수 없다.

1958년 전후로 기억된다. 읍·면(邑面) 자치시대. 전남도청에서 내무부 주최 지방행정 연구회를 마치고, 지방자치 시범면인 전남 무안군 일로면을 방문했다. 당시는 읍·면에는 금융기관이 없는 곳이 많아 금융기관 수납제란 아예 말조차 없었다. 면직원의 인력부족을 돕는 한 방편으로 면의회의원(面議會議員)도 자신의 거주지에서 세금징수에 협조했다. 이 경우, 세금을 받아 호주머니에 넣으면 '아하, 떼어 먹는구나…' 하는 오해가 생길 우려가 있어 '세금징수금고'라는 노란 봉투를 만들어 면의원들이 직접 세금을 받아와 면 수납계에 납부하는 식이었다. 이렇듯 금액이 크건 작건 간에 공금이라는 것은 지극히 어려운 것이다.

이정순 씨가 쓴 《강한 여자는 수채화처럼 산다》(동아일보사, 1994)라는 라이프 스토리를 읽다가 '속초 세무서' 편을 접했을 때 세무공무원의 자세에 찬탄을 감출 수 없었다.

이정순 씨 부부는 스키장 건설을 위해 6년간 노력했으나 눈이 오지 않아 수입이 거의 없는 상태였다고 한다. 그러던 어느 날 모처럼 눈이 내려 많은 사람들이 알프스 산장을 찾아 왔다. 헌데 그날따라 속초 세무서에서 조사를 나온 것이다. 그 동안은 적은 세금을 내며 살아왔는데 혹시 잠깐의 호황을 보고 세금을 많이 물리면 어쩌나 내심 걱정이 태산이었다. 그러나 세무공무원은 차를 내오는 이정순 씨의 갈라진 손등을 보고는, 이곳 사정을 짐작할 수 있겠다며 세금을 적게 물렸다는 내용이었다. "그래, 온통 세상이 세도(稅盜), 세도하며 난리지만 전부는 아니다…." 이 말만을 끝없이 되뇌어 보았다.

나는 줄곧 내무 행정에 몸담아 왔지만 내무행정은 기본적으로 국민에게 베푸는, 즉 조장행정이다. 그러나 국세행정은 국민들의 경제활동에 대한 사전관리가 아닌 사후관리의 성격을 띠기 때문에 일일이 찾아서 집행해야 하는 어려움을 안고 있다. 이런 어려움 속에서도 꾸준히 소임을 다하기 위해 불철주야 노력하는 국세공무원을 생각하면서 오늘날 국세행정의 발전을 보니 정말 마음 든든할 따름이다.

❖ 그 동안의 변화상

그 당시와 현재의 상황을 비교하면 실로 격세지감(隔世之感)이 있다. 다음에 나의 재임기간 중의 세수(稅收)와 행정조직 변화상황을 예거한다.

국세청이 1966년 3월 3일 개청한 이래 40년의 세월이 흘렀다. 우리 경제도 세계 10위권의 경제규모를 자랑하는 세계중심국가로서 자리매김하게 되었다. 2006년 12월 국세청이 발간한《국세청 40년사》"발간사"에 따르면 "그 동안 국세청도 비약적인 성장을 거듭하여 연간 세수규모가 700억 원에서 130조 원으로 무려 1,857배 이상 증가하였고, 납

재임기간 중 세수와 행정 조직의 변화(1978~1982)

구분 / 연대	국세청장 취임연대(78년)	국세청장 퇴임연대(82년)	현재(2006년)	비고
내국세	2조 2,525억	5조 2,507억(233%)	130조 2,609억(5,782%)	실수입액
직원수	12,663명	14,299명(112%)	18,049명(143%)	현원기준
세무서	95개서	105개서(110%)	107개서(112%)	
지방청	6개청	6개청(100%)	6개청(100%)	

(국세청 통계자료)

세자 수도 149만 명에서 1,136만 명으로 7.63배 증가하였다. 국세행정의 내용에서도 과세 인프라의 확충, 전자세정의 구현으로 국세행정이 과학화되었고, 납세자에 대한 서비스 확대 및 권익보호 강화 등 질적 내실화를 가져왔다"고 기술하고 있다.

❖ 폭탄이 된 세금

폭발하는 여론

국가의 재정정책 동향은 국민 한 사람 한 사람의 생활에 밀접히 결부되어 있다는 것은 여기에서 새삼스럽게 말할 나위도 없다 하겠다. 따라서 어떠한 정치권력도 세제(稅制)의 이론을 왜곡하는 정치는 배격되어야 한다.

(1) 월간조선(2007. 1월호)에서 세금폭탄 생존법, 노무현의 10대 예산낭비, 조세저항으로 무너진 정권들 등의 기사를 중요내용으로 하는 별책부록이 발간되었다.

(2) 문화일보(2007. 10. 31) '여론마당'에도 "20년간 살아왔는데 보유세 수백만 원…납득 어려워"라는 제목으로 다음의 기사가 게재되었다.

> 아버님은 택시 운전으로 생계를 꾸리며 소위 강남지역 아파트에 살고 있다. 지난번 공시가격 상승으로 내야 할 보유세는 연간 400만 원 가까이 된다. 아버님은 예전에 강북 재개발 때 강남으로 이주한 뒤 그냥 터를 잡고 20년 가까이 살아왔다. 남들이 말하는 강남부자도 아니고 또한 강남에서 투기를 위해 사는 것은 더더욱 아니다. 그런데 지금 강남에 산다는 이유만으로 월 소득의 20% 이상을 보유세로 내야 하니 대책이 없다. 정부 말대로 그동안 정붙이며 살았던 곳을 팽개치고 세금폭탄 피하러 집값 싼 곳으로 이사가야 하는 건가. 주택을 여러 채 갖고 있는 사람들이야 보유세를 많이 내는 게 당연하지만 1주택 보유자나 장기 거주한 중산층 이하 사람들은 정말 화가 나는 일이 아닐 수 없다. 20년간이나 한집에 살면서 다른 집을 사고팔거나 해본 적이 없는데 갑자기 보유세를 수백만 원씩 내야 하나. 투기를 한 것도 아닌데 왜 징벌적 세금을 물어야 하는 것인지 도무지 이해할 수 없다. … 결국 서민을 위한 정책이 오히려 서민을 괴롭히게 됐다. 이런 문제점을 헤아려 대책을 세워주기 바란다.

(3) 매일경제신문(2007. 12. 24)에서 "꽉 막힌 주택거래 숨통부터 터준다"는 제목 아래 "이명박 시대 새정부 출범 100일 프로젝트 핵심은 부동산"이라는 기사를 싣는 한편 서울 강남구 대치동 우성아파트 주민들이 세금폭탄에 항의하는 내용 "北은 핵폭탄! 남은 세금폭탄 불안해서 못살겠다!"의 플래카드를 내걸은 현장사진을 부쳐 보도했다. 그 무렵 다른 지역에도 이와 비슷한 플래카드가 나붙은 것을 볼 수 있었는데 그 항의(抗議) 내용에 "집 한 채 가진 것도 죄가 되는 조세제도!", "생존 위협받는 종부세 주민은 분노한다", "팔자니 양도세, 살자니 종

부세", "징벌적인 종부세 주민은 분노한다"는 등의 사례도 있었다.

(4) 조선일보(2008. 1. 23)에도 "盧정권 역주행 5년. '집값 일시 진정 → 급반등' 악순환. 세금위주 규제정책으로 안되자 결국 공급확대로"라는 제목으로 다음의 기사가 실렸다.

> 5년 내내 부동산시장과 전쟁을 벌인 노무현 정부는 10여 차례의 대형 정책을 포함, 기억하기 어려울 정도로 많은 대책을 발표했다. 임기 첫 해인 2003년 5월 '5·23대책'을 시작으로 대책이 나올 때마다 잠시 주춤하는 모습을 보이다 짧게는 한 달 길게는 3개월 후 다시 급반등하는 악순환을 되풀이했다. 특히 종합부동산세를 6억 원 이상으로 확대한 2005년 8·31대책 등 주로 고가주택을 겨냥한 정책을 집중적으로 내놓았지만 2006년 청와대가 '버블 세븐론'을 제기할 정도로 고가 주택의 집값은 오히려 급등했다. 청와대 참모들은 정책이 먹히지 않자 "버블이 조만간 붕괴할 것", "집 사면 후회한다" 등 '말 폭탄' 공세를 취했다. 그렇지만 2006년 하반기에는 상대적으로 집값이 덜 올랐던 수도권 집값까지 폭등, 대통령이 "부동산 외에는 꿀릴 것이 없다"며 사실상 정책실패를 인정해야 했다.

그리고 이 기사가 보도된 후 며칠 뒤에는 "세금 무서운 줄 모르나" 제목의 시론(이재교 인하대 법대교수)이 조선일보(2008. 1. 29)에 게재되었다. 다음에 그 내용의 일부를 간추려 본다.

> … 노무현 정권이 국민의 외면을 받은 원인의 하나로 세금을 우습게 아는 병폐를 꼽을 수 있다. 정권실세들 중에 세금을 내 본 적이 없는 사람이 많아서인지, 아니면 가진 자로부터 걷어서 없는 자에게 나누어 주는 게 세금이라고 생각하였기 때문인지는 몰라도 세금을 걷는 일을 두려워하지 않았다. 세금 많다고 아우성치는 국민들에게 "세금폭탄 아직 멀었

다"고 이죽거린 정권이다. 노 대통령 자신도 "조세부담률이 높은 나라일수록 이상적인 사회"라는 말을 했다. 세금을 많이 거두어 복지국가를 만드는 게 바람직하다는 말인 줄은 알겠지만, 세금을 두려워한다면 그런 노골적인 표현은 나올 수 없다. 정치하는 사람은 세금 무서운 줄 알아야 한다. 영국의 대헌장과 명예혁명, 미국독립혁명, 프랑스대혁명은 모두 납세자의 조세저항에 기존 권력이 굴복한 사건이라는 점을 정치인들은 잊지 말아야 한다. …

건설산업전략연구소 김선덕 소장은 "각종규제로 주택공급을 줄이면서 집을 사지도 팔지도 못하도록 양도세와 종부세 등 보유세를 다같이 올려놓는 모순된 정책을 취한 것이 실패의 원인"이라고 말했다.

… 노무현 대통령은 정권 초 빈부격차·차별시정위원회라는 것을 만들어 여기에 부동산 정책을 맡겼다. 위원장은 이정우 청와대 정책실장이 겸임했고, 김수현 현 환경부 차관이 기획운영실장을 맡았다. 노 대통령이 재경부와 건교부 등 정부 주무부처를 실무부처로 전락시키고 부동산 정책 권한을 이 위원회에 줬다는 것은 부동산정책을 빈부격차 해소 차원에서 접근했다는 것을 의미한다. 이정우 위원장과 김수현 실장은 이 일에 적임인 사람들이었다. 경제적 불평등 문제로 박사학위를 받은 이 위원장은 미국의 철학자 헨리 조지의 신봉자였다. 토지사유제가 빈부격차의 원인이고, 토지불로소득의 세금환수를 통해 이를 시정해야 한다고 주장한 100년 전 미국의 철학자 헨리 조지의 이념이 그를 통해 한국에서 종합부동산세 등 세금 폭탄정책으로 다시 태어났다.

천학비재(淺學菲才)이나 이미 전술한 그간의 여론을 비롯하여 선현(先賢)의 가르침을 조량(照諒)하면서 글을 엮다보니 새삼스럽게 "민심이 천심이다"하는 경구(警句)가 머릿속에 떠올랐다.

일본에서 고향 창생사업이 시작된 것은 1998년부터였다. 주민참가와 주민창의성을 유발하는 큰 계기가 된 이 사업에는 행정당국과 민간단체가 다같이 참여했다. 이 사업을 구체화하는 데는 인재가 절실히 필요했다. 바로 이러한 필요성 때문에 평생교육을 추진하는 정책을 추진하게 되었고 결국 '인재육성'은 자치행정의 키워드가 되었다. 이 무렵 일본 立正(입정)대학 교수(西川 治)외 12명의 석학이 참여하여《지역을 젊어진 인재(人材)》(전국 町村연구회 편저, 1993)를 발간한 바 있다. 거기에 西川 治 교수는 "헤이세이(平成[6])의 입국기(入國記)— 나라의 빛을 본다"는 제하(題下)의 글을 실었는데 내용 한 부문을 간추려 본즉 그 요점이 공자(孔子)와 섭공(葉公)[7]과의 문답이기에 오늘날 우리에게도 많은 시사점을 주고 있는 것으로 믿어 다음에 이 글을 이어본다.

초(楚)의 섭공(葉公)이 공자(孔子)와 상면(相面)해서 이야기 했는데 섭공이 "정치의 요체(要諦)는 무엇입니까?" 물었다. 공자의 답은 겨우 여섯 자 "근자열, 원자래(近者說, 遠者來)"라. — 선정(善政)이 행하여지는 나라에는 근처에 살고 있는 사람들은 그리워하며 따르고, 그것을 얻어들은 사람들이 멀리서도 찾아온다 했다. 그리고 西川 治교수는 이 글에서 "이 정도의 무게있는 경구(警句)는 고래(古來) 좀처럼 없다"고 격찬했다.

---

6) 平成 : 1989년 1월 8일 이후의 일본의 연호(年號).

7) 葉公(섭공) : 葉의 음은 섭, 지금의 河南省 葉縣(섭현) 공자시대에는 南方의 大國 楚의 영역, 섭공은 그곳의 地方長官. 姓은 沈(심), 名은 諸梁 楚國(제량 초국)에서 인망이 있는 重臣(중신).

민무신불입(民無信不立)

위에서 제기(提起)된 문제에 대하여 성인(聖人)의 말씀을 거울삼아 되새겨 본다.

자공이 정사(政事)에 대하여 묻자, 공자께서 대답하셨다. "식량을 충족시키고, 군비를 충분히 하고, 백성들을 믿게 하는 것이다." 자공이 다시 "만부득 한 가지를 버려야 하면, 셋 중의 어느 것을 먼저 버려야 합니까?" 묻자, 공자께서 "무기를 버려라." 자공이 또 "만부득이 한 가지를 또 버려야 한다면 나머지 둘 중에서 어느 것을 버려야 합니까?" 묻자, 공자께서 "양식을 버려라. 자고로 사람은 누구나 한 번은 죽는다. 그러나 백성들이 믿지 않으면 나라가 존립(存立)할 수 없다"고 대답하셨다.[8)]

❖ 따뜻한 세정 구현을 기원하며

어떤 직장이건 현직에 있을 때 간직한 직업의식이란 퇴직 후라도 좀처럼 가시지 않는다. 퇴임 후에도 그 생활습관이 계속되었다. 어느 식당을 가나 영수증 챙기는 습관이라든가 크건 작건 납세의 의무는 철저히 지켜야 한다는 일종의 직업병(?) 같은 것이 습관화된 것이다. 하지만 2007년 세밑 국세청 가족 모두는 실로 우울한 한때를 보냈으리라고 여겨진다.

문제는 국세청장·부산지방청장에 관련된 불미스러운 사건이다. 그 무렵 일부 신문보도에 "이런 국세청장에 세금내고 싶겠는가?" 제하의

8) 《論語》顔淵篇, "子貢問政. 子曰. 足食. 足兵. 民信之矣. 子貢曰. 必不得已而去. 於斯三者. 何先. 曰. 去兵. 子貢曰. 必不得已而去. 於斯二者. 何先. 曰去食. 自古皆有死. 民無信不立."

사설(조선일보, 2007. 10. 31) 및 "국세청 다시 태어나려면" 제하의 시론(중앙일보, 2007. 11. 13, 성균관대 안종범 경제학 교수)을 읽다보니 씁쓰레한 마음 금할 수 없었다.

제17대 한상률 국세청장은 취임식(2007. 11. 30)에서 "따뜻한 세정을 기필코 완성하여 세계에 우뚝 서는 초일류 국세청을 만드는데 다함께 도전하자"고 강조하고, "일은 사람이 이루는 것이고 차이를 만드는 것은 사람이라 진정한 국세청의 발전은 국세가족 하나하나가 소중한 존재로 인식될 때 이루어진다며, 앞으로 2만여 국세공무원 모두가 '국세가족'인 것에 자부심을 갖고 조직의 비전을 공유하고, 국세청을 사랑하는 열정으로 하나가 되어 전진하는 단합된 조직으로서 '따뜻한 세정'의 구현과 '국민신뢰의 토대'를 만들겠다고 밝혔다"(〈국세〉, 제490호, 2007. 12). 전직 국세가족, 그리고 국민의 한 사람으로써 부디 그 소신이 관철되기를 기원하는 마음에서 감히 이 글을 엮는다.

세제(稅制)의 합리화를 말한다면 이미 언급한 바와 같이 기본적으로 조세법규를 주로 성안하는 기획재정부와 입법심의를 하는 국회의 소관이다. 이제 이명박 정부의 과제로 넘어간다.

낙향(落鄕)

제4·5공화국이 부침하는 격동의 3년 반 동안 나는 말 많고 바람 센 국세청장 자리에 있었다. 지금 생각하니 그 오랜 기간 자리를 지킬 수 있었던 것은 무슨 힘이었는지 알 수 없다. 되돌아보면 세정 책임자로서 그 임무에 충실했는지에 대한 자괴심이 앞선다.

1982년 5월 장영자 사건[9] 파동으로 인한 개각(改閣)이 단행될 때 국세청장의 자리에서 물러났다. 막상 옷을 벗고 나니 그렇게 홀가분할 수가 없었다. 솔직히 말해 그 동안 감당하기 어려운 무거운 짐을 그렇게 오랫동안 짊어지고 있었다는 생각에 퇴임식을 마치고 나니 날아갈 것 같은 기분이 먼저 들었다. 어린 시절 볏단 지게를 짊어지고 먼 길을 나르다 그 지게를 벗었을 때 맛본 기분과 비슷했다. 비로소 한가한 자유인으로서의 여유를 가질 수 있었다.

퇴임식을 마치고 나오니 운전기사가 "어디로 갈까요…"라고 하며 내 눈치를 보는 것 같았다. 아마 나를 태운 마지막 운전이라 생각하니 시

9) 1982년 당시 대통령 전두환(全斗煥)의 인척으로 사채시장의 거물이었던 장영자와 그의 남편 이철희가 일으킨 거액의 어음사기사건.

원섭섭(?)한 모양이었다. 강남에 있는 한 호텔 목욕탕에 들어갔다. 공직의 생리라고나 할까. 퇴임하면 집까지는 관용차로 태워 준다. 그것으로 끝이다.

그때부터는 나 혼자였다. 목욕탕으로 들어가니 학계(學界)의 면식 있는 두 사람이 나오면서 인사를 하기에 무심코 받았다. 목욕을 끝내고 나오니 그때까지도 그 두 사람이 기다리고 있었다.

"아이구, 뉴스 들었습니다. 이제 짐도 벗고 목욕도 하셨는데… 우리도 목욕을 끝내고 술 한 잔 하러 가는 길이니 같이 가십시다."

사양해 보았지만 막무가내였다. 결국 이런저런 이야기를 하며 청주 몇 잔 마시고 집으로 돌아왔다.

그것으로 해방 후 약 40여 년간의 공무원 생활을 마치고 다음날 아침, 고향인 경주로 내려갔다. "벼슬하다 낙향했다…"고 동네사람들이 몰려들었다. 그리운 친구들을 만나 그 동안 함께 하지 못한 회포를 푸느라 막걸리 잔치를 며칠 계속했다.

지금 돌이켜 보면 비록 잠깐 동안이었지만, 이때는 모처럼 공직의 중압감(重壓感)에서 해방되어 홀가분한 심정으로 향촌의 정취(情趣)와 풍류(風流)에 흠뻑 빠져 들어 유유자적하던 시절이었다. 이무렵 필자는 술이 거나해지면 흥에 겨워 곧잘 옛 시조를 웅얼거리곤 했는데, 아련한 기억을 더듬어 이 자리에 몇 수 옮겨 적어본다.

재 너머 成勸農10) **집의 술 닉단 말 어제 듣고**
누운 소 발로 박차 언치11) **놓아 눌러 타고**

---

10) 勸農은 조선 시대에, 지방의 방(坊)이나 면(面)에 속하여 농사를 장려하던 직책을 말하며, 成勸農은 鄭澈의 술친구 成渾(1535~1598)을 가리킨다.

아해야 네 권농 겨시냐 鄭座首[12] 왔다 하여라
— 松江 鄭澈(1536~1593)

짚方席 내지 마라 落葉엔들 못 안즈랴
솔불[13] 켜지 마라 어제 진달 돋아 온다
아해야 濁酒山菜일 망정 없다 말고 내어라
— 石峰 韓濩(1543~1605)

꽃 피자 술 익고 달 밝자 벗이 왔네
이같이 좋은 때를 어이 그저 보낼소냐
하물며 四美具[14] 하니 長夜醉 하리라
— 작자 미상

11) 말이나 소의 등을 덮어 주는 방석이나 담요.

12) 座首는 조선시대 지방의 주(州)·부(府)·郡(군)·縣(현)의 수령(守令)을 보좌하던 자문기관인 향소(鄕所)의 우두머리 벼슬. 座首는 향사(鄕士) 중에서 가장 나이가 많고 덕망이 높은 사람을 뽑아서 수령이 임명하였으며, 임기는 2년이었다. 鄭座首는 鄭澈 자신을 말한다.

13) 관솔불. 관솔은 소나무에 송진이 엉긴 부분을 말하는데, 주로 옹이(나무에 박힌 가지의 그루터기)에 많이 엉긴다. 예전에는 송진이 많은 관솔에 불을 붙여 촛불이나 등불 대신으로 썼다.

14) 네 가지 아름다운 것(花, 酒, 月, 友)을 갖춤.

향리 외동
명예읍장이 되어

◈ 지방자치 구조의 개요

'명예읍장'이란 무엇인가에 대한 이해를 돕기 위하여 먼저 지방행정의 계층구조[15] 부터 간추려본다.

—지방자치법 제정 및 내용

1949년 7월 4일자로 지방자치법을 공포하여 동년 8월 15일부터 시행하였다. 이 법(법률 제32호)은 전문 7장 156조와 시행령 95조로 구성되어 '지방행정에 관한 임시조치법', '道制(도제)', '府制(부제)' 등 기타 이 법에 저촉되는 법령은 모두 폐지되고 우리나라의 지방제도가 확립되었다. 그 기본원칙으로 서울특별시와 도, 시읍면을 지방자치단체로 하고 지방자치단체에 자기입법권, 자주재정권 및 자주조직권을 부여하는 한편 지방자치를 국가의 감독하에 실시하도록 하였다.

---

15) 지방행정의 계층구조 : 《한국지방행정사》 1948~1986 상권(내무부 지방행정연구원, 1988, pp. 75~84).

—지방자치에 관한 임시조치법 시행기

(1) 1961년 5월 16일 군사혁명으로 제2공화국이 막을 내림에 따라 지방행정의 대폭적인 개편이 있었다. 이 기간의 특징은 국가의 경제개발을 뒷받침하고 지역개발을 추진할 수 있는 능률적 지방행정체제를 확립하는데 있었으며, 이를 위하여 종래 지방자치의 경영규모로서는 너무나 미약했던 읍면단위의 지방자치제를 폐지, 기초적 지방자치단체를 시군으로 광역화하고 서울시와 더불어 부산시를 정부의 직할 하에 두는 대도시행정특별제도를 도입하고, (2) 군의 하부조직으로 읍면을 두고 읍면의 명칭과 구역은 종전에 의하되 이를 폐치, 분합할 때에는 법률로 정하게 하였다. 한편 지방자치의 기초정비를 위하여 지방재정법(1963. 11. 11), 지방교부세법(1961. 12. 31), 지방공무원법(1963. 11. 1) 등을 통한 제도적 정비를 추진하였으며 특히 각종 특별법에 의한 제도의 개혁이 있었다.

❖ 나의 향수병(鄕愁病)

내가 태어나서 유년기에 자란 곳은 경북 경주시(慶州市)이나 조상때부터 대대로 살아온 곳은 경주시 외동읍(外東邑)이다.

떠나온 고향을 그리워하는 것은 인지상정(人之常情)이란 말이 있듯이 고향 생각에 목이 메는 것은 남녀노소, 모든 사람이 갖는 공통된 감정이라 하겠다. 나 역시 고택(古宅)관리, 성묘(省墓), 묘제(墓祭), 서원향사(書院享事), 친·인척(親姻戚) 방문 등의 일로 고향나들이가 잦다. 고향에 가면 거기 시공(時空)을 달리하는 고금인(古今人)을 만나게 되고, 상실된 기억이 머리에 떠올라 어느덧 옛 모습으로 와 있는 자신을 발견한다.

어느 날, 내무부 차관보와 행정과장이 찾아오겠다기에 내가 서울로 올라가겠다고 하여 서울에서 점심을 같이 하는데, 그 자리에서 명예읍장 제도를 설명하는 것이었다. 이야기를 듣고 보니 취지가 매우 좋아 "정치에 욕심이 없는 사람이어야 된다"는 말을 해 주었다.

그런데 이야기가 계속되던 중, 느닷없이 그 자리에서 나에게 향리 명예읍장을 맡아 달라고 요청하는 것이었다. 이미 원칙에 찬성한지라 거절할 처지가 못 되었다. 다만 다른 지역에 이 제도를 확대할 때에는 불편부당(不偏不黨)의 비정치인(非政治人) 인사로 한정하는 것이 좋을 것이라는 의견을 곁들여 고향이면 상관없다고 승낙했다. 이것이 약 1년 동안 명예읍장을 하게 된 경위이고 또 밖에서 잠시나마 당시의 새마을운동을 관찰하게 된 계기가 되었다.

❖ 당시 말단행정의 뒷이야기

하루는 읍의 농산계장이 찾아왔다.

"마을을 순회하면서 영농교육을 해야겠는데 사람들이 잘 모이지 않아 걱정입니다. 명예읍장님이 나오시면 사람들이 많이 모일 것으로 생각됩니다만…."

"내가 무슨 동물원 원숭이가?"

"무슨 말씀을… 그게 아니라…."

"막걸리 있나?"

"막걸리 말입니까? 막걸리라면 걱정하지 마십시오."

썩 내키지는 않았지만 농산계장의 청에 못 이겨 마을을 돌며 영농교육을 하기로 하고 어느 마을로 들어섰을 때였다. 교육장 문 앞에서 한 노인이 서성거리고 있었다.

"왜 들어가지 않고 여기 있습니까?"

"들어가면 뭐 하노, 맨날 듣는 거 또 들으면 뭐 하노… 매일 그 말이 그 말 아이가. 영감 왔다고 해서 구경하러 왔소."

결과적으로 영농교육 강의를 듣기 위해서 온 것이 아니었다. 도지사, 국세청장을 지낸 사람이 고향 명예읍장으로 왔다고 하니 얼굴도 구경할 겸 인사하러 온 사람도 있었다. 거기서 보고 느낀 것은 영농교육 내용이 몇 년 전 내가 도지사로 있을 때와 크게 다를 바 없는 그 내용 그대로란 것이었다. 그러니 아이들과 부녀자만 몇 사람 모일 수밖에 없었다.

"사회정화위원회[16)]"라는 것이 만들어지고 읍·면별로 정화위원회를 구성하고 있을 즈음이었는데, 하루는 읍의 담당직원이 찾아왔다.

"명예읍장님, 군 사회정화위원회에서 주관하여 실시하는 사회정화강연회가 내일 우리 읍에서 열리도록 일정이 짜여 있습니다. 강사는 우리 읍 자체에서 마련해야 하는데 마땅한 사람이 없습니다. 따로 강사를 모시면 강사수당과 여비를 지급해야 하는데 예산도 없습니다. 명예읍장님이 강의 좀 해 주십시오."

"나는 정화위원회가 뭐 하는지 잘 모르는데… 몇 시에 하노?"

"10시에 합니다."

그 날 아침에 읍사무소에 가보니까 두서너 사람이 와 있었고 읍 직원들은 어디 갔는지 보이지 않았다. 아마 그 날이 정기 장날(定期市場開市日)이라 장터에서 사람들을 모으고 있었던 모양이다. 그럭저럭 자리가 메워진 것을 가만히 보니 영락없이 시장바닥이어서 장바구니 들고 온 부녀자들로만 가득했다. 단상에는 군 사회정화위원회에서 임석

16) 사회정화위원회(社會淨化委員會) : 사회정화 업무를 수행하기 위하여 제5공화국시대 국무총리 소속하에 설치되었던 합의제 중앙행정기관.

했다는 두 사람이 근엄하게 자리를 지키고 있었다. 청중을 보고 "여기 뭐 하러 왔습니까?"하니 모두들 와 하고 웃었다.

자연보호를 한다면서 주민들은 안 나오고 읍직원들만 북치고 장구치면서, 행사 흉내만 내는 현장도 목격했다. 그 시대 상황의 한 단면을 엿볼 수 있었다. 1979년 박정희 대통령 정부시대 이전의 긴장된 모습은 찾을 수 없었고, 세상은 이미 많이 달라져 있었다.

국세청장을 끝으로 40여 년의 공무원 생활을 마치고 1년 남짓 시골에 있다 보니 자연히 많은 사람을 만나게 되었다. 동네 주민들의 울분 섞인 목소리를 직접 듣기도 하였고, 사건 심부름 일을 보러 관청을 출입한 일도 있었다. 그때 읍직원에게 들은 일선행정의 고충은 정말 헤아릴 수 없을 정도였다. 중앙 각 부처에서 내려오는 지시가 도(道)나 군(郡)에서 더 보태져 매일 쌓여 가기 때문에 읍(邑)에서 이루어지는 조사보고, 실적보고는 적당히 처리할 수밖에 없는 경우도 많다는 것이었다. 이런 말을 듣자 마치 "당신 그 동안 헛했소!" 하고 꾸짖는 소리인 것 같아 얼굴이 뜨거웠다. 일선 공무원들은 때에 따라서는 침식을 잊어 가며 바쁘게 움직인다. 하지만 이러한 노고를 알아주는 사람이 적은 것이 사실이다. 현직에 있을 때도 어렴풋이 느꼈던 바이지만 밖에 나와 보니 고뇌와 자책감은 더욱 깊어만 갔다.

행정이 국민에게 보탬이 되느냐 안 되느냐 하는 구분은 아무리 몸을 많이 움직인다고 해서 낫게 평가되는 것이 아니라 그 일이 실질적으로 주민에게 어떻게 보탬이 되느냐에 달려 있다. 종종 국민들이 공무원들의 일하는 자세, 행정의 효율성과 서비스의 편의성 등에 대해 자주 문제를 지적하는 것도 궁극적으로는 주민들에게 보탬이 되는 정도가 적기 때문이리라.

한 예로 국세청장직을 퇴임하면서 공무원 연금공단으로부터 저리융자로 3백만 원을 대출받은 일이 있다. 과수원에 물을 대기 위해 조그마한 못〔池〕을 파야 했기 때문이다. 시(市)에 산지 형질변경 허가를 받기 위해 사람을 시켜 먼저 도시과를 찾아가게 했다. 그랬더니 농산과로 가라고 했고 농산과에서는 또 녹지과로 가라고 했다. 서로 이리가라 저리가라를 거듭하며 된다 안 된다 하더니 결국엔 '국도나 고속도로 주변 1백미터 안에는 형질변경을 하지 못한다'고 했다. 그 정도의 법은 나도 알고 있었기에 '도대체 그 법의 근거가 무엇이냐?'고 물었더니, 무조건 '상부관청의 통첩'이라고만 했다.

나 역시 거기에 물든 사람의 하나일 것이지만 여기에서 내가 지적하고자 하는 것은 적법이나 위법의 논리도 중요하지만 "행정은 먼저 목적을 갖는 인간의 협력관계에서 관리가 존재한다"는 관념이 공무원의 의식 속에 가라앉아 버린 것이 아닌가 하는 우려이다. 바꾸어 말하면, 행정에 대한 공무원들의 행태는 법규나 교과서를 단순히 암기하여 반사적으로 행동할 뿐 일상 행정사무의 실질이나 실체를 흡수하고 소화하지 않는다는 것이다.

현대사회의 법규는 복잡 다양하고, 때론 고도의 기술성을 수반하는 경우가 많다. 또 모든 행정은 행정청이 법규와 행정해석에 따라 주민생활을 향도하고, 기업활동을 조장하며, 토지이용 등을 지도하는 형태로 나타난다. 주민들은 통상 행정지도에 의존하게 되며 이를 신뢰하고 행동할 수밖에 없다.

그간 우리 주변에 나타난 행정지도에는 적지 않은 문제점이 있었다. 그 예로 책임의식이 미흡하고 정책이나 계획의 변경이 잦음에 따른 일관성 결여, 담당직원의 빈번한 경질, 행정당국이 제공하는 정보 내용의 부실과 법규해석 · 사실인정의 착오 등을 들 수 있다. 그 외에도 일부 공무원들의 정실에 치우친 처사 및 부조리와 불친절로 인한 불신도

이에 한몫 한다.

우리나라의 행정현상에 개탄을 금치 못했던 것은 10여 평 될까말까 한 불모(不毛)의 유휴지에 '물집' 하나를 만들려고 허가를 받아도 "면허세"는 물론 "상수도 공채" 매입까지 부담해야 했던 일이다. 허가조건을 이행하지 않았을 때를 감안하여 담보로 "원형복구 보증금"까지 내야 했다. 마을사람들에게 사전에 허가를 받아 작업을 하자고 했더니 '식자우환'이라는 문자까지 써 가며 비웃는 이유가 이해되었다. 혹시라도 이러한 불만이 지난날 현직에 있었기에 생긴 착각이 아닌가 곰곰이 생각도 해보았지만 결코 그렇지는 않았다. 고향의 명예읍장이라는 직책이 있고 전직 도지사인 나도 이런데 일반 민초들이야 오죽하겠는가 하는 생각마저 들었다. 결국 '이리 가시오, 저리 가시오' 하던 행정지도에 헤매던 끝에 상부의 금지 "통첩"이 이미 실효되었다는 것이 확인되어 허가를 받게 된 일도 있다.

그 후 현직 도지사를 만나 여담으로 이런 얘기를 했더니 '잘 알면서 그러느냐… 모두 선배가 가르친 것 아니오?'라고 농담을 하기에 한바탕 웃었다.

언젠가 새마을지도자 K씨에게 들었던 우리 공직자들의 실상이 40여 년을 공직에 몸담았던 나를 씁쓸하게 만든다.

> 중앙의 지시로 새마을기가 내려지던 때였습니다. 여태껏 새마을이라면 앞장서 도와주던 군청의 과장급 공무원들이 가장 먼저 태도가 변하더라구요. 우리가 군청 소유 사무실로 이전하려는데 척 나서더니만 안 된다고 정색을 하지 뭡니까? 공짜로 임대하겠다는 것도 아니었는데…. 아무리 "돈 낸다" 해봐도 괄시가 말도 못해요. 어제까지만 해도 지도자 못지않게 새마을을 옹호하던 사람이 갑자기 그렇게 돌변할 수 있는지 정말 분노가 터지더라구요. 설상가상으로 때마침 5공 시절 설립된 모 사회단

체 군지회장이 들어서자 그 공무원이 허리를 굽히며 인사하지 않겠습니까? 새마을지도자들 봐란 듯이 말입니다. 더구나 그 사회단체가 우리 옆 사무실을 임대하게 되었다고 하자 손수 이삿짐까지 날라주더라 이겁니다. 그 단체회장이 군의회 의원이었거든요. 당시 겪은 모멸(侮蔑)감은 지금도 잊지 않고 있습니다.

새마을지도자는 그래도 마을마다 근면, 자조, 협동의 정신으로 굳건히 자리잡고 있었다. 그러나 초가집이 없어지고 마을길을 넓히던 왕년의 열기는 식어가고 있었다. 1979년까지의 새마을운동이 보릿고개 극복을 위한 국민적 신앙이었다면, 80년대의 새마을운동은 그 정신적 기반이 일부 퇴색되어 가고 있었다. 지금도 땀 흘리며 막걸리를 나누었던 낙향 1년 동안의 농사꾼 시절을 떠올리면 해프닝도 많았지만 그런 대로 의미가 있지 않았나 하는 마음에 보람도 느껴진다.

❖ 나를 격려해 준 지인들의 편지

내가 낙향하여 향리 명예읍장으로 봉사한다는 보도가 있자 지인들로부터 격려의 편지를 받았다. 고마운 마음에서 오늘날까지 소중히 간직하여 왔는데 이제 나도 팔순(八旬)을 넘긴 나이라 당시 편지를 보낸 분의 성의에 보답하는 뜻에서 1982년 6·9월에 받았던 편지 두통을 다시 꺼내보면서 그 내용을 그대로 이 책에 담아둔다. 보라는 듯이, 자랑하듯이 뽐내는 것은 결코 아니다.

□ 名譽邑長님께

경주군 외동읍 명예읍장으로 추대되었다는 신문보도는 경향각지의 공무원에게 일대 화제가 되었습니다. 혹자는 지극한 효심의 소유자로서 노모님을 모시기 위해 명예읍장을 자청하셨다 하고, 또 어떤 이는 고향사람들이 도지사와 국세청장을 지내신 행정의 달인을 모셔다 고향 발전의 견인차로 삼기 위해 꽃가마 태워 모셔갔을 것이라 했습니다. 많은 사람들은 그분의 효심과 애향심과 고향인들의 추대에 의한 합작품이라 하더이다. 이러한 점에서 한가로이 마음이나 닦기 위해 청초(靑草) 우거진 전원으로 돌아가는 도연명의 귀거래사(歸去來辭)와는 사뭇 구별되는 지사(志士)의 귀거래라고 할 수 있습니다.

보통학교 출신으로 충남과 경북도지사를 거쳐 국세청장을 역임하신 입지전적 인물로 전국의 수없는 공무원에게 용기와 희망을 선사하셨으며 청백리(淸白吏)로서 존경을 받으셨습니다. 이제 또 한 번 선후배 공무원들에게 신선한 충격과 더불어 명리(名利)에 눈이 어두워 앞을 보지 못하는 고급공무원에게는 큰 교훈을 주었습니다.

저는 농촌출신으로 지금까지 잊혀지지 않는 상념이 있습니다. 모내기가 끝난 들판에 학 한 마리가 내려앉아 눈이 시릴 만큼 현란한 백색의 고고한 자태를 뽐내면서 지고한 창천(蒼天)을 응시하는 모습입니다. 학이 날아간 다음에야 그 언저리에 다른 새가 있음을 보았습니다. 낮에는 읍(邑) 행정을 훈수하시고 저녁에는 주막집에서 친구들과 더불어 풋고추에 막걸리 한 사발 들이키시는 명예읍장님을 일러 한운야학(閑雲野鶴)이라 하겠습니다.

아무쪼록 건안(健安)하시기를 기원합니다.

大田에서 徐廷元 올림

□ 金 廳長님 座下

청장님의 파안대소(破顔大笑)하시는 신문사진을 뵈오니 곁에서 뵈옵는 것 같은 정감을 느끼겠으며 지금도 가까이서 뫼시고 있다는 마음에 추호도 변함이 없사옵니다. 경주로 찾아뵙겠다는 마음은 항시 갖고 있으면서도 아직 뵈옵지 못한 죄책감이 앞서서 우선 지면으로 문안드리옵니다. 청장님의 건강하신 모습에 마음 흐뭇함을 느꼈으며 할머님과 사모님 그리고 댁내 균영(均寧)하시온지요.

도청에서도 전청원이 지난날 김 지사님의 정이 어린 여운을 느끼고 있으며 고매하신 인격을 진심으로 존경하고 있사옵고 향리에서 하시는 일은 우리 역사에 부각될 일이오며 우리들의 귀감일 뿐 아니라 세인의 칭송이 더해가고 있사옵니다. 제 개인적으로는 너무나 많은 청장님의 은혜를 입사와 제 가족이나 아이들에게도 청장님의 이야기를 명념(銘念)시키고 있사옵니다. 청장님 모쪼록 계속 가르쳐 주시고 지도해 주시기를 간절히 바라면서 청장님의 더욱 대성 있으시기를 충심으로 천지신명께 기원하나이다.

1982. 9. 11

경북도청 세정과 黃仁星 拜上

공직길 따라 다시 '서울'로

사실 시골생활은 고달팠다. 그러나 아무리 외롭고 힘들다 해도 공직 복귀는 꿈에도 생각지 않았다. 그런데 또다시 환로(宦路)를 밟게 되었다. "한국토지개발공사 사장"(현, 한국토지공사)이라는 자리였다. 국세청장을 끝으로 공직의 짐을 다 벗은 채 고향으로 가서 '다시 새로 시작하자'는 다짐을 했기에 나 자신과 친지나 동료들도 내가 또다시 공직생활을 하리라고는 짐작하지 않던 터였다.

집사람에게 상의하니 내심 싫지 않은 눈치였다. '집사람 역시 시골생활은 싫었구나'라는 생각이 들었다.

❖ 한국 토지개발공사 사장

막상 상경하려 하니 귀향하던 날, 역으로 나와 환영해 주던 고향의 원로들, 말벗이 늘었다고 술까지 대접하며 반가워하던 그때 그들의 모습이 눈앞에 떠올랐다. '서울 나리'가 이젠 우리와 같은 '농사꾼'이 되었다며 반기던 선량한 이웃 농민과 "외동읍" 주민들에게 무엇으로 해명한단 말인가? 혹시 배신자라고 낙인찍히는 건 아닐까? 하는 생각이 꼬리를 물었다.

취임 직후 국세청 법인세 과장으로부터 받은 자료를 보니 토개공의 경영실적은 24개 투자기관 중 좋은 편은 아니었다. 게다가 이른바 '토지 재매입 사건'이라는 사회적 문제까지 발생한 상태였으니 더욱 답답하기만 했다. '토지 재매입 사건'이란 기업에서 토개공에 매각했던 토지를 당해 기업체와 그 임원 또는 가족의 명의로 다시 사들여 이익을 챙긴 사건이었다. 이 사건으로 인해 기업의 파렴치성과 토개공의 업무방식이 국민들로부터 비판을 받고 있던 터였다.

◈ 부동산 문제와 토지정책의 기본방향

국세청장 재임시에도 토지투기문제 대처에 골몰했던 기억이 있고 시장이나 도지사를 할 때도 이 토지문제로 난관에 직면한 경우가 한두 번이 아니었다. 땅값이 터무니없이 오르던 때라 용지를 취득하는 데에는 당연히 어려움이 따랐다. 토지를 둘러싸고 여러 가지 반대운동도 극심했으며 그 결과 토지이용의 혼란이나 녹지부족 등의 문제가 초래되었다.

땅투기가 본격화된 것은 공업화를 통한 경제개발계획이 전개된 1960년 초부터였다. 땅값은 매년 40~50퍼센트씩 치솟았으며, 특히 70년대 초 아파트 붐을 타더니 더욱 급등하기에 이르렀고, 지가폭등이 경제 및 사회문제를 야기하자 급기야 정부에서는 1978년 8월 8일, 부동산 종합대책까지 발표하였다. 하지만 정부의 이러한 대책에도 불구하고 부동산투기는 1980년대 후반까지 이어져 지난 80년대의 신문을 들추어보면 부동산 투기와 관련된 기사가 단골로 등장한다. 대단위 주택조성계획이 발표되면 그 지역은 순식간에 투기장으로 변해 입을 다물지 못할 만큼 땅값이 올랐다. 말 그대로 "토지광란 시대"가 아닐 수 없었다. 결국 땅투기로 불로소득의 일확천금을 챙기는 전문투기꾼을 적발하여 그 명단을 발표하기에 이르렀다. 전문투기꾼은 고소득층에 속하는 사람이 주류를 이루었고, 현직 은행지점장이나 기업인, 의사들도 일부 포함되었다. 그러나 투기꾼들이 비단 단속에 걸린 사람들뿐이겠는가. 따지고 보면 더 많은 사람들이 알게 모르게, 크게 작게 토지가격 상승에 편승하여 재산을 불려왔다고 할 수 있다.

정부토지정책의 기본방향은 땅값을 안정시켜 국민으로 하여금 필요한 만큼만 토지를 사고 팔 수 있도록 하고, 한 사람이나 한 기업이 토지를 과다하게 보유하는 것을 억제하며, 토지의 공공개발에 따른 이익은 사회에 환원시키자는 것이었다. 이 정책은 당시 학계나 전문가들에 의해 강력히 제기되었던 방향이기도 했다.

❖ 개발과 공급을 어떻게 할 것인가

적지(適地), 적격(適格), 적가(適價), 적량(適量), 적시(適時) 공급

토개공은 "공영개발(公營開發)"을 추진하면서 토지를 취득하고 개발하는 기관이므로 "개발한 토지를 어떻게 공급할 것인가?" 하는 문제가 당연히 제1의 근원과제가 될 수밖에 없었다. 그래서 자문위원회를 구성하여 얼마만큼의 토지를 공급할 것인가, 적당한 가격은 얼마이며 공급시기는 언제로 할 것인지에 대한 폭넓은 의견을 수렴, 토개공의 설립목적 달성을 위한 기본방향을 정했다. 요컨대, 이 방침의 요지는 합당한 용도의 땅을〔適地〕, 마땅히 사용해야 할 사람〔適格〕에게, 합리적인 가격으로〔適價〕, 적당한 양만큼〔適量〕, 필요한 시기에〔適時〕에 공급한다는 것이었다.

적지(適地)를 어디에서 구할 것인가? 즉 어느 지역 어떤 지점을 개발할 것인가의 문제인데 이는 과밀의 수도권인가 아니면 과소한 지방인가의 과제에서부터 도시지역인가 농촌지역인가 등 끝없이 선택의 기로가 이어지게 마련이므로 개발적지를 결정하기란 여간 어려운 일이 아니다. 적격(適格)의 사람에게 토지를 공급하는 일은 실수요자가 아닌 사람에게는 토지를 공급해서는 아니된다고 하는 뜻이다. 적격의 사람에게 토지를 공급함에 있어서도 소득이 낮아 정부의 지원을 받아야 하는 계층인지 아닌지를 구분하는 일 또한 매우 중요하다고 보았다. 그러므로 이 문제는 합리적인 공급가격, 즉 적가(適價)의 과제와 깊은 연관을 갖는다. 적량(適量)의 토지를 적시(適時)에 공급하는 과제 역시 중요하다. 적지를 선정하여 적격의 사람에게 토지를 공급하기까지 즉 원자재에서 완제품을 생산하기까지의 개발주기는 5년 이상이 소요된다(물론 수십 년에 걸쳐 추진하는 나라도 있다고 한다). 따라서 적시에 적량을 공급하는 일은 쉬운 일이 아니다. 그리고 필요량에 미치지 못한 것도 문제이려니와 지나치게 많은 양을 생산한 경우 그것은 사장된 자원임을 의미하고 나아가 이는 보다 긴요한 신규투자를 어렵게 함을 뜻하는 것이기 때문에 적량을 개발하는 과제 또한 중요하다.

그래서 나는 취임하자마자 두 가지 점에 역점을 두고 추진해야 했다. 첫째, 나의 경영방침에 맞게 규정을 정비하는 일이고 주거 및 공업단지의 시설기준을 설정해 제품의 질을 높이는 일이었다. 둘째, 민간기업 경영방식을 도입하여 경영효율을 높여야 하는 것이었다.

전자는 정부투자기관으로서 토개공이 시대상황에 맞게 공익성과 그 역할을 강화해야 하는 뜻에서 추진하는 것이었고, 후자는 국영기업체 역시 기업이니만큼 민간기업 특유의 기업성을 도입하여 경영효율을 높여야만 한다는 취지에서다.

❖ 업무규정의 정비와 토지의 공영개발

개발의 적지(適地)를 선정함에 있어 개발 우선순위를 명확하게 규정하도록 하였다. 최우선적으로 선정해야할 개발적지는 상습침수, 열악한 주변환경 때문에 지역발전에 커다란 장애가 되고 있으나 당해 지방자치단체의 예산 등 능력이 부족하여 장기간 방치할 수밖에 없는 곳이 선정되도록 하는 등 토개공의 공익적 역할을 강화하였다.

이 기준에 따라 공영개발에 착수한 곳이 인천 남동공업단지, 서울역앞 양동재개발지구, 포항종합제철 연관공업단지, 대덕연구단지, 서울 중계택지개발지구, 안양 평촌신도시이다(일산, 분당 신도시는 88올림픽 후 집값폭등에 따른 대응인 점에서 평촌신도시와 그 궤를 달리한다).

이 대목에서 기억되는 일 몇 가지를 적어 본다.

인천 남동공업단지를 건설함에 있어서 애로점은 크게 세 가지로 집약된 것으로 기억한다. 가장 큰 애로는 이 지역주민들은 해안매립 대상지역에서 썰물 때에는 바지락 등을 주워 생계를 영위하는 사람들이 대부분이었는데 이들에게 이른바 어업권을 보상하는 일과 생활터전을 잃은 이들에게 생계대책을 강구하는 일이었다. 그 당시만 하더라도 어업권 보상에 대한 평가기준이 미비한 시기였기 때문에 수산대학 등 학계의 전문가를 수소문하여 평가기준을 마련할 수밖에 없었다. 주민들의 입장에서는 충분하지 않았겠지만 큰 불만 없이 이주하게 되었다. 두 번째 애로점은 해안을 매립하여 공단을 조성하는 관계로 "안전"에 각별한 대책을 세워야 하는 일이었다. 그래서 지구 내를 가로 지르는 하천의 폭과 유수지의 면적을 안전기준치 이상으로 충분히 확보하고 방조제 역시 그 제원의 규격을 안전기준치 이상을 적용하였다. 세 번째는 공장입주업체를 선정하는 요건을 마련하되 서울에 소재한 공장 가운데 이전촉진대상 공장을 수도권정비 차원에서 남동공단에 수용하는 일이었다. 이와 관련해서는 학계 전문가에게서 제출받은 의견을 토대로 관계기관과 협의를 거쳐 해결한 것으로 기억한다.

서울역 앞 양동재개발과 관련된 기억은 지금도 생생하다.

1985년 10월 8일부터 11일까지 4일간 세계 150여개 국의 재무부장관과 중앙은행총재가 참석하는 IBRD 제40차 연차총회가 서울 힐튼호텔에서 개최됨에 따라 정부에서는 주변지역의 환경정비를 서둘러 착수하면서 호텔에 근접한 양동(陽洞) 불량건물 밀집지구에 대한 재개발 담당기관으로 토지개발공사를 지정했다. 이를 맡아보니 그 곤란한 사연은 필설(筆舌)로는 이루 표현할 수 없다. 특히 그 일부지역이 오래전부터 사창굴이 끼어 있는 우범지역이라 민간기업으로서는 엄두가 나지 않았다.

토지개발공사에서는 서울대학교 환경대학원 김기호 교수(현 환경대학원 원장)의 자문과 함께 김 교수가 수립한 "재개발사업 기본계획"에 따라 설계·시공까지 완료했다. 이 사업에 쏟은 관계직원들의 숨은 일화와 노고가 많았다. 노기섭 부장(나중에 본부장 승진) 등 현장에서 이들이 겪은 무용담(?)은 지금도 생생하다. 이로써 IMF와 IBRD의 연차총회는 차질 없이 개최되었음은 물론이다.

포항종합제철 연관공업단지의 건설

포항종합제철(POSCO)의 탄생은 철강생산에 따른 직접적인 경제발전 효과는 물론이고 그 연관산업의 파급효과 또한 매우 크다.

필자가 재임할 당시 토지개발공사는 포항제철연관 공업단지를 개발하였다. 포항제철 박태준 회장(우)과 함께

토개공은 철강산업과 관련된 업종의 수요를 충당하기 위해 포항과 광양에 제철연관단지를 건설하였다. 이런 사업이야 말로 토개공의 기능과 역할에 부합하다고 생각하였기 때문이다.

경북 포항에 건설된 포항제철연관 2단지는 약 78만 평으로 3단계에 걸쳐 건설되었는데 내가 재임하던 1988년까지 공사준공이 거의 끝났던 것으로 기억한다. 그 후에 토개공은 1994년 12월까지 포철연관 3단지를 2단계에 걸쳐 모두 79만 평을 건설했다고 한다.

아울러 포항종합제철이 전남 광양에 제2 제철공장을 확대 건립하게 됨에 따라 토개공은 1984년 6월 제철공장에 인접한 47만 평의 연관단지 조성을 시작해서 1987년 3월에 완공한 바 있다.

연관단지 조성의 원활한 진전을 위하여 포철 본사를 비롯하여 전남도 당국과 지역주민의 적극적인 협조가 있었기에 모든 일이 순조로웠다는 것이 지금도 기억이 생생하다.

그 다음은, 개발한 토지를 공급하는 일은 공영개발의 최종 목표 중의 하나로서 토지이용의 공공성을 실현하기 위해 중요한 부분이다.

개발한 토지는 실수요자에게만 공급한다는 대원칙을 세웠다. 자연인은 물론 법인, 단체 등은 설립목적에 따라 실수요자가 아니면 토지를 살 수 없도록 하였다. 실수요자로서 토지매매계약을 체결하고 잔금까지 완납하여 소유권 이전등기까지 마쳤다고 할지라도 일정기간 내 지정용도대로 사용하지 않을 경우 환매특약등기에 따라 토개공이 환수할 수 있도록 제도화하였다.

공급가격은 사회, 경제정책면에서 매우 중요한 의미를 갖는다.

토지용도 및 공급대상자인 실수요자의 유형에 그 의미가 부합하도록 개발한 토지를 공급하는 가격기준을 4가지로 정하였다.

첫째, 개발원가을 기준하여 공급하는 것이다. 대표적으로 공장용지를 공급할 때 적용하는 가격기준이다. 둘째, 개발원가 이하에서 정하는 공급가격이 있는데, 정부의 지원을 받아야 하는 저소득층에 공급하는 임대주택지의 공급가격이 여기 해당된다. 셋째, 감정가격을 기준하여 공급하는 것이다. 여기의 감정가격은 이론상으로는 실거래가격을 의미하는데 중산층 이상에게 공급하는 택지가 이 가격으로 공급된다. 넷째, 경쟁가격으로 공급하는 것이다. 마땅히 경쟁가격으로 공급해야만 하는 상업용지를 공급할 때 적용하는 가격기준이다.

이 가격제도는 원가이하에서 공급함으로써 발생하는 손실분은 경쟁가격 등에서 얻어지는 이익에서 보전된다고 하여 상호보전가격이라 불리며, 이 가격제도는 세계은행(IBRD)에서 권고한 것이다.

그리고, 시급하고도 중요한 것은 주택단지나 공업단지를 건설함에 있어 설계기준을 제정하는 일이었다.

단지는 안전, 쾌적, 미려해야 하므로 이는 결국 인간존중이 바탕이 되어야 한다고 예나 지금이나 생각하고 있다. 나는 기회 있을 때마다 "인간존중의 단지 건설"을 직원들의 귀가 따갑도록 되뇌었으니 매일 잔소리 듣는 입장에서는 어찌 지겹지 않았겠는가? 이를 마다 않고 들어준 그 옛 사람들이 너무 고맙다. 이렇게 만들어진 토개공의 단지설계기준은 건설부에 건의하여 중앙부처 차원에서도 시행되도록 함은 물론이다.

이상도시(理想都市)는 소망에 그치고 마는가?

이상도시란 사람과 자연이 조화롭게 공존하는 도시, 양질의 정보와 지식이 막힘없이 흐르는 도시, 그리하여 경쟁력을 발휘하는 도시, 이것이 우리들의 소망일 것이다. 그런데 우리의 소망은 한낱 소망으로 그치고 마는 것이 아닐까 하는 우려를 씻기 어렵다.

우리의 국토사정을 보자. 국토는 좁은데 그나마 산지가 대부분이고 이용할 수 있는 평지는 절대적으로 부족하다. 인구는 조밀하며 국민 대다수가 수도권에 몰려 있다. 이는 우리들이 익히 알고 있는 바이다. 그러나 국토환경보다 더 척박한 것은 우리들의 토지에 대한 의식이다. 조그마한 틈만 엿보이면 큰 돈 한 번 벌고 보자는 현상이 쓰나미같이 일고, 무질서 무법은 아무 일도 아니라는 듯이 버젓이 횡행하고 있다.

서울 중계지구를 개발할 때 보상금을 많이 내어 놓으라며 사장실에 몰려와 행패를 부리는 일이며, 안양 평촌신도시를 개발하기 위해 예정지구를 지정하고부터는 하룻밤만 자고 나면 무허가 건축물이 활개를 치는 무법천지는 치외법권지역이나 다름없었다. 이들 현장을 조사하는 직원들의 출입을 원천봉쇄하기 위해 대낮에도 일부 부녀자들이 알몸으로 대치할 정도이니 관할 수원지방검찰청, 안양시청, 토개공이 합동으로 현장조사를 실시할 수밖에 없는 기막힌 사연도 있었다. 이런 현상은 이미 고전이 된지 오래지만 20여 년이 지난 오늘날에도 근절되지 않는 점은 이미 고질화된 병폐가 아닌지 염려스럽다. 과연 이 척박한 환경에서도 이상도시(理想都市)는 출현할 것인가 자문(自問)하지 않을 수 없고, 부질없는 생각을 쉽게 떨쳐버릴 수 없다.

기우(杞憂)에 가까운 염려 세 가지

"생각은 자유"라는 속언이 있다손 치더라도 내 처지에서 현실의 정책에 대하여 이러쿵저러쿵 논의하는 것은 형식여하에 불구하고 적절하지 못함을 잘 알고 있다. 그럼에도 불구하고 나의 머릿속에는 항상 기우에 가까운 염려가 맴돌고 있으니 이는 버릇처럼 나타나곤 하는 나의 소명감에서 비롯된 것일 수도 있고 항상 염려하고 조심하는 나의 습관 때문일 수도 있다.

이런 사정에서 나는 부동산정책에 대한 논의를 하려는 생각은 추호도 없고, 부동산문제를 다루는 지도층에게 문제해결의 접근태도 내지 자세에 대하여 당부에 가까운 세 가지 염려를 적어 보고자 한다.

첫째, 부동산문제는 그 문제해결의 핵심이 '조화와 균형으로 대처하고자 하는 태도'에 있음을 강조하고 싶다. 부동산 문제는 다면적 특징을 내포하기 때문에 단조로운 생각으로는 핵심에 접근할 수 없다고 보기 때문이다.

부동산문제만큼이나 인간생활의 모든 분야에 걸쳐 복잡다단하게 얽혀 있는 과제는 쉽게 찾기 힘들다. 그러므로 부동산문제는 다면적 특성을 갖고 있다고 말할 수 있다. 따라서 부동산대책은 부문별 조화와 균형점을 제대로 찾았다고 인정될 때 비로소 '최선'이라는 고지에 도달하였다고 평가될 수 있을 것이다. 조화와 균형이 강조된 대책이 곧 최선의 방안임이 분명한 이유는 그동안 우리들이 경험한 사례에서 볼 수 있다. 이미 고전이 되다시피 한 내용들이지만 몇 가지 예거하는 것은 이해를 돕기 위함이다. 개발이냐 보전이냐 또 개발을 함에 있어서도 균형전략인가 아니면 집적전략(集積戰略)을 취할 것인가라는 논쟁에서 보듯 어느 한 쪽으로만 치우칠 수 없는 것이고 보면 문제해결의 핵심은 조화와 균형에 있음을 알 수 있다.

토지 소유와 이용에서도 공공성이 갈수록 강조되고 있지만 사유재산 보장측면 또한 무시하기 어렵다. 과열된 '부동산 시장의 안정을 위한 조치'에서도 국민생활의 정상적 거래만은 침해받는 일이 없도록 조화와 균형감각을 발휘해야 한다. 그리고 공공개발을 민간개발보다 크게 확대한다면 계획개발을 도모할 수 있는 이점이 있는 반면 과도한 국고부담과 효율성이 저하되는 구조적 병폐를 얻게 된다. 반면 효율성만을 강조하게 된다면 무분별한 난개발을 덤으로 받아야 하는 잘못을 범하게 된다.

수익자부담원칙에 입각하여 각종 개발부담금이나 간접시설 설치비를 수익자가 부담하는 것은 경제정의의 차원에서는 당연한 이치로 받아들여지겠지만 개발원가의 상승으로 파생되는 역작용을 피할 수 없다. 반면 수익자가 부담하지 않고 국가가 부담한다면 국고부담이 가중되는 애로점에 직면하게 되다. 예컨대 균형개발정책은 그 자체로는 가치를 가지고 있다. 그렇다고 하여 여타 가치는 고려함이 없이 또 완급경중(緩急輕重)을 따질 것도 없이 이것만을 밀어붙인다면 그 부작용은 예상하기 어려운 문제점들이 타부문으로 확산되고 종국에는 균형정책 마저도 온데 간데 찾을 수 없게 되는 잘못을 저지르게 된다.

부동산문제는 조화와 균형에서 해답을 구할 수밖에 없는 점, 그래서 부동산문제의 해답은 최고가 아닌 최선의 선택일 수밖에 없는 내재적 한계를 가지고 있다. 나아가 조화와 균형이 되는 점은 구체적으로 어디쯤에서 구획될 것인가 그것은 마음먹기에 따라서, 또는 사람에 따라서는 얼마든지 오르락내리락 달라질 수 있는 점, 이쯤에서는 부동산문제가 아니고 사람의 문제로 귀착되고 만다. 참으로 부동산 문제는 난제 중 난제라고 하지 않을 수 없다. 특히 이 시대를 살아가면서 이런 생각이 드는 것은 나뿐이 아니리라. 나의 생각이 사실이라고 한다면 이 또한 척박한 국토환경이 아니고 무엇이겠는가?

둘째, 부동산문제는 주로 시장에서 발생하는 것인 만큼 문제의 현황과 대책을 시장에서 찾아야 함을 강조하고 싶다.

시장에서 문제해결의 해답을 구하는 자세의 중요함은 너무나 자명한 이치에 속하는 사항이어서 이를 강조함을 부질없는 잔소리라고 치부할 수는 없다. 그런데도 시장과 유리된 대책은 어렵지 않게 찾을 수 있다. 그 연유는 시장에서 해답을 찾지 않고 인위적으로 설정한 가치를 굳이 해답이라고 고집하는 데에서 비롯된 것이다. 그리고 불가피하게 시장과 유리된 대책을 논의함에 있어서도 그 실효성의 당부에 관한 논점과 함께 이 대책 때문에 다른 여러 가지 부작용을 야기할 수 있는 위험성에 대한 논의를 보다 비중 있게 다루어야 함이 중요하다. 시장과 유리된 공허한 내용 하나하나는 시장교란의 촉매제가 되어 자칫 예기치 못한 폐해를 부를 위험이 아주 높기 때문이다. 따라서 부동산문제 해결은 '시장에서 해답을 구하는 자세'에서 나온다는 사실을 강조하지 않을 수 없다.

셋째, 토지문제 해결을 위한 대처방안은 촘촘히 정밀하게 짜야 한다는 점을 강조하고 싶다. 이는 비록 토지문제에만 국한되는 사항은 아니겠지만, 토지문제의 특성과 관련, 이 문제는 아주 중요하다. 토지문제의 다면성과 부동산시장의 특성상 예상치 못한 부작용이 생겨 날 수 있는 소지가 아주 높기 때문에 치밀하게 준비할 것을 강조하고자 하는 것뿐이다.

❖ 민간기업 목표관리기법의 도입

무사안일의 배제

또한 정부에서는 1984년 정부투자기관 관리기본법을 제정하고, 정부투자기관 경영평가위원회를 구성하여 공기업을 평가하는 제도를 도입하였지만, 그것으로 토지에 관한 모든 문제를 해결할 수는 없었다.

종래의 토개공의 비효율적인 업무행태와 경영상태를 개선하기 위해서는 보다 실효성 있는 새 방안이 요구되었다. 그래서 생각해 낸 것이 민간기업 경영방식의 하나인 목표관리제였다. 사업부문별 목표를 설정한 후 그 달성도에 대한 평가를 실시하여 연말 종합평가를 통해 인사고과에 반영하자는 취지였다. 그러나 목표관리제도를 시행한 목적이 단순히 실적평가나 능력위주의 인사를 하기를 위한 것만은 아니었다. 직장이란 인생의 절반을 보내야 하는 곳이므로 단순히 경제문제만을 해결하기 위해 일하는 차원을 넘어 직원들에게 직장생활을 통해 인생과 일의 진정한 의미를 찾을 수 있도록 하자는 뜻도 담겨 있었다.

그러나 어떤 조직에서나 새로운 제도를 도입한다는 것은 어려운 일이다. 더구나 평가결과에 따라 보너스를 차등지급하는 것에 대한 반발은 종전의 안일한 업무자세에 비추어 보면 당연한 일인데도 일부 직원들은 거부반응을 일으켰다. 직원들은 상당한 이유를 들어가며 이 제도 시행을 완화해 달라고 빗발치듯 건의했다.

그럼에도 불구하고 당시 우리나라 공기업의 병폐로 알려진 '안일한' 자세를 뜯어고치는 것이 경영의 최우선 과제라고 나는 확신했다. 민간경영 방식을 도입하자는 나의 확고한 뜻에 제일 먼저 동조해 준 당시 이송만 기획조정본부장(후에 부사장으로 승진)과 임종수 기획실장(후에 본부장으로 승진)을 비롯한 젊은 엘리트 간부들에 대한 고마운 마음은 지금까지 잊지 않고 있다. 특히, 이송만 본부장은 토개공의 기능제고와 역할정립을 위하여 국회, 건설부 등으로 동분서주하며 열정을 쏟던 모습이 지금도 기억에 생생하다. 이렇듯 직원들에게 고통을 분담시킨 결과 1984년도와 1985년도 공기업 경영평가에서 토개공이 연속 1위를 차지하는 영광을 안게 되었다.

토지문제는 지금도 계속되고 있다. 1980년대 초, 토지문제가 극심한 사회적 혼란을 야기시키던 당시, 토개공 사장으로 취임하여 토지문제를 어떻게 해서든 해결하고자 다각적으로 노력했으나 어느 것 하나 뚜렷하게 해결된 것 없어 매우 아쉽다. 무엇인가 스스로 미진했다고 느끼는 점들을 회고할 때마다 자책감에 몸 둘 바를 몰랐던 적도 한두 번이 아니었다. 그러나 근면과 성실이라는 두 단어를 늘 가슴에 품었고 나름대로는 최선을 다하기 위해 노력했기에 작은 위안이나마 삼을 수 있는 게 아닌지….

❖ 국토균형개발의 주역, 토지공사(土地公社)

1975년 '토지금고'를 효시(嚆矢)로 발족하여 79년에 '한국토지개발공사'로 확대개편 되었다가 국토의 종합관리 중추기관으로서 '한국토지공사'로 새출발한 지 불혹(不惑)의 연륜을 맞이했다.

2008년 새해에 들어 토지공사 본사 강당에서 열린 토우회(土友會) 회원 정기총회에 참석한 바 있다. 거기서 들은 토지공사의 "업무현황" 설명은 매우 시의(時宜) 적절하다고 느끼어 마음에 새겨두었는데 그 내용이 여기에 실어도 무방하다고 생각되어 일부를 소개한다.

능력의 실재(實在)

"경영은 사람이다"란 말이 있듯이 능력이란, 일을 감당해내는 능력 있는 힘, 즉 법률상 어떤 일에 대하여 필요하다고 인정되는 사람의 자격(권리 · 행위 · 책임능력 등)의 보유여부를 말하는데 그 실재를 내가 사장으로 있을 때와 현재의 달라진 것을 찾다보니 새로운 희망이 솟아 나오는 것 같은 격세지감(隔世之感)을 느꼈다. 다음의 표는 재임기간 이후의 변화상황이다.

(1) 재임기간기준, 조직과 자산의 변화

구분	퇴직시(1988. 12)	현재(2007. 12)	증가율
인원	1,416명	2,805명	198% 증
조직	본사: 5이사, 11처(실) 지역: 11지역본부	본사: 6이사, 29처(실) 지역: 12지역본부	
자산	2조 78억 원	33조 3,399억 원	16,605% 증
부채	1조 2,304억 원	27조 353억 원	21,972% 증
자본	7,773억 원	6조 3,046억 원	811% 증
매출	4,794억 원	6조 8,063억 원	14,198% 증

〈한국토지공사 자료〉

(2) 2008년도 경영계획

2008년은 새롭게 시작하는 새정부 정책 기조하에 ○국토·도시·부동산·토지정책 등 많은 사업환경 변화 예상, ○기능 조정, 조직·인력 운영 등 경영 전반의 개혁 드라이브 예상되며, ○기 착수 국책사업의 효과적 진행 및 치밀한 자금·재무관리 필요. ☞ 경영전반 재정비, 새로운 역할론 구축 및 재출발이 필요한 해.

(3) 3대 경영 포커스

① 효율·성과지향의 공익책무 수행
국토생산성을 견인하는 공사 역할을 재인식하고 시장과 지역을 지원·보완하는 기능 집중·전환을 통해 국가와 국민의 이익극대화를 도모.
② 자금·재무관리 안정성 견지
부동산시장 상황과 연계한 자금 흐름관리에 초점을 두고 비상계획(*Contingency Plan*)에 입각한 치밀한 사업관리를 통해 재무 건전성을 지속 확보.
③ 차별화된 기업경쟁력 확보
세계 최고 디벨로퍼(*Developer*) 및 사업관리 기관으로서의 그간의 공사 경험, 역량, 기술을 종합 시스템화하여 기업 및 국가발전으로 이어지는 신성장 동인으로 활용.

타산지석(他山之石)[17)]

"다른 산의 돌로 옥(玉)을 갈아라." 시경(詩經) 소아(小雅)편에 나오는 말이다.

국외자의 주책없는 말로 들릴지 모르겠으나 앞의 토지공사 경영계획을 살펴보건대 2008년은 더욱 발전을 위한 절차탁마(切磋琢磨)하는 해

17) 원래의 뜻은 비록 다른 산에서 나는 조악(粗惡)한 돌이라도, 숫돌로 쓰면 자기가 가지고 있는 옥(玉)을 가는데 유용(有用)하게 쓸 수 있다(他山之石 可以攻玉)는 뜻, 전의(轉義)하여 다른 사람의 하찮은 언행(言行)일지라도 자신의 지덕(知德)을 연마(硏磨)하는 데에 도움이 된다는 것을 비유하는 말이다.

가 되어야 하지 않을까 나름대로 생각해 본다. 나 역시 지난날 토지공사의 한 가족이라 피안의 불로만 보고 넘길 수 없어 언젠가 내 기억에 담아 두었던 1972년의 《일본열도 개조론》〔田中角榮 일본 내각 총리대신(1970~1972) 저〕 서문(序文)에서 토지문제와 관련하여 기술한 일부사례가 떠올랐다. 다음에 간추려 이어본다.

> 물은 낮은 데로 흐르고, 사람은 높은 곳으로 모인다. 세계 각국의 근세 경제사는 1차 산업인구의 2차·3차 산업의 유출, 즉 인구와 산업의 도시집중을 통하여 국민총생산의 확대와 국민소득의 증가가 달성되어 왔다는 것으로 제시하고 있다. 농촌으로부터 도시에로, 고소득과 편리한 생활을 찾는 사람들의 흐름은 오늘날의 근대문명을 쌓아올린 원동력이 되고 있다. 일본도 그 예외는 아니다. … 하지만 국민이 지금 무엇보다도 바라는 것은 과밀(過密) 과소(過疎)의 폐해(弊害)를 동시에 해소하는 데 있고, 아름답고 살기 좋은 국토에서 장래에 불안이 없는 풍요한 생활을 누리는 데 있다. 그렇게 하기 위하여는 도시(都市) 집중의 격류(激流)를 대담하게 전환하여 민족의 활력과 일본경제의 건장한 여력을 일본열도의 전역에 전개해야 한다. 공업의 전국적인 재배치와 지식집약화, 전국신간선(全國新幹線)과 고속자동차도의 건설, 정보통신망의 네트워크 형성 등을 지렛대로 하여 도시와 농촌, 表日本(오모데 니혼: 본주의 태평양에 면한 지역의 총칭)과 裏日本(우라 니혼: 본주의 일본해에 면한 지역의 총칭)의 격차를 반드시 없애게 할 수 있다. …

그리고 별도 출간한(大藏省 印刷局) 《일본열도 개조에의 제언》(일본열도 개조문제간담회 위원 의견) 서문에 "일본열도 개조구상은 국내의 산업구조와 지역구조를 적극적으로 개혁하여 과밀과 과소의 폐해를 동시에 해소하여 산업과 문화와 자연이 융화된 지역사회를 전국토에 확대하는 것을 목적으로 한 내정상(內政上)의 일대 비전이라 했다. 이 책을 발간한 지도 어언 36여 년이 지났으나 오늘날 우리에게도 시사하는 바가 적지 않다.

"가난과의 전쟁에서 이긴 우리, 부패와의 전쟁으로 거듭 승리해야"

박정희 대통령의 민초(民草) 사랑
—그 몇 가지 단상(斷想)

> 1963년 7월 하순. 폭우가 쏟아지는 야반(夜半) 0시.
>
> 그때 나는 서재의 일우(一隅)에 앉아 붓을 멈추고, 멍하니 비에 젖어가는 밤의 가로(街路)를 내다보고 있었다. 문득 저 거리로 뛰어나가, 내 재주로 저 비를 막거나, 아니면 저 비 때문에 수없이 울고 있을 동포와 더불어, 이 밤을 지새워보고 싶은 격정을 느꼈다. 오천 년을 하루같이 시달려온, 이 피곤한 민족이 모처럼 일어서려는 비장한 마당에, 다시금 하늘은 시련을 내리다니—. 그러나, 우리는 일어서야 하고, 이 고비를 싸워 넘어서야 했다. 민족의 시련과 내일의 영광을 위하여 하늘은 시험을 우리에게 주고 있는 것이다.
>
> 朴正熙 著, 《국가와 革命과 나》에서

위 글을 읽어보면, 조국 근대화에 온몸을 내던진 한 혁명가의 격정과 비전, 그 사무친 육성이 생생히 들려온다. 민초들의 편안한 삶을 애타게 염원했던 박정희 대통령의 심정을 누구나 체득할 수 있다.

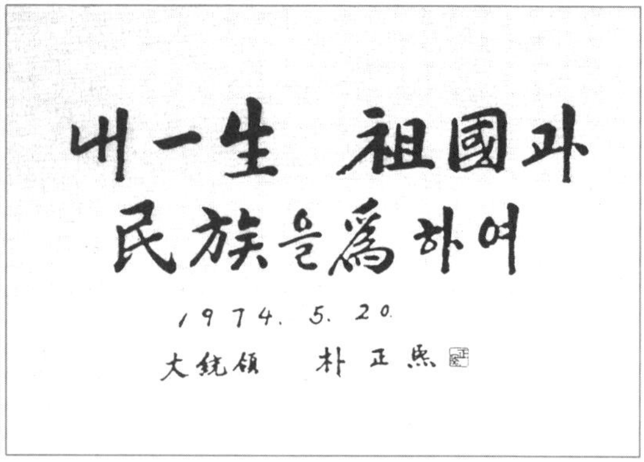

● 조국 근대화에 대한 신념으로 온몸을 내던진 박정희 대통령

오수(午睡)에 빠진 농민을 향해 빙긋 웃던 대통령

한 번은 대통령께서 하기 휴가중 경주에 들르신다며 나를 경주로 급히 호출하셨다. 날이 몹시 가문 여름날, 대통령을 모시고 오릉(박혁거세왕릉)에 갔다. 마침 몇 달 동안 계속되는 가뭄에 잔디 일부가 바싹 말라 있었다.

대통령의 시선이 그곳에 머물더니, 여지없이 불호령이 떨어졌다.

"아무리 가물어도 관심을 가진다면 저렇게까지 되지 않았을 것이네."

왕릉의 잔디는 푸르러야 했고, 날씨 탓은 용납되지 않았다.

그날따라 유난히도 더웠는데, 관리인 한 사람이 관람객이 짬 없이 출입하는데 속옷 바람으로 앉아 있다가 혼이 나기도 하였다. 출입문 근처 나무그늘에서 웃옷을 훌렁 벗고 낮잠을 자고 있는 농부를 보고는 빙긋 웃으시며 아무 말씀 없이 그냥 지나치셨다. 수행원이 농부를 깨우려 하자 대통령께서 말렸다. 민초들의 삶을 너무도 잘 아셨던 박 대통령은 농부의 달디 단 잠깐의 오수(午睡)를 저지하지 않았다.

또 한 번은, 예정된 경주 반월성 주변사업 정비를 일단 끝내고, 경주시 건의(시장, 최태진 1976~1978)로 잔여예산을 전용하여 계림(鷄林) 주변 문화재 발굴조사 예정지구 중 일부 가옥을 철거하는 계획을 보고했다. 대통령께서는 "경주 시민에게 너무 피해를 주어서 미안하다"고 하시면서 가급적 철거는 최소화하라고 했다.

국민 1인당 GNP 17배 성장시킨 작은 거인

박 대통령께서 이 책을 집필한 당시(1963년), 제3공이 출범하였던 그 해, 우리 경제력을 단적으로 표현하면 국민 1인당 GNP는 100달러(5·16 혁명 때 1961년 82달러)에 불과했다. 박 대통령께서는 이와 같은 가난한 나라를 1,676달러로(1963년 기준치) 17배를 성장시키고 서거하셨다.

어느덧 30년의 세월이 흘렀다. 이제 박정희 대통령에 대한 민초들의 마음은 그리움이 되어있다.

동아일보(2008.1.1) 여론조사 결과에 따르면 "대한민국 60년 역사상 가장 큰 업적을 남긴 인물로는 박정희 전 대통령(71.3%)을 꼽은 사람이 가장 많았고…, 다음 경제발전에 큰 업적을 남긴 대통령을 묻는 질문에도 박 전 대통령을 지목한 사람이 80.0%로 압도적이었다".

근자 친구 몇몇과 함께 서울특별시 중구 신당동 소재 박 대통령의 고택(故宅)을 찾아갔다. 담 너머로 집안을 살펴보니 대지(垈地) 100여 평에 건물은 40여 평 정도의 평범한 집이었다. 일세를 풍미한 한 영웅의 고택이라기엔 주변 건물에 비해 너무도 초라했다.

박 대통령의 고택 부근에서 오랫동안 살았다는 한 주민의 회고담이 듣는 이의 가슴을 더욱 찡하게 만들었다. 그의 전언에 따르면 박 대통령의 영부인 육영수 여사는 신당동 시절 수삼일에 한 번 중앙재래시장에 다녔다. 그때 여사의 옷차림새가 너무 평범하고 소박하여 상인들이 여사를 즉각 알아보지 못할 때가 비일비재했다고 한다.

박 대통령 고택에서 느낀 비감(悲感) 때문일까. 일행과 함께 선술집을 찾아 막걸리 몇 순배 돌리고 나니 생시 대통령의 애창곡으로 알려진 "황성옛터" 한가락이 저절로 흘러나왔다. 조선초 야은(冶隱) 길재(吉再) 선생의 시조 한수도 되뇌어졌다.

오백 년 도읍지(都邑地)를 필마(匹馬)로 돌아드니,
산천(山川)은 의구(依舊)하되 인걸(人傑)은 간 데 없다.
어즈버, 태평연월(太平烟月)이 꿈이런가 하노라.

부패공화국이 되어버린 대한민국
—국민의 기대는 공직자 기강부터

그렇다. 인걸은 간 데 없다. 다만 보릿고개에서 조국근대화를 이루기까지의 과정은 가난과의 전쟁에서 승전고를 울렸던 환희의 역사였다.

그러나 국가 전체가 하나되어 지키고 일궈온 우리의 조국이 부패로 무너져가는 것을 볼 때마다 가슴이 미어짐을 느낀다.

박 대통령이 부패에 대해 얼마나 추상같았던가를 보여주는 일화 하나를 소개한다. 송정숙(宋貞淑) 전 보사부장관은 2008년 7월 1일자로 발행된 〈박정희대통령 회보〉 제16호에 기고한 칼럼에서 다음과 같은 비화를 소개했다.

"박 정권에서 길게 총리를 지낸 J씨 시대의 이야기다. 박통은 그에게 총리를 제의하며 '절대로 지켜야 할 일 3가지 약속'을 시켰다.

첫째, 돈을 먹지 말 것.

둘째, 군인사(軍人事)에 개입하지 말 것.

셋째, 특정지역의 결속 음모나 기도(企圖)에 합류하지 말 것.

첫째에 대해서는 '임자가 돈이 필요하면 나한테 말하라'는 것이었다. J씨는 길게 총리를 지냈는데 이 3가지 약속을 잘 지켰다. 그리고 '이러저러한 일로 돈이 필요하다'고 말하면 박통은 그것을 반드시 들어주었다.

그렇게 지내다가 총리직이 끝날 무렵에 이르러 본인도 모르는 결에 어떤 일을 저질렀다. 그것은 한 착실하고 군인다운 군인의 인사에 관계된 것이었다. 그 군인은 청렴하고 능력이 있어서 박 대통령 자신이 아끼는 영관급 군인이었다. 그런 그가 별의 승진을 앞둔 무렵 어떤 모함에 잠깐 걸렸다. 투서를 당해서 철저한 조사를 받았고 마침내는 무혐의가 충분히 드러났다. 총리도 대통령도 그 결과를 크게 반겼다. 아끼고 신뢰하던 부하가 끝내 실망스런 일에서 벗어난 일은 아주 대견한 것이었다.

그러고 나서 곧이어 승진심사가 있었고 불의의 일로 시련을 겪은 그도 그 인사의 대상이었다. 그렇게 겪은 개인적 시련이 안 됐어서 그가 별을 달았으면 좋겠다는 생각을 J총리는 했고 대통령도 같은 정서라는 것을 알고 있었다. 그래서 다른 일로 청와대 보고를 들어갔던 총리는 말미에 그 군인에게 별을 달아주는 일이 좋을 것 같다는 의견을 지나는 말처럼 했다고 한다.

무심코 이야기를 하다가 총리는 '아차!' 하는 기분이 스쳐갔다. 뭔가 대통령의 얼굴에 차가운 기운이 스쳐 가는 느낌이 들었기 때문이었다. 그래서 얼른 말을 주워담고 물러나왔다.

그런데 바로 그 이튿날 아침, 총리는 그 승진대상이었던 군인이 밤사이에 옷을 벗게 되었음을 알게 되었다. 총리가 임명될 당시에 한 약속의 두 번째를 어긴 것이 이유였음을 J총리만은 알았다. 그것이 J씨에게는 일생일대의 회한이 되었다. 그가 그 말만 하지 않았으면 당연히 별을 달았을 사랑하는 부하 한 사람의 불행이 너무 가슴 아팠다. 그렇기로서니 이렇게 가혹할 것은 없지 않은가 하는 원망도 들었지만 '하지 말아야 할 3가지' 중의 한 가지를 어긴 결과인 것만은 틀림없었다."

신문기사를 읽으면 우리나라에서 부정부패에 관한 기사를 자주 접한다. 조선일보(2008. 1. 16)에 따르면 한국 '경제자유지수'가 1년새 세계 157개국 가운데 41위를 기록해 지난해(36위)보다 5계단 하락했는데 그 원인 중 '부정부패'도 지적되고 있다.

헤리티지재단의 킴 홈스(Holmes) 박사는 "한국의 기업활동과 금융, 재정분야의 자유도는 크게 개선됐으나 부패가 존재하고 노동분야의 자유도가 여전히 낙후돼 있다"고 말했다. 부정부패가 상존하는 점도 부정적인 사항으로 꼽혀 지수 하락의 원인이 됐다.

해묵은 신문(조선일보, 2004. 12. 17)을 찾아보니 툭 하면 뇌물… 툭 하면 불법… 죄책감도 없는… "한국인 이해할 수 없어요"라는 제목 아래 '외국인들 체험수기'가 게재되어 있었다.

> "한국인들은 언제나 뇌물을 제공할 준비가 돼 있는 것 같다. 법을 어기고도 죄책감을 느끼지 않는 한국인들의 문화와 태도에 충격을 받았다." 부패방지위(위원장 정성진·鄭城鎭)가 주한 외국인들을 대상으로 실시한 부패체험수기 공모에 응모한 외국인들은 외국어학원·회사 등에서 자신들의 눈에 비친 한국사회의 비리실태와 부패에 관용적인 한국문화를 꼬집었다. … 한국 회사에서 일하는 한 미국인은 거리낌 없이 뇌물을 주고받는 현장을 목격했다고 고발했다. 불법취업 단속을 나온 출입국 공무원이 "잘 처리해주겠다"고 하자 사장이 공개된 장소에서 자연스럽게 돈 봉투를 그 공무원에게 주더라는 것이다.

이런 내용의 보도는 끊일 날이 없다. 국민 1인당 소득 2만 달러, 세계 12위권 무역국으로서 선진국에 진입한 현황에 비추어 쓸쓸하고 창피스러운 마음 금할 수 없다.

글로벌 시대, 우리는 세계 속의 한국인으로서 윤리적 보편성에도 눈을 돌려야 한다.

● 감사원 구내 자연석에 새겨진 박대통령 휘호

부디 후배 공직자들이여

앞에서 지적한 외국인들의 체험 이외에도 2007년 이전의 문제로서 유사한 예(例)를 매거(枚擧)하려면 한이 없다. 사도(斯道)의 길이 날로 이와 같이 거칠어가는 터라 한탄만 하고 있을 수 없기에 지난날 공직에 몸담아 온 한 사람으로서 몇 마디 제언(提言)하고자 한다.

감성적 대처보다는 실사구시를

공직자의 윤리관 확립을 위하여는 물론 도의적 책임과 법률적 책임의 면에서 의론(議論)해야 할 점이 많을 것이나 공직자, 정치인 스스로가 반성하는 자세로 먼저 철저히 추구하여야 할 것이다. 하지만 이것이 감정적인 대처로 흐르면 과거 용두사미(龍頭蛇尾)로 끝난 경험에 비추어 실사구시로 대처하는 것이 좋을 것으로 생각된다.

“나무가 자라기를 바라는 사람은 반드시 그 뿌리를 굳히고, 강물이 멀리 흐르기를 바라는 사람은 반드시 그 원천을 준설하며, 나라의 평안을 생각하는 사람은 반드시 그 도덕과 정의를 배양해 나간다."

이것이 바로 당(唐)나라 때 위징(魏徵)이란 사람이 태종(太宗)에게 올린 상소문에 등장하는 실사구시(實事求是)다. 이는 국가통치의 이념과 그 실천방책을 논한 것으로서 이같이 당연하고 평이한 방책을 굳이 임금에게 올리는 상소문에서까지 논급하고 있는 것은 그것이 소홀히 다루어졌기 때문일 것이다. 나무 심는 일이나 하천준설 작업에서 공리를 도출하여 이를 정책 강령으로 내세운 데에서 우리는 옛사람들의 실사구시의 학문태도와 지혜를 배울 수 있다.

획기적인 전봇대 뽑기

요즘 앞에서 기술한 부패현상과 관련된 신문기사를 읽어보면 희비(喜悲)가 엇갈린다. 문화일보(2008. 3. 27) 포럼(이창원 한성대 교수·행정학, 한국조직학회장)에 따르면 유화선 파주시장의 '규제혁파' 典範 제목 아래 다음과 같이 쓰고 있다.

> 외국 기업인들에게 우리나라는 불필요한 규제로 유명한 나라다. 대한상의가 외국인 투자기업을 대상으로 조사한 결과를 보면 우리나라가 외자유치를 위해 해야 할 일은 '규제개혁 및 완화' 40.8%, '행정절차 간소화' 11.5% 등으로 사실상 규제완화 관련 요구사항이 52.3%에 달했다. 그러니 김영삼 정부 이후 모든 정권이 출범만 하면, '규제철폐'를 무슨 주문 외우듯이 외쳤는데, 결과를 보면 전체 규제건수는 2000년 말 6,974건에서 2006년 말 8,083건으로 도리어 늘기만 했다.
>
> 반면 일본 고이즈미 정부는 '잃어버린 10년'을 극복하기 위해 2001년 이후 대기업·노동·창업 등의 분야에서 모두 1,500건의 규제를 파격적으로 완화했다. 결과는 엄청났다. 해외로 나갔던 일본 기업들이 다시 돌아온 것이다.… 최근에는 이러한 획기적인 '전봇대 뽑기'가 우리나라

기초자치단체에서 시작됐다. 경기도 파주시가 그 주역이다. 이화여대가 제출한 파주캠퍼스 조성사업 시행 신청을 몇 시간 만에 승인한 것이다. 유화선 파주시장은 선 사업승인 후 법적절차 이행을 위해 오전 9시 30분 이화여대 사업승인란에 서명, 기존의 상향식 결재라인을 생략했다. 결국, 이화여대는 파주시가 먼저 사업승인을 내줌으로써 실시계획이 승인된 다음에나 할 수 있는 토지매수 등의 사업절차를 곧바로 진행할 수 있게 됐다.

조선일보(2008. 4. 1) 사설에 따르면 '기업규제 풀되 투명성 높일 조치 함께 나와야' 제하로 다음과 같이 지적했다.

이명박 정부의 대기업 규제완화 정책의 모습이 드러나고 있다. 공정거래위원회는 지난주 올 상반기 중 출자총액제한제도(출총제)를 폐지하고 상호출자의 채무보증에 대한 제한도 완화하겠다고 밝혔다.… 규제의 울타리를 철거하기 전에 우리 경제와 우리 기업의 현실을 냉철하게 되돌아봐야 한다. 삼성그룹에 대한 특검수사나 과거 SK·현대차 그룹 등의 분식회계·비자금 사건은 우리 기업의 경영투명도(透明度)가 글로벌 수준과는 거리가 멀다는 사실을 보여준다. 그렇다면 국제기준에 맞게 기업투자를 가로막는 족쇄를 없애려면 국제기준에 맞춰 기업 투명성을 높이는 조치도 함께 나와야 한다.…

그 배경은 역시 부정(不正)을 예방하려는 뜻의 발상이라 하겠다.

청렴하고 또 청렴하라, 무엇보다 청렴하라

여기에서 부패(腐敗) 문제에 관련된 사례를 들어보인 것은, 공직사회를 비롯하여 경제계에 잔존하는 부정부패를 추방하는 명안(名案)을 이끌어내려는 속셈도 없지 않다. 박정희 대통령 시대가 가난과의 전쟁이었다면, 앞으로 우리 사회는 부패와의 전쟁을 선포해야 한다.

책을 마무리하면서 언젠가 읽은 바 있는 제왕학의 고전 '《정관정요》(貞觀政要)에 나타난 통치철학과 국가경영 원칙'(양관 지음, 김태성 옮김, 2002)을 되새기니 "백성을 근본으로 생각하고 난세를 극복하여 중국역사상 가장 태평하고 부강한 제국을 건설한 당태종 이세민과 언제나 자신을 먼저 돌아보고 언로를 크게 열어놓았던 이 현명한 군주 곁에 유독 충성스럽고 강직한 신하들이 많았다"는 국가경영의 철학을 떠올려본다. "역사는 미래를 위해 기록된다" 했던가. 1300여 년의 세월을 뛰어넘어 개인의 처세와 기업경영, 그리고 국가통치 모든 면에서 시사하는 바 크다는 것을 새삼스럽게 느끼게 했다.

공직자나 기업인이 보기에 시시콜콜한 이야기로 들릴지 모르겠으나 여기에서 기업의 책임 및 공무원의 의무에 관하여 문제점과 개선책을 다룰 뜻은 없다. 그래서 기업의 분식결산(粉飾決算), 탈세(脫稅), 공직자의 부정, 예산낭비, 요즘 간단없이 머리기사로 보도되는 이른바 비자금(秘資金) 조성 등 불유쾌한 문제를 눈여겨보면서 장기적이며 과거(過去)·현재·미래를 내다보는 역사과정까지 가늠하여 마스터플랜을 세운다는 것은 그리 쉬운 일이 아니다. 따라서 먼저 서둘러야 할 일은 "우선 정·관계 공직자와 비롯한 기업 경영인의 의식혁명이 앞서야 한다". 그리고 공직사회의 부조리 척결(剔抉) 운동을 병행해야 한다.

외국인들을 대상으로 실시한 부패체험수기 공모에서 "한 외국인이 거리낌없이 뇌물을 주고받는 현장을 목격했다"는 기사를 읽은 사람은 전·현직을 막론하고 적지 않은 모멸감(侮蔑感)을 느꼈을 것이다. 흘러간 15년(1993~2007) 우리나라의 정치·경제·공직사회의 부조리 실태를 되새겨 보면 김영삼 정권 때는 '역사바로세우기 운동'이었고 김대중 정권 때는 '제2건국 운동'이라는 기치(旗幟)를 내걸고 범국민 추진위원회까지 결성하여 나름대로의 의식개혁운동을 전개한 바 있다. 그러나 불행하게도, 요란했던 구호에 비해 내실을 기하지 못한 것으로 안다.

어쨌든 앞으로가 문제이다. 정부, 지방자치단체, 경제단체 또는 새마을운동 단체 등에서 유익한 국민운동 등이 전개되었으면 하는 것이 나의 한결같은 바람이다. 하지만 의식개혁 운동 등은 정치적 오해를 받기 쉽거나 또는 의욕적으로 일을 추진하다 보면 다기망양(多岐亡羊: 달아난 양을 찾다가 길이 여러 갈래로 갈려 마침내 양을 잃었다는 고사. 방침이 많아서 어찌할 바를 모름을 뜻함)을 겪는 경우도 있다는 것이 새마을운동 중앙협의회 회장시절 내가 겪은 바 경험이다.

이미 앞에서 말한 '새마을운동'을 비롯하여 '녹색혁명'이 성공한 것은 박정희 대통령의 제창 아래 관·민(官·民)의 총화된 협동이 이루어졌기에 가능했던 것이다. 거기에는 박 대통령의 리더십(*leadership*)이 바탕이 되었고 지도자 스스로 근검절약(勤儉節約)하는 수범을 보였기에 모든 공무원, 새마을 지도자, 기업인들의 헌신적인 참여가 따를 수 있었음을 조량해야 한다.

문제는 돈, 돈, 돈이다

도덕이 법(法)과 함께 인간사회를 지탱하는 기둥이라면 약속은 이 기둥을 떠받치고 있는 초석이라 할 수 있다. 따라서 약속이 지켜지지 않는 곳에는 도덕이 또한 성립할 수 없다.

도덕의 사전적 표현은 '사람이 사람으로서 행하여야 하는 이법(理法). 그것을 자각하여 실천하는 행위'로서 약속은 자기와의 약속이며, 남과의 약속이기도 하다. 그러나 이미 오래 전부터 우리 사회에 도덕의 기둥이 무너지고 있다는 소리들을 많이 듣고 있다. 특히 정계, 재계, 관계 할 것 없이 도덕적 위기에 직면하고 있다고 해도 과언이 아니다.

공무원은 취임할 때에 소속기관의 장 앞에서 선서를 하게 하고 아울러 성실·복종·직장이탈금지·친절공정·비밀엄수·청렴·품위유지·영리업무 및 겸직금지·정치운동 금지 등의 의무를 지켜야 하는 엄한 규제를 하고 있다.

한편 부패의 예방과 그 행위를 효율적으로 규제함으로써 청렴한 공직 및 사회풍토를 확립하기 위하여 부패방지법까지도 제정(법률 제6494호 2001. 7. 24)하고 있다. 그럼에도 파렴치적 뇌물과 부조리는 근절되지 않고 있으니 백년하청(百年河淸: '아무리 바라고 기다려도 실현될 가망이 없음'을 이르는 말)이라 하겠다.

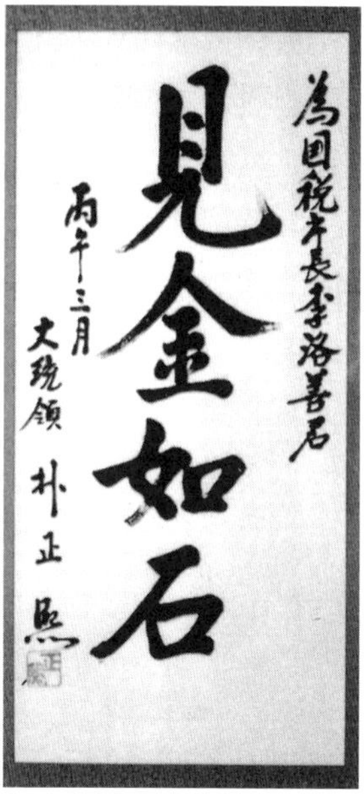

1966년 국세정 개청을 맞아 박대통령이 이낙선 초대 국세청장에게 내린 휘호

성경에 이르기를, "돈을 사랑하는 것은 모든 화의 근원이다(*The love of money is the root of all evil*)"(디모데 書, 6장 10절)라 하였다.

문제는 돈, 돈, 돈이다.

충남지사로 발령받은 날, "추풍령 고개를 맨발로 넘어 오라"하신 고향선배의 충고를 나는 아직도 기억하고 있다.

선현들의 청렴을 기억하라

퇴계 선생이 단양군수를 마치고 "단양을 떠나 행차가 죽령에 도착했을 때다. 단양군 직원이 뛰어와 지고 온 삼(麻)을 선생 앞에 내려놓으면서, '이 삼은 관청 소유의 밭에서 수확한 것이므로 예에 따라 사또께서 가져가셔야 합니다. 부디 받아주십시오' 하고 아뢰었다. 그러자, 선생께서 노하셔서 '내가 시키지도 않은 일을 네 어찌 마음대로 지고 왔느냐. 어서 가져가거라' 하고 물리치셨다. 다만 괴석과 서적만을 가지고 올 뿐이었다."

그 뒤에 풍기군수로 있다가 물러난 후는 아무것도 가지고 오지 않았다. 나중에 하인이 책과 옷궤를 짊어지고 왔었다. 퇴계는 책과 옷은 받아두고 옷장은 군소유물이라며 그 길로 되가지고 가게 하였다(《예던 길, 퇴계선생의 생활실사》, 권오봉 지음, 우신출판사, 1988).

퇴계 선생뿐이랴.

'황금 보기를 돌같이 하라(見金如石)'는 말이 전해 내려오고 있다. 이는 고려의 최영(崔瑩) 장군이 16세 때 부친 원직(元直)으로부터 받은 훈계(訓戒)로서, 이후 최영은 이 말을 좌우명으로 삼고 평생동안 청빈을 실천하였다고 한다.

한편 서애(西厓)는 죽기에 이르러 집에는 남은 재산이 없어 여러 자손들이 추위와 굶주림에 시달려 거의 살아갈 방도가 없었다.

우복(愚伏) 정경세(鄭經世)가 서애의 아들 유진(柳袗)에게 준 시에

> 하회 집에 끼친 것은 단지 시서와 가옥뿐
> 자손들 나물밥으로 끼니 때우기도 어려워라.
> 어떻게 십 년의 정승 자리 지냈기에
> 성도의 뽕나무 팔백 주도 없었던가.*

---

* 《三國志》에 보면 제갈량(諸葛亮)은 죽음이 임박하여 後主 유선(劉禪)에게 올린 遺表에 이렇게 적고 있다. "…臣의 집이 있는 성도(成都)에는 뽕나무

(河上傳家只黑莊, 兒孫蔬糲不充腸
如何將相三千日, 併欠成都八百桑.)

라고 했고, 또 "참소하는 사람들이 이 말을 듣는다면 그 얼굴이 뜨거울 것이다(이하생략)" 라고 했다〔《성호사설 정선 상, 역사인물지(文)》, 성호 이익(星湖 李瀷) 저, 정해렴(丁海廉) 편역, 현대실학사, 1998〕.

후배 공직자들이여, 무릇 옛 선현들의 청렴이 부디 그대들의 길을 밝히는 등대가 되어주었으면 하는 팔순 선배의 간곡한 당부를 잊지 말아주길 바란다. 그대들의 청렴한 사고가 곧 국가에 대한 국민의 신뢰요, 그대들의 청렴한 수범이 국가의 발판이 된다는 사실을 한순간도 잊지 말아주길 바란다.

800그루와 메마른 밭 열다섯 경(頃)이 있어 자식들이 먹고 입기에는 남음이 있습니다. 臣이 밖에서 임무를 수행할 때에는 따로 생활을 꾸려나갈 필요가 없었고, 몸에 먹고 입는 것은 모두 나라에 의지했으므로 살아갈 방도를 위해 따로 얼마간의 재산도 모으지 않았습니다. 신이 죽는 날 집안에는 남는 비단이 없고, 바깥에는 남는 재물이 없도록 하여 폐하의 은덕을 저버리지 않겠습니다(成都有桑八百株 薄田十五頃 子弟衣食 自有餘饒. 至於臣在外任 無別調度 隨身衣食 悉仰於官 不別治生 以長尺寸. 若臣死之日 不使內有餘帛 外有赢財 以負陛下)."

참고문헌

경제기획원, 〈주요 업무지표〉, 1980.

국무총리실, 《새질서 새생활 실천의 발자취》, 1993.

국사편찬위원회, 《조선왕조실록》 제 4, 6, 13, 17, 22, 27, 30, 32, 47, 59, 88, 115권, 탐구당.

《국세청 40년사》, 2006.

군나르 미르달(Gunnar Myrdal), 《빈곤의도전》(*The challenge of world poverty*). 현암사, 1977.

권태준, 《한국의 세기 뛰어넘기》, 나남, 2006.

김수학, 《지방회계 정의》, 국도출판사, 1958.

김안제, 《인생 이력서》, 지방자치 발전연구원, 2003.

김영수 역, 《論語》, 일신서적출판사, 1997.

김원룡, 《경주 남산》, 열화당, 1987.

김인환, 《한국의 녹색혁명》, 농촌진흥청, 1979.

김정렴, 《한국경제정책 30년사》, 중앙일보사, 1990.

김종상, 《국세청 사람들》, 매일경제신문사, 2001.

김형국, 《文化 保國 고장의 문화판촉》, 학고재, 2002.

내무부 한국지방행정연구원, 《한국지방행정사》, 1988.

내무부, 〈새마을운동〉, 1979.

농림부, 《한국농정 50년사》, 한국농촌경제연구원.

정약용 지음, 이인철 편역, 《牧民心書》, (주)고려원북스, 2006.

대검찰청, 〈2006년 범죄 분석〉, 2006.
대구은행, 〈향토와 문화〉 제 10호 — 김동리, 1998.
바바라 투크만(Barbara W. Tuchman) 지음, 大社淑子 옮김, 《愚行의 세계사: 트로이에서 베트남까지(*The March of Folly: From Troy to Vietnam*)》, 朝日新聞社(日本), 1987.
박목월, 《박목월 시 전집》, (주)민음사, 2003.
박석무, 《나의 어머니, 조선의 어머니》, 현대실학사, 1998.
박정희 대통령 기념사업회, 〈박정희 대통령 회보〉 제 16호, 2008. 7. 1.
박진환, 《경제발전과 농촌경제》, 박영사, 1987.
방일영 문화재단, 《한국신문사 사설 선집》 제 11권(1985~1995), 제 12권(1996~1999).
새마을운동 중앙협의회, 《참되게 사는 길》, 1990.
새마을운동 중앙회, 〈새마을운동 현황〉, 2002.
손종섭 편저, 《옛 시정을 더듬어 — 한국 역대 名漢詩 評說》, 정신세계사, 1992.
송인주, "1960~70년대 국민식생활에 대한 국가개입의 양상과 특징", 서울대학교 대학원 석사학위논문, 1999.
송재소, 《茶山詩選》, 창작과 비평사, 1997.
스마일즈 지음, 남용우 옮김, 《자조론(自助論)》.
안동대학교 민속학연구소 및 한수원 울진원자력본부, 《도리깨질 끝나면 점심은 없다》, 2001.
양관 지음, 김태영 옮김, 《貞觀政要에 나타난 통치철학과 국가경영원칙》, 2002.
오소백, 《300만 새마을가족 경제살리기 국민저축운동》, 새마을운동중앙협의회, 1997.
원융희, 《옛 선현들의 풍류기 — 술 · 멋 · 맛》, 기문사, 2000.
유영박, 《한국사》, 동방도서, 1988.
윤은기, "상식을 무너뜨린다", 《㈜대현 사보》 1996월 2월호.
이광훈, "머리말", 이병주, 《지리산》 1권.
이대근, 《해방후 1950년대의 경제》, 삼성경제연구소, 2002.
이승은 · 허헌선, 《엄마 어렸을 적엔》, 조선일보사, 1997.
이재호, 《한국사의 비정》, 集文堂, 1985.
이재호, 《한국사의 천명》, 集文堂, 1996.

이정순, 《강한 여자는 수채화처럼 산다》, 동아일보사, 1994.
일본 정촌자치연구회, 《지역을 짊어진 인재》, 日本 全國町村會·(株)千里, 1993.
전라남도, 《고난을 뚫고》, 1969.
정해렴 편저, 《星湖僿說 精選(上)》, 현대실학사, 1998.
제프리 페퍼(Jeffrey Pfeffer), 《사람이 경쟁력이다》, 포스코 경영연구소, 1995.
조갑제, 《내 무덤에 침을 뱉어라》, 조선일보사, 1998.
조항래, 《새마을운동과 신국채보상운동》.
지방행정공제회, 〈지방행정〉 1967년 1월호.
통계청, 《통계로 본 대한민국 50년의 경제, 사회상의 변화》, 1998.
황종건, 《지역사회와 학교》, 계명대학교 출판부, 1958.
淮南子 지음, 이석호 옮김, 《淮南子》, (주)도서출판 세계사, 1992.
近藤康男, 《食糧自給의 가능성과 문제점》, 御茶の水書房, 1967.
金子 宏, 《稅法의 基礎 知識》, 日本有斐閣, 1974.
平松守彦, 《지방으로부터 발상》, 岩波書店(日本), 1991.
平田 敬一郎외 2인, 《昭和稅政의 회고와 전망》, 日本(財)大藏財務協會, 1980.
松下幸之助, 김재봉 역, 《인간을 생각한다》, 매일경제신문사, 1981.
守屋 洋, 《18史略 人物列傳》, 日本 프레지던트사, 1992.
栗村良一, 《恨의 나라 견문록 — 현대 서울 16경》, 1995.
田中角榮, 《일본열도 개조론》, 日刊工業新聞社, 1972.
住本利男, 《지방자치 어디로 가나》, 日本學陽書房, 1956.
倉石弘之, 《탈세의 구조》, 일본경제신문사, 1979.

인용기사

국민일보, "NHK 서울 지국장의 글", 1999. 4. 8
동아일보, "86년 흑자기록 이후 4년 만의 반전이다", 1990. 4. 29
동아일보, "홍청망청 거품 사회", 1997. 8. 16
동아일보, "교수출신 농사꾼 〈잡초는 없다〉", 1998. 7. 31
동아일보, "대한민국 역사상 가장 큰 업적을 남긴 인물 … 박정희", 2008. 1. 1
매일경제, "꽉 막힌 주택거래 숨통부터 터준다", 2007. 12. 24

문화일보, "음주문화 달라져야 한다", 박명윤 한국청소년 연구소장 기고, 2003. 3. 12
문화일보, "산업화 주역 1위 '박정희', 광복60주년 기념 여론조사", 2005. 8. 12
문화일보, "20년간 살아왔는데 보유세 수백만원 … 납득 어려워", 2007. 10. 31
문화일보, "'규제혁파' 典範, 파주시장 유화선", 이창원, 2008. 3. 27
서울경제, "투자 살리려면 규제부터 풀어야", 2006. 7. 31
영남일보, "산채 찾는 한해민들 행렬지어 소백산으로", 1952. 8. 9
영남일보, "한재 농촌 답사기", 1952. 8. 10
영남일보, "절량지대(현지보고)—도토리 얻기도 극난", 1958. 6. 19
월간 조선, "새마을 중앙회장 임명" 관련 기사, 2000년 5월호
월간 조선, "세금폭탄 생존법", 2007년 1월호
조선일보, "가장 싫은 사람—정치인", 1990. 12. 7
조선일보, "퇴역하는 통일벼", 1992. 6. 17
조선일보, "특혜-탈세 없었다", 1992. 12. 5
조선일보, "한국호, 침몰할 수 없다", 1997. 1. 1
조선일보, 만물상, 1998. 10. 23
조선일보, "한국인 이해할 수 없어요", 2004. 12. 17
조선일보, "술고래 한국", 2005. 9. 14
조선일보, "에이즈도 무섭지만 배고픈 건 더 무서워요", 2007. 8. 3
조선일보, "한국, 경제자유지수하락", 2008. 1. 16
조선일보, "노정권 역주행 5년 '집값 일시 진정 급반등' 악순환", 2008. 1. 23
조선일보, "세금 무서운 줄 모르나", 이재교, 2008. 1. 29
조선일보, "돈 주고도 못 사먹는 시대 … '식량전쟁' 먹구름 온다", 2008. 3. 4
조선일보, "기업규제 풀되 투명성 높일 조치 함께 나와야", 2008. 4. 1
주간 시민의 신문, 《도리깨질 끝나면 점심은 없다》에 대한 서평 기사, 2002. 4. 24
중앙일보, "우리에겐 의식개혁이 절실하다", 1989. 12. 7
중앙일보, "우리 모두 정신 차릴 때다", 1991. 9. 1
중앙일보, "족쇄 풀어 경쟁력 높여야", 1996. 12. 3

저자약력

김수학(金壽鶴)

1927년 6월 29일(陰 6월 1일) 父 김준이(金俊伊) · 母 전갑수(全甲秀)의
3남 중 장자로 경상북도 경주시 황남동 308번지에서 출생

1934년 4월~1940년 4월 경주공립보통학교 졸업

1948년 12월 국립 공무원훈련원 제 1기 수료

1994년 2월 명예 교육학박사(계명대학교)

▪ 경 력

1942년 2월~1946년 5월 경상북도 경주군 서무과 고원

1946년 5월~1949년 4월 경상북도 경주군 내무과 지방서기

1949년 4월~1951년 3월 경상북도 내무국 지방과 서기

1949년 9월 변호사 예비시험 합격

1951년 3월~1953년 10월 경상북도 내무국 지방과 지방주사

1952년 12월 고등고시 예비시험 합격

1953년 10월~1958년 9월 경상북도 내무국 지방과 주사

1958년 9월~1960년 6월 경상북도 내무국 지방과 지방참사(법제계장)

1960년 6월 사무계 고등전형 합격

1960년 6월~1960년 11월 경상북도 내무국 지방과 사무관(행정계장)

1960년 11월~1961년 1월 경상북도 내무국 지도과장

1961년 1월~1962년 8월 내무부 지방국 행정과 감사 및 기획계장

1962년 8월~1963년 2월 내무부 법무관

1963년 2월~1966년 5월 내무부 지방국 기획감사과장

1966년 5월~1968년 8월 내무부 지방국 행정과장

1968년 8월~1969년 10월 전라남도 부지사
1969년 10월~1972년 6월 경상북도 대구시장(제 12대)
1972년 6월~1973년 12월 내무부 지방국장(제 19대)
1973년 12월~1974년 9월 충청남도 지사(제 16대)
1974년 9월~1978년 12월 경상북도 지사(제 15대)
1978년 12월~1982년 5월 국세청장(제 4대)
1980년 12월~현재 사단법인 퇴계학 연구원 법정회원(이사)
1982년 6월~1983년 4월 경상북도 월성군 외동읍 명예읍장
1982년 7월~1983년 4월 코오롱그룹 고문
1983년 4월~1989년 3월 한국토지개발공사 사장(제 2~3대)
1988년 12월~현재 사단법인 한국지방자치학회 고문
1989년 3월~1993년 10월 새마을운동중앙협의회 회장(제 7~9대)
1989년 11월~1993년 10월 환경보전범국민운동추진협의회 회장(제 2대)
1989년 12월~1993년 12월 국세동우회 회장
1993년 3월~2003년 2월 계명대학교 특임교수(행정학 및 사회심리학)
1993년 12월~1996년 12월 코오롱종합연수원 원장 겸 코오롱그룹 상임 고문
1997년 4월~2006년 6월 계명대학교 재단이사
1997년 5월 나부터운동 경상북도추진협의회 의장
1997년 8월~1998년 7월 새마을운동중앙협의회 회장(제13대)
1998년 7월~현재 새마을운동중앙협의회 명예회장
1999년 7월~현재 박정희대통령 기념사업회 이사
2005년 10월~현재 경주고도보존위원회 고문

■ 저 서

《지방회계정의》(국도출판사, 1958)

《나라 걱정에 잠 못 이루는 공직자는 아직도 많다》(고려원, 1996)

■ 상 훈

홍조근정훈장(1973년 1월)

황조근정훈장(1982년 7월)

새마을훈장 자립장(1994년 11월)

국민훈장 모란장(1999년)

■ 가족사항

처(妻) 주경이(朱慶伊) : 본관은 신안(新安)

장남 철수(哲洙) : 자영사업. 며느리 문미성(文美星)

차남 성수(成洙) : 서울대 환경대학원 교수. 며느리 황의숙(黃義淑)

장녀 호선(好善). 사위 심우영(沈愚榮) : 경희대 의과대학 교수

찾아보기

(인 명)

ㄴ~ㅁ

ㅂ

ㅅ

ㅇ

ㅈ

ㅊ～ㅍ

ㅎ

기타